Carl-Albrecht von Treuenfels
TIERWELTEN
Von der Vielfalt der Arten und ihrer Lebensräume

Carl-Albrecht von Treuenfels

TIERWELTEN

Von der Vielfalt der Arten und ihrer Lebensräume

Mit Fotografien des Autors

Deutsche Verlags-Anstalt

Stuttgart München

Inhalt

16 **Vorwort**

18 **In Wäldern und auf Bergen**

20 **Orang-Utans:** Die nahe Verwandtschaft zum Menschen zählt nicht viel
26 **Amurtiger:** Schutzbrigaden sollen ihre Ausrottung verhindern
34 **Axishirsche:** Im Rudel fühlen sie sich am sichersten
36 **Takins:** Noch immer von vielen Geheimnissen umgeben
40 **Kleine und Große Pandas:** Nur während der kurzen Paarung lebhaft
50 **Afrikanische Waldelefanten:** Hilflos gegen Holzeinschlag und Wilderei
58 **Lemuren:** Jedes Jahr kommen neue Arten hinzu
70 **Ginsterkatzen:** In manchem Safaricamp ein häufiger Gast
73 **Ozelots:** Ihnen steht ihr schöner Pelz am besten
78 **Jaguare:** Südamerikas größte Wildkatze braucht ein weiträumiges Revier
84 **Tapire:** Als »Buschkühe« nachts unterwegs
87 **Dickhornschafe:** Keine Scheu vor Autos
91 **Wapitis:** Zu zehntausend an der Fütterung
94 **Pikas:** Ihre Rufe klingen wie Pfiffe
97 **Luchs, Bär und Wolf:** Von den einen erwünscht, von den anderen verfolgt
107 **Gemsen:** In neun Unterarten weit verbreitet
112 **Buntspechte:** Nesträuber im schönen Gewand
117 **Kakas:** Nicht so aufdringlich wie Keas
119 **Fuchskusus:** Bei der Paarung geht es turbulent zu

122 **In Steppen, Savannen, auf Feldern und Weiden**

124 **Steppenelefanten:** Nicht nur Afrika braucht sie
134 **Rhinozerosse:** Das Nasenhorn wird ihnen zum Verhängnis
144 **Löwen:** Für die Beute sorgen die Weibchen
151 **Paviane:** Wenn der Alte bellt, kuscht der Clan
153 **Impalas:** Elegante Hörner und schwarze Fersen
156 **Bleßböcke:** Mit den Buntböcken eng verwandt
160 **Elenantilopen:** Bei Farmern immer beliebter
163 **Weißbartgnus:** Auf lebenslanger Wanderschaft
170 **Zebras:** Keine Fellstreifung gleicht der anderen
173 **Zebramangusten:** Stets auf der Suche nach Abwechslung
175 **Hornraben:** Tagsüber meistens am Boden unterwegs
178 **Strauße:** Immer begehrter als Fleischlieferanten
183 **Großtrappen:** Zur Balz verwandeln sich die Hähne in leuchtende Federbälle
191 **Braunkehlchen:** Sie brauchen unbearbeitetes Land zum Brüten
194 **Goldammern:** »Wie hab ich Dich lieb«
198 **Saatkrähen:** Immer in großer Gesellschaft
204 **Weißstörche:** Im Sommer folgen sie den Erntemaschinen, im Winter den Zebras
210 **Kiebitze:** Zu viele werden noch in Europa geschossen
214 **Zwergmäuse:** Ein Weibchen hat bis zu einhundert Nachkommen im Jahr
217 **Großer Ameisenbär:** Seine Krallen sind eine gefährliche Waffe
219 **Kanincheneulen:** Sie sehen fortwährend erstaunt aus
221 **Tukane:** Ihr Schnabel ist federleicht
225 **Gürteltiere:** Gepanzert, aber behende
228 **Kanadakraniche:** Die meiste Zeit des Jahres unterwegs

Inhalt

- 231 **Jungfernkraniche:** Zur Mittagsstunde am Wasser
- 234 **Nilgau-Antilopen:** In ihrer Heimat immer seltener
- 237 **Wildesel:** Stiefkinder des internationalen Naturschutzes
- 244 **Schnabeligel:** Das Junge schlüpft aus einem Ei

246 In Mooren und Sümpfen, an Seen und Flüssen

- 248 **Fischotter:** Langsam geht es aufwärts
- 252 **Haubentaucher:** Wo er brütet, sind die Gewässer in Ordnung
- 256 **Zwergtaucher:** Wenn das Gelege zu warm wird, stellen sie ihre Klimaanlage an
- 261 **Teichhühner:** Die älteren Jungen helfen bei der Aufzucht der Geschwister
- 266 **Reiherenten:** Die Erpel können tiefer tauchen
- 268 **Höckerschwäne:** Nicht einmal jeder zweite wird ein Jahr alt
- 272 **Flußuferläufer:** Unter den Schnepfenvögeln der lebhafteste
- 274 **Flußregenpfeifer:** Gefährliches Leben in der Kiesgrube
- 278 **Teichrohrsänger:** Vom Kuckuck als Wirtsvogel bevorzugt
- 284 **Schneckenmilane:** Mit jeder Beute zur Schlachtbank
- 286 **Wehrvögel:** Als Tschaja und Screamer besser bekannt
- 290 **Sumpfhirsche:** Noch haben sie im Pantanal eine Zuflucht
- 294 **Schneegänse:** Die jährliche weiße Invasion
- 300 **Afrikanische Störche:** Wo sie landen, machen alle Platz
- 305 **Streifengänse:** Große Flughöhe macht ihnen nichts aus
- 308 **Mandschurenkraniche:** Tänzer im Schnee

310 Auf Meeren, Inseln und an Küsten

- 312 **Kalifornische Seelöwen:** Manche können recht aufdringlich werden
- 322 **Pinguine:** Hohe Sympathiewerte, harte Konkurrenz beim Fischfang
- 330 **Schwarzbrauenalbatrosse:** Die meiste Zeit über dem Meer unterwegs
- 336 **Blaufußtölpel:** El Niño läßt viele Junge verhungern
- 340 **Fregattvögel:** Im Taifun zeigen sie ihre ganze Flugkunst
- 346 **Karakaras:** Auf den Falklandinseln besonders zutraulich
- 350 **Graue Möwen:** Im Jugend- und Schlichtkleid schwer zu unterscheiden

352 In Hof und Garten

- 354 **Fledermäuse:** Auch in der Stadt zu Hause
- 357 **Sperlinge:** Von Dreckspatz keine Rede
- 362 **Gartenrotschwänze:** Beim Brutplatz äußerst wählerisch
- 367 **Bachstelzen:** Zu Tausenden an städtischen Schlafplätzen
- 373 **Buchfinken und Gimpel:** Verwandt und doch recht verschieden
- 378 **Girlitze:** Gärten mit Nadelbäumen bevorzugt

380 Wieviel Naturschutz darf es und welcher soll es sein?

394 Register

Waldelefanten im zentralafrikanischen Tropenwald.

Großtrappe in der ungarischen Pußta auf einem Feld.

Stellers Seelöwen an der Küste von Kodiak Island in Alaska.

Ein Seeadlerweibchen streicht flach über einen norddeutschen See.

Drei junge Rauchschwalben nach dem Ausfliegen auf einer Wäscheleine.

Vorwort

Seit 1973 veröffentlicht die Frankfurter Allgemeine Zeitung in loser Folge von mir Fotos und Texte über die frei lebende Tierwelt und den Naturschutz. Bis auf einige Ausnahmen erscheinen sie bis heute im politischen Teil auf den Seiten »Deutschland und die Welt«. Mehr als dreihundert dieser »Tierporträts« waren es bisher. Unter dem Titel »Sie alle brauchen Lebensraum« kam 1982 die erste Sammlung heraus. Das Buch ist lange vergriffen. Da schien es an der Zeit, weitere Beiträge erneut in einem Buch zusammenzustellen. Alle Texte habe ich überarbeitet, aktualisiert und vielfach auch erweitert. Bis auf wenige Ausnahmen sind die hier wiedergegebenen Fotos bisher unveröffentlicht.

Jedem in diesem Band abgebildeten Tier bin ich begegnet, habe es meistens ausführlich beobachtet. Denn für die Naturfotografie bedarf es der Geduld und Zeit. Selbst wenn die Fotobeute in Großgehegen lebt, wo einige der Aufnahmen entstanden sind. Die meisten aber stammen aus so unterschiedlicher Wildbahn wie dem eigenen Garten, den heimischen Wäldern, kleinen Teichen und großen Binnenseen, Meeresküsten und Inseln, dem Gebirge, dem Tropenwald, der Tundra, der Steppe, Wüsten und Überschwemmungsgebieten. Als Kulisse dienen die Wildnis, vom Menschen in Maßen geprägte Landstriche und intensiv genutzte Zivilisationslandschaften. Die Texte fußen auf eigenen Beobachtungen und der Auswertung einer reichhaltigen Literatur und damit der Erfahrung und dem Wissen vieler Fachleute. Sie sind darüber hinaus, wie ein Großteil der Fotos, das Ergebnis Dutzender weltweit durchgeführter Expeditionen. In den Kapiteln habe ich auch manche Kenntnisse verarbeitet, die ich vielen im Naturschutz engagierten Freunden und Kollegen verdanke. Sie können und sollen immer nur einige Aspekte aus dem Leben der jeweiligen beschriebenen Art oder Familie wiedergeben. In fast jedem Kapitel indes finden neben einigen zoologischen Grunddaten die aktuellen Lebensumstände, die Gefährdung, der Schutz und das Verhältnis der vorgestellten Tiere zum Menschen besondere Berücksichtigung. Denn für den Schutz der Natur mit ihrer freilebenden Tier- und Pflanzenwelt soll auch dieses Buch wieder werben.

Bei der Auswahl habe ich mich auf Säugetiere und Vögel als die in der allgemeinen Wahrnehmung augenfälligsten »Botschafter« der Natur und als die den meisten Menschen am nächsten stehenden »Leitarten« beschränkt. Sie sind, so gut es ging, geographisch und nach Lebensraumtypen zusammengestellt. Die zoologische Systematik blieb bei der Festlegung der Reihenfolge unberücksichtigt. Etliche bekannte Arten, vor allem auch aus der heimischen Fauna, fehlen. Sie sind bereits in anderen meiner Bücher vertreten. Aus dem Register wird aber deutlich, daß viele Arten und Lebensräume, die hier nicht porträtiert sind, dennoch in irgendeinem Zusammenhang auftauchen. So wird der Leser im letzten, dem Naturschutz insgesamt gewidmeten Kapitel auf manche ihm vertraute Wildart stoßen. Und nicht jeder wird wohl mit allem einverstanden sein, was dort geschrieben steht. Aber auch das will das Buch, für dessen Titel ich meiner Frau dankbar bin: zum Nachdenken über den Naturschutz und zur konstruktiven Auseinandersetzung mit ihm anregen. Dabei soll jedoch die Freude am Reichtum, an der Schönheit und an der Lebensfülle der biologischen Vielfalt auf unserer Erde, die es zu erhalten gilt, nicht zu kurz kommen.

Carl-Albrecht von Treuenfels

Larvensifaka-Lemuren im südlichen Madagaskar.

In Wäldern und auf Bergen

In Wäldern und auf Bergen

Orang-Utans: Die nahe Verwandtschaft zum Menschen zählt nicht viel

Sein Blick berührt die menschliche Seele. Seine dunkelbraunen Augen blicken den Menschen so melancholisch, so tiefgründig an, als wolle das Orang-Utan-Weibchen ihn damit vorwurfsvoll auf das schwere Schicksal seiner Art aufmerksam machen. Dabei geht es ihm und seinem etwa halbjährigen Jungen, das es mit dem linken Arm an seinen Oberkörper drückt, im 4292 Hektar kleinen Waldschutzgebiet von Sepilok im malaysischen Nordteil der südostasiatischen Insel Borneo noch vergleichsweise gut. Es muß nicht befürchten, daß plötzlich Arbeiter mit großen Maschinen und lärmenden Kettensägen anrücken und ihm buchstäblich unter dem Hinterteil die Bäume fällen oder roden. Auch fressen sich nicht knisternde Flammen durch das Unterholz des Waldes, in dem es sein Heimatrevier eingerichtet hat. Doch es muß fast täglich bis zu einige hundert Menschen aushalten, wenn es zur Fütterungszeit in die Nähe der großen hölzernen Brücke kommt, die unter hohen Bäumen durch einen Teil des Schutzgebiets führt. Denn in Sepilok befindet sich ein Rehabilitationszentrum für Orang-Utans, die wieder an ein Leben in der Wildbahn gewöhnt werden sollen. Hier

Vorhergehende Doppelseite: Auf Madagaskar zieht sich der Regenwald vom Tiefland bis auf über 2000 Meter in den Bergen.

Der Orang-Utan verbringt den größten Teil seines Lebens im Kronendach der Wälder Borneos und Sumatras.

In Wäldern und auf Bergen

leben zwischen fünfzig und einhundert Menschenaffen, die als Jungtiere in menschliche Obhut gerieten. Fast alle illegal. Wilderer hatten zuvor ihre Mütter in den Wäldern getötet, denn nur so kamen sie an die Jungen heran, um sie als Haustiere, als Spielgefährten oder als Kindersatz zu verkaufen. Oder die Tiere sind nach Sepilok gekommen, weil sie ihren Wald, in dem sie gelebt hatten, durch Rodung oder Niederbrennen verloren haben. Die einen sind noch handzahm, und die Besucher müssen sich in acht nehmen, daß sie ihnen nicht an die Handtaschen und Kameras gehen. Die anderen, schon länger hier lebenden Tiere sind auf Abstand zum Menschen bedacht, lassen sich tagelang nicht blicken und kommen nur noch unregelmäßig oder gar nicht mehr zur Fütterung. Aber die Chance, halbwilde Orang-Utans in ihrer ursprünglichen Umgebung zu sehen, ist nirgendwo anders so gut wie in Sepilok. Und auch ein Stück Urwald ist hier vom Laufsteg bequem zu erleben. Deshalb kommen jedes Jahr Zehntausende von Menschen in dieses von der Zerstörung ausgesparte, aber vom Menschen teilweise gestaltete Stückchen Natur, nur zwanzig Kilometer von der Stadt Sandakan entfernt.

Hier, in Sabah, neben Sarawak dem zweiten Staat der malaysischen Föderation auf Borneo, muß der Urwald zwar auch weiterhin neuen Siedlungen und vor allem noch mehr Ölpalmplantagen weichen, aber es gibt auch einige Naturschutzgebiete, Waldreservate und Nationalparks. So wie in Sarawak und in Kalimantan, dem indonesischen Teil der mit rund einer dreiviertel Millionen Quadratkilometern drittgrößten Insel der Erde, von der Kalimantan mehr als zwei Drittel einnimmt. (Selbst das Sultanat Brunei Darussalam, der mit 5765 Quadratkilometern kleinste dritte unabhängige Staat auf Borneo, besitzt ein 488 Quadratkilometer großes Waldschutzgebiet.) Viele dieser Schutzgebiete sind eigens eingerichtet worden, um den Orang-Utans eine Heimat zu erhalten. Denn auf Borneo befinden sich die wichtigsten Refugien dieser einzigen in Asien lebenden Art aus der Familie der Großen Menschenaffen (Pongidae). Nur noch auf Sumatra gibt es sie außerdem, wenn auch dort mit dreitausend bis viertausend in weit geringerer Zahl. In jüngerer Zeit unterteilen immer mehr Zoologen die Orang-Utans auf den Inseln am Äquator nicht mehr nur, wie bisher, in zwei Unterarten, sondern in zwei Arten der Gattung Pongo: »Pongo pygmaeus« lebt auf Borneo, »Pongo abelii« auf Sumatra. Unterschiedliches Aussehen und die Ergebnisse von Genanalysen sprechen dafür, die seit etwa eineinhalb Millionen Jahren voneinander getrennt lebenden Populationen wissenschaftlich neu zu bestimmen.

Auf 20 000 bis 25 000 wird heute ihr Gesamtbestand auf den beiden großen Inseln geschätzt. Noch um 1990 sollen auf ihnen mindestens 75 000, zu Beginn des 20. Jahrhunderts mehr als 300 000 der Tiere gelebt haben. Auch das war nur der kleinere Teil von wesentlich mehr Orang-Utans, die einst über weite Teile Südostasiens von den Südhängen des Himalaya-Gebirges bis nach Java verbreitet waren. Spätestens seit dem Beginn der Kolonisierung durch die Europäer begann der dramatische Niedergang der »Waldmenschen«, wie die rotbraun behaarten Tiere in verschiedenen Stammessprachen ihres Verbreitungsgebietes genannt werden. Intensive Bejagung, auch für wissenschaftliche Zwecke und für Museumssammlungen in aller Welt, das Fangen für die Haltung in Gefangenschaft, in Privathäusern wie in zoologischen Gärten, mit immens hohen Verlustraten, und insbesondere die Zerstörung ihres Lebensraumes durch die Abholzung und Rodung hatten zur Folge, daß heute auch auf Borneo und Sumatra die »Orangs« nur noch dort leben, wo es im Tief-

Orang-Utans: Die nahe Verwandtschaft zum Menschen zählt nicht viel

land ausreichend große (tropische) Regenwälder mit einem geschlossenen Kronendach gibt. Doch solche Waldzonen nehmen, insbesondere entlang von Flüssen, wo sich Orang-Utans besonders gerne aufhalten, von Jahr zu Jahr schneller ab. Allein zwischen 1990 und 2000 sind auf beiden Inseln mehr als dreißig Prozent der Wälder gerodet oder durch Holzeinschlag und Umwandlung schwer geschädigt worden. Großen unkontrollierten Waldbränden sind in den neunziger Jahren nicht nur mehrere Millionen Hektar Tropenwald, sondern auch Tausende von Orang-Utans neben vielen anderen Tieren zum Opfer gefallen.

Ihre Lebensweise ist mit einem großen Flächenanspruch verbunden. Orang-Utans ernähren sich überwiegend vegetarisch. Mehr als einhundert verschiedene Baumarten liefern ihnen zu unterschiedlichen Jahreszeiten Früchte. Da diese Bäume im Urwald mit seiner großen Artenvielfalt weit verstreut wachsen, brauchen die roten Waldmenschen ein ausgedehntes Revier. Und weil etwa ein Feigenbaum schnell abgeerntet ist, wäre es ungut, wenn die Orang-Utans wie ihre nächsten Verwandten in Afrika, die ebenfalls zu den Menschenaffen zählenden Gorillas, Schimpansen und Bonobos (Zwergschimpansen), in Gruppen zusammen lebten. »Pongo pygmaes«, wissenschaftlich trotz seiner Körpergröße als Pygmäe – in diesem Fall wohl in der Bedeutung von Waldmensch – bezeichnet, streift in der Regel als Einzelgänger durch das Kronendach des Waldes. Dort verbringen die Tiere bis zu 95 Prozent ihres Lebens. Auch das unterscheidet sie von Gorillas und Schimpansen, die sich viel häufiger am Boden aufhalten, insbesondere die Gorillas. Nur die Orangweibchen mit ihren Jungen leben im kleinen Familienverband. Und zur Paarung schließen sich Männchen und Weibchen für einige Tage oder Wochen zusammen. Das kommt allerdings nicht allzu häufig vor, denn die Weibchen werden erst mit frühestens acht Jahren geschlechtsreif und nur alle drei bis acht, meistens im Abstand von fünf Jahren schwanger. Gut acht Monate dauert die Schwangerschaft. Das Junge wiegt bei der Geburt etwa eineinhalb Kilogramm. Zwillingsgeburten sind sehr selten; daß dann auch noch beide Kinder groß werden, ist die Ausnahme. Mindestens drei Jahre bleibt das Junge auf Tuchfühlung mit der Mutter, während seines ersten Lebensjahres lebt es als »Klammerkind« ununterbrochen in körperlichem Kontakt mit ihr. Bekommt die Mutter ein nächstes Junges, bleibt das ältere Geschwister in ihrer Nähe. Nicht selten kümmert sich ein Weibchen gleichzeitig um drei Jungtiere unterschiedlichen Alters.

Orang-Utans kennen ihr heimatliches Revier sehr gut und kontrollieren es regelmäßig. Sie wissen genau, wann die einzelnen Bäume reife Früchte tragen. Daher ziehen sie recht zielsicher durch das Kronendach des Waldes und vermeiden Umwege. In der Regel beträgt die täglich zurückgelegte Strecke weniger als einen Kilometer. Männliche Tiere grenzen ihr Territorium mit lauten Rufen gegen Nebenbuhler ab und können sich regelrechte »Brüllschlachten« liefern. Selten werden sie untereinander handgreiflich. Sind Orangmänner auf der Suche nach einem Weibchen, dringen sie schon mal in fremde Reviere ein und legen auch am Tag einige Kilometer in den oberen Stockwerken des Waldes zurück. Wenn sie sich von Ast zu Ast schwingen, ihre Nahrung sammeln und jeden Abend ihr luftiges Nest aus Zweigen und Blättern für die Nacht bauen, kommt ihnen die enorme Länge ihrer Arme zugute. Bei einem ausgewachsenen Männchen mit einer Körperhöhe von 150 Zentimetern und einem Gewicht von 75 bis 80 Kilogramm, mißt die Spannweite der Arme über zwei Meter und überragt damit die Beine um einiges. Weibchen bleiben um einiges kleiner und werden höchstens 40 Kilogramm schwer. (Tiere in Gefangenschaft erreichen ein wesentlich höheres Gewicht: Männchen bis über 200 Kilogramm. Orang-Utans in Zoos können mit etwa sechzig Jahren fast doppelt so alt wie ihre frei lebenden Artgenossen werden, von denen bisher ein Höchstalter von mindestens fünfunddreißig Jahren bekannt ist.)

Wenn die Baumkronen nicht genug Futter hergeben, wagen sich die roten Menschenaffen auf den Erdboden, um dort Wurzeln auszugraben oder sich mit Mineralien zu versorgen. Kleine Säugetiere, Jungvögel und Vogeleier, Eidechsen und Insekten ergänzen ebenso wie Honig die Speisekarte. Am Boden, wo sie sich auf allen Vieren fortbewegen, müssen sich die Menschenaffen vor nur wenigen möglichen Feinden in acht nehmen: Tiger, Rothunde oder Pythons können ihnen gefährlich werden. Der Mensch hingegen stellt ihnen bis in die Baumwipfel nach. Gegen ihn ist auch ein starkes Männchen mit seinen imponierenden Backenwülsten und seinem langen Bart, das sich sogar gegen einen Tiger zu verteidigen weiß, hilflos. Doch die Jäger haben es eher auf die Mütter mit Kindern abgesehen. Und da eine Affenmutter ihr Kind erst losläßt, wenn sie tot ist, wird sie erschossen. Für einen jungen Orang-Utan in Gefangenschaft müssen fünf bis sechs ausgewachsene Tiere, überwiegend Weibchen, sterben. Viele Jungtiere tun das ebenfalls bald, nachdem sie von ihren Müttern getrennt wurden. Oder sie sterben durch falsche Ernährung, Behandlung oder auf dem Transport. Als Folge eines rührseligen Fernsehfilms, in dem ein kleiner Orang-Utan eine wesentliche Rolle spielte, wollten Ende der achtziger Jahre in Taiwan unzählige Menschen plötzlich ein Orangbaby haben. Über eintausend junge Tiere wurden illegal nach Taiwan eingeführt, dreihundert von ihnen im Jahr 1993 beschlagnahmt.

Obwohl die Tiere seit mehr als fünfzig Jahren offiziell in ihren Heimatländern Indonesien und Malaysia geschützt sind und im Anhang I des Washingtoner Artenschutzübereinkommens stehen, blüht der Schwarzhandel mit ihnen. Immer wieder gelingt es, unerlaubt gehaltene oder gehandelte Orang-Utans zu beschlagnahmen. Doch wohin mit ihnen? Oder mit denen, die in einem Waldrodungsgebiet von den letzten Bäumen, auf die sie in ihrer Not geflüchtet sind, abgesammelt und in eine Station gebracht werden?

Solange auf Borneo und Sumatra, die beide um 1960 noch fast vollständig mit Wald bedeckt waren, das »clear cutting« mit Säge, Planierraupe und Feuer im bisherigen Ausmaß weitergeht, gibt es kaum Hoffnung für das Überleben des Orang-Utans in freier Wildbahn. Daher richten sich die Anstrengungen des nationalen wie internationalen Naturschutzes in Indonesien und Malaysia zu allererst auf die Erhaltung ausreichend großer Tieflandregenwälder. Bei dem Bevölkerungswachstum und den ehrgeizigen Wirtschaftszielen in diesen beiden Ländern kein leichtes Unterfangen. Die Zoologische Gesellschaft Frankfurt, die bereits 1973 eine erste Auswilderungsstation für Orang-Utans im Norden Sumatras eingerichtet hat, beginnt knapp dreißig Jahre später ein Nachfolgeprojekt in der Mitte der Insel. Nach ausführlichen Untersuchungen in Zusammenarbeit mit den nationalen Naturschutzbehörden und regionalen wie lokalen Einrichtungen haben die Naturschützer mit dem Gorillakopf als Symbol im Bukit-Tigapuluh-Nationalpark in der südlichen Hälfte der langgestreckten Insel ein Gebiet ausfindig gemacht, in dem es keine Orang-Utans (mehr?) gibt, alle Voraussetzungen für die Lebensmöglichkeit von mindestens siebenhundertfünfzig der Tiere nach menschlichem Ermessen aber gegeben sein müßten. Denn das haben die Erfahrungen der

Orang-Utans: Die nahe Verwandtschaft zum Menschen zählt nicht viel

letzten beiden Jahrzehnte gezeigt: Es ist nicht sinnvoll, Orang-Utans in Gebieten auszuwildern, in denen bereits welche leben. Diese Gebiete sind in der Regel bereits ausreichend besetzt, und außerdem gibt es das Risiko, daß die ausgewilderten Tiere ansteckende Krankheiten auf die Wildpopulation übertragen.

Mindestens vier Jahre dauert es, bis ein junger Orang-Utan ausreichend auf ein Leben in freier Wildbahn vorbereitet ist. Inzwischen kümmern sich viele Organisationen in mehreren Ländern, unter ihnen der internationale WWF mit seinen nationalen Stiftungen in Indonesien und Malaysia, um das Schicksal der Orang-Utans. Schließlich handelt es sich bei den Waldmenschen um unsere nächsten Verwandten, denen wir innerhalb der gemeinsamen Ordnung der Herrentiere (Primaten) bis auf eine Differenz von 3,6 Prozent in den Genen gleichen. Damit folgen die Orang-Utans in unserer Verwandtschaft den Bonobos oder Zwergschimpansen, mit denen wir 98,4 Prozent der Gene teilen. Alleine diese Nähe in der Entwicklungsgeschichte sollte den Menschen Verpflichtung genug sein, sich für das Überleben der Großen Menschenaffen stärker als bisher einzusetzen.

Wem der »Waldmensch« einmal tief in die Augen geschaut hat, der vergißt diesen Blick nicht. Es ist, als wolle der Orang-Utan damit auf sein vom Menschen so stark beeinflußtes Schicksal hinweisen.

In Wäldern und auf Bergen

Amurtiger: Schutzbrigaden sollen ihre Ausrottung verhindern

Einen überraschenden Fund machte Ende Mai 2001 ein Ranger des Khankaisky-Naturschutzgebietes. Bei einem Kontrollgang am Ufer des Chankasees im fernöstlichen Rußland, zweihundertfünfzig Kilometer nördlich der Hafenstadt Wladiwostok, stieß er auf einen erst seit wenigen Stunden toten Amurtiger, der von den Wellen angetrieben worden war. Über Funk alarmierte er seinen Direktor und dieser rief weitere Naturschutzbeamte und Zoologen am Sitz der Reservatsverwaltung in Spassk-Dalny und selbst in Wladiwostok an. Denn noch nie zuvor war in unmittelbarer Nähe des gut viertausend Quadratkilometer großen, aber nur bis zu zehn Meter tiefen Chankasees einer der seltenen Sibirischen Tiger gesehen worden. Daher wollten die Außenmitarbeiter, aber auch der Direktor des sich hauptsächlich am Süd- und Ostufer des Sees über 38 000 Hektar erstreckenden Schutzgebiets Zeugen und Rat von dritter Seite hinzuziehen. Und es traf sich, daß gerade drei Besucher aus Europa im Gebiet weilten, die sogleich in die Kommission zur Untersuchung und Dokumentation des ungewöhnlichen Ereignisses aufgenommen wurden. So fanden sich kurz vor Einbruch der Dunkelheit nach knapp einstündiger Fahrt in zwei Motorbooten etwa ein Dutzend Menschen an einem abgelege-

Wo er ungestört auf seinen gewohnten Wechseln sein großes Waldrevier im Osten Sibiriens regelmäßig kontrollieren kann, gibt sich der Amurtiger gelassen.

nen Uferabschnitt einer Halbinsel am noch nassen Kadaver des Tigers ein, unter ihnen zwei Veterinäre. Schnell bestätigten sie, was bereits der Ranger festgestellt hatte: Es handelte sich um ein noch nicht ganz ausgewachsenes Männchen, das keinerlei äußere Verletzungen aufwies. Damit war klar, daß das Tier nicht dem Anschlag eines Wilderers zum Opfer gefallen war, die häufigste Todesursache der Ussuritiger, wie die Amur- oder Sibirischen Tiger in ihrer Heimat »Ussuriland« an den Flüssen Amur und Ussuri genannt werden. Die Naturschützer waren darüber erleichtert. Um so spannender würde es sein herauszufinden, woran der Tiger gestorben war. Es dauerte bis kurz vor Mitternacht, bis die Zoologen das wie schlafend auf angeschwemmtem Schilf liegende Tier vermessen, gewogen und die Tierärzte es schließlich geöffnet und aus der Decke geschlagen hatten und sie sich in ihrer Diagnose sicher waren: Der Tiger war ertrunken.

Auch wenn er eines natürlichen Todes gestorben ist: Jeder tote Amurtiger ist ein schwerer Verlust für die geschwächte Population von wahrscheinlich weniger als vierhundert Tieren.

Das klingt für ein Tier, von dem bekannt ist, daß es gerne ins Wasser geht und ausdauernd schwimmen kann, zunächst überraschend. Doch wer den Chankasee mit seinen unvorhersehbaren lokalen Stürmen und mit seinem dann hohen Wellengang erlebt hat, den wundert es nicht, wenn in ihm – wie mancher Fischer – auch ein kräftiger Tiger sein Ende finden kann. Denn in guter körperlicher Verfassung war das junge Tigermännchen, wenn auch mit leerem Magen. Und so einigten sich die Fachleute nach längerer Diskussion zu später Stunde auf einen vermeintlichen Hergang des Unglücks: Der hungrige Tiger hatte wohl am Seeufer von der gegenüberliegenden, durch eine gut einen Kilometer breite Wasserfläche getrennten Halbinsel das Bellen von zwei großen Hunden der dort stationierten Naturwächter gehört. Da Hunde eine beliebte Beute von Amurtigern (und von den noch selteneren Amurleoparden) sind, hatte der Tiger wohl versucht, sie schwimmend zu erreichen. Dabei muß er seine Kräfte überschätzt und die Tücken der Wellen unterschätzt haben. Letztere haben ihn schließlich doch ans Ufer getragen, doch da war er bereits ertrunken.

War schon die Todesursache für die russischen Tigerfachleute höchst ungewöhnlich, so war es der Ort des Geschehens noch mehr. Zwar hatte es in jüngster Zeit wiederholt Hinweise darauf gegeben, daß eine oder mehrere der großen Raubkatzen ihr Jagdrevier aus den Wäldern der Region Primorje, deren Hauptstadt Wladiwostok ist, in die mehrere Kilometer breiten, von Schilf und Weidengebüsch bewachsenen Uferzonen des Chankasees verlegt haben könnten. Ranger hatten große Spuren gefunden, sie aber nicht eindeutig als Abdrücke von Tigerpfoten identifizieren können. Und es waren kurz zuvor nacheinander bereits zwei große Hunde von einer anderen Außenstelle des Reservats spurlos verschwunden. Schließlich meinten

Amurtiger: Schutzbrigaden sollen ihre Ausrottung verhindern

die Aufseher des Schutzgebiets, in letzter Zeit auch weniger Rehe und Wildschweine gesehen zu haben. Diese gehören neben Hirschen zur bevorzugten Nahrung der Tiger, an erster Stelle die Wildschweine. Doch in den Wäldern Ussuriens, den letzten wesentlichen Rückzugsgebieten des Amurtigers, gibt es immer weniger Wild als Beute für ihn. Es wird, meistens illegal, von immer mehr der im Fernen Osten Rußlands unter schwierigen wirtschaftlichen Bedingungen leidenden und teilweise hungernden Menschen verfolgt und getötet. Selbst in den zu kleinen Schutzgebieten, die in den Regionen Chabarovsk und Primorje auf und entlang der Mittelgebirgskette Sichote Alin, zwischen dem Japanischen Meer und den Grenzen zu China und Nordkorea, eigens für den Amurtiger eingerichtet wurden, kann dieser nicht mehr ungestört jagen, wird das natürliche Nahrungsangebot für ihn immer knapper.

Aber nicht nur die Beute wird ihm genommen. Auch seine Waldreviere werden immer kleiner und löcheriger. Seit Perestroika und Glasnost hat der Holzeinschlag im fernöstlichen Rußland ein für die Natur katastrophales Ausmaß angenommen. Vor allem ausländische Konzerne, an der Spitze solche aus China und Korea, aber auch aus Japan, Malaysia und anderen Ländern, erkaufen sich, selten nur mit legalen Mitteln, die Konzessionen zur rigorosen Baumernte. Seit China nach den Hochwasserkatastrophen der letzten Jahre im eigenen Land die letzten Bergwälder stärker zu schonen versucht, sind chinesische Holzaufkäufer und Einschlagunternehmer im nahen Rußland besonders aktiv geworden. Es ist ein offenes Geheimnis, daß die russischen Forstbehörden weder hinreichend kontrollieren können noch wollen. Man sehe es an ihren Häusern und Autos, daß vieles nicht mit rechten Dingen zugehe, beklagen sich nicht nur Naturschützer in der Region. Mit der Zerstörung der naturnahen gemischten Laub- und Nadelwälder im von subtropischem und gemäßigtem Klima mit heißen feuchten Sommern und kalten Wintern geprägten Ussuriland verlieren nicht nur die Tiger ihren Lebensraum, sondern eine große Zahl anderer Tierarten ebenfalls. Den vielen Huftieren (Schalenwild), von denen sie leben, entziehen die Holzfäller sowohl die Nahrungsgrundlage als auch die Deckung. Daher versuchen immer häufiger gerade junge Tiger zu Beginn ihrer Selbständigkeit, in für sie weniger geeigneten Lebensräumen Fuß zu fassen.

Der am Chankasee ertrunkene Jungtiger war nach Einschätzung der Veterinäre etwa zwei Jahre alt. Das ist das Alter, in dem die Tigerin ihren Jungen den Laufpaß gibt. Bis dahin hat sie, nach einer Tragzeit von dreieinhalb Monaten, ihren in der Regel zwei- bis dreiköpfigen Wurf intensiv durchs Leben begleitet. Die bei der Geburt blinden, 800 bis 1200 Gramm leichten Tigerkinder, die sich sechs Monate lang von Muttermilch ernähren, aber schon mit zwei Monaten beginnen, von der Mutter zugetragenes Fleisch in anfangs kleinen Portionen zu fressen, wiegen als Kater im Alter von zwei Jahren etwa einhundert Kilogramm. Bis ein männlicher Amurtiger sein mögliches Höchstgewicht von dreihundert Kilogramm und eine ausgewachsene Körperlänge von über zweieinhalb Metern erreicht hat, vergehen weitere drei bis vier Jahre. Die Tigerweibchen wiegen nur die Hälfte und bleiben auch in der Größe hinter den Katern zurück. Sie sind mit drei Jahren geschlechtsreif und paaren sich unter günstigen Umständen alle zwei Jahre erfolgreich.

Unter den heute noch lebenden fünf Unterarten der schwarz auf braun gestreiften Beutegreifer ist der Amurtiger der stärkste und damit die größte Raubkatze der Welt. Weil er im Winter gegen Temperaturen von vierzig Minusgraden

In Wäldern und auf Bergen

gefeit sein muß, trägt er auch das dichteste Fell. Doch diese guten körperlichen Voraussetzungen, unter denen er in freier Wildbahn achtzehn Jahre alt werden könnte, nützen dem Amurtiger wenig, wenn es gilt, sich gegen seinen einzigen Feind zu behaupten.

Nicht besser erging und ergeht es auch den anderen sieben Unterarten von »Panthera tigris« aus der großen Familie der Katzen (Felidae). Drei von ihnen, den Balitiger, den Kaspischen Tiger (auch Kaspi- oder Turantiger genannt) und den Javatiger, hat der Mensch im vergangenen Jahrhundert ausgerottet, die beiden letztgenannten erst um 1970 und 1980. Der Indische Tiger, besser als Königs- oder Bengaltiger bekannt, der Südchinesische oder Amoy-Tiger, der Sumatratiger und der Indochinesische Tiger stehen wie der Amurtiger auf der Roten Liste der gefährdeten Tierarten der Weltnaturschutz-Union (IUCN) und auf den Listen des Washingtoner Artenschutzübereinkommens. Vom Amurtiger, der von allen am nördlichsten lebt und früher ein weiteres Verbreitungsgebiet – auch in China und Korea – hatte, gab es dennoch nach Einschätzung von Zoologen zu keiner Zeit gleichzeitig viel mehr als eintausend bis zweitausend Tiere. Sie brauchen wegen der rauhen Lebensumstände und der geringeren Wilddichte in den nördlichen Wäldern wesentlich größere Reviere als ihre in den Subtropen und Tropen lebenden Artgenossen. Ein erwachsener Amurtiger durchstreift in regelmäßigen Abständen mehrere tausend Quadratkilometer, wobei sich die Reviere verschiedener Tiere überschneiden können. Sie gehen sich aber tunlichst aus dem Weg, denn außerhalb der Paarungszeit und abgesehen von Weibchen mit Jungen legen erwachsene Tiger keinen Wert auf Gesellschaft mit ihresgleichen.

Seine Beute reißt der Amurtiger, nachdem er sich bis auf wenige Sprünge an sie herangeschlichen hat. Oder er lauert ihnen gut getarnt auf, bevor er sie mit wenigen kraftvollen Sätzen überfällt. Eine längere Verfolgungsjagd ist seine Sache nicht. Die regelmäßige Benutzung derselben Wege (Pässe) wird vielen von ihnen selber zum Verhängnis. Dort stellen die Wilderer Fallen und legen Schlingen. Oder sie suchen die Tiger mit eigens dafür abgerichteten Hunden, von denen die großen Katzen besonders bei Schnee leicht gefunden und gestellt werden. Auch der versteckte Ansitz am Riß verspricht dem Gewehrschützen Erfolg, denn der Tiger kehrt zu seiner Beute zurück, wenn von seiner Mahlzeit etwa übrig geblieben ist. Der russische Fernost-Jagdexperte S. P. Kucherenko wird im »Rotbuch der gefährdeten Arten der Primorje-Region« mit seiner Einschätzung des jährlichen Nahrungsbedarfs eines erwachsenen Amurtigers von 3500 Kilogramm Fleisch zitiert. Neben den von ihm bevorzugten Wildschweinen, neben Rot- und Sikahirschen, Rehen sowie kleinen Raub- und Nagetieren tötet der »Herrscher der Ussuri-Taiga« sogar gelegentlich ausgewachsene Kragenbären.

Nicht alle Tiger, die geschossen werden, sind Opfer von Wilderern. In fast jedem Winter werden einige der Tiere auch legal erlegt. Das sind »Problemtiger«, die auf der Suche nach Nahrung in Dörfern auftauchen oder selbst in die Vororte von Wladiwostok oder Chabarowsk vordringen. Mancher getötete Tiger wird aber erst hinterher zum potentiellen Menschenfresser erklärt. Grundsätzlich halten Tiger, von wenigen Ausnahmen abgesehen, Abstand zum Menschen. Doch diese Scheu

Alle Sinne angespannt, äugt der größte aller Tiger in die Richtung einer verdächtigen Wahrnehmung. Im Fernen Osten Rußlands muß er vor Wilderern auf der Hut sein.

hat gerade den Amurtigern nicht viel geholfen. Um 1930 war ihr Gesamtbestand im fernöstlichen Rußland auf zwanzig bis dreißig Tiere zusammengeschrumpft. Damals lebten auf chinesischem Gebiet wesentlich mehr von ihnen; heute ist es umgekehrt: Höchstens zwanzig Amurtiger werden noch in der südwestchinesischen Provinz Heilongjiang vermutet, in Nordkorea sind es vielleicht knapp zehn.

Auf russischem Gebiet erholte sich die Population dank eines 1941 von der Sowjetregierung erlassenen Jagdverbots bis 1985, als erstmals eine Erfassung des Bestandes versucht wurde, auf etwa 250 Tiere. Auf diese Zahl veranschlagen einheimische Kenner auch den heutigen Bestand, wenngleich ein mit Unterstützung internationaler Naturschutzorganisationen und Wissenschaftler im Winter 1995/96 durchgeführter Zensus auf 415 bis 476 Tiere gekommen war. Doppelzählungen, so meinen Naturkenner und erfahrene Jäger in der Region, unsichere Identifizierung von Spuren, Abschüsse und Wilderei ließen allenfalls die niedrigere der beiden Zahlen im Jahr 2001 als realistisch erscheinen.

Noch immer ist der illegale Handel mit allen Körperteilen der Tiger, die in der traditionellen asiatischen, insbesondere der chinesischen Medizin Verwendung finden, die Hauptursache für die Wilderei. Mehr als zwanzigtausend US-Dollar soll ein toter Tiger auf dem Schwarzmarkt einbringen; in China erzielen Händler und Apotheker mit den grammweise verkauften Tigerpräparaten, deren Heilkraft im wesentlichen auf Einbildung beruht, ein Vielfaches dieser Summe. So ist denn auch ein Werkzeug des Naturschutzes gegen die Wilderei von Tigern (und anderen in der traditionellen asiatischen Medizin bis an den Rand der Ausrottung genutzten frei lebenden Tier- und Pflanzenarten) die Aufklärung. Allerdings bedürfte es eines gigantischen Etats für Werbung und Öffentlichkeitsarbeit, wollte man die Milliarden von Menschen erreichen und dann auch noch davon überzeugen, daß sogenannte Tigermedizin fatale Folgen für die Tiere hat. Daher zielen erste Aufklärungskampagnen auf die Ärzte und Apotheker in Ostasien. Der WWF beispielsweise arbeitet gemeinsam mit der chinesischen Regierung an einem solchen Programm. Da ist es nicht unbedingt hilfreich, wenn gleichzeitig Tigerfarmen eingerichtet werden, in denen die Tiere zur späteren Verwendung in der Medizin gezüchtet werden, ähnlich wie es in China mit Bären unter schlimmen Begleiterscheinungen geschieht. Auch eine Verankerung von Fragen zu Arten- und Naturschutz und Medizin im Unterricht an Schulen und Universitäten kann dazu beitragen, langfristig ein Umdenken zu bewirken.

Das ist jedoch nur eine Front, an der Naturschutzorganisationen gegen den Tigertod in russischen und chinesischen (aber auch in indischen und südostasiatischen) Wäldern zu kämpfen versuchen. Die andere zieht sich mitten durch den Lebensraum des Amurtigers. Denn nur mit guten Worten ist den Tieren nicht geholfen. Es gibt nämlich mittlerweile so wenige und sie leben so weit verstreut, daß Zoologen schon um die für ihr langfristiges Überleben notwendige genetische Mindestreserve der Unterart »Panthera tigris altaica« fürchten. Um ihr endgültiges Verwinden zu verhindern, beteiligen sich weltweit inzwischen viele Menschen an einem Hilfsprogramm für die größte Raubkatze der Welt.

In den Jahren 1993 und 1994 begannen die russischen Behörden mit der finanziellen Unterstützung mehrerer im Naturschutz tätiger Organisationen, aber auch eigens für den Tigerschutz gegründeter Stiftungen und Vereine in Großbritannien und den Vereinigten Staaten von Amerika, Anti-Wilderer-Brigaden aufzustellen. Innerhalb

Amurtiger: Schutzbrigaden sollen ihre Ausrottung verhindern

des World Wide Fund for Nature engagierten sich von Anfang an besonders WWF-USA und WWF-Deutschland, die bis in die Gegenwart sechs der vier- bis sechsköpfigen, mit Fahrzeugen, modernen Kommunikationsmitteln und Waffen ausgerüsteten Truppen unterhalten und auch dafür sorgen, daß Geld für Benzin und Reparaturen vorhanden ist, wenn es gebraucht wird. Das von WWF-Holland maßgeblich unterstützte Programmbüro in Wladiwostok hilft bei der Planung und Steuerung der Einsätze von zwei der Tigerbrigaden.

Im Jahr 2001 gibt es dreizehn dieser flexiblen Kommandos, die sich aus ehemaligen Förstern, Polizisten, Soldaten und Jägern zusammensetzen und die das ihnen anvertraute großräumige Gebiet gut kennen. Sie sollen nicht nur die illegale Jagd verhindern, Wilderer dingfest machen und deren unrechtmäßig erworbene Beute beschlagnahmen, sondern auch illegalen Holzeinschlag aufdecken und zur Anzeige bringen. Das alles ist leicht gesagt, aber in dem riesigen und recht unzugänglichen Land mit nicht immer sehr durchsetzungswilligen oder -fähigen Justizbehörden schwer zu verwirklichen. Doch haben sich die Brigaden innerhalb weniger Jahre bereits in der Bevölkerung, auf deren Mitarbeit sie angewiesen sind, Respekt verschafft. Ohne die Hilfe aus dem Ausland gäbe es sie allerdings nicht. Sie werden daher weiter am finanziellen Tropf internationaler Organisationen hängen, und diese müssen auf unabsehbare Zeit ihre erhebliche Unterstützung auf verschiedenen Ebenen fortsetzen, wenn der Amurtiger in freier Wildbahn überleben soll. Eine wichtige Voraussetzung dafür ist die Vergrößerung der bestehenden und die Ausweisung von neuen Schutzgebieten, in denen die Jagd und jegliche wirtschaftliche Betätigung, vor allem der Holzeinschlag, zu unterbleiben haben.

Um die Akzeptanz für den Tiger in der Bevölkerung zu erhöhen, bedarf es neben intensiver kontinuierlicher Aufklärungsarbeit über ihn, sein Verhalten und sein Verhältnis zum Menschen der ständigen Beobachtung der Tigerreviere und der Populationsentwicklung der Tiere. Damit gegebenenfalls rechtzeitig Maßnahmen zur Vergrämung von Zivilisationsfolgern unter den Großkatzen ergriffen und diese, wenn sie Menschen zu gefährden drohen, schlimmstenfalls »unschädlich« gemacht werden können. (Das gilt im übrigen auch für die anderen Unterarten des Tigers, insbesondere in Indien, wo es in den letzten Jahren viele Rückschläge im einstmals unter Indira Gandhi intensiv betriebenen Tigerschutzprogramm gegeben hat. Gegenwärtig wird die Zahl der in Indien lebenden Tiger nur mehr mit zweitausend bis zweitausendfünfhundert angegeben nach mehr als vierzigtausend vor hundert Jahren und immerhin noch etwa viertausend um 1990.)

Dem ertrunkenen Jungtiger am Chankasee hat keiner der Schutzbemühungen etwas genützt. Es wäre unwahrscheinlich gewesen, daß das Tier langfristig in dem stark landwirtschaftlich geprägten Gebiet hätte überleben können. Nun soll es als Präparat im Museum von Spassk-Dalny an seinen abenteuerlich-tragischen Ausflug an den großen russisch-chinesischen Grenzsee erinnern und für den Schutz seiner vom Menschen so arg bedrängten Sippe werben. Vielleicht fährt nach einem Besuch des Museums mancher Autofahrer auf der rund achthundert Kilometer langen Straße zwischen Chabarovsk und Wladiwostok, an der Spassk-Dalny liegt, vorsichtiger. Denn es ist schon mehr als ein – meistens jüngerer – Tiger überfahren worden. Daraus zu schließen, daß es leicht sei, im Ussuriland einen frei lebenden Amurtiger zu beobachten, kann nur zu Enttäuschungen führen.

In Wäldern und auf Bergen

Axishirsche: Im Rudel fühlen sie sich am sichersten

Zwar ist sein Geweih nicht so stattlich wie das manch anderer »Echthirsche«, doch der Axishirsch oder Chital (Axis axis) gilt bei vielen Naturfreunden und auch bei Jägern als der schönste und eleganteste unter den vierzehn Arten, die der Unterfamilie der Cervinae angehören. Bei flüchtigem Hinsehen ist er leicht mit einem Damhirsch zu verwechseln. Doch in Indien und Sri Lanka, wo der Chital in zwei Unterarten zu Hause ist, gibt es keine Damhirsche; sie leben in Europa und in Teilen Vorderasiens. Beide Arten sind vermutlich Abkömmlinge eines gemeinsamen Vorfahren und ähneln einander daher. Mit einer Körperlänge von 110 bis 140 Zentimetern und einer Schulterhöhe von knapp einem Meter bleibt der Axishirsch hinter dem Damhirsch jeweils um einige Zentimeter zurück. Mit annähernd neunzig Kilogramm bringen es kräftige Hirsche beider Arten indes auf dasselbe Körpergewicht.

Die schöne Fleckenzeichnung der Decke, des Fells, tragen die männlichen und weiblichen Tiere von der Geburt bis zum Ende ihres Lebens, das fünfzehn Jahre dauern kann, in freier Wildbahn aber selten so lange währt. Die auf dem Rücken und an den Flanken wie Perlen entlanglaufenden weißen Tupfer verleihen den Tieren nicht nur ein apartes, sondern auch ein sehr unterschiedliches Aussehen. Selbst wenn es auf den ersten Blick nicht deutlich wird: Keines der Muster auf dem meistens hellbraun bis rötlichbraun gefärbten Fell der Tiere gleicht dem anderen. Da hätten es Verhaltensforscher leicht, die einzelnen Tiere voneinander zu unterscheiden, könnte man denken. Solange das Wild in kleinen Rudeln zusammenlebt, mag das angehen. Da aber das »Spotted deer« mitunter Herden von einigen hundert Tieren bildet, besonders zur Trockenzeit, verschwimmen manchem Beobachter nach einiger Zeit Abertausende von hellen Punkten vor den Augen.

Das ist eine der Überlebenshilfen der Axishirsche. Beutegreifer wie Tiger, Leoparden, asiatische Löwen (von denen es im indischen Bundesstaat Gujarat im Gir-Forest-Nationalpark noch etwa dreihundert in fast freier Wildbahn gibt), Wölfe, Schakale und Indische Rothunde müssen sich schon besonders konzentrieren, um während der Verfolgung eines Rudels der gefleckten Tiere schließlich ein Opfer zu überwältigen und zu reißen. Daher greifen sie lieber einzelne Tiere an oder versuchen, während der Jagd einen Chital vom Rudel zu trennen, ihn einzuholen und zu Boden zu werfen. Aber selbst dann ist ein starker Hirsch noch nicht verloren. Schon mancher Tiger oder gar eine Meute Rothunde hatte das Nachsehen, wenn sich ein Geweihträger mit der Kraft der Verzweiflung und unter Ausnutzung der Erschöpfung oder eines Augenblicks der Unaufmerksamkeit seines Feindes befreite, aufrappelte und flüchtete. Manchem Axishirsch gelingt es auch, sein an jeder Stange mit bis zu vier (meistens drei Enden) bewehrtes Geweih erfolgreich als Waffe einzusetzen, bisweilen sogar gegen ein Krokodil oder einen Python (Riesenschlange).

Axishirsche schützen sich auch auf andere Weise vor denen, die ihnen nach dem Leben trachten. In einem Rudel sind stets einige Tiere, die wachsam ihre Umgebung beäugen und immer wieder die Luft mit ihren empfindlichen Nüstern prüfen. Sobald es einen Anlaß zur Beunruhigung gibt, stoßen die Tiere schrille Warnlaute aus. Am Klang der Rufe erkennen die übrigen Rudelmitglieder, ob sie zunächst einmal in erhöhter Alarmbereitschaft verharren oder sich sofort auf die

Axishirsche: Im Rudel fühlen sie sich am sichersten

Flucht machen sollen. Verbündete beim Wachehalten haben die Axishirsche oft in den Hanumanlanguren oder Hulmans. Diese bis über einen Meter langen, zu den Schlankaffen zählenden Tiere erspähen von den Bäumen manchen Feind früher als die Hirsche und machen mit ihren lauten Rufen auf die drohende Gefahr aufmerksam. Da die Languren auch gerne am Boden nach Früchten suchen, ziehen sie wiederum Nutzen aus der Wachsamkeit der Chitals. Daher sieht man beide Tierarten regelmäßig beieinander, zumal die Chitals mehr als andere Hirscharten mit Vorliebe bei Tag aktiv sind, wie die Languren. In lichten Wäldern fühlen sich beide am wohlsten. Nur zur Brunft, die sich wegen ihres ausgedehnten Verbreitungsgebietes bei den Axishirschen in den einzelnen indischen Regionen zu unterschiedlichen Jahreszeiten vollzieht, verhallen die Warnrufe von Artgenossen oder Affen mitunter unbeachtet. Dann liefern sich die Hirsche mit ihren Geweihen nicht selten heftige Auseinandersetzungen und sind damit so beschäftigt, daß sie von einem Tiger oder Leoparden überrumpelt werden. Übers Jahr verteilt, werfen die Hirsche auch ihr Geweih ab und erneuern es wieder. Dasselbe gilt für die Geburt des Axisnachwuchses: Im Süden Indiens kommen die Kälber – selten als Zwillinge – nach einer Tragzeit von sieben bis siebeneinhalb Monaten bis zu einem halben Jahr früher oder später zur Welt als im Norden.

Die weißen Flecken auf der Decke des Axishirsches sorgen dafür, daß sich die Konturen des Körpers zwischen Licht und Schatten nahezu auflösen.

In Wäldern und auf Bergen

Takins:
Noch immer von vielen Geheimnissen umgeben

Das Goldene Vlies, in der griechischen Sage ein von einem Drachen bewachtes »heiliges« Fell, das von Iason mit der Hilfe Medeas aus Kolchis nach Griechenland zurückgebracht wurde, wird eher von einem Takin als, wie zumeist beschrieben, von einem Widder stammen. Sagenumwoben wie die langhaarige goldgelbe Decke war auch bis vor einem Jahrhundert das Tier, dem sie gehörte. Weitgehend unerforscht ist das Leben der Bewohner chinesischer Berge bis heute. Der Takin, auch Rindergemse oder Gnuziege genannt, wurde erst um 1850 »entdeckt«, das heißt den Zoologen bekannt. Sie gaben ihm den wissenschaftlichen Namen »Budorcas taxicolor«. Bis 350 Kilogramm kann ein Takinbulle bei einer Schulterhöhe von 130 Zentimetern und einer Körperlänge von 220 Zentimetern wiegen. Damit sind die Tiere nicht so leicht zu übersehen, sollte man denken. Doch die zur Familie der Hornträger (Bovidae) zählenden Takins bewohnen Lebensräume, die ihren Beobachtern Strapazen abverlangen.

Wer die Höhenluft oberhalb von 4000 Metern nicht verträgt, muß sich im Winter und zeitigen Frühjahr auf die Suche nach einem Takin begeben. Dann stehen die mit den Gemsen verwandten Tiere, die wie eine Mischung aus Moschusochse, Elch, Schneeziege und Gnu erscheinen, in den Bergwäldern Nordwestchinas auf 1500 bis 2000 Metern Höhe. Sie kommen zumeist nur noch in Schutzgebieten vor, vor allem in der Provinz Sichuan. Außerhalb der Reservate, die sie nicht selten mit dem Großen Panda als Heimat teilen, gibt es kaum mehr die dichten Bambus- und Rhododendronwälder, die ihnen im Winter genügend Nahrung spenden. Im Frühling ziehen sie mit dem bergwärts sprießenden Pflanzenwuchs immer höher, bis sie im Frühsommer oberhalb der Baumgrenze die Grasmatten erreicht haben.

Zur Brunftzeit im August und September schließen sich die Bullen den Rudeln der Kühe und Jungtiere an, nicht selten auf einer Berghöhe von 4500 bis 5000 Metern. Dort liefern sich die stärksten Bullen mitunter heftige Kämpfe um die Gunst der Kühe. Wie bei anderen Hornträgern und bei Hirschen übernimmt bei den Takins ein Leitbulle für einige Wochen die Herrschaft über eine Herde weiblicher Tiere, die er eifersüchtig vor Nebenbuhlern abschirmt. Nicht nur bei den Verfolgungsjagden unter ihresgleichen zeigen die untersetzten Tiere, daß sie wendig und ausdauernd sind. Trotz höheren Körpergewichts als Gemsen überwinden Takins einen Höhenunterschied von mehreren hundert Metern fast so schnell wie diese. Dabei macht es ihnen nichts aus, wenn das Gelände steil und zerklüftet ist. Stämmige Beine mit breiten Hufen und kräftigen Nebenhufen sorgen für müheloses Vorankommen und große Trittfestigkeit. Im Winter, wenn die Tiere in der Waldzone stehen, richten sie manche Zerstörung an. Wo sich ein Takinrudel längere Zeit aufgehalten hat, sind Zweige und Äste von Büschen und Bäumen heruntergebrochen, Blätter und Knospen abgerissen, die Rinde ist geschält.

Ältere Bullen ziehen es vor, im Winter alleine ihre Wechsel durch das Revier zu ziehen. Gerne setzen sie sich an exponierten Stellen nieder, um in Ruhe widerzukäuen und zu verdauen. Dabei haben sie ihr Umfeld nicht immer aufmerksam im Blick. Mitunter schläft ein Takinbulle so fest ein, daß man sich ihm bis auf wenige Schritte nähern kann. Das allerdings ist nicht ganz ungefährlich. Ein erschrecktes Tier kann, statt zu fliehen, mit einem einzigen Satz aus der Ruheposition zum

Takins: Noch immer von vielen Geheimnissen umgeben

Angriff übergehen. Takinbullen, die sich in ihrem Einstand gestört fühlen, greifen mitunter kurzerhand aus dem dichten Busch heraus an. Gegen ihre starken Vorderläufe und die kurzen geschwungenen Hörner hat ein Mensch keine Chance. Manche kurze Laufattacke erweist sich allerdings nur als Drohgebärde: Sobald der Mensch Fersengeld gibt, bleibt der Takin stehen.

Von den drei Unterarten ist der Sichuan-Takin der häufigste, wenngleich es auch von ihm nur mehr einige tausend gibt. Selten geworden ist der Schensi-Takin, wegen der Farbe seines Fells »Goldtakin« genannt. Über den Mishmi-Takin, weiter westlich – etwa in Bhutan, wo der Takin das Nationaltier ist – beheimatet, gibt es wenig Kenntnisse. Ein Junges (selten zwei) wächst nach den ersten Lebenstagen, die es alleine mit seiner Mutter verbringt, im Schutz der Herde auf. Takins können etwa fünfzehn bis zwanzig Jahre alt werden.

Folgende Doppelseite: Eine Begegnung mit einem Takin kann manchmal aufregend sein. Die kräftigen Tiere können aus dem Stand heraus unvermittelt eine ihnen unwillkommene Annäherung beenden.

Wenn sie in ihrem Bergrevier in der chinesischen Provinz Sichuan hin- und herziehen, müssen Takins manchen eiskalten Gebirgsfluß durchqueren.

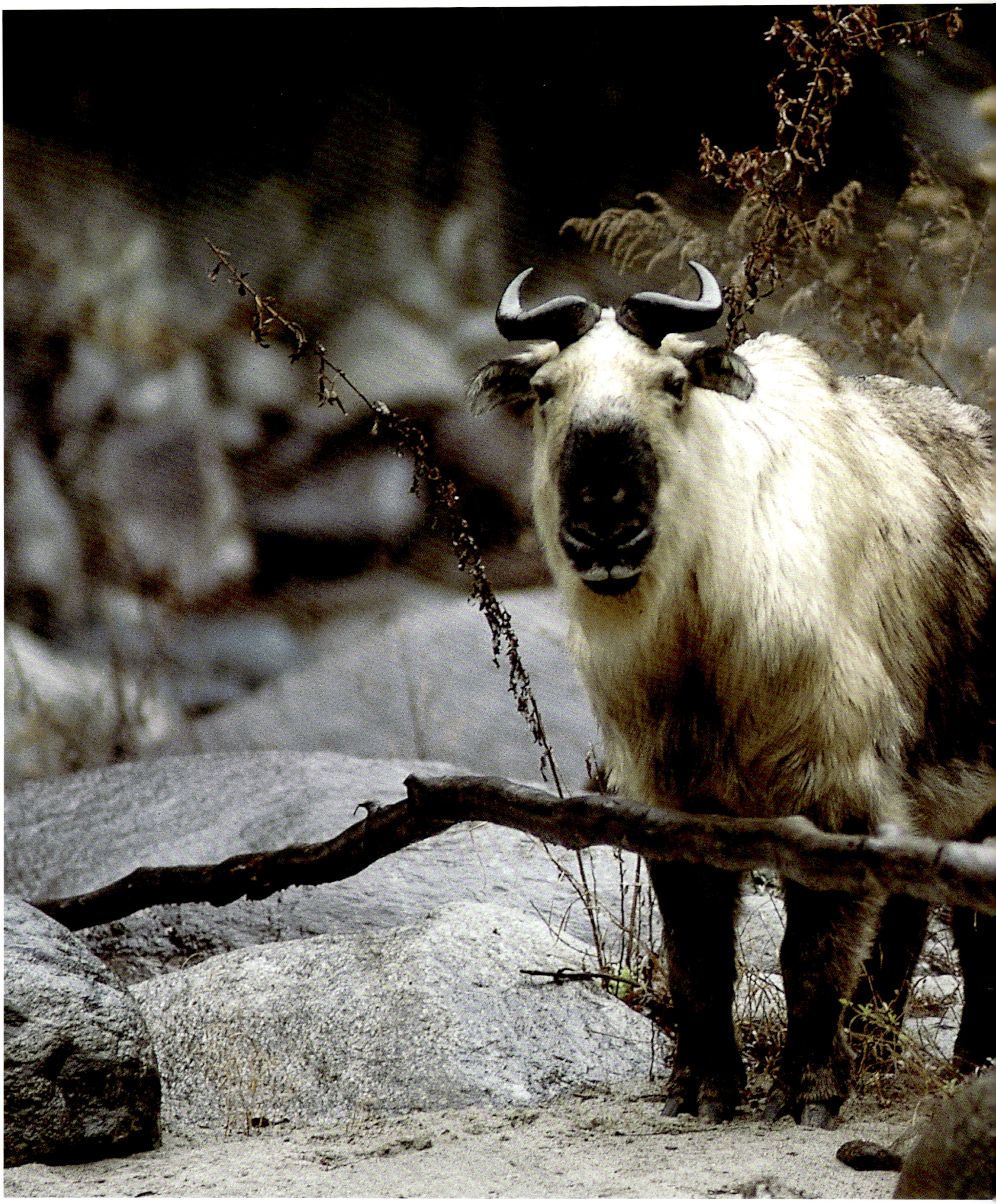

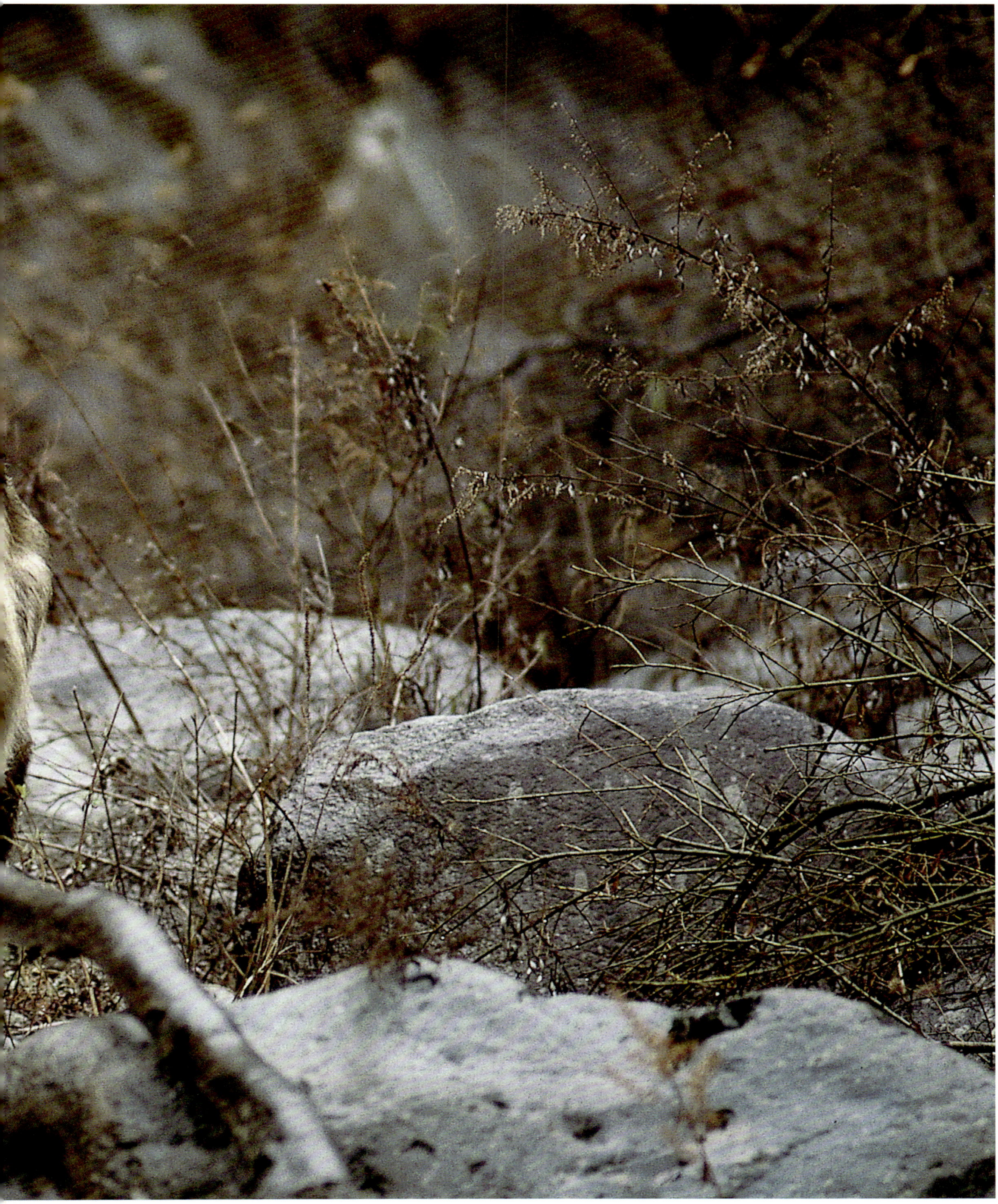

In Wäldern und auf Bergen

Kleine und Große Pandas: Nur während der kurzen Paarung lebhaft

In den ersten drei Monaten des Jahres geht es in einigen Wäldern des südöstlichen Himalajas und in den wenigen noch nicht vom Holzeinschlag erfaßten Bergwäldern der chinesischen Provinzen Sichuan, Gansu und Shaanxi lebhaft zu. Wo der Kleine oder Rote Panda die von Rhododendronbäumen und Bambus bewachsenen Gebirgshänge bewohnt, ist Paarungszeit; die »Kleinen Bärenkatzen« erleben sie bei winterlicher Kälte.

Die bis zu gut sechs Kilogramm schweren rotbraunen Tiere mit dem knapp einen halben Meter langen, hell und dunkel geringelten buschigen Schwanz geben für wenige Wochen ihr sonst ungeselliges Dasein auf. Und die eher behäbige Art, mit der sich die »Feuerfüchse« sonst im Geäst von Bäumen und am Boden fortbewegen, wird von schnellen Verfolgungsjagden und akrobatischen Kletterpartien unterbrochen. Interessieren sich zwei Männchen gleichzeitig für ein Weibchen, geraten sie sich mitunter heftig mit ihren scharfen Krallen in den dichten Pelz, oder sie verbeißen sich minutenlang ineinander. Aber auch ein Weibchen, das paarungsunwillig ist, weiß, wie es sich erfolgreich zur Wehr setzen kann.

Nicht immer kommt es bei Meinungsverschiedenheiten zwischen zwei Roten Pandas gleich zu Handgreiflichkeiten. Oft reichen schon fauchende, keckernde oder wie scharfes Spucken klingende Laute, um zudringliche Artgenossen auf Abstand zu halten. Allerdings lassen sich die Männchen von einer Abfuhr von einem Weibchen oder durch die Vertreibung von einem anderen Bewerber nicht so schnell entmutigen. Während seiner Empfängnisbereitschaft, die nur wenige Tage dauert, paart sich ein Pandaweibchen nicht selten mit mehr als einem Männchen. Zu ausufernden »Orgien« mit vielen Beteiligten kommt es in der Regel schon deshalb nicht, weil die Zahl der freilebenden Kleinen Pandas, ähnlich wie die der Großen Pandas, in jüngerer Vergangenheit stark abgenommen hat.

Trotz des ähnlichen Namens, mehrerer übereinstimmender körperlicher Merkmale und ähnlicher Verhaltensweisen, beider Vorliebe für Bambus als Nahrung und der Nutzung desselben Lebensraumes mit sich überschneidenden Territorien ist das verwandtschaftliche Verhältnis zwischen dem Kleinen (Roten) Panda und dem schwarzweißen, auch als Riesenpanda oder Bambusbär bekannten Großen Panda ungeklärt. Für beide Pandas gibt es jeweils eine eigene Familie: »Ailurus fulgens«, der Kleine Panda, stellt die einzige Gattung der Katzenbären (Ailuridae) und »Ailurupodo melanoleuca«, der Große Panda, ist alleiniger Angehöriger der Bambusbären (Ailuropodidae). Die Namengebung bedeutet für viele Zoologen aber noch lange nicht, daß beide oder einer von beiden in naher Verwandtschaft zu den Bären stehen. Darüber gibt es Rätselraten und wissenschaftlichen Disput, seit der Kleine Panda im Jahr 1821 und der Große Panda 1869 abendländisch-zoologisch entdeckt wurden.

Sein Aussehen läßt leicht die Vermutung aufkommen, daß der Kleine Panda, von den Chinesen sowohl »Kleine Bärenkatze« als auch »Feuerfuchs« genannt, gemeinsame Vorfahren mit dem aus Nordamerika stammenden, inzwischen auch (wieder) in Europa beheimateten Waschbären hat. Dafür sprechen die Körpergröße und die Gestalt, der runde Kopf mit der spitzen Schnauze und der markant gezeichnete »Ringelschwanz«. Zwar wäscht der Kleine Panda seine Nahrung nicht vor dem Verzehr, wie es der Waschbär gerne tut, aber er reinigt besonders ausgiebig seine Vorderpfoten

Kleine und Große Pandas: Nur während der kurzen Paarung lebhaft

nach jeder Mahlzeit und zwischendurch. Selbst der gelegentliche Griff in ein Vogelnest und das Pflücken von Beeren und Früchten sind beiden Kleinbären zu eigen, doch gibt es auch auffallende Unterschiede zwischen ihnen.

Besonders in der Ernährung ähnelt der Kleine Panda dem Großen Panda stark. Bambus ist für ihn ebenfalls die Hauptspeise, wenngleich er dank gezielter Auswahl von jüngeren und damit nahrhafteren Blättern und dank intensiven Kauens – unabhängig von der unterschiedlichen Körpergröße beider Tiere – viel weniger Pflanzenfasern

Auf der Suche nach Nahrung oder in der Paarungszeit, wenn sie ihr einzelgängerisches Leben vorübergehend aufgeben (folgende Doppelseite), klettern die Kleinen oder Roten Pandas bis in die Baumkronen der chinesischen Bergwälder.

benötigt. Auch in der Fortpflanzung und in der Zusammensetzung des Blutes gibt es Parallelen zum Großen Panda. Dennoch nimmt der durch den World Wide Fund for Nature zum internationalen Symboltier für den Naturschutz gewordene Bambusbär in mehrfacher Hinsicht eine Sonderstellung in der systematisch-zoologischen (taxonomischen) Zuordnung ein.

Ob Großer und Kleiner Panda sich seit fünfzehn bis zwanzig Millionen Jahren vom gemeinsamen Stammbaum der Bärenvorfahren getrennt entwickelt haben, ob sie beide näher mit den Kleinbären verwandt sind oder ob sie als verschiedenartige Nachkommen von Bären- und Hundeartigen nur aufgrund desselben Lebensraumes ähnliche Verhaltens- und Ernährungsweisen entwickelt haben: die Frage nach der Herkunft und der Verwandtschaft beider Arten wird noch Generationen von Zoologen und Genetikern beschäftigen. Der amerikanische Zoologe George Schaller,

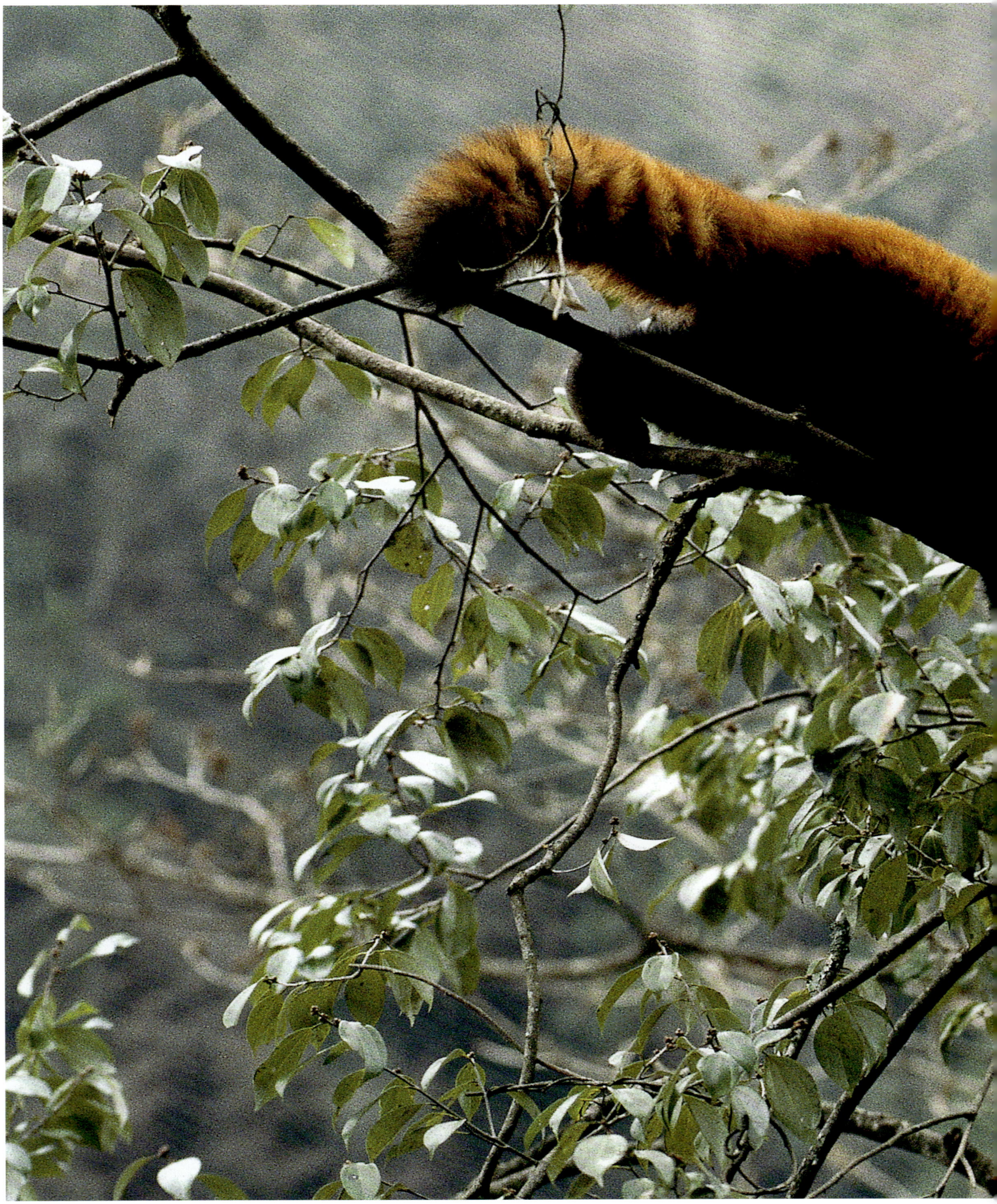

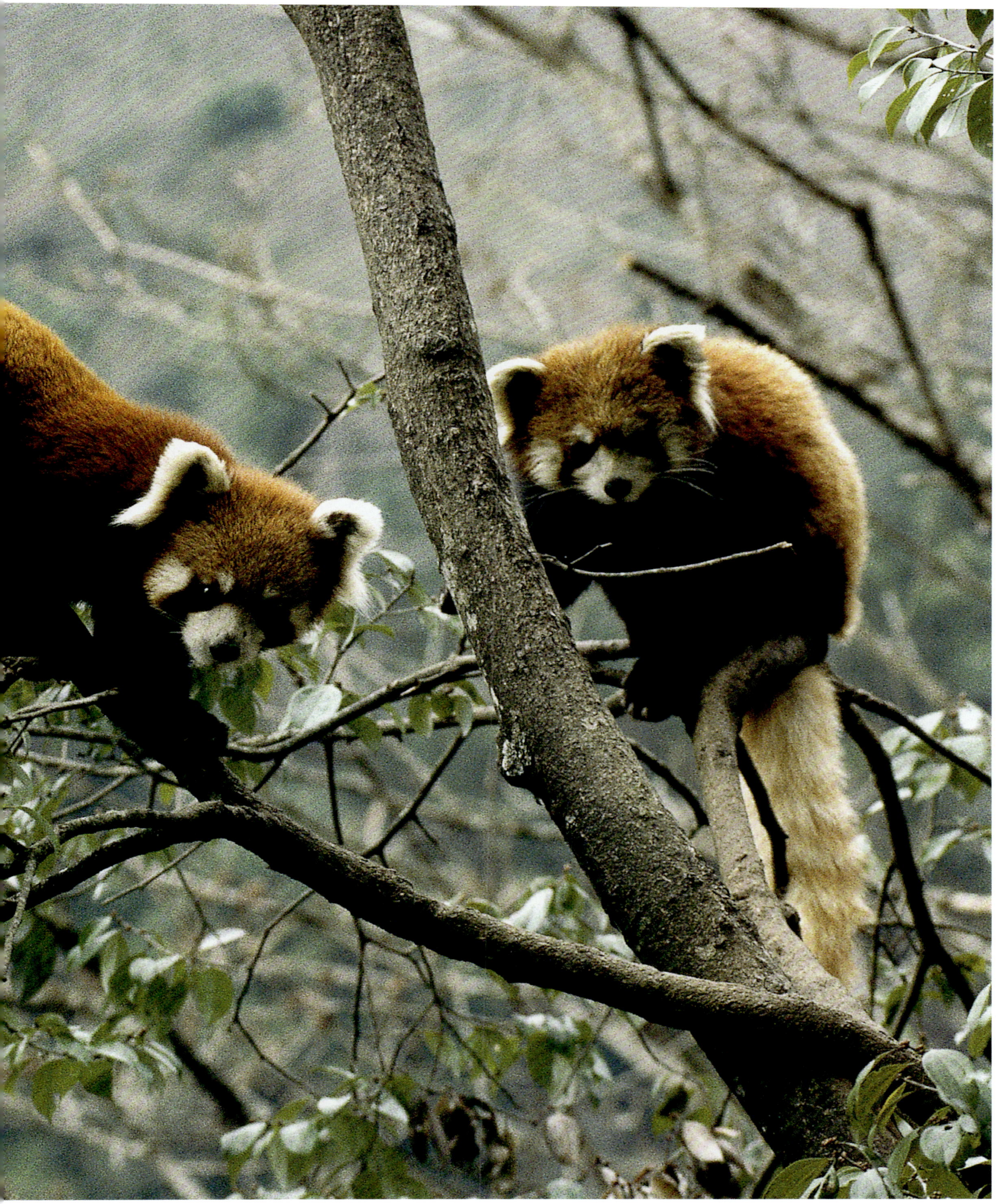

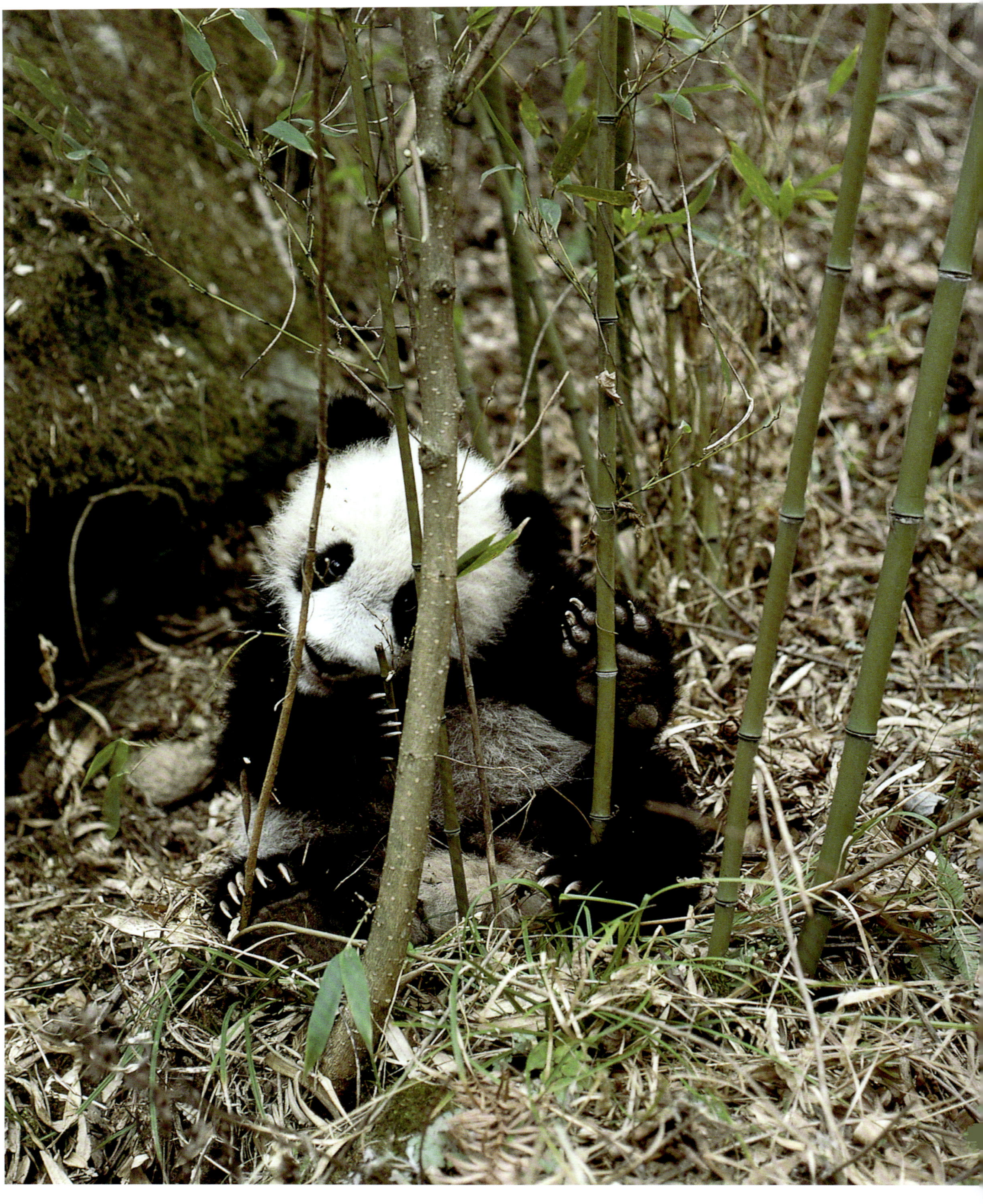

Kleine und Große Pandas: Nur während der kurzen Paarung lebhaft

der jahrelang den Pandas in China auf der Spur gewesen ist, plädiert in seinem Buch »Der letzte Panda« dafür, beide, den Kleinen und den Großen Panda, der Familie der Katzenbären zuzuordnen.

Ein Umstand verbindet allerdings heute beide Tierarten mehr denn je. Das ist die Gefahr der Ausrottung durch den Menschen. Gibt es für den Großen Panda eine auf groben Zählungen basierende einigermaßen verläßliche Schätzung von nur mehr tausend Tieren in freier Wildbahn, so weiß niemand, wie viele der kleinen rotbraunen Pandas mit der weißen Gesichtsmaske noch in den chinesischen Bergwäldern hausen. Da sie überwiegend in der Dämmerung und nachts in schwer zugänglichem Gelände unterwegs sind, weniger Spuren als der Große Panda hinterlassen und sich tagsüber im Geäst hoher Baumkronen oder in Höhlen verstecken, ist es kaum möglich, eine Bestandserfassung vorzunehmen. Selbst ihr Verbreitungsgebiet ist nicht so gut bekannt wie das des Großen Pandas.

Auf besonders groß wird der freilebende Bestand der Kleinen Pandas von chinesischen Freilandbiologen allerdings nicht mehr geschätzt. Neben der fortlaufenden Zerstörung der Bergwälder durch Holzeinschlag und der an den Berghängen immer höher hinaufgetriebenen Feldwirtschaft haben in der Vergangenheit die Jagd und ihr Fang nicht unerheblich dazu beigetragen, daß der Bestand der Tiere zurückgeht. Zwar steht der Rote Panda in China seit einigen Jahren auf der Liste der streng geschützten Tiere, doch sind die Wilderei und der unbeabsichtigte Fang in einer für Moschustiere bestimmten Falle oder Schlinge weiterhin an der Tagesordnung. Allein in den mittlerweile dreiunddreißig ausgewiesenen Schutzgebieten für den Großen Panda sind auch die Kleinen Pandas einigermaßen sicher. Aber nur einigermaßen, denn menschen- und störungsfrei, geschweige denn vom illegalen Holzeinschlag verschont sind die wenigsten dieser Schutzgebiete.

Im Gegensatz zum drei- bis viermal so großen und bis zu zwanzigmal schwereren Großen Panda bewohnt der Kleine Panda ein Territorium von recht geringen Ausmaßen. Ist genügend Bambus vorhanden, reichen einem Männchen ein bis eineinhalb Quadratkilometer. Die Weibchen begnügen sich mit noch weniger Raum. Allerdings muß ihr Wohnbezirk besondere Qualitäten aufweisen. Wenn sie nach einer Tragzeit von etwa einhundertzwölf bis einhundertfünfzig Tagen (die Dauer richtet sich nach der Länge der Eiruhe) ihre ein bis vier blinden Jungen werfen, brauchen sie eine Baumhöhle oder Felsspalte, in der sie ihren Nachwuchs drei Monate säugen und aufziehen.

In dieser Zeit sind sie auf eiweißhaltige Bambusnahrung angewiesen, und wenn die Jungen ihre Ernährung von Muttermilch auf vegetarische Kost umstellen, muß das Blattwerk für sie besonders zart sein. Im Alter von fünf bis sieben Monaten werden junge Rote Pandas selbständig, mit achtzehn Monaten geschlechtsreif. Somit verläuft die Jungenaufzucht bei den Kleinen Pandas wesentlich schneller als bei den Großen Pandaweibchen, die dafür gut eineinhalb Jahre brauchen und allenfalls alle zwei Jahre trächtig werden.

Einen Kleinen Panda in freier Wildbahn zu beobachten gelingt kaum ohne die Hilfe eines einheimischen Führers und Kenners der Tiere. Eine Pandapirsch erfordert darüber hinaus gute körperliche Kondition und Ausdauer. Während der Paarungszeit kann ein mit den Gewohnheiten der

Schon im Alter von etwa einem halben Jahr weiß der junge Große Panda seine scharfen Krallen gut zu gebrauchen.

In Wäldern und auf Bergen

Tiere vertrauter chinesischer Begleiter einen oder gar zwei der Feuerfüchse mit einem Trick aus der Deckung locken. Indem man ihre hell klingenden Rufe in einem angestammten Pandaterritorium nachahmt, wird der Revierbesitzer munter und läßt sich sogar tagsüber blicken, wenn er nach dem Rechten schaut. Die durchdringenden Schreie, die ein Roter Panda gelegentlich zur Paarungszeit erklingen läßt, haben der Art schon vor Jahrhunderten in ihrer Heimat den Namen »Kind der Berge« eingetragen. Darüber hat schon der abendländische Entdecker des Großen Pandas, der Franzose Père David, berichtet.

Längst nicht jeder Kleine Panda läßt sich durch Menschen in seiner Tagesruhe stören und gibt sich zu erkennen. Je nach Wetter und Temperatur verbringen die Tiere die Stunden der Helligkeit langgestreckt oder zusammengerollt auf einem Ast in der Krone eines ihrer Lieblingsbäume, die dem Bambus Schatten und Feuchtigkeit spenden. Dadurch ist der Kleine Panda so gut wie unsichtbar; nicht nur für Menschen, sondern auch für seine anderen Feinde wie den Nebelparder, den Gelbhalsmarder oder den Schneeleoparden. Diese drei Beutegreifer teilen in einer Höhe zwischen zweitausend und knapp fünftausend Metern mancherorts den Lebensraum mit dem Kleinen Panda.

Im Winter kommt dem dann durch eine dichte Unterwolle zusätzlich gewärmten und bis an die Haftsohlen seiner Kletterfüße behaarten Feuerfuchs eine besondere Fähigkeit zugute. Ähnlich wie winterruhende Säugetiere, etwa einige Bärenarten, kann er seine Blutzirkulation und damit die Körpertemperatur senken. Zwar verfällt er nicht in einen Winterschlaf, doch braucht er dank geringerer Aktivität weniger Kalorien und damit auch weniger Nahrung. Wird ein derart lethargischer Kleinpanda von Menschen oder Beutegreifern überrascht, gelingt ihm kaum die Flucht. Deshalb wurden die Tiere früher besonders erfolgreich im Winter gefangen. Oft verrieten sie sich den Jägern durch das über den Ast hinausragende Ende ihres buschigen Schwanzes.

Durch den Streß sowie mangels geeigneter Behandlung und Ernährung gingen die meisten gefangenen Tiere schnell ein. Heute verstehen sich zunehmend mehr Zoos auf die richtige Haltung der sensiblen Kleinbären. Ein besonders eindrucksvolles Freigehege hat der New Yorker Bronx-Zoo. Aber selbst dort läßt sich nicht vermeiden, was in freier Wildbahn kaum passiert: daß sich vor allem die Männchen bei Rangkämpfen gegenseitig die dichtbehaarten Schwänze abbeißen. Manche Tierparks und Schauanlagen in China wollen eines Tages wieder Tiere für die Auswilderung bereitstellen, so auch die Station in Wolong, 140 Kilometer nordwestlich von Chengdu, der Hauptstadt von Sichuan. Dort werden neben den Kleinen auch Große Pandas gezüchtet. Doch die besten tiergärtnerischen Erfolge sind für den Arten- und Naturschutz wenig hilfreich, wenn es nicht gelingt, die natürlichen Lebensräume der Tiere zu erhalten oder wiederherzustellen. Mittlerweile gibt es wahrscheinlich mehr Kleine Pandas in Gefangenschaft als in Freiheit. Die Tatsache, daß die Tiere in menschlicher Obhut bis zu vierzehn Jahre alt werden (ein Großes Pandaweibchen starb 1999 im »Rekordalter« von siebenunddreißig Jahren im Zoo der chinesischen Stadt Wuhan), in freier Wildbahn meistens jedoch viel früher sterben, ist dafür nur ein schwacher Trost.

In den kurzen Freßpausen verläßt der Große Panda gerne mal das Bambus- und Rhododendron-Dickicht und verschafft sich von einem Baum aus eine bessere Übersicht.

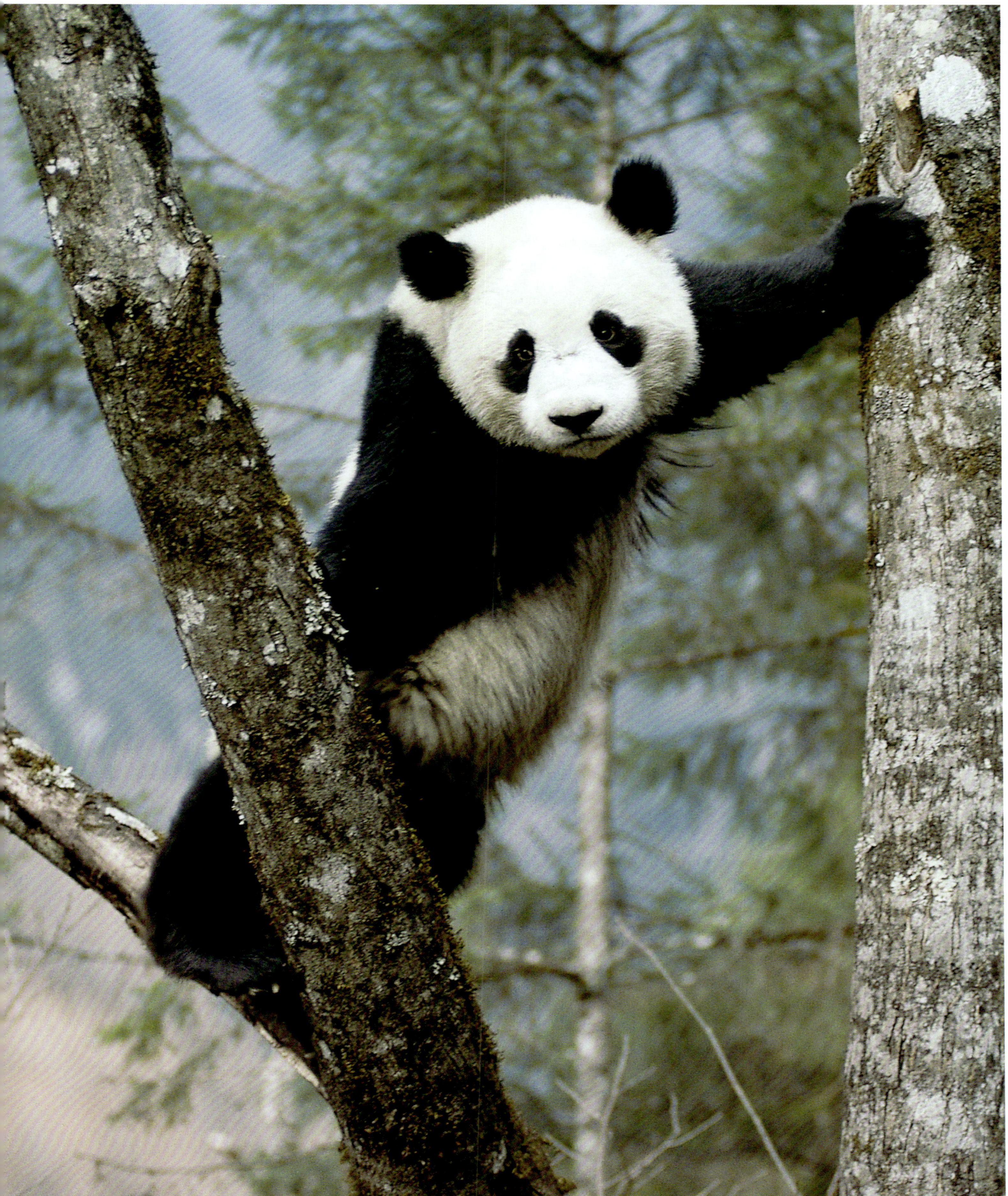

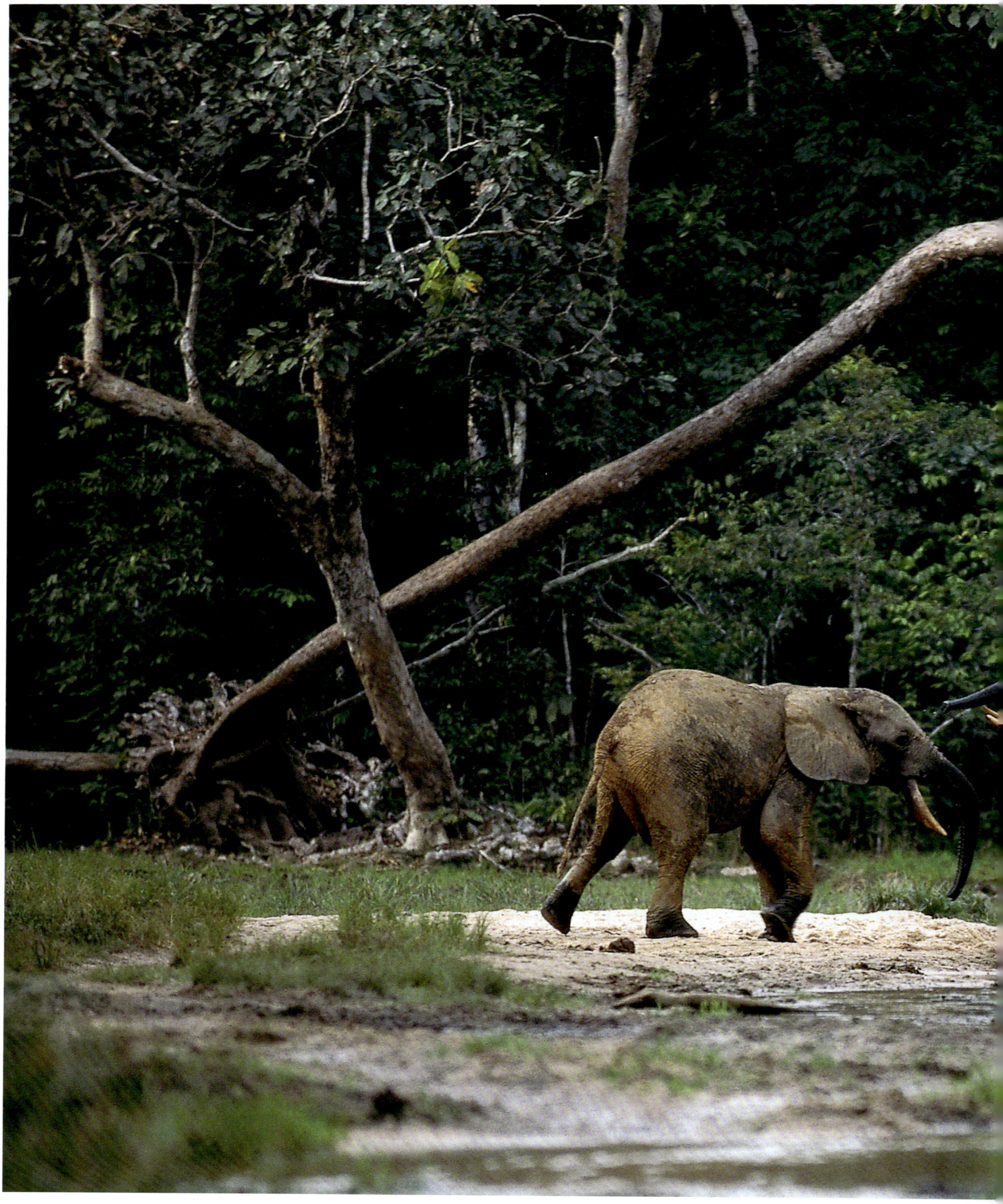

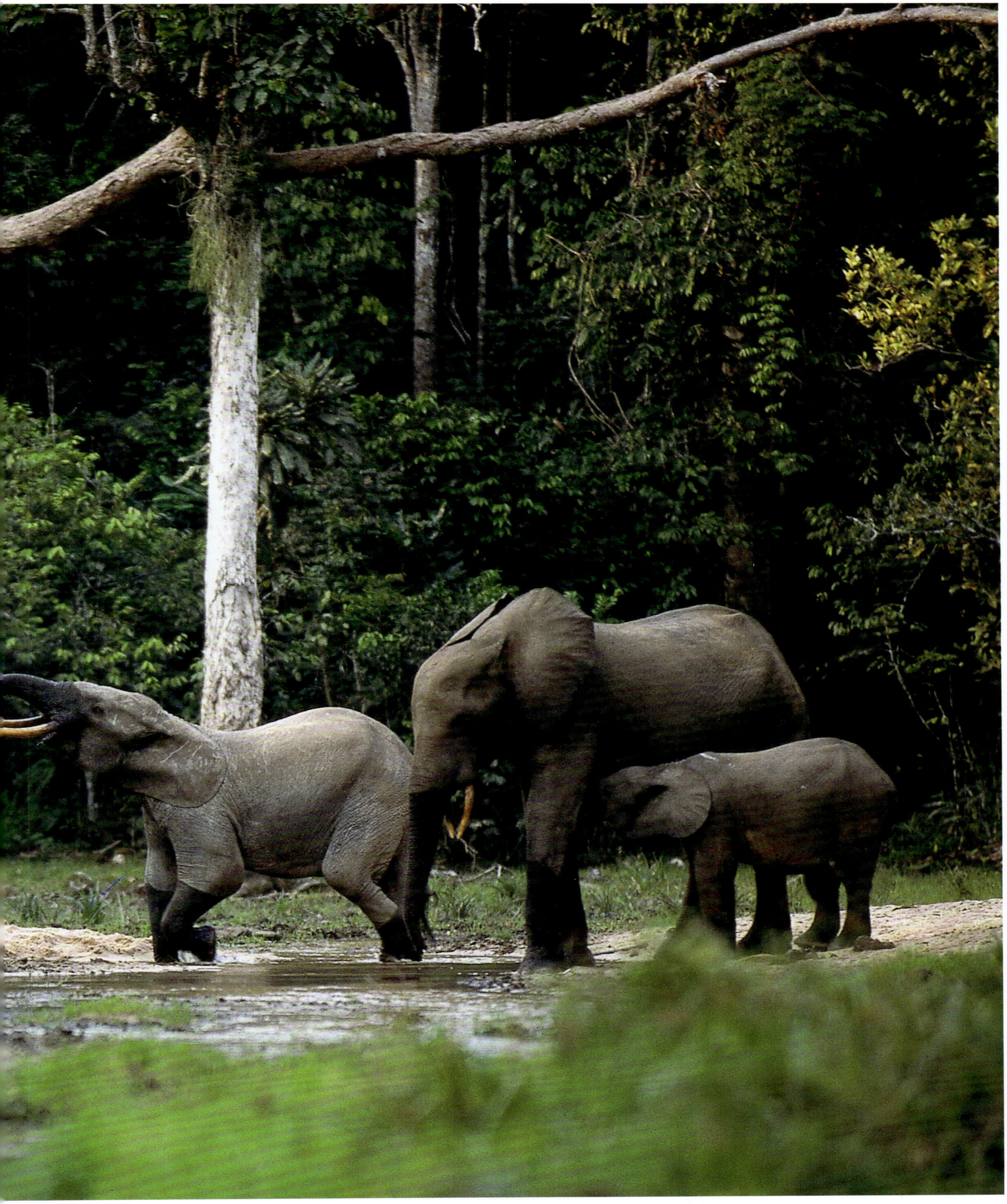

Afrikanische Waldelefanten: Hilflos gegen Holzeinschlag und Wilderei

Nur der Kopf, die Schultern und die Vorderbeine der Elefantenkuh sind zu sehen. Die hintere Hälfte ihres Körpers bleibt zwischen den Baumstämmen und den Blättern einiger Büsche am Waldrand verborgen. Obwohl auf der großen Lichtung im zentralafrikanischen Tropenwald mehr als dreißig Elefanten weit verteilt stehen und ruhig hin- und herziehen, verharrt die Elefantenkuh mehrere Minuten nahezu regungslos. Ab und zu hebt sie ihren Rüssel und zieht Luft ein. Selbst die acht Rotbüffel, die träge im Schlamm am Rande des kleinen Flusses sitzen, scheinen sie nicht davon zu überzeugen, daß sie gefahrlos den Schutz der dichten Vegetation verlassen kann. Vielleicht wartet sie aber auch nur ab, bis einige der anderen Elefanten von der offenen Fläche inmitten des Waldes verschwunden sind. Schließlich macht die Elefantenkuh einige Schritte und steht im Freien. Sie ist nicht alleine. Ihr folgt ein wenige Wochen altes Kalb, das sorgsam darauf bedacht ist, mit der Spitze seines kleinen Rüssels den Schwanz seiner Mutter zu berühren. Wenige Meter danach wird ein halbwüchsiges Tier sichtbar. Es ist ein vier- bis fünfjähriger Bulle, der Bruder des Elefantenkindes. Er lebt ebenfalls in enger Gemeinschaft mit seiner Mutter, mindestens zwei weitere Jahre noch.

Kaum hat die Kleinfamilie das Dickicht des Waldes von Dzanga Sangha bei Bayanga in der Zentralafrikanischen Republik (ZAR) hinter sich gelassen, ist es mit der Vorsicht vorbei. Zielstrebig hält die Elefantenkuh auf den Mittelteil der baumfreien Fläche zu. Dort machen sich schon seit den frühen Nachmittagsstunden nacheinander immer neue Elefanten mit ihren Rüsseln und Stoßzähnen am Erdboden zu schaffen. Aus weiten Löchern, die die Tiere mit ihren Vorderfüßen und Zähnen von Zeit zu Zeit vertiefen, saugen sie durch die Öffnung an der Spitze ihres Rüssels Wasser und Schlamm ein und blasen sich dieses Gemisch nach elegantem Schwung in die Mundöffnung. Da der Rüssel eines ausgewachsenen Elefanten zehn bis fünfzehn Liter fassen kann, dauert es eine Weile, bis der Nasenschlauch gefüllt ist. Die Leerung geht wesentlich schneller. Nach fünf bis fünfzehn Minuten ist der Bedarf an Mineralien und Salzen, die hier im Erdboden enthalten sind, gedeckt, und die gesättigten Tiere machen den nächsten Platz. Allerdings geht es nicht immer ganz freiwillig der Reihe nach. Eine alte Kuh oder ein starker Bulle vertreiben schon mal jüngere Artgenossen von den besten Plätzen. Manche Bohrlöcher scheinen besonders ergiebig zu sein, denn dorthin zieht es die platzerfahrenen älteren Tiere ohne Umschweife.

»Dorf der Elefanten« nennen die Angehörigen des Pygmäenstammes Ba Aka die baumfreien Versammlungsplätze des Wildes inmitten des dichten tropischen Regenwaldes. Als Saline bezeichnen Ökologen und Naturschützer den größten aller bekannten dieser Treffpunkte von Waldelefanten im Dzanga Sangha Dense Forest Reservat, das dem zentralafrikanischen Dzanga Ndoki Nationalpark angegliedert ist. Hier, auf der »Bai Dzanga«, versorgen sich im Verlauf von vierundzwanzig Stunden zwischen fünfhundert und eintausend der ausschließlich im Wald lebenden Elefanten der Unterart »Loxodonta africana cyclotis« mit Salzen und Spurenelementen. Dieser Platz ist so außergewöhnlich, daß die zentralafrikanische Forst- und Naturschutzbehörde in Kooperation mit der deutschen Gesellschaft für Technische Zusammenarbeit (GTZ) und dem World Wide Fund for Nature (WWF) an seinem Rand eine stabile sechs Meter hohe und etwa fünfzig Quadratmeter große Aus-

Afrikanische Waldelefanten: Hilflos gegen Holzeinschlag und Wilderei

sichtsplattform bauen ließ. Das im französischsprachigen Zentralafrika als »Mirador« bezeichnete Holzbauwerk fernab jeder Zivilisation ist ein Ort für einmalige Einblicke in der Leben von Wildtieren, die für gewöhnlich im Urwald verborgen bleiben. Der Ausguck ist nur nach einem gut halbstündigen Fußmarsch durch Wasser und Dickicht zu erreichen. Zuvor führt eine ebenfalls halbstündige Fahrt mit einem Geländefahrzeug von Bayanga auf vor Jahren von einem osteuropäischen, inzwischen in Konkurs geratenen Holzeinschlagunternehmen angelegten Transportwegen, die jetzt von der Naturschutzbehörde offen gehalten werden, an den Rand des von Menschen noch weitgehend unberührten Herzstücks des Reservates.

Hier leben Flachlandgorillas, Schimpansen, Leoparden, Riesenwaldschweine, Rotbüffel, Bongo-Antilopen und rund fünfzig weitere Säugetierarten. Die größte unter ihnen ist der Afrikanische Waldelefant, der kleinere nahe Verwandte des in Ost- und Südafrika lebenden Steppenelefanten (Loxodonta africana africana). Bis in die jüngere Vergangenheit waren die in Zentral- und Westafrika vorkommenden Waldelefanten weitgehend unerforscht. Man wußte, daß sie um etwa in Drittel bis zur Hälfte kleiner und leichter als die zwischen drei und vier Meter hohen und bis zu siebeneinhalb Tonnen schweren Steppenelefanten sind. Als bekannt wurde, daß sich Steppen- und

Die meisten Waldelefanten ziehen im kleinen Familienverband umher, in dem sie in regelmäßigen Abständen Lichtungen (vorhergehende Doppelseite) und Wasserstellen aufsuchen.

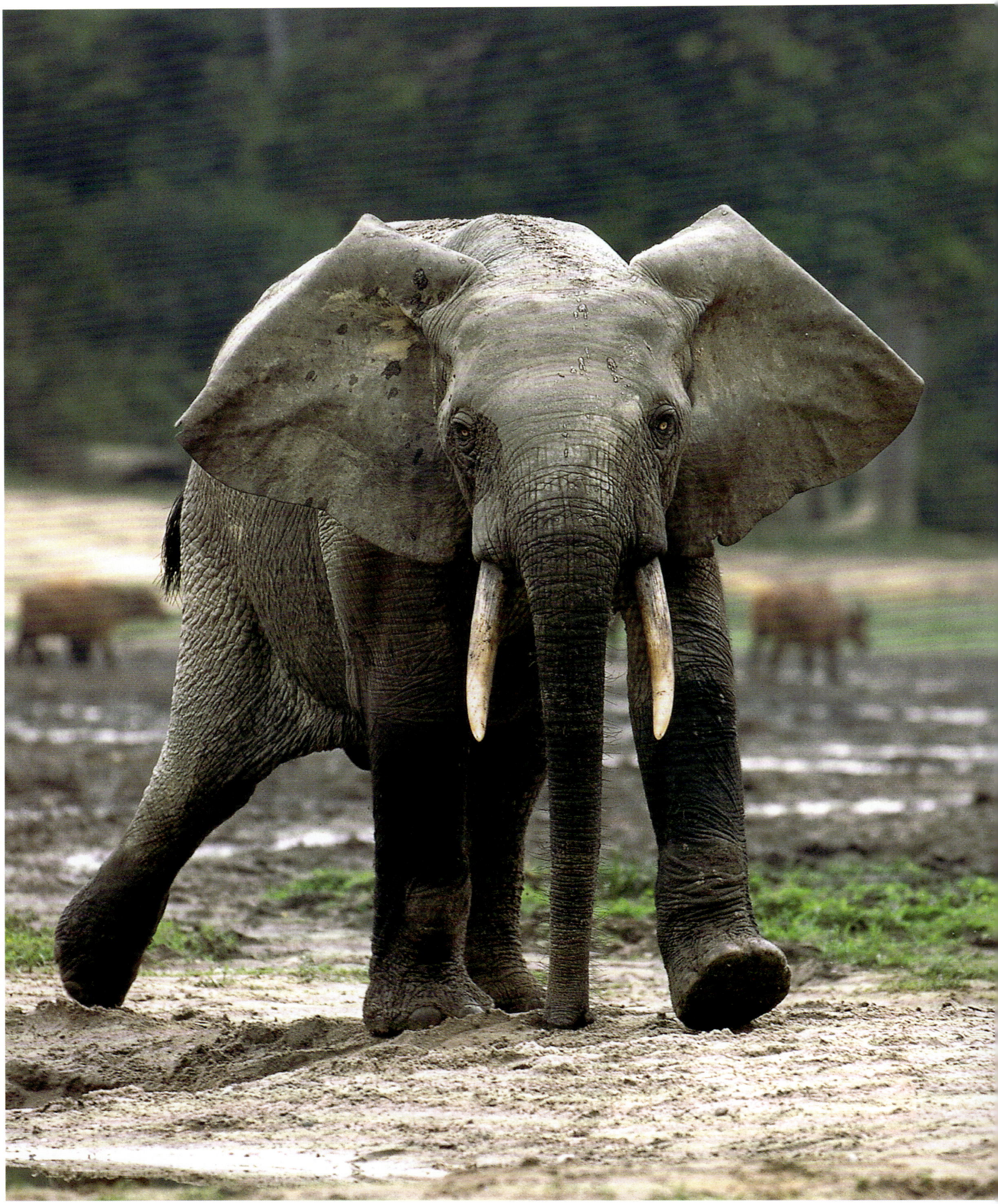

Afrikanische Waldelefanten: Hilflos gegen Holzeinschlag und Wilderei

Waldelefanten in den geographischen Übergangszonen ihrer Lebensräume erfolgreich paaren, war die vorübergehende Annahme, es handele sich bei beiden um zwei verschiedene Arten, schnell verworfen. Der unterschiedliche Lebensraum und stark voneinander abweichende Körpermerkmale hatten unter früheren Zoologengenerationen zu solchen Vermutungen geführt. Neben der geringeren Körpergröße fallen beim Waldelefanten die dünneren und steiler nach unten gerichteten Stoßzähne sowie die kleineren runden Ohren auf. »Rundohrelefanten« heißen sie deshalb auch. Da sie im Wald nicht wie die »Großohrelefanten« in den Savannen Ost- und Südafrikas so stark der Sonne ausgesetzt sind, brauchen sie nicht wie diese gewaltige Ohrlappen zum Temperaturausgleich. Und beim – nahezu – lautlosen Fortbewegen im dichten Wald wären große Ohren genauso hinderlich wie nach vorne und oben gebogene Stoßzähne und voluminöse Körper. Manche ausgewachsenen Waldelefanten bleiben so klein, daß in Fachkreisen immer wieder Überlegungen angestellt wurden, ob es vielleicht sogar einen Zwergelefanten als eigene Art oder weitere Unterart gebe.

Zwar glaubt auch die Elefantenforscherin Andrea Turkalo nicht, daß es einen eigenen Zwergelefanten gibt, aber auffällige Größenunterschiede zwischen erwachsenen Tieren, die bis zur Hälfte des Körperumfangs ausmachen, hat auch sie schon festgestellt. Seit Jahren beobachtet die Amerikanerin in Begleitung von Pygmäen mehrere Monate im Jahr täglich das Stelldichein der Elefanten an der Saline von Dzanga Sangha. Sie hat bisher mehr als zwölfhundert Tiere individuell bestimmt. Nach ihren Aufzeichnungen besuchen mehr als zweitausend verschiedene Elefanten im Verlauf eines Jahres in regelmäßigen Abständen die Saline.

Die aus Europa angereisten Beobachter, die einen Nachmittag, eine Vollmondnacht und einen halben Vormittag auf der Plattform verbringen, zählen über fünfhundert verschiedene Tiere. Zeitweise sind mehr als einhundertzwanzig Elefanten gleichzeitig auf der Fläche versammelt. Es ist ein ununterbrochenes Kommen und Gehen, Hin- und Herziehen von teils mächtigen, teils kleinen grauen und braunen Leibern.

Da die Waldelefanten einzeln oder in kleinen Familiengruppen von drei bis fünf Tieren leben und nicht wie ihre Verwandten in den Savannen Herden von gelegentlich einigen hundert Tieren bilden und da sie im dichten Wald nur anhand ihrer Spuren und Kotballen – schwer – zu identifizieren sind, ist eine Erfassung des gesamten Waldelefantenbestandes in Zentral- und Westafrika kaum möglich. Forscher wie Andrea Turkalo oder der im Februar 2000 tödlich verunglückte Elefanten- und Afrikaexperte Günter Merz von WWF-Deutschland haben viel zur besseren Kenntnis der Waldelefanten und ihrer Lebensraumansprüche beigetragen. (Günter Merz schrieb seine Doktorarbeit über die Tiere.) Jahrelanger schweißtreibender Aufenthalt im tropischen Regenwald, das geduldige Zusammenfügen vieler eigener Forschungs- und Beobachtungsergebnisse und die Auswertung des Wissens der kleinwüchsigen »Waldmenschen« haben die Bedeutung der Waldelefanten für das Ökosystem afrikanischer Tropenwald immer klarer werden lassen. Sie ernähren sich – jahreszeitlich mit den Vegetationsperioden wechselnd – von mehr als einhundertfünfzig verschiedenen Pflanzen: von ihren Blättern, Blüten,

Zwar ist der Bulle noch jung, doch weiß er sich mit aufgestellten Ohren und einigen Ausfallschritten schon gehörigen Respekt zu verschaffen.

Früchten, Stengeln, Stämmen und von ihrer Rinde. Dabei sorgen sie für die Fortpflanzung und Verbreitung von vielen Bäumen und Sträuchern, indem sie deren Samen in ihrem Darmtrakt aufschließen und bis zum Ausscheiden in ihrem Körper transportieren. Wenn sie gelegentlich Bäume umstoßen und Äste abreißen, schaffen sie im Wald Lichtungen und damit Wuchsmöglichkeiten für junge Pflanzen. Sie erschließen Wasserquellen und Depots von Mineralien für viele andere Tiere. An der großen Saline von Dzanga Sangha etwa landen jeden Morgen mehrere tausend Graupapageien, um an den von Elefanten aufgegrabenen Erdlöchern wichtige Lebensstoffe aufzupicken und zu trinken. Da die Elefanten sich im Wald sehr geschickt fortbewegen, legen sie bis zu fünfzig Kilometer am Tag zurück. Zur Saline führen von weither generationenlang benutzte und ständig freigehaltene Elefantenpfade. Aus der Luft betrachtet sieht das »Dorf der Elefanten« wie eine ovale Sonne mit vielen Strahlen aus.

Mit der finanziellen und technischen Hilfe beim Aufbau der Infrastruktur des Nationalparks und des Waldschutzgebietes in der zentralafrikanischen Dzanga-Region hat das deutsche Bundesministerium für wirtschaftliche Zusammenarbeit und Entwicklung (BMZ) viel zum Schutz der Waldelefanten in dem 4500 Quadratkilometer großen, teilweise schon vom Holzeinschlag gezeichneten Gebiet getan. Der Bau einer kleinen Hotelanlage aus Holz, der Doli Lodge, am Ufer des Sangha, nahe dem kleinen Ort Bayanga, 480 Kilometer südwestlich der Hauptstadt Bangui, soll zur dauerhaften Sicherung des Projektes beitragen.

Bis zu zwanzig an der zentralafrikanischen Natur interessierte Touristen können von hier aus den Wald und die Flüsse mit ihrer Fauna und Flora und das überwiegend noch naturnahe Leben der Pygmäen unter kundiger Führung kennenlernen. Noch ist vieles im Aufbau, so auch die Truppe der Wildhüter, das Informationszentrum, die Umweltbildung, die Gewöhnung wilder Flachlandgorillas an kleine Touristengruppen und die Verbesserung der örtlichen Krankenstation. Vor allem gilt es, die zur Zeit stilliegende Konzession für den Holzeinschlag in den Pufferzonen der Naturschutzgebiete auf eine für die Tiere verträgliche nachhaltige Waldnutzung auszurichten, was bei dem mehrfachen Wechsel der Leitung des Forstministeriums in der jüngeren Vergangenheit immer wieder neue Anläufe erfordert. An der Konzession hängt ein holzverarbeitender Betrieb in Bayanga, der einzige Arbeitgeber neben dem Naturschutz und dem langsam aufkommenden Ökotourismus.

Ohne eine langfristige Hilfe von außen, auf die sich die Menschen in der Region verlassen können, läuft das Naturschutz- und Entwicklungsprojekt indes Gefahr zu scheitern. Das BMZ wäre schlecht beraten, ein erfolgreich begonnenes Naturschutzprojekt wie das von Dzanga Sangha von der Liste zu streichen. Dieses Projekt ist nicht nur von großer Bedeutung für die Erhaltung des zentralafrikanischen Regenwaldes und damit für den Afrikanischen Waldelefanten als Leitart für viele andere Tierarten, sondern ein Beispiel für moderne Entwicklungspolitik mit dem Ziel der Nachhaltigkeit.

Mehr als die Hälfte des Regenwaldes im Kongobecken ist schon vernichtet oder schwer geschädigt. In Westafrika sind es über achtzig Prozent. Die Reste sind vielerorts zersplittert und verinselt. Mit der Rodung und dem Verbrennen des Waldes geht das Wildern von Elefanten und aller anderen Wildtiere einher. Der Gesamtbestand von Waldelefanten in Zentral- und Westafrika wird von der Spezialistengruppe der Weltnaturschutzunion (IUCN) für den Afrikanischen Elefanten auf

Afrikanische Waldelefanten: Hilflos gegen Holzeinschlag und Wilderei

höchstens einhundertvierzigtausend geschätzt. Vor dreißig Jahren noch sollen es mehr als doppelt so viele gewesen sein. Im zentralen Kongobecken liegen die letzten zusammenhängenden Rückzugsgebiete dieser großen urweltlichen Waldbewohner. Mit einer rücksichtsvollen selektiven Nutzung eines Teils der Wälder kommen sie zurecht, wie viele andere Wildtierarten, solange genügend großflächig miteinander vernetzte, also durch Korridore verbundene Vollschutzgebiete zum Rückzug und Austausch vorhanden sind. Initiiert und unterstützt vom WWF, der in allen drei Ländern seit Jahren tätig ist, haben nach langen Vorarbeiten

die Regierungen von Kamerun, der Republik Kongo und der Zentralafrikanischen Republik im Dezember 2000 ein Abkommen zur Schaffung eines 28 000 Quadratkilometer großen überregionalen Schutzgebietes geschlossen, indem sie die drei Nationalparks Dzanga Ndoki in der ZAR, Lobeke in Kamerun und Nouabale-Ndoki in Kongo miteinander verbinden, unter gemeinsame Aufsicht stellen und die grenzüberschreitende Verfolgung von Wilderern ermöglichen. Das Ziel ist ein großer Internationalpark von mehr als fünfzigtausend Quadratkilometern – fünf Millionen Hektar. Aber es muß wohl erst ein aus Entwicklungsgeldern gespeister und international kontrollierter Treuhandfonds (Trust-Fund) geschaffen werden, aus dessen Erträgen die dauerhafte Sicherung eines derartigen Welterbes für die Menschheit und für die Natur finanziert werden kann. Und das wiederum setzt stabile politische Verhältnisse in den Heimatstaaten der Waldelefanten voraus.

Mehr als einhundert Elefanten versammeln sich manchmal auf der »Bai Dzanga«, zu der Dutzende von Pfaden führen. Dabei treffen bisweilen mehrere starke Bullen aufeinander (folgende Doppelseite).

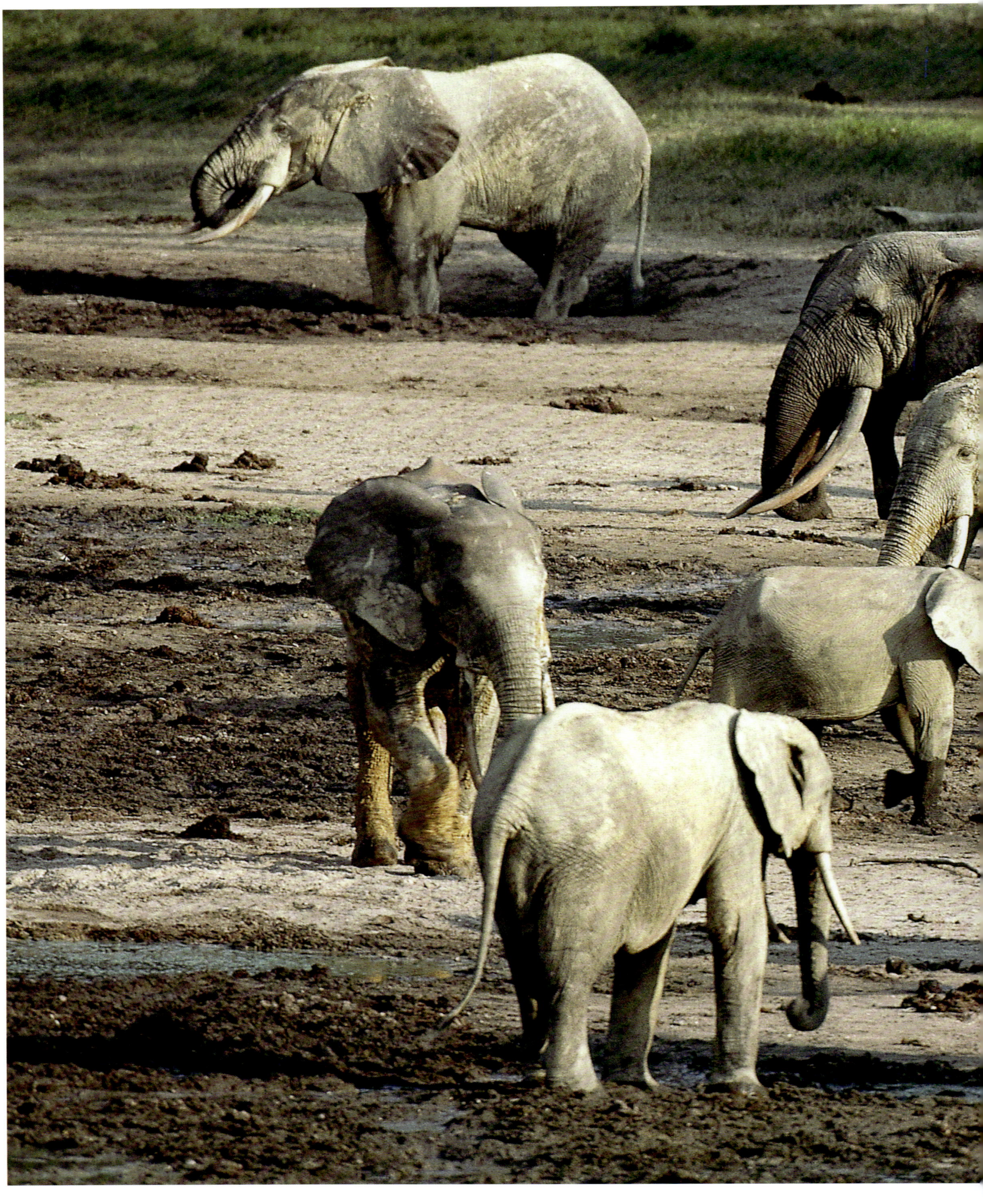

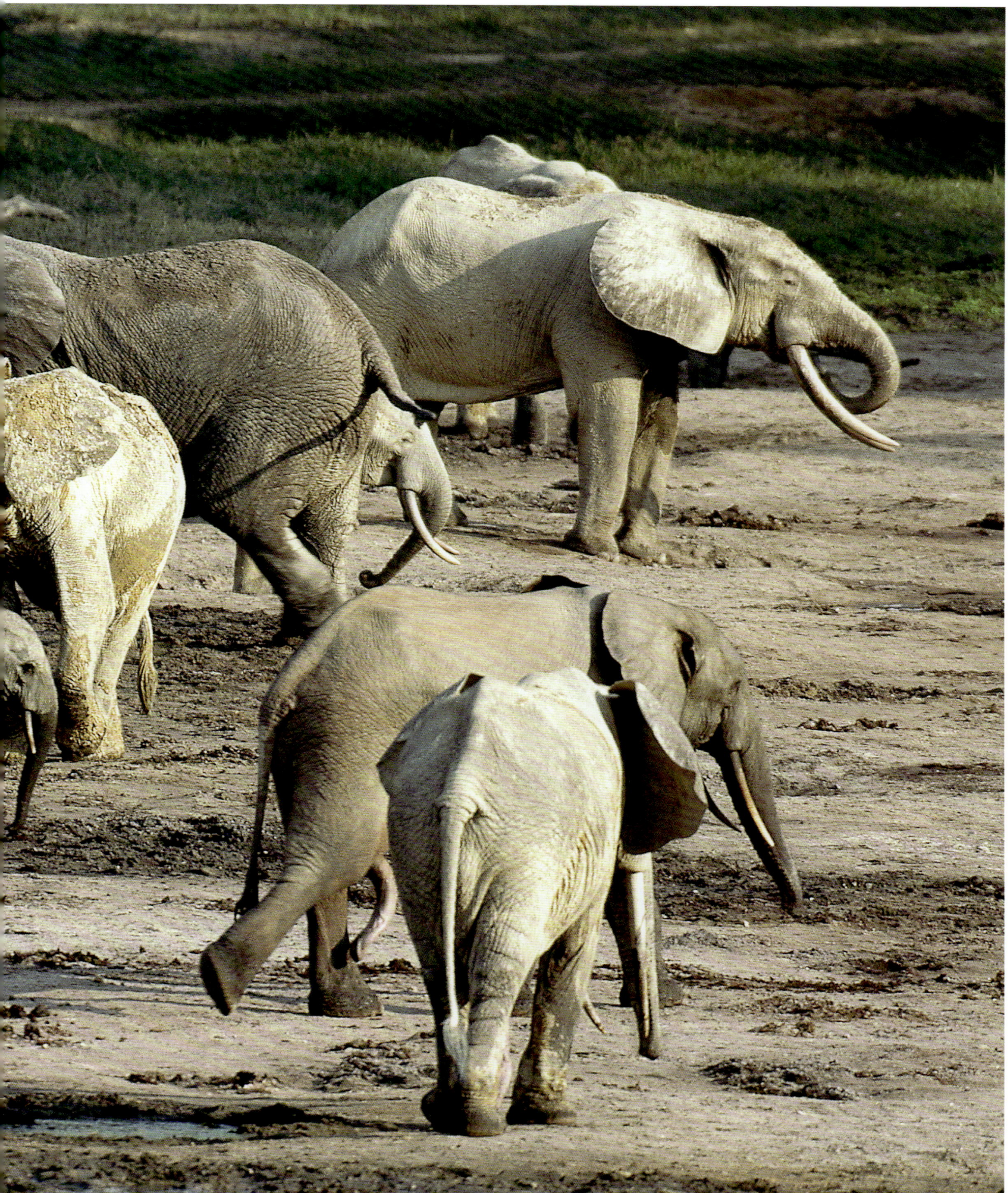

In Wäldern und auf Bergen

Lemuren: Jedes Jahr kommen neue Arten hinzu

Anfangs ist es nur ein dumpfes Brummen. Dann werden die Laute heller und schriller. Schließlich ertönt aus den Baumkronen ein rauhes Bellen, das in einem Heulen und Wimmern ausklingt. Nach kurzer Pause hebt das Konzert erneut an, doch die schauerlich anmutenden Laute dringen dieses Mal aus einer anderen Richtung, weiter entfernt. Wenig später läuft es dem Naturbeobachter eiskalt über den Rücken. Aus einer Höhe von weniger als zehn Metern blicken ihn zwei große gelbe Augen aus einem fast runden Kopf mit flauschigem schwarzweißem Haar an. Oder sind sie blau? Oder braun, vielleicht grün? Die Farbe wechselt irisierend als Folge des ungleichen Lichteinfalls der Sonnenstrahlen durch das Blätterdach. Die furchterregenden Laute sind jetzt zu einem kurzen Keckern geworden. Die Geräusche und die auf- und abschwankenden Zweige der Bäume verraten, daß das Lebewesen da oben nicht alleine ist. Wenig später raschelt und wackelt es etwas heftiger im Blattwerk und der Spuk zur frühen Morgenstunde im dichten Urwald des nordöstlichen Madagaskar ist vorbei. Zurück bleibt das Bild von einem sonderbaren Tier, das nur für einen Moment und nur zum Teil seinen langschwänzigen Körper zur Ansicht freigegeben hat. Zu kurz für eine genaue Ansprache und Bestimmung.

Aber kein Besucher begibt sich ohne kundige Begleitung auf die Pfade des noch jungen Nationalparks Marojejy, dessen 60 000 Hektar sich vom Tiefland-Regenwald bis ins Gebirge auf über zweitausend Meter erstrecken. So erfährt er von seinem einheimischen Führer, daß sie soeben einen »Ruffed Lemur«, einen Vari gesehen haben. Doch es seien auch Rufe von Braunen Makis zu hören gewesen. Die aber haben sich bedeckt gehalten. So schnell gibt der Urwald seine Geheimnisse nicht preis und erst recht nicht die geheimnisvollen Lemuren. Erst im Verlauf mehrerer ausgedehnter Ausflüge in Naturschutzgebiete und Besuche von kleinen Reservaten Madagaskars, in denen einige Lemurenarten an den Menschen gewöhnt sind, hebt sich allmählich ein wenig der Schleier des Mystischen, der diese Tiere seit jeher umgibt. Nicht von ungefähr tragen sie den Namen, den die Römer den Geistern von Verstorbenen gegeben haben. Bei den Madagassen gelten die Tierkobolde von der Größe einer Maus bis zu der eines Schimpansen als Geister des Waldes, welche die Seelen der Toten in sich tragen.

Rätselhaft wie ihre Herkunft, beeindruckend wie ihre Entwicklungsgeschichte, vielfältig wie ihr Aussehen, abwechslungsreich wie ihr Verhalten und phantasievoll wie ihre Überlebensstrategien sind die zoologische Erforschung der Lemuren und ihre Ergebnisse bis auf den heutigen Tag. Wohl keine anderen Säugetiere haben in der jüngeren Vergangenheit für so viele Entdeckungen und neue Erkenntnisse gesorgt wie die Halbaffen auf Madagaskar. Daß die Liste der bekannten Tierarten in einer Zeit, in der allenthalben weltweit über das Artensterben geklagt wird, immer noch länger wird, ist den geheimnisvollen Waldgeistern auf der viertgrößten Insel der Erde zu verdanken. Wenngleich auf Madagaskar weniger als ein Zehntel der einstigen Primärwälder erhalten ist, beher-

Wenn Larvensifakas sich am Boden fortbewegen, sieht es so aus, als würden sie leichtfüßig tanzen. Aber wie die Kattas (folgende Doppelseite) halten sie sich lieber im Geäst von Bäumen auf.

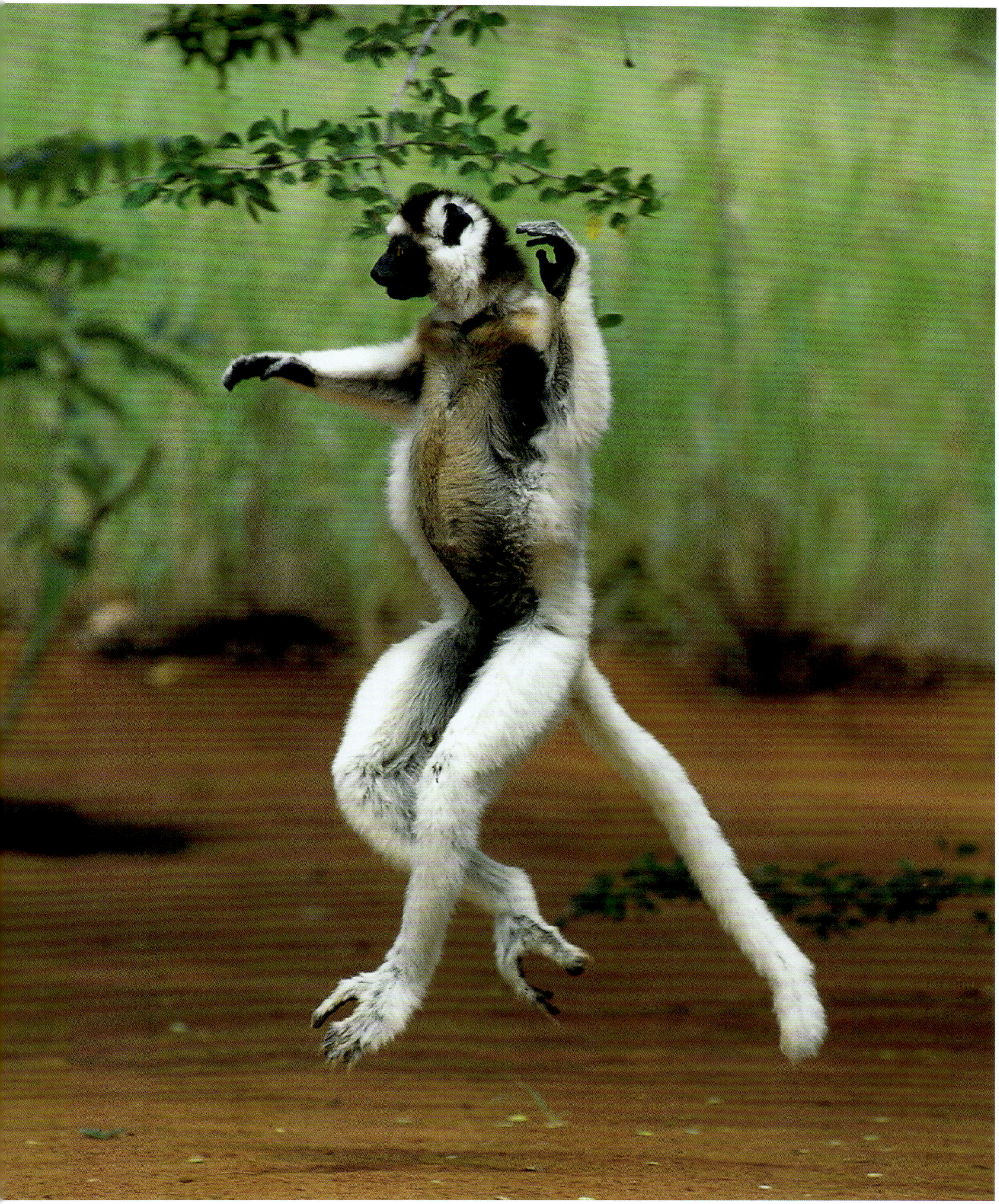

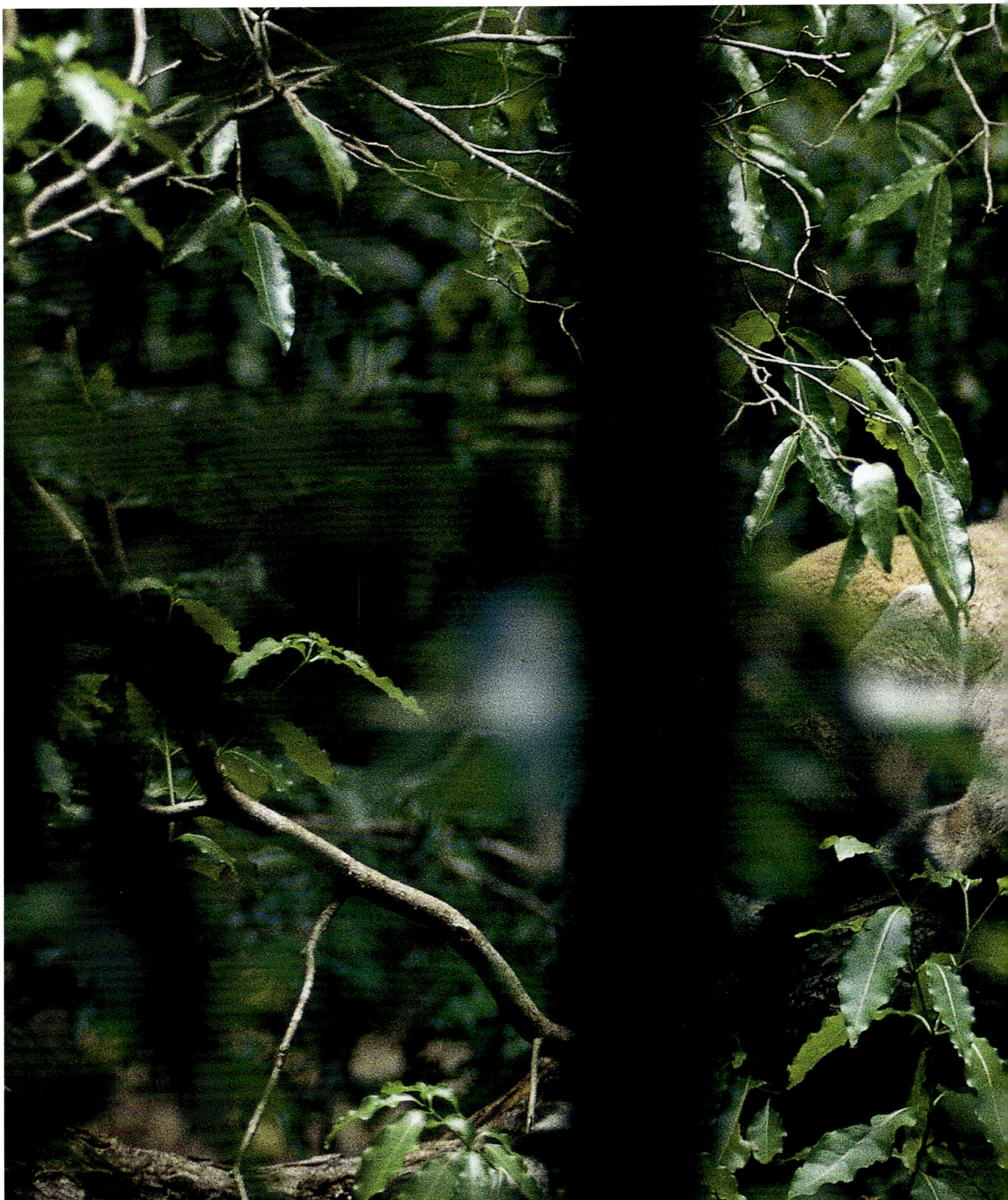

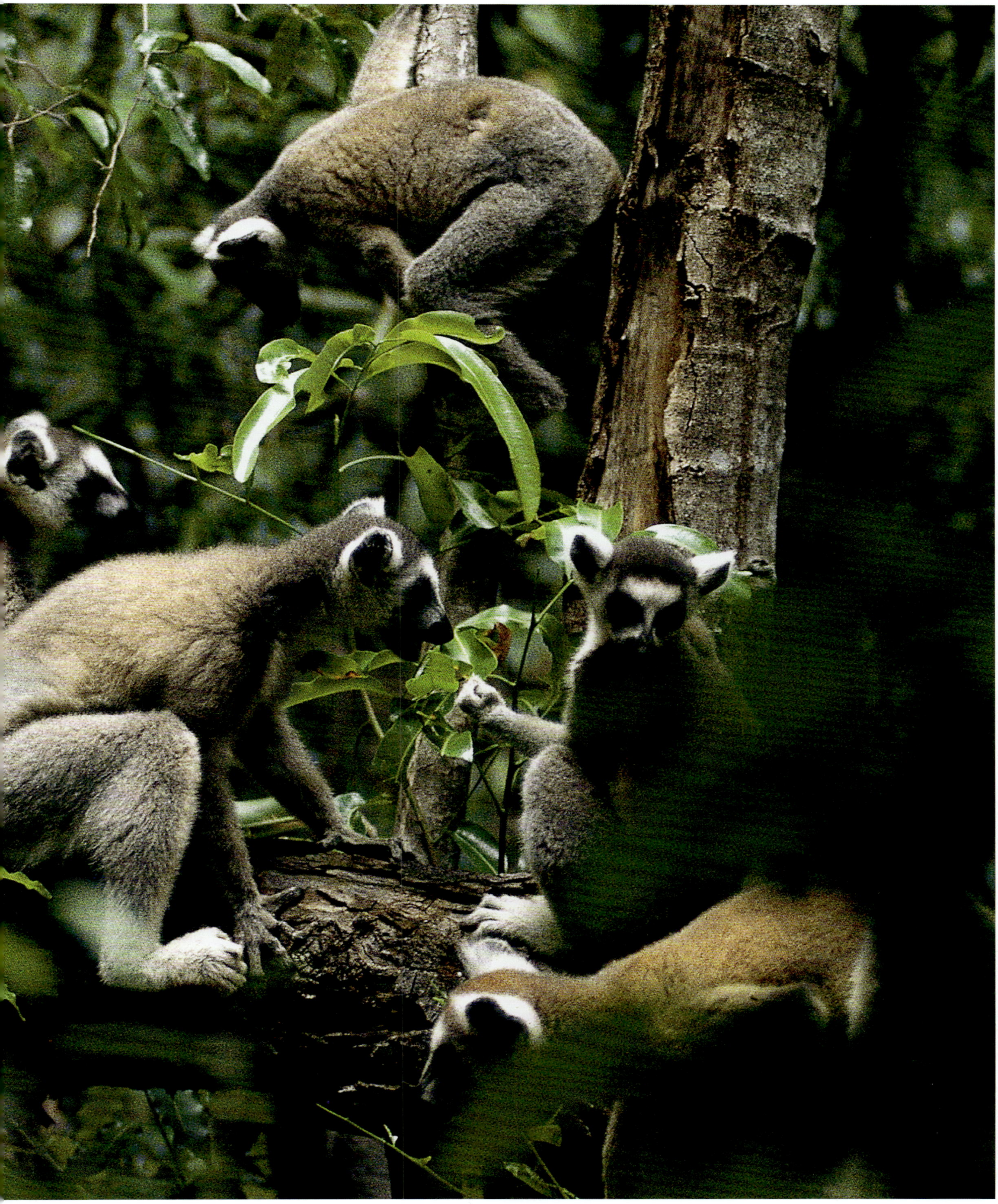

In Wäldern und auf Bergen

bergen sie immer noch eine einmalige biologische Vielfalt an Pflanzen und Tieren. Aber es ist nicht nur ihr Reichtum an Arten, sondern deren Einmaligkeit, der die knapp 1600 Kilometer lange Insel vor der Südostküste Afrikas ihre Bedeutung als unvergleichliche Arche Noah verdankt. Von den bisher bekannten zwölftausend Blütenpflanzen etwa sind 95 Prozent endemisch, das heißt, sie kommen nur hier und an keinem anderen Ort der Erde vor. Von den rund einhundertzwanzig Säugetierarten sind 90 Prozent in ihrem Vorkommen auf Madagaskar beschränkt.

Über ihre Herkunft und Entwicklung gibt es viele Vermutungen und Theorien. Die Lemuren, Angehörige der Unterordnung der Halbaffen in der Ordnung der Primaten, zu der auch der Mensch zählt, nehmen dabei eine Schlüsselrolle ein. Sie beschäftigen – neben den Naturschützern – bis in die Gegenwart viele Forscher, insbesondere auch aus Deutschland. In den vergangenen zwanzig Jahren haben die Zoologen den Familienstammbaum immer wieder verlängert, denn fortwährend tauchten neue Arten auf. Entweder bei der überwiegend im Wald durchgeführten Feldforschung, bei der sie bisher nicht bekannte oder seit Jahrzehnten für ausgestorben gehaltene Angehörige der fünf Lemurenfamilien entdeckten, oder im Labor bei vergleichenden Genanalysen, die eine genauere Bestimmung und feinere Differenzierung von bisher in nur einer Art zusammengefaßten Tiere ermöglichten. Im Jahr 1988 machte der Lemurenclan einundzwanzig Arten aus, 1992 waren es vierundzwanzig, zur Jahrtausendwende bereits zweiunddreißig. Doch auch diese Zahl ist schon überholt. Achtunddreißig Arten seien es wohl sicher, meint der Madagaskar- und Lemurenspezialist Professor Jörg Ganzhorn von der Universität Hamburg. Doch es gebe in den kommenden Jahren sicher noch mehr Entdeckungen und Neubestimmungen. Es sei nicht unmöglich, daß man eines Tages mehr als sechzig Arten unter-

Der Wieselmaki (oben links) ist wie viele andere Lemurenarten überwiegend nachts im Wald unterwegs und verbringt den Tag in einer Baumhöhle, die er in der Dämmerung verläßt.

Das Indriweibchen und sein halberwachsenes Junges haben eine Blüte im madagassischen Urwald entdeckt, die sie, vom Blitzlicht überrascht, pflücken und verzehren.

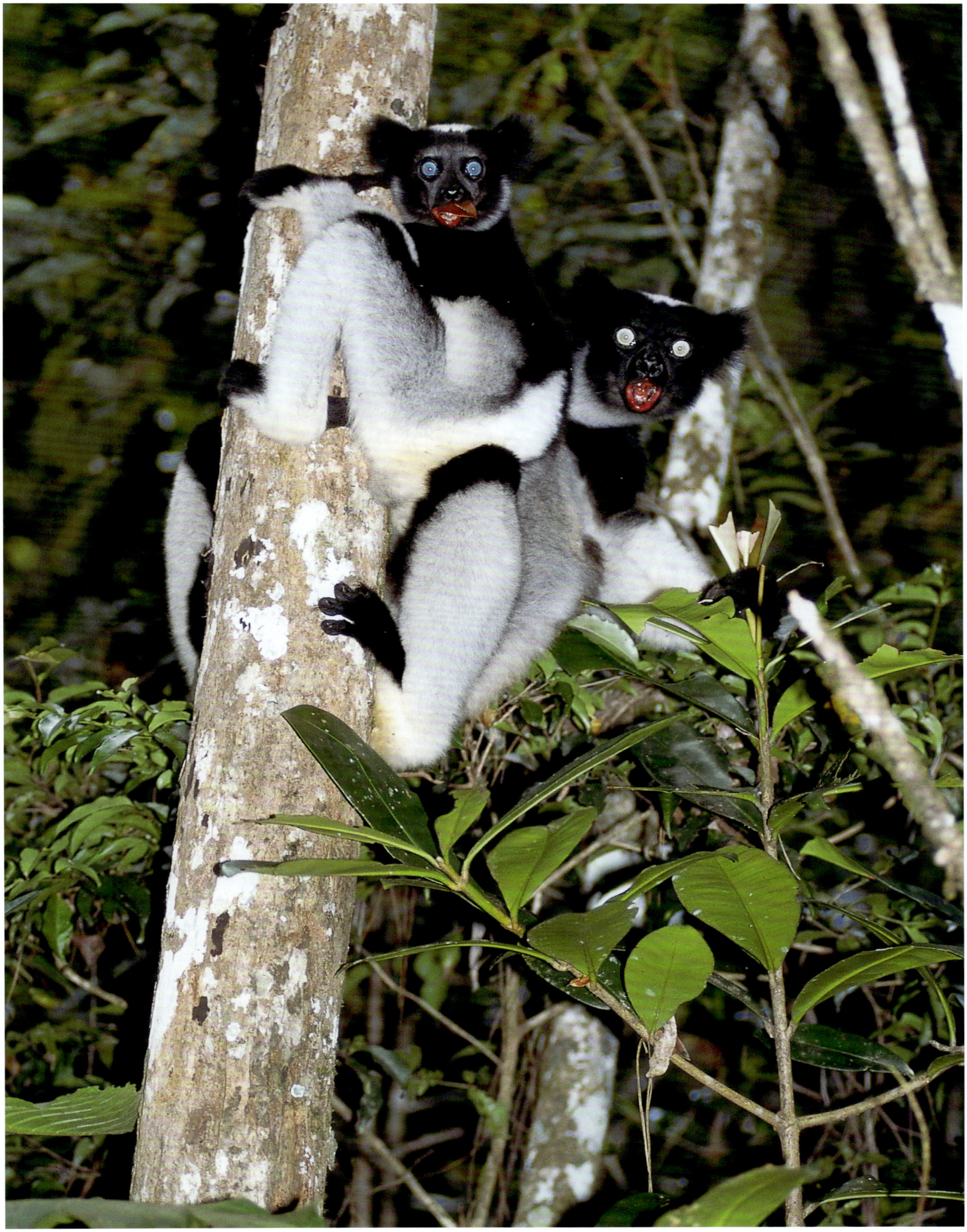

In Wäldern und auf Bergen

scheide. Wenn viele nicht vorher mit der weiteren Vernichtung von Wald ausgerottet werden, wie es schon etlichen ergangen ist. Zu ihnen zählt der Riesenmaki. Mit einer Körpergröße von mindestens 150 Zentimetern und einem Gewicht von über 100 Kilogramm war er größer als ein weiblicher Gorilla. Er lebte noch vor weniger als tausend Jahren auf Madagaskar und ist mit anderen Lemurenarten, die weiter als die heutigen entwickelt waren, von den aus Südostasien und Afrika zugewanderten Menschen ausgerottet worden.

Sie werden auf deutsch als Halbaffen bezeichnet, doch richtiger müßten sie – dem wissenschaftlichen Namen ihrer Unterordnung »Prosimiae« entsprechend – »Voraffen« heißen. Denn die Lemuren sind, wie die Loriverwandten und die Koboldmakis in Afrika und Südostasien, auf einer Entwicklungsstufe stehengeblieben, welche die Affen hinter sich gelassen haben. Während letztere in Afrika und Asien über lange Zeiträume immer höhere Formen ausgebildet haben, sehen die Lemuren auf Madagaskar noch so aus wie vor Urzeiten. Wissenschaftler nehmen an, daß ihre Vorfahren vor etwa sechzig Millionen Jahren über die heute an der engsten Stelle gut 400 Kilometer breite (Meeres-)Straße von Mosambik auf entwurzelten Bäumen oder Erdabbrüchen der Küste mit ihren Pflanzen vom afrikanischen Kontinent nach Madagaskar getrieben wurden. Damals gab es Lemuren nicht nur in Afrika, sondern auch im heutigen Europa, Amerika und Asien. Es war wahrscheinlich nur eine Art, die nach Madagaskar geriet und aus der sich im Lauf der langen Zeit viele weitere Arten entwickelt haben. Da es auf Madagaskar nie große Beutegreifer wie in Afrika gegeben hat – die zu den Schleichkatzen zählende Fossa oder Frettkatze ist neben zwei anderen kleineren Schleichkatzen, dem Großfalanuk und dem Kleinfalanuk, und einem halben Dutzend Mangustenarten das größte »Raubtier« auf der Insel –,

Ein intakter Regenwald liefert den Lemuren das ganze Jahr hindurch reichhaltige Nahrung. In einem so dicht mit Früchten behangenen Baum kann sich eine Gruppe von Larvensifakas tagelang verköstigen.

Lemuren: Jedes Jahr kommen neue Arten hinzu

war bis zum Auftauchen der Menschen im 1. Jahrtausend n. Chr. keine Lemurenart durch äußere Gewalt in ihrem Bestand und in ihrer Weiterentwicklung gefährdet. Überall anderswo wurden sie durch andere Tierarten verdrängt. Auf Madagaskar indes konnten sie sich über lange Zeiträume verschiedene ökologische Nischen suchen und Spezialisierungen herausbilden, die sie von der Konkurrenz abhoben. Es entwickelten sich unter den Lemuren in ihrem isolierten Lebensraum reine Pflanzenfresser, Insektenfresser und Gemischtkostler. Der Pflanzenreichtum, die verschiedenen Klimazonen, Höhenlagen und geographischen Ausformungen auf Madagaskar beförderten die Lemurenvielfalt, die immer wieder Zoologen und Naturbeobachter begeistert.

In Wäldern und auf Bergen

Unter den Lemuren ist er mit einem Durchschnittsgewicht von nur dreißig Gramm und einer Körperlänge von sechs bis sieben Zentimetern (den 11 bis 15 Zentimeter langen Schwanz nicht mitgemessen) der kleinste Angehörige der Primaten überhaupt: Der Zwergmaki wurde, nachdem er lange als ausgestorben galt, erst 1994 auf einer kleinen Waldfläche im Osten Madagaskars wiederentdeckt. Mit einer Körpergröße von knapp siebzig Zentimetern und einem Gewicht bis siebeneinhalb Kilogramm ist der Indri nicht nur die größte lebende Lemurenart, sondern auch die einzige überlebende ihrer Gattung innerhalb der Familie Indriidae, zu der weitere Angehörige mit so exotischen Namen wie Avahi und Sifaka gehören. A propos Namen: Das im Nordosten der Insel beheimatete Tier heißt bei den einheimischen Stämmen »Babakoto«, was so viel wie Vater des Menschen bedeutet. Diesen Namen trüge der schwarzweiße Lemur mit dem Stummelschwanz sicher auch in allen anderen Sprachen, hätten seine europäischen Entdecker bei der ersten Begegnung Ende des 18. Jahrhunderts ihre Führer richtig verstanden. »Indri indri« hätten diese beim Anblick der wie Hunde bellenden Großlemuren gerufen, so wird berichtet. Und aus »da sind sie, da sind sie« sei dann in allen überseeischen Sprachen die Artbezeichnung geworden.

Auch die zweitgrößte Art hat einen etwas gewöhnungsbedürftigen Namen. Der Diademsifaka gehört mit zwei anderen Arten und acht Unterarten zu einer Gattung von auffälligen Tieren. Unter ihnen ist der Larvensifaka ein besonderer Künstler, dem jeder Fotograf intensiv auf den Fersen ist. Akrobatisch klettern und bis zu zehn Meter weit von Ast zu Ast springen können auch die anderen Sifakas, doch keiner bewegt sich so grazil und tänzerisch gekonnt auf dem Boden vorwärts wie der Larvensifaka. Im privaten Schutzgebiet Berenty im Süden von Madagaskar unterhalten sie die Touristen mit ihrer eleganten Beweglichkeit. Allerdings sind sie nicht ganz so zutraulich wie die Kattas, die dort den Besuchern aus der Hand fressen und bisweilen recht aufdringlich werden können. Mit ihrer schwarzweißen Gesichtsmaske und dem gleichfarbig geringelten immens langen Schwanz sind die Kattas zu Werbeträgern für die außergewöhnliche biologische Vielfalt und Einmaligkeit der Tierwelt Madagaskars geworden und fehlen in keinem Prospekt. Da die Weibchen wie viele andere Lemuren ihr Junges mehrere Monate auf dem Rücken oder unter dem Bauch mit sich herumtra-

Lemuren: Jedes Jahr kommen neue Arten hinzu

gen, sind auch sie stets ein sehr begehrtes Objekt für die Kameras.

Die meisten Lemuren führen, im Gegensatz zu anderen Sprachen, auf deutsch den Namen Maki in vielen Zusammensetzungen. Zu ihnen gehören in den beiden Familien der Katzenmakis und der Wieselmakis mehr als zwei Dutzend Arten. Neben dem genannten Zwergmaki und einigen nur wenig größeren Verwandten zählt zu ihnen der in sechs Unterarten am weitesten verbreitete Braune Maki.

Zur verwirrenden Vielfalt sich ähnelnder Makis zählen der Rotstirnmaki (links) und die Grauen Halbmakis, auch Bambuslemuren genannt.

Mit einer Körperlänge von bis zu fünfzig Zentimetern, die noch von der Schwanzlänge um einiges übertroffen wird, und einem Gewicht von bis zu drei Kilogramm gehört er zu den größeren Lemuren und kommt – wie wenige andere Arten auch – auf den nordwestlich von Madagaskar gelegenen Komoren vor. Braune Makis, die dank ihrer immerwährenden Neugierde ebenfalls sehr vertraut werden, sind sowohl tagsüber als auch nachts aktiv. Bei den meisten Lemuren ist das anders. Die meisten sind in der Nacht munter und verstecken sich tagsüber in Baumhöhlen. Das gilt vor allem für die kleineren Makis. Daher auch sind ihre Augen groß und rund und besitzen eine von Art zu Art in unterschiedlichen Farben reflektierende Schicht, die es ihnen ermöglicht, auch bei gerin-

In Wäldern und auf Bergen

gem Restlicht noch gut zu sehen. Die Augenfarbe verändert sich oft während der ersten Lebensmonate stark.

Wer bei Dunkelheit auf Insektenjagd geht, muß auch gut hören und riechen können. Die Lemuren sind zum Aufnehmen und Differenzieren von Düften mit einem stets feucht gehaltenen Nasenspiegel ausgestattet. Ihr dank dieser körperlichen Einrichtung besonders feiner Geruchssinn ist aber nicht nur für die Nahrungssuche von Bedeutung. Vor allem die vielen einzeln lebenden Arten markieren ihr Territorium mit Drüsensekreten und Harn und grenzen sich duftmäßig gegen Artgenossen ab. Am Tag aktive Lemuren wie die Kattas und Sifakas leben in Familiengesellschaften zusammen, die bisweilen mehr als dreißig Mitglieder umfassen können. Kommt es etwa bei den Kattas zwischen zwei Gruppen zu Meinungsverschiedenheiten, setzen vor allem die Männchen Körperflüssigkeiten als Waffen ein. »Stinkkämpfe« nennen die Zoologen solche Auseinandersetzungen. Die Indris verlassen sich bei der Revierabgrenzung eher auf ihre kräftige Stimme. Da sie von Blättern, Blüten und Früchten leben, achten die kleinen Gruppen darauf, daß ihre zwischen acht und dreißig Hektar großen Reviere nicht von anderen Indris abgeerntet werden. Zwei- bis viermal am Tag veranstalten sie daher regelrechte Brüllkonzerte, die je nach Beschaffenheit des Geländes und des Waldes zwei bis drei Kilometer weit zu hören sind. Wer Indris beobachten will, was zu den Höhepunkten der Naturerlebnisse auf Madagaskar gehört, hat in den akustischen Wegweisern eine gute Hilfe.

Unterschiedlich wie die Arten ist auch ihr Lebensrhythmus. Einige sind schon im Alter von sieben Monaten geschlechtsreif, andere erst nach sieben Jahren. Die einen haben in jedem Jahr Nachwuchs, andere, wie die Indris etwa, nur jedes zweite oder dritte Jahr. Ein bis vier Junge kommen nach einer Tragzeit von sechzig bis einhundertfünfzig Tagen zur Welt. Beim seltenen Fingertier, vielfach besser unter seinem englischen und französischen Namen Aye-Aye bekannt, dauert sie sogar einhundertsiebzig Tage. Aber beim Fingertier, das nach seiner Entdeckung einige Zeit erst für ein Nagetier gehalten wurde, ist vieles anders als bei den übrigen Lemuren. Das gilt auch für die lange enge Beziehung der Mutter zu ihrem Kind. Bei den kleinen Lemurenarten werden die Jungen schon nach fünfundvierzig Tagen selbständig, bei den großen beginnt die Entwöhnung erst nach neun Monaten. Beim auch heute noch geheimnisvollen Fingertier dauert es mindestens ein Jahr, bis sich das Jungtier selbständig macht. Über dreiundzwanzig Jahre alt wurde eins der Tiere, das seinen Namen dem enorm langen Mittelfinger seiner Hände verdankt, in Gefangenschaft. Auf mehr als dreißig Jahre haben es andere Lemuren gebracht. Doch nur wenige Tiere erreichen ihr Höchstalter in freier Wildbahn. Den meisten wird der Lebensraum vorher durch Zerstörung der Wälder genommen. Daher steht zu befürchten, daß manche Art ausgerottet ist, bevor sie bestimmt werden kann. Auf Madagaskar bemühen sich daher viele Naturschutzorganisationen und auch die Entwicklungshilfe mehrerer Staaten, unter ihnen die deutsche Gesellschaft für Technische Zusammenarbeit (GTZ) und die Kreditanstalt für Wiederaufbau (KfW), um den Schutz der natürlichen Ressourcen. Der WWF hat mit mehr als zweihundertfünfzig Mitarbeitern sein weltweit größtes Programmbüro auf der Insel der Lemuren.

Den Vari gibt es in verschiedenen Farbvarianten. Er gehört zu den großen Lemuren und ist überwiegend nachts aktiv.

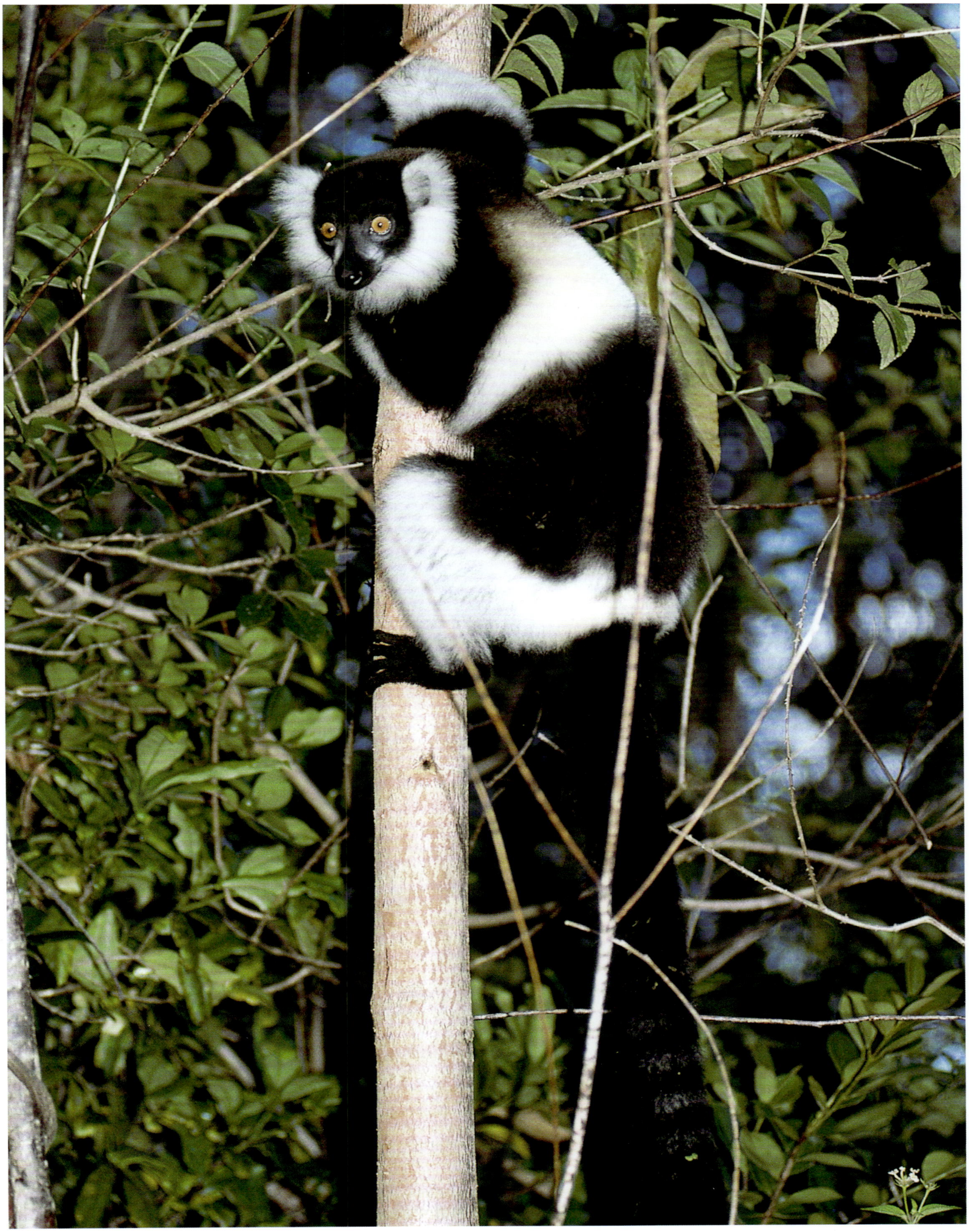

In Wäldern und auf Bergen

Ginsterkatzen: In manchem Safaricamp ein häufiger Gast

Wer in Afrika auf Safari geht und die Nacht in einem Camp der Nationalparks verbringt, tut gut daran, eine Taschenlampe mit starkem Lichtstrahl zur Hand zu haben. Damit kann der Naturbeobachter Tiere entdecken, die er auf seinen Pirschfahrten zwischen Sonnenaufgang und Sonnenuntergang nicht zu Gesicht bekommt, weil sie erst nach Einbruch der Dunkelheit den Schutz ihres Tagesverstecks verlassen. Nicht wenige von ihnen werden regelmäßig vom Lagerfeuer angelockt. Zu Stammbesuchern können Ginsterkatzen werden. Die von Natur aus eher scheuen Raubtiere, der wissenschaftlichen Gattungsbezeichnung entsprechend auch unter ihrem zweiten deutschen Namen Genetten bekannt, stellen sich gerne dort ein, wo für sie etwas abfällt. Wenngleich das Füttern von Wildtieren in den Camps der Schutzgebiete verboten und auch nicht ratsam ist, bleibt mitunter doch Eßbares liegen. Und mancher Koch erliegt der Schönheit einer Kleinfleck-Ginsterkatze, die ihm – von Düften angelockt – von Abend zu Abend näher kommt.

Die bis zu gut sechzig Zentimeter langen Schleichkatzen mit dem auf gelblichgrauem Grund dunkelbraun bis schwarz gefleckten Fell können genau zwischen einzelnen Menschen unterschei-

Nicht ängstlich, aber auf einen gewissen Abstand bedacht: Eine Ginsterkatze beobachtet von einem Baum herab das abendliche Treiben zwischen den Zelten unter sich und wartet ab, ob für sie etwas abfällt.

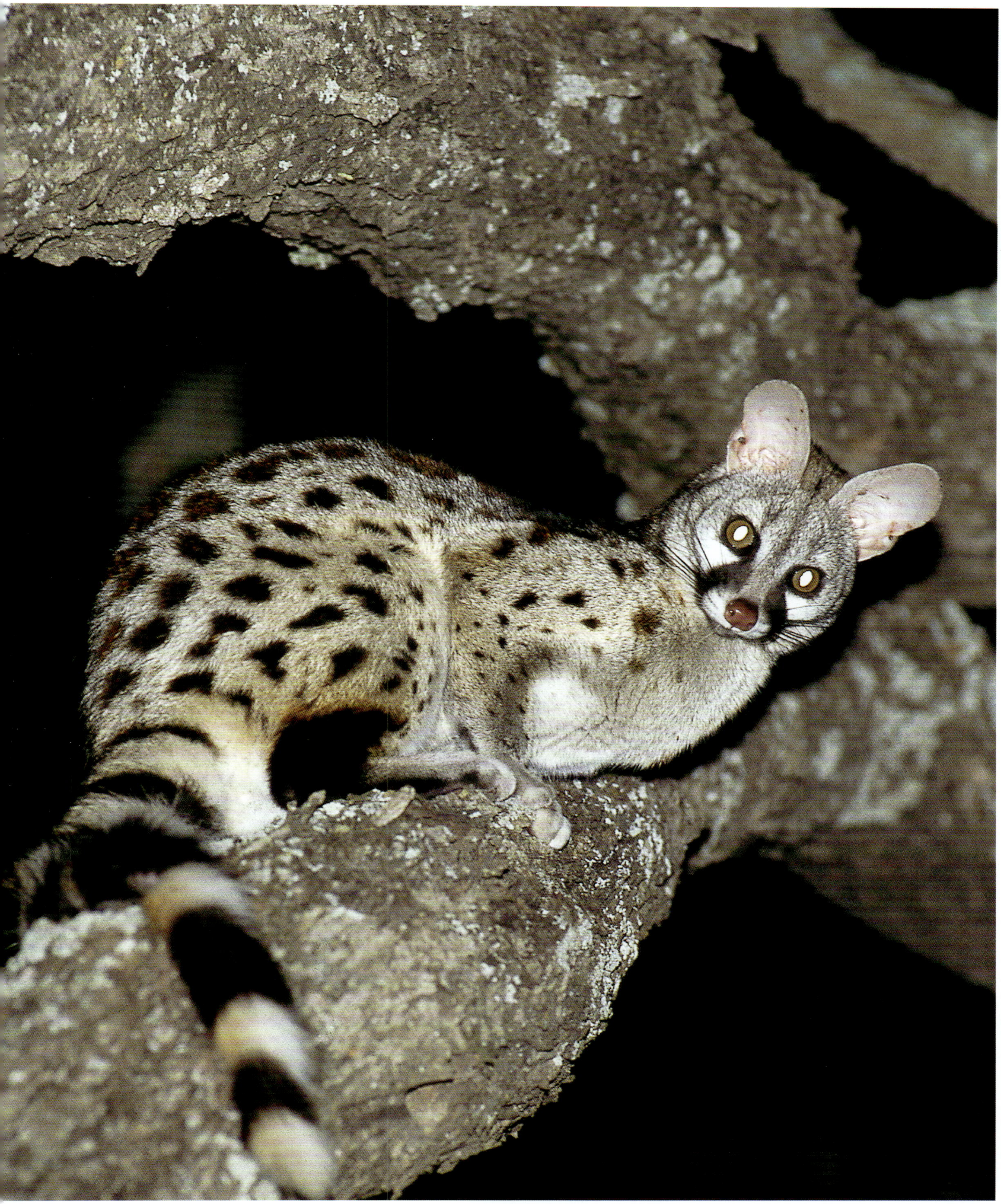

den. Wo sie regelmäßig erscheinen und gelegentlich »aus Versehen« verwöhnt werden, nähern sie sich den ihnen vertrauten Personen auf weniger als einen Meter. Anfassen lassen sie sich allerdings nicht. Als gewandte Kletterer beziehen sie im Geäst von Bäumen einen Beobachtungsposten und trauen sich erst nach geraumer Zeit auf den Boden. Ihr mit acht bis zehn dunklen Ringen gezeichneter langer Schwanz dient ihnen bei der Fortbewegung in den Baumkronen als Balancestab.

Ginsterkatzen, die zur Familie der Schleichkatzen zählen und in dieser gemeinsam mit den Zibetkatzen mit insgesamt achtzehn Arten die Unterfamilie Viverrinae bilden, haben große Augen. Wer sie einmal mit einer Stablampe angeleuchtet hat, was die Tiere selten irritiert, ist vom kräftigen Leuchten der grünblauen bis rötlichgrauen Pupillen beeindruckt. Aber nicht nur die nachtstarken Augen befähigen die Genetten zu erfolgreicher Nahrungssuche in der Dunkelheit. Alle neun Arten sind auch ausgesprochene »Riechtiere«, die mit der Nase jagen. Ob kleine Säugetiere, Vögel, deren Eier, Schlangen, Frösche, Echsen, Insekten, Skorpione oder Früchte – vieles von dem, was die Allesfresser verzehren, spüren sie mit ihrer Nase auf. Oder die Katze ortet mit ihren wie bewegliche Schalltrichter aufgestellten (innen rosafarbenen) Ohren die Beute, bevor sie sie auf den behaarten Sohlen anpirscht und mit einem Sprung überwältigt. Mit den langen Schnurrhaaren verfügen die Tiere über ein weiteres empfindliches Tastorgan. Es gibt Hinweise darauf, daß Ginsterkatzen und ihre Verwandten, zu denen auch die Mangusten (Mungos) gehören, Töne im Ultraschallbereich und damit außerhalb des menschlichen Wahrnehmungsvermögens hören können.

Für die Verständigung untereinander spielen Lautäußerungen, vom Fauchen und Knurren bis zum gellenden Miauen und Schreien, eine wichtige Rolle. Nicht minder bedeutend ist die Kommunikation mittels Duftstoffen, mit denen die – außerhalb der Paarungszeit und der Aufzucht der Jungen durch die Weibchen – überwiegend allein lebenden Tiere ihre Reviergrenzen markieren. Dieser aus Drüsen abgesonderten Sekrete wegen, die früher zur Parfümherstellung benutzt wurden, waren die Ginsterkatzen lange Zeit starker Verfolgung ausgesetzt und wurden zeitweilig auch in Gefangenschaft gezüchtet. Bei den Ägyptern waren die Tiere als mäusejagende Haustiere beliebt.

Was den »Kanus« (so heißen die Genetten auf Kisuaheli und damit ziemlich weit verbreitet in Afrika) als Tagesunterschlupf dient, ist auch für die Kinderstube der bis zu drei Jungen pro Wurf gut: eine Baum-, Erd- oder Gesteinshöhle. Dort kommen die Katzenjungen nach einer Tragzeit von gut zehn Wochen blind und taub, aber schon behaart zur Welt. Fünf Tage nach der Geburt öffnen sich die Ohren, drei Tage später die Augen. Sechs Wochen etwa ernähren sich die jungen Ginsterkatzen nur von Muttermilch, danach beginnt die Katze mit dem Herantragen von Beute. Während der halbjährigen Aufzucht muß die Mutter ihren Nachwuchs nicht nur vor größeren Beutegreifern und Greifvögeln, sondern gelegentlich auch vor ihrem Vater und anderen männlichen Genetten in Schutz nehmen. Haben die Ginsterkatzen die gefährlichen ersten zwei Lebensjahre überstanden, können sie etwa fünfzehn Jahre alt werden. Von den in Afrika beheimateten Genetten kommt die Kleinfleck-Ginsterkatze auch in Palästina und Arabien vor. In Spanien, Portugal und Südfrankreich ist sie, wenn auch selten, in landwirtschaftlich weniger genutzten Gegenden anzutreffen, wo der Ginster wächst. Das wird ihr den sonst nicht recht zu erklärenden deutschen Namen eingetragen haben. In den anderen geläufigen Sprachen geht ihr Name fast immer auf Genetta zurück.

Ozelots: Ihnen steht ihr schöner Pelz am besten

Die meisten Arten der gefleckten Katzen sind aufgrund des Washingtoner Artenschutzübereinkommens seit gut zehn Jahren einstweilen in Sicherheit. Das war nicht immer so. Noch um 1970 war ein Ozelot keine Seltenheit auf den Straßen europäischer, amerikanischer und mancher asiatischer Städte. Doch es war damals nicht die hochbeinige, in Mittel- und Südamerika beheimatete Wildkatze, deren Anblick den Tierfreund erfreute. Mit Ingrimm sahen Naturschützer in den sechziger und siebziger Jahren immer öfter die besonders schön gezeichneten Felle von »Leopardus pardalis« zu Damenjacken und -mänteln verarbeitet. Bis zu acht ausgewachsene Ozelots mußten ihr Leben lassen, um eine Frau zu schmücken und zu wärmen.

Da die Pelze begehrt waren und gut bezahlt wurden, setzte im Verbreitungsgebiet der zur Gattung der Pardelkatzen zählenden Tiere ihre immer rigorosere Verfolgung ein. Mit Fallen, Schlingen, Gift und Gewehren töteten überwiegend illegale Jäger von Jahr zu Jahr mehr Tiere. Als von Mexiko

Im Anschleichen seiner Beute macht dem Ozelot keine andere Wildkatze etwas vor. Das schön gezeichnete Fell, das früher unzählige Tiere ihr Leben gekostet hat, hilft ihm dabei, sich unsichtbar zu machen.

In Wäldern und auf Bergen

bis Argentinien offenkundig wurde, daß die schöne, bis zu einen Meter lange und fünfzig Zentimeter hohe Wildkatze äußerst selten wurde, verhängte eine Regierung nach der anderen ein Jagdverbot. Im Jahr 1989 schließlich kam die Art auf die Liste im Anhang I des Washingtoner Artenschutzübereinkommens, und damit galt jeglicher Handel mit ihren Fellen als verboten. Doch da war der Ozelot in weiten Landstrichen seines einstmals riesigen und weitgehend geschlossenen Verbreitungsgebietes zwischen den südlichen Vereinigten Staaten und dem nördlichen Uruguay ausgerottet oder nur noch in verinselt lebenden Restpopulationen vorhanden. Bevor der Ozelot unter Schutz gestellt wurde, betrug die geschätzte Zahl der jährlich erbeuteten Felle mehr als zweihunderttausend, allerdings gegen Ende der achtziger Jahre mit stark abnehmender Tendenz.

Je weniger der nachtaktiven Ozelots den Jägern und Fallenstellern zum Opfer fielen, desto mehr wichen diese anfangs noch auf andere Katzen aus. Neben der Ozelotkatze, auch Oncilla oder Tigerkatze genannt, und der Kleinfleckkatze wurde vor allem der Baumozelot, ebenso als Margay oder Langschwanzkatze bekannt, gejagt. Auch diese drei Arten gehören innerhalb der Raubtierfamilie der Katzen (Felidae) zur großen Unterfamilie der Echten Katzen (Felinae) und zeichnen sich durch schön gefleckte Felle aus. Bis die Tier- und Naturschutzkampagne gegen das Verarbeiten und Tragen von Naturpelzen Wirkung zeigte, standen auch ihre Felle bei Kürschnern hoch im Kurs und erzielten stolze Preise.

Alle drei Arten sind kleiner als der Ozelot; der Baumozelot kommt ihm mit einer Körperlänge von knapp achtzig Zentimetern und einer Schulterhöhe von fünfundvierzig Zentimetern am nächsten. Er wiegt bis zu neun Kilogramm, der Ozelot kann es indes mit gut sechzehn Kilogramm auf fast doppelt so viel bringen. Das Fell mancher Baumozelots allerdings ähnelt dem des Ozelots in der Zeichnung so sehr, daß es mitunter sogar Kennern schwerfällt, sie auseinander zu halten. Zwar sind die schwarz umrandeten ring- und ellipsenförmigen Felder auf der Decke des Baumozelots in der Regel nicht ganz so markant und groß wie beim Ozelot, auch schließen sich auf seiner hinteren Körperpartie die Abzeichen oft zu dunklen Flecken. Dennoch läßt sich das Fell erst an der größeren Dichte seines Haarkleides endgültig bestimmen: Sein Fell wirkt fast plüschig. Zollbeamte, die noch heute gefleckte Tierhäute der versuchten illegalen Einfuhr wegen aus dem Touristenkoffer heraus beschlagnahmen, stellt die

Der Ozelot jagt seine Beute vorwiegend am Boden, der Baumozelot steigt in die Baumkronen und setzt seine ganze Kletterkunst bei der Jagd auf die dort lebenden Säugetiere, Vögel und Reptilien ein (folgende Doppelseite).

Ozelots: Ihnen steht ihr schöner Pelz am besten

richtige Zuordnung nicht selten vor Probleme, und sie müssen neben Fachbüchern und Bestimmungstafeln immer wieder Sachverständige zu Rate ziehen.

Nicht weniger leicht als auf dem Zolltisch kommt es in freier Wildbahn am lebenden Objekt zu Verwechslungen, wenn es denn überhaupt gelingt, eines der Tiere in seinem Lebensraum zu sehen. Denn das ist selten der Fall. Ozelot wie Baumozelot nämlich sind überwiegend bei Dunkelheit aktiv und verschlafen den Tag in einem sicheren Versteck. Das Verbreitungsgebiet beider Arten, die regional in mehreren Unterarten vorkommen, deckt sich großteils. In den Bergen halten sie sich ungern oberhalb von zwölfhundert Metern auf. Der Baumozelot bevorzugt den dichten Wald als Lebensraum. Der Ozelot kommt auch in der vom Menschen beeinflußten Kulturlandschaft zurecht, sofern es dort genügend Deckung und Nahrung gibt. Fast seine gesamte Beute fängt er am Boden: Vom Roten Spießhirsch, Gürteltier, Oppossum, Erdhörnchen, von Ratten und Mäusen bis zu Schildkröten, Schlangen, Fröschen, Landkrabben, Vögeln und laichenden Fischen ist kein Tier vor einem sich meisterhaft anschleichenden und im schnellen Sprung zupackenden Ozelot sicher. Selbst eine flach über dem Erdboden Insekten jagende Fledermaus schlägt er mit seinen Vorderpfoten blitzschnell nieder.

Der Baumozelot oder Margay hingegen fühlt sich in den Kronen der Bäume wohler. Er ist ein hervorragender Kletterer. Da er seine breiten krallenbewehrten Pfoten um 180 Grad zu drehen vermag, bewegt er sich wie ein Akrobat im Geäst und kann einen langen Baumstamm mit dem Kopf voran herablaufen. Wenn der Abstand zu weit zum Springen ist, hangelt er sich an Lianen von einem Baum zum anderen. Kein Wunder, daß die »tigrillos« (kleine Tiger), wie die Baumozelots auf Spanisch heißen, auch mit Vorliebe in luftiger Höhe auf die Jagd gehen. Eine Vielzahl von ebenfalls auf Bäumen lebenden Säugetieren bis hin zu Affen und Faultieren wird ihnen dort neben Vögeln, Reptilien und großen Insekten zur Beute. Sie verschmähen aber auch Früchte nicht. Baumozelots sind vor allem zwischen ein und fünf Uhr morgens unterwegs. Bei Tageslicht lassen sie sich nur blicken, wenn sie von ihrem Schlafbaum aufgescheucht werden oder in der Paarungszeit gelegentlich alle Vorsicht vergessen.

Besonders dem Baumozelot macht seit etwa zwei Jahrzehnten die fortschreitende Waldzerstörung in Mittel- und Südamerika das Überleben schwerer als die Bejagung durch die Menschen, die allerdings immer noch stattfindet. Seine größte Bestandsdichte hat er im Amazonasbecken, wo aber ein einzelnes Tier ein Territorium von fünfzehn und mehr Quadratkilometern für sich beansprucht. Kater brauchen in der Regel doppelt so viel Raum wie Katzen, die weniger umherstreifen als die Männchen. Dank einiger mit Halsbandsendern ausgerüsteter Tiere haben Zoologen in jüngerer Vergangenheit die Kenntnisse über das Leben und Verhalten von Baumozelots vertieft. Sie sind aber immer noch weit weniger untersucht als ihre größeren Verwandten, die Ozelots. Diese gelten als die am besten erforschten Kleinkatzen Südamerikas. Das liegt nicht zuletzt daran, daß sie trotz aller Verfolgung häufiger als die Baumozelots und näher bei den Menschen vorkommen. Da sie aktiver, nicht selten auch bei Helligkeit unterwegs und nicht ganz so scheu sind, gelingt es Beobachtern eher, Wissen über die zu sammeln. Wer beide Arten in einem Zoo vergleichen kann, dem fallen neben seinem dichteren Fell der längere Schwanz, der rundere, fast rechteckig wirkende Kopf und die größeren, zur nächtlichen Jagd besser geeigneten Augen des Baumozelots auf.

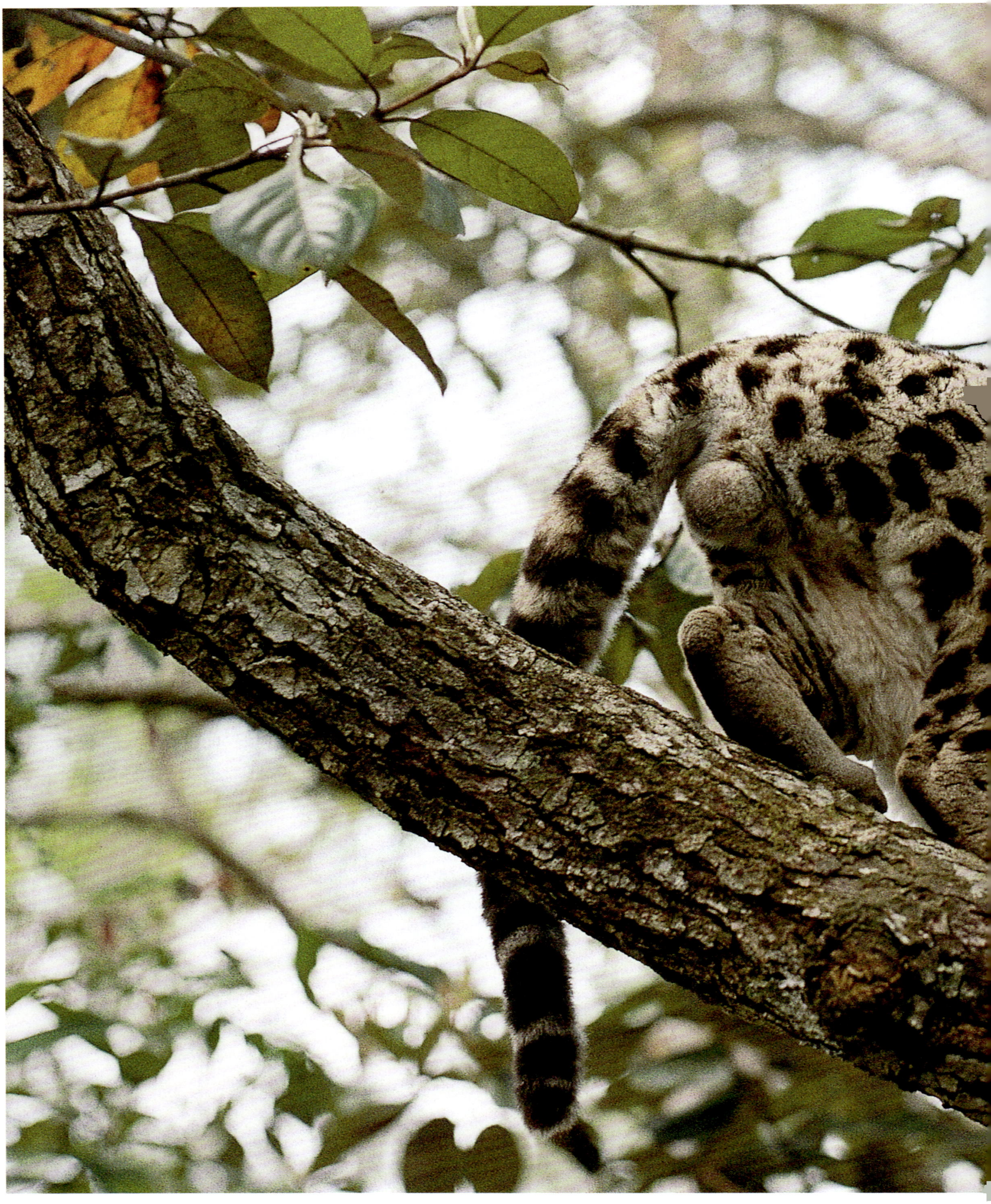

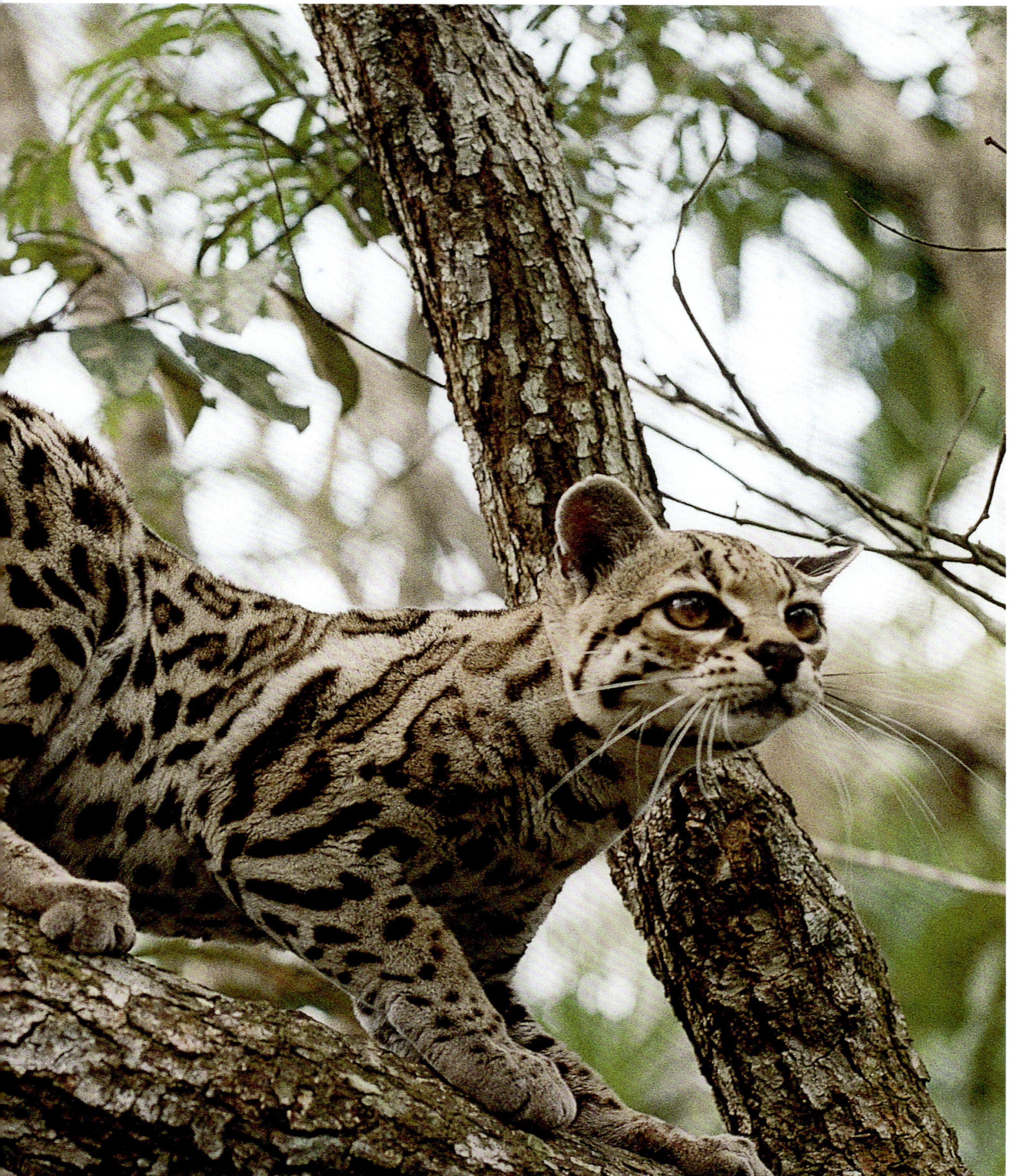

In Wäldern und auf Bergen

Jaguare: Südamerikas größte Wildkatze braucht ein weiträumiges Revier

Bewunderung, Angst, Wut und Mitleid halten sich die Waage, wenn im mittleren und südlichen Amerika die Sprache auf den Jaguar kommt. Gesehen haben ihn in freier Wildbahn nur wenige Menschen, denn er ist scheu, und sein Fell ist von hervorragender Tarnfarbe. »El tigre« oder »tigre real« heißt er auf spanisch, »onca« oder »onca pintada« nennen ihn die Brasilianer. Ob als echter oder wirklicher Tiger oder als angemalte Onca: Die größte Katze Amerikas – mit einem Gewicht von bis zu 150 Kilogramm können ausgewachsene Männchen bei gleicher Körperlänge (von 180 Zentimetern) um ein Drittel schwerer werden als ein Puma – hat in ihrer Heimat zwischen Mexiko im Norden und Argentinien im Süden einen recht unterschiedlichen Ruf. Für die einen ist »Panthera onca«, wie Carl von Linné den Jaguar 1758 wissenschaftlich benannte, ein übles Raubtier, das vor allem von Viehzüchtern gehaßt und verfolgt wird. Anderen gilt die Großkatze als Krone der Schöpfung unter den Tieren des Tropenwaldes, dem der Mensch übel mitspielt. Nicht nur darin ähnelt der Jaguar dem größeren Tiger.

Zwar trägt der Jaguar ein Rosettenmuster auf seinem goldgelb bis rotbraun, nicht selten als Folge von Melanismus auch schwarz gefärbten Fell

Ein Jaguar mit seinem Spiegelbild im Wasser. Nur selten zeigt sich die süd- und mittelamerikanische Raubkatze in voller Größe am Rand einer Lichtung seines Urwaldreviers.

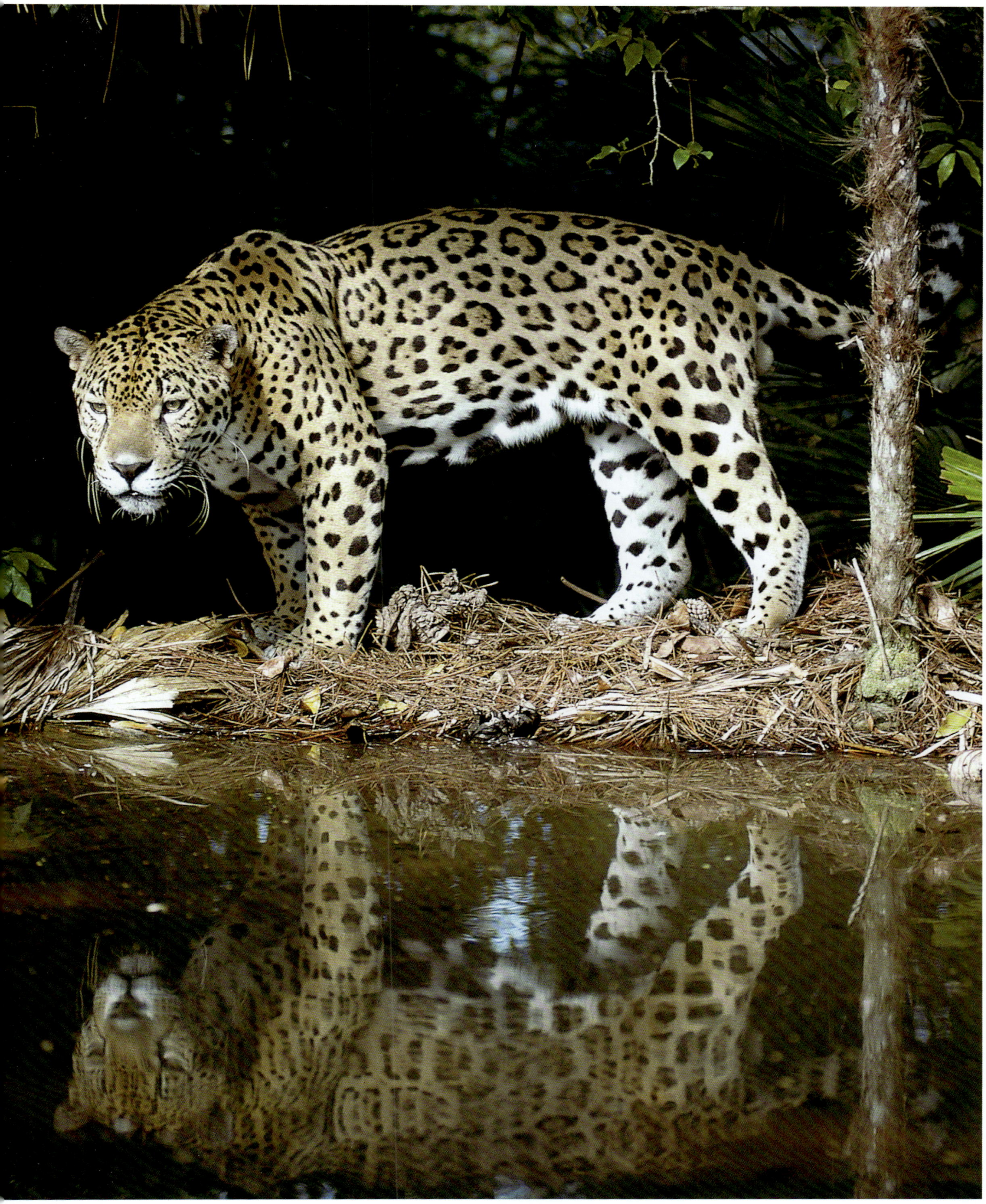

In Wäldern und auf Bergen

und ähnelt damit eher dem kleinen gefleckten Leoparden, doch liebt er das Wasser wie die asiatische Großkatze. Wie Tiger sind Jaguare gute Schwimmer. Nicht selten reißen sie ihre Beute am Ufer von Flüssen oder sogar im Wasser. Mit ihrem sprungstarken Körper und ihren besonders kräftigen Kiefern, mit denen sie Schildkrötenpanzer und Schädel von großen Säugetieren zerdrücken, überwältigen und töten sie in erster Linie Capybaras (die auf deutsch unsinnigerweise als »Wasserschweine« bezeichneten größten Nagetiere der Erde), Tapire, Hirsche, Kaimane, Schildkröten, Schlangen und Fische, aber auch kleinere Säugetiere, Vögel und Insekten. Fünfundachtzig verschiedene Tierarten wurden bisher von Zoologen als Beutetiere des Jaguars festgestellt.

Wo Rinder, Pferde und Schafe freilaufend gehalten werden, entwickelt mancher Jaguar eine Vorliebe für die Weidetiere. Besonders im Pantanal, dem riesigen Überschwemmungsgebiet entlang der Flüsse Paraguay und Paraná in Brasilien, Bolivien und Paraguay mit seinen ausgedehnten Fazendas, richten sich immer wieder »Problemjaguare« ein. Da dort die Rinder auf den Zehntausende oder gar Hunderttausende von Hektar großen Besitzungen nur unzureichend von berittenen Hirten, den »Vaqueiros«, beaufsichtigt werden können und ihm somit leicht zu Opfern werden, braucht ein Jaguar ein viel kleineres Jagdrevier als im Tropenwald. Gestaltet sich dort für ihn die Suche nach Beutetieren zur Dämmerung und in der Nacht mühsam, da der tropische Wald nur dünn besiedelt ist, kann eine Rinderherde mit oft versprengten einzelnen Tieren eine Jaguarfamilie lange Zeit ernähren. Von einem getöteten Tier leben Kater und Katze (die nur für kurze Zeit zusammenbleiben) und bis zu vier Junge mehrere Tage, wenn sie nicht gestört werden. Da die Übergriffe der gefleckten Katzen aber irgendwann entdeckt werden, setzt spätestens dann die Jagd auf sie ein. Obwohl in vielen Ländern von der Jagd verschont, können »Schadtiere« geschossen werden.

Die Jäger machen sich die Abneigung zwischen Hund und Katze zunutze, um den Jaguar tagsüber aufzuspüren und zu töten. Speziell ausgebildete Hunde, meistens drei bis fünf, folgen einer Spur, die Jäger kurz hinter ihnen. Irgendwann, manchmal erst nach Tagen, stellen die Hunde den Jaguar auf einem Baum. Dann ist es ein Kinderspiel, die tarnfarbene Katze aus dem Geäst zu schießen oder in die »zagaia«, einen besonderen mehrzackigen Spieß, springen zu lassen. Gelegentlich werden Jaguare auch vergiftet oder auf dem Ansitz erlegt.

Zwar sterben die schönen Tiere mit dem mächtigen Schädel nicht mehr wegen ihres Fells, da sie im Anhang I des Washingtoner Artenschutzübereinkommens stehen und gefleckte Pelzmäntel weltweit weitgehend verpönt sind, doch nimmt der Bestand der Jaguare nach den Angaben der Weltnaturschutzunion und des WWF nahezu überall beständig ab. Von Norden, wo die Tiere einst in den amerikanischen Staaten Arizona, Texas und Neu-Mexiko lebten, ist die Verbreitungsgrenze um eintausend Kilometer nach Süden gerutscht.

Bis auf Belize, wo es mit dem Cocksomb Basin ein eigens für den Jaguar geschaffenes Schutzgebiet von vierzigtausend Hektar gibt, und einige Waldregionen Mexikos ist in Mittelamerika die, dort im Vergleich zu Südamerika kleinwüchsigere, Art selten geworden. In Argentinien hat sich die Verbreitungsgrenze des Jaguars um gut zweitausend Kilometer nach Norden verschoben. Seit der

Zum Trinken muß der Jaguar den Schutz des Waldes vorübergehend verlassen.

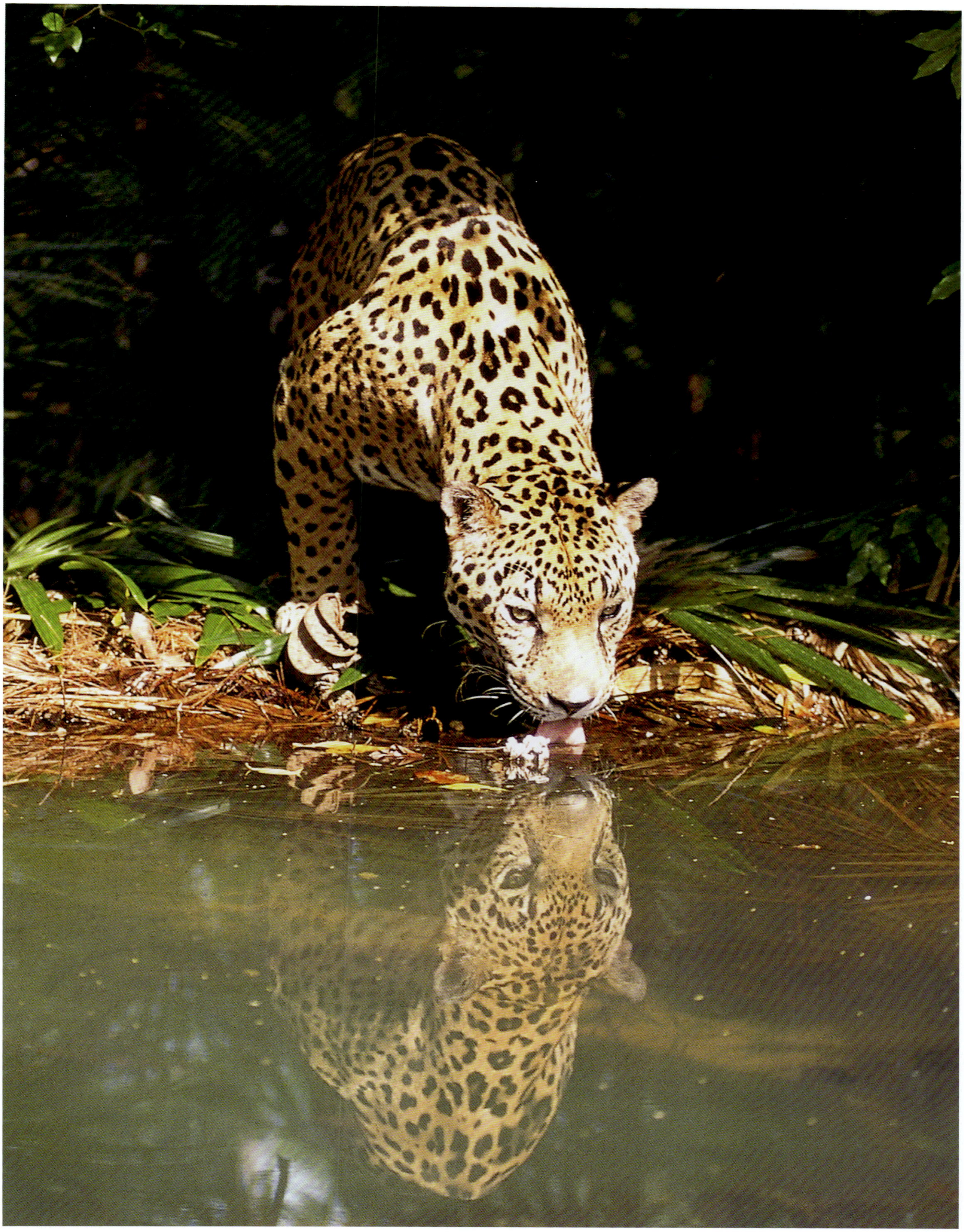

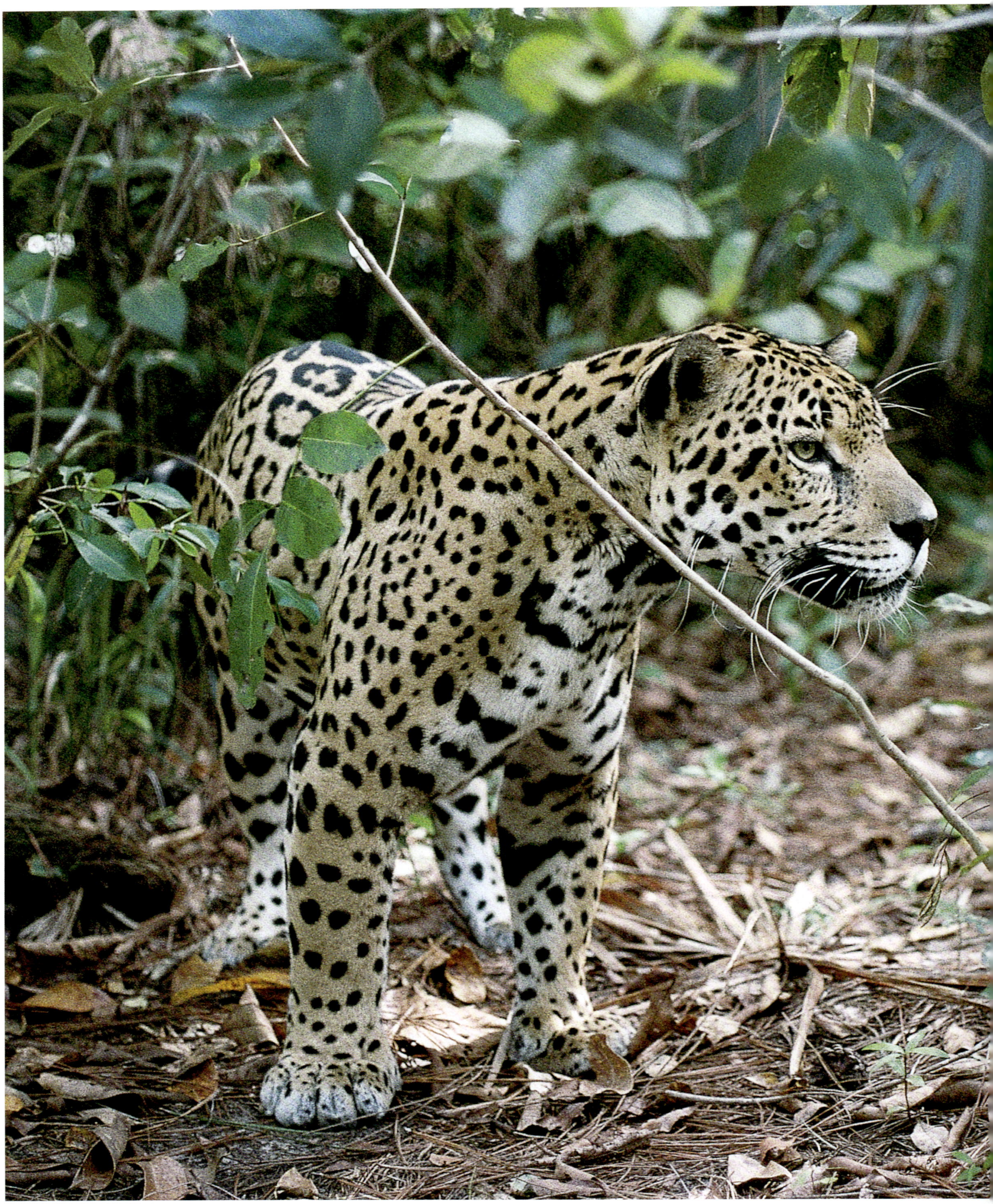

Jaguare

Besiedlung durch die Europäer ist sein Lebensraum auf dem Teilkontinent um nahezu vierzig Prozent geschrumpft. Die Regenwälder des Amazonas gelten heute als seine wichtigste Bastion. Dort lebt eine der rund acht Unterarten, von denen einige – etwa in Mittelamerika – nur noch in kleinsten Populationen vorhanden sind.

Zwar kommen die ursprünglich über die Landbrücke zwischen Asien und Amerika zugewanderten Katzen auch außerhalb dichter Wälder und vorübergehend sogar bis zu einer Höhe von knapp viertausend Metern im Gebirge zurecht, doch geraten sie im »Cerrado«, der Buschsteppe, oder auf Weideland beim Kampf um den Lebensunterhalt mit den Menschen in Wettbewerb. Gefährlich wird ein Jaguar dem Menschen so gut wie nie, denn er flieht ihn, wo er kann.

Zwar dauert die Tragzeit der Katze nur einundneunzig bis einhundertelf Tage, doch betreut sie ihre Jungen – ein bis vier sind es, meist zwei – eineinhalb bis zwei Jahre lang. Weibliche Tiere werden mit drei bis vier Jahren geschlechtsreif, Kater ein Jahr früher. Starke Männchen können mehrere Katzen in deren sich überlappenden Revieren begatten. Nur die wenigsten Tiere erreichen in der Wildbahn das in Zoos mögliche Höchstalter von zweiundzwanzig Jahren. Über zehn bis zwölf Lebensjahre kommen freilebende Jaguare selten hinaus. Danach wird es für sie immer schwieriger, Beute zu reißen. Es sei denn, sie halten sich ans Vieh, und dann sterben sie meist eines unnatürlichen Todes.

Tagsüber hält sich ein Jaguar in Deckung auf und schläft die meiste Zeit. Nachts wagt er sich auch ins Freie und stattet dann mancher Viehherde zum Verdruß des Besitzers einen Besuch ab.

Tapire: Als »Buschkühe« nachts unterwegs

Wo sie ohne Störung und Verfolgung durch den Menschen leben, lassen sich Flachlandtapire gelegentlich auch tagsüber außerhalb des dichten Unterholzes oder des Wassers von Flüssen und Überschwemmungsbereichen blicken. Meistens ziehen sie allein ihre Fährte durch ihr angestammtes Einstandsgebiet, es sei denn, zwei Tiere befinden sich in Paarungsstimmung oder ein Weibchen hat ein Junges im Gefolge. Tapire sind mit Vorliebe Einzelgänger und werden erst bei Einbruch der Dunkelheit aktiv. Das halten die Angehörigen aller vier Arten dieser ungewöhnlichen Tierfamilie so: der am weitesten in Brasilien, aber auch in Teilen von Argentinien, Bolivien, Ekuador, Kolumbien, Peru und Paraguay in vier Unterarten beheimatete Flachlandtapir, der in den Anden Ekuadors und Kolumbiens auf einer Höhe zwischen zweitausend und viertausend Metern lebende Bergtapir, der mittelamerikanische Baird-Tapir und der in Südostasien vorkommende Schabrackentapir.

Die asiatische Art unterscheidet sich von den lateinamerikanischen Verwandten so weit, daß ihr die Zoologen eine eigene Gattung zuerkannten. Doch wenn er auch mit seinem schwarzweißen Fell und dem im Vergleich zu den anderen Arten höheren Körpergewicht (bis zu 350 Kilogramm) etwas aus dem Rahmen fällt, ist der Schabrackentapir doch unverkennbar ein Mitglied der Familie der Tapiridae, die – gemeinsam mit den Pferden und den Nashörnern – zur Ordnung der Unpaarhufer zählt. So nennen die Zoologen im Gegensatz zu den viel artenreicheren Paarhufern diejenigen Huftiere, deren beide mittleren »Zehen« nicht gleichmäßig – paarig – ausgebildet sind, sondern deren Mittelzehe den größten Teil der Körperlast trägt oder, wie beim Einhufer Pferd, ausschließlich.

Obwohl der Flachlandtapir und der Bergtapir nur bis zu 250 Kilogramm wiegen und der Baird-Tapir höchstens 300 Kilogramm, sind sie die schwersten Säugetiere Mittel- und Südamerikas. Ihre Vorfahren sind vor gut zwei Millionen Jahren zu Beginn des Eiszeitalters (Pleistozän) von Norden über die sich damals bildende mittelamerikanische Landbrücke nach Süden in das heutige Verbreitungsgebiet gekommen. Diese Vorfahren, die sich in großer Artenvielfalt vor rund fünfundfünfzig Millionen Jahren, in der erdgeschichtlichen Periode des Eozäns, auf der nördlichen Erdhalbkugel entwickelt haben, waren anfangs klein, bildeten aber – wie Knochenfunde belegen – dann Arten mit den Maßen und dem Gewicht der größten heute lebenden Nashörner. Noch mehr als diese gelten Tapire bis in die Gegenwart als lebende Vertreter der Urzeit.

Ihr kompakter länglicher Körper, die kurzen stämmigen Beine mit den kräftigen Hufen (die einen ähnlich geformten Abdruck wie Nashörner im Boden hinterlassen), der hohe Schädel und ein langer beweglicher Rüssel verleihen den Tieren ein Aussehen, als würden sie aus einer anderen Welt stammen. Das bei den amerikanischen Arten mittel- bis dunkelbraune Fell und eine hochstehende Nackenmähne verstärken diesen Eindruck.

Seine lange bewegliche Nase, fast schon ein Rüssel, dient dem Tapir in mehrfacher Weise. Mit ihr wittert er die verlockenden Düfte pflanzlicher Nahrung wie die Gefahr. Dieser mittelamerikanische Baird-Tapir setzt sie auch als Greifwerkzeug ein.

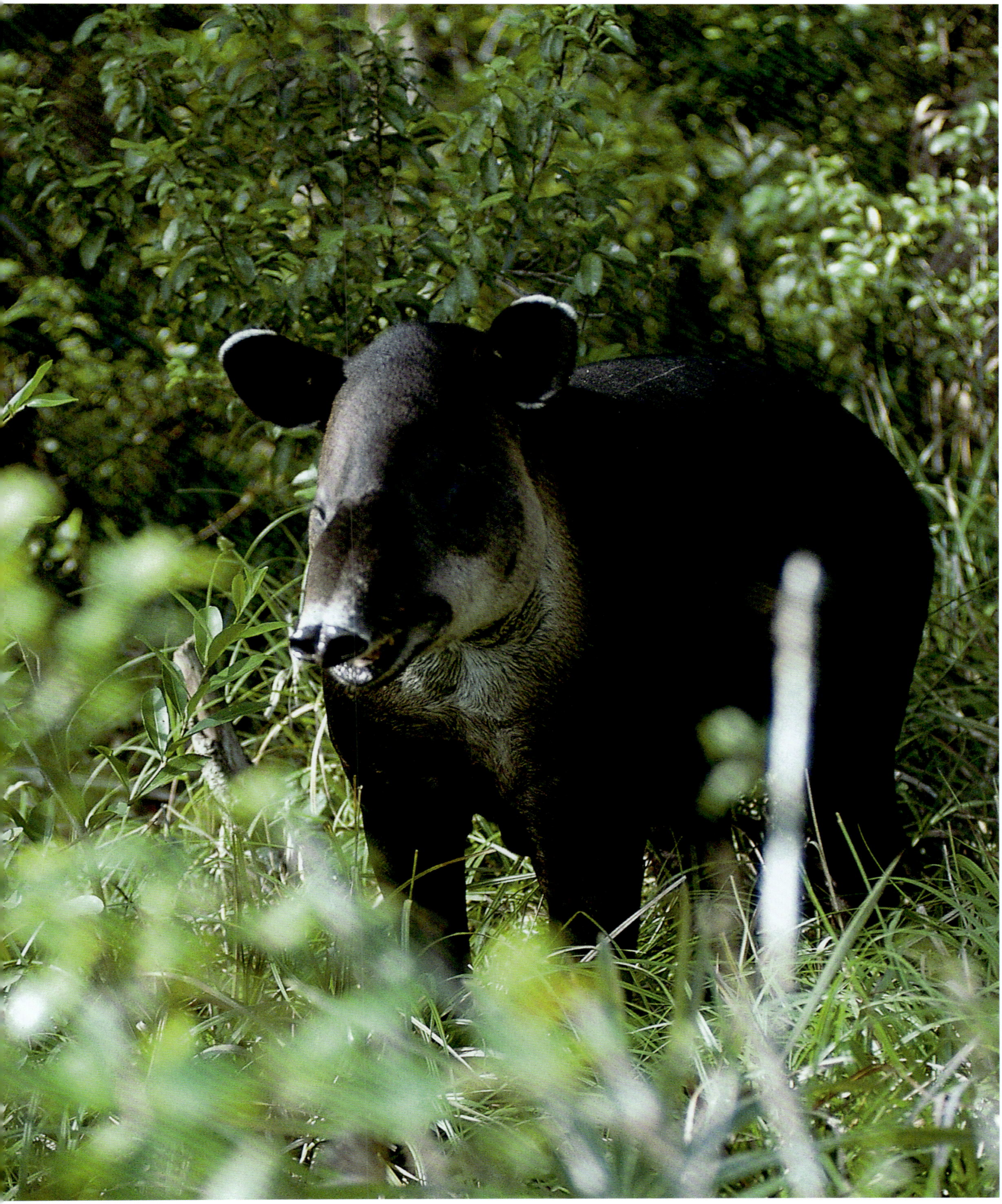

Ihre derbe Lederhaut ermöglicht den Tapiren, mit ihrem von vorne fast stromlinienförmig erscheinenden Körper wie ein Panzer durch das dichteste und sperrigste Unterholz zu brechen. Nicht nur diese Fähigkeit rettet mancher »Anta«, wie der Flachlandtapir in Brasilien meistens mit seinem indianischen Namen genannt wird, das Leben. (Auch der Name Tapir entstammt der Indianersprache.) Bei Gefahr entkommt sie zur Überraschung manchen Jaguars und Pumas, aber auch Jägers, mit einem gewaltigen Sprung ins Wasser. Tapire können nicht nur ausgezeichnet schwimmen, sondern auch minutenlang untertauchen und sogar auf dem Boden eines Gewässers laufen. Müssen sie Luft holen, stecken sie lediglich kurz ihre Rüsselspitze mit den Nasenlöchern aus dem Wasser und verschwinden wieder. Nur mit der Nase und den Ohren über dem Wasserspiegel, verbringen sie häufig den ganzen Tag in einem Fluß oder See – zum Schutz gegen unliebsame Blicke und gegen Insekten.

Nachts sind die »Buschkühe«, wie die Tapire in Verkennung ihrer verwandtschaftlichen Beziehungen in Guyana genannt werden, die meiste Zeit auf den Läufen. Ihre Nahrung besteht aus Blättern, Gräsern, Früchten und Wurzeln, die sie mit ihrem Greifrüssel abpflücken oder ausgraben. Gelegentlich brechen sie wie Elefanten mit ihrem Körper Bäume um, damit Blätter und Früchte in ihre Reichweite geraten. Ein anscheinend großer Bedarf an Salz und Mineralien veranlaßt sie, regelmäßig Steilufer oder andere ausgewaschene Bereiche des Erdbodens aufzusuchen, um sich hier mit den notwendigen Spurenelementen einzudecken. Ihr guter Geruchssinn hilft ihnen beim Aufspüren.

An solchen Stellen sind sie mit einiger Sicherheit anzutreffen und leider auch mit Erdfallen, mit Schlingen oder mit dem Gewehr im Licht einer Lampe zu erlegen. Ihr schmackhaftes Fleisch ist nicht nur bei den Indianern begehrt. Wo sich Menschen in der Wildnis niedergelassen haben, gibt es meistens bald kaum noch Tapire. Nicht selten werden die Tiere sogar mit künstlichen Salzlecken nachts an bestimmte Plätze gelockt und dort aus dem Hinterhalt getötet. Neben der Bejagung lassen die fortschreitende Zerstörung der Tropenwälder und die – unter anderem durch bei der Goldwäsche ausgeschwemmtes Quecksilber verursachte – Vergiftung von Flüssen die Zahl der Tapire, insbesondere der Flachlandtapire, in vielen Gegenden ihres ursprünglichen Verbreitungsgebietes immer stärker zurückgehen. Eine nicht sehr hohe Reproduktionsrate der Tiere trägt dazu bei, daß Verluste nur schwer ausgeglichen werden.

Tapirweibchen gebären nach einer recht langen Tragezeit von dreizehn bis dreizehneinhalb Monaten in der Regel ein Junges, selten Zwillinge. Flachlandtapire wiegen bei der Geburt fünf bis zehn Kilogramm, der Baird-Tapir kommt doppelt so schwer zur Welt. In den ersten zehn Tagen bleiben die bis zum Alter von vier bis sechs Monaten gestreiften Jungen in einem Bodenversteck »abgelegt«, das die Mutter nur zum Säugen aufsucht. Danach folgen die Kleinen dem Weibchen auf Schritt und Tritt, bis sie im Alter von zehn bis zwölf Monaten entwöhnt werden. In ihrem Wohnbezirk halten die Tiere feste Wechsel ein und suchen wie Nashörner regelmäßig dieselben Kotplätze auf. Wie diese setzen sie mit ihrem Urin Duftmarken in ihrem Revier. Tapirmännchen können wie Nashornbullen ihren Harn nach hinten spritzen und damit gezielt einsetzen. Zum Kommunikationsrepertoire der Tapire gehören Pfeif- und Klicklaute sowie lautes Schnauben. Ob sie in freier Wildbahn so alt wie in zoologischen Gärten oder gar älter werden, ist unbekannt. Dort haben einzelne Tiere länger als dreißig Jahre gelebt.

Dickhornschafe: Keine Scheu vor Autos

Auch für die Dickhornschafe in den nordamerikanischen Rocky Mountains gibt es keine Ausnahmen vom »Winter-Gebot«, dem alles Gebirgswild unterliegt: Im Spätherbst ziehen die stämmigen Tiere talwärts. In den tieferen Lagen ist das Nahrungsangebot zur kalten Jahreszeit zwar auch nicht gerade üppig, doch lugt dort mancher Busch und Grashalm aus der Schneedecke hervor. Zudem schmilzt der Schnee an den der Sonne zugewandten Hängen zwischendurch immer wieder einmal und gibt die Bodenvegetation frei. Und wo sich das Gras nicht von selbst zeigt, helfen die Tiere mit ihren kräftigen Läufen und Hufen nach.

Dennoch müßten viele von ihnen verhungern, hätten sie sich nicht während des Sommers und Herbstes ein gutes Fettpolster zugelegt. Von dieser Reserve zehren sie so stark, daß manche Widder und Schafe bei Frühlingsanfang mehr als zwanzig Prozent ihres Gewichtes verloren haben.

Bricht der Winter frühzeitig herein und sind Januar und Februar einmal besonders schneereich und kalt, fallen ihnen unter den Dickhornschafen

Im Winter ist Schmalhans Küchenmeister bei den Dickhornschafen: Während sich mancher Widder alleine in den Rocky Mountains durchschlägt (unten), vertrauen mehrere Lämmer auf die Führung eines Leitschafs (folgende Doppelseite).

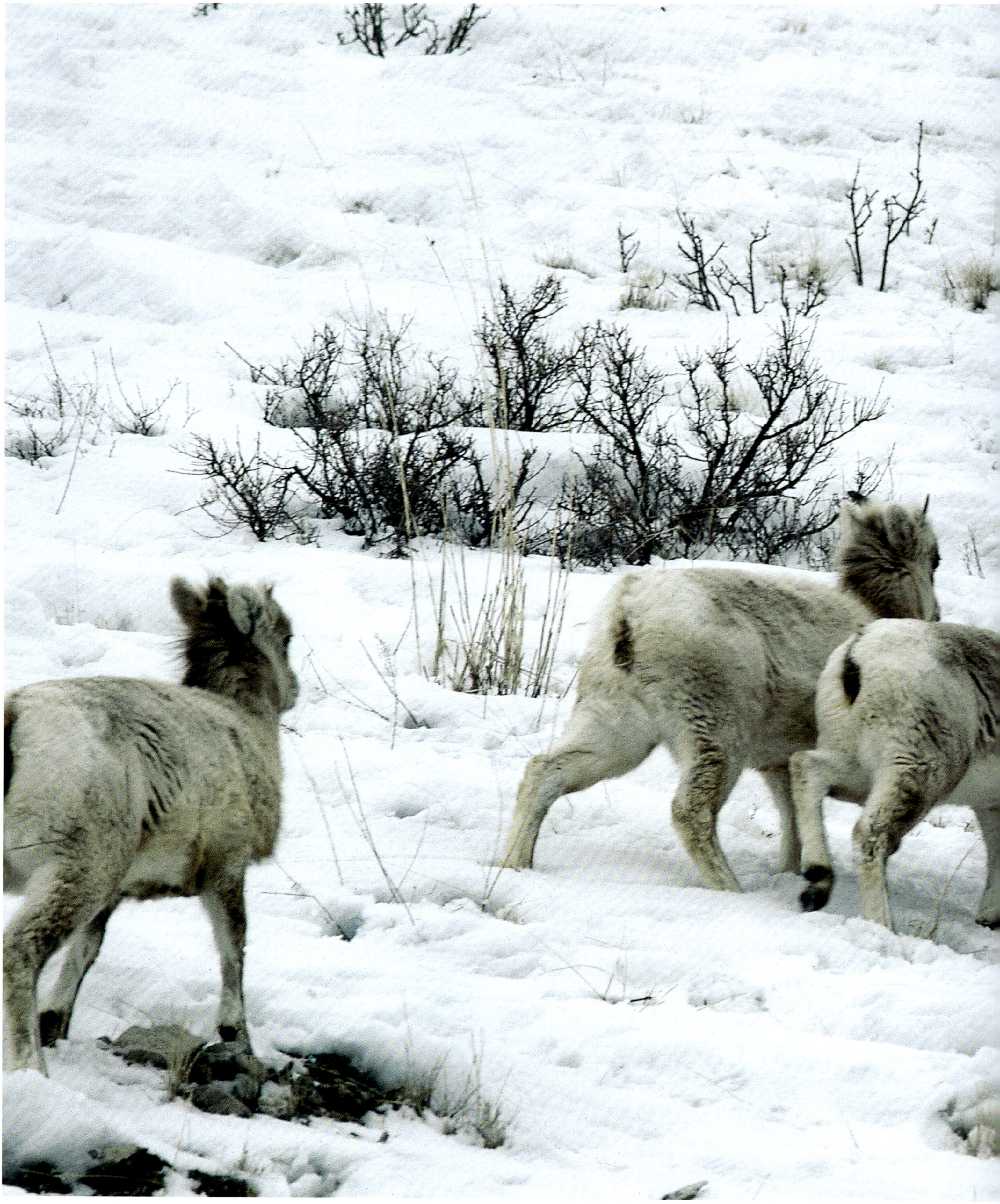

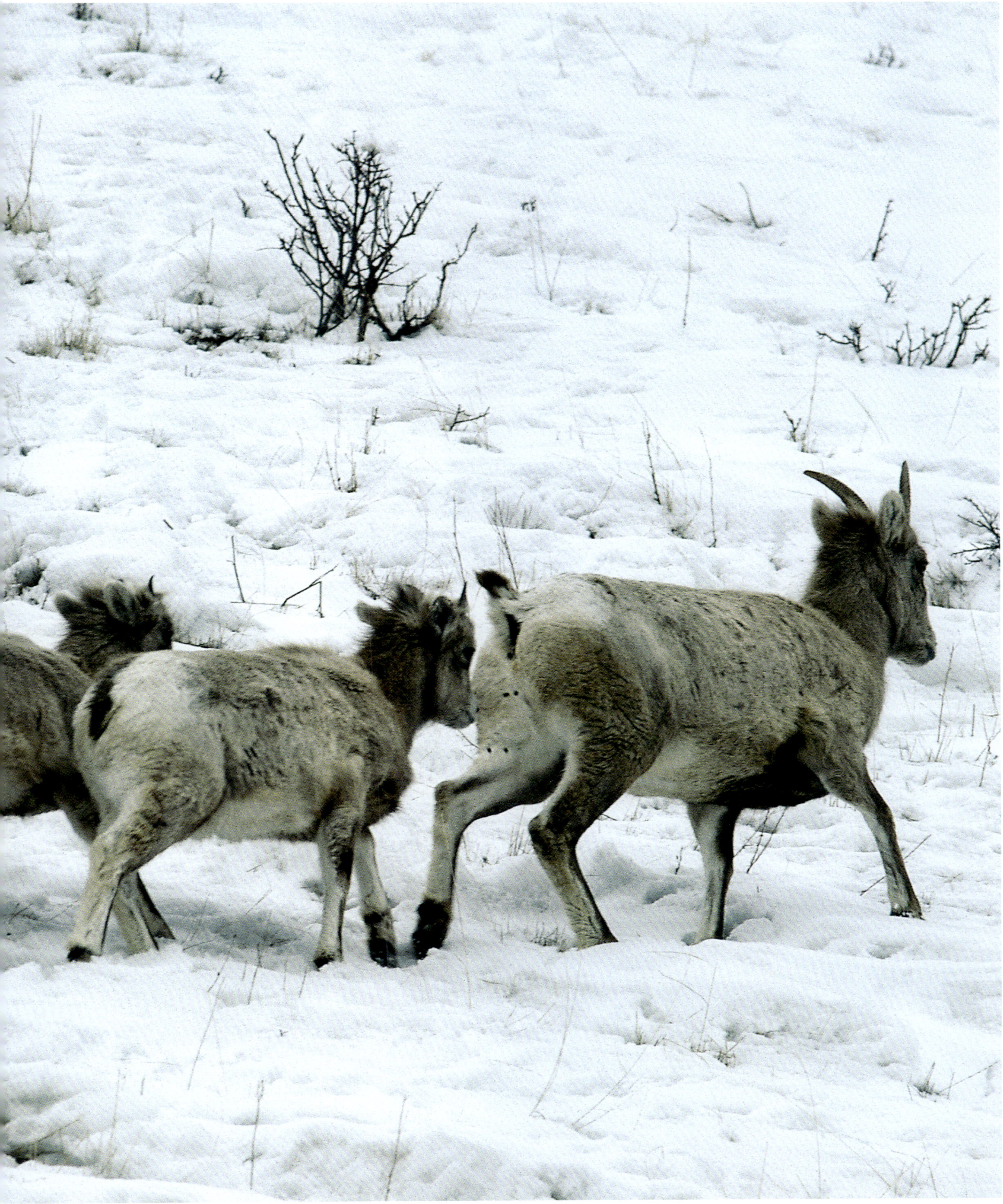

neben den vorjährigen Lämmern besonders alte und starke Widder zum Opfer. Während der herbstlichen Brunft nämlich haben sie schon ein gut Teil ihrer Gewichtsreserven drangegeben. Ein Widder, der sein halbes Dutzend Schafe mit Nebenbuhlern nicht teilen will, kommt wochenlang kaum zum Äsen.

Jüngere Rivalen lassen sich durch Drohgebärden, etwa durch das Senken des gehörnten Kopfes, das imponierende Aufstellen auf die Hinderläufe oder einen kurzen Anlauf in die Schranken weisen. Sie werden häufig als »Beiwidder« im Brunftrudel geduldet. Haben ihre »Schnecken« (der ständig an Gewicht, Umfang und Windung zunehmende, bei alten Tieren an den Spitzen häufig abgestoßene Kopfschmuck) indes ein gewisses Volumen erreicht, mit fünf bis sieben Jahren also, dann geben sich die Widder nicht mehr wie bisher mit einer Außenseiterrolle zufrieden.

Wo zwei Widder unduldsam zusammentreffen, da fängt es an zu krachen, so laut, daß es auf eine Entfernung von mehr als zwei Kilometern zu hören ist. Mit gesenkten Hörnern preschen die Tiere aufeinander los und stoßen mit dem Vorderteil ihrer gewundenen, teilweise mehr als 120 Zentimeter langen Schnecken zusammen. Dabei bringt jeder von ihnen die Schubkraft von 120 bis 150 Kilogramm mit. Wer einen solchen Kampf beobachtet, kann schon vom bloßen Zuschauen Kopfschmerzen bekommen.

Nicht so die Dickhornwidder, die ein dickes Stoßkissen aus Bindegewebe vor einer Gehirnerschütterung und Schlimmerem bewahrt. Immer wieder gewinnen sie im Rückwärtsgang die nötige Entfernung zu einem vehementen Anlauf, erheben sich zwischendurch auf den Hinterläufen, um im zeitgleichen Herunterfallen mit den Schädeln zusammenzuschlagen, oder sie verharren minutenlang mit gesenktem Kopf voreinander. Derartige Auseinandersetzungen können sich über vierundzwanzig Stunden hinziehen, bis schließlich einer von beiden ermattet aufgibt.

Während dieser Zeit vergessen die Tiere ihre Umwelt nahezu vollständig. Kein Wunder, daß sich mancher jüngere Widder solche Gelegenheit nicht entgehen läßt und sich den am Kampf uninteressierten Schafen widmet. Auch für Jäger, die eine Lizenz zum Abschuß eines Widders haben, wird es leichter, sich ihrem Opfer während eines Brunftduells zu nähern – was in den Hochlagen des Gebirges, wo sich die Dickhornschafe zur Brunft aufhalten, sonst nicht ganz einfach ist. Ein indianisches Sprichwort sagt: Ein »bighorn« kann zwar keinen Donner hören, kein totes Pferd wittern, aber es kann durch einen Felsen hindurchsehen. Die meisten Dickhornschafe leben heutzutage in den großen Nationalparks der Vereinigten Staaten und Kanadas, etwa in Yellowstone, Banff und Jasper. Dort ziehen sie häufig zu den Straßen hinab und lassen sich von den Autotouristen beinahe streicheln oder – zu ihrem Nachteil – füttern.

Aber auch außerhalb von Schutzgebieten verlieren die Dickhornschafe im Winter zunehmend ihre Scheu, wie etwa im amerikanischen Bundesstaat Wyoming. An deren Rändern stehen Schilder: »Das Stören des Wildes ist verboten. Schutzgebiet vom 1. November bis 31. März. Nicht betreten!« Manches Dickhornschaf überlebt nur dank der menschlichen Fürsorge einen harten Winter und erreicht so ein Alter von zwölf bis fünfzehn Jahren. Statt an die sonst üblichen Gräser, Kräuter und Flechten halten die Tiere sich in Wyoming im Winter auch an das von Farmern ausgelegte Heu und Kraftfutter. Darauf müssen die weiter nördlich lebenden Artverwandten, das weiße Dall- oder Schneeschaf und das Stoneschaf (»Dünnhornschaf«), ebenso verzichten wie die Schneeziegen.

Wapitis: Zu zehntausend an der Fütterung

Nicht nur wegen der schneesicheren Skipisten und der grandiosen Gebirgslandschaft in ihrer unmittelbaren Umgebung ist die in den östlichen Rocky Mountains gelegene Stadt Jackson im Winter das Ziel vieler Besucher. Neben Wintersportlern fahren zu dieser Jahreszeit auch viele Naturfreunde nach Jackson im amerikanischen Bundesstaat Wyoming, denn dort können sie eine der größten Ansammlungen wildlebender Landsäugetiere in Nordamerika aus nächster Nähe beobachten. Bis zu zehntausend Wapitis, gemeinsam als eine Art mit dem Europäischen Rothirsch zoologisch in der Gattung »Cervus« (Edelhirsche), Unterfamilie »Cervinae« (Echthirsche), Familie »Cervidae« (Hirsche) eingeordnet, ziehen in jedem Spätherbst aus ihren bis etwa dreitausend Meter hoch gelegenen Bergrevieren der beiden angrenzenden Nationalparks Grand Teton und Yellowstone sowie naher großer Staatswälder (National Forests) in das rund zehntausend Hektar große National Elk Refuge.

Das besondere Schutzgebiet wurde schon 1912, und damit siebzehn Jahre vor Gründung des gleichnamigen Nationalparks, vom amerikanischen Kongreß nahe dem mehr als 4100 Meter hohen Grand Teton, einem der höchsten Berge der Rocky Mountains, eingerichtet, nachdem im Winter 1909 mehrere tausend »elks« verhungert waren. (Die großen Hirsche heißen auf englisch »elk«, was in deutscher Übersetzung immer wieder zur Verwechslung mit dem Elch führt, der auf englische »moose« heißt. Der Name »Wapiti«, im Amerikanischen weniger gebräuchlich, entstammt der Indianersprache.)

Mitarbeiter der staatlichen Naturschutzbehörden füttern die Tiere, deren Rudel sich nach der herbstlichen Brunft in den Bergwäldern mit dem Einzug in das baumlose, zum Teil abgegatterte Winterquartier auflösen, täglich mit zu Kugeln gepreßter Luzerne. Ein Tier braucht im Durchschnitt fünf Kilogramm Nahrung. Der in der Regel bis 350 Kilogramm, ausnahmsweise 550 Kilogramm schwere Hirsch benötigt gut die doppelte Menge eines im Januar acht Monate alten Kalbes und mehr als ein 250 bis 280 Kilogramm wiegendes Alttier. Zwischen vierzig und fünfzig Tonnen Preßfutter laden die »Refuge-Ranger« am Tag an verschiedenen Plätzen von ihren mit Ketten angetriebenen Versorgungsfahrzeugen ab.

Ohne diese Hilfe würden viele Wapitis, die vom Frühling bis zum Herbst von Gräsern, Kräutern, Beifuß und anderen Strauchgewächsen, von Knospen, Blättern, Zweigen und Rinde verschiedener Baumarten sowie gelegentlich von Feldfrüchten und Vorgartenpflanzen leben, in der kalten Jahreszeit umkommen. Dann hätten nicht nur die vielen Millionen Besucher der Nationalparks in den Rocky Mountains weniger Naturerlebnisse, denn gerade die Wapitis sind mitunter in ihren Sommereinständen recht publikumsvertraut. Auch die Jäger wären nicht zufrieden, wenn viele »elks« Schnee und Kälte zum Opfer fielen. Im Jahr können – und müssen – sie etwa tausend Tiere der Yellowstone-Grand-Teton-Population, das sind gut zehn Prozent des Bestandes, schießen, um die Zahl des Wildes auf einem für die Wälder erträglichen Maß zu halten.

Nicht alle Jäger, die unter den vielen tausend Bewerbern um eine Abschußlizenz jedes Jahr ausgelost werden, haben in der herbstlichen Jagdsaison den gewünschten Erfolg, so daß häufig nicht die angestrebte Gesamtstrecke erzielt wird. Im winterlichen Refugium indes sind die Wapitis vor

In Wäldern und auf Bergen

Gewehr und Armbrust, einer in den Vereinigten Staaten unter bestimmten Voraussetzungen zulässigen Jagdwaffe, sicher. Dort gibt es in jedem Jahr etliche Stück Fallwild (durch Alter, Krankheit, Kälte oder infolge von Schußverletzungen eingegangene Tiere), an denen sich Kojoten, Steinadler, Kolkraben und Elstern, seit einigen Jahren nach deren geglückter Wiederansiedlung im Yellowstone-Nationalpark auch Wölfe gütlich tun.

Zum Unterhalt des Wildes tragen in zunehmendem Maße die Besucher mit dem Eintrittsgeld bei: Von Jahr zu Jahr lassen sich mehr Menschen mit Pferdeschlitten und auf Raupenfahrzeugen mitten zwischen die Wapitis kutschieren. Etliche der Hirsche sind den Touristenrummel schon gewohnt und lassen sich aus nächster Nähe beobachten und fotografieren, selbst wenn sie mal mit den Geweihen oder – die weiblichen Tiere – mit den Vorderläufen eine Meinungsverschiedenheit untereinander austragen. Dem wildkundigen Beobachter aus Europa fällt auf, daß die Wapitis der Rocky Mountains ein gutes Stück größer als die hiesigen Rothirsche und heller in der Färbung sind. (In Kalifornien gibt es eine wesentlich kleinere Unterart der »elks«.)

Das Geweih der amerikanischen Hirsche hat in der Regel weniger Enden und wirkt schwächer; die Wapitis tragen es einen Monat länger im Jahr als ihre europäischen Artgenossen. Trotz solcher und anderer Unterschiede heißen Rothirsch und Wapiti beide wissenschaftlich »Cervus elaphus«, ein klarer Hinweis auf ihre gemeinsame Abstammung und verwandtschaftliche Nähe.

Im Sommer streifen sie durch die Bergwälder, im Winter kommen die Wapitis, Nordamerikas Rothirsche, zu Tausenden in die Täler.

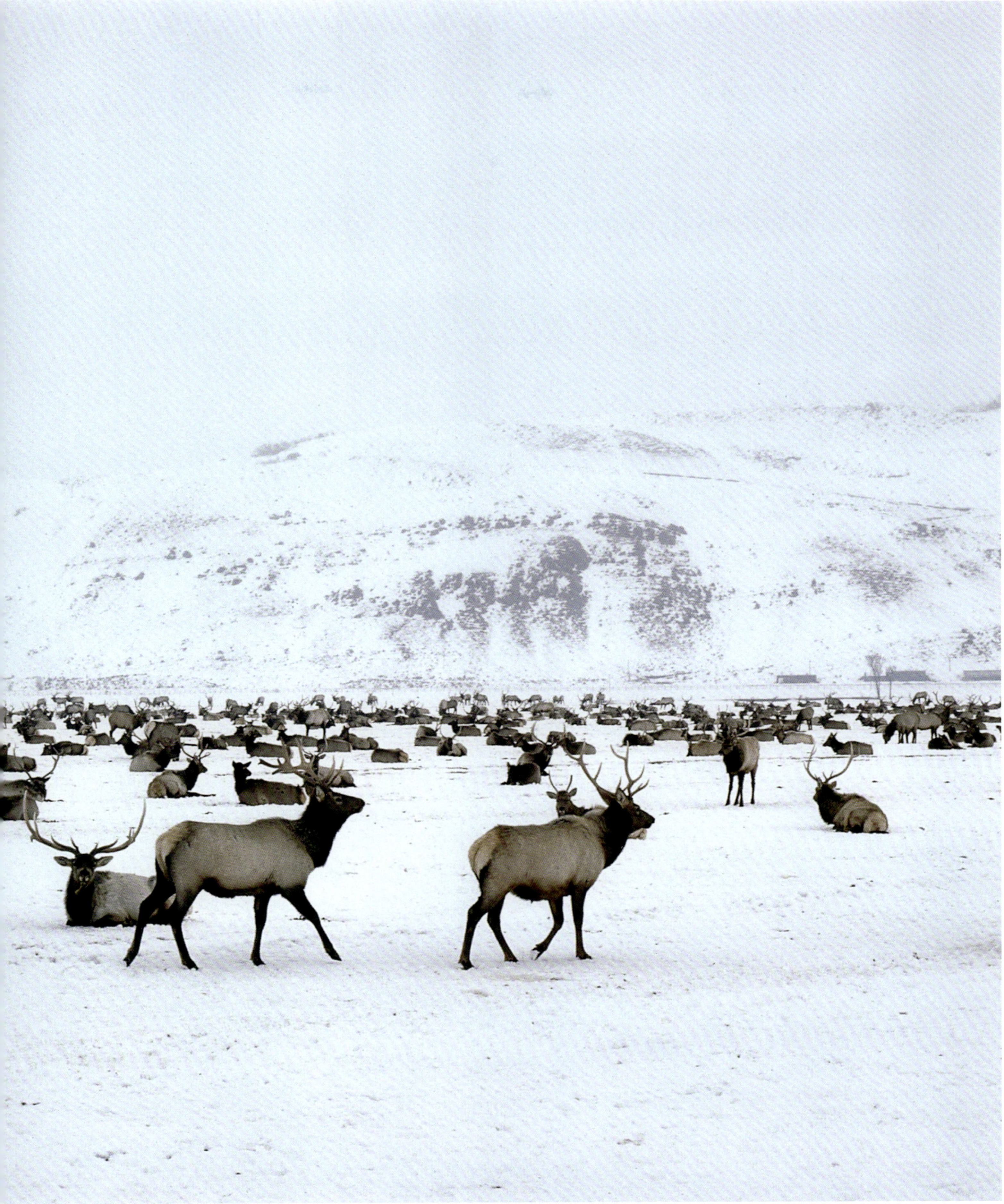

In Wäldern und auf Bergen

Pikas:
Ihre Rufe klingen wie Pfiffe

Wer hat ihm da nachgepfiffen? Überrascht oder erschrocken bleibt der Bergwanderer stehen und schaut sich um. Trotz angestrengten Spähens entdeckt er nichts. Ein paar Schritte weiter hört er wieder den hohlen Ton, dieses Mal gleich aus zwei verschiedenen Richtungen. Umherblicken bleibt wieder erfolglos. Noch einige Male das gleiche Spiel – bis es dem über grobes Geröll oberhalb der Baumgrenze gipfelwärts strebenden Naturfreund zu bunt wird: Er setzt sich hin und wartet ab. Schon glaubt er an höhenbedingte Sinnestäuschungen, als er auch die neuerlichen Laute nicht orten kann, da entdeckt er schließlich in nicht allzu großer Entfernung ein graubraunes Tierchen von der Größe eines Meerschweinchens. Regungslos sitzt es auf einem Felsbrocken, und nur dem Fernglas ist es zu verdanken, daß sich die gute Tarnung des Fells vom nahezu gleichfarbenen Untergrund etwas abhebt. Wie aus Stein gehauen, hockt das Lebewesen dort, und nur wenn es den vermeintlichen Pfiff ausstößt, geht ein kleiner Ruck durch den Körper.

Genausowenig wie die schrillen Alarmtöne der Murmeltiere Pfiffe sind, genausowenig pfeifen die Pikas, obwohl sie auf deutsch besser als »Pfeifhasen« bekannt sind. Diese Bezeichnung geht also auf eine falsche Deutung ihrer Laute zurück und wird

Im Herbst gibt es für die Pikas zwei Hauptbeschäftigungen: Futter sammeln und Sonnenwärme tanken. Auch dieser nordamerikanische Pka sucht nahe dem Eingang zu seinem Bau stets denselben Sitzplatz auf.

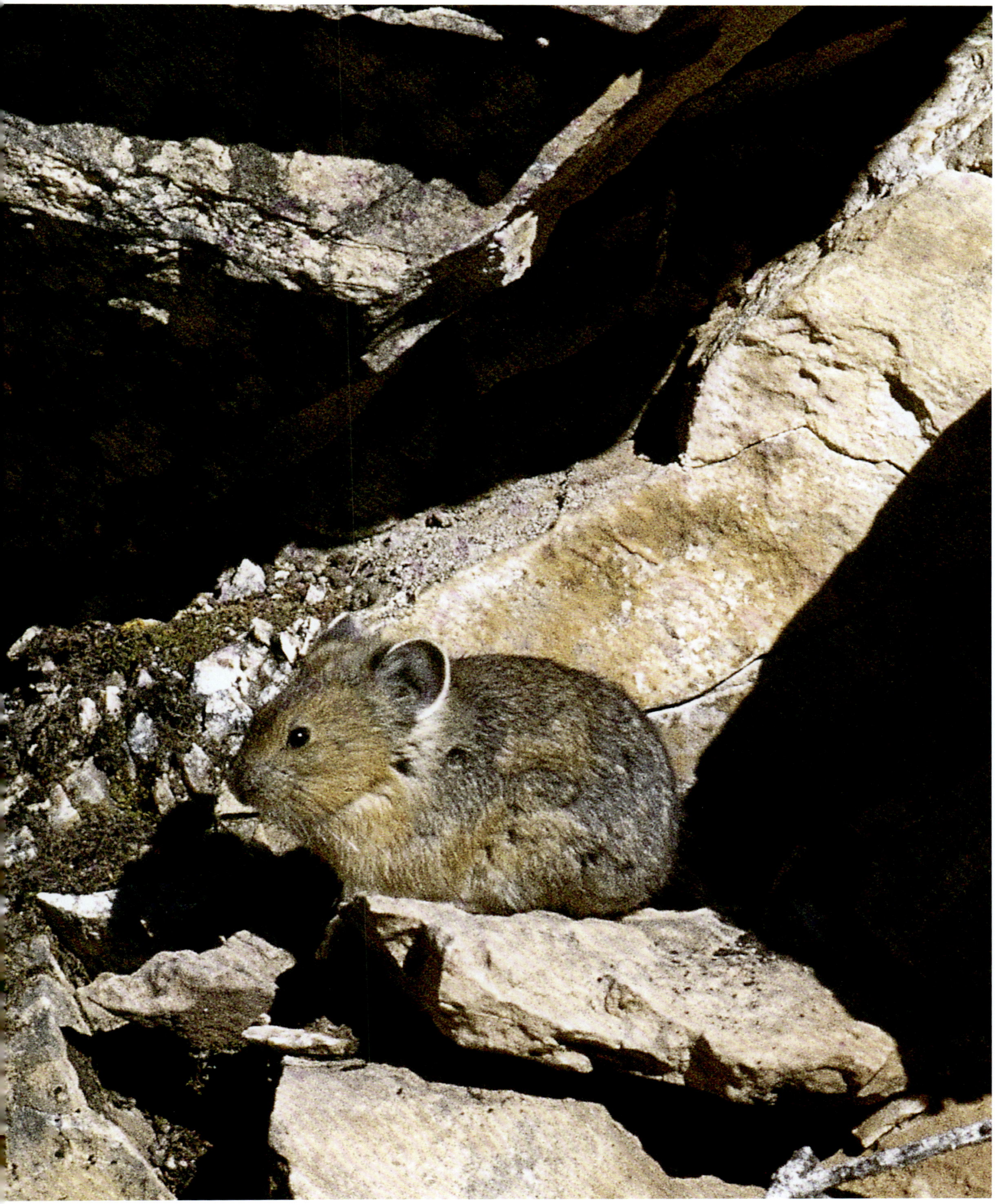

von den Zoologen heute zunehmend abgelehnt. Außer den Rufen und dem sich in verschiedenen Erdteilen gebietsweises überschneidenden Lebensraum weisen beide Arten zwar eine Reihe von Ähnlichkeiten auf, doch sie gehören recht unterschiedlichen Tierordnungen an: die Murmeltiere den Nagetieren, die Pikas den Hasenartigen (Familie »Leporidae«) innerhalb der Ordnung »Lagomorpha« (Hasentiere). Beide Tierfamilien sind am Tag aktiv, leben in Höhlen und tiefen Gesteinsspalten und sammeln für den Winter Heuvorräte. Einer der wesentlichen Unterschiede: Die Murmeltiere halten einen Winterschlaf, die Pikas nicht.

Die meisten der vierzehn Pika-Arten leben in Asien, der Halsband-Pika und der Nordamerikanische Pika sind im Westen der Vereinigten Staaten und Kanadas zu Hause. Während die neuweltlichen Vertreter im Gebirge hausen, sind einige Arten in der Alten Welt auch in den großen Steppengebieten anzutreffen. Es gibt Belege dafür, daß es früher in Europa und Afrika ebenfalls Pikas gab. Heute dehnt sich das Verbreitungsgebiet einer asiatischen Art noch bis nach Südosteuropa aus.

Im Herbst sind die behenden Tiere den ganzen Tag damit beschäftigt, mit ihren Zähnen Gras abzubeißen und büschelweise an bestimmte wettergeschützte Plätze zu tragen. In Rußland heißen die Pikas daher auch Heustapler, und in Asien macht sich mancher Viehhalter die Arbeit der kleinen Hasentiere zunutze, indem er ihnen die Vorräte stiehlt. Das kann während der kalten Jahreszeit den Tod manchen Pikas zur Folge haben.

Viele Opfer muß die Sippe ohnehin bringen, denn sie dient einer großen Zahl anderer Tiere als Nahrung. Hermelin, Iltis, Fuchs, Wolf, Greifvögel, Eulen – die Liste der Verfolger ist lang. Vor allem im flachen Land sind die Verluste groß, und so hat sich der Steppenpika auch zum fruchtbarsten innerhalb der Verwandtschaft entwickelt. Drei- bis viermal wirft das Weibchen bis zu dreizehn Junge nach einer Tragzeit von zwanzig bis vierundzwanzig Tagen. Ganze sieben Gramm wiegen die Kinder bei der Geburt, wachsen aber so schnell heran, daß die weiblichen Tiere schon im Alter von einem Monat geschlechtsreif sind.

Der Nordamerikanische Pika vermehrt sich nicht so intensiv. Zweimal im Jahr bringt das Weibchen zwei bis fünf Junge nach einer um eine Woche längeren Tragzeit zur Welt. Die Tiere können bis zu sechs Jahre alt werden und halten sich überwiegend im Familienverband auf. In ihm leben Männchen und Weibchen bis auf gelegentliche Ausnahmen in Einehe zusammen, was bei den übrigen Hasenartigen eher die Ausnahme ist. Gegen ins heimische Revier eindringende Angehörige anderer Familien setzen die Männchen neben Geruchsmarkierungen vornehmlich ihre Stimme ein. Bisweilen kommt es auch zu schweren Beißereien. Verhaltensforscher haben herausgefunden, daß gut sechzig Prozent der weittragenden Rufe, die von immer wieder aufgesuchten Sitzwarten aus ertönen, der Revierabgrenzung dienen. Mag sein, daß die Pikas damit auch neugierigen Menschen Einhalt gebieten wollen. Mit etwas Geduld kann man sich ihnen bis auf wenige Meter nähern. Erst im letzten Moment sausen die bis zu 200 Gramm schweren Tiere mit den kaum sichtbaren Schwänzen auf festen Wegen zu einem ihrer halbmeterlangen Gänge. Die Gebirgsbewohner halten während des langen Winters unter der Schneedecke ein weitverzweigtes Straßensystem in ihrem Revier offen. Immer wieder zieht es einige aber bei Sonnenschein an die Oberfläche. Nicht nur tierische Feinde nutzen solche Momente zum Zugriff. Im tibetischen Hochland bessern auch die nomadisch umherziehenden Viehhirten ihre Küche auf, indem sie Pikas (wie auch Murmeltiere) mit Netzen und Schlingen fangen.

Luchs, Bär und Wolf: Von den einen erwünscht, von den anderen verfolgt

Um den Luchs, der auf seinen Pfoten so lautlos wie kaum ein anderes Tier zu pirschen vermag, gibt es immer wieder in mitteleuropäischen Ländern Diskussionen und Auseinandersetzungen. Seit längerem schon streiten in Deutschland, Frankreich, in der Schweiz und in Österreich Jäger, Viehzüchter, Wildbiologen und Naturschützer darüber, ob, wo und wann die einstmals in ganz Europa beheimateten Wildkatzen mit dem schön gezeichneten Fell und den Pinselohren in der sogenannten Wildbahn wieder Reviere beziehen dürfen. Ohne Hilfe des Menschen, dem sie – entgegen immer wieder gerne verbreiteter Panikmache – überhaupt nicht gefährlich werden können, haben die früher als Raubtiere verfolgten Vertreter der Art »Lynx lynx« keine Aussicht, in einst von ihnen bewohnten Landschaften wieder heimisch zu werden. Nur mit einer Wiederansiedlung anderswo gefangener oder in zoologischen Gärten aufgezogener Tiere sowie ihrer anschließenden Überwachung läßt sich der Luchs zurückholen.

Ob alleine oder zu zweit (folgende Doppelseite): Selbst in einem Freigehege wie im Nationalpark Bayerischer Wald lassen die Luchse sich nicht immer leicht entdecken. Die im Harz ausgewilderten sieben Luchse leben noch versteckter.

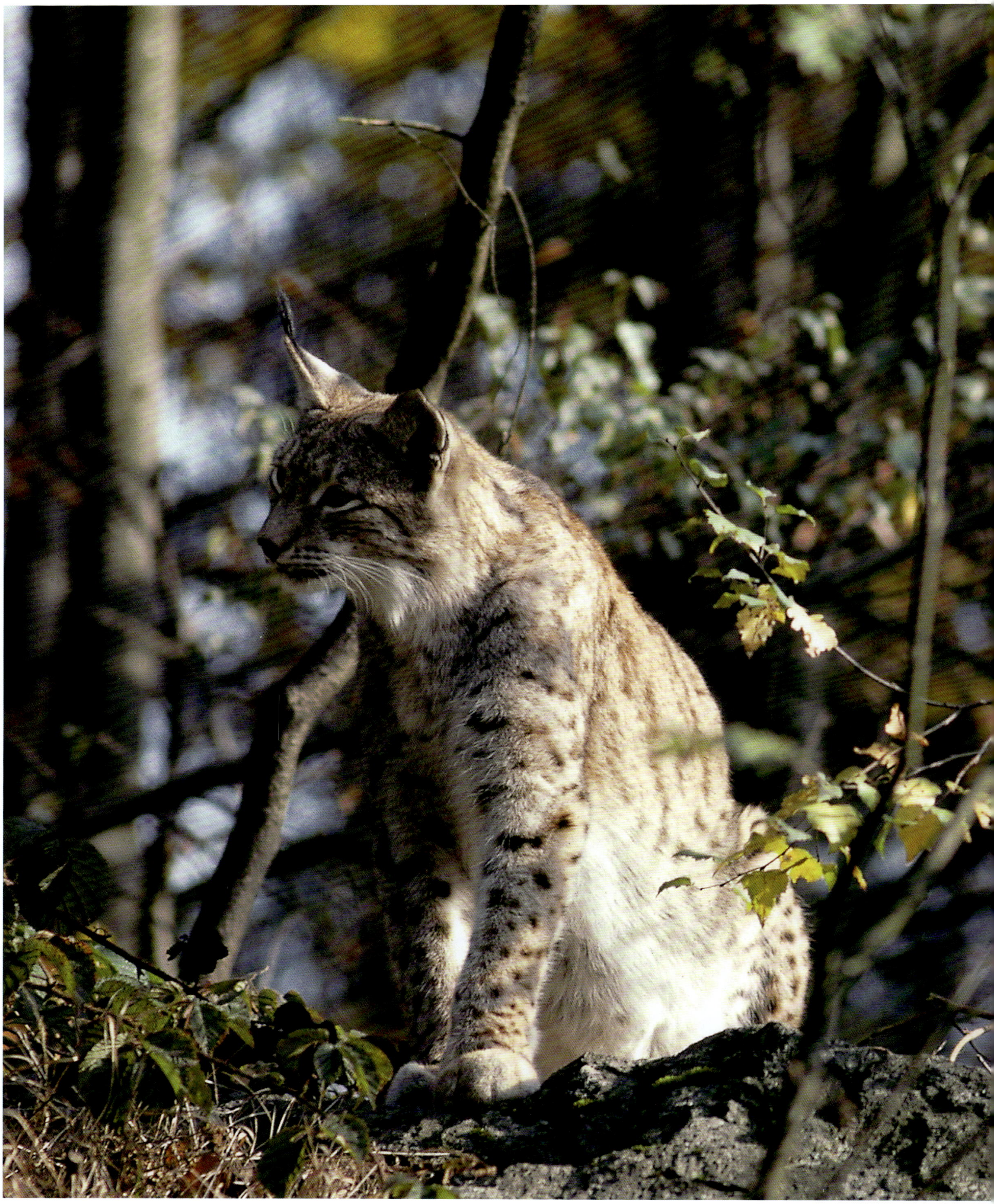

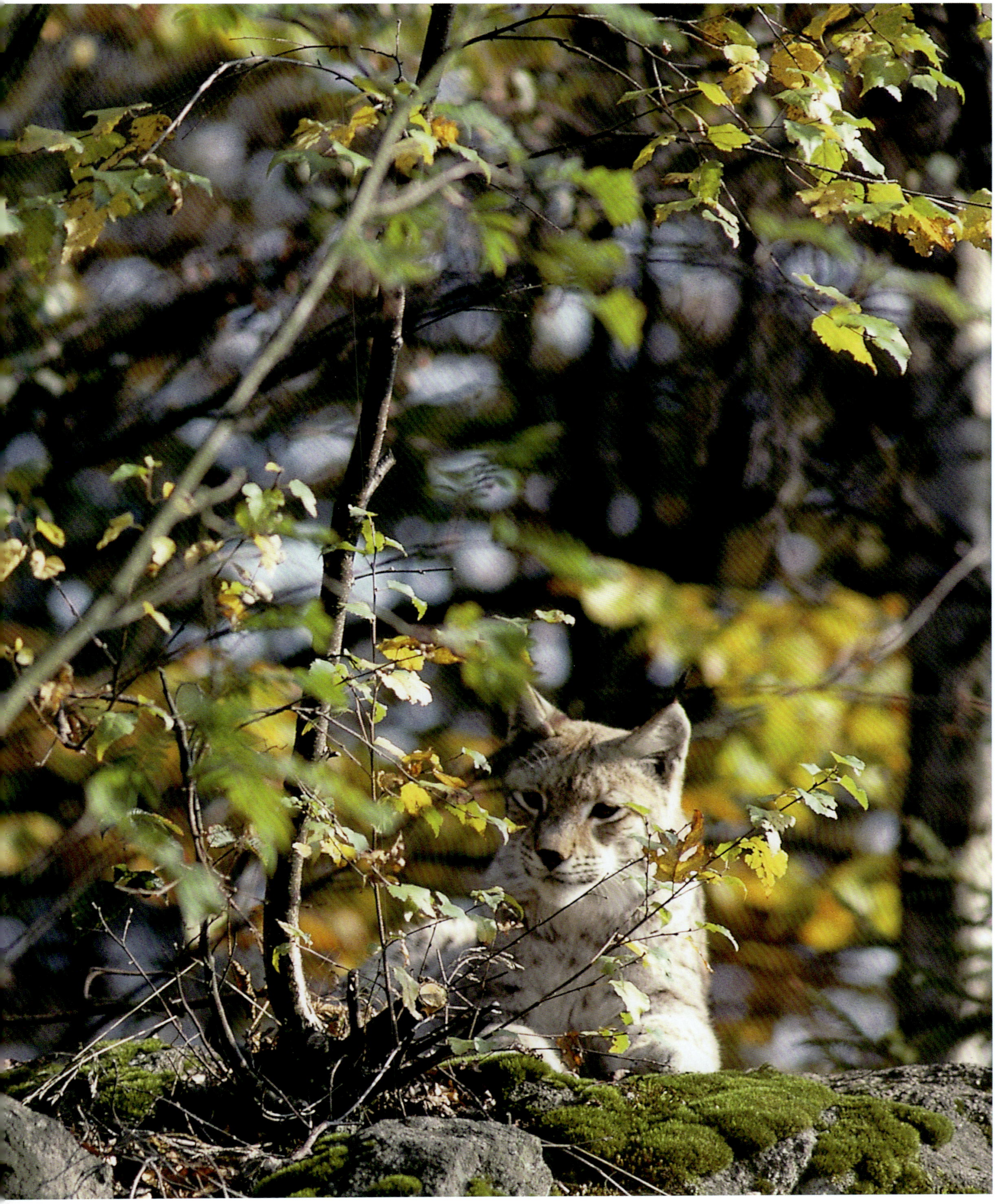

In Wäldern und auf Bergen

Daß dies möglich ist, zeigt sich seit 1970 in der Schweiz; daß es schwierig ist, beweisen die im Jahr 1977 begonnenen Bemühungen in Österreich und in Frankreich, wo in den Vogesen erstmals am 3. Mai 1983 zwei Luchse in die Wildbahn entlassen wurden. Bis 1994, als die offizielle Auswilderung endete, waren es einundzwanzig. Daß die Neuansiedlung von Luchsen stark umstritten ist, läßt sich seit etwa 1990 in verschiedenen Bundesländern deutlich miterleben. Die Diskussion, die in Bayern schon mit der Eröffnung des Nationalparks Bayerischer Wald im Jahr 1970 begann, wurde durch Pläne von Behörden und Naturschützern in den darauffolgenden dreißig Jahren in regelmäßigen Abständen neu entfacht. Diese wollen dem Luchs an mehreren Orten wieder ein Heimatrecht einräumen.

Die hochbeinigen Wildkatzen mit dem Stummelschwanz sollen wieder in den Mittelgebirgen und in den Alpen leben. Im Schwarzwald wurden im Jahr 1659 noch dreiundvierzig Luchse erlegt, der jeweils letzte Luchs wurde im Jahr 1770 im Pfälzer Wald getötet, im Jahr 1783 in Sachsen, 1818 im Harz, 1833 im Odenwald und im Jahr 1846 im Bayerischen Wald. Der letzte Luchs in Bayern und damit wohl auch in Deutschland wurde im Jahr 1888 bei Rott am See erlegt. (Illegal sind in Bayern in jüngerer Zeit wiederholt zugewanderte Luchse getötet worden.) Damit war der Luchs in diesen Gebieten ausgerottet.

Die Alpen und einige Mittelgebirge eignen sich nach Meinung von Wildbiologen, Naturschützern und denjenigen Jägern, die im Luchs nicht nur einen Beutekonkurrenten sehen, zu seiner Wiederansiedlung besonders gut. Das Berchtesgadener Land mit dem Nationalpark Berchtesgaden, das Oberland zwischen Lech und Inn sowie der Bayerische Wald bieten sich ebenso wie der Schwarzwald, der Pfälzer Wald, der Thüringer Wald und der Harz als künftige Luchsheimat an. In den erstgenannten Gebieten hätten die bis zu vierzig Kilogramm schweren, 110 Zentimeter langen und 70 Zentimeter in Schulterhöhe messenden Katzen Verbindung zu schon zuvor begründeten Populationen. Die von Natur aus wanderlustigen Luchse aus dem Berner Oberland, dem Schweizer Jura und aus den Vogesen hätten es zum Schwarzwald nicht weit und umgekehrt. Eine größere Barriere als der Rhein sind die Autobahnen und Schienenstränge im Rheintal. Luchse werden heute in vielen Gegenden eher Opfer des Verkehrs als der (dann meist illegalen) Jagd.

In der Schweiz, wo der letzte freilebende Luchs der ursprünglichen Population im Jahr 1902 getötet wurde, gibt es die Tiere seit 1971 wieder. Nachdem der Bundesrat in Bern 1967 beschlossen hatte, der Luchs solle in einigen Kantonen ausgewildert werden, wurden nach gründlicher Vorbereitung zwischen den Jahren 1971 und 1975 sechzehn Luchse an verschiedenen Orten freigelassen. Zwar kamen einige von ihnen im Laufe der Zeit um, doch vermehrten sich die Luchse trotzdem bis heute auf einen Bestand von fünfzig bis siebzig Tieren. Mindestens dreißig sind nach der Auffassung von Wildbiologen für das Überleben einer in sich geschlossenen Population notwendig. Aber auch diese brauchen zur Blutauffrischung immer wieder Begegnungen mit Angehörigen anderer »Großfamilien«. Zwar ist die Gefahr der Inzucht bei Luchsen nicht allzu groß, doch um alle arteigenen Merkmale und Fähigkeiten zu erhalten, bedarf es des Genaustausches zwischen Tieren unterschiedlicher Herkunft. Daher ist die Wandermöglichkeit zwischen einzelnen Luchsarealen über »grüne Korridore« eine wichtige Voraussetzung.

In der Schweiz werden seit Jahren Luchse mit Hilfe der Telemetrie verfolgt. (Bis zum Jahr 2000 waren es mehr als achtzig.) Dazu locken Wildbio-

Luchs, Bär und Wolf: Von den einen erwünscht, von den anderen verfolgt

logen sie zunächst mit Fleischködern in Fallen und Fußschlingen, betäuben sie und legen ihnen ein Halsband mit einem Sender an. So können sie die Tiere mit Peilantennen, welche die Signale der von Solarzellen gespeisten Sender auffangen, in ihrem Aktionsradius verfolgen. Auf diese Weise haben die Wissenschaftler viele neue Kenntnisse über den Luchs gesammelt. Er ist nicht das blutrünstige Raubtier, als das er jahrhundertelang geschildert wurde. Er ist so scheu, daß ihn nur wenige Menschen in seinem Waldrevier zu Gesicht bekommen. Geschichten, die davon berichten, daß ein Luchs einen Menschen angegriffen habe, können als frei erfunden abgetan werden. Er reißt auch nicht mehr Beute, als er verzehren kann. Er jagt Rehe (seine bevorzugte Beute), Gemsen, Hasen, Füchse, Vögel oder Mäuse. Nur das Fell, die Federn, die Knochen und einen Teil der Innereien läßt der Luchs zurück. Zu einem gerissenen Reh kehrt er mitunter zehn Tage lang immer wieder zurück. Damit nicht andere Tiere die Beute entdecken, versteckt er sie unter Blättern, Zweigen, Erde oder – im Winter – Schnee.

Die Signale der Halsbandsender haben auch Erkenntnisse über die Wanderungen der Luchse geliefert. Kuder (Kater) ziehen weiträumiger durch das Land als die Katzen, die im Alter von zweiundzwanzig Monaten und damit etwa ein Jahr früher als die Kuder geschlechtsreif werden. Während das Weibchen, das seine zwei bis vier Jungen fast ein Jahr lang führt und betreut, mit einem Gebiet von einhundertfünfzig bis maximal zweihundert Quadratkilometern auskommt, durchstreift ein Luchskuder ein dreimal so großes Areal. Die Größe seines Jagdreviers ist für den Luchs von Vorteil. Er beunruhigt seine Beute nur in großen Zeitabständen. Die Katzen können sich jedoch nach der Geburt der 300 Gramm leichten Jungen in den ersten Wochen nicht auf lange Jagdzüge begeben,

denn sie säugen die jungen Luchse mindestens zweieinhalb Monate lang und müssen deshalb regelmäßig zu ihnen zurückkehren. Erst danach folgen die Jungen dem Muttertier ins weiträumige Revier. Sobald dieses ein Beutetier gefunden hat, läßt es seine Gefolgschaft in einem Versteck zurück. Luchse sind nicht Meutejäger wie etwa Wölfe. Sie pirschen ihre Beute an oder lauern ihr gut getarnt auf. Dann springen sie sie plötzlich an. Den sprichwörtlich scharfen Luchsaugen entgeht so leicht nichts. Wenige bis zu fünf Meter lange Sätze müssen genügen, um das Opfer zu erreichen und zu packen. Auf eine längere Verfolgung läßt sich der Luchs nicht ein, denn er ist kein ausdauernder Läufer. Nicht wenige Beutetiere sterben am Schock, andere ersticken unter dem Würgegriff. Daher zeigen frisch vom Luchs gerissene Tiere oftmals kaum Wunden.

Ist die Luchsmutter erfolgreich gewesen, kehrt sie zu den halbwüchsigen Jungen zurück und führt sie – manchmal über mehrere Kilometer – zu der Beute. In deren Nähe hält sich die Familie so lange auf, bis alles verzehrt ist. Ein bis eineinhalb Kilogramm Fleisch braucht ein ausgewachsener Luchs pro Tag. Fünfzig Rehe würden seinen Jahresbedarf decken, doch machen in mäusereichen Jahren die Nagetiere einen nicht unbeträchtlichen Teil seiner Nahrung aus. Weil das Luchsweibchen seine Jungen bis zur nächsten Paarungszeit (im Februar und im März) führt, bedeutet sein Tod in dieser Zeit auch das Ende des Nachwuchses, der erst im Alter von knapp einem Jahr selbständig jagen kann.

Im französischen Jura, in dem sich wegen seiner dünnen Besiedlung und der geringen Nutzbarkeit für die Landwirtschaft die traditionelle Schafhaltung im großen Stil erhalten hat, sind im Lauf der vergangenen Jahre immer mehr Luchse heimisch geworden: durch Auswilderung im Rahmen

In Wäldern und auf Bergen

eines Programms des Umweltministeriums in Paris, der Forstbehörden und der französischen Sektion des World Wide Fund for Nature, durch Zuwanderung aus der Schweiz und durch natürliche Vermehrung. Obwohl ihnen – Untersuchungen bestätigen dies – das Fleisch von Schafen nicht sonderlich gut zu schmecken scheint, haben einige Luchse im französischen Jura angeblich in einem einzigen Jahr (1989) mehr als dreihundertfünfzig Schafe und Lämmer gerissen. Das wenigstens behauptet der Züchterverband dort. Er fordert seitdem drastische Vorkehrungen gegen die »Invasion der Raubtiere«. Die Behörden beruhigten die aufgebrachten Schafzüchter, indem sie ihnen zugestanden, Luchse zu fangen oder zu schießen, wenn sie beobachten, daß die Tiere Schafe reißen. Der WWF zahlt eine Entschädigung von 900 bis 1500 französischen Franc für jedes getötete Schaf und hat allein 1989 umgerechnet rund 70 000 Mark an betroffene Schafzüchter ausgezahlt.

In den Vogesen, wo im Rahmen eines über viele Jahre laufenden Wiederansiedlungsprogramms immer wieder Luchse aus Tschechien und der Slowakei ausgewildert wurden, hat es ebenfalls Rückschläge gegeben. Mindestens drei Luchse wurden gewildert. Der Tod eines dieser Luchse war für die Mitarbeiter der Luchs-Forschungsstation

Wölfe würden sich wieder schnell in Europa in für sie geeigneten Biotopen ausbreiten, wenn sie der Mensch nur ließe und seine völlig überzogenen Vorurteile gegen sie endlich abbaute.

Luchs, Bär und Wolf: Von den einen erwünscht, von den anderen verfolgt

im Oberelsaß besonders schmerzlich. Das Weibchen war erst acht Monate zuvor in die Freiheit entlassen worden und hatte drei Junge geboren, die, auf diese Weise führungslos geworden, ebenfalls umkamen. Eine weitere Aussetzung im Rahmen des Wiederansiedlungsprogramms endete ebenfalls tödlich. Ein vier Jahre altes Luchsweibchen starb nur wenige Wochen nach seiner Freilassung an einer Magen-Darm-Entzündung.

Illegale Abschüsse, und zwar durch zur Jagd befugte Revierinhaber, wie sie zum großen Kummer der Wildbiologen, der Naturschützer und der Behörden seit Ende der neunziger Jahre vermehrt in der Schweiz vorkommen, haben, so vermuten Professor Antal Festetic und seine Mitarbeiter vom Institut für Wildbiologie und Jagdkunde an der Universität Göttingen, auch ein seit dem Jahr 1977 in der österreichischen Steiermark laufendes Projekt an den Rand des Scheiterns gebracht. Das mit den Behörden und der Landesjägerschaft abgestimmte und von der Zoologischen Gesellschaft Frankfurt finanziell unterstütze Programm wird von den Göttinger Wildbiologen betreut. Die meisten der ausgewilderten und nachgeborenen Luchse zog es aus der Steiermark ins benachbarte Bundesland Kärnten. Dort waren sie den Jägern nicht willkommen. Doch die Luchsförderer wollen nicht aufgeben, obgleich selbst von Jägern mitgetragene Luchs-Initiativen in verschiedenen Bundesländern immer wieder auf Vorbehalte in der Jägerschaft stoßen.

Dabei warnen mittlerweile Wildbiologen und Naturschutzfachleute vor einem Luchs-Enthusiasmus. Ob etwa der Hunsrück, das Rothaargebirge, der Odenwald und der Pfälzer Wald für die großen Katzen heute noch geeignet sind, muß nach ihrer Meinung erst gründlich untersucht werden. Das gleiche gilt für eine Reihe anderer Landschaften, für die es Luchs-Befürworter gibt. Bessere Aussichten als bisher, wieder zur Heimat von »Lynx lynx« zu werden, hat – wenn auch als Biotop isoliert – der Harz, seit es dort zwei Nationalparke gibt. Die ersten Tiere wurden in einem Gehege auf ein Leben in Freiheit seit 2000 vorbereitet. Im Harz könnten nach Meinung von Zoologen und Naturschützern bis zu dreißig Luchse leben und eine Population begründen. Ob sie allerdings auf Dauer überlebensfähig sein wird, hängt – neben der Akzeptanz in der Bevölkerung – von der Verbindung zu anderen Populationen ab. Die Bedenken von Jägern und Vogelfreunden, der Luchs sei eine Gefahr für das stark gefährdete und durch Auswilderung am Leben erhaltene Auerwild, lassen die Wildbiologen nicht gelten. Die Forschungsergebnisse sprächen dagegen, sagen sie, es sei denn, der Auerhuhnbesatz bestehe überwiegend aus halbzahmen Vögeln. Deren Hauptfeinde, Fuchs und Marder, hält der Luchs kurz.

Der Bund Naturschutz in Bayern und dessen Vorsitzender, Hubert Weinzierl, sehen gute Voraussetzungen dafür, die Tiere im Osten Bayerns wieder dauerhaft heimisch zu machen. Durch den Fortfall des Grenzzauns zwischen Tschechien und Deutschland und dank der Umwandlung eines Großteils des früheren Landschaftsschutzgebietes Sumava in den heutigen gleichnamigen tschechischen Nationalpark, der an den Nationalpark Bayerischer Wald unmittelbar angrenzt, sind dem Luchs die Grenzen gen Westen geöffnet. Auch im Böhmerwald hat es schon Aussetzungen gegeben, und die Population hat über die Beskiden Anschluß an Luchse in den Westkarpaten, wo es einen gesicherten Bestand geben soll, der sogar nach bestimmten Regeln bejagt wird. Forstleute und manche Jäger erwarten von Luchsen die Reduzierung der mancherorts zu hohen Reh- und Rotwildbestände. Damit würden sie dem Wald zu einem besseren Gesamtzustand verhelfen. Aber: Es

In Wäldern und auf Bergen

wird sicher noch viele Jahre dauern, bis der Luchs in einigen Gegenden Mitteleuropas unumstrittenes Heimatrecht genießen wird. Ob das der Fall sein wird, hängt weniger von den natürlichen Voraussetzungen in den von den Luchswiederansiedlern ausgewählten Regionen ab, denn dafür gibt es neben anderen Vorschriften die Richtlinien für die Auswilderung und Wiederansiedlung von Arten durch die Weltnaturschutzunion. Es wird in erster Linie darauf ankommen, ob es gelingt, in der jeweilig ansässigen Bevölkerung, insbesondere bei den Jägern und Landwirten, eine dauerhafte Akzeptanz für den Luchs zu schaffen. Um die oft unterschwellige Angst vor dem »Raubtier Luchs« und die verbreitete Ablehnung der »bösen Riesenkatze« zu überwinden, bedarf es einer guten und geduldigen Öffentlichkeitsarbeit.

Was schon für die »Große Pinselohrkatze« schwierig ist, wird zu einer noch größeren Herausforderung bei zwei anderen Beutegreifern: Braunbär und Wolf. Auch für »Ursus arctos« und »Canis lupus« gibt es in vielen europäischen Ländern seit längerem Konzepte für eine Verstärkung der Restbestände oder für eine Wiederansiedlung. Beide Arten – nicht nur früher, als man es noch nicht besser wußte, sondern mancherorts auch noch heute, da man es besser wissen sollte, als »böse Raubtiere« verschrien – haben es schwer, in einer immer stärker von der Zivilisation geprägten Landschaft ihr Lebensrecht zu behaupten. Das nämlich wird Bär und Wolf noch mehr als dem Luchs vom Menschen bestritten und genommen: In Europa sind ihre Bestände arg geschrumpft, im Osten und Norden nicht ganz so stark wie im Westen und Süden.

Daß es überhaupt noch Bären und Wölfe in Westeuropa gibt, mag selbst manchen Naturkenner überraschen, denn in Deutschland sind sie seit der Mitte des 19. Jahrhunderts in freier Wildbahn endgültig ausgerottet. Aber in Spanien leben noch etwa eintausendfünfhundert Wölfe und knapp einhundert Braunbären. Selbst in den französischen Pyrenäen werden von beiden Arten jeweils fünf bis zehn Tiere vermutet. Das allerdings sind zu wenig für eine überlebensfähige Population, weshalb aus zwei verschiedenen Lagern immer wieder gegensätzliche Forderungen laut werden: Die Naturschützer plädieren für eine Verstärkung durch Auswilderung zusätzlicher Tiere, Bauern und Jäger verlangen (und praktizieren) die endgültige Ausrottung. In Italien werden noch mehr als fünfhundert Wölfe, ein Teil von ihnen als Folge der Verpaarung mit verwilderten Hunden nicht mehr reinrassig, und zwischen sechzig und einhundert Bären bestätigt. In Griechenland rechnet man mit bis zu fünfhundert Wölfen und etwa einhundert Braunbären. In allen diesen Ländern sind Gebirgswälder die wesentlichen Rückzugsgebiete. Außerhalb von Rußland gibt es auf europäischem Boden in Rumänien von beiden Arten die meisten Tiere: etwa dreitausend Wölfe und zwischen viertausendfünfhundert und sechstausendsechshundert Bären. Polen, das früher reich an Bären und Wölfen war, beherbergt heute nur mehr fünfhundert bis siebenhundertfünfzig Wölfe und etwa achtzig Bären.

In ganz Skandinavien leben rund eintausend Bären, aber keine zweihundert Wölfe mehr. Es ist erstaunlich, daß es in Europa ohne Rußland zu Beginn des 21. Jahrhunderts von den größeren Bären mit rund 13 000 Tieren gut ein Drittel mehr als Wölfe gibt. Angesichts der nach Millionen zählenden Rehe, Hirsche, Wildschweine und anderer potentieller Beutetiere von Bär und Wolf (wobei der Braunbär zu einem gut Teil als Vegetarier lebt), ist das für Europa eine sehr geringe Zahl.

Daß einstmals von beiden Arten besiedelte Gebiete von diesen zurückerobert werden können,

Luchs, Bär und Wolf: Von den einen erwünscht, von den anderen verfolgt

wenn der Mensch sie nur läßt, haben Bären in Österreich und Wölfe in den Alpen, aber sogar in Brandenburg und in Sachsen gezeigt. In die österreichischen Voralpen wanderte um 1970 ein Braunbär aus Slowenien oder Kroatien ein. Ihm folgte bald darauf ein zweiter, vielleicht auch ein dritter. Die zuständigen Jäger ließen »Meister Petz«, von anderen Naturschützern dazu ermuntert und dabei unterstützt, gewähren. Zwischen 1989 und 1993 wurden von WWF-Österreich in Zusammenarbeit mit der Jägerschaft und Behörden zur Verstärkung und zum Vermehren aus eigener Kraft drei Bären in dem Gebiet ausgewildert. Im Jahr 2001 gibt es in Österreich mindestens zwei Dutzend Tiere. Doch nicht immer geht das ohne Konflikte ab, denn manche Tiere werden mit dem Menschen zu vertraut. Sie plündern Bienenstöcke, brechen in Hühnerställe ein, reißen gelegentlich ein Schaf und erschrecken durch ihr Auftauchen Wanderer, von denen manche in ihm einen »Ursus

In den Bergwäldern Ost- und Südeuropas gibt es stellenweise mehr Braunbären als gemeinhin angenommen wird. Vom Osten Österreichs und dem Norden Italiens aus könnte eine Wiederbesiedlung der Alpen erfolgen.

horribilis«, ein schreckliches Untier, sehen. Einige solcher Tiere mußten geschossen oder gefangen werden, doch der Bärenbestand in Österreich wächst langsam weiter. Zur Freude manches Fremdenverkehrsmanagers, denn »wo es Bären gibt, da ist die Natur noch in Ordnung«.

Das gilt nicht überall und vor allem nicht für Wölfe in Norwegen. Dort veranstalteten Jäger auf behördliche Anordnung von Februar bis April 2001 eine riesige Wolfshatz, die den norwegischen Staat viel Sympathie im eigenen Land und außerhalb gekostet hat. Mit Hubschraubern und Schneemobilen wurden wochenlang trotz heftiger nationaler und internationaler Proteste zehn Wölfe und damit die Hälfte des gesamten norwegischen Bestandes verfolgt. Am Ende des großen Treibens für mehr als eine halbe Millionen Mark lagen neun Tiere auf der Strecke; der Leitrüde, das Alphatier, war entkommen. Die ausgerechnet von der Naturschutzbehörde gutgeheißene Aktion sollte Bauern beruhigen, die den Wölfen anlasteten, sie hätten zu viele ihrer frei laufenden Schafe gerissen, und Jäger, die den Wölfen Rehe und anderes Wild neideten. Mit dem Geld hätten die betroffenen Schafbesitzer jahrelang entschädigt werden können, statt damit die seltenen Tiere zu töten, warfen nicht nur Naturschützer aus dem eigenen Land und aus aller Welt den norwegischen Behörden vor.

Diese Einstellung gibt es nicht nur in Norwegen, sondern praktisch überall, vor allem auf dem Land und unter Jägern: »Isegrimm« gilt als Schädling und wird zudem – völlig zu Unrecht – gerne als blutrünstige Bestie verunglimpft. Dabei gibt es keinen einzigen belegten Fall, daß freilebende Wölfe einen Menschen ernsthaft angegriffen, geschweige denn getötet hätten. Entsprechende Geschichten und Märchen darüber indes sind ohne Ende.

In einer »Large Carnivore Initiative for Europe« koordiniert das Europäische Programmbüro von WWF International seit 1995 mehr als ein Dutzend Organisationen und Institute, die gemeinsam in siebzehn Ländern über die »großen Fleischfresser« unter den Wildtieren aufklären, ihre Zahlen und die von ihnen genutzten wie auch die potentiellen Lebensräume erfassen und in den einzelnen Ländern wie auch grenzüberschreitend Managementpläne erstellen. Dieses langfristig angelegte Programm soll dem Luchs, insbesondere auch dem nur noch in geringer Zahl in Spanien überlebenden Iberischen oder Pardel-Luchs, dem Wolf, dem Braunbär und dem in Nordeuropa ebenfalls nur noch selten vorkommenden Vielfraß, weniger diskriminierend und richtiger auf deutsch als Bärenmarder bezeichnet, helfen. Wenn es vor allem gelingt, diesen Tieren eine gerechtere Beurteilung und mehr Wohlwollen seitens der Menschen zu verschaffen, wäre das Haupthindernis für ihre Wiederausbreitung und die Wiederbesiedlung vorhandener geeigneter Lebensräume selbst im westlichen Europa beseitigt.

Dann hätten auch die Wölfe, die zwischen 1990 und 2000 immer wieder mal von Polen in die brandenburgische Schorfheide eingewandert sind und dort sogar einige Male Junge bekommen haben, eine Chance für ein dauerhaftes Bleiberecht. In Sachsen lebt seit dem Jahr 2000, vielleicht auch schon länger, ein kleines Wolfsrudel im Schutz des Truppenübungsplatzes Oberlausitz. Militärisch gesichert, hat eine Fähe bereits einmal Welpen »gewölft« – drei an der Zahl. Dem »einzigen Wolfsrudel Deutschlands«, wie es in der Presse bezeichnet wurde, bekommt die Abgeschiedenheit des Übungsgeländes wie vielen anderen seltenen Wildtierarten, die sich unter den Schutz der Bundeswehr zurückgezogen haben, augenscheinlich gut.

Gemsen: In neun Unterarten weit verbreitet

Nachdem sie im Mai oder in den ersten beiden Wochen des Juni ihren Nachwuchs in die Bergwelt »gesetzt« haben, sind die Gamsgeißen einige Zeit auf Abstand bedacht. Auf Abstand zwar auch zu ihresgleichen, viel mehr aber zu allen möglichen Feinden. Dazu gehören dann auch dort, wo Gemsen gemeinhin an Menschen und Touristenbetrieb im Gebirge gewöhnt sind, die Bergwanderer. So fliehen sie viel früher als zur übrigen Jahreszeit, wenn sie häufig in größeren Gruppen als »Scharwild« zu beobachten sind. Die Fluchtdistanz hängt in nicht geringem Maß davon ab, ob es von oben, unten oder auf gleicher Höhe gefährlich werden kann. Erscheint ein Mensch über der Gams im Abstand unterhalb der kritischen Grenze, also in kürzerer Entfernung als die für das Tier zutreffende Fluchtdistanz (die individuell unterschiedlich groß ist und zu einem nicht unwesentlichen Teil auf den Erfahrungen mit dem Menschen oder mit möglichen Beutegreifern beruht), so springt es besonders schnell ab. Von oben nämlich kommt der Steinadler, von oben haben auch nur der Wolf und der Luchs bei einem Angriff eine Chance. Das sind – neben dem Menschen – die Hauptfeinde des Gamswildes; Wolf und Luchs spielen allenfalls noch in der Tatra, in den Karpaten und im Kaukasus eine Rolle. Dort gibt es die zur Familie der Hornträger (Bovidae) in neun Unterarten als »Rupicapra rupicapra« zählenden Gemsen, in ihrer alpenländischen Heimat besser als Gams bekannt, ebenso wie in den Pyrenäen, im Apennin und – mit der stärksten Verbreitung – in den Alpen. Im Schwarzwald, in den Vogesen und in anderen europäischen Mittelgebirgen sind die mit den Schafen und Ziegen verwandten Tiere erfolgreich angesiedelt worden. Damit haben sie einen kleinen Teil des großräumigen Gebietes wieder »zurückerobert«, in dem sie lange nach der Eiszeit weit verbreitet waren. Nach Neuseeland hat sie aber erst der Mensch gebracht; dort haben sie sich derart gut eingelebt und vermehrt, daß sie in manchen Gegenden für den Wald schon als »Schadwild« eingestuft sind.

Gipfelwärts sichern die Gemsen deshalb öfter und genauer, weil sie bergab nicht ganz so geschickt auf ihren Läufen sind. Ihre Schnelligkeit und Gewandtheit beweisen sie mehr, wenn es über Geröllhalden oder durch steile Wände nach oben geht: Mit einer vielleicht nur noch von den Steinböcken übertroffenen Sicherheit, in atemberaubender Geschwindigkeit und mit bewundernswerter Eleganz bringen sie sich in wenigen Minuten auf mehrere hundert Meter Abstand zu ihrem oft nur vermeintlichen Verfolger. Und das in einem Gelände, das selbst von einem geschickten Bergsteiger manchmal nur in stundenlanger Mühsal bewältigt werden kann. Daß sie eher Gipfelstürmer als Gipfelflüchter sind, hängt mit ihren besonders kräftigen und im Vergleich zu den vorderen länger wirkenden hinteren Beinen zusammen. Die Hornsohlen an den Füßen, die Schalen, sind zugespitzt und scharfkantig. Sie lassen sich weit spreizen, so daß sich die Trittfläche der zwischen den harten Hornrändern gelegenen weichen Ballen mehr als verdoppelt und damit eine optimale Haftung erzielt wird. Wird es ganz gefährlich, können die Tiere, je nachdem, ob es abwärts oder aufwärts geht, eine Art Notbremse oder Bergstock zu Hilfe nehmen: Ihre Fersengelenke lassen sich so stark abknicken, daß die höher sitzenden Afterklauen mit dem Boden in Berührung kommen.

Die Kitze (Zwillingsgeburten sind seltener als Einzelgeburten) werden von den Geißen nicht, wie

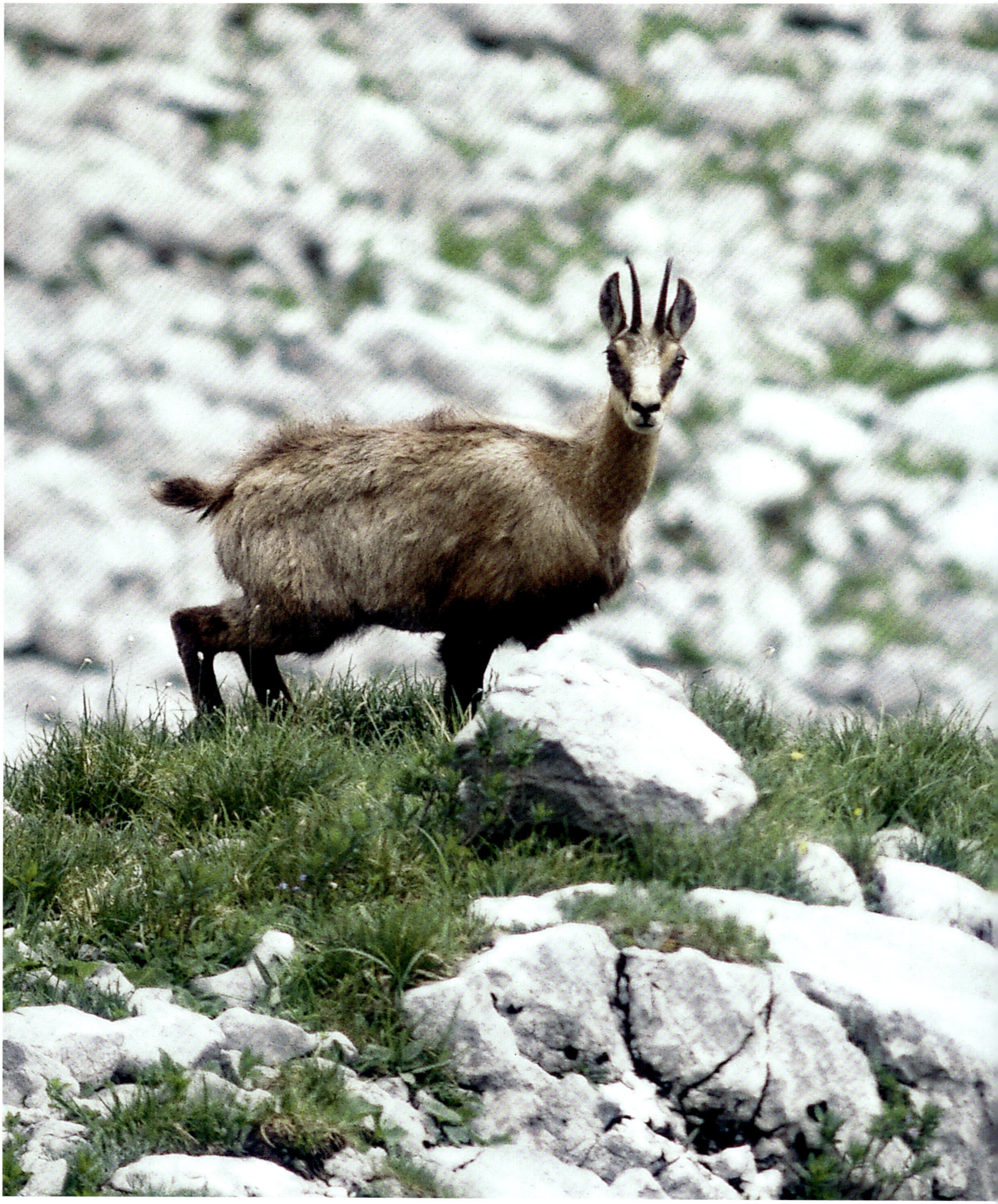

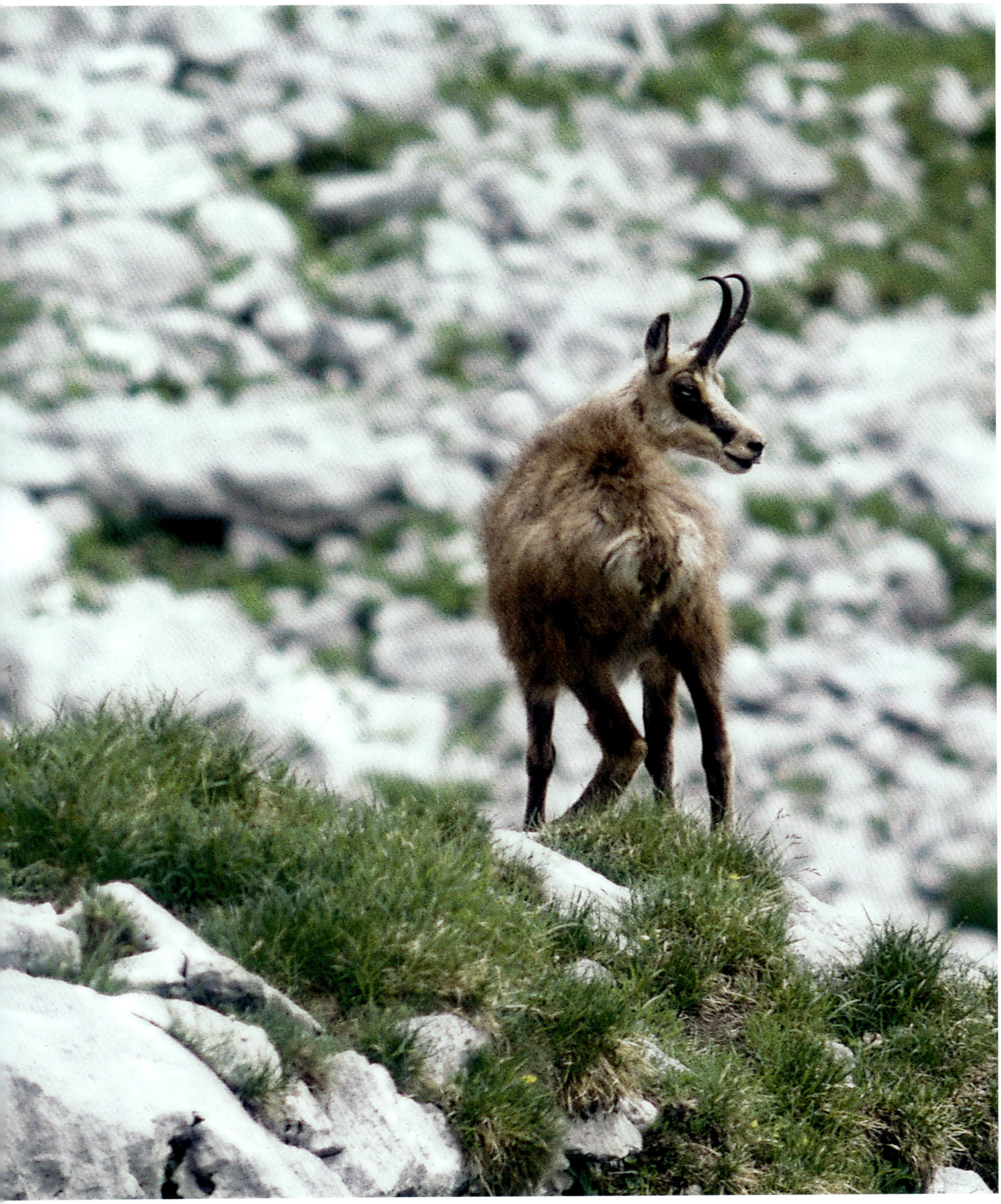

In Wäldern und auf Bergen

es bei anderen Schalenwildarten häufig ist, in den ersten Tagen »abgelegt« und nur zum Säugen aufgesucht, sondern folgen ihren Müttern schon wenige Stunden, nachdem sie auf ihren eigenen, besonders kräftig ausgebildeten Beinen stehen können. Das Klettern müssen sie nicht erst erlernen, und sie verfügen von Anfang an über beachtliche Kraftreserven, so daß sie auch eine längere Flucht durchstehen. Dabei halten sie sich ganz dicht an die Mutter. Auch im Alter von mehreren Wochen noch suchen sie immer wieder den unmittelbaren Körperkontakt zur Geiß – nicht nur beim Säugen und Ruhen, sondern selbst beim Äsen und Hin- und Herziehen im Revier. Das geschieht einige Zeit später wieder im »Geraffel«, im Rudel, denn da haben die Kitze Spielgefährten, mit denen sie Tänze, Bocksprünge und Rodelpartien auf Schnee- und Schotterflächen gemeinsam vollführen können. Und die Geißen haben mehr Sicherheit: Eine der Mütter oder der letztjährigen Kitze, die sich ebenfalls wieder zum Rudel schlagen, sichert immer. Bei Gefahr »pfeifen« sie, indem sie die Luft durch den Windfang ausstoßen.

Während die Geißen mit ihren Kitzen den Sommer und frühen Herbst mit Vorliebe auf den Matten und Hängen oberhalb der Baumgrenze verbringen und sich von Gras und Bergkräutern ernähren, zieht mancher ältere Bock in den Bergwald. Dort verbringt er die »Feistzeit«. Mit guten Reserven ausgestattet, sucht er sich weiter oben im Oktober seinen Einstand, um – nunmehr im dichten, fast schwarzen Winterhaar statt unter der dünnen gelbbraunen Sommerdecke viel kräftiger wirkend – von November bis Dezember die kräftezehrende Brunft durchzustehen. Mancher Bock ist danach so geschwächt, daß er einen strengen Winter nicht übersteht. Das gleiche Schicksal erleiden auch Kitze, die nicht kräftig genug sind. Da nützt es nichts, wenn sich die Gemsen manchmal tagelang einschneien lassen und sich nur von

Wo sie sich an Wanderer gewöhnt haben, können Gemsen in den Alpen recht vertraut sein (vorhergehende Doppelseite). Das hindert sie allerdings nicht daran, stets sprungbereit die Bewegungen der Menschen zu verfolgen, am liebsten aus sicherer Deckung.

Gemsen: In neun Unterarten weit verbreitet

mühsam freigescharrtem trockenen Gras oder abgenagter Baumrinde ernähren. Doch bevor der Bergwinter seine Opfer holt, bevor manche Gams an zwei speziellen Krankheiten, der durch eine Milbe verursachten Gamsräude und der durch einen Virus hervorgerufenen Gamsblindheit zugrunde geht, schießt der Jäger seinen Teil. Im deutschen Teil der Alpen, deren Gamsbestand auf über hunderttausend Tiere veranschlagt wird, kamen davon im Jagdjahr 1999/2000 genau 23 041, in Österreich 4165 (in Baden-Württemberg 403) Gemsen zur Strecke. Am begehrtesten sind als Jagdbeute die alten Böcke, denn sie tragen nicht nur die stärksten »Krucken« auf dem Kopf (bei mancher Geiß werden die schwarzen hohlen Hörner länger, wenn auch nicht so dick und stark »gehakelt«, als beim Bock), sondern sie liefern für den Hut als Schmucktrophäe den Gamsbart, das auf der Winterdecke besonders lang wachsende Rückenhaar.

In Wäldern und auf Bergen

Buntspechte: Nesträuber im schönen Gewand

In der zweiten Julihälfte verlassen die letzten jungen Buntspechte, solche aus einer späten Brut, ihr Nest. An den ersten Abenden nach der täglichen Erkundung der Außenwelt rücken sie noch gemeinsam wieder ein in die Baumhöhle, in der sie nach einer Brutzeit von nur zehn bis zwölf Tagen blind und nackt aus den weißen Eiern geschlüpft sind und von ihren Eltern in knapp vier Wochen aufgezogen wurden. Schon bald nach dem Ausfliegen aber machen sich die fünf bis sechs Jungspechte zunehmend selbständig. Buntspechte sind nämlich außerhalb der Brutzeit eher ungesellig. Selbst beim Füttern der Jungen passen die Eltern auf, daß sie nie zugleich am Nest sind. Bei der Brutablösung geben sie mit einem Ruf ein Signal, so daß einer rechtzeitig die Höhle verlassen kann, bevor der andere zum Wärmen der Eier oder Jungen hineinschlüpft.

So ist es nicht verwunderlich, daß die fast 25 Zentimeter langen Buntspechte zur Übernachtung mit Vorliebe ihr Quartier in einem Baum alleine aufsuchen. Es sei denn, im Winter ist gegenseitiges Wärmen angezeigt. Da rücken dann schon mal gleich mehrere der schwarz, weiß und rot gefiederten Vögel zusammen und bilden wie zur Nestlingszeit eine Wärmepyramide, indem sie sich aneinanderschmiegen und übereinanderhocken.

Ein junger Buntspecht hat seine Bruthöhle verlassen. Obwohl er flügge ist, vertraut er seinen Flugkünsten noch nicht so recht und klammert sich an einen Baumstamm mit rauher Rinde.

Buntspechte: Nesträuber im schönen Gewand

Mit jeder neuen Generation wächst der Bedarf an Spechthöhlen vorübergehend schlagartig. Neben den Buntspechten benötigen in Mitteleuropa acht weitere Angehörige der Spechtsippe eine Behausung, am liebsten ebenfalls ein Einzelzimmer in Holzausstattung: Grünspecht, Grauspecht, Weißrückenspecht, Kleinspecht, Mittelspecht, Dreizehenspecht, der im Vergleich zum Buntspecht doppelt so große Schwarzspecht und – in der Natur hierzulande seltener als in der Politik – der Wendehals. Auf der ganzen Welt gibt es etwa zweihundertzehn Arten der Vogelfamilie mit dem wissenschaftlichen Namen Picidae.

Nachdem der krähengroße Schwarzspecht und der wie eine Eule gefärbte Wendehals als die selteneren und stärker in ihrem Bestand gefährdeten Vertreter der Familie schon in früheren Jahren dazu gekürt worden waren, folgte 1997 »Dendrocopus major« als »Vogel des Jahres«. Der häufigste und bekannteste unter den Spechten läßt sich auch in einer Grünanlage, auf dem Friedhof, an einem Baum im Hinterhof oder an der winterlichen Futterstelle auf einer Fensterbank gelegentlich beobachten. Wenn es auch bunte Stadtspechte gibt, so leben die meisten Buntspechte als die »ökologisch vielseitigste Art« ihrer Familie doch in Wäldern unterschiedlichster Zusammensetzung. Um dem attraktiven und lautstarken Buntspecht und damit vielen anderen Tieren einen optimalen Lebensraum zu bieten, sind Waldeigentümer, Förster, städtische Gartenämter und private Gartenbesitzer dazu aufgefordert, genügend Bäume alt werden und mehr kranke und abgestorbene Bäume stehen zu lassen.

Der (Große) Buntspecht, auch als Rotspecht bekannt, ist der eifrigste Bearbeiter von Baumstämmen. Jeder Vogel sorgt in seinem Revier, das – je nach biologischer Ausstattung und abhängig vom Nahrungsangebot – zwischen einem und sechzig Hektar groß sein und sich mit dem Gebiet anderer Spechte überlappen kann, für mehrere Wohnungen. Im Spätsommer und Herbst meißeln die Vögel neue Bleiben für den Winter ins Holz. Während sie sich für die Brut bisweilen in einer Höhe von nur einem halben Meter bis zwei Meter einrichten, fühlen sie sich außerhalb der Nistzeit weiter oben wohler. Gerne setzen sie mit ihrem Zimmermannsschnabel dort an, wo ein Baumstamm oder ein dicker Ast eine Schräge und damit Wetterschutz bietet. Häufig dient ein Baumpilz als Dach für das kreisrunde Einschlupfloch zu der zwanzig bis fünfzig Zentimeter tiefen Höhle.

Selten lassen die Spechte an kerngesunden Bäumen die Späne fliegen. Am Klang der Schnabelhiebe erkennen die Vögel anscheinend, wie es um den Stamm bestellt ist. Mag er von außen auch stabil aussehen – wo der »Baumhackel« ansetzt, ist innen meistens etwas faul oder zumindest weich. Manche Bäume, besonders bejahrte Buchen und Fichten, werden mit der Zeit regelrecht durchsiebt. Solche »Spechtbäume« dienen den Klettervögeln nach einiger Zeit mehr der Nahrungssuche als dem Wohnen, denn sie beherbergen in ihrem Totholz viele Insekten. Sowohl ihnen als auch vielen weiteren Höhlenbrütern wie Meisen, Staren, Trauerschnäppern und Wendehälsen, ebenso Fledermäusen und Bilchen hilft der Buntspecht als Quartiermacher. Und das in einem riesigen Verbreitungsgebiet von der Atlantikküste, den Kanarischen Inseln und Marokko im Westen bis nach China und Japan im Osten. In nicht weniger als einundzwanzig verschiedenen Unterarten ist hier der Buntspecht fast überall anzutreffen, wo es Wald gibt.

Weit weniger auf eine bestimmte Nahrung spezialisiert als viele Verwandte, lebt er abwechselnd von vegetarischer und von tierischer Kost. Im Winter hält er sich vor allem an Samen aus den

In Wäldern und auf Bergen

Zapfen von Nadelbäumen. Diese pflückt er geschickt mit seinen kräftigen Füßen und mit seinem schlagerprobten Schnabel ab und trägt sie im Flug zu einer »Spechtschmiede«. Das ist eine Spalte oder ein Loch in einem Baumstumpf, in der Ritze einer kräftigen Baumrinde, zwischen zwei Ästen oder im Loch eines Hausdaches. Dort klemmt der Buntspecht den Zapfen fest und zerpflückt ihn mit seinem Schnabel. Unter einer vielbenutzten Schmiede liegen mitunter viele Dutzend ausgebeuteter Zapfen. Da ein Fichtenzapfen im Durchschnitt ein bis zwei Gramm an Samengewicht hergibt, läßt sich ermessen, wie fleißig der bis zu 90 Gramm schwere Buntspecht an den Zapfen zupfen muß, um einen täglichen Nahrungsbedarf von mindestens zehn bis fünfzehn Prozent seines Körpergewichtes zu decken. In einem kalten Winter verbrennt der Buntspecht noch mehr Kalorien und braucht um so mehr Futter. Mit Hacken, Stochern und Klauben rücken die »Großen Roten Baumpicker« auch den Insekten zu Leibe, von der Spinne und Ameise bis zum als Frostschädling verrufenen Borkenkäfer. Besonders im Frühling werden sie wochenlang zu »Schluckspechten«. Dann ringeln sie die im Saft stehenden Bäume mit ihrem spitzen Schnabel: Aus den waagrecht oder spiralenförmig nebeneinander rund um den Baum in die Rinde geschlagenen Löchern tritt regelmäßig Flüssigkeit aus, die von den Spechten gerne getrunken wird. Besonders ergiebige Bäume, vor allem Birken, Linden, Roteichen und Kiefern, versehen Spechte gelegentlich mit mehr als einhundert Einschlägen im Lauf der Zeit.

Im Frühling betätigen sich nicht wenige Buntspechte darüber hinaus als Nesträuber. Aus den Bruthöhlen anderer Vögel holen sie dann die noch kleinen Jungen, um damit den eigenen Nachwuchs zu füttern. Gelegentlich hacken sie Nistkästen auf, um an die Beute heranzukommen. Mancher Buntspecht spezialisiert sich sogar auf das Ausnehmen von Mehlschwalbennestern unter den Vordächern von Häusern. Ist er erst einmal auf den Geschmack gekommen und hat herausgefunden, wie leicht die Kugelnester aus Lehm zu zerstören sind, kann ein einziger Specht den Schwalbennachwuchs einer ganzen Kolonie von mehr als zwanzig Paaren zunichte machen. Dazu nimmt er sogar über mehrere Tage längere Anflüge vom Wald in ein Dorf auf sich.

Das intensive Rufen der Buntspecht-Jungen ist schon zwei Wochen vor dem Ausfliegen aus der Höhle zu vernehmen. Heranwachsende Buntspechte kann man im Wald oft auf mehr als einen halben Kilometer hören. Auch später machen diese Vögel lautstark auf sich aufmerksam: entweder durch laute Trommelwirbel, besonders zur Balz, oder mit ihren durchdringenden »kix«-Rufen. Manchem wird die Ruffreudigkeit zum Verhängnis, denn dadurch werden Habicht und Sperber auf ihn aufmerksam. Die fluggewandten Greifvögel schlagen manchen der bunten Kletterer im Vorbeifliegen am Baumstamm, wenn dieser mit seiner langen klebrigen Zunge die Rinde nach Larven absucht und sich dabei – auf den kräftigen Schwanz mit den steifen Steuerfedern gestützt – mit seinen scharfen Krallen an den langen Zehen ruckweise nach oben bewegt. Mehr als die Hälfte aller Buntspechte überleben ihr erstes Jahr nicht. Und nur die wenigsten erreichen das bisher für die Art festgestellte Höchstalter von dreizehn Jahren.

Den Schnabel mit Ameisen halb zugeklebt, ist das Buntspechtweibchen an der Nisthöhle in einem Apfelbaum gelandet, aus deren Eingang ihm schon erwartungsvoll ein nahezu ausgewachsenes Junges entgegenbettelt.

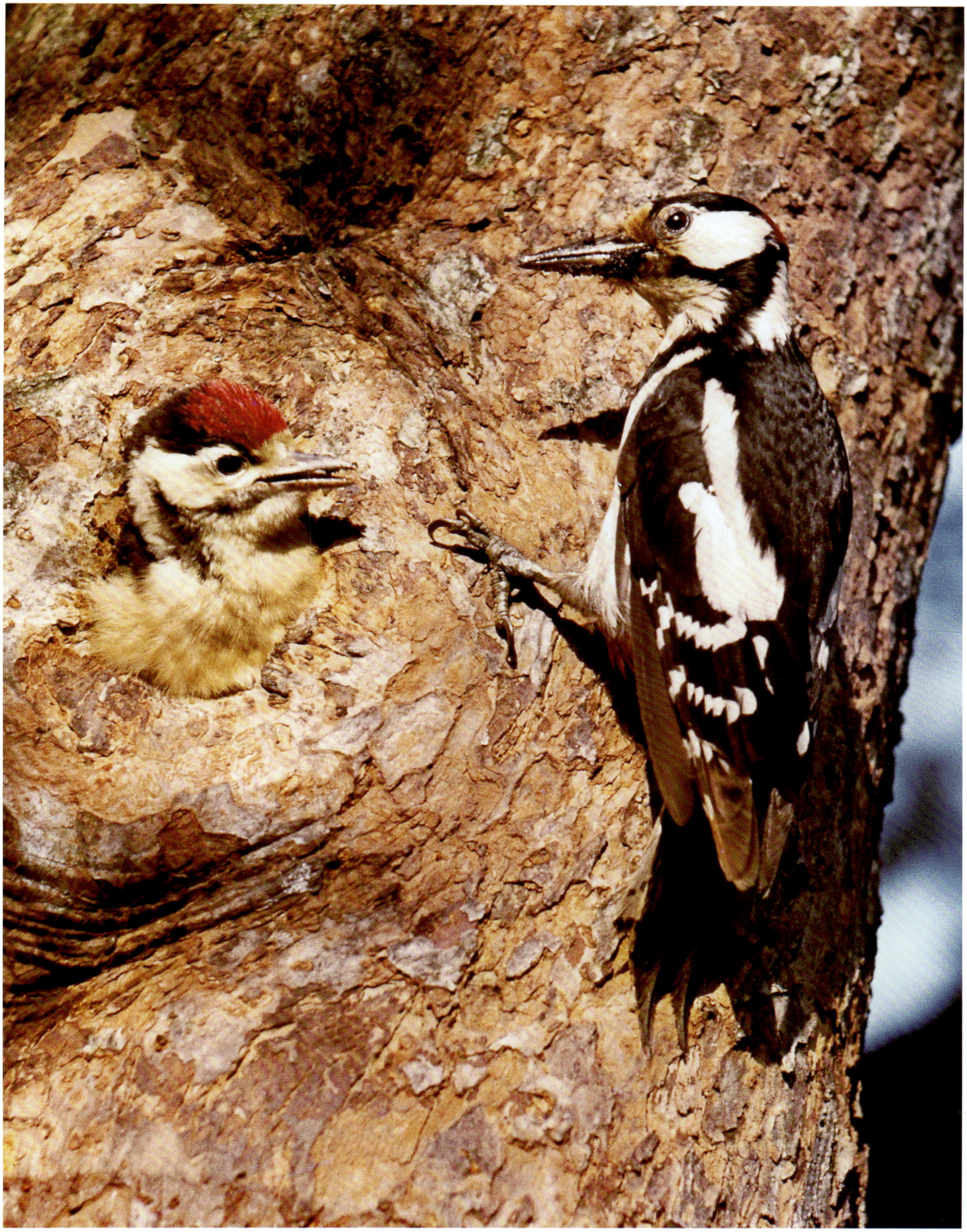

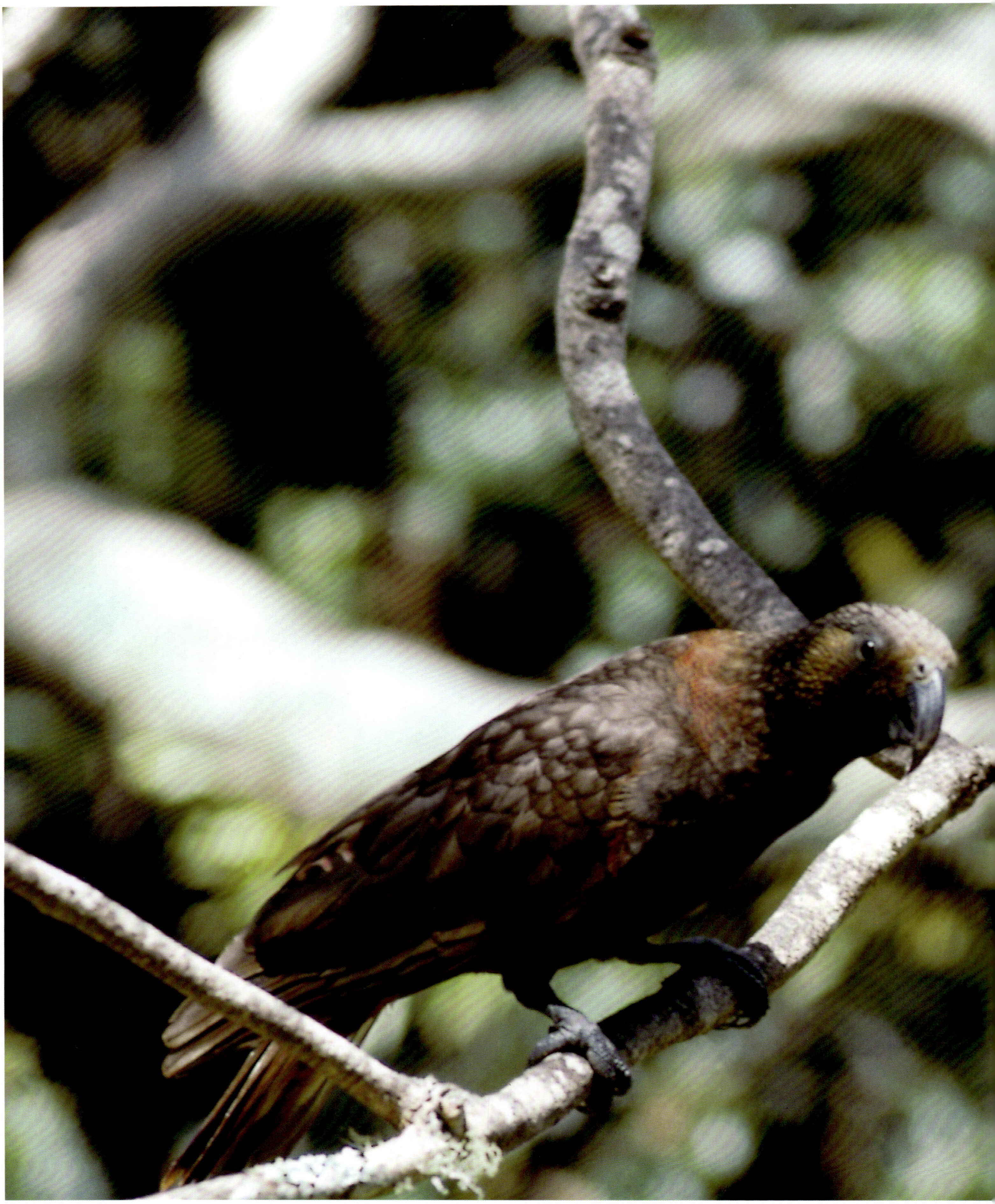

Kakas:
Nicht so aufdringlich wie Keas

Zwar ist der flugunfähige Kiwi als Neuseelands Nationalvogel besonders bekannt, doch gibt es auf der südöstlich von Australien gelegenen Inselgruppe eine Reihe anderer endemischer, also nur hier lebender Vögel, die dem Kiwi durchaus den Rang als Wappentier streitig machen könnten, weil sie ebenso selten und originell sind. Etwa die große flugunfähige Ralle Takahe, mit gut sechzig Zentimetern Körperlänge ein Riese unter den Teichhühnern. Oder der gleich große Kakapo, wegen seiner nächtlichen Lebensweise und einiger Körpermerkmale von deutschsprachigen Vogelkundlern auch Eulenpapagei genannt. Wie der Kiwi und der Takahe kann der Kakapo nicht mehr fliegen, was die größte Papageienart der Welt um ein Haar die Existenz gekostet hätte.

Nur noch auf zwei kleinen Inseln gibt es einen winzigen Restbestand dieses einmaligen Vogels. Die Naturschutzbehörden Neuseelands haben einen aufwendigen Rettungsplan für den überwiegend grün gefiederten Großpapagei in Gang gesetzt. Neben der rigorosen Verfolgung jeder verwilderten Hauskatze im Wohngebiet der letzten Kakapos (die von europäischen Siedlern nach Neuseeland gebrachten Katzen, Hunde, Ratten, Füchse, Hermeline, Iltisse und andere Beutegreifer haben auf den früher raubwildfreien Inseln die Vögel dezimiert) sollen Umsiedlungen, künstliche Bruten und strenge Bewachung der letzten Rück-

Die Kakas in Neuseeland gelten gemeinsam mit den ihnen nahe verwandten Keas als die urtümlichsten Papageienvögel.

In Wäldern und auf Bergen

zugsgebiete die endgültige Ausrottung des Kakapos verhindern.

Nicht ganz so selten, doch ebenfalls nur noch auf Teile Neuseelands beschränkt sind zwei Verwandte des Kakapos, die wie die meisten dort lebenden Vögel Namen aus der Sprache der eingeborenen Maoris tragen: Der Kaka und der Kea sehen aus der Ferne eher wie Krähen und weniger wie Papageien aus. Ihr Verhalten ist mitunter recht ungewöhnlich, und vor allem Keas scheinen sich bei ihren Auftritten Raben- und Papageienvögel gleichermaßen zum Vorbild zu nehmen. Mancher Tourist, der auf der Südinsel an einem schönen Flecken Erde seine Brotzeit auspackt, tritt die Flucht an, sobald ihm zwei Keas zusetzen. Und wo zwei der überwiegend olivgrünen Vögel erscheinen, werden es häufig schnell mehr. Mit langgezogenen »Kiiaa«-Rufen, denen sie ihren Namen verdanken, signalisieren sie ihresgleichen, wenn es irgendwo etwas zu holen oder zu erleben gibt.

Neugierde und Zutraulichkeit der Kakas sind sprichwörtlich. Eine Begegnung mit ihnen hinterläßt häufig kräftige Spuren. Sie gehen nicht nur der gesamten Picknickausrüstung auf den Grund, wobei sie sich nicht etwa mit dem Eßbaren zufriedengeben, sondern montieren an Autos vom Scheibenwischer bis zum Rücklicht alles ab, was abzumontieren ist, wenn man ihnen nur etwas Zeit läßt.

Unter Schafzüchtern haben die 46 Zentimeter langen Keas keinen guten Ruf. Sie stehen im Verdacht, Schafe zu töten, indem sie ihnen mit ihrem langen dünnen Hakenschnabel den Körper aufreißen, um sie schließlich zu verzehren. Von Ausnahmen abgesehen, wird es mit diesen Vorwürfen ähnlich sein wie mit den Beschuldigungen, denen in Europa immer wieder die Kolkraben ausgesetzt sind. Auch ihnen lasten Bauern das Töten von Schafen an. Fast immer haben aber sowohl Raben als auch Keas sich über tote oder schwerkranke Tiere hergemacht.

Während Keas, die nur auf der Südinsel vorkommen, Allesfresser sind und vornehmlich am Boden leben, unbewaldete Gegenden vorziehen und auch im Schnee der neuseeländischen Berge zurechtkommen, ist der fast gleich große Kaka schwerer zu entdecken. Zwei Unterarten bewohnen die Reste ursprünglicher Wälder, eine auf der Nordinsel und den umliegenden Eilanden, die andere auf der Südinsel. Ihr Lebensraum sind die Baumkronen, wo sie Früchte, Samen, Blätter, Baumrinde und Insekten als Nahrung suchen. Mit der großflächigen Rodung neuseeländischer Wälder ging die Zahl der Kakas stark zurück, so daß auch sie heute selten geworden sind. Am Rand der Nationalparks und Schutzgebiete kommen die braungrünlich, an Bauch und unter den Flügeln leuchtend rot gefärbten Kakas auch in Plantagen und Gärten vor. Dort können sie recht zutraulich werden, solange frucht- und nektarspendende Pflanzen ihnen ein Auskommen verheißen.

Zur Brut beziehen die Kakapaare eine geräumige Baumhöhle (Keas hingegen nisten vorwiegend in Fels- und Erdhöhlen), in die das Weibchen zwischen Oktober und Dezember vier bis fünf weiße Eier legt. Nach einer Brutzeit von drei Wochen hocken die Jungen zweieinhalb Monate lang im Dunkeln, bevor sie ausfliegen und dann noch einige Zeit im Familienverband verbringen. Da Kakas und Keas wie viele Papageienarten recht alt werden, haben sie es nicht nötig, jedes Jahr zu brüten. Bis zu 120 Jahren, auf die es manche Kakadus in Gefangenschaft bereits gebracht haben, schaffen es die zur Unterfamilie der Nestorpapageien zählenden Kakas und Keas allerdings wohl kaum. Gut fünfzig Jahre trauen ihnen Vogelkundler indes zu. Kakas und Keas gelten als die ursprünglichsten Arten der großen Papageienfamilie.

Fuchskusus: Bei der Paarung geht es turbulent zu

Schon vier bis fünf Monate hat der junge Fuchskusu die Kletterpartien seiner Mutter in den australischen Eukalyptusbäumen miterlebt, bevor er für weitere vier bis acht Wochen seine Umwelt von ihrem Rücken aus kennenlernt: So lange wächst das Einzelkind nach einer Tragzeit von nur siebzehn bis achtzehn Tagen – ähnlich wie bei Känguruh und Koala – vom Embryo zum pelztragenden Baumbewohner im Beutel des Weibchens heran. Anfangs hat es sich an einer der zwei Zitzen festgesaugt. Später schaut es neugierig aus der Tragetasche des Elterntieres hervor, bis es sich schließlich nach vier bis fünf Monaten von dessen Unterseite auf den Rücken der Mutter wagt. Hier krallt es sich derart im dichten Haar fest, daß es auch bei gewagten Sprüngen von Ast zu Ast oder bei kopflastigen Hangeleien der Mutter nicht verlorengeht. Im Alter von einem halben Jahr wird es selbständig, und manches Weibchen wird daraufhin gleich wieder trächtig.

Baumkronen sind der bevorzugte Aufenthaltsort der gut katzengroßen Tiere, die in verschiedenen Rassen und Farbschlägen den Osten, im Süden auch einen Teil des Westens und einen großen Teil der Mitte Australiens bewohnen. Hier, in ihrer ursprünglichen Heimat, wie auch in Neuseeland, wo sie um 1840 von Siedlern ausgesetzt wurden, sind die Fuchskusus die häufigsten Vertreter der artenreichen Familie der Kletterbeutler (Phalangeridae) innerhalb der zoologischen Ordnung der Beuteltiere (Marsupialia). »Common Brushtail Possum« – der englische Name deutet auf häufiges Vorkommen hin, und entsprechend intensiv war viele Jahrzehnte lang die Nutzung ihrer Bestände.

Das Fell, von silbergrau bis kupferfarben je nach Region und Vegetation in vielerlei Tönungen getragen, galt lange Zeit bei Kürschnern als begehrenswerte Ware. Die Nachfrage nach »australischem Pelz« hat Anfang der dreißiger Jahre Millionen von Kusus das Leben gekostet. Noch heute lebt in Neuseeland eine ganze Pelzindustrie von den Tieren. In ihrer zweiten Heimat nämlich haben sich die Tiere derart vermehrt, daß sie zu wahren Forstschädlingen werden können. Besonders in jungen Nadelwäldern machen sie sich unbeliebt, wenn sie die Rinde und Knospen der Bäume fressen und damit jede Pflanzarbeit zunichte machen.

In Neuseeland, so heißt es, sei die Bestandsdichte gebietsweise drei- bis viermal so hoch wie auf dem australischen Kontinent. Dort halten sich die »Bürstenschwänze« an die annähernd fünfhundert verschiedenen Eukalyptusarten, deren Blätter den Hauptteil ihrer Nahrung ausmachen. Früchte, Knospen, junge Rinde, gelegentlich auch Eier, Jungvögel und Aas vervollständigen den Speisezettel und sorgen dafür, daß das in vielen Eukalyptusblättern enthaltene Gift entsprechend »verdünnt« wird. Die Kusus vertragen davon nicht so viel wie etwa der Koala, das kuschelige Vorbild für den Teddybären.

Die bis zu fünf Kilogramm schweren Fuchskusus und ihre nächsten Verwandten, der kleinere Hundskusu und der nur eichhörnchengroße Schuppenschwanzkusu, werden erst bei Dunkelheit munter. Dann verlassen sie ihr Tagesversteck und gehen auf Nahrungssuche. Die Fuchskusus verbergen sich von morgens bis abends gerne in hohlen Bäumen, in Erdhöhlen und Gesteinsspalten. Mit Vorliebe beziehen sie – selbst in den Vororten großer Städte – Dachböden, wenn sie einen Einschlupf finden, und führen dann dort nach der Art unserer Siebenschläfer, nur entsprechend lau-

In Wäldern und auf Bergen

ter und (geruchs-)intensiver, ein für die Hausbewohner mitunter schlafraubendes Nachtleben.

Die in Australien für die Kusus eingeführte Schonung vor ungeregelter Jagd hat den Tieren weitgehend die Scheu vor dem Menschen genommen. Fühlen sie sich indes in die Enge getrieben, so wissen sie sehr wohl von ihren scharfen Kletterkrallen Gebrauch zu machen. Mit diesen Waffen machen zahme Hunde, die australischen Dingos (Wildhunde), Keilschwanzadler, Warane und Pythons immer wieder einmal unliebsame Bekanntschaft. Sie sind die häufigsten »Regulatoren«; im Norden machen auch die Ureinwohner Jagd auf die Kusus.

Ebenfalls bei Nacht findet das Hochzeitszeremoniell der Fuchskusus statt. Geruch und Geräusche sind dabei wichtige Begleiterscheinungen. Neben Drüsensekreten, die den Partnern den Weg durchs Geäst weisen, locken sich die Tiere mit tiefem Gebell und scharfen Rufen. Wer in der Nacht plötzlich und unvorbereitet vom Geschrei mehrerer paarungsbereiter Fuchskusus aufgeweckt wird, kann meinen, in seiner Nähe vollziehe sich ein Hexensabbat. Die mitunter wilde Jagd geht dabei nicht nur durch die oberen Etagen der Bäume. Auch auf dem Erdboden beweisen die Kletterbeutler, daß sie behende sein können. Recht unbeweglich hingegen erscheinen sie, wenn sie mangels eines geeigneten Unterschlupfes den Tag auf dem Ast eines Baumes zubringen.

Eine Fuchskusumutter, die sich und ihr auf dem Rücken mitgeführtes Junges in Gefahr sieht, kann sich wirkungsvoll mit Krallen und Zähnen verteidigen, wenn Knurren und Fauchen zur Abwehr eines Feindes nicht fruchten.

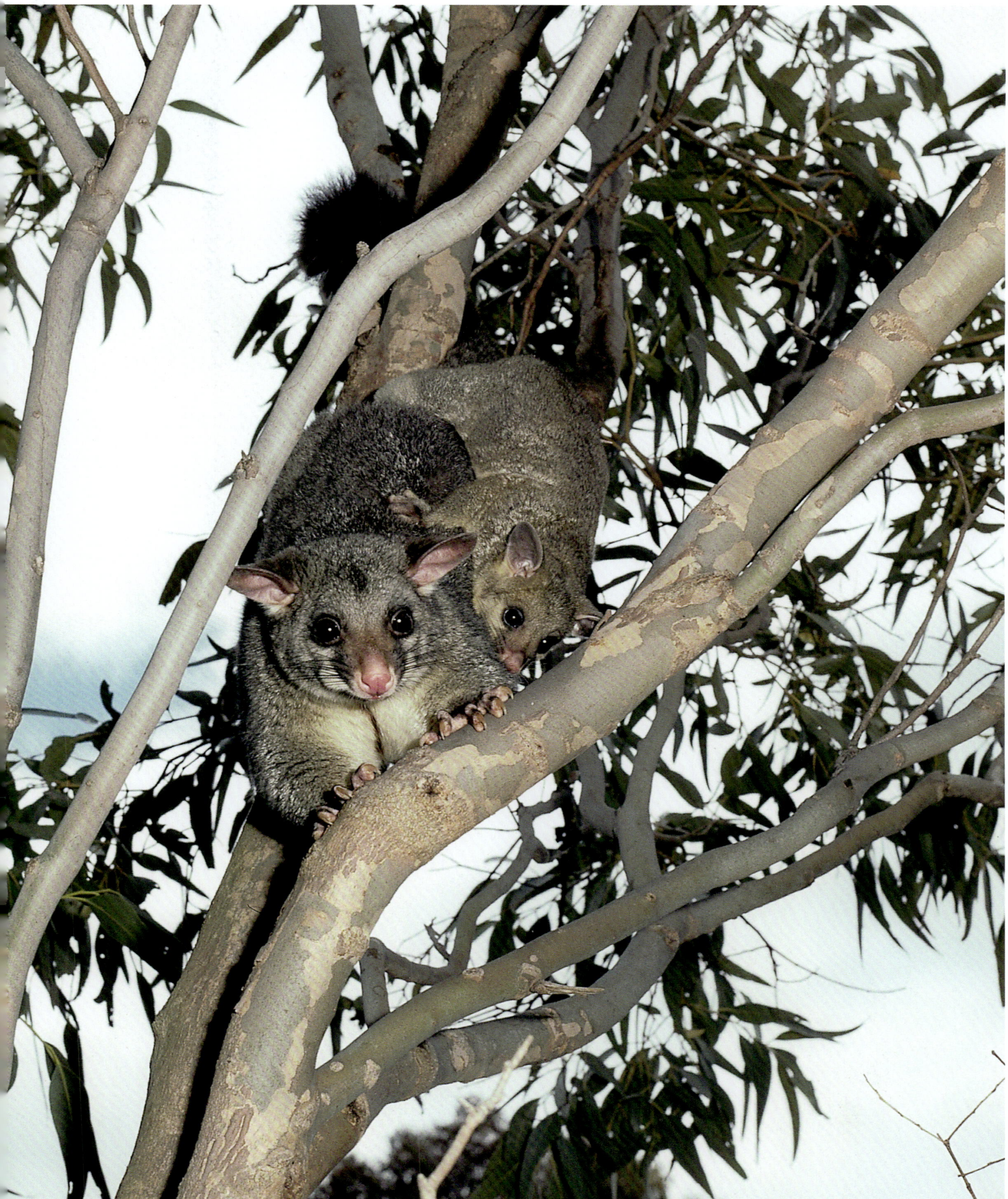

In Steppen, Savannen, auf Feldern und

Weiden

In Steppen, Savannen, auf Felder und Weiden

Steppenelefanten: Nicht nur Afrika braucht sie

Im Vergleich zu den gut 13 000 Nashörnern, die es heute noch – oder genauer: wieder – in Afrika gibt, erscheint die Zahl von rund 600 000 Elefanten geradezu gigantisch. Ob es 549 000 oder 652 000 sind, wie eine Einschätzung der African Elephant Specialist Group von IUCN (Internationale Naturschutz-Union) und WWF (World Wide Fund for Nature) das Minimum und Maximum des Bestandes Anfang der neunziger Jahre auswies, ist unerheblich. Im Jahr 1989 war der Bestand auf 609 000 Tiere geschätzt worden. 1995 wollte sich der WWF nur noch auf eine Zahl »zwischen dreihunderttausend und sechshunderttausend« festlegen. Keine Zahl stimmt. Zum einen lassen sich die Elefanten des Kontinents trotz ausgefeilter Zähl- und Schätzmethoden aus der Luft und zu Lande nicht einmal auf einige tausend genau festlegen. Zum anderen liegen aus einigen Ländern nur sehr ungenaue Angaben vor. Schließlich bleibt die Gesamtzahl nicht einen einzigen Tag lang konstant, selbst mit einer Toleranz von einigen tausend Tieren.

Elefantenkühe werden im Alter von acht bis zwölf Jahren geschlechtsreif und gebären nach einer Tragzeit von rund zweiundzwanzig Monaten höchstens alle vier Jahre ein Junges, seltener zwei. Eine natürliche Geburtenkontrolle bewirkt, daß bei hoher Elefantendichte weniger, bei geringer Elefantenbevölkerung mehr Nachwuchs zur Welt kommt. Bei einer normalen jährlichen Zuwachsrate von etwa fünf Prozent, die damit über der natürlichen Sterberate (Höchstalter: sechzig bis siebzig Jahre) liegt, sollte es für die »Grauen Riesen«, wie die bis zu 150 Zentner schweren, über sechs Meter langen und drei Meter hohen Tiere gerne genannt werden, eigentlich eine positive Bestandsentwicklung geben. Doch das Gegenteil ist bis vor kurzem der Fall gewesen. Um 1970 gab es in Afrika noch etwa 1,5 Millionen Elefanten. Allein zwischen 1980 und 1989 verringerte sich ihre Zahl um rund 700 000. In diesem Zeitraum verloren Kenia 75 Prozent, Mosambik 69, Somalia 92, Sudan 84, Tansania 70, Zaire 70 und Zambia 80 Prozent ihrer Elefanten. Den überwiegenden Teil töteten Wilderer, die es auf die Stoßzähne der Tiere abgesehen hatten. Wie Drogen wurde das Elfenbein auf eingefahrenen Wegen illegal verschachert, nicht selten unter Mitwirkung von Politikern und Staatsbeamten. Und das sowohl in Afrika selbst als auch in den Ländern, in denen die größten Mengen ihre Abnehmer fanden: Hongkong, Japan, Korea, Singapur, Taiwan, China und in einigen arabischen Staaten. Aber auch in den Vereinigten Staaten und den Mitgliedsländern der Europäischen Gemeinschaft, die damalige Bundesrepublik Deutschland eingeschlossen, landeten erhebliche Mengen des »schwarzen« Elfenbeins. Innerhalb weniger Jahre stieg sein Preis von fünfzig auf über zweihundertfünfzig Dollar pro Kilogramm.

Dem furchtbaren Abschlachten mit automatischen Waffen und Motorsägen, an dem sich das Militär mancher Staaten intensiv beteiligte, fielen anfangs die alten Bullen und Kühe mit den größten Stoßzähnen, schließlich auch junge Tiere mit kaum sichtbarem Elfenbein zum Opfer. Nationalparke boten fast nirgendwo noch Schutz vor den Wilderern. Dutzende der schlecht ausgerüsteten und bezahlten Wildhüter wurden von ihnen erschossen. Auch Hunderte der Elfenbeinjäger, die nur einen Bruchteil des hohen Preises für ihre Beute erhielten, kamen ums Leben.

Bertolt Brecht hätte seinen Ausspruch über den Elefanten um ein Wort erweitern müssen: »Wo dieses Tier war, führt eine breite - ›blutige‹ –

Steppenelefanten: Nicht nur Afrika braucht sie

Spur«. Diese Spur hätte schließlich in den Untergang geführt, wäre nicht dank internationaler Naturschutzorganisationen und auf Initiative einiger Regierungen die Ursache für das Gemetzel beseitigt worden: der – überwiegend illegale – Handel mit dem »weißen Gold«.

Die entscheidende Wende für die Nachfrage nach Elfenbein brachte die CITES-Konferenz (Convention on International Trade in Endangered Species) im Oktober 1989 in Lausanne. Dort beschloß die Mehrheit der einhundertdrei Staaten, die bis dahin dem Washingtoner Artenschutzübereinkommen beigetreten waren (Mitte 2001 haben einhundertzweiundfünfzig Staaten diesen wichtigen internationalen Vertrag zum Schutz bedrohter Tier- und Pflanzenarten ratifiziert), den Afrikanischen Elefanten auf die Liste im Anhang I zu setzen und ihm somit den höchsten Schutzstatus, nämlich absolutes Handelsverbot, zu verleihen. Damit war auch der legale Handel mit Elfenbein untersagt. Nur so konnte das eigentliche Ziel erreicht werden: den weltweiten Schwarzmarkt zum Erliegen zu bringen. Im März 1992 wurde der Beschluß auf der Nachfolgekonferenz im japanischen Kyoto durch die CITES-Staaten erneuert. Zum bisher letzten Mal bestätigten die Vertragsstaaten – nach kontroverser Diskussion – im Jahr 2000 in Nairobi das Handelsverbot, wenngleich schon mit kleinen Ausnahmen für den Handel mit anderen Produkten von Elefanten wie Leder und Fleisch.

Nicht alle afrikanischen Staaten sind mit dieser Regelung einverstanden. Während Kenias Präsident Daniel arap Moi mehrfach in spektakulären Aktionen große Haufen von Elefantenstoßzähnen im Wert von vielen Millionen Dollar verbrennen ließ, um dem Handelsverbot publikumswirksam

In der Weite der Serengeti (vorhergehende Doppelseite) waren früher wesentlich mehr Steppenelefanten zu Hause als heute. Dank gezielter Schutzmaßnahmen, insbesondere auch des Verbots des Elfenbeinhandels, nimmt ihre Zahl auch dort wieder zu.

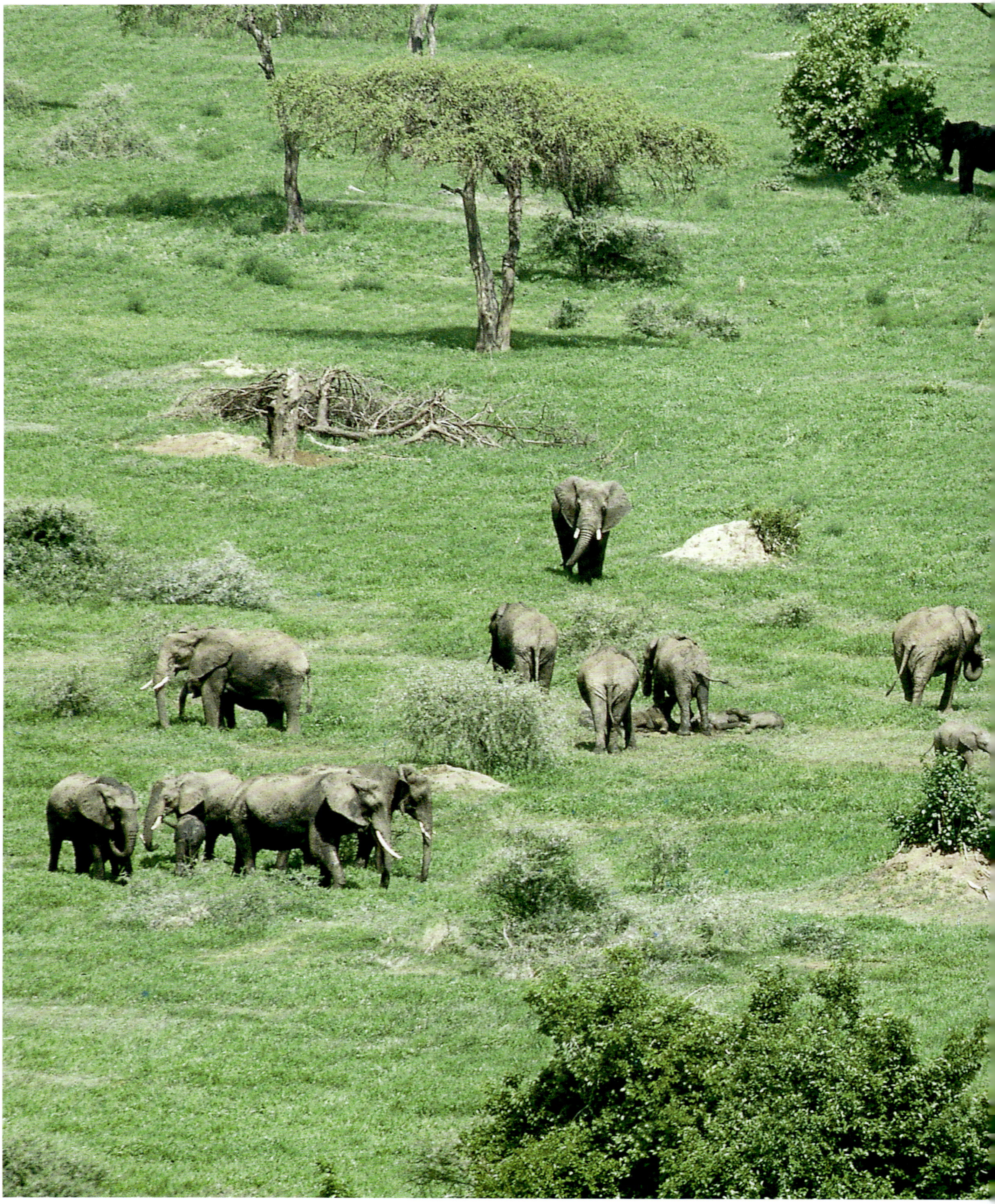

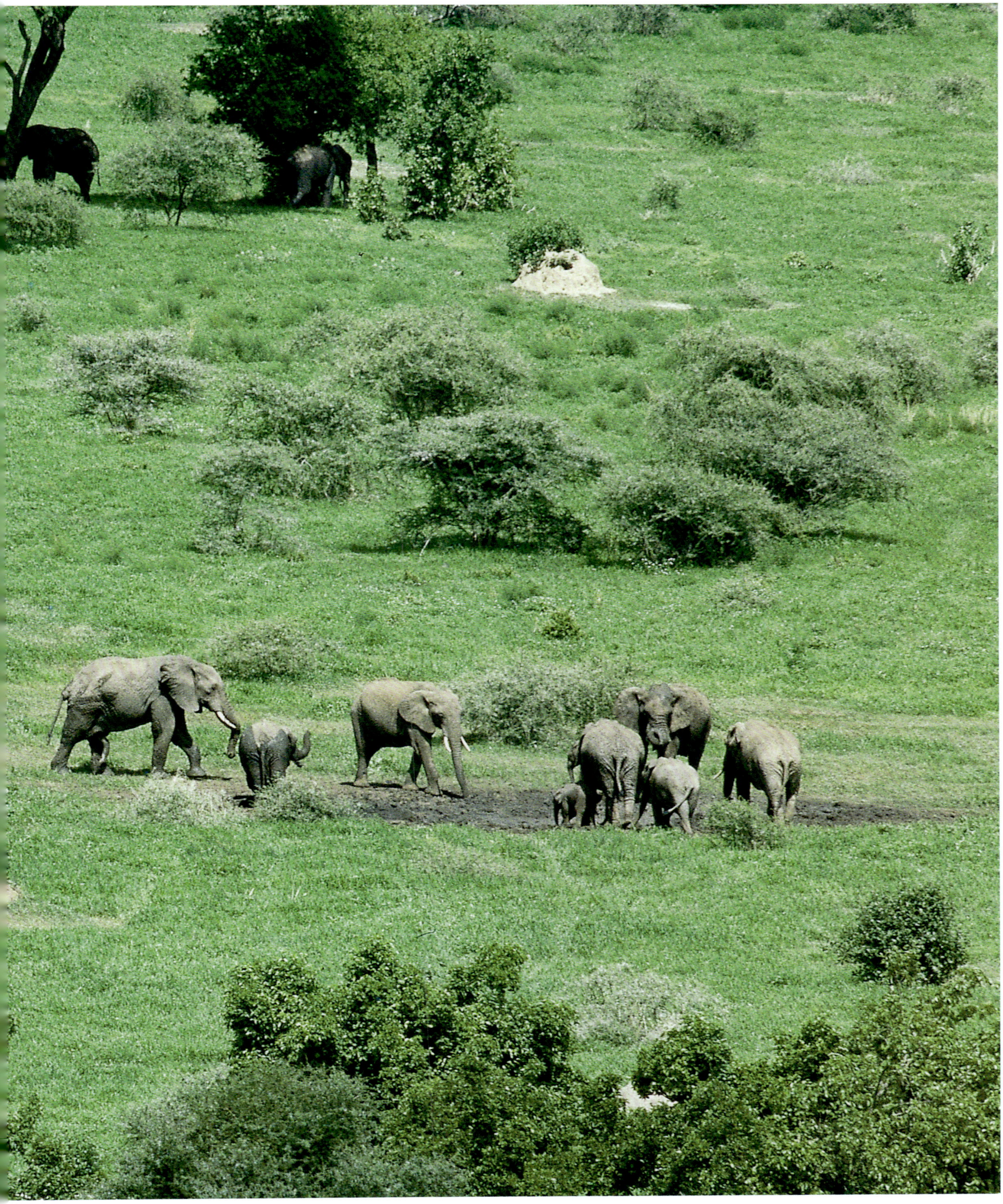

In Steppen, Savannen, auf Felder und Weiden

Nachdruck zu verleihen und für Kenia als elefantenfreundliches, wenn auch von Wilderern bis vor kurzem besonders intensiv heimgesuchtes Land zu werben, horten andere Staaten ihr sowohl legal anfallendes als auch das von Wilderern sichergestellte Elfenbein. Sie setzen darauf, daß irgendwann einmal wieder ein gut kontrollierter Markt geöffnet wird. Vor allem die Regierungen von Botswana, Malawi, Mosambik, Namibia, Sambia, Simbabwe und der Südafrikanischen Republik verweisen darauf, daß in ihren Ländern zum Teil hohe, aber auf jeden Fall gut geschützte und kontrollierte Elefantenpopulationen leben. Für Mosambik, wo viele Jahre ein Bürgerkrieg auch in der Natur schwere Schäden hinterlassen hat und keine verläßlichen Zahlen zu ermitteln sind, muß das ebenso bezweifelt werden wie für Sambia, dessen Elefantenbestand sich seit 1977 durch Wilderer um mindestens 100 000 Tiere auf derzeit etwa 38 000 Tiere verringerte.

Die südafrikanischen Staaten wollen ihre Elefanten wie andere Wildtierbestände »nachhaltig nutzen«, so daß ein für die jeweils in der Form von Nationalparken und Reservaten zur Verfügung stehenden Lebensräume tragbarer Bestand erhalten bleibt, der Zuwachs indes »abgeschöpft« und verwertet wird. Dieses an sich sinnvolle Ernteprinzip hat bei den größten Landsäugetieren gleich mehrere Haken. Trotz jahrzehntelanger Erforschung ihrer Lebensgewohnheiten durch viele Wissenschaftler, deren Ergebnisse und Erlebnisse sich in einer großen Zahl von Büchern und Fachpublikationen niederschlägt, ist keineswegs geklärt, wie viele Quadratkilometer Buschsavanne einer der in Ost- und Südafrika lebenden Steppenelefanten (Loxodonta africana africana) oder wieviel Hektar Urwald der in Zentral- und Westafrika beheimatete kleinere Waldelefant zum Leben braucht. Dafür gibt es ohnehin kein allgemeingültiges Maß. Viele Faktoren bestimmen die Ansprüche der Tiere: das Alter, die Größe und die Zusammensetzung des Familienverbandes oder der in einer großen Herde zeitweilig zusammenlebenden Familien einerseits; das Angebot an Pflanzennahrung und – besonders wichtig – an Wasser andererseits. Waren Nahrung und Wasser früher in dem einstmals südlich der Sahara nahezu flächendeckenden Verbreitungsgebiet der Elefanten fast ausschließlich von der Jahreszeit abhängig, so spielt in den meisten der dreiunddreißig heute noch Elefanten in unterschiedlich großer Zahl beherbergenden Staaten (Guinea-Bissau: zwischen zwanzig und fünfzig Tiere, Zaire: rund 90 000 Tiere) der Mensch die entscheidende Rolle.

Die zunehmende Bevölkerung engt den Lebensraum der Elefanten und aller anderen Wildtiere von Jahr zu Jahr stärker ein. 1950 lebten etwa 220 Millionen Menschen in Afrika; im Jahr 2000 waren es rund 800 Millionen. Zwischen 1989 und 2000 haben die Elefanten in Afrika weitere zehn Prozent ihres Verbreitungsgebietes eingebüßt. Von den 30,3 Millionen Quadratkilometern afrikanischer Landfläche können die Elefanten zur Zeit noch 5,2 Millionen Quadratkilometer, also etwa ein Sechstel, unterschiedlich intensiv als Lebensraum nutzen: davon 49 Prozent in Zentralafrika, 25 Prozent im südlichen Afrika, 21 Prozent in Ostafrika und fünf Prozent in Westafrika.

Zur Tagesmitte suchen selbst die an die Sonne gewöhnten Steppenelefanten den Schatten von Bäumen, auch wenn er so spärlich ist wie unter der Akazie im Waza-Nationalpark Kameruns oder so weit verteilt wie im Tarangire-Nationalpark Tansanias (vorhergehende Doppelseite).

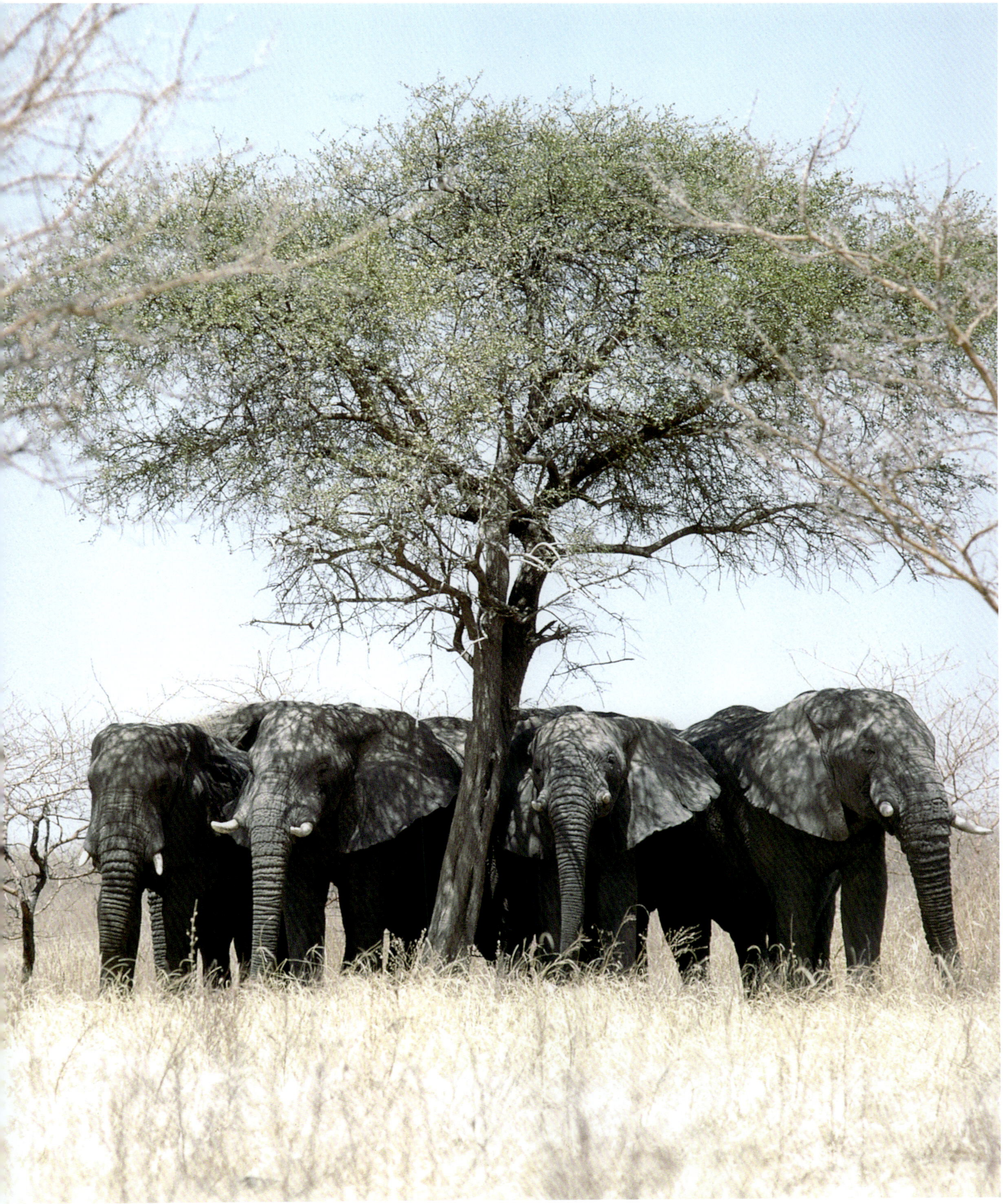

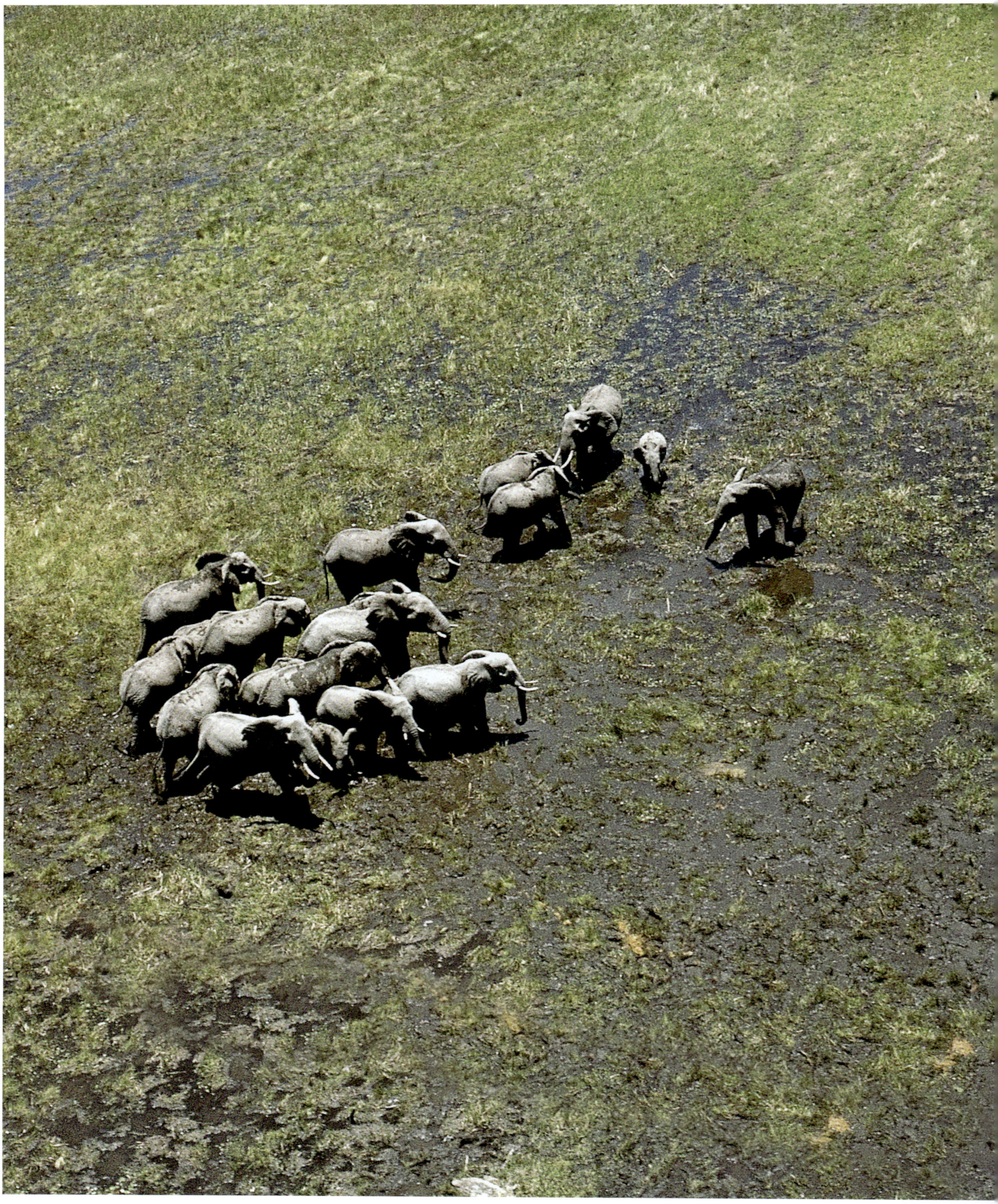

Steppenelefanten: Nicht nur Afrika braucht sie

Immer öfter gibt es Konflikte zwischen Elefanten und Bauern und Hirten um Nahrung und Wasser. Nicht wenige Afrikaner sehen die mächtigen Tiere, die täglich bis zu einhundertfünfzig Kilogramm Blätter, Zweige, Baumrinde, Gras und andere Pflanzen verzehren, als Schädlinge oder aber als Lieferanten von Fleisch, Leder und Elfenbein. Darin unterscheiden sie sich übrigens nicht von vielen europäischen Bauern und Förstern, die zu den Rothirschen, Europas größten Säugetieren, eine ähnliche Einstellung haben.

In immer mehr afrikanischen Staaten spielt bei der Bewertung ihrer Elefantenbestände der Fremdenverkehr eine besondere Rolle. Die großen Rüsselträger stehen bei einer Safari an erster Stelle unter den Attraktionen. Reiseländer wie Kenia und Tansania im Osten, Botswana, Malawi, Namibia, Simbabwe und die Südafrikanische Republik im Süden sowie Kamerun und andere Staaten im Westen brauchen ihre Elefanten, um Touristen mit Devisen ins Land zu locken. Uganda, einstmals die »Perle Ostafrikas«, bemüht sich nicht zuletzt deshalb mit der Hilfe internationaler Organisationen, seine zugrundegerichteten Nationalparke und Elefantenbestände – mit wachsendem Erfolg – wiederaufzubauen.

Während vor allem in Zentral- und Westafrika die Zahl der Waldelefanten durch Zerstörung der Urwälder weiter abnimmt, beschert ein gut funktionierendes Elefanten-Management einigen südafrikanischen Staaten zur Zeit nicht eben kleine Probleme. In Simbabwe etwa war dank wirksamer Schutzmaßnahmen und ausreichender künstlicher Wasserversorgung in mehreren Nationalparken bis 2000 die Zahl der Elefanten in den beiden letzten Jahrzehnten auf gut 65 000 Tiere gestiegen. Im angrenzenden Botswana sind es ähnlich viele. Immer wieder aber bringt eine große Dürre vielen von ihnen den Tod und weiten Landstrichen die totale Verwüstung durch »marodierende Elefantenherden«. Viele Tiere verhungern und verdursten. Um zu verhindern, daß die überlebenden Elefanten sich und anderen Wildtieren die verbliebene Lebensgrundlage restlos ruinieren, verstärken in solchen Situationen die Nationalparkbehörden den Abschuß von Elefanten. Das wird im südafrikanischen Krüger-Nationalpark seit vielen Jahren gemacht, um einen auf die Fläche bezogenen biotopverträglichen Bestand zu erhalten. Seit der Öffnung der Zäune zum benachbarten Mosambik und der Einrichtung eines grenzüberschreitenden Schutzgebietes im Jahr 2000 hat sich die Managementmethode geändert.

Das »culling« wird immer wieder von Tierschützern und auch von einigen Naturschützern kritisiert. Als 1992 die Meldung verbreitet wurde, daß in Zimbabwe in den kommenden Jahren mindestens 30 000 Elefanten getötet werden müßten, um das Gleichgewicht der Natur aufrechtzuerhalten, ging eine Welle der Empörung durch die nichtafrikanische westliche Welt. Elfenbeinboykott und gnadenlose Wildererbekämpfung auf der einen Seite, staatlich sanktionierter Abschuß von Elefanten auf der anderen Seite: das will vielen Menschen nicht in den Kopf.

Es gibt zahlreiche Aktionen und Ratschläge von gutmeinenden Tierschützern und Naturfreunden. Doch weder durch eine mehr spektakulär verkündete als praktikable und erfolgreiche Empfängnisverhütung mittels Medikamenten, noch durch die Rettung von »Elefantenbabies« und deren Auf-

Wo es genügend Wasser gibt wie im Okavango-Delta Botswanas kühlen sich die Steppenelefanten tagsüber durch ein Bad oder durch das Duschen mit Hilfe ihrer Rüssel ab.

In Steppen, Savannen, auf Felder und Weiden

zucht zur späteren Wiederauswilderung, durch Appelle zur weiträumigen Umsiedlung von ganzen Elefantenherden – was weder technisch noch finanziell zu leisten ist – noch schließlich durch die Forderung, in den Nationalparken die künstlichen Wasserstellen zu schließen (wovon viele andere Tierarten, vor allem auch deren von weit her anreisende Beobachter, betroffen wären) und so der natürlichen Bestandsregulierung ihren Lauf zu lassen, läßt sich nach Ansicht der meisten sowohl mit den afrikanischen Verhältnissen als auch mit der Biologie der Elefanten vertrauten Fachleute das »Elefantenproblem« lösen. Auf der von der rasch wachsenden Bevölkerung in den meisten afrikanischen Staaten zunehmend erschlossenen und genutzten Landfläche haben größere Elefantenbestände nur dann langfristig eine Überlebenschance, wenn sie weiträumig und grenzüberschreitend geschützt, nach Managementplänen »verwaltet« und in Maßen wirtschaftlich genutzt werden.

Die nachhaltige, das heißt bestandserhaltende Nutzung geht in der Vorstellung afrikanischer wie nichtafrikanischer Wildbiologen über die touristische Vermarktung als Safari-Beute hinaus.

Auch wenn es den die Jagd grundsätzlich ablehnenden Tierschützern und manchen in bezug auf Elefanten anders als bei Rothirschen, Rehen und Wildschweinen urteilenden Naturschützern in Europa schwer verständlich zu machen ist: Die Bejagung, so traurig sie für das Schicksal einzelner Tiere sein mag, hilft der Art zu überleben. Erst wenn die einheimische Bevölkerung spürt, daß ihr die Elefanten Nutzen bringen und durch die hohen Einnahmen über Jagdlizenzen, die mit der Jagd verbundenen Arbeitsplätze, durch das Fleisch und Leder der Tiere und irgendwann einmal, wenn ein lückenloses Sicherheitssystem den Schwarzhandel und damit die Wilderei ausschließt, in Maßen das Elfenbein vielleicht sogar helfen, den Lebensstandard zu heben, wird sie ein Interesse an der Erhaltung und Hege der Tiere haben. Da nützen die Vorstellungen fernab lebender Europäer und Amerikaner, die die Erhaltung der Schöpfung und der Elefanten um ihrer selbst willen (so richtig und wichtig das für die Natur hierzulande ist) propagieren wenig, wenn in Afrika eine Elefantenherde dem Bauern die Felder zerstört oder die Bewohner eines Dorfes hungern.

»Culling«, das Töten ganzer Herden von Elefanten, wird immer umstritten bleiben – auch und ganz besonders unter ethischen Gesichtspunkten. Dennoch wird es in manchen Regionen unvermeidbar sein, und dies künftig wahrscheinlich noch häufiger als bisher. Es gibt bereits mehrere Modelle, bei denen der Schutz und die Nutzung von Elefanten miteinander verbunden werden. Das WWF-Projekt »Campfire« in Simbabwe, von der Gesellschaft für Technische Zusammenarbeit (GTZ) in Eschborn/Taunus unterstützt, oder die Einrichtung von Jagdblocks in den Trägerzonen von Nationalparks in Kamerun gehören dazu.

Im südlichen Afrika soll ein auf mehrere Jahre angelegtes »Elephant Survey and Monitoring Action Programme« (ELESMAP) die Voraussetzungen dafür schaffen, daß für Angola, Botswana, Malawi, Mosambik, Namibia, Sambia, Simbabwe und die Südafrikanische Republik ein abgestimmtes Schutz- und Nutzungskonzept für die derzeitig in diesem Raum hin- und herwandernden zweihundert- bis zweihundertfünfzigtausend Elefanten entstehen kann. In der Südafrikanischen Republik übrigens leben die dortigen 8650 Elefanten ausschließlich in überwiegend umzäunten Nationalparken oder Wildschutzgebieten. Davon beherbergt allein der knapp zwei Millionen Hektar große Krüger-Nationalpark rund siebentausendfünfhundert Tiere. Sie sind die durch Zuwanderer

Steppenelefanten: Nicht nur Afrika braucht sie

verstärkten Nachkommen der rund zehn Elefanten, die hier im Jahr 1905 noch gezählt wurden. Zwischen 1968 und 1989 wurden im Krügerpark 12 771 Elefanten im Rahmen des Culling-Programms geschossen und verwertet, um den Bestand auf einer Höhe von siebentausend bis siebentausendfünfhundert Tieren zu halten. Seit der Öffnung der Zäune zum benachbarten Mosambik und nach Simbabwe in 2000 und der damit erfolgten Einrichtung eines Dreiländerparks als sogenannter »Peace Park« (der Gaza-Krüger-Gonarezhon-Transfrontier-Park ist insgesamt 99 800 Quadratkilometer groß, mit einem Kernbereich von 35 000 Quadratkilometern) warten die Naturschutzbehörden erst einmal die kommende Entwicklung ab, bevor sie sich eventuell erneut an eine »Elefantenkontrolle« machen. Die wird zu einem bestimmten Anteil durch Wilderei ohnehin erledigt. (Grenzüberschreitende Peace Parks – Friedensparks – gehen auf eine Initiative des südafrikanischen Unternehmers und langjährigen WWF-Präsidenten Anton Rupert zurück. Sie sollen dem Naturschutz in Grenzgebieten zweier oder mehrerer benachbarter Staaten, aber auch den darin lebenden Menschen dienen. In Südafrika gibt es bis 2001 bereits sechs solcher Parks, in denen das Wild unbehelligt über Ländergrenzen hinweg ziehen kann.)

Mehr noch als bisher im übrigen Afrika machen die Elefanten einen wichtigen Posten im Staatshaushalt der ostafrikanischen Länder aus, besonders in Kenia. Wie keine andere Tierart nämlich werben die großen Dickhäuter für die afrikanische Wildbahn. Sie locken nicht nur ausländische Touristen in die Länder, sondern sind auch für den innerafrikanischen Fremdenverkehr ein bedeutender Wirtschaftsfaktor. Wo es Elefanten zu sehen gibt, finden sich Safari-Beobachter ein. Denn dort leben in aller Regel auch viele andere Vertreter einer artenreichen Tierwelt. Intensiver als ihre asiatischen Verwandten der Art Elephas maximus, von denen in Freiheit nur mehr weniger als 40 000 Tiere leben (dazu kommen in einem Dutzend südostasiatischer Länder rund 13 000 Arbeitselefanten), bereiten die afrikanischen Elefanten einer vielfältigen Pflanzen- und Wildtiergemeinschaft den Boden: Wo sie Bäume umstürzen, teilweise entlauben und entrinden, unterirdische Quellen mit ihren zugleich empfindlichen wie robusten Rüsseln und mit ihren großen weichen Füßen erschließen, mit ihren bis zu siebeneinhalb Tonnen schweren Körpern als Landschaftsarchitekten wirken und ihre großen Dungballen voller Pflanzensamen verteilen und so dem Boden Fruchtbarkeit verleihen, schaffen sie Nahrungsmöglichkeiten und Wohnraum für ganze Lebensgemeinschaften vom kleinsten Insekt bis zur Giraffe.

Schon deshalb braucht Afrika viele Hunderttausende, besser noch: wieder mehr als eine Million Elefanten. Ohne die großen grauen Kolosse würde Afrika noch stärker sein Aussehen und seine Anziehungskraft verändern. Wer Elefanten in der ostafrikanischen Savanne, im südafrikanischen Busch oder im zentralafrikanischen Wald lange genug beobachtet hat, weiß, daß ihnen zu recht Friedfertigkeit und Weisheit nachgesagt werden. Es wäre tragisch, wenn die Menschen durch die Ausrottung der größten Landsäuger bewiesen, daß die Elefanten ihnen in diesen Tugenden weit voraus sind. Es wäre nicht der erste Beweis solcher Art, aber ein weiterer Schritt auf dem Weg, die Natur auf der Erde völlig zu ruinieren und sich selbst damit die Lebensbasis zu nehmen. So wird denn auch die Erhaltung der Elefanten Afrikas von vielen Menschen mittlerweile als Symbol für das langfristige Überleben des Kontinents und seiner Menschen verstanden.

In Steppen, Savannen, auf Felder und Weiden

Rhinozerosse: Das Nasenhorn wird ihnen zum Verhängnis

Als Albrecht Dürer im Jahr 1515 sein bis heute häufig gezeigtes »Rhinocerus« schuf, lebten Hunderttausende der zweitschwersten Landsäugetiere in Asien und Afrika. Zwar war auch damals schon ihre Zeit in Europa und Amerika um etliche zehntausend Jahre vorüber, doch das Verbreitungsgebiet des (Indischen) Panzernashorns, des Javanashorns und des Sumatranashorns erstreckte sich noch über weite Teile Asiens; das Breitmaul- oder Breitlippennashorn und das Spitzmaul- oder Spitzlippennashorn besiedelten vor zweihundert Jahren mehr als die Hälfte Afrikas.

Begehrt und bekannt war schon lange vor Dürers Zeiten ein Körperteil der Nashörner, der in den letzten vierzig Jahren die überlebenden fünf Arten einer seit gut sechzig Millionen Jahren auf der Erde mit zeitweise mehr als dreißig Arten existierenden Tierfamilie fast ihre Existenz in freier Wildbahn gekostet hätte. Die illegale Jagd nach dem Horn, der eindrucksvollen Waffe auf der Nase der Tiere, hat zur Folge gehabt, daß es heute nurmehr – genauer: wieder, denn es waren zwischen 1980 und 1990 weniger als zehntausend – etwa 13000 freilebende Nashörner in Afrika gibt. Besonders betroffen worden durch Jagd und Lebensraumzerstörung sind die beiden »Waldnashörner«: Das Javanashorn gilt mit weniger als einhundert Tieren als das seltenste, gefolgt vom kleinsten und heimlichsten Vertreter der Familie, dem bis 850 Kilogramm schweren Sumatranashorn, dessen Bestand mit dreihundertneunzig bis fünfhundertvierzig angegeben wird.

In Asien wurde das Nasenhorn schon vor mehr als zweitausend Jahren vom Menschen verarbeitet. Aus den Kopfwaffen der drei asiatischen Arten, von denen nur das Sumatranashorn – wie die afrikanischen Verwandten – ein Doppelhorn hat, entstanden kunstvoll verzierte Gefäße und Gegenstände aller Art. Auch die dicke Haut der Nashörner stand hoch im Kurs. Zu glänzendem und durchscheinendem Leder verarbeitet, mußte sie für kleine Amulette oder große, reich verzierte Schilde herhalten. Bis ins 19. Jahrhundert war Zierrat aus Nasenhorn auch in Europa weit verbreitet.

Das Rhinozeroshorn, anders als das jährlich neu wachsende Geweih der Hirsche oder die dauerhaften Hörner von Rindern und Schafen, aus einem gepreßten Haarfasern und Hufhorn ähnlichem nachwachsenden Material aufgebaut, hat aber für viele Menschen den größten Wert in seiner angeblichen Wirkung als Heilmittel. In der traditionellen chinesischen Medizin spielt zu Pulver gemahlenes Nasenhorn, grammweise verabreicht, in Wasser aufgelöst, mit anderen Essenzen vermischt oder in Rauch verwandelt als Arznei gegen viele Gebrechen und zum Senken von Fieber eine große Rolle. In China und in den meisten anderen asiatischen Ländern, in denen ein Kilogramm Nasenhorn als grammweise ausgegebenes »Endprodukt« mehr als zwanzigtausend Dollar kosten kann, wird es nicht – wie oft behauptet – als Aphrodisiakum benutzt. Auf die unbewiesene Eigenschaft der Potenzsteigerung des Nasenhorns hoffen gelegentlich Männer nur im nordwestindi-

Wenn ein Spitzmaulnashorn frontal in Aufstellung geht, ist es höchste Zeit für jedes andere Lebewesen, den Rückzug anzutreten. Selbst Elefanten legen es ungerne auf eine Konfrontation mit »Black Rhino« an.

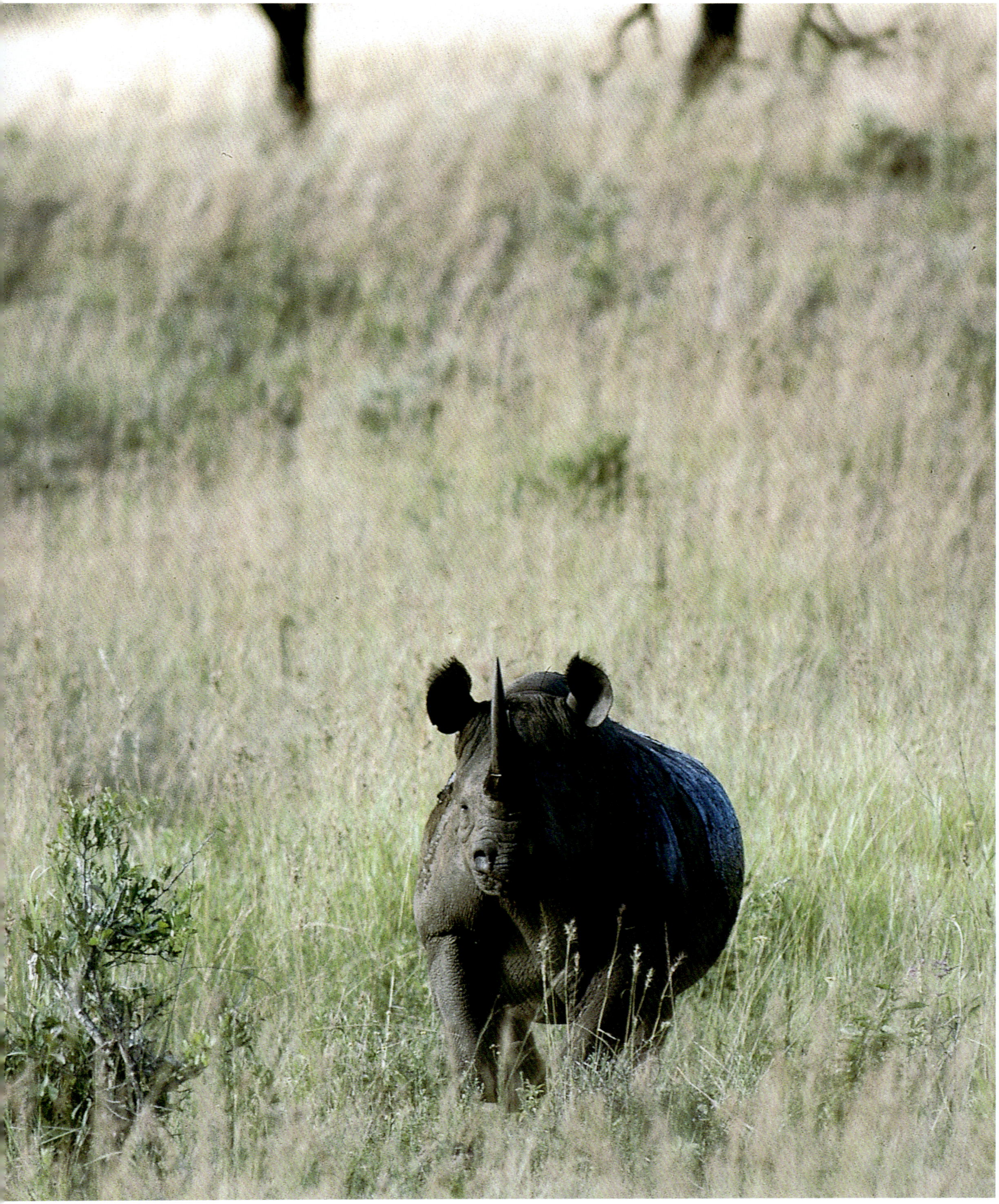

In Steppen, Savannen, auf Felder und Weiden

schen Staat Gujarat und in Thailand. So wie in anderen Gegenden Indiens und in Burma der heilenden Wirkung von Blut und Urin der Nashörner vertraut wird.

Auch in Europa galt Nasenhorn jahrhundertelang als anerkannte Arznei. So sollte im Jahr 1591 ein aus dem Horn eines Nashorns eingeflößter Trank Papst Gregor XIV. vom Totenbett ins Leben zurückholen, aber er half nicht. Wohl auch nicht immer hat sich eine andere Eigenschaft bewährt: Etliche Regenten prüften angebotene Getränke und Speisen in einem Rhinozeroshorn darauf, ob sie giftfrei waren. Nicht empfehlenswerte Flüssigkeiten und Lebensmittel sollen mit darin aufsteigenden Blasen reagiert haben.

Als der wichtigste Lieferant all dieser und weiterer Heil- und Zaubermittel galt jahrhundertelang das mit bis zu etwa 2500 Kilogramm zweitschwerste Nashorn, das Indische Panzernashorn. Die Folge war ein dramatischer Rückgang der Art, die bis ins 17. Jahrhundert noch den gesamten nördlichen Teil des Indischen Subkontinents besiedelte. 1975 wurde ihre Zahl mit sechshundert bis siebenhundert Tieren angegeben. Im Jahr 2000 hatte sich der Bestand dank intensiver Schutzmaßnahmen in Assam und Nepal wieder auf rund zweitausend vergrößert. Aber bis heute fallen jedes Jahr selbst in den Schutzgebieten Tiere der Wilderei zum Opfer, hin und wieder auch durch den Monsun verursachten Umschwemmungen.

Erst als die asiatischen Nashörner immer seltener wurden, begann die Blütezeit des Handels mit

Bis zu drei Jahre nach seiner Geburt folgt das junge Spitzmaulnashorn, auch Spitzlippennashorn genannt, seiner Mutter. Manchmal bleibt es ihr auch nach der Geburt des nächsten Jungen noch auf den Fersen.

Rhinozerosse: Das Nasenhorn wird ihnen zum Verhängnis

afrikanischen Nashornprodukten. Auch bei manchen afrikanischen Völkern, etwa bei den Zulus in Natal, gehörten Körperteile von Nashörnern seit jeher zu den Heil- und Zaubermitteln der »Witch Doctors«, ohne daß dadurch der Bestand der Tiere jemals gefährdet worden war. Die seit den sechziger Jahren stark gestiegene Verfolgung der Nashörner hatte zur Folge, daß nach und nach alle afrikanischen Länder die urtümlichen Tiere unter Schutz stellten. Mit der zunehmenden Nachfrage nach afrikanischen Nashornprodukten setzte daraufhin ein Ausmaß von Wilderei ein, das sich nur noch als flächendeckendes Abschlachten von Nashörnern bezeichnen läßt. Von den ostafrikanischen Staaten breitete sich das Gemetzel, anfangs mit Bodenfallen, Schlingen und Giftpfeilen, später mit Schnellfeuergewehren und mit unter Starkstrom stehenden Drähten, innerhalb von gut zehn Jahren über das ganze mittlere und südliche Afrika aus. Selbst die gut bewachten südafrikanischen Schutzgebiete waren zeitweise betroffen. Zu verlockend waren die Preise, die Händler für die bis zu sechs Kilogramm schweren Hörner boten.

Besonders zahlungskräftige Abnehmer neben den asiatischen Pharmahändlern sind bis heute die Männer im Nordjemen. Zehntausende tragen dort im Gürtel Rhinozeroshörner als Griffe an ihren »djambias« gut sichtbar spazieren. Je länger oder dicker die Handfläche an einem der geschwungenen Dolche ist, als desto wohlhabender gilt sein Besitzer. (Der 1997 erfolgte Beitritt der Republik

Im Gegensatz zu den spitzlippigen Verwandten, die Blätter von Büschen und Bäumen fressen, grasen die größeren Breitmaulnashörner am Boden. Ein weiterer Unterschied: Das junge Breitmaulnashorn läuft der Mutter immer voraus.

In Steppen, Savannen, auf Felder und Weiden

Jemen zum Washingtoner Artenschutzübereinkommen läßt hoffen, daß künftig dieser Markt entfällt.)

Es ist kaum vorstellbar, in wie kurzer Zeit die große Zahl der afrikanischen Nashörner vom Menschen an den Rand der Ausrottung gebracht wurde. Bis ins 19. Jahrhundert, so lauten seriöse Annahmen, gab es in Afrika noch weit mehr als einhunderttausend, wahrscheinlich sogar etwa eine viertel Million Nashörner der beiden dort vorkommenden Arten. Unter ihnen war das Spitzlippen- oder Spitzmaulnashorn (auch als Schwarzes Nashorn bezeichnet, vom englischen »Black Rhino« abgeleitet), das weitaus häufigere. Mit Ausnahme des sogenannten Zaire-Beckens in Zentralafrika kam es in historischer Zeit südlich der Sahara auf nahezu der gesamten restlichen Fläche des Kontinents vor.

Auch die größte der fünf Arten, das bis zu gut dreieinhalb Tonnen (3500 kg) schwere Breitlippen- oder Breitmaulnashorn, im Gegensatz zum »Black Rhino« in Afrika als »White Rino« bekannt, lebte noch vor zweihundert Jahren in einer wesentlich größeren Verbreitung als heute. Allerdings war der nach dem Afrikanischen Steppenelefanten zweitschwerste Landbewohner der Erde seit jeher auf ein viel kleineres Verbreitungsgebiet beschränkt als sein um die Hälfte leichterer spitzlippiger Verwandter. Das mag daran liegen, daß er mit seinen breiten Lippen Gras frißt, während das Spitzlippennashorn ein »Browser« ist: Mit seiner langen, zu einem Greif- und Pflückorgan ausgebildeten Oberlippe bricht es Zweige von Büschen und Bäumen, verzehrt Blätter und gräbt auch gelegentlich Wurzeln und Knollen aus dem Erdreich aus. Das Südliche Breitlippennashorn (Cerathoterium simum simum) bewohnte einst die Savannen und Buschgebiete der heutigen Staaten Angola, Zambia, Mosambik, Zimbabwe, Botswana, Namibia und Südafrika; das Nördliche Breitlippennashorn (Cerathotherium simum cottoni) kam im südlichen Tschad, in der Zentralafrikanischen Republik, im südwestlichen Sudan, im nordöstlichen Zaire und im nordwestlichen Uganda ebenfalls dort vor, wo es mit seinem breiten Maul grasen konnte. Heute befindet sich das letzte Rückzugsgebiet der nördlichen Unterart im Kongo: Im Garamba Nationalpark leben zur Zeit noch weniger als zwanzig Tiere. Sie wurden jahrzehntelang mit starker internationaler Unterstützung vor Wilderern bewacht, doch der Bürgerkrieg hat Ende der neunziger Jahre diese Arbeit weitgehend zunichte gemacht, und der Bestand der Tiere von über dreißig wurde bis zum Jahr 2001 um wahrscheinlich mehr als die Hälfte verringert.

Zunächst waren es die aus Europa eingewanderten Siedler, später die aus aller Herren Länder angereisten Großwildjäger, die »White Hunters«, die für eine schnelle Abnahme der Nashornbestände in Afrika sorgten. Sie hatten leichtes Spiel, denn die tonnenschweren Tiere mit ihren zwei Hörnern, von denen bei beiden Arten das untere eineinhalb Meter lang werden kann, waren von den »Big Five« (zu denen noch Elefant, Kaffernbüffel, Löwe und Leopard gehören) am leichtesten zu erlegen. In der Natur von keinem Feind bedroht, ließen die Nashörner den Menschen meist ohne Argwohn nah an sich herankommen. Insbesondere die Breitlippennashörner können auch heute noch fast handzahm sein. So konnten sich einige »Professional Hunters« rühmen, mehr als tausend Nashörner in einem Jahr geschossen zu haben.

Trotz intensiver Bejagung – nicht selten mit der Begründung, neue Siedlergebiete »nashornfrei« zu machen – und trotz zunehmender Umwandlung von Wildnisflächen in sogenanntes Kulturland gab es um 1970 immerhin noch gut siebzigtausend Spitzlippennashörner in Afrika. Nicht zuletzt auch

Rhinozerosse: Das Nasenhorn wird ihnen zum Verhängnis

dank der Einführung geregelter Jagd in den meisten Staaten und dank der Einrichtung von Schutzgebieten. Als 1980 afrikaweit die erste wissenschaftlich abgesicherte Erfassung vorgenommen wurde, waren es nicht mehr als 14 758 Tiere, ein Bestand, von dem sich heute nur noch träumen läßt. Denn von da an ging es unaufhaltsam weiter abwärts, wie die regelmäßigen Zählungen bewiesen. 1990 gab es nur mehr 3392 Spitzlippennashörner, 1993 war ihre Zahl auf 2550 und 1996 auf 2408 gesunken. Im Jahr 2000 hatte sich der Bestand dank intensiver Schutzmaßnahmen auf gut 2700 Tiere erholt. »The tricky beast«, wie das Spitzlippennashorn von Kennern wegen seiner Unberechenbarkeit und gelegentlichen ungestümen Angriffslust bezeichnet wird, ist so selten geworden, daß über fast jedes einzelne Tier Buch geführt wird. Das ist zwar aufwendig, aber da sie alle in Schutzgebieten leben, nicht unmöglich. Tansania, 1980 mit knapp viertausend Spitzlippennashörnern Afrikas nashornreichstes Land, beherbergte 1996 noch gerade mal zweiunddreißig Tiere. Knapp zwanzig von ihnen leben im 260 Quadratkilometer großen Ngorongorokrater und werden von zwanzig Askaris in Tag- und Nachtschichten rund um die Uhr bewacht. Die vierhundertzwanzig »Black Rhinos« in Kenia gehen zu einem guten Teil auf Wiederansiedlung von aus Südafrika stammenden Tieren zurück. Die meisten werden durch elektrische Zäune und bewaffnete Wächter gesichert. Nicht wenige sind, wie in Namibia und Zimbabwe ebenfalls, mit Sendern ausgerüstet, so daß rund um die Uhr ihr Standort bekannt ist.

Obwohl die südliche Unterart des Breitlippennashorns um die Jahrhundertwende bereits als ausgestorben galt, bis in der Gegend des heutigen Wildreservats Hluhluwe-Umfolozi in Natal einige Dutzend Tiere entdeckt wurden, die den Ausrottungsfeldzug überlebt hatten, gab es 2000 von ihr mit über zehntausend Tieren wieder die meisten Angehörigen der Nasenhornträger überhaupt. Mehr als neuntausend leben in der Südafrikanischen Republik, dem Land, das sich beim Schutz der afrikanischen Nashörner bleibende Verdienste erworben hat. Dort gibt es heute mit über tausend Tieren auch die meisten Spitzlippennashörner. Von Südafrika, genauer: durch den Natal Parks Board, werden viele andere afrikanische Schutzgebiete und außerafrikanische Tiergärten jährlich mit durchschnittlich einhundert bis einhundertfünfzig Nashörnern versorgt. In Zoos lebten im Jahr 2000 weltweit 234 Spitzmaul- und 721 Breitmaulnashörner.

Hätten nicht staatliche Einrichtungen, private Naturschutzorganisationen und Landbesitzer in verschiedenen afrikanischen Staaten seit den sechziger Jahren immense Anstrengungen und Mittel in den Schutz der Nashörner und in den lokalen Wiederaufbau von zunächst kleinen Populationen investiert, gäbe es in Afrika heute kein wildlebendes Nashorn mehr. Auch in Europa und in den Vereinigten Staaten gibt es mittlerweile eine ganze Reihe von Stiftungen, Vereinen und Gesellschaften, die sich ausschließlich der Hilfe für die Nashörner verschrieben haben. Allein der World Wide Fund for Nature (WWF), dessen Gründung im Jahr 1961 maßgeblich durch die bedrohliche Situation der afrikanischen Nashörner ausgelöst wurde, hat bis zur Jahrtausendwende mehr als dreißig Millionen Mark für den Nashornschutz ausgegeben. Dazu gehören Maßnahmen wie die Einrichtung von Schutzgebieten, die Ausrüstung von Wildhütern, die Unterstützung von Maßnahmen gegen die Wilderei, die Erforschung der medizinischen Wirkung von Nashornprodukten sowie der Handelswege, die Aufklärung der Bevölkerung und das Umsiedeln von Tieren aus gefährdeten

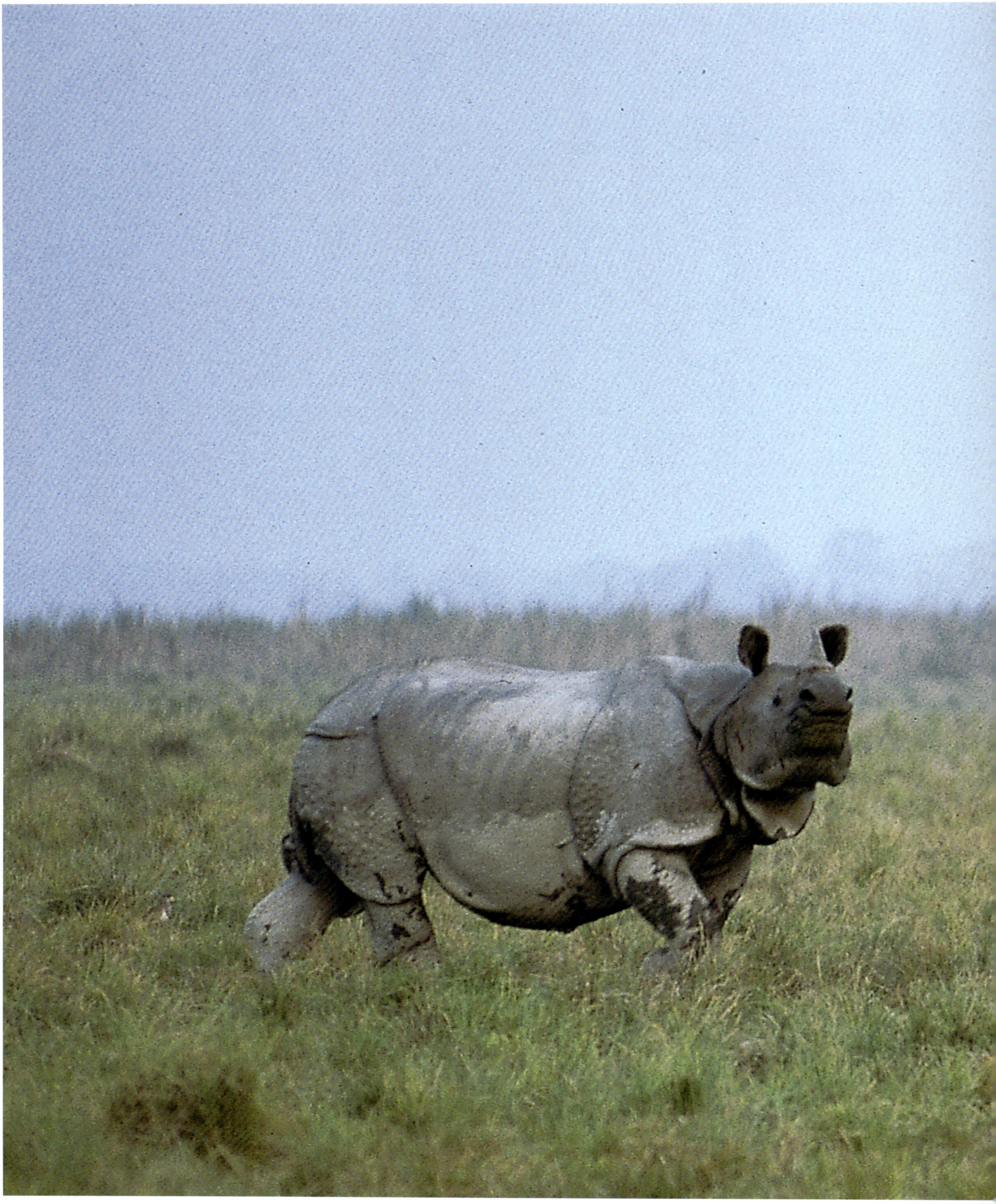

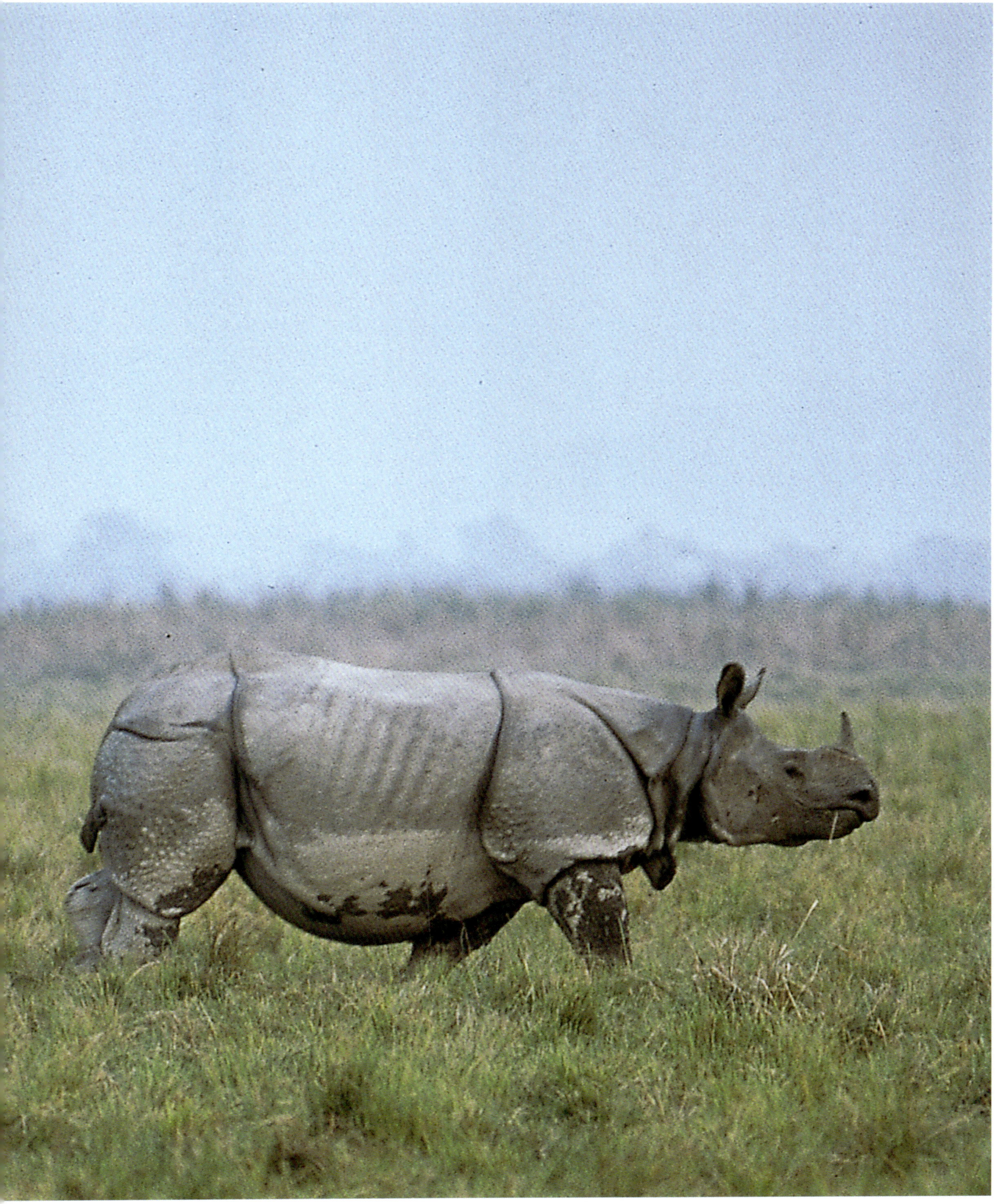

In Steppen, Savannen, auf Felder und Weiden

oder überbesetzten Reservaten in neue geeignete Biotope und schließlich das »Enthornen« von Nashörnern. Doch das Absägen der – wieder nachwachsenden – Hörner von dem zuvor mit dem Narkosegewehr betäubten Tieren hat nicht immer den gewünschten Erfolg gehabt: Wilderer haben auch hornlose Nashörner getötet, um nicht ein weiteres Mal den Spuren eines Tieres ohne Aussicht auf das Objekt der Begierde zu folgen, oder auch aus Wut über die ertraglose Jagd. In Ostafrika macht sich seit langem die Zoologische Gesellschaft Frankfurt um den Schutz der Schwergewichtler verdient.

Auf Dauer wird es kaum gelingen, die Nashörner in ihren vom Menschen immer stärker eingeengten, für sie bestimmten Rückzugsgebieten als einigermaßen wilde Tiere zu erhalten, wenn nicht in Asien und Arabien die unheilvolle Nachfrage nach Rhino-Produkten zurückgeht und eines Tages ganz aufhört.

Das Washingtoner Artenschutzübereinkommen, in dessen Anhängen alle Nashörner verzeichnet sind, kann nur zum Teil helfen. Immer wieder werden Hörner von Nashörnern auf Flughäfen oder in Handelshäusern beschlagnahmt, auch in Deutschland und anderen europäischen Ländern. So stellte im September 1996 die Polizei im Londoner Stadtteil Kensington auf einen Schlag mehr als hundert Hörner von Rhinozerossen im Schwarzmarktwert von 6,3 Millionen Mark sicher. Doch so lange noch selbst staatliche Unternehmen asiatischer Länder in illegale Geschäfte mit Nashornprodukten verwickelt sind und Medikamente aus Nashornpulver offiziell in vielen Ländern Asiens verkauft werden, müssen die überlebenden Nashörner mit ungeheurem technischen Aufwand, mit viel Geld und mitunter militärischen Methoden von vielen Menschen geschützt werden. Nur ein mühsamer, teurer und langer Aufklärungs- und Umbildungsprozeß kann in Jahrzehnten vielleicht einmal Entwarnung für Nashörner bringen.

Nachdem von der einstmals bis nach Nordeuropa, Nordasien und Nordamerika verbreiteten Familie der »Rhinocerotidae« (darunter das wohl größte und mit fünfundzwanzig Tonnen schwerste Landsäugetier aller Zeiten, »Baluchitherium grangeri«, im Gebiet der heutigen Mongolei vor etwa dreißig Millionen Jahren zu Hause) nur noch fünf Arten übrig sind, sollte es dem Menschen eine Herausforderung sein, diesen Arten auch im 21. Jahrhundert einen angemessenen Platz in der Natur zu erhalten.

Um auf den Anfang des Kapitels zurückzukommen: In der Kunst geht es dem Nashorn – anders als in der Wildbahn – heute besser als im Jahr 1751, als Pietro Longhi sein berühmtes »Il rinoceronte« in einer venezianischen Karnevalsszene mit Ölfarben auf einer Leinwand festhielt. Der britische Pop-art-Maler Peter Blake hat bei seiner abgewandelten Neuerschaffung des Bildes von Pietro Longhi ein Zeichen der Hoffnung gesetzt: Sein »rinoceronte« trägt – im Gegensatz zum Original, auf dem der Wärter das abgesägte Horn in die Höhe hält – zwei Hörner.

Indische Panzernashörner (vorhergehende Doppelseite) wirken besonders urtümlich, vor allem wenn sie gerade einem Schlammbad entstiegen sind und Vögel mit sich herumtragen, die ihnen Insekten von der Haut ablesen.

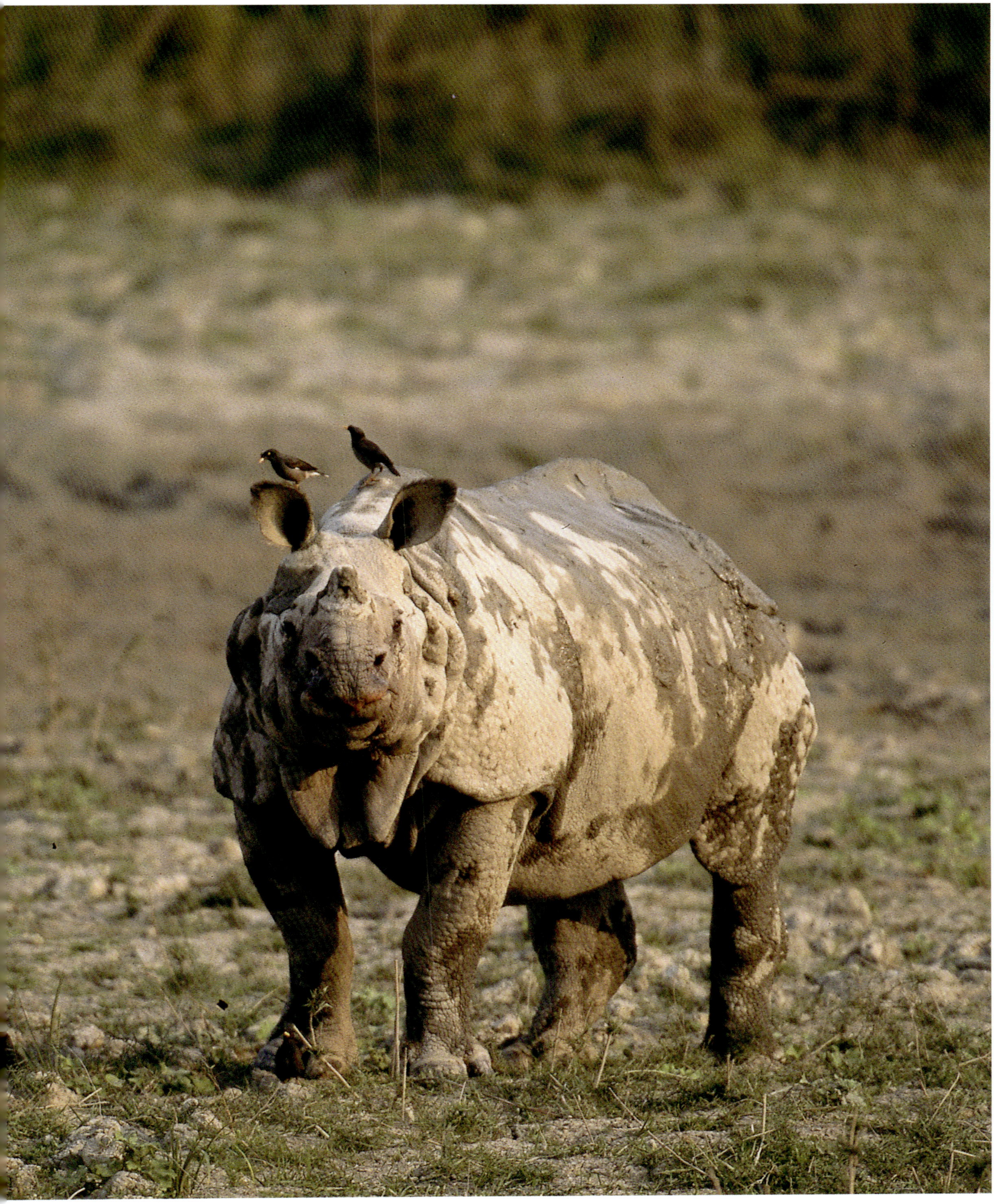

In Steppen, Savannen, auf Felder und Weiden

Löwen: Für die Beute sorgen die Weibchen

Nachdem er die elf Löwen endlich ausfindig gemacht hatte, war es für den Farmer und seine Begleiter im nördlichen Namibia ein Kinderspiel. Aus dem offenen Geländewagen heraus schossen sie gleichzeitig ihre Büchsen leer. Die Entfernung war so gering, daß keine der Kugeln ihr Ziel verfehlte. Ehe die Raubkatzen begriffen, daß dieses Mal nicht Touristen mit Kameras und Teleobjektiven auf sie zielten, daß sie nicht nur durch das Hin- und Herrangieren der Autos und das Klicken der Fotoapparate in ihrer Ruhe unter der schattenspendenden Akazienkrone belästigt werden würden, waren die meisten schon getroffen. Drei, vier konnten noch aufspringen, aber ein kurzes »ungläubiges« Verharren wurde zwei von ihnen ebenfalls zum Verhängnis. Zwei Löwinnen, die dem Kugelhagel zunächst entkamen, überlebten nur wenige Tage. Ohne die gewohnte Anbindung an ihr Rudel waren sie, im für sie noch recht neuen Gebiet, schutz- und orientierungslos. Auch sie starben durch Kugeln aus dem Gewehr des Farmers.

Eine Wilderergeschichte? Keineswegs. Ein Löwenschicksal, wie es sich am Rande afrikanischer Nationalparks immer wieder mal zuträgt. Mit dem Naturschutzgedanken schwer vereinbar und dennoch ganz legal. Es zeigt einmal mehr, wie eng der »Schwarze Kontinent« für viele Wildtiere, vor allem die großen, geworden ist. In den meisten Staaten, in denen es überhaupt noch Großwild gibt, sind die Schutzgebiete in Form von Nationalparks oder Wildreservaten die einzigen Zufluchtsstätten der meisten Beutegreifer geworden. Unter den Raubtieren gilt das in erster Linie für den Löwen. Zwar leben von den anderen Großkatzen, Leopard und Gepard, ebenfalls viele in den ziemlich sicheren Grenzen von Reservaten, doch kommen beide auch noch außerhalb von Schutzgebieten vor. Während der Leopard ein recht heimliches Leben als Einzelgänger führt und seine Beute überwiegend nachts reißt, bleiben Geparde und Löwen weniger lange unentdeckt. Geparde vor allem deshalb, weil sie tagsüber auf die Jagd gehen, Löwen, weil sie in Rudeln leben und aus ihrer Anwesenheit in einem Gebiet keinen Hehl machen.

In einem Nationalpark, in dem Löwen auf der Beobachtungswunschliste der Safaritouristen ganz oben (nicht selten sogar noch vor Elefanten und Nashörnern) stehen, können diese Tiere sich ein derart selbstbewußtes Auftreten leisten. Denn abgesehen davon, daß mal einer das Opfer eines Jagdunfalls beim Angriff auf einen ausgewachsenen Büffel oder eine kampferprobte Giraffe wird, braucht ein gesunder Löwe kein anderes Tier zu fürchten, sobald er das Kindesalter hinter sich hat. Den Menschen lernen die Löwen in aller Regel als ein Wesen in einem fahrbaren Käfig aus Blech kennen. In den Nationalparks legen sie sich in den Schatten der Autos oder klettern auf deren Kühlerhaube. Allerdings wäre es falsch, daraus zu schließen, Löwen seien friedliche, etwas groß geratene Hauskatzen. Zwar laufen die meisten bei einer unerwarteten Begegnung mit einem Menschen zunächst einmal fort, doch gefährlich – da nicht abschätzbar in ihren Folgen – ist eine Konfrontation zwischen Mensch und Löwe allemal. Auch unter Löwen gibt es – wie bei Tigern – »Menschenfresser«.

Weniger die unmittelbare Angst um menschliches Leben als vielmehr die Sorge um ihren Viehbestand läßt die afrikanischen Farmer auf schnelle Abhilfe sinnen, sobald sie gewahr werden, daß sich

Löwen: Für die Beute sorgen die Weibchen

ein Löwenrudel auf ihrem Gebiet eingerichtet hat. In den vergangenen Jahren ist das mehrfach in der Nähe des berühmten Etoscha-Nationalparks im südwestafrikanischen Namibia geschehen. Löwen, denen ihr Revier innerhalb der Parkgrenzen von Artgenossen streitig gemacht worden war, die ein neues Rudel gebildet hatten, die nicht mehr genügend Nahrung fanden oder die von der Wanderlust erfaßt wurden, nutzten eine von Elefanten geschaffene Lücke im Zaun des Parks zum Verlassen des Schutzgebiets. Wie bei ausgebrochenen Elefanten versuchen die »Ranger«, die Wildwarte, auch die Löwen in den Park zurückzuholen, sofern sie herausfinden, wohin diese gezogen sind. Doch was bei Elefanten mit viel Arbeit und Geduld zum Erfolg führt, ist bei Löwen in der Regel nicht zu schaffen. Zwar kann das Narkosegewehr mitunter helfen, doch ein mehrköpfiges Rudel läßt sich so schnell nicht überlisten. Und mancher Farmer, der pro Woche ein bis zwei Rinder oder noch mehr durch Löwen verliert, übt sich nicht allzu lange in Geduld. Schließlich ist der afrikanische Busch keine Grünanlage, in der sich ein Löwenrudel schnell finden läßt. Auf einer Farm von 10 000 oder 20 000 Hektar voller Dorngestrüpp ein halbes Dutzend ein Meter hohe und zweieinhalb Meter lange Löwen zu stellen, die mehr als 200 Kilogramm wiegen können, bedeutet nicht selten ein mehrtä-

Die Löwenmännchen in der Serengeti sind für ihre dichte Mähne berühmt, die fast immer wie gerade gekämmt aussieht. Im Gegensatz zu den Weibchen (folgende Doppelseite) sieht man Löwenmännchen häufig alleine.

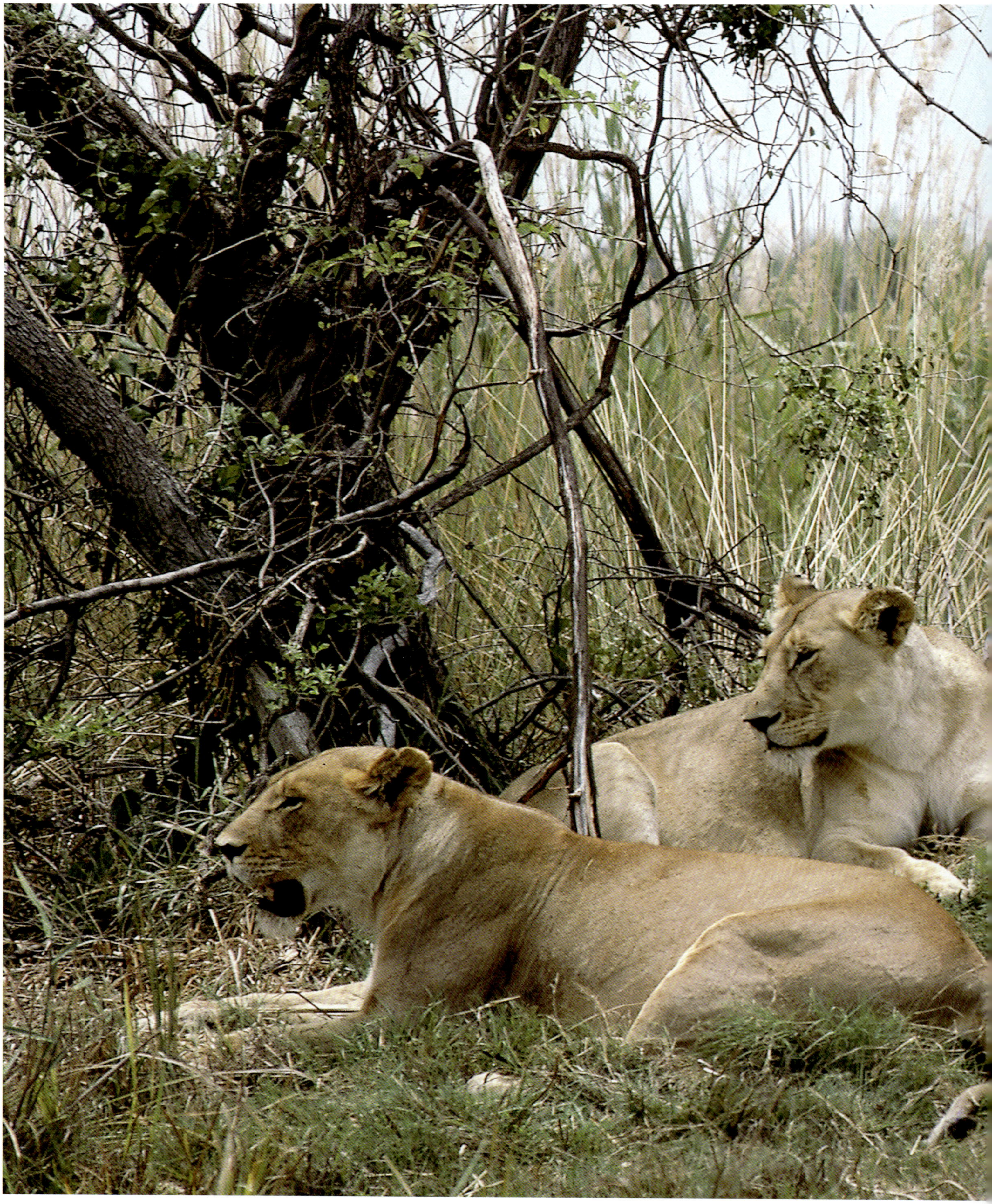

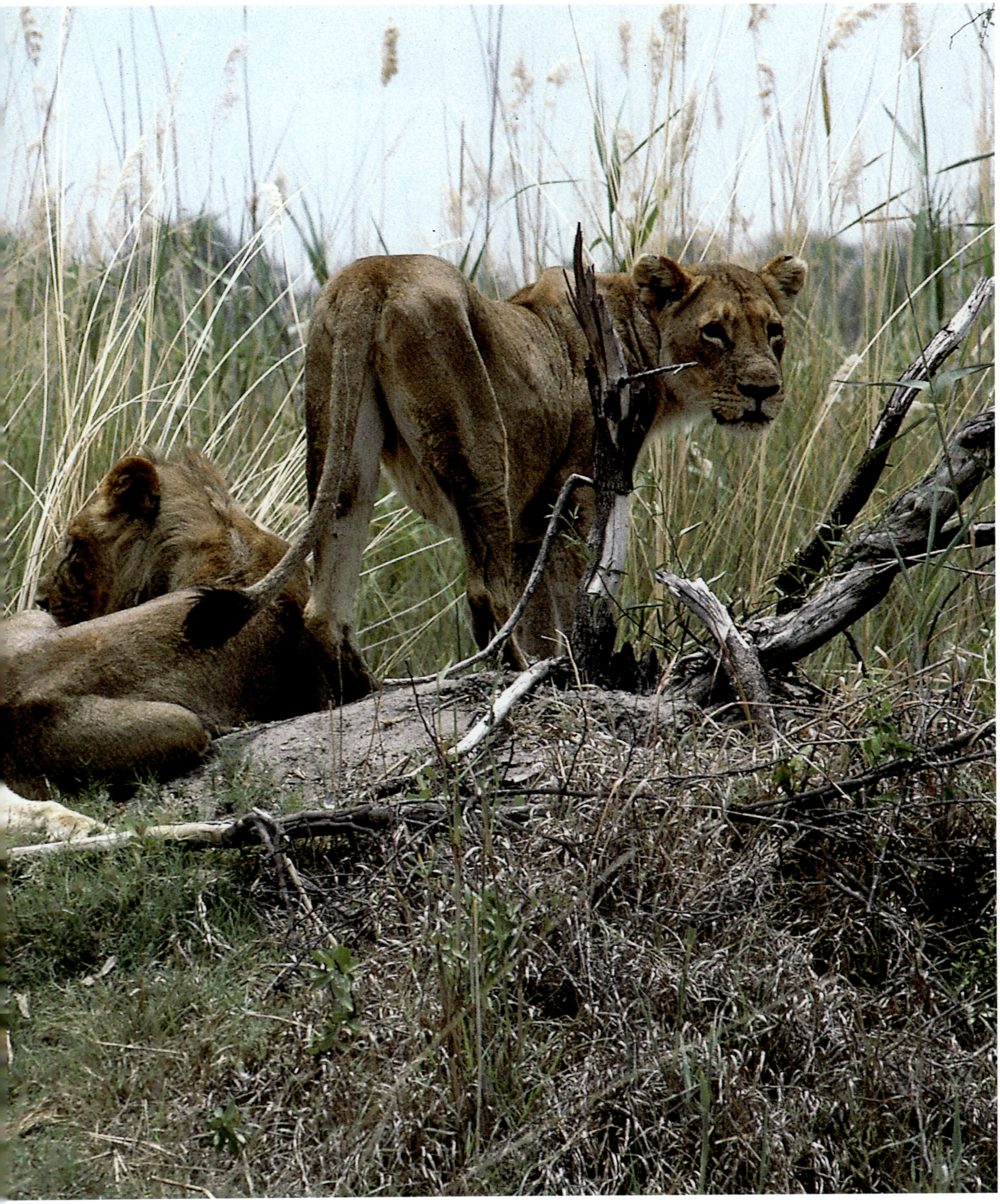

In Steppen, Savannen, auf Felder und Weiden

giges, schweißtreibendes Unternehmen, wenn es denn überhaupt zum Erfolg führt. Zwar weisen die Geier in aller Regel den Weg zum Riß der Löwen, doch nicht immer liegt das Rudel – wie es oft in Nationalparks zu beobachten ist – faul und uninteressiert in seiner Nähe. Haben die Löwen erst einmal begriffen, daß sich ihre Lebensumstände geändert haben, daß ihnen der Mensch nachstellt, so können sie recht vor- und umsichtig werden. Doch das braucht seine Zeit, und die meisten Farmeindringlinge werden vorher gestellt. Da die Farmer selten ein Risiko eingehen wollen, eröffnen einige von ihnen lieber das Feuer, als vielleicht die Nationalparkverwaltung zu informieren. Sie haben das Gesetz auf ihrer Seite, denn Löwen und Viehzucht lassen sich nicht miteinander vereinbaren. Wenn die Löwen herausgefunden haben, wie einfach sich ein Rind erbeuten läßt, dann leisten sie sich zu jeder Mahlzeit frisches Fleisch, statt wie in der Wildbahn, wo sie Gnus, Zebras, Antilopen, Warzenschweine, Büffel, junge Giraffen und manch andere Tierart zu ihren Opfern machen, mehrere Tage lang von einem Riß zu leben.

Es gibt noch einen anderen Grund, weshalb mancher Farmer gar nicht erst versucht, Löwen auf friedliche Weise von seinem Gebiet loszuwerden. So selten die Tiere außerhalb von Reservatsgrenzen geworden sind, so wenig sind sie in den meisten Nationalparks, in denen sie vorkommen, in ihrer Existenz bedroht. Im Gegenteil: In etlichen gibt es zeitweise eine Überpopulation von Löwen, die schon manche Parkverwaltung zu unterschiedlichen Mitteln der Geburtenkontrolle hat greifen lassen. Die Pille für Löwinnen ist nicht nur auf zoologische Gärten beschränkt, in denen schon seit langem ein Löwenüberschuß herrscht. Über einen derartigen Löwenanteil in einem »benachbarten eingefriedeten« oder nicht eingefriedeten Park sind die Viehzüchter in der Regel informiert, so daß mancher von ihnen nicht viel Federlesens mit den ungebetenen Gästen macht. Dabei ist es schon vorgekommen, daß ein jahrelang von Naturwissenschaftlern studiertes Rudel ein plötzliches Ende gefunden hat.

Unter den Großkatzen gibt es keine Art, die besser erforscht ist als die Löwen. Und fraglos gibt es auch keine andere Art, die es ihren Beobachtern so leicht macht. Daran mag es liegen, daß gerade in den beiden vergangenen Jahrzehnten viele Zoologen in verschiedenen afrikanischen Staaten sich Löwen als Studienobjekte vorgenommen haben. Es gibt kaum mehr einen größeren Nationalpark im östlichen und südlichen Afrika, in dem nicht eine erkleckliche Anzahl Löwinnen und Löwen mit einem Halsbandsender oder mit einer Ohrmarke herumläuft. Der intensiven Forschung, deren Ende noch lange nicht abzusehen ist, sind auch viele Kenntnisse über das Leben der Löwen zu verdanken. Das »böse Raubtier«, als das der »König der Wüste« lange galt, hat dank der Arbeit der Verhaltensforscher immer sympathischere Züge gewonnen, wenngleich auch manche aus menschlicher Sicht grausam anmutende Eigenschaft zutage getreten ist, die aber für die Erhaltung der Art durchaus einen Sinn hat.

Löwen haben ein intensives Familienleben. Die zwei bis drei, gelegentlich bis zu fünf Jungen, die von einer Löwin nach einer Tragzeit von dreieinhalb Monaten geboren werden, wachsen in der Obhut eines ganzen Rudels auf. Nur die ersten fünf bis sechs Wochen hält die Löwin ihre anfangs blinden und 500 Gramm leichten Nachkommen abseits, weil sie für das Leben in der Sippe noch zu hilflos sind. Später aber werden sie auch von anderen Löwinnen bewacht und sogar gesäugt. Häufig haben in einem Rudel mehrere weibliche Tiere gleichaltrige Junge, so daß es schwer ist zu erkennen, wer zu wem gehört. Nicht nur die Löwinnen

Löwen: Für die Beute sorgen die Weibchen

behandeln die Jungen ihrer Rudelsgenossinnen wie die eigenen. Auch die Löwen, die innerhalb des Rudels den Ton angeben, zeigen sich in aller Regel nachsichtig und zu passivem Spiel aufgelegt, wenn die unternehmungslustigen Jungtiere an ihrem Schwanz ziehen oder sich auf ihrem Rücken balgen. Das häufig zu beobachtende »Schmusen« ist nicht nur ein Ausdruck von Zärtlichkeitsbedürfnis, sondern es ist wichtig für die Verbundenheit der Rudelmitglieder untereinander. Immer wieder stupsen sich auch die erwachsenen Tiere gegenseitig an, belecken sich und riechen aneinander. Wer nicht den richtigen »Stallgeruch« hat, kann sein blaues Wunder erleben, denn so liebevoll meistens der Umgang miteinander im eigenen Rudel ist (ausgenommen, wenn es ums Fressen geht), so kratzbürstig können die Angehörigen verschiedener Gruppen zueinander sein.

Zu mitunter todbringenden Auseinandersetzungen können die Kämpfe von männlichen Löwen um die Vorherrschaft in einem Rudel geraten. Wer über ein Rudel gebietet, dem sind mehrere Weibchen zugetan. In jeder Großfamilie überwiegt die Zahl der Löwinnen. Ist die Gruppe groß genug, so teilen sich auch mal zwei oder drei Löwen die Führerrolle. Nicht selten sind es Brüder, die gemeinsam aufgewachsen sind und auch die harte »Junggesellenzeit« außerhalb eines Rudels

Selbst die größte aller Antilopen ist vor einem Löwenrudel nicht sicher. Hier hat ein altes Löwenmännchen im Etoscha-Nationalpark Namibias eine schon halb verzehrte Elenantilope mit den Zähnen gepackt und zerrt sie in den Schatten eines Baumes.

In Steppen, Savannen, auf Felder und Weiden

miteinander überstanden haben. Außerhalb des Rudels zu leben bedeutet nämlich, Selbstversorger zu sein. Da zeigt sich dann, wer kräftig und listig genug ist, genügend Beute zu machen. Im Rudel übernehmen diese Aufgabe die Weibchen, die oft im Verbund jagen: Während eine Löwin sich in guter Deckung auf die Lauer legt, treiben zwei oder drei andere ihr das potentielle Opfer zu. Die Löwen, deren Alter und Stärke nicht zuletzt am Umfang ihrer Mähne abzulesen sind, sehen zu, daß sie ihre Löwinnen nicht aus den Augen verlieren: Haben diese ein Tier gerissen, sind sie schnell zur Stelle und bedienen sich als erste. Da bleibt häufig für die Jägerinnen und den Nachwuchs nichts übrig, denn ein hungriger Löwe kann mit einem Schlag dreißig Kilogramm Fleisch in sich hineinschlingen. Rudel von fünfzehn bis zwanzig Mitgliedern müssen also von ihren Löwinnen gut versorgt werden. Manches Jungtier bleibt auf der Strecke, weil es nicht genug von der Beute abbekommt. Auch viele alte Tiere verhungern.

Löwenjunge können außerdem Opfer eines Führungswechsels im Rudel werden. Übernimmt ein neues Männchen die Gruppe, so tötet es mitunter die Nachkommenschaft seines Vorgängers. Auf diese Weise werden die Löwinnen schnell wieder paarungsbereit. Da die Aufzucht des Nachwuchses bis zu zwei Jahre dauert, müßte ein Rudelführer zu lange warten, bis die Weibchen »in Hitze« geraten. Mit derartigen Maßnahmen verhindert ein Löwe darüber hinaus, daß er eventuell zu schnell das Rudel wieder verlassen muß. Dennoch: In der Regel dauert die Herrschaft nicht länger als zwei bis vier Jahre, dann rücken Jüngere nach. Löwen werden in freier Wildbahn selten älter als fünfzehn Jahre; nicht wenige sterben vorzeitig an Krankheiten und Parasiten. Von der Kraft der Rudelherren, die sich auch in der Lautstärke ihres nächtlichen Gebrülls ausdrückt (der Ruf ist acht Kilometer weit zu hören), hängt die Größe des Reviers und damit das Beuteangebot ab. Das wiederum schwankt mit den Jahreszeiten, und viele Löwen sind gezwungen, die von den Regenfällen und Vegetationsperioden abhängigen Wanderzüge ihrer Opfer mitzumachen. So kann ein Jagdrevier, sofern es gut »besetzt« ist, wenige Quadratkilometer oder aber, wenn der Wildbestand dort gering geworden ist, einige hundert Quadratkilometer messen. Nächtliche Wanderungen von zwanzig oder dreißig Kilometern sind für Löwenrudel keine Ausnahme. Das allerdings ist nur möglich, wenn keine zu kleinen Jungen dabei sind. Sie werden abgelegt und später mit Beute versorgt, wenn beim Fressen etwas übriggeblieben ist. Nicht selten müssen Hyänen, Geparde oder Leoparden ihre Beute den Löwen überlassen.

Das einstmals große Verbreitungsgebiet des Löwen, das vor langer Zeit sogar bis nach Mitteleuropa reichte, ist arg zusammengeschrumpft. Ohne die Schutzgebiete wären die Tiere heute sicherlich kaum mehr in Afrika anzutreffen oder nur unter ähnlich kläglichen Bedingungen wie in Indien. Dort hat die asiatische Unterart mit etwa zweihundert Tieren eine letzte Zuflucht im Gir-Nationalpark auf der nordwestlichen Halbinsel Kathiawer im Bundesstaat Gujarat gefunden, wo die Löwen regelmäßig gefüttert werden (müssen). Ihre Art war früher einmal von Griechenland bis über den ganzen indischen Subkontinent verbreitet. Mehr als ihre afrikanischen Verwandten, von denen einige Unterarten – etwa der nordafrikanische Berberlöwe und der südafrikanische Kaplöwe – ebenfalls ausgerottet wurden, lebten diese Tiere im Wald oder in dessen Randzonen. Der afrikanische Löwe hingegen liebt die offene Landschaft, von der Savanne bis zur Halbwüste. Er wurde allerdings auch schon in einer Höhe von dreitausend Metern angetroffen.

Paviane: Wenn der Alte bellt, kuscht der Clan

Wer Paviane länger beobachtet, wird von der Art ihres Gemeinschaftslebens beeindruckt sein. Anfangs stört vielleicht einen Ästheten, daß die in mehreren Arten und Unterarten in verschiedenen Teilen Afrikas lebenden Tiere nicht gerade zu den schönsten unter den Vierbeinern gehören: die vorstehende Schnauze mit der leichten Himmelfahrtsnase hat der Gruppe den Namen »Hundsaffen« oder »Hundskopfaffen« eingetragen. Das nackte, meist kräftig rot leuchtende Hinterteil mit Gesäßschwielen ist für das menschliche Auge ebensowenig attraktiv. Doch solche Äußerlichkeiten sind schnell vergessen, wenn man einer Pavianherde folgt. Da geht es einerseits nach festen Regeln zu, andererseits kommt immer wieder überraschend Aufregung bei den Tieren auf, für die häufig ein Grund gar nicht erkennbar ist.

Die Zahl der Tiere, die in einem Verband zusammenleben, ist unterschiedlich groß. Mal sind es nur zwanzig oder dreißig, mal sind es bis zu zweihundert. Wenn es sehr viele sind, haben sich

Die Jüngsten in der Großfamilie der Bärenpaviane können sich auch mit dem Anführer der Gruppe manchen Spaß erlauben, ohne daß er sie ernsthaft zurechtweist. Ansonsten achtet er jedoch genau auf die Einhaltung der Rangordnung.

In Steppen, Savannen, auf Felder und Weiden

möglicherweise zwei oder drei Großfamilien vorübergehend zusammengeschlossen. Trennen sie sich wieder, so gibt es selten eine neue Zuordnung: Die Tiere bleiben ihrem »Clan« treu, auch wenn es zwischendurch zu einem Techtelmechtel zwischen den Mitgliedern verschiedener Gruppen gekommen ist, wodurch der Inzucht begegnet wird. Dennoch sehen die Angehörigen einer Herde häufig einander ähnlich und sind von den einige Kilometer entfernt lebenden Nachbarn durch Besonderheiten in der Fellzeichnung oder dem Gesichtszug zu unterscheiden.

Den Tag verbringen die Paviane überwiegend auf dem Erdboden. Auf der Nahrungssuche durchstreifen sie ihr Revier, das für eine mittelgroße Herde etwa dreißig Quadratkilometer umfaßt, in ziemlich festgelegter Marschordnung: Die Vorhut bilden in der Hierarchie niedriger stehende Männchen, dann folgenden die Weibchen mit halberwachsenen Jungen und solche ohne Nachwuchs. In der Mitte, bei den Müttern mit Kleinkindern, halten sich die Paschas auf, und das Ende bilden wieder Halbwüchsige und rangniedrige Männchen. Von wo auch ein Leopard, ein Löwe oder ein anderer Feind angreift, er wird immer auf Männchen stoßen. Besonders die ausgewachsenen unter ihnen wissen, wie sie selbst Löwinnen Beine machen können. Zu mehreren stürzen sie sich auf sie, denn ihr Gebiß ist noch gefährlicher als das der Großkatzen. Wer einem alten Pavian beim Gähnen zugeschaut hat, kann sich eine Vorstellung von der Wirkung der langen spitzen Eckzähne machen. Schon mancher Leopard ist im Zweikampf mit einem Pavian auf der Strecke geblieben.

Das scharfe Gebiß setzen die Hundskopfaffen eher friedlich ein, wenn es nicht gerade um die Verteidigung der Verwandtschaft geht: Ihre Nahrung besteht größtenteils aus Gräsern, Samen, Knospen, jungen Trieben, Knollen, Wurzeln und Früchten aller Art. Zwischendurch werden auch Insekten, namentlich Heuschrecken und Termiten, nicht verschmäht. Von Fall zu Fall verspeisen sie Vogeleier oder ein Jungtier, doch scheinen sie nicht sonderlich auf Fleisch erpicht zu sein. Jeden Abend vor Sonnenuntergang beweisen sie, daß auch ihre Vorfahren von den Bäumen kommen. Zum Schlafen nämlich ziehen sie sich in die Kronen von Akazien oder anderen hohen Gewächsen zurück. In den Bergen suchen sie exponierte Felsränder oder -vorsprünge auf. Vor der Nachtruhe gibt es nicht selten noch einen mächtigen Spektakel, wenn sich einige Tiere nicht über die Plätze einig werden können. Ihr heiseres Bellen ist kilometerweit zu hören.

Das Aufstehen am Morgen scheint ihnen nicht leicht zu fallen, denn oft hocken sie noch lange nach Sonnenaufgang im Geäst und beginnen nur zögernd herabzusteigen. Sind sie schließlich am Boden angekommen, geben sie sich gerne noch vor dem Frühstück in der Morgensonne ihrer Lieblingsbeschäftigung hin: Das gegenseitige »Lausen« dient nicht nur der Körperpflege, sondern hält auch den Kontakt zueinander aufrecht. Wer wem mit den Krallen durchs Fell fahren darf, hängt von der Rangordnung ab. Auch die Paarungsbereitschaft der Weibchen spielt eine Rolle. Einmal im Monat werden sie etwa eine Woche lang für die Männchen interessant. Die Einehe gibt es nicht. Nach einer Tragzeit von mehr als fünf Monaten (sie ist je nach Art verschieden) bekommt ein Weibchen ein, selten zwei Kinder, die anfangs unter dem Bauch und später auf dem Rücken getragen werden. Bis ein Männchen der Bärenpaviane, die im Süden Afrikas leben, gut einen Meter lang und knapp vierzig Kilogramm schwer wird, vergehen ein paar Jahre. Mantelpavian, Blutbrustpavian, Roter Pavian, Steppenpavian und der Anubispavian, alle weiter nördlich zu Hause, bleiben kleiner und leichter.

Impalas: Elegante Hörner und schwarze Fersen

Wer im östlichen oder südlichen Afrika eine Safari unternommen hat, dem sind sie wohlbekannt. Doch die meisten Wildbeobachter würden auf die Frage, ob sie Schwarzfersenantilopen gesehen hätten, den Kopf schütteln oder zumindest irritiert in die Runde blicken. Ihren deutschen Namen kennen die wenigsten. Als Impalas hingegen rangieren sie weit vorne auf den Strichlisten der Touristen, die mit dem Geländewagen oder Kleinbus durch die Nationalparks fahren. Aber auch unter den Jägern, die nicht nur friedlich mit der Kamera und dem Fernglas auf die Pirsch gehen, stehen die Gazellen von der Größe eines Damhirsches hoch im Kurs: die Böcke wegen ihres elegant geschwungenen Gehörns, das neunzig Zentimeter lang werden kann, ganz besonders. Auch die Weibchen, die zwischen fünfzig und siebzig Kilogramm wiegen, sind begehrt. Das Fleisch der Tiere schmeckt gut und ist wegen ihrer vielfältigen Blätter-, Gräser- und Wurzelkost besonders nahrhaft. Daher werden Impalas auch bevorzugt auf sogenannten Wildfarmen gehalten, deren Besitzer neben oder statt Hausvieh Antilopen und Gazellen (diese Bezeichnungen für die horntragenden Paarhufer sind nicht immer scharf zu trennen) zur Fleischerzeugung züchten. Und auf Jagdfarmen werden mehr Impalas zur Versorgung von Gästen und Einheimischen geschossen als zur Befriedigung der Lust, eine möglichst »starke« Trophäe zu erbeuten.

So betrachtet, sind die auch auf englisch und französisch so genannten Impalas Allerweltsbewohner des afrikanischen Busches. Und mancher ungeduldige Fotojäger, dem in der oft knapp bemessenen Zeit der Sinn mehr nach Löwen, Leoparden, Nashörnern und Elefanten steht, schaut schon gar nicht mehr recht hin, wenn wieder einmal irgendwo ein Rudel der schlanken Tiere auftaucht. Doch damit tut er dem hübschen Wild nicht nur unrecht, sondern er versäumt auch aufregende Beobachtungen. Wo Impalas beisammen sind, lohnt es sich, anzuhalten und sich Zeit fürs Anschauen zu nehmen. Dem flüchtigen Betrachter nämlich wird allein schon entgehen, wie dekorativ die verschiedenen Farben auf dem Fell dieser zu den Gazellen zählenden Antilopen verteilt sind. Was aus der Ferne als gelbliches Rotbraun erscheint, löst sich – aus der Nähe gesehen – in unterschiedliche Tönungen auf: Die obere Körperhälfte ist dunkler als die untere, und auf den Flanken läuft die Trennung wie ein Strich entlang. Der Bauch ist weiß, und um die »Lichter« (Augen), am »Äser« (Mund), in den »Lauschern« (Ohren) und entlang des ziemlich langen »Wedels« (Schwanz) ist die Behaarung ebenfalls hell. Zur besonderen Zierde tragen die vielen dunklen Abzeichen an verschiedenen Körperteilen bei. Dadurch erhält das Gesicht der Tiere sein typisches Aussehen. Bei einer der sechs Unterarten ist die Gesichtszeichnung auffallend dunkel. Diese im südlichen Westafrika von Angola bis hinab in den Etoscha-Nationalpark vorkommenden und wegen ihrer Seltenheit auf der Roten Liste der gefährdeten Tierarten geführten Impalas heißen denn auch Schwarzgesichtsimpalas. (»Schwarzgesichtsschwarzfersenantilopen« wäre allerdings doch zu viel der Schwarzmalerei.) Was die gesamte Art auszeichnet und ihr zum deutschen Namen verhalf, ist ein schwarzes Haarbüschel über dem Fesselgelenk der Hinterbeine.

Nicht allein der versteckte Reiz, den das Aussehen und die Gestalt der Impalas auf den Beobachter ausüben, belohnt diesen für sein Ausharren. Oft genug zeigen sie ihm auch ihre sportlichen Fähigkeiten, mitunter aus Jux und Tollerei, ohne

In Steppen, Savannen, auf Felder und Weiden

jeden vermeintlichen Anlaß. Aus dem Stand heraus vermögen die Tiere zwei Meter hoch und sechs bis acht Meter weit zu springen. Sind sie auf der Flucht, vor einem Geparden etwa oder einer Löwin, dann messen ihre Sätze mehr als drei Meter in der Höhe und über zehn Meter in der Weite. Es scheint, als würde ein hochflüchtiges Impalarudel mehr fliegen als laufen. Die Kitze, nach einer Tragezeit von knapp sieben Monaten geboren, halten bereits im Alter von wenigen Tagen dabei mit, wenn sie auch noch nicht so kräftig springen können.

Außerhalb der Brunftzeit sieht man viele Männchen beisammen, und in den Rudeln der Weibchen und heranwachsenden Kitze ziehen etliche halbstarke Junggesellen mit. Diese müssen sich allerdings vorsehen, sobald sich die alten Böcke für die »Damenwelt« zu interessieren beginnen. Je stärker ein Männchen ist, desto größer ist sein Harem. Manchmal muß es zwischen zehn und zwanzig Weibchen gegen Nebenbuhler verteidigen. Da geschieht es schon, daß das Gehörn zu mehr als zum Imponieren gebraucht wird. Sogar bis ein Rivale auf der Strecke bleibt – zu Tode »geforkelt«. Die Regel ist bei den Impalas aber friedliches Zusammenleben, am liebsten in der Nähe vom Wasser. Zur Trockenzeit können dann mehr als hundert Tiere beisammenstehen. Bei Gefahr warnen sie sich gegenseitig durch lautes Schnauben. Wie beim heimischen Rot- und Damwild sind die älteren Tiere (Impalas werden bis zu vierzehn Jahre alt) die aufmerksamsten.

Wer so viele Weibchen in der Brunftzeit um sich scharen kann wie dieser Impalabock, muß besonders attraktiv und stark sein. Sein langes geschwungenes Gehörn spricht dafür, daß dieses Männchen auf der Höhe seiner Kraft ist.

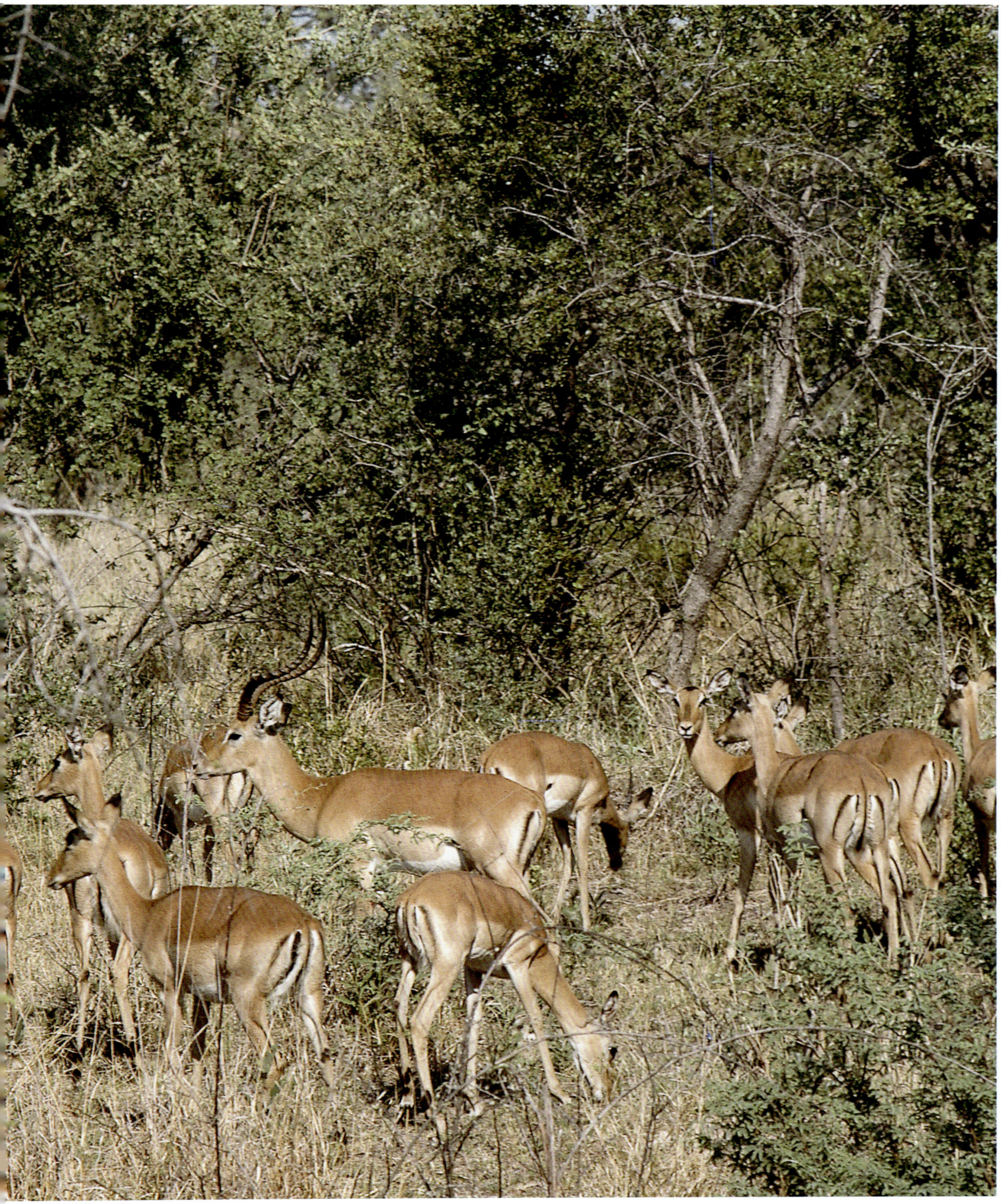

In Steppen, Savannen, auf Felder und Weiden

Bleßböcke: Mit den Buntböcken eng verwandt

Ließen sie nicht in kurzen Abständen ihr lautes Schnauben und Grunzen hören, könnte der Beobachter glauben, bei den beiden Bleßböcken handelte es sich um Statuen. Minutenlang können die gut damwildgroßen Antilopen bewegungslos verharren. Vorsichtig, aber auch neugierig äugen sie vom geröllübersäten Hang zu der Schotterstraße hinab, die das Bergland im südafrikanischen Transvaal durchzieht. Ist die Geduld der Tiere am Ende, kommt ruckartig Bewegung in ihre kräftigen Körper. Während die eigentümlichen Laute in kürzeren Abständen ertönen, nicken die zur großen Familie der Hornträger zählenden Bleßböcke mehrfach mit dem Kopf. Dann werfen sie sich herum und sind mit einigen plumpen Galoppsprüngen hinter dem Bergrücken verschwunden.

Flüchten die Bleßböcke in der Ebene, so laufen sie ebensowenig überstürzt davon: Nach fünfzig bis hundert Metern bleiben sie meistens stehen und schauen sich nach dem Grund der Störung um. Dieses Verhalten hat die einst über große Gebiete Südafrikas verbreitete Art fast die Existenz gekostet. Die in der Zeit, als die Buren mit der Besiedlung begannen, nach Hunderttausenden zählenden Tiere wurden geschossen und schnell auf kleine Restbestände verringert. Hätten nicht im vergangenen Jahrhundert einige weitsichtige Farmer dafür gesorgt, daß auf ihrem Territorium Bleßböcke (und die mit ihnen eng verwandten und daher unter der gemeinsamen Artbezeichnung »Damaliscus dorcas« zusammengefaßten Buntböcke) eine Überlebenschance hatten, wäre es der Art genauso ergangen wie den Blauböcken, einer vom Menschen ausgerotteten Pferdeantilopenart in Südafrika. Die kleine Schar der in Farmgattern und in Zoos überlebenden Bleßböcke bildete den Grundstock für einen Bestand, der heute wieder einige zehntausend Tiere ausmacht. Ihr Verbreitungsgebiet erstreckt sich über den mittleren Osten der Südafrikanischen Republik.

Die meisten Bleßböcke, die ihren Namen der weißen Gesichtsfarbe verdanken, leben auf Farmland. Sie sind Grasfresser wie Rinder, jedoch bessere Futterverwerter als diese. Sie spielen daher beim »Gamefarming« eine nicht unbedeutende Rolle, weil sie als Wild für zahlungskräftige Touristen, die auf die Jagd gehen wollen, zur Verfügung stehen und Fleischlieferanten sind. Mit einem Körpergewicht von bis zu achtzig Kilogramm bringen sie einen interessanten »Hektarertrag« im offenen Grasland, das sie sich ohne Schwierigkeiten mit einigen anderen der dreiunddreißig in Südafrika beheimateten Hornträger-Arten teilen. In der Unterfamilie der Kuhantilopen sind die Bleßböcke die kleinsten. In der großen Antilopengruppe Afrikas mit etwa achtzig Arten und weit mehr Unterarten gehören sie indes zu den größeren.

Das leierartig geschwungene Gehörn hat mit einer Länge von höchstens fünfzig Zentimetern bei den Bleßböcken eher bescheidene Ausmaße. Die weiblichen Tiere tragen ebenfalls einen Kopfschmuck, der aber schwächer ausgebildet ist als bei den männlichen Tieren. Ihre Ohren halten die Bleßböcke auch in »Lauscherposition« fast immer waagerecht. Zusammen mit dem langen, auffällig gezeichneten Gesicht verleiht ihnen das einen etwas dümmlichen Ausdruck. So zählen sie nicht gerade zu den begehrtesten Foto-Objekten bei südafrikanischen Safaritouristen.

Im Gegensatz zu den etwas größeren und auffälliger gefärbten Buntböcken, die bis auf wenige Ausnahmen heute in (nahezu) freier Wildbahn nur noch im eigens für sie eingerichtete

Bleßböcke: Mit den Buntböcken eng verwandt

Bontebok-Nationalpark in der Kap-Provinz, 250 Kilometer östlich von Kapstadt, leben, beanspruchen die Bleßböcke nur ziemlich kleine Flächen als eigenes Revier. Selbst ein starkes Männchen gibt sich zur Brunftzeit mit zwei bis drei Hektar zufrieden. Aus diesem Gebiet vertreibt es andere Bullen allerdings rücksichtslos. Die Grenzen ihres Territoriums markieren die »Platzbullen« mit Drüsensekreten. Regelmäßig aufgesuchte Kothaufen spielen für das Territorialverhalten ebenfalls eine wichtige Rolle. Jüngere Männchen leben in Rudeln zusammen.

In Gesellschaft fühlen sich auch die Weibchen sicherer, wenn sie Junge führen. Nach einer Tragzeit von 230 bis 270 Tagen wird ein Einzelkalb geboren. Es ist gleichmäßig hellbraun und steht schon nach wenigen Stunden auf eigenen Beinen.

Erst im Alter von einem halben Jahr färbt sich das Fell am Kopf, an den Beinen und am hinteren Teil des Körpers weiß. Die übrige Decke wird dunkelbraun mit einigen Abstufungen. Buntböcke haben größere weiße Körperpartien, und das übrige Fell ist hell- und dunkelbraun mit einem bläulichen Schimmer. In der Wildbahn können die Tiere etwa zwölf, im Zoo siebzehn Jahre alt werden.

Das weiße Hinterteil seiner Mutter dient dem Buntbockkalb als sicherer Wegweiser. Nur wenige Stunden nach der Geburt kann es bereits bei einer kurzen schnellen Flucht mithalten. Bleßböcke (folgende Doppelseite) sind in vielen Gegenden Südafrikas zu halbwilden Farmtieren geworden.

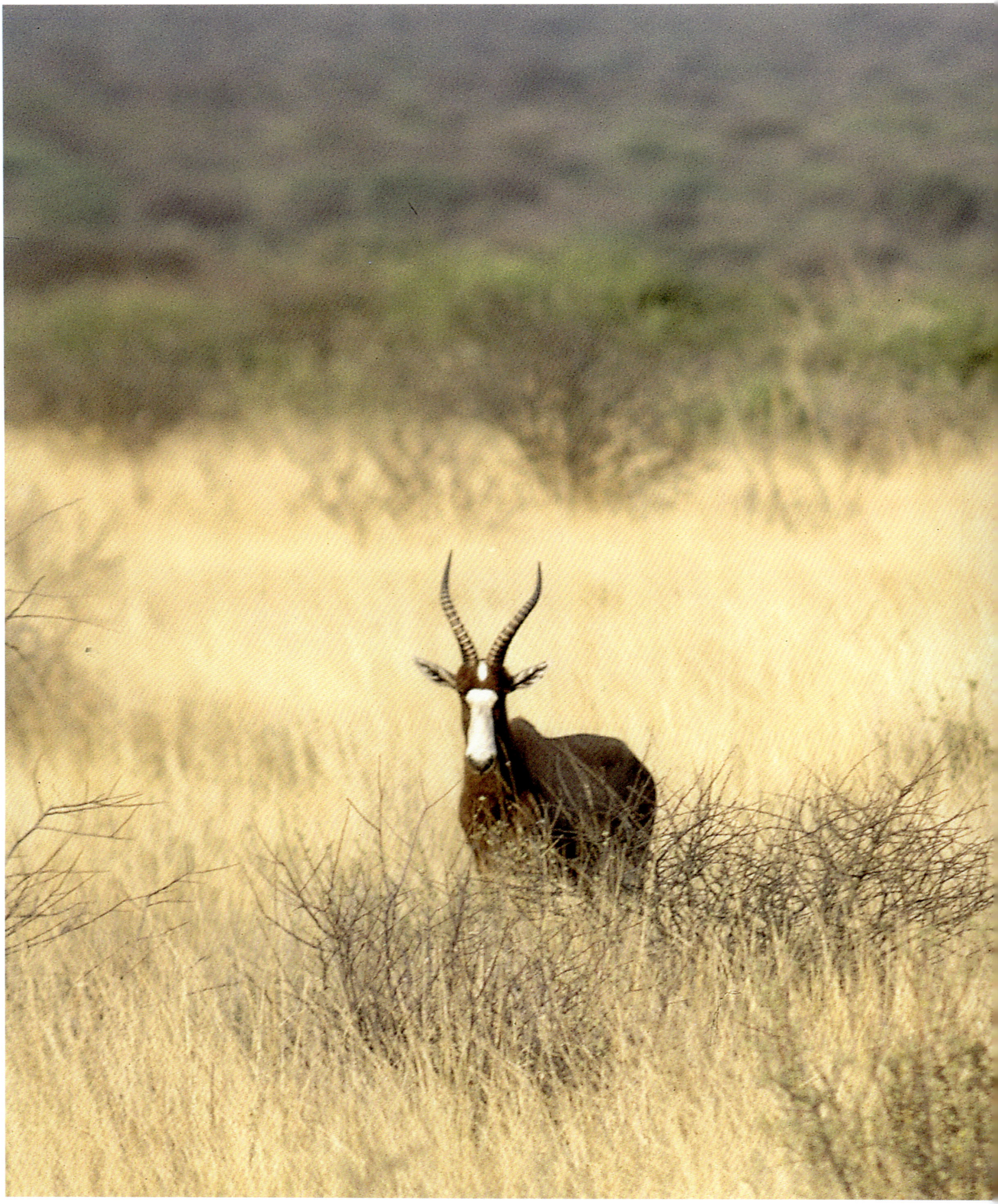

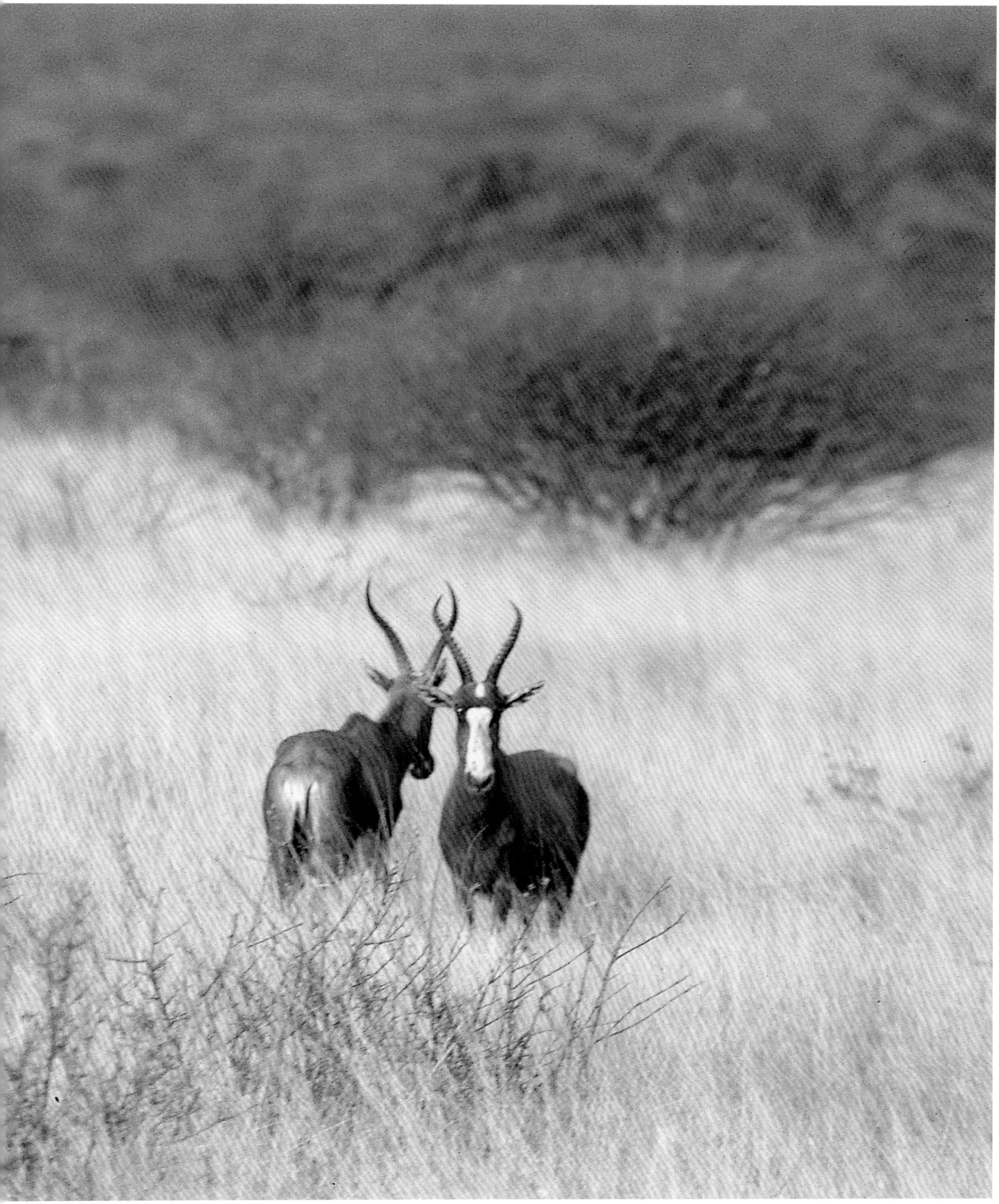

In Steppen, Savannen, auf Felder und Weiden

Elenantilopen: Bei Farmern immer beliebter

Aus der Ferne erscheint das Rudel Elenantilopen wie eine Rinderherde: Ausgewachsene Bullen im Alter von mehr als zehn Jahren dieser größten Antilopenart können ein Gewicht von tausend Kilogramm und eine Schulterhöhe von 180 Zentimetern erreichen. Kräftige Kühe bleiben nur zwanzig Zentimeter darunter und bringen es auch noch auf 600 Kilogramm. Damit übertreffen sie innerhalb der Familie der Hornträger (Bovidae) in der Ordnung der Paarhufer (Artiodactyla) bei weitem das knappe Dutzend ihrer nächsten Verwandten in der Unterfamilie der Waldböcke oder Waldantilopen (Tragelaphinae). Sie übertreffen aber auch fast alle der mehr als hundert Arten unter den Hornträgern, zu denen auch die rund achthundert vom Menschen gezüchteten Rinderrassen und deren Urahn, der Auerochse, zählen. Wer bei einer Rundfahrt durch einen ost- oder südafrikanischen Nationalpark eine Gruppe von Elenantilopen entdeckt, wird selten das Glück haben, sich den Tieren auf kurze Entfernung nähern zu können. Freilebende »Elands« sind scheu und flüchten vor den Menschen meistens auf mehr als fünfhundert Meter.

Wenn sich ein Rudel der von weitem einheitlich hell- bis mittelbraun erscheinenden Tiere in Trab setzt, ist der Eindruck von der Rinderherde schnell verflogen. Trotz ihrer Größe legen Elenantilopen ein beachtliches Tempo vor und halten dieses auch längere Zeit durch. Bei ihrer Flucht zeigen sie gelegentlich ihre enorme Sprungkraft: Über umgestürzte Bäume und selbst über zwei Meter hohe Zäune setzen sie mit einer Leichtigkeit und Eleganz hinweg, die man den eher schwerfällig wirkenden Großantilopen auf den ersten Blick nie zutrauen würde. Im flüchtenden Rudel, dessen Leittier plötzlich die Richtung ändert, kommt es immer wieder einmal vor, daß ein Tier über das andere springt und dabei in der Höhe wie in der Weite erstaunliche Leistungen vollbringt.

Die Elenantilope lebt in fünf Unterarten vom Kap der Guten Hoffnung bis nach Ostafrika in einem größeren zusammenhängenden Verbreitungsgebiet sowie in Zentral- und Westafrika jeweils in kleineren Populationen auf engerem Raum. Von einigen Zoologen wird die Riesen-Elenantilope als eigene Art angesehen, doch sprechen zu viele Gemeinsamkeiten dafür, daß es sich auch bei den »Giant Elands« um eine – wenn auch besonders beachtliche – Unterart handelt. Sie ist von Angola im Südwesten über Kamerun und den Tschad bis in den westlichen Sudan verbreitet, wenngleich sie aus den meisten Regionen ihres ursprünglichen Lebensgebietes verschwunden ist und die Restbestände als stark von der Ausrottung durch den Menschen gefährdet gelten. Riesen-Elenantilopen sind durchschnittlich größer und schwerer als die »normalen« Elenantilopen und haben längere gedrehte Hörner: Bei Bullen können sie 125 Zentimeter, bei Kühen halb so lang werden.

Die Wamme, eine große Hautfalte wie bei den Zeburindern, setzt bei der Riesen-Elenantilope bereits am Unterkiefer, bei den anderen Unterarten an der Kehle an. Bei den Ohren und beim Haarkamm am Nacken und auf dem Rücken gibt es ebenso Unterschiede wie bei der Grundfärbung und Streifung. Das Fell aller Unterarten ändert sein Aussehen mit zunehmendem Alter der Tiere von Braun zu Blaugrau. Besonders Bullen, die keine braunen Farbtöne mehr zeigen, lassen vermuten, daß sie ihrem natürlichen Höchstalter von fünfundzwanzig Jahren nahe sind, und werden daher von Trophäenjägern bevorzugt.

Elenantilopen: Bei Farmern immer beliebter

Doch nicht nur die legale Jagd in den »Pufferzonen« von Nationalparks und Schutzgebieten, auch die Wilderei hat dazu geführt, daß Elenantilopen fast überall in ihrem Verbreitungsgebiet scheu und – von wenigen Regionen abgesehen – nicht sehr zahlreich sind. Auf der Hut müssen die großen Tiere nicht nur vor dem Menschen sein. Sie zählen zur Lieblingsbeute von Löwen. Es kommt nicht selten vor, daß ein Löwenrudel gleich zwei oder drei ausgewachsene Elenantilopen reißt. Gegen Hyänen, Wildhunde, Geparde und sogar Leoparden indes verteidigen weibliche Elenantilopen ihre Kälber meistens erfolgreich. Mit gesenktem Gehörn gehen dann gleich mehrere Kühe auf die Angreifer los, während andere erwachsene Tiere einen Kreis um die nach einer Tragzeit von zweihundertfünfzig bis zweihundertachtzig Tagen

Elenantilopen (vorne links ein Bulle mit kräftiger Wamme) kommen in der Steppe und Halbwüste Süd- und Ostafrikas trotz ihrer Körpergröße gut zurecht. Dank ihrer Fähigkeit, bei kargem Futter und wenig Wasser existieren zu können, nehmen sie auf immer mehr Farmen die Stelle von Fleischrindern ein.

In Steppen, Savannen, auf Felder und Weiden

geborenen Jungen bilden. Besonders zur Trockenzeit, wenn sich die Elenantilopen zu Herden von mehreren hundert Tieren zusammenschließen, leben die Kälber sicherer als manches erwachsene Tier.

Zur Wander- und Zugzeit verlegen die Herden ihren Aufenthaltsort um Hunderte von Kilometern, wenn Zäune ihnen nicht den Weg zu den Weidegründen versperren. Folgen sie den Regenfällen an die Orte mit Gras- und Blätterwuchs, vermischen sie sich gerne mit Zebras, Gnus und anderen Antilopen. Mit ihrer Nahrung, die aus Blättern, Wurzelknollen, Melonen, anderen Früchten und Gras besteht, decken Elenantilopen einen großen Teil ihres Flüssigkeitsbedarfes. Sie können daher tagelang ohne die Aufnahme von zusätzlichem Wasser auskommen. Wo es aber einen Fluß oder ein stehendes Gewässer gibt, trinken sie regelmäßig. Das Aufsuchen von künstlichen Wasserstellen in der Trockenzeit wird nicht wenigen von ihnen zum Verhängnis, denn dort lauern ihnen gerne die Löwen auf.

Ihr hohes Körpergewicht, ihre dem afrikanischen Klima angepaßte Lebensweise, ihre Genügsamkeit, ihre Friedfertigkeit und die für eine Wildtierart relativ hohe Milchproduktion während der Säugezeit (Laktationsperiode) von gut einem halben Jahr haben die Elenantilopen schon früh in den Kreis der Tiere geraten lassen, die sich zur Domestikation eignen. Schon die alten Ägypter sollen versucht haben, die größte aller Antilopen an Hof und Kral zu binden. Ende des vergangenen Jahrhunderts, also lange bevor sich – nach dem Zweiten Weltkrieg – das Gamefarming in größerem Stil in Ost- und Südafrika zu entwickeln begann, hatte der Großgrundbesitzer Friedrich von Falz-Fein auf seinem Gut Askania Nova im Norden der Halbinsel Krim einige Elenantilopen in halbfreier Haltung angesiedelt. Aus wenigen Kühen und Bullen wurde eine Herde von etwa fünfhundert Tieren, deren Nachkommen bis heute genutzt werden. Die Milch – täglich knapp zwei Liter von einer Kuh – ist fettreicher als normale Kuhmilch und soll eine besonders aufbauende Wirkung haben. Sie wird vorzugsweise an Krankenhäuser verkauft.

In Afrika werden Elenantilopen zur Fleischgewinnung (besonders beliebt ist das luftgetrocknete Biltong), zur kommerziellen Jagd und für Safaritouristen gehalten. Wer einen »reifen« Elenantilopenbullen schießen will, muß in Südafrika bis zu dreitausend Mark – neben allen anderen Kosten – bezahlen. Manche Farmer wollen aber auch nur zum Erhalt der größten Antilopenart beitragen und lassen ihre Herde mit verschiedenen anderen Hornträgern durch den Busch ziehen. Sie wissen, daß damit ihr Land optimal genutzt wird, wenngleich sie darauf achten müssen, daß die Bestände der einzelnen Arten dem Lebensraum und seiner Kapazität angepaßt sind. Daher öffnen immer mehr benachbarte Wildfarmer ihre Zäune, um dem Wild Gelegenheit zu geben, großräumiger umherzuziehen und das unterschiedliche Nahrungsangebot orts- und zeitungebundener besser zu nutzen.

Wo sie eine zu große Zahl auf engem Raum erreichen, können selbst die genügsamen Elentilopen ihre eigene Lebensgrundlage zerstören. Und wenn sie auf landwirtschaftliche Flächen geraten, richten sie sogar enormen Wildschaden an. Die Rinder, die es in Afrika als Nutztiere millionenfach gibt, wird die Elenantilope trotz weit besserer ökologischer Anpassung und mancher guter Ansätze zur »Wirtschaftlichkeit« nie ersetzen. Aber eine Aufspaltung in (immer weniger) wilde, halbzahme und domestizierte Elands ist in vollem Gang. Dabei geraten die wilden Tiere zunehmend ins Hintertreffen.

Weißbartgnus: Auf lebenslanger Wanderschaft

Daß alljährlich zwischen Februar und Mai mehr als zwanzigtausend, vielleicht sogar mehr als dreißigtausend junge Gnus gewaltsam ums Leben kommen, kümmert die in der Serengeti tätigen Naturschützer wenig. Im Gegenteil: Es gibt ihnen die Gewißheit, daß im Naturhaushalt der ostafrikanischen Steppe alles normal verläuft. Denn machten in diesen Monaten die Löwen, Leoparden, Geparde, Wildhunde, Hyänen, Schakale, Adler, Geier, Krokodile, großen Schlangen und einige andere Tiere nicht so zahlreiche Beute unter dem diesjährigen Jahrgang der Weißbartgnus, wäre etwas nicht Ordnung im Naturhaushalt der »Endlosen Ebenen«. Das bedeutet der Name Serengeti in der Sprache der Maasai (auch Massai), der zum Synonym für die afrikanische Wildbahn, für große Herden freilebender Tiere und für den Naturschutz geworden ist. Das Herzstück der großen Naturlandschaft in Tansania ist der 14 763 Quadratkilometer große Serengeti-Nationalpark, der durch einige angrenzende Schutzgebiete wie die 2200 Quadratkilometer große Maswa Game Reserve und die 8288 Quadratkilometer große Ngorongoro Conservation Area ergänzt wird. In der weitläufigen und über große Bereiche flachen, baumlosen Gras- und Steppenlandschaft leben fast alle Tierarten beisammen, die der ostafrikanischen Fauna angehören, Elefanten und Spitzmaulnashörner eingeschlossen. Doch berühmt und einzigartig ist die Serengeti durch die schier endlose Zahl von Weißbartgnus, einer Unterart des von Ostafrika bis Südafrika verbreiteten Streifengnus.

Obwohl sie 1958 bei ihrer ersten jemals durchgeführten Zählung nur knapp einhunderttausend (genau: 99 481) Gnus vom Flugzeug aus registrierten, waren es besonders diese Tiere, die Bernhard und Michael Grzimek damals zum Buch und Film mit dem weltweit bekannt gewordenen Titel »Serengeti darf nicht sterben« und zu ihrem lebenslangen Einsatz für den Schutz dieses Gebietes inspirierten. Bis auf den heutigen Tag ist die Frankfurter Zoologische Gesellschaft in enger Zusammenarbeit mit der Regierung von Tansania an vorderster Stelle in die Betreuung, die wissenschaftliche Erforschung und die finanzielle Unterstützung der endlosen Ebenen eingebunden.

Zwar konnte die erste Zählung noch nicht so genau sein wie heute, denn den Naturforschern und -schützern standen damals noch nicht geografische Informationssysteme, hochtechnische Videokameras und elektronische Datenauswertung zur Verfügung. Und auch die Flugzeuge waren noch von anderer Qualität und Ausdauer. So lag es sicherlich auch an der besseren technischen Ausstattung, daß bei einer zweiten Zählung im Jahr 1961 gut 263 000 Gnus erfaßt wurden. Danach ging es immer weiter nach oben mit den Beständen. 1977 wurden erstmals mehr als 1,4 Millionen der zoologisch innerhalb der Famfilie der Hornträger (Bovidae) zur Unterfamilie der Kuhantilopen (Alcelaphinae) gehörenden Tiere gezählt. Seitdem pendelt die Zahl zwischen 1,1 und 1,5 Millionen (2001: 1 250 000). Doch es sind nicht nur die Weißbartgnus, die im Südwesten des Viktoriasees, des größten Sees Afrikas, alljährlich durch ihre kontinuierlichen Wanderungen für ein Tierspektakel erster Güte sorgen. Mit ihnen leben und ziehen 230 000 Thomsongazellen, etwa 180 000 Zebras, 70 000 Impala-Antilopen, 42 000 Leierantilopen (Topis), rund 120 000 Grantgazellen, 12 000 Elenantilopen und – neben weiteren Arten von Huftieren und den erwähnten Beutegreifern – gut 11 000 Kuhantilopen (Kongonis). Das sind die 2001 von der Zoologischen Gesell-

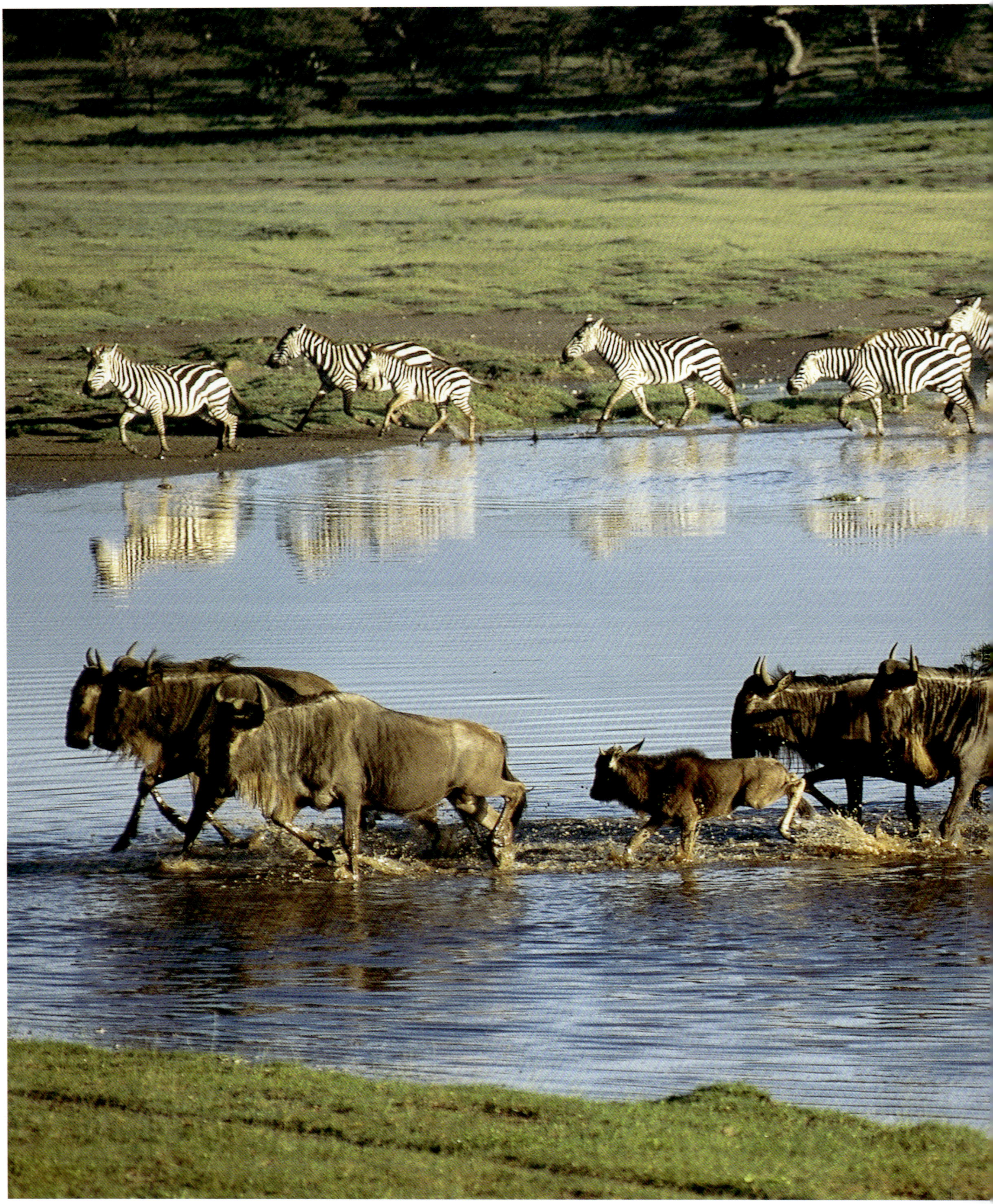

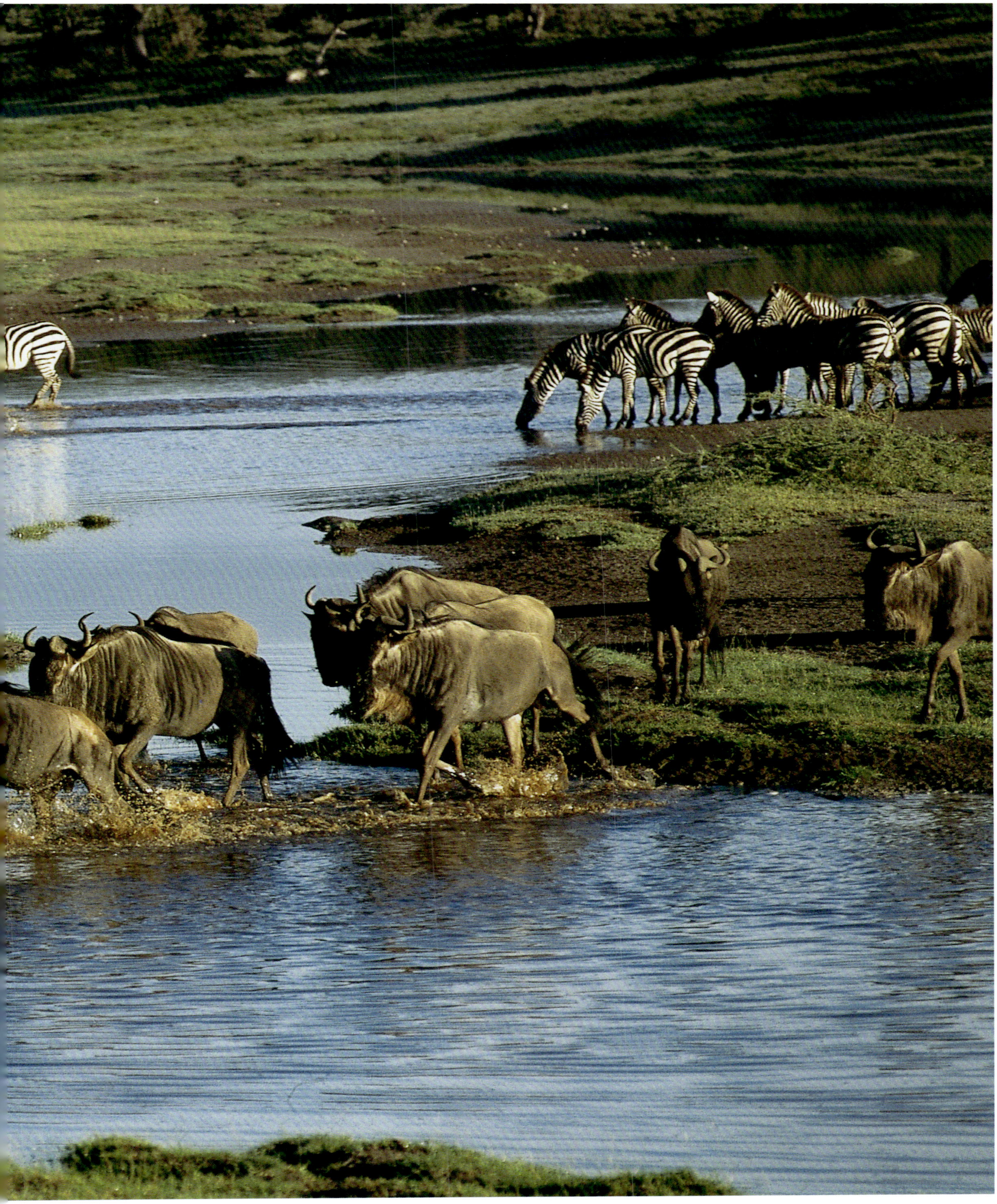

In Steppen, Savannen, auf Felder und Weiden

schaft Frankfurt veröffentlichten Zahlen. Bei der alle zwei Jahre aus der Luft durchgeführten Bestandserfassung der Gnus und anderer Antilopen im großräumigen Biotop der Serengeti geht es den Wissenschaftlern jedoch nicht allein um Zahlen. Sie wollen immer mehr über die Populationsdynamik, das Wanderverhalten und die von den Jahreszeiten und den Vegetationsperioden abhängigen Lebenszyklen der Tierbestände und unter diesen insbesondere der Gnus erfahren. Denn die Weißbartgnus bestimmen in besonderem Maß den gesamten Naturhaushalt und die vielfältige

Weißbartgnus: Auf lebenslanger Wanderschaft

Lebensgemeinschaft in der Serengeti. Sie haben ihr Leben, das bestenfalls zwanzig Jahre dauern kann, einem Zeit- und Zugplan unterworfen, den es in diesem Ausmaß und in dieser Form unter Säugetieren nirgendwo anders auf der Erde mehr gibt. Im Verlauf eines Jahres wandern mehr als eine Million Gnus im Uhrzeigersinn über eine Strecke von gut 1500 Kilometern vom Südosten der Serengeti über den westlichen Korridor nach Norden. Dann schwenkt der Strom der braunen Leiber, immer den Regenfällen und dem frischen Graswuchs folgend, zunächst nach Osten und anschließend nach Süden. Auf ihrem gigantischen Zug überqueren viele der Tiere zweimal die Grenze zwischen Tansania und Kenia. Zehntausende verlassen zwischenzeitlich auch mal das Schutzgebiet, was vielen nicht gut bekommt. Denn außerhalb der Parkgrenzen leben viele hungrige Menschen, denen ein Gnubraten stets willkommen ist. In den Reservaten wird zwar auch immer wieder mal gewildert, doch wird die illegale Jagd von den Nationalparkwächtern, so weit eben mit einer stets unterbesetzten und ungenügend ausgerüsteten Rangertruppe möglich, kontrolliert.

Auf ihrer Wanderung müssen die Gnus manchen Fluß durchqueren. In der Regenzeit und besonders nach einem Gewitter können sonst gemächliche Flüsse zu reißenden Strömen werden, in denen binnen weniger Minuten Hunderte von Gnus ertrinken. Die Tiere werden von den nachdrängenden Artgenossen nicht selten die Ufer hinabgestoßen. Insbesondere viele der erst wenige Monate alten Kälber sterben im Mara-Fluß, der die Grenze zwischen Tansania und Kenia bildet. In den Flüssen lauern auch Krokodile, die sich – wie

Ob in dicht gedrängter Formation und in Begleitung von Zebras beim Durchqueren eines flachen Flußbettes (vorhergehende Doppelseite) oder in breiter Ausdehnung gemeinsam mit einigen Büffeln auf dem Grasland der Serengeti: Weißbartgnus treibt es auf der Suche nach neuen Weidegründen immer vorwärts.

In Steppen, Savannen, auf Felder und Weiden

die im Gefolge der Gnuherden mitziehenden vierbeinigen Beutegreifer – ihren Anteil am nicht endenden Nahrungsband holen. Diese geballte Masse an potentiellen Opfern ist es aber auch, der die Weißbartgnus ihr Überleben in großer Zahl verdanken. Das beginnt mit der Geburt. Innerhalb weniger Tage kommen so viele Kälber zur Welt, daß es ein Überangebot an Nahrung für die Fleischfresser gibt, die sich neben den jungen Tieren auch an den Nachgeburten schadlos halten. Da die Gnukälber schon wenige Minuten nach dem Verlassen des Mutterleibs auf den Beinen stehen und kurz darauf bereits bei einer ersten Flucht mithalten können, haben sie bald die kritischste Zeit überstanden. Dennoch werden Tausende in ihren ersten Lebenswochen gefressen. Nur jedes fünfte Kalb erlebt seinen zweiten Geburtstag. Da die Kühe schon im zweiten Lebensjahr trächtig werden können, ist aber in jedem Jahr für genügend Nachwuchs gesorgt.

Wie die Massengeburt so gehen auch die Brunft und Paarung unterwegs vonstatten. Die Kühe haben nicht viel Zeit, sich von der acht- bis achteinhalbmonatigen Tragzeit und den ersten Wochen des Säugens zu erholen. Im April beginnen die Bullen bereits, sich für die Weibchen zu interessieren. Da sie auf der Suche nach jungem Gras, das nach den lokalen Regenschauern innerhalb weniger Tage immer wieder woanders wächst, dauernd auf den Beinen sind, können die Gnubullen keine festen Territorien einrichten. Sie sind daher in der Brunftzeit die meiste Zeit damit beschäftigt, in der weiten Steppe immer wieder unsichtbare Grenzen festzulegen, in ihnen möglichst viele Weibchen zusammenzutreiben und ständig zu umkreisen, die kurze Zeitspanne ihrer Paarungsbereitschaft zu erkennen und auszunutzen und, besonders kräftezehrend, Nebenbuhler abzuwehren. Im Mai und Juni geschieht dies am intensivsten. Dann jagen sich die bis zu knapp 300 Kilogramm schweren Bullen quer durch die Herden oder gehen voreinander auf die Knie und knallen laut mit ihren Stirnwülsten und gekrümmten Hörnern zusammen. Wochenlang kommen besonders jene Tiere, die zwischen dem sechsten und zwölften Lebensjahr auf der Höhe ihrer Kraft stehen, kaum zum Äsen (Fressen) und haben am Ende der Paarungszeit daher mitunter ein Viertel ihres Gewichts verloren.

Nicht nur während der Brunft, sondern auch sonst sind die Tiere »mit dem Vorderteil eines Rindes, dem Hinterteil einer Antilope und dem Schwanz eines Pferdes« eine sehr eigentümliche Erscheinung. Sie neigen zu steifbeinigen abrupten Bewegungen, die nicht selten Bocksprüngen ähneln. Wo eine Gnuherde unterwegs ist, kündigt sie sich von weitem bereits durch eine Fülle von vielfältigen Lauten zwischen Blöken, Grunzen, Schnaufen, Ächzen und Stöhnen an. Im Bruchteil einer Sekunde kann aus einer ruhig dahinziehenden Herde ohne erkennbaren Anlaß ein in panischer Flucht davonrasender Haufen werden. Das alles hat den Tieren den aus dem Niederländischen stammenden englischen Namen »Wildebeest« eingetragen, und bei den Farmern in Südafrika gilt ein Gnu auch heute noch als »the old fool of the veld«. Doch dumm sind die Tiere keineswegs. Immerhin besitzen sie die Fähigkeit, über Entfernungen von fünfzig und mehr Kilometern Wetterveränderungen und Regenfälle zu erspüren und sich zielgerichtet auf den Weg zu neuen Weidegründen zu machen. Kühe mit jungen Kälbern finden auf Anhieb immer das frische proteinhaltige Gras. Nie geraten sie mit anderen Antilopen oder mit Zebras, in deren Gesellschaft sie sich gerne aufhalten, in Nahrungskonkurrenz, da diese andere Gräser und Pflanzen bevorzugen. Nur Hausrinder sind eine Gefahr, da sie – anders als

Weißbartgnus: Auf lebenslanger Wanderschaft

noch so viele Gnus – die Vegetationsdecke zerstören und Krankheiten wie Rinderpest, Maul- und Klauenseuche und Milzbrand übertragen. Auch macht das Hausvieh den Wildtieren vielerorts das Trinkwasser streitig. Doch wissen die immer zahlreicher um die Serengeti angesiedelten Menschen auch die Vorteile eines gut betreuten Wildtierbestandes zu schätzen, wenn sie denn daraus Nutzen ziehen können. Im Umfeld der Schutzgebiete richten die Naturschutzbehörden Tansanias in Zusammenarbeit mit den Kommunen in jüngster Zeit sogenannte »Wildlife Management Areas« ein.

In seinen ersten Lebenswochen weicht das Gnukalb kaum von seiner Mutter. Durch den Geruch und mit Hilfe der Stimme finden sich die Tiere auch im dichtesten Gewimmel einer Gnuherde meistens wieder.

Diese sollen sowohl Fleisch als auch Einnahmen aus der Jagd und von Safaritouristen bringen. Auf diese Weise gelingt es hoffentlich, die Bevölkerung langfristig für den Wildtierschutz zu interessieren und auch in der Zukunft den Gnus die Möglichkeit zum lebenslangen Wandern zu erhalten. Wäre ihnen nicht in den letzten hundert Jahren durch den Menschen zunehmend der Lebensraum eingeschränkt worden, gäbe es heute in Ostafrika und im südlichen Afrika sicherlich noch mehr als zehn Millionen Streifengnus. Die kleineren Weißschwanzgnus waren als freilebende Tiere in ihrer südafrikanischen Heimat bereits ausgerottet. Von einigen in Zoos vor dem Aussterben bewahrten Tieren wurden in den vergangenen Jahrzehnten Nachkommen in Reservaten und auf Wildfarmen ausgesetzt, so daß es heute wieder einige wenige tausend Vertreter der zweiten Gnuart in halbfreier Wildbahn gibt.

In Steppen, Savannen, auf Felder und Weiden

Zebras: Keine Fellstreifung gleicht der anderen

Ihr Fell sieht stets so aus, als sei es gerade geputzt worden, die Mähne scheint frisch gestutzt zu sein, ihr Körper macht selbst nach langer Trockenzeit und damit kargem Futter einen wohlgenährten Eindruck – kurz: Zebras zeigen sich stets von ihrer besten Seite. Es versetzt selbst erfahrene Wildbiologen in Afrika immer wieder in Erstaunen, daß sogar verhungerten oder verdursteten Tieren selten etwas von den durchlittenen Qualen anzusehen ist. Der Tod tritt ein, bevor Zeichen des körperlichen Verfalls sichtbar werden. Daher ist es häufig auch schwierig zu erkennen, woran ein Zebra eingegangen ist. Neben den beiden genannten Ursachen gibt es eine Reihe von Krankheiten und Parasiten, die das Leben der gestreiften Huftiere verkürzen. In freier afrikanischer Wildbahn erreichen sie nur selten das Alter, das von zwei Steppenzebras aus Zoologischen Gärten bekannt ist, nämlich achtundzwanzig Jahre. Ein gut Teil Schuld daran tragen auch die Löwen, zu deren bevorzugter Beute Zebras seit jeher gehören.

Allerdings wissen die in der Ordnung der Unpaarhufer (Periossodactyla) zur Familie der Pferde (Equidae) zählenden Tiere recht genau um die Gefahren, mit denen sie fertig werden müssen. Das beginnt bereits bei der Geburt. Viel Zeit dürfen die Stuten nach der Tragzeit von rund einem Jahr mit dem Setzakt nicht verlieren, damit sie sich etwaigen Angreifern nur so kurz wie möglich praktisch hilflos aussetzen. Innerhalb von drei bis sechs Minuten kommt das Fohlen (meistens im Januar oder Februar) zur Welt. Weitere fünf Minuten später steht der Nachwuchs schon auf eigenen Beinen, nachdem er einige Male unsanft mit dem Boden in Berührung gekommen ist. Doch das Wackeln und Zittern der zunächst überproportional langen Läufe hört schon während der ersten halben Lebensstunde unter freiem Himmel auf, und die Kräfte reichen dann für eine erste schnelle Flucht im Gefolge der Mutter.

Im Herdengetümmel – und Zebras leben fast immer in größerer Gesellschaft mit ihresgleichen, aber auch besonders gerne mit Gnus und verschiedenen anderen Antilopen, mit Giraffen und Straußen zusammen – kann das Fohlen zwar vorübergehend den Anschluß an die Stute verlieren, doch findet es seine Mutter sicher wieder: wenn nicht mit Hilfe der individuellen Streifung, die bei jedem Tier unterschiedlich ist (ähnlich den Hautlinien des menschlichen Daumens), dann aufgrund des Geruchs. Um das richtige Muster auf der Decke erkennen zu können, muß das Fohlen ein paar Tage lernen. Vor dieser Prägung weist die Nase den Weg. Die »Witterung« spielt für das Zusammenleben der Herdenmitglieder eine große Rolle. Kaum steht ein Fohlen einigermaßen sicher auf den Beinen, wird es erst einmal von den anderen Zebras beschnuppert.

Die Nüstern sind auch das wichtigste Sicherungsinstrument. Das läßt sich besonders gut in der Nähe einer Wasserstelle beobachten. Da Zebras viel trinken müssen, ziehen sie während der Trockenzeit regelmäßig an bestimmte Wasserlöcher. Meistens geschieht das morgens, denn nachts, wenn die Tiere mit eigentümlichen Lauten, die vom Wiehern über Pfeifen bis zum Bellen reichen, untereinander Kontakt halten, ist es noch gefährlicher als bei Tageslicht. In der Nähe der Tränken nämlich lauern die Löwen auf ihre Beute. So ziehen die Zebras immer gegen den Wind dem kostbaren Naß entgegen; dicht gedrängt verharren sie in einigem Abstand so lange, bis entweder die Leitstute die Luft für rein hält und sich zum Was-

Zebras: Keine Fellstreifung gleicht der anderen

serrand vorwagt oder ein anderes Tier sich nicht mehr zurückhalten kann. Aber trotz allen Witterns, Äugens und Zögerns übersehen die Tiere oft genug eine im Schatten einer Akazie auf dem hellen Boden flach niederkauernde Löwin, die – häufig im Verbund mit einer Genossin – im richtigen Moment angreift. Daß gelegentlich ein Zebra einem solchen Überfall lebend entkommt, beweist manche große Wunde auf der Streifendecke oder ein abgebissener Schwanz. Zebras wissen sich mit ihren Hufen gut zu wehren, gegen Hyänen und Wildhunde noch besser als gegen Löwen.

Die charakteristische Fellzeichnung, die den Tieren im Altertum bereits die Bezeichnung »Hippotigris« eintrug, verhilft zwar zu einer guten Tarnung, weil sie die Körperkonturen unterbricht und auflöst, doch hat sie noch einen anderen, vielleicht wichtigeren Zweck: Die dunklen Körperpartien nehmen etwa fünf Grad mehr Hitze auf als die hellen, so daß der Wechsel der Tönung ein gewisses Regulativ für die Körpertemperatur darstellt. In der afrikanischen Hitze sicherlich nicht unwichtig.

Wenn Zebras dicht beieinander stehen, um sich gegenseitig mit den Lippen und Zähnen das Fell zu pflegen, sorgen die gestreiften Decken dafür, daß sich die einzelnen Körper miteinander zu verbinden scheinen.

Weicht die Streifung von Tier zu Tier manchmal nur geringfügig voneinander ab, so gibt es auffallende Unterschiede zwischen den drei Arten

In Steppen, Savannen, auf Felder und Weiden

mit ihren insgesamt acht Unterarten. Das Grevyzebra Ostafrikas sieht (auch wegen seiner großen Ohren und eselähnlichen Statur) anders aus als das Steppenzebra und das Bergzebra. Von den beiden letztgenannten Arten gibt es wiederum verschiedene Unterarten.

Zwei der ehemals sechs Unterarten des Steppenzebras gibt es nicht mehr: Das Quagga- und das Burchellzebra wurden Opfer der Besiedlung Südafrikas. Um so mehr bemühen sich heute die Naturschutzbehörden dort, die nur im Süden des Kontinents vorkommenden Hartmann- und Kap-Bergzebras vor einem ähnlichen Schicksal zu bewahren. In manchen anderen afrikanischen Staaten können selbst die einst in Millionenzahl lebenden Steppenzebras nur durch rigorosen Schutz vor weiterer Dezimierung bewahrt werden: Wilderer, die die Tiere oft weniger wegen ihres Fleisches als wegen ihrer Decke jagen (die dann später an Touristen verkauft wird), und die Unterbrechung jahreszeitlich notwendiger Wanderungen durch Zäune und menschliche Siedlungen lassen die Bestände schwinden. Dabei gehören die Zebras, was ihre Nahrungsansprüche betrifft, zu den bescheidensten Bewohnern in der Savanne und Steppe: Sie zerkauen selbst hartes trockenes Gras und holen sich daraus die lebensnotwendigen Proteine.

Zur Paarung und wenn die Stute ihr Fohlen nach dessen Geburt ins gefährliche Leben einführt, sondern sich einzelne Zebras immer wieder einmal von der Herde ab.

Zebramangusten: Stets auf der Suche nach Abwechslung

Auch beim Überqueren einer südafrikanischen Sandstraße bleibt die Zebramanguste einer mitunter lebensrettenden Gewohnheit treu: Um sich einen besseren Überblick zu verschaffen, richtet sie sich auf den Hinterläufen auf und »sichert«. Wo immer die zur Familie der Schleichkatzen zählenden Tiere unterwegs sind, nehmen sie in kurzen Abständen diese Stellung ein. Manchmal wohl nur aus Neugierde, meistens aber, um sich zu vergewissern, daß ihnen in der näheren Umgebung keine Gefahr droht. Bewegen sie sich auf allen vieren vorwärts, schlägt nämlich selbst niedriges Gras über ihrem Kopf zusammen.

Den knapp vierzig Zentimeter langen Körper tragen recht kurze Beine, die vom etwa zwanzig Zentimeter langen dünnen Schwanz um einiges überragt werden. Er dient bei der Männchen-Position als Stütze und wird auch in anderen Situationen eingesetzt. Größere Greifvögel, die zu den gefährlichsten Feinden der Mangusten gehören, erwischen mit ihren Fängen nicht selten nur den Schwanz des flüchtenden Beutetieres, das sich dann derart geschickt hin- und herwindet, daß es ihnen wieder entgleitet. Schon manche Zebramanguste, die von einem Adler am Schwanz in die Luft getragen wurde, ist trotz eines Sturzes von mehreren Metern auf den Erdboden wohlbehalten entkommen.

Unter den dreißig Arten der Unterfamilie Herpestinae, in der die Mangusten zusammengefaßt werden, gehört die Zebramanguste neben dem als Schlangentöter bekannten Ichneumon zu den zahlreichsten Vertretern. Ihr Verbreitungsgebiet reicht vom Sudan bis nach Südafrika. Sie lebt bevorzugt in der offenen Savanne. Da die Zebramangusten am Tage aktiv sind, lassen sie sich häufiger beobachten als andere, nachtaktive und die Wälder bewohnende Arten. Das über den Rücken bis zum Bauchansatz gestreifte Fell, dessen Zeichnung sie ihren Namen verdanken, trägt in dichter Vegetation zwar zur Tarnung bei, doch in freier Landschaft fallen sie um so mehr auf. Daß die »Zebramungos« – Mungos mungo ist der lateinische Name der Art – nicht lange im Gelände unentdeckt bleiben, liegt an ihrer Geschäftigkeit und an ihrer Geselligkeit. Selten ist eines der Tiere allein unterwegs. Paarweise, im Familienverband oder gar in einer Gruppe von zwanzig bis dreißig Tieren ziehen sie durch ihr Revier. Dabei halten sie mit zwitschernden Lauten untereinander Kontakt. Auf der Suche nach Insekten, Lurchen, Reptilien, kleinen Säugetieren, Eiern und Jungen von am Boden brütenden Vögeln und anderer Beute huschen sie ständig flink hin und her, drehen Steine um, graben in Dunghaufen von Elefanten und Rindern, schnüffeln an Luftschächten von Termitenhügeln, kriechen unter Baumwurzeln, kratzen mit den Vorderpfoten Löcher in den Erdboden und lassen kein mögliches Versteck aus. Neben dem Spürsinn verfügen die Tiere über eine außergewöhnliche Wendigkeit und Geschicklichkeit.

Diese Fähigkeiten stellen besonders gerne jene Zebramangusten unter Beweis, die auf mancher afrikanischen Farm als Hausbewohner für Abwechslung und Überraschungen sorgen. Haben sie erst einmal die Annehmlichkeiten des Autofahrens entdeckt, muß man viel List aufwenden, ohne sie ins Fahrzeug zu gelangen. Es reicht, die Tür nur einen Spalt zu öffnen, und schon sind sie im Wagen. Ist das Tier dann irgendwo zwischen Gashebel und Kofferraum untergetaucht, dauert es mindestens eine halbe Stunde, bevor Suche und Jagd von Fahrer und Fahrgästen zum Erfolg führen. Der

In Steppen, Savannen, auf Felder und Weiden

indes kann auch unangenehme Begleiterscheinungen haben: eine Biß- oder Kratzwunde an der Hand oder den langanhaltenden Duft, den die Zebramangusten – normalerweise zur Orientierung – durch ein Sekret aus einer Drüse verbreiten.

Mit Menschen, die sie kennen, halten die Zebramangusten Kontakt. Zwölf Jahre kann eine solche »Bekanntschaft« dauern. In freier Wildbahn werden die wenigsten Tiere so alt. Wegen hoher Fruchtbarkeit ist ihre Art jedoch bislang nicht gefährdet. Nach einer Tragzeit von zwei Monaten wirft das Weibchen drei bis sechs Junge, die bei der Geburt etwa zwanzig Gramm wiegen. Ausgewachsene Tiere können bis eineinhalb Kilogramm schwer werden. Schon mit knapp zehn Monaten sind Zebramangusten geschlechtsreif. Oft leben mehrere Geschwistergenerationen im Familienverband zusammen.

Um sich Übersicht zu verschaffen, nimmt die Zebramanguste alle paar Minuten ihre Lieblingshaltung ein: Auf den Hinterbeinen stehend entdeckt sie manchen Bodenfeind, aber auch manches Beutetier rechtzeitig.

Hornraben: Tagsüber meistens am Boden unterwegs

Große rote Flecken leuchten im Savannengras auf und verschwinden wieder. Zwischen den hohen fahlgelben Halmen sind schemenhaft ein halbes Dutzend dunkler Körper auszumachen. Nur ihre Bewegung zeigt an, daß es sich um Tiere handeln muß. Eine Zeitlang rätselt der Beobachter auf der Piste des Nationalparks in Namibia, denn die Lebewesen lassen sich Zeit mit dem Näherrücken. Zwar halten sie Kurs auf den vierrädrigen Ansitz, doch nicht eben schnurgerade. Und auch als sie schließlich recht nahe sind, nunmehr schon als mächtige Vögel zu erkennen, ändern sie immer wieder die Richtung. Mal mit gravitätischen Schritten, mal in kurzem Lauf streben sie seitwärts auseinander, wenden sich auch mal für einige Meter rückwärts, schnappen hier und dort mit ihrem gewaltigen Schnabel nach etwas am Boden, schlucken mit einer ruckartigen Bewegung ihres Kopfes die Beute herunter, verharren kurz und formieren sich in ursprünglicher Richtung. Die sechs Hornraben ziehen so durch die Savanne, daß sie die Vormittagssonne im Rücken haben, und den einmal eingeschlagenen Kurs ihres Streifzuges geben sie ungern auf.

Wer nur eine schwache Erinnerung an den Hühnerhof hat, mag sie für (ursprünglich in Nordamerika beheimatete) Truthähne halten oder auch für besonders große Angehörige der Rabenfamilie. Doch der deutsche Name trügt: Die bis zu 110 Zentimeter langen und vier Kilogramm schweren Hornraben sind Verwandte von Blauracke, Eisvogel und Wiedehopf. Innerhalb der Ordnung der Rackenvögel sind sie eine von einhundertneunzig Arten; mit vierundfünfzig weiteren Arten bilden sie die Familie der Nashornvögel in dieser Ordnung, die sich vor den Familien noch in dreiundfünfzig Gattungen aufteilt, von denen wiederum vierzehn auf die Nashornvögel entfallen. Der nashornartige Schnabel, auf englisch »hornbill«, gab der in Asien und Afrika beheimateten Sippe den Namen. Wenngleich die ebenfalls großschnäbeligen südamerikanischen Tukane auf den ersten Blick ähnlich erscheinen, gibt es keine verwandtschaftlichen Verbindungen zu diesen »Neuweltbürgern«. Tukane gehören zu den Spechtvögeln.

Unter den fünfundzwanzig in Afrika beheimateten Arten des Nashornvogels fällt der Hornrabe besonders auf. Einmal durch die leuchtend roten, teilweise auch kräftig blauen Hautpartien rund um die Augen und den Kehlsack. Dann durch das schwarzweiße Gefieder, dessen heller Teil bis auf wenige »Blitzer« allerdings nur während des Fliegens sichtbar wird: In der Luft sind die weißen Handschwingen und Handdecken ein weithin leuchtendes Erkennungszeichen. Als weiteres unübersehbares Merkmal tragen die Hornraben nach Familiensitte einen großen, leicht gebogenen Schnabel, dessen Hornaufsatz im Gegensatz zu den Verwandten (von denen einige noch größere Schnäbel haben) vorn geschlossen ist. Wohl der augenfälligste Unterschied zum Rest der Familie ist jedoch die Lebensweise. Während alle anderen Nashornvögel Baumkronen und Büsche zu ihrem bevorzugten Lebensraum erkoren haben, verbringen die Hornraben die meiste Zeit des Tages auf dem Erdboden. Dort machen sie Jagd auf eine vielfältige Beute. Vom Insekt, bevorzugt Heuschrecken, bis zu Schlangen, Fröschen, kleinen Säugetieren und jungen Vögeln ist kein Tier vor ihnen sicher. Aber auch Vegetarisches steht auf ihrem Speiseplan. Mit Vorliebe ziehen die hochbeinigen Hornraben in kleinen Trupps nach einem

In Steppen, Savannen, auf Felder und Weiden

Steppenbrand durch ihr großräumiges Jagdrevier und klauben alles auf, was geröstet am Boden liegt oder so verletzt ist, daß es nicht mehr fliehen kann. Bei ihren Streifzügen zeichnen sie sich durch eine zwar bedächtig erscheinende, aber zügige Gangart aus. Dabei marschieren sie gern leicht versetzt zueinander, so daß ein vor dem einen fliehendes Beutetier dem anderen Hornraben genau vor den Schnabel gerät. Alle anderen Nashornvögel übrigens bewegen sich vornehmlich hüpfend am Boden voran.

Zur Nachtruhe und zur Brut suchen die von Südafrika bis in den Sudan in zwei Arten (Unterarten, wie manche Zoologen meinen), dem Südlichen oder Kaffernhornraben und dem Nördlichen oder Sudanhornraben, vorkommenden Vögel große Bäume auf. Wo diese in gebirgiger Region fehlen, richten sie sich auch auf exponierten Felsen ein. Manches Paar, das für sein Nest keine geeignete Baumhöhle findet, bezieht eine Felsspalte. Dort bebrütet das Weibchen überwiegend allein die beiden weißen Eier einen Monat lang. Anders als alle Verwandten mauern die Hornraben ihre Bruthöhle nicht zu, so daß die Weibchen das Nest in Brutpausen verlassen und sich selbst Nahrung suchen können. Während die Weibchen der anderen Nashornvögel während der Brutzeit eine Vollmauser durchmachen und somit für einige Wochen flugunfähig sind, wechselt die Hornräbin ihre Hand- und Armschwingen nacheinander.

Rund drei Monate versorgen beide Eltern ihre Jungen in der Höhle, wobei sie mitunter von den Kindern des Vorjahres oder anderen Artgenossen unterstützt werden. Der Familienverband hält über mehrere Jahre zusammen; erst mit drei Jahren werden die Hornraben geschlechtsreif, doch nicht alle Vögel bilden dann gleich eigene Familien, so daß sich das gesellige Leben in immer größerer Schar fortsetzen kann.

Wie eine Treiberkette auf der Hasenjagd durchstreifen die Hornraben das afrikanische Steppengras bei ihrer Suche nach Beutetieren. Dabei leuchten die roten und gelben Kehlsäcke der Männchen und Weibchen, je nachdem wie stark sie aufgeblasen sind, unterschiedlich intensiv.

Hornraben: Tagsüber meistens am Boden unterwegs

Schon mancher Hornrabe ist mit einem Löwen verwechselt worden, allerdings nur akustisch. Ihre Rufe, die einem dumpfen Brüllen ähneln, lassen die Vögel mit Vorliebe zur Dämmerung hören. Große und damit alte alleinstehende Bäume üben auf sie am Abend stets eine besondere Anziehung aus, doch auch in Afrika werden alte Bäume immer seltener. Manche Familiengründung und der damit verbundene Beitrag zur Arterhaltung muß unterbleiben, weil ein Hornrabenpaar keine Bruthöhle findet. Da aber Hornraben wahrscheinlich weit über zwanzig Jahre alt werden können, ist es nicht ganz so schlimm, wenn mal eine Brut ausfällt. Besonders zahlreich sind die »Brummvögel«, wie sie in Übersetzung auf afrikaans heißen, ohnehin nicht, und in manchem Nationalpark sieht man eher Löwen oder Elefanten als Hornraben auf der Jagd am Boden oder in einem Baum.

In Steppen, Savannen, auf Felder und Weiden

Strauße: Immer begehrter als Fleischlieferanten

So manche Wettfahrt, auf die sich ein Autofahrer mit einem Strauß – etwa in der Namib- oder in der Kalahari-Wüste oder, trotz Verbots, in einem afrikanischen Nationalpark – einläßt, beweist zwar, daß es der langbeinige Vogel auf eine Geschwindigkeit von annähernd siebzig Kilometer in der Stunde bringen kann. Doch die Wettfahrt endet mitunter recht abrupt, weil die Tiere eine eigentümliche Angewohnheit haben. Nachdem sie mehrere hundert Meter parallel zum Fahrzeug gelaufen sind, ändern sie urplötzlich den Kurs und versuchen, die Fahrbahn zu kreuzen. Das kommt für den Autofahrer häufig genug so überraschend, daß er einem Zusammenstoß nicht mehr ausweichen kann. Zwar hat in der Regel der Strauß das Nachsehen, doch trägt das Fahrzeug ebenfalls erhebliche Blessuren davon.

Auch sonst ist Respekt vor den größten Vögeln der Erde angezeigt. Ein ausgewachsener Hahn, der seinen kleinen Kopf am Ende eines langen Halses gut zweieinhalb Meter über dem Erdboden trägt,

Bis aus einem wenige Tage alten Küken mit stacheligen Borstenfedern halbstarke Strauße geworden sind, die länger als ein Jahr im Familienverband zusammen bleiben (folgende Doppelseite), verstreichen viele Wochen.

Strauße: Immer begehrter als Fleischlieferanten

ist selbst für einen Löwen ein gefährlicher Gegner. Mit seinen kräftigen langen Laufbeinen teilt er Schläge aus, die tödlich sein können. Die gefährlichste Waffe dabei ist der harte spitze Nagel am größeren der beiden Zehen: Mit ihm kann er durch eine einzige Bewegung auch einem Menschen den Leib aufreißen. Wem sich ein aufgeregter Strauß nähert, legt sich am besten bäuchlings auf den Boden, den so bietet er am wenigsten Angriffsfläche. Das wenigstens empfehlen einem die Straußenkenner in Südafrika.

Von diesen gibt es dort nicht zu wenige, denn auf mehr als vierhundert »Straußenfarmen« werden über 100 000 Tiere gehalten. Einrichtungen dieser Art entstanden schon vor mehr als einhundert Jahren in der Kap-Provinz, und die Kleinstadt Oudtshoorn ist bis heute das Straußenzentrum geblieben. In der von Bergen umgebenen, hochgelegenen Halbwüste »Little Karroo« gedeihen die flugunfähigen Vögel besonders gut, denn trockenes Klima sagt ihnen zu. Waren früher an erster Stelle die Federn zur Verarbeitung in der Modeindustrie gefragt, so wird heute der Vogel »total« genutzt: Fünfzehn Jahre lang werden den Vögeln alle sieben bis neun Monate etwa ein Kilogramm Federn abgeschnitten, danach wandern sie ins Schlachthaus. Allein die Oberschenkel liefern fünfzig Pfund Fleisch. (Insgesamt können Strauße einhundertfünfzig Kilogramm wiegen!) Besonders wertvoll ist in letzter Zeit die Haut geworden: auf eine spezielle Art gegerbt, ähnelt sie dem Leder von Reptilien und findet daher reißenden Absatz. Auch die Federn, vor allem die weißen von den Schwingen der Hähne, haben immer noch ihre Abnehmer. Selbst die Füße werden »vermarktet«. Zu Aschenbechern verarbeitet, gehen sie als wenig geschmackvolle Souvenirs über den Ladentisch. Ein weiteres Geschäft machen die Besucherfarmen mit Straußenrennen. Mindestens einmal am Tag tragen einige Hähne professionelle »Straußenreiter« oder mutige Touristen um die Wette über einen Parcours.

In Gefangenschaft oder in halbdomestiziertem Zustand – in jüngerer Vergangenheit auch zunehmend außerhalb Südafrikas, denn seit der BSE-Krise ist Straußenfleisch sehr begehrt – ernähren sich die Strauße zu einem gut Teil von Luzerne. Auf freier Wildbahn sammeln die Vögel aus der zoologischen Ordnung der Laufvögel (Struthioniformes), die in Südamerika mit dem Nandu und in Australien mit dem Emu und dem Helmkasuar (den es auch auf Neuguinea und umliegenden Inseln gibt) entfernte, ebenfalls flugunfähige Verwandte haben, Blätter, Stengel, Blüten und Samen verschiedenster Pflanzen. Wie die Hühner brauchen sie – entsprechend größere – Magensteine zur Verdauung. Nicht selten schlucken sie auch Kerne, die das Grünzeug im Magen zerreiben und dann wieder ausgeschieden werden.

Auf der Nahrungssuche legen die mächtigen Vögel beachtliche Entfernungen zurück. Dabei scheuen sie auch nicht längere Aufenthalte in wüstenähnlichen Gebieten. Ihrem wissenschaftlichen Namen »Struthio camelus« gemäß sind sie nicht nur so genügsam wie die Kamele, sondern auch ihr gemessener schaukelnder Gang erinnert an die Vierbeiner. Wenn sie allerdings Geschwindigkeit aufnehmen, merkt man, daß ihre Flügel gar nicht so klein sind. Um besser Balance zu halten, breiten sie nämlich ihre Schwingen beim Rennen aus. Daß sie ein prächtiges Gefieder haben, zeigen Hahn und Henne auch beim aufwendigen Balzzeremoniell. Dann klappen sie ihre abgespreizten Schwingen auf und nieder, umkreisen sich, vollführen allerhand Gesten mit dem Hals und setzen sich wiederholt auf den Boden. Dort dreht und scharrt schließlich der Hahn eine Nestmulde, wobei ihm oft nicht nur eine Henne,

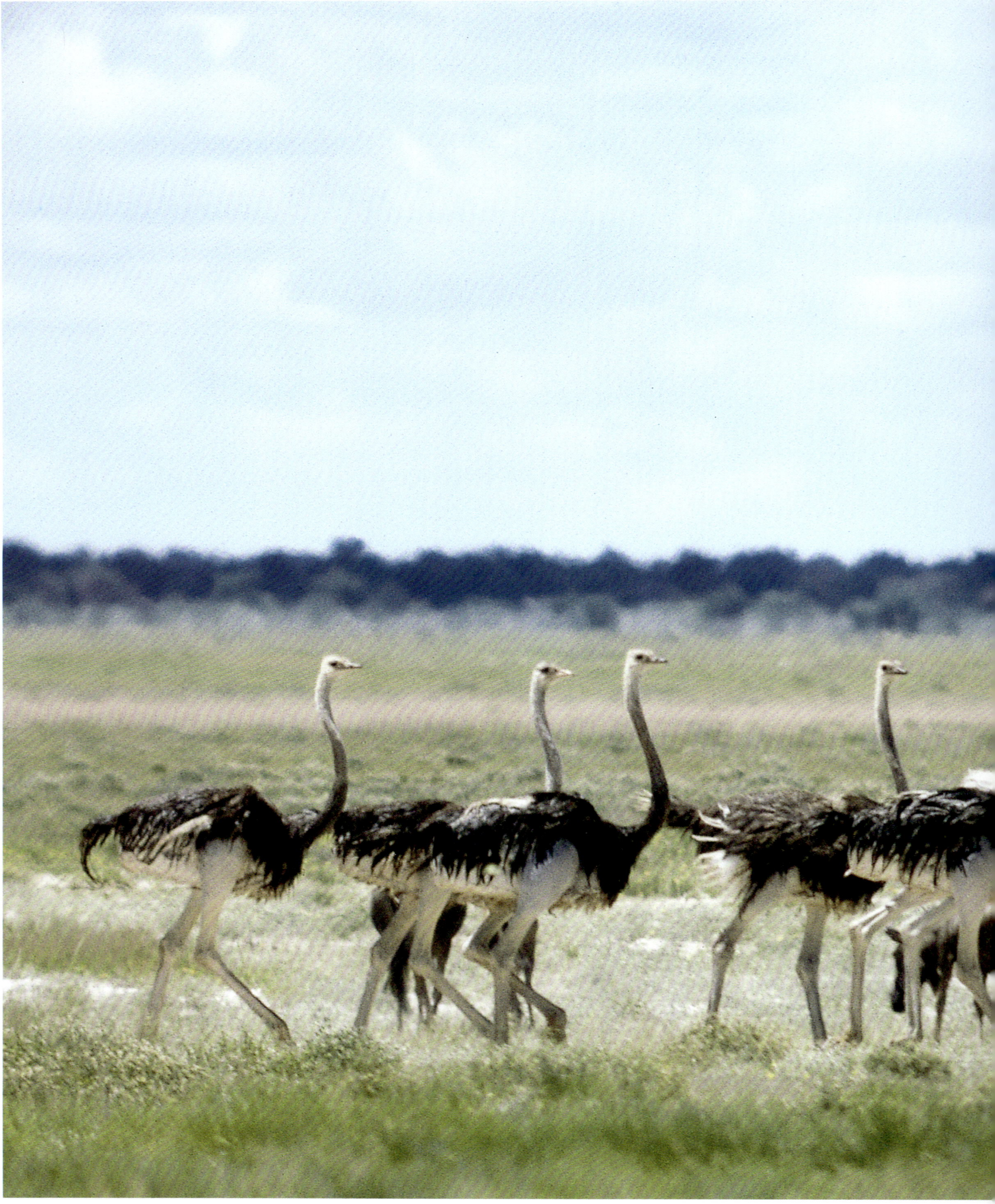

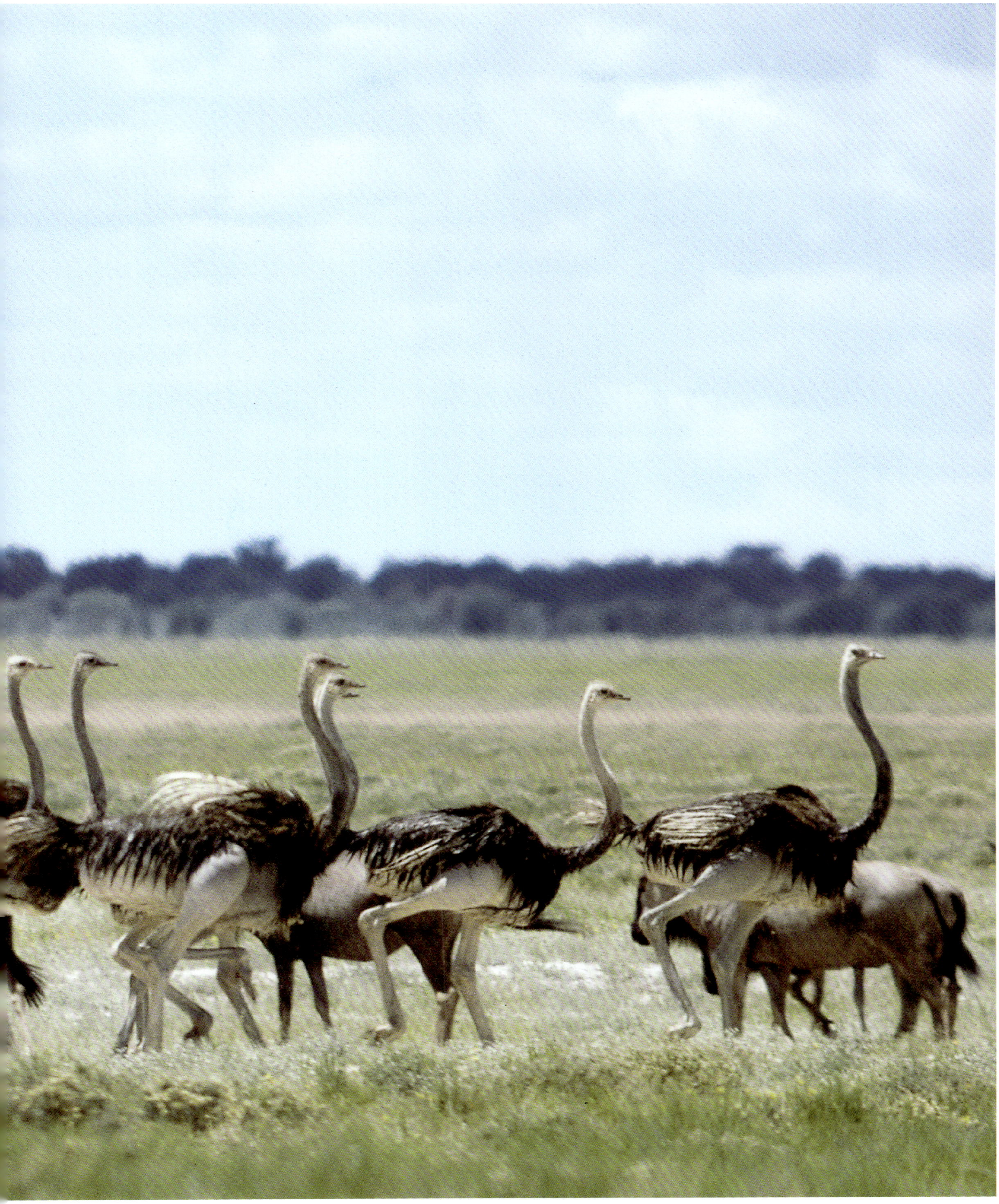

In Steppen, Savannen, auf Felder und Weiden

sondern gleich mehrere helfen. Entsprechend groß kann die Zahl der über 1,5 Kilogramm schweren Eier sein: statt zwanzig von einem Weibchen liegen bis zu hundert in einem Nest. Die Folge ist, daß ein Großteil verfault, denn nur die Haupthenne mit ihrem sandfarbenen Gefieder brütet tagsüber. Der auffälligere schwarzweiße Hahn löst sie nachts ab. Mehr als zwanzig Eier aber kann ein Vogel nicht bedecken, und die übrigen Hennen werden zum Brüten nicht zugelassen. Während der vierzigtägigen Brut beweist die Henne bisweilen, daß man ihrer Art etwas Falsches nachsagt: Bei Gefahr legt sie ihren langen, nur mit Flaum und Borsten bedeckten Hals flach auf den Boden, um nicht aufzufallen. Den Kopf steckt sie dabei nicht in den Sand, sondern beobachtet vielmehr aufmerksam ihre Umgebung. Und kommt ein Störenfried zu nahe, so springt sie auf und versucht entweder, ihn vom Kurs abzubringen, oder sie greift ihn an, wobei sie schnell vom in der Nähe wachenden Hahn Unterstützung erhält. Selbst eine Elefantenherde, so wurde beobachtet, ändert ihre Marschrichtung, wenn ein Straußenpaar, mit Hals und Flügeln gestikulierend, um sein Nest herumläuft.

In der ersten Zeit führen abwechselnd die braunweiß gefiederte Straußhenne oder der schwarzweiß gefiederte Hahn ihre vielköpfige Kükenschar besonders aufmerksam. Dabei benutzen sie gerne die übersichtlichen Sandpisten mancher afrikanischer Nationalparks.

Großtrappen: Zur Balz verwandeln sich die Hähne in leuchtende Federbälle

Immer wieder schweifen die Augen bis zum Horizont hin und her über weite Felder in unterschiedlichen Brauntönen, ohne gelegentlichen Halt an einem Baum, an einem Busch oder gar an einem Haus zu finden. Selbst wenn es derartige Fixpunkte in der ebenen Landschaft gäbe, wären sie im ersten schwachen Morgendämmern noch nicht auszumachen. Plötzlich stockt der Blick. Da ist in einiger Entfernung ein heller Fleck, der zuvor nicht sichtbar war. Kurz darauf leuchtet in derselben Richtung ein zweites weißes Signal auf. Im Verlauf weniger Minuten nehmen beide vermeintlichen Lichtquellen an Umfang zu und nähern sich einander langsam. Ein Blick durch das lichtstarke Fernglas aus der geschützten Deckung einer kleinen Strohmiete heraus gibt die Gewißheit: Knapp fünfhundert Meter vor den Beobachtern, die sich vor Tau und Tag zwischen den aufgestapelten Strohballen versteckt haben, beginnen zwei männliche Großtrappen mit ihrer Morgenbalz. Noch im Schutz der Dunkelheit haben die großen Vögel ihren Schlafplatz im Bewuchs eines Feldes verlassen, sind mit weit ausholenden Flügelschlägen bisweilen mehr als drei oder gar fünf Kilometer zielsicher zu ihrem Balzplatz geflogen und haben nach der unbeobachteten Landung erst einmal minutenlang aufmerksam gesichert. Haben sich ihre angeborene Scheu und ihre Angst vor Bodenfeinden mit dem Erscheinen des ersten Tageslichts im Osten etwas gelegt, bereiten sie sich auf ein eindrucksvolles Schauspiel vor. Hier, in der flachen Ebene von Kiskunság, in dem nördlichsten der fünf auseinander gelegenen Teile des Kiskunság Nationalparks (Kiskunsági Nemzeti Park), knapp dreißig Kilometer südlich von Budapest, findet von etwa Mitte März bis Anfang Mai ein höchst aufregendes und in Europa selten gewordenes Naturereignis statt. Mehr als vierhundert der rund eintausendzweihundert in Ungarn noch lebenden Großtrappen haben das Gebiet von Kiskunság zu ihrem Lebensraum erkoren und vermehren sich hier sogar seit einigen Jahren dank intensiver Schutzarbeit wieder.

Die beiden gut einen Meter großen Trapphähne wären auch bei zunehmender Helligkeit mit ihrem teils weißen, teils rotbraun und schwarz gesprenkelten Gefieder in der pusztaähnlichen, von Feldern und Brachflächen gekennzeichneten Landschaft kaum zu erkennen. Doch gerade das wollen die stattlichen Bodenvögel in der ersten Frühlingshälfte nicht: unsichtbar bleiben. In der übrigen Jahreszeit auf Deckung und Tarnung bedacht, trachten die Hähne jetzt mit allen Mitteln danach, um jeden Preis aufzufallen und auf weite Entfernung gesehen zu werden. Ihre »Zielgruppe« allerdings sind einzig und allein die Hennen. Um sie, die um ein Drittel kleiner und weniger als halb so schwer wie ausgewachsene männliche Tiere sind, zum Balzplatz zu locken und paarungsbereit zu stimmen, sind die Hähne von der Natur mit einem besonderen Kostüm und einem großen Verwandlungsgeschick ausgestattet worden. In Sekundenschnelle können sich die Hähne aus einem unscheinbaren Gefiederträger in einen riesigen schneeweißen Gefiederball verwandeln, der in flachem Gelände kilometerweit zu sehen ist. Dazu klappen sie zunächst ihren Stoß (Schwanz) nach vorne über den Rücken und spreizen ihn gleichzeitig zu einem Fächer, so daß die weißen Unterschwanzdecken und die gleichfalls weißen Seitenfedern hell aufleuchten. Doch das ist erst der Anfang der wundersamen Verwandlung, an deren Höhepunkt von der ursprünglichen Vogelgestalt

In Steppen, Savannen, auf Felder und Weiden

nichts mehr zu erkennen ist. Als nächstes legt der Trapphahn seinen Kopf und Hals zurück und bläst gleichzeitig seinen Kehlsack mit Luft auf, so daß Hals und Brust wie ein großer Ballon erscheinen. Rötlich braune und weiße Federn auf der Brust und am Hals spreizen sich durch die Blähung ab und bilden den Gegenpart zum weißen Federbausch der Hinterpartie. An den Seiten des an- und abschwellenden Halses werden lange blaugraue und unbefiederte Hautflächen sichtbar. Oberhalb von ihnen stellen sich die vom Schnabelansatz nach rückwärts wachsenden zehn bis zwanzig Zentimeter langen Barthaare in die Höhe und verdecken das Gesicht. Das alles reicht noch nicht für die vollkommene Hochzeitsverkleidung. Die Federblume ist erst rund und strahlend, wenn der Hahn seine Flügel so weit gesenkt, abgewinkelt, gestreckt und gewendet hat, daß die in gewöhnlicher Körperhaltung nicht sichtbaren Ellenbogenfedern und weiße Oberdeckenfedern an den Flanken zu ansehnlichen Gefiederbüschen aufgebauscht sind und Anschluß an die anderen zur Schau gestellten Federpartien gefunden haben.

Je älter und kräftiger der Trapphahn, desto größer ist das Federwunder und um so weiter ist es sichtbar. Doch mit dem Anlegen des Balzkleides ist die Vorführung nicht beendet. Um sicher zu

Während der Balz kann der Trapphahn seinen Kehlkopf derart aufblasen und sein Gefieder so aufstellen und umstülpen, daß er als Vogel nicht mehr zu erkennen, aber für die Hennen auf große Entfernung sichtbar ist.

gehen, daß die ganze Pracht auch ihre Wirkung nicht verfehlt, drehen sich die Tiere, schwenken und schwanken mit ihrem Körper abrupt hin und her, klappen und fächern mit den verschiedenen Federteilen von Zeit zu Zeit auf und nieder und trippeln auf kleiner Fläche wie auf einem Dressurplatz auf und ab. Beim Aufblasen des Halses und des Kehlsacks, des »Balzkropfes«, ertönen dumpfe, hohl klingende, bis zu einhundert Meter entfernt vernehmbare Laute wie von einem Kontrabaß. Wo noch genügend Großtrappen ihr Auskommen finden, wie im ungarischen Kiskunság Nationalpark, versammeln sich während der Balz an bestimmten Plätzen zwischen sechs und zehn Hähne auf wenigen tausend Quadratmetern. Gelegentlich kommen sich zwei Hähne zu nahe. Dann kann es geschehen, daß sie mit Schnäbeln und Krallen aufeinander losgehen oder sich gegenseitig wegzurempeln versuchen. Doch meistens nimmt der

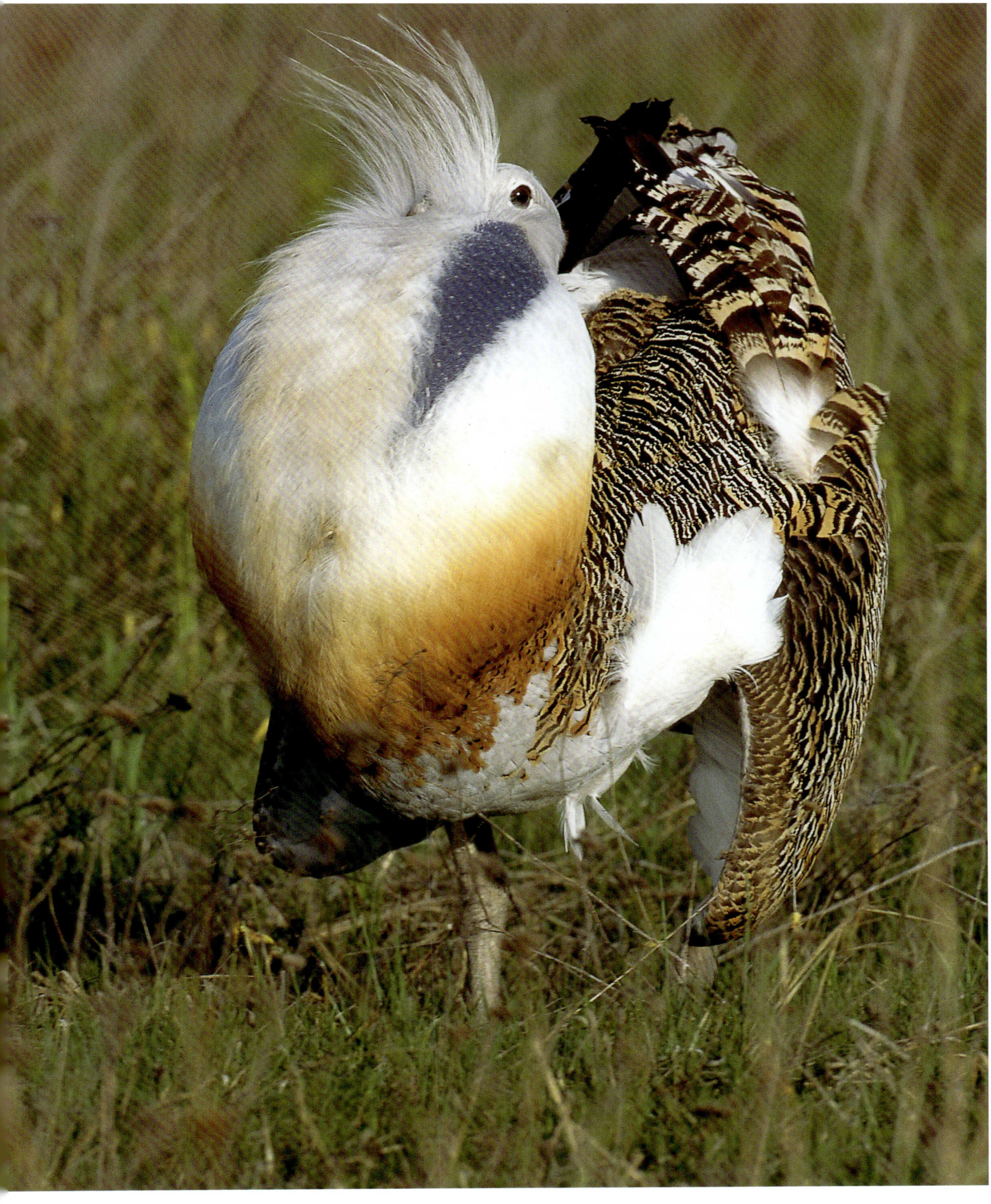

In Steppen, Savannen, auf Felder und Weiden

schwächere bald Reißaus. Ist ein genügend großer Abstand zwischen den Tieren wiederhergestellt, balzt jeder Hahn auf seinem Bühnenplatz weiter wie zuvor.

Zum Höhepunkt der Balz präsentieren sich die Hähne vom ersten Tageslicht bis zum späten Vormittag. Dann bringen sie ihr Gefieder wieder in Alltagsordnung und widmen sich der Nahrungssuche. Dazu verlassen sie in der Regel den Balzplatz und fliegen, nicht selten mehrere Kilometer weit, zu anderen Feldern. Mit Vorliebe zu solchen, auf denen Luzerne oder Raps wächst. In der Mitte des Nachmittags kehren die Hähne auf ihre Bühnenplätze zurück und stellen sich erneut bis in die Abenddämmerung zur Schau. Im letzten Tageslicht starten sie mit polterndem Flügelschlag und streben in einigem zeitlichen Abstand nacheinander mit vorgestrecktem Hals und ausgestreckten Beinen auf ihren langen breiten Schwingen mit einer Gesamtspannweite von bis zu 230 Zentimetern ihren Schlafplätzen zu. Die Weibchen, für die sie das alles anstellen, erscheinen in unregelmäßigen Abständen an den Balzplätzen. Zu Beginn der Paarungswochen landen die Hennen in einiger Entfernung der Hähne und beobachten das Geschehen recht zurückhaltend. Sie scheinen sich zunächst ein genaues Bild von den einzelnen Hähnen zu machen, bis sie sich nach Tagen oder Wochen einem von ihnen erstmals nähern. Da Großtrappen nicht wie die mit ihnen ganz entfernt verwandten Kraniche oder wie Rebhühner in Einehe leben, sondern es wie etwa Auer- und Birkhühner oder Fasanen polygam halten, sich vor der Brut also mit verschiedenen Partnern paaren, wechseln manche Hennen während der Balz den Hahn, wenngleich die starken und gefiederreichsten Männchen den größten Zulauf haben. Um sich treten (begatten) zu lassen, nähern sich die Weibchen den Hähnen bis auf wenige Meter. Erst dann klappen diese ihr Federgepränge zusammen und besinnen sich auf den eigentlichen Zweck des ganzen Balzgehabes. Die paarungswillige Henne drückt ihren Körper mit vorgestrecktem Hals flach auf den Boden und gibt damit dem Hahn das Signal zur Kopulation, die nicht länger als wenige Sekunden dauert. Bevor die Hennen in der ersten Maihälfte das erste ihrer zwei bis drei Eier in die flache Nistmulde am Erdboden legen, haben sie sich mitunter von verschiedenen Hähnen befruchten lassen. So kann jedes der bis zu drei Küken, die nach einer Brutdauer von durchschnittlich dreiundzwanzig Tagen aus dem Ei schlüpfen, einen anderen Vater haben, was zur Gesundheit und Vielfalt der Trappenpopulation in der Region beiträgt.

Die in ihrem unscheinbaren Gefieder darauf bedachten Hennen, nur nicht aufzufallen, hüten sich davor, ihr Bodennest in der Nähe des Balzplatzes anzulegen. Dort wären sie zu großer Aufmerksamkeit, die die Hähne auf sich ziehen, ausgesetzt. Auch fehlt es dort häufig an dem nötigen Bewuchs zur Tarnung des Geleges und des brütenden Vogels. Denn die Hähne bevorzugen möglichst vegetationsarme Flächen für ihre Darstellungen. Daher fliegen die Hennen nach der Paarung bis zu fünf und mehr Kilometer, um ihren Brutplatz auf einer ihnen geeignet erscheinenden Wiese, einer Brachfläche oder in einem Feld mit einer dichten Pflanzendecke anzulegen. Da in den ungarischen Nationalparks ein Teil der Fläche landwirtschaftlich genutzt wird, haben die Vögel selbst hier nicht die Chance, ihre Eier ohne Verluste auszubrüten. Die Hennen fühlen sich besonders wohl in der als Grünfutter oder zur Gründüngung genutzten Luzerne oder im zum gleichen Zweck angebauten Klee. Beide werden im Mai und Juni gemäht oder untergepflügt. In den Schutzgebieten sind die Traktorfahrer besonders

Großtrappen: Zur Balz verwandeln sich die Hähne in leuchtende Federbälle

geschult und entdecken manches Nest, bevor sie es zerstören. Gegen Ende der Brutzeit sitzen viele Hennen so fest auf ihrem Gelege, daß sie selbst beim Herannahen großer Maschinen nicht aufstehen und weglaufen. Was ihnen beim Auftauchen eines Fuchses oder eines anderen Bodenfeindes an ihrem Brutplatz dank ihrer ausgezeichneten Tarnfarbe und ihres flach auf den Boden gedrückten Körpers zustatten kommt, verkehrt sich gegenüber moderner schneller Erntetechnik ins Gegenteil:

Schutz und Schatten zugleich bietet der Schwanz der weiblichen Riesentrappe ihrem Küken, das ihr in kurzem Abstand auf Schritt und Tritt folgt. Fliegt die Mutter vorübergehend davon, um einem Feind zu entkommen, drückt sich das Junge flach auf den Boden und wird nahezu unsichtbar.

Jedes Jahr werden zahllose Gelege und auch Hennen von Treckerreifen überrollt oder von Mähmaschinen zerstückelt. Die größten Verluste erlitten die Großtrappen in ihrem gesamten Verbreitungsgebiet von Portugal im Südwesten bis zur Mandschurei im Osten Sibiriens in den vergangenen fünfzig Jahren durch die Landwirtschaft. Wenngleich die Großvogelart »Otis tarda«, die östlich vom russischen Nowosibirsk über die Mongolei bis in den Nordosten Chinas in einer Unterart, »Otis tarda dybowskii«, dort vor allem in ebenfalls immer stärker landwirtschaftlich erschlossenen Steppengebieten bis zu einer Höhe von gut zweitausend Metern über dem Meeresspiegel in zunehmend inselartigen Restpopulationen vorkommt, mancherorts durch die Großfelderwirtschaft zunächst Vorteile hatte, wurden diese durch eine Reihe von damit einhergehenden Begleiterscheinungen mehr als zunichte gemacht. Früher spielte für den Rückgang der Trappenbestände überall auch die Jagd eine nicht unwesentliche Rolle, doch heute sind sie – zumindest auf dem Papier – überall vor Verfolgung geschützt.

Bestes Beispiel für den dramatischen Niedergang der Trappen, die seit fünfzig Millionen Jahren in Mitteleuropa vorkommen, ist Deutschland. Hier lag der Verbreitungsschwerpunkt des »märkischen Straußes« seit dem 19. Jahrhundert in der Mitte und im Osten, dort, wo riesige Gutsfelder das Landschaftsbild prägten. Im Jahr 1940 wurde erstmals eine landesweite Zählung der großen Vögel durchgeführt. So etwas geht nur im Herbst und Winter, wenn die Tiere in Gruppen auf den Saaten oder auf Grasland beisammenstehen. Ein Jahr nach dem Ausbruch des 2. Weltkrieges gab es viertausendeinhundert Großtrappen in Deutschland. Bei einer erneuten Zählung zwanzig Jahre später auf dem Gebiet der damaligen DDR waren es nur mehr eintausendzweihundert. Ihr Bestand

In Steppen, Savannen, auf Felder und Weiden

hatte weiter stark abgenommen, obwohl die Trappen seit 1955 als vom Aussterben bedrohte Art unter Naturschutz standen. Trotz der Einrichtung von Schongebieten und dem Aufbau einer Aufzucht- und Auswilderungsstation war die Zahl 1980 auf fünfhundertsechzig Vögel zurückgegangen. Danach war die Entwicklung weiter rückläufig. Heute ist jede der im Frühjahr 2001 gezählten insgesamt zweiundsiebzig Großtrappen, die noch im brandenburgischen Havelland und dessen Grenzgebiet zu Sachsen-Anhalt leben, mit der Hilfe von Beinringen, Kennziffern und Lebensläufen so gut wie steckbrieflich erfaßt. Diese Vögel gäbe es wahrscheinlich nicht mehr ohne ein groß angelegtes Rettungsprogramm, das von der Naturschutzstation Buckow im Havelland koordiniert und vom Förderverein Großtrappenschutz Baitz-Buckow-Königsrode e. V. unter der Leitung seines seit mehr als zwanzig Jahren im Großtrappenschutz aktiven Vorsitzenden Heinz Litzbarski immer wieder mit neuen Initiativen gespeist wird.

Trotz des deutschen Namens Riesentrappe ist die afrikanische Trappenart kleiner als die eurasiatische Großtrappe. In der Gefiederpracht kann es der Koritrapphahn aber mit einem Großtrapphahn aufnehmen.

Großtrappen: Zur Balz verwandeln sich die Hähne in leuchtende Federbälle

Die meisten der gelegentlich zwischen dem Havelland, dem Fiener Bruch und dem Baruther Urstromtal mit seinen Belziger Landschaftswiesen hin- und herziehenden Großtrappen sind in einem der Brutschränke der Schutzstation Buckow oder in ihrem zehn Hektar großen Auswilderungsgehege geschlüpft. In das weitläufig eingezäunte Areal fliegen auch freilebende Hennen ein und brüten dort, weil sie sich hinter dem Zaun sicherer vor Fuchs, Dachs, neuerdings auch vor dem von Osten zugewanderten und sich stark vermehrenden Marderhund fühlen. Vor Kolkraben und Nebelkrähen, die aus der Luft nach Gelegen oder kleinen Jungtrappen Ausschau halten, schützen die Zäune die alleine brütenden Hennen und ihre Brut indes nicht. Die Beutegreifer sind denn auch für die sehr dünne Population der Großtrappen ein besonderes Problem. Hinzu kommt, noch schwerer wiegend, die Verbauung und Zerschneidung der Landschaft und deren immer intensivere Nutzung.

Aufsehen hat Mitte der neunziger Jahre eine besondere Maßnahme zum Schutz der Großtrappen in ihrem Haupteinstandsgebiet im Havelland erregt. Nach langen Verhandlungen mit dem behördlichen wie privaten Naturschutz hatte sich die Deutsche Bahn dazu bereit erklärt, beim Neubau der ICE-Strecke von Hannover nach Berlin den Schienenweg auf einer Länge von 5,6 Kilometer hinter sieben Meter hohen Erdwällen verschwinden zu lassen. Dadurch sollte verhindert werden, daß die so selten und damit kostbar gewordenen großen Vögel im Flug einer Kollision mit den elektrischen Leitungen oder mit dem vorbeirasenden Zug zum Opfer fallen. Von der 23 Millionen Mark teuren Baumaßnahme profitieren seitdem nicht nur die Trappen, sondern auch Biber und Fischotter, die im Havelländischen Luch westlich von Rathenow durch drei Unterquerungen in Gestalt von Wasserpassagen vor der vollständigen Zerschneidung ihres Lebensraumes bewahrt wurden. Auch zahllose Greifvögel und Eulen werden durch die Verwallung vor einem Zusammenstoß mit den schnellen Zügen bewahrt.

Lange gerade Strecken ohne jedes Hindernis im Flug mit ihrem kräftigen Schwingenschlag zurücklegen zu können ist für das Wohlergehen und das Überleben der Großtrappen unerläßlich. Windkraftanlagen, elektrische Überlandleitungen, hohe Bauwerke und sogar angepflanzte Reihen mit hohen Bäumen machen eine Landschaft ungeeignet für den schwersten flugfähigen Laufvogel der Erde. Ausgewachsene Hähne können es auf ein Gewicht von siebzehn Kilogramm bringen; Hennen wiegen selten mehr als fünf bis sechs Kilogramm. Daß derart schwergewichtige Vögel, die mit ihren kräftigen Beinen und Füßen auch gut zu Fuß sind, weite Rundumsicht und ungestörten Luftraum brauchen, ist nachzuvollziehen. Die Trappenschützer bemühen sich daher um die Erhaltung großer unbelasteter Landschaftsräume. Im brandenburgischen Havelland sind 5750 Hektar zu einem Schutzgebiet zusammengefaßt, 2550 Hektar davon unterstehen dem Vertragsnaturschutz. Von dem 4200 Hektar großen Schutzgebiet bei Belzig in Sachsen-Anhalt werden 2400 Hektar nach Maßgaben der Trappenhege im Rahmen des Vertragsnaturschutzes bewirtschaftet. Rund 2700 Hektar Land wurden zum Zweck des Trappenschutzes erworben, zum Teil von den beiden Bundesländern. Der Förderverein hat bald 700 Hektar beisammen; den größten Teil davon erwarb er mit der Hilfe der Frankfurter Zoologischen Gesellschaft.

In Zusammenarbeit mit den in der Region tätigen Landwirten versuchen die Mitarbeiter der Schutzstation Buckow und aktive Mitglieder des Fördervereins, den wenigen im Freiland noch bal-

In Steppen, Savannen, auf Felder und Weiden

zenden und brütenden Großtrappen die richtigen Voraussetzungen für eine sichere Vermehrung zu schaffen. Neben den geeigneten Futterpflanzen, der Bodenbearbeitung mit den richtigen Methoden und zur richtigen Zeit gehört dazu die Schulung der auf den Feldern arbeitenden Menschen, äsende und balzende Vögel nicht zu stören und Gelege nicht versehentlich zu überfahren. Eier aus einem aufgegebenen, das heißt auf Dauer verlassenen Nest werden in Spezialbehältern in die Station gebracht, um sie dort künstlich ausbrüten zu lassen. Im Jahr 2000 konnten auf diese Weise zwölf Vögel großgezogen und später freigelassen werden. Auch in anderen Ländern, in denen die Großtrappen als hochgefährdete Art gelten, wird mit künstlicher Aufzucht gearbeitet. Im ungarischen Devavanya-Landschaftsschutzgebiet wachsen in der dortigen Aufzuchtstation, knapp zwei Autostunden östlich von Budapest, in manchen Jahren mehr als zweihundert Jungtrappen bis zu ihrer Auswilderung auf. Doch alle Mühen sind vergeblich, wenn nicht gleichzeitig die richtigen großräumigen Biotope für die mit den Rallen verwandten Großtrappen erhalten oder wiederhergestellt werden.

Noch gibt es in Europa einen Gesamtbestand von etwa 28000 bis 30000 Vögeln, die Hälfte davon allein in Spanien. Dort wie auch in anderen Ländern der Europäischen Union erleichtern die Förderrichtlinien der Brüsseler Landwirtschaftspolitik nicht eben das Leben der Großtrappen. In Portugal sind bereits so viele einst extensiv bewirtschaftete Flächen in Erdbeer-, Tomaten- und Weinplantagen umgewandelt worden, daß dort der Bestand in dreißig Jahren um etwa die Hälfte auf rund vierhundert Vögel abgenommen hat. In Österreich sind es nur mehr knapp einhundert Tiere im Burgenland. In der Ukraine werden nicht mehr als zweihundert vermutet, und in ganz Rußland haben die europa- und vorderasienweit tätigen Trappenschützer einen Gesamtbestand von zehn- bis zwölftausend Vögeln ausgemacht. In ihren östlichen Brutgebieten sind die Großtrappen Zugvögel. Im Herbst fliegen sie 1200 Kilometer südwestwärts bis zur Krim. Dort überwintern zwischen sechstausend und achttausend Vögel, die auf dem Zug Tagesstrecken von zweihundert Kilometern zurücklegen. Solche Wanderbewegungen waren früher auch in Mitteleuropa üblich. Damals setzten sich in kalten Wintern ganze Trappenvölker aus Polen, aus Pommern und Sachsen nach Westen bis nach Holland ab. Im 16. Jahrhundert zogen Großtrappen noch von Schottland nach Südengland und zurück, und im südlichen Schweden und in Dänemark waren sie eine ebenso begehrte Jagdbeute wie in Frankreich und Norditalien. Zu jener Zeit kamen im mittleren Europa auch die beiden geografisch nächsten Verwandten der Großtrappe vor, die heute noch in Südfrankreich, auf der Iberischen Halbinsel und in Süditalien sowie weiteren südeuropäischen Ländern lebende Zwergtrappe (Tetrax tetrax) und die Kragentrappe (Chlamydotis undulata), die bei den Arabern unter ihrem englischen Namen »Houbara Bustard« als Wild für ihre Beizfalken hoch im Kurs und damit auch demnächst auf der Ausrottungsliste steht. Die Afrikanische Riesentrappe, als »Kori Bustard« vielen Safarireisenden aus Ost- und Südafrika bekannt, ist trotz ihres Namens mit einer Körperlänge bis zu einem Meter weder größer noch schwerer als die europäische Großtrappe. Aber sie kann genauso alt werden wie diese: in Gefangenschaft mindestens fünfzig Jahre. Eigentlich eine gute Voraussetzung für das Überleben nicht nur dieser beiden großen, sondern auch der übrigen einundzwanzig Trappenarten, von denen die meisten in Afrika zu Hause sind. Wenn ihnen der Mensch dabei hilft.

Braunkehlchen: Sie brauchen unbearbeitetes Land zum Brüten

Besonders auffällig vollzieht sich die Rückkehr des Braunkehlchens aus seinem westafrikanischen Winterquartier im April und Mai nie. Da machen die Schwalben mit ihren himmelstürmenden Flugspielen, die Nachtigall und der Weidenlaubsänger mit ihren weittragenden Stimmen schon wesentlich mehr Aufhebens von ihrer Ankunft im mitteleuropäischen Brutgebiet. Zwar gehört das Braunkehlchen nicht gerade zu den Leisen unter den Singvögeln, doch es schlägt sein Quartier in der Regel fernab von Haus und Hof auf.

Aber das ist nicht der Grund dafür, daß immer weniger Menschen vom Erscheinen des nur dreizehn Zentimeter langen und knapp zwanzig Gramm leichten Drosselvogels Notiz nehmen. Die hübsch Gefiederten mit der orangefarbenen bis rahmgelben Kehle und Brust, mit dem in verschiedenen Brauntönen gehaltenen Rückenkleid, den dunkelbraunen Wangen und dem beim Männchen besonders ausgeprägten hellen Streifen über den Augen werden immer seltener. Zwischen 1960 und 2000 hat ihr Bestand in Deutschland nach Schätzungen von Ornithologen, die auf regionalen Erhebungen beruhen, um mehr als sechzig Prozent abgenommen. Daher war es für den Landesbund für Vogelschutz in Bayern und den Naturschutzbund Deutschland schon im Jahr 1987 höchste Zeit, das Braunkehlchen zum »Vogel des Jahres« zu erklären.

Mit ihrem Werbefeldzug für »Saxicola rubetra« wollten die Naturschützer gleichzeitig auf die hohe Gefährdung eines ehemals weiträumigen Biotopverbundes in Mitteleuropa, insbesondere in Deutschland, hinweisen und zu seiner Erhaltung aufrufen. Ein zweiter Name für das Braunkehlchen weist auf die Beschaffenheit seines Lebensraumes hin: Braunkehliger Wiesenschmätzer. Von vielfältiger Pflanzengesellschaft bewachsene Grünländereien, auf denen sich höhere Staudenpflanzen mit niedrigen Gräsern und Blumen abwechseln, zwischen denen auch mal ein Busch stehen kann, sind das bevorzugte Revier des vom Insektenfang lebenden Vögelchens. Hier findet es nicht nur genug Nahrung, hier kann es auch in der geeigneten Deckung sein Nest am Boden errichten.

Oft schon im Mai kümmert sich das – im Vergleich zum Männchen in ein etwas schlichteres Gefieder gehüllte – Weibchen um die erste Brut. Es wärmt die fünf bis sieben Eier alleine zwölf bis dreizehn Tage lang, vom Männchen auf einer Aussichtswarte (am liebsten ein bis zwei Meter über dem Erdboden) gut bewacht. Knapp zwei Wochen nach dem Schlüpfen verlassen die Jungen schon das Nest, können dann aber noch nicht fliegen. Zu Fuß verteilen sie sich in der Umgegend und werden von den Eltern weitere zwei Wochen gefüttert. Fliegen, Wiesenschnaken, Grillen, Heuschrecken, Schmetterlinge, Käfer, Würmer – die Beute, welche die Braunkehlchen überwiegend am Boden, mitunter aber auch im Fluge mit ihrem Schnabel packen, ist vielfältig.

Ein derart artenreiches und mengenmäßig ausreichendes Nahrungsangebot gibt es nur in extensiv genutzten Wiesen und auf breiten unbearbeiteten Ackerrandstreifen, an unbewaldeten, aber bunt bewachsenen Bach- und Grabenrändern. Solche Flächen sind jedoch selten geworden. Auf den landwirtschaftlich intensiv genutzten Wiesen herrscht schnellwüchsiges Einheitsgras vor, vom Kunstdünger oder mit Gülle dazu angespornt, alle anderen Pflanzen, besonders die später blühenden, zu überrunden und zu ersticken. Eine derartige Behandlung führt nicht nur zur Verarmung der

In Steppen, Savannen, auf Felder und Weiden

Flora und damit auch der Insektenfauna. Sie sorgt auch dafür, daß das Gras immer früher hoch genug für die erste Mahd ist. Und je zeitiger die Heuernte beginnt, desto weniger Chancen haben die Braunkehlchen – und mit ihnen die vielen anderen Wiesenbrüter unter den Vögeln –, ihre erste Brut aufzuziehen. Die modernen Mähmaschinen schneiden das Gras derart knapp über dem Boden ab, daß kaum ein Nest verschont bleibt.

Da kann sich ein Braunkehlchenmännchen noch so sehr bemühen, von erhöhter Singwarte aus mit seinem kratzigen Werbelied ein Weibchen anzulocken, da kann das für den Nestbau alleine verantwortliche Weibchen eine noch so gute Tarnung gegen die Blicke einer Elster oder die Findigkeit eines Mauswiesels wählen: Gegen die Technik des Menschen fehlen ihnen die natürlichen Abwehr- und Schutzmöglichkeiten. Selbst eine zweite oder dritte Jahresbrut wird häufig bei einer zweiten oder dritten Mahd zerstört. Und so muß manches Braunkehlchen von einer elektrischen Leitung herab verfolgen, wie jeder Anlauf zur Arterhaltung scheitert.

Nicht selten scheitert jegliches Bemühen auch daran, daß die Wiese oder das Stück unbearbeiteten Graslandes, auf dem ein Braunkehlchenpaar noch im Vorjahr erfolgreich gebrütet hat, bei der Rückkehr im folgenden Frühjahr umgepflügt ist, und daß hier nun Mais oder Raps wachsen. Da die Vögel recht standorttreu sind, werden sie – falls in der Nähe kein Ausweichquartier vorhanden ist – auf ihrem angestammten Platz noch einmal mit dem Nestbau beginnen, doch wieder ohne Aussicht, Junge aufzuziehen.

Indem er auf die Nöte des Braunkehlchens aufmerksam macht, wirbt der organisierte Naturschutz für mehr Lebensrechte einer Vielzahl von Tieren, die sich mit ihm eine extensiv genutzte Wiesenlandschaft als Lebensraum teilen. Die für die Bauern zunehmend enger gefaßte Milchkontingentierung, auch die BSE-Krise und die Furcht vor der Maul- und Klauenseuche wird zu einem weiteren Rückgang der Grünländereien führen. So setzen die Naturschützer auf das in einigen Bundesländern mit immer größerem Erfolg laufende Extensivierungsprogramm für die Landwirtschaft. Dabei gleichen die Europäische Union und die Landesregierungen Bauern Ertragsausfälle finanziell aus, wenn diese bei der Bewirtschaftung von Grasland Naturschutzauflagen erfüllen.

Das Braunkehlchen, zur Zeit auf der ganzen Linie auf dem Rückzug, kann von solcher Hilfestellung besonders profitieren. Wo sich eine geeignete Heimstatt anbietet, siedeln sich nämlich gleich mehrere Paare in enger Nachbarschaft an, denn nicht einmal einen Hektar beansprucht ein Braunkehlchen-Paar für sich.

Der Rand des Getreidefeldes dient dem Braunkehlchenmännchen zum Ansitz, um von dort im angrenzenden Randstreifen seine Insektenbeute zu jagen.

Auch das kleinere männliche Schwarzkehlchen (linkes Bild) braucht eine vielfältige Landschaft.

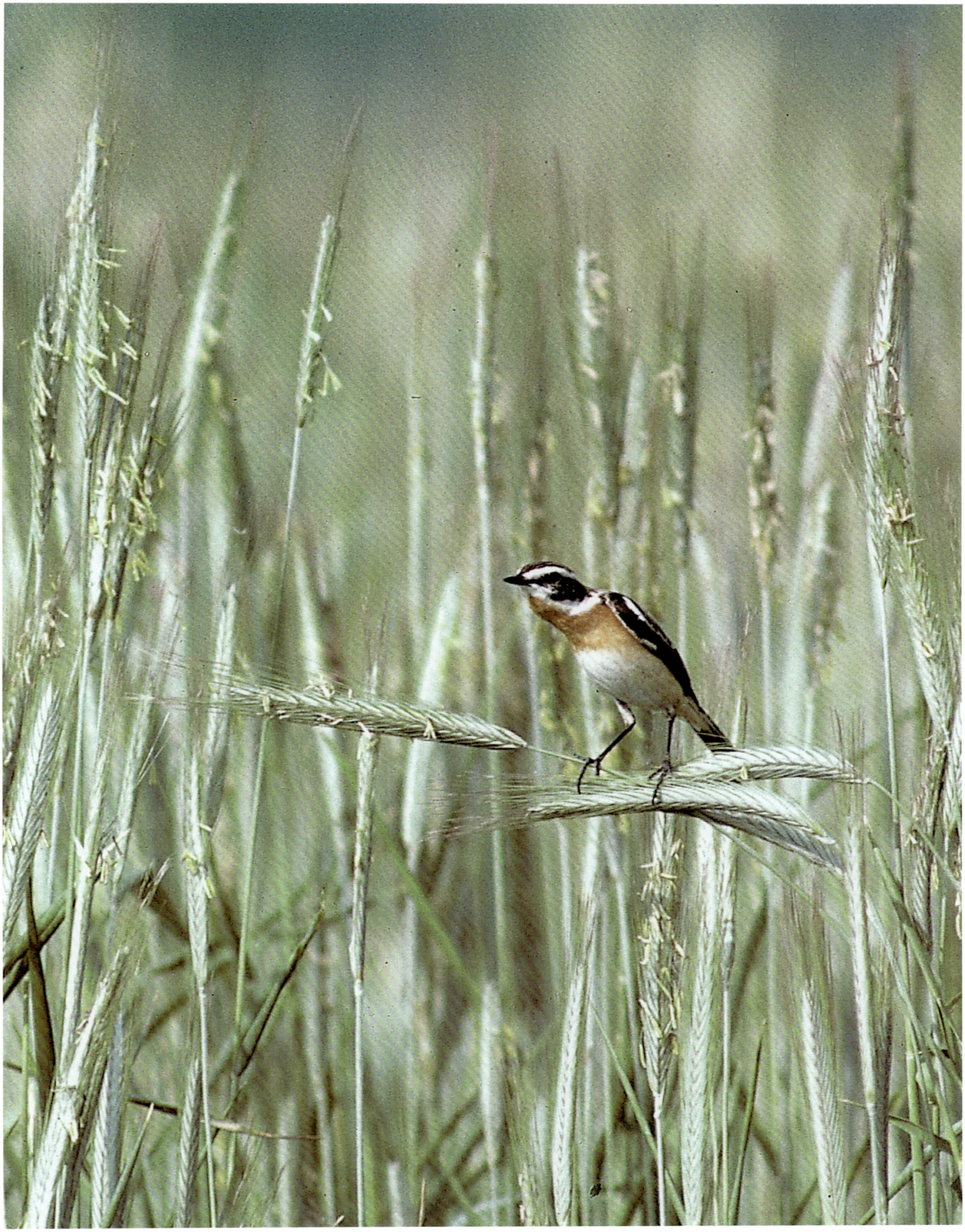

In Steppen, Savannen, auf Felder und Weiden

Goldammern:
»Wie hab ich Dich lieb«

Wenn die meisten Singvögel schon seit Wochen mit dem Singen aufgehört und viele Arten ihre europäische Brutheimat längst mit südlichem Kurs verlassen haben, macht die Goldammer mit ihrer markanten Melodie noch unverdrossen auf sich aufmerksam. Es scheint, als wollten die auch nach dem Sommerausklang noch in ihrem leuchtend gelben Gefieder weithin sichtbaren Männchen die von anderen Vogelstimmen weniger erfüllte Luft dann besonders intensiv in Schwingungen versetzen. Als ausgesprochene Herbstsänger schmettern die »Ämmerlinge« stereotyp und eindringlich von einer exponierten Sitzwarte wieder und wieder ihre fünf- bis zwölfsilbige Tonfolge in die Gegend. Dabei warten sie von Region zu Region mit vielen geographischen Dialekten auf. Besonders an sonnigen und windstillen Spätsommer- und Herbsttagen machen die Goldammerhähne kaum eine Pause. »Wie wie wie hab ich dich (so) lieb« ist unter den Übersetzungen, die es im Volksmund für den einprägsamen Gesang von »Emberiza citrinella« gibt, die bekannteste. Ludwig van Beethoven, so heißt es, habe den einfachen weittragenden Lockruf mit dem langgezogenen Schlußakkord der Goldammer zum charakteristischen Motiv seiner fünften Sinfonie erkoren. Bis in den Oktober scheinen die Vögel von ihrem eigenen Gesang derart beeindruckt zu sein, daß manche von ihnen nichts mehr um sich herum wahrnehmen und selbstvergessen auf einem Koppelzaunpfahl, auf einem Ast oder einer elektrischen Leitung ihre Strophe an einem einzigen Vormittag bis zu einige hundert Mal zum Besten geben. Von Zeit zu Zeit kehren sie in die Wirklichkeit zurück: Dann geht plötzlich ein Ruck durch ihren Körper, das leicht geplusterte Gefieder wird glatt, der Hals lang. Für kurze Zeit gilt der Umgegend wieder die Aufmerksamkeit, häufig verbunden mit einem abrupten Stellungswechsel zu einer anderen Singwarte. Doch bald darauf hat ein Sperber wieder leichtes Spiel: Als optisch wie akustisch gut auszumachende Beute hat ein in seinen Gesang versunkener Goldammerhahn kaum eine Chance, einem Überraschungsangriff zu entkommen. Meistens wird er die Fänge mit den spitzen Krallen des Greifvogels nicht einmal mehr spüren.

Verluste durch Sperber oder Turmfalke können dem Bestand der Goldammer nichts anhaben. Auf rund zwanzig Millionen Tiere wird ihre Zahl in Europa ohne Rußland geschätzt; davon leben Erhebungen von Ornithologen zufolge rund zwei Millionen in Deutschland. Unter den einhundertachtundneunzig auf der ganzen Welt lebenden Arten der Ammernvögel (Emberizidae), von denen nur vierzig Arten in der Alten Welt zu Hause sind und der Rest in Amerika lebt, ist die Goldammer nicht die häufigste, aber in ihrem Verbreitungsgebiet zwischen Irland im Westen, Nordspanien bis in die Türkei im Süden, Finnland im Norden und Westsibirien im Osten (bis zu Einzelvorkommen in der Mongolei) eine weithin präsente Art – ausgenommen dichtbewaldete Landstriche. In den vergangenen drei bis vier Jahrzehnten jedoch hat es besonders in mitteleuropäischen Gegenden mit intensiver Landnutzung durch den Menschen zum Teil starke Einbrüche in

Wenn der Goldammerhahn sein Gefieder aufplustert und durchschüttelt, springt er nicht nur den Weibchen, sondern eventuell auch einem nach Beute Ausschau haltenden Sperber oder Turmfalken aus der Ferne ins Auge.

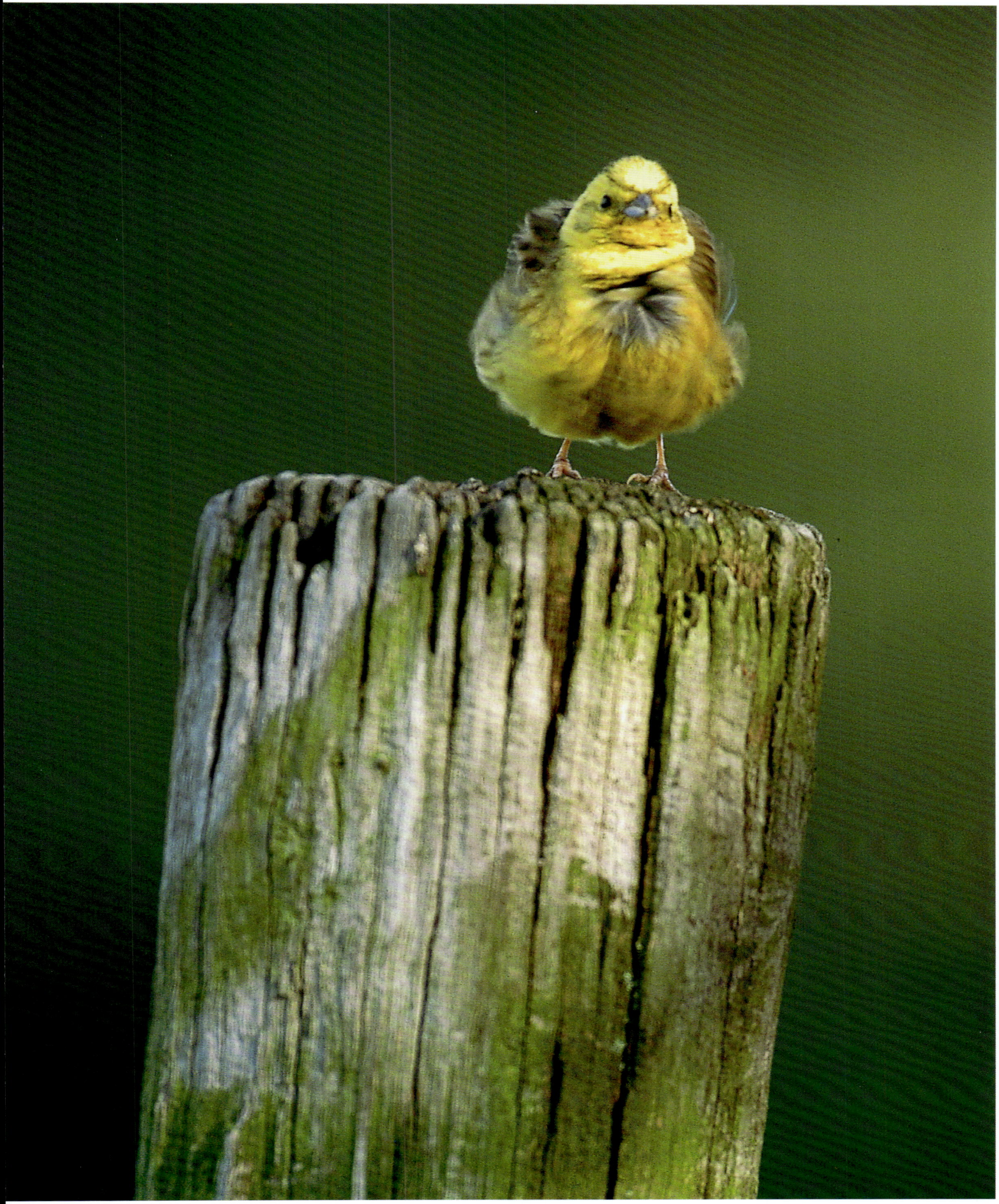

In Steppen, Savannen, auf Felder und Weiden

den Brutpopulationen gegeben. In Belgien und in den Niederlanden geriet die Goldammer als Folge schon auf die Rote Liste der bedrohten Arten.

Auch in Deutschland gibt es Regionen, in denen die moderne Landwirtschaft den auf Hecken, Feldraine, Grabenränder, Brachflächen, Ackerkuhlen und lichte Waldsäume angewiesenen Goldammern viel Lebensraum genommen hat. Die gegenwärtige Erntetechnik hat den Vögeln auch im Winter das Leben erschwert. Früher, als das im Sommer eingefahrene Getreide im Winter vor oder in den Scheunen gedroschen wurde, gab es mit dem Druschabfall reichlich Körnernahrung. Im Wettbewerb mit Haussperlingen, Buchfinken, Grünlingen und anderen Körnerfressern machten sich oft Hunderte von Goldammern in einem einzigen Schwarm über einen Dreschplatz her und wagten sich bis in die Scheunen hinein. Auch Pferdeställe und deren Misthaufen, von denen früher jeder Bauern- und Gutshof einen hatte, waren regelmäßig angeflogene Nahrungsquellen. Heutzutage sind Goldammern dankbare Gäste von Futterhäuschen. Da sie sich aber überwiegend am Boden versorgen, sollte man dort für sie weiches Körnerfutter ausstreuen. Unter den gängigen Getreidearten ist ihnen Hafer die liebste. Entsprechend leicht lassen sie sich mit Haferflocken durch winterliche Notzeiten geleiten. Auch an von Jägern eingerichteten Wildfütterungen finden sie sich gerne ein.

Doch besser noch als mit Futterstellen ist Goldammern auch im Winter mit naturnahen Landschaften gedient, in denen Gräser, Kräuter und Büsche genügend Samen und Beeren abwerfen. Mit stillgelegten Flächen und Stoppelfeldern, die er erst im Frühjahr umpflügt, und mit Stroh und Silagemieten, die er nicht vollständig mit Plastikplanen abdeckt, kann jeder Bauer den »Kornvögeln« das Überleben erleichtern. Um dafür zu werben, haben der Landesbund für Vogelschutz in Bayern und der Naturschutzbund Deutschland die Goldammer für 1999 zum »Vogel des Jahres« erklärt. Nach der Feldlerche 1998 wurde somit wieder ein durch die intensive Landwirtschaft besonders betroffener »Feld-und-Wiesen-Vogel« in den Mittelpunkt des Artenschutzes gerückt, wenngleich die Goldammer zur Zeit weniger gefährdet ist als die Feldlerche. Durch die Werbung für den ökologischen und damit naturschonenderen Landbau und dessen Erzeugnisse wollen die Naturschutzverbände nicht zuletzt auch den Verbraucher zur Hilfe für Goldammer, Feldlerche und die vielen anderen in der Agrarlandschaft lebenden Vogelarten gewinnen. So wie einst der Ackerbau und die Pferdehaltung gerade der Goldammer zur Ausbreitung verholfen haben, erhoffen sich deren Förderer auch jetzt wieder eine Stärkung der Art durch die Bauern, wenn auch unter anderen Voraussetzungen.

Mit großer Vermehrungsfreudigkeit trägt die Goldammer zum Erhalt ihrer Sippe bei. Schon Ende Februar, spätestens im März beginnen die Männchen mit eindringlichem Gesang um ein Weibchen zu werben. Dessen Gefieder zeigt mehr braune und rötliche Töne als das des Männchens, bei dem vor allem Kopf und Hals intensiv goldgelb leuchten. »Scheinpicken« und »Halmbalz«, bei denen Steinchen aufgenommen und mit dem Schnabel Grashalme als Geschenke überreicht werden, Imponierflüge, Gefiedersträuben und Schwanzfächern ziehen sich mitunter über Wochen hin, bis ein Weibchen sich schließlich in der zweiten Aprilhälfte nach einem Brutplatz am Erdboden umschaut und, ohne Hilfe des Männchens, mit dem Nestbau beginnt. Innerhalb einer knappen Woche formt es täglich während einiger Stunden zunächst trockene Grashalme zu einem Napf und polstert diesen mit Moos, Pflanzenwolle und feinen Rispen, seltener auch mit Haaren von Tie-

Goldammern: »Wie hab ich Dich lieb«

ren. Nachdem das manchmal auch in Brennesseln oder in Büschen knapp über dem Boden verankerte Nest fertiggestellt ist, können gut zwei Wochen vergehen, bevor das erste der vier bis fünf auf graubläulicher bis rosagrauer Grundfarbe schön gesprenkelten und mit Klecksen, Fäden, Schnörkeln, Krakeln und Pigmentfäden verzierten Eier in der Mulde liegt. (Die Eier der Goldammer zählen zu den schönsten und am abwechslungsreichsten gezeichneten unter den Singvögeleiern – keines gleicht dem anderen.) Zwölf bis vierzehn Tage brütet das Weibchen überwiegend alleine, etwa ebenso lange dauert die Nestlingszeit der Jungen. Sie verlassen nicht selten das Nest, bevor sie flügge sind, und verteilen sich in guter Deckung um den Brutplatz.

Mit leisen Bettellauten machen sie die Altvögel auf sich und auf ihren ständigen Appetit aufmerksam. Diese müssen für die Versorgung ihrer Jungen in der Übergangszeit bis zum Flüggewerden mehr Zeit aufwenden als zuvor. Statt, um den Brutplatz nicht zu verraten, gut getarnt und auf Umwegen durch das Pflanzendickicht am Boden nur zum Nest eilen zu müssen, steuern sie nun von früh bis spät drei bis fünf verschiedene Stellen im Unterwuchs auf verschlungenen Pfaden an, um die hungrigen Kinderschnäbel zu stopfen. Für die Nacht rücken die Jungammern wieder zusammen, um sich gegenseitig zu wärmen. Morgens hüpfen sie erneut auseinander.

Die Eltern füttern ihren Nachwuchs überwiegend mit Insekten, aber es gibt auch vorverdaute Grassamen und Getreidekörner im Milchreifestadium aus dem Kropf, die die Altvögel ihren Jungen als Beifutter in die aufgesperrten Schnäbel würgen. Bis zu zwei Wochen nach deren Ausfliegen kümmern sie sich noch um ihre Küken, dann bereiten sie sich auf die zweite Jahresbrut vor. Bei ihr besteht manches Gelege nur noch aus drei Eiern.

Wird eine Brut vernichtet, bringt es manches Weibchen sogar auf drei Anläufe. Dann werden die letzten Jungen bisweilen erst gegen Ende September selbständig. Und nicht alle müssen denselben Vater haben. Besonders ältere Männchen mit intensiv gelbem Gefieder neigen zu Seitensprüngen mit Weibchen aus der Nachbarschaft. Da in einer goldammerfreundlichen Landschaft die Nistreviere gelegentlich nahe beieinander liegen – zwischen acht und vierzehn Brutpaare auf einer Fläche von zehn Hektar wurden schon festgestellt –, scheint es dort an Gelegenheiten nicht zu mangeln.

Goldammern, deren Brutgebiet sich in Europa mit dem der Grauammer, des Ortolans (auch einer Ammernart) und der überwiegend an Schilf und Rohrkolben gebundenen Rohrammer zu einem guten Teil deckt, gelten als Stand- und Strichvögel, die von Fall zu fall Kälteeinbrüchen ausweichen, sowie als Kurz- und Mittelstreckenzieher. In milden Wintern bleiben deutsche Goldammern ihrer Heimat treu und erhalten Zuzug aus Nord- und Osteuropa. Durch Funde oder Fang von beringten Vögeln weiß man, daß in Deutschland erbrütete Goldammern auch bis nach Südspanien und belgische sowie ungarische bis nach Algerien ziehen. Auf ihren jahreszeitlichen Flugreisen sind sie überwiegend tagsüber unterwegs. In den Alpen und anderen Gebirgen wagen sich die »Geelammern« bis gut zweitausend Meter hoch. In Neuseeland, wo sie wie viele andere europäische Vogelarten von Einwanderern erfolgreich angesiedelt wurden, zieht es sie in nicht ganz so große Höhen. Wie die meisten Singvögel werden frei lebende Goldammern durchschnittlich zwei bis vier Jahre alt. Viele Junge werden Opfer von Beutegreifern wie Mauswiesel, Hermelin und Hauskatzen. Auch der Straßenverkehr sorgt für erhebliche Verluste. Dennoch haben es Goldammern in freier Wildbahn schon auf ein Alter von fast dreizehn Jahren gebracht.

In Steppen, Savannen, auf Felder und Weiden

Saatkrähen: Immer in großer Gesellschaft

Obwohl sie selbst von Menschen, die sich als Naturfreunde bezeichnen, oft für häßlich, lästig, unnütz oder gar schädlich gehalten wird, brachte es die Saatkrähe zum »Vogel des Jahres 1986«. Damals galt sie als gefährdet, doch hat sich die Situation seitdem stark verbessert: Die Vögel stehen nicht mehr wie seinerzeit auf der Roten Liste. Die Wahl traf nicht – wie meistens – auf eine der Vogelarten, die ihre europäische Brutheimat während des Winters verlassen. Bei der Saatkrähe ist das eher umgekehrt. In großen Scharen ziehen die Vögel als Wintergäste von Feld zu Feld, fallen in städtischen Parks ein und übernachten zu Tausenden in Städten. Je nach Wetterlage bleiben die Zuwanderer aus dem Osten und Südosten Europas in Deutschland oder setzen sich weiter nach Westen ab; nicht wenige überqueren sogar den Kanal und richten sich auf den Britischen Inseln für einige Wochen ein. Die Saatkrähe, die in den Wintermonaten jeder sehen kann – sei es in Parkanlagen, auf Fernsehantennen, Hausdächern und Straßenbäumen, vom Auto oder von der Bahn aus –, war früher als »Jahresvogel« noch verbreiteter. Zu Beginn des 20. Jahrhunderts brüteten etwa 100 000 Paare hierzulande. Heute sind es wieder rund 60 000, mehr als die Hälfte davon in Schleswig-Holstein und Niedersachsen.

Selten kann ein Saatkrähenpaar so traulich beieinander auf und am Nest sitzen. Meistens geht es wegen der Nahrungssuche und des großen »Konkurrenzdrucks« in einer Brutkolonie der Rabenvögel lebhaft zu.

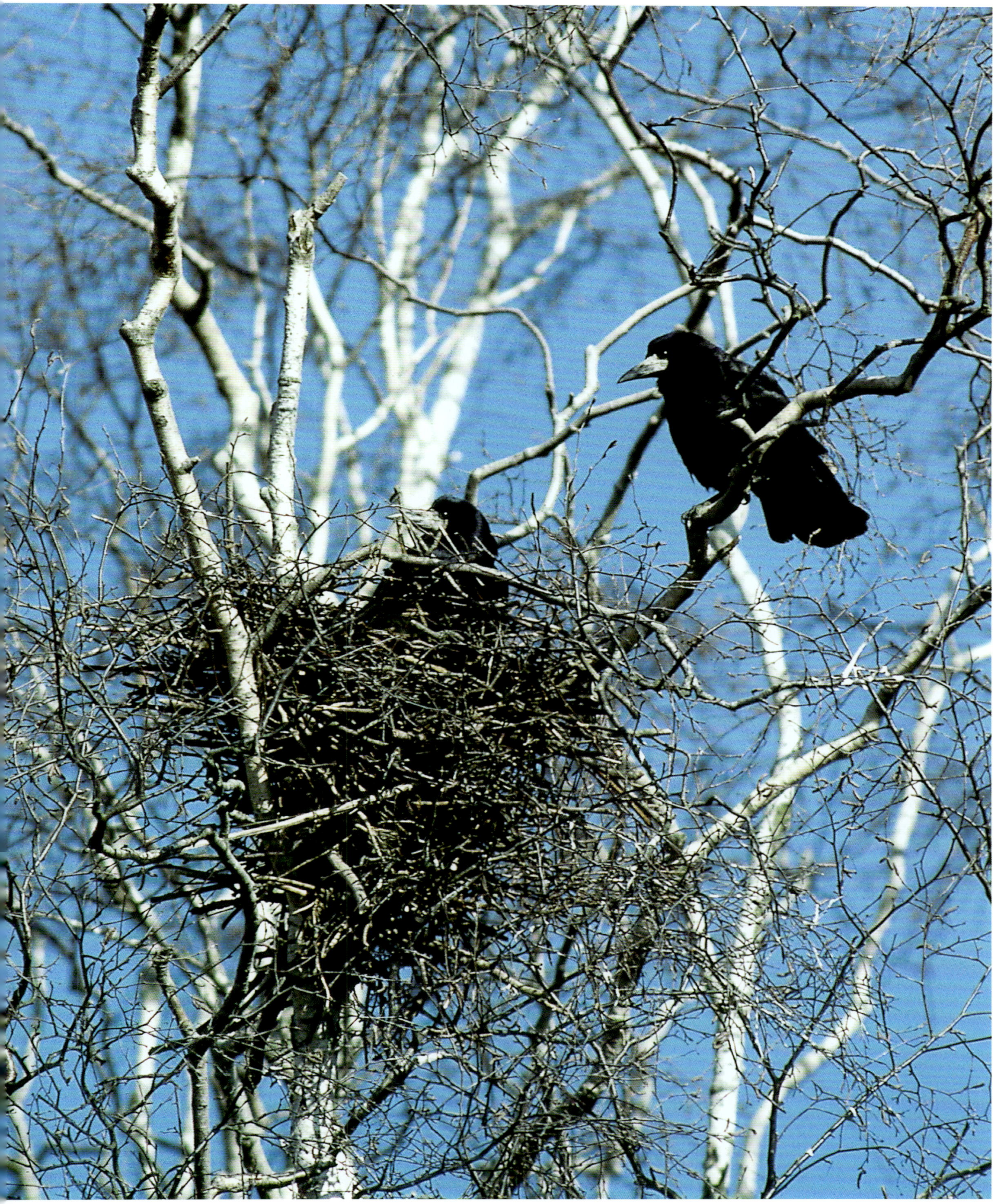

In Steppen, Savannen, auf Felder und Weiden

Es waren weniger die Veränderungen im Lebensraum, welche die Zahl der gesellig lebenden Rabenvögel lange Zeit schrumpfen ließen. Im Gegenteil: Die Umwandlung der Landschaft zur »Agrarsteppe« kommt ihnen sogar zupaß, denn im weiten offenen Gelände fühlen sie sich besonders wohl, solange ihnen Bäume an Flußufern oder kleinere Wälder zum Nestbau und zum Brüten zur Verfügung stehen. Was ihnen allerdings nicht bekommt, ist die ständige Umwandlung von Wiesen und Weiden in Ackerland. Zwar läßt ihr Name vermuten, mehr Getreideanbau beschere ihnen auch mehr Nahrung, doch gilt der Bezug zu den winterlichen Saaten auf den Feldern eher ihren bevorzugten Aufenthaltsplätzen als ihrer Nahrung. Wie die meisten ihrer Verwandten ist die Saatkrähe nahezu ein Allesfresser. Sie hält sich hingegen stärker an Vegetarisches als die etwa gleich große Aaskrähe mit den Unterarten Rabenkrähe und Nebelkrähe. Mit der Rabenkrähe wird sie oft verwechselt. Wo ein Schwarm Saatkrähen keine Würmer und Larven im Boden eines Feldes findet, wo er nicht auf liegengebliebene Maiskörner und sonstwie Bekömmliches im ausgestreuten Dung stößt, richtet er auch schon mal einigen Schaden im aufwachsenden Getreide an; doch hält sich der Verlust für den Landwirt zumeist in Grenzen und wird während der Wachstumsperiode der Pflanzen wieder ausgeglichen. Daß es den Saatkrähen auf Grünländereien besser geht als auf Getreidefeldern, beweisen sie jedem aufmerksamen Beobachter häufig genug durch die Wahl ihrer Nahrungsgründe: Wo Äcker, Wiesen und Weiden beieinander liegen, landen sie überwiegend auf den Wiesen und Weiden.

Recht laut geht es dort zu, wo die dunklen Wintergäste sich niederlassen. Es hört sich zwar nicht danach an, doch die Rufe der Saatkrähen zeigen, daß sie wie alle Raben Singvögel, genauer Sperlingsvögel sind. Die Saatkrähen lassen es zwar nicht an Stimmfreudigkeit fehlen, doch stehen sie, was die Stimmfähigkeit betrifft, noch hinter den um fast ein Drittel größeren Kolkraben zurück. Krächzen in allen Tonlagen und Lautstärken ist ihr Erkennungszeichen. Dabei können sie auch recht melodisch miteinander »schwätzen«, vor allem die Partner untereinander und die Eltern mit den Jungen. Doch davon hören Hausbewohner, in deren Nähe sich im Frühjahr Saatkrähen zur Brut niederlassen, wenig, weil derartige »Unterhaltungen« recht leise sind. Das laute »Gesellschaftsspektakel« hingegen hat – vor allem früher – viele Vögel das Leben gekostet.

Im Winter zeigt sich »Corvus frugilegus« nur ganz selten einzeln oder paarweise, und so machen sich die Tiere von Ende März an auch an die Arterhaltung: in dichten Schwärmen. In den Kronen hoher Bäume, besonders gerne in Buchen, richten die Vögel ihre Reisignester kolonienweise her. Wo es ihnen einmal zusagt, und wo sie nicht nachhaltig gestört werden, bleiben sie jahrzehntelang. Im Lauf der Zeit werden die Niststätten immer zahlreicher. Mehr als fünfzig Nester kann ein einziger Baum tragen, und in mancher Kolonie brüten etliche hundert Saatkrähenpaare. Dabei fühlen sie sich auch in unmittelbarer Nähe zu Häusern und Straßenverkehr wohl. Selten allerdings gibt es von den Menschen, die in ihrer Nachbarschaft leben, große »Sympathiebeweise«. Und obwohl die Saatkrähe zu den geschützten Vögeln gehört, geschieht bisweilen auch heute noch, was früher üblich war: Im Frühjahr fährt die Feuerwehr unter die Nistbäume und spritzt die Nester mit scharfem Wasserstrahl herunter. Oder aber – auch das ist verboten – die Bäume werden im Winter kurzerhand mit den Nestern gefällt. Doch muß ziemlich gründlich abgeholzt werden, denn so schnell lassen die Vögel nicht von ihrer Bruthei-

Auch im Flug ist die Saatkrähe an ihrer unbefiederten Schnabelwurzel und an dem etwas breiteren Stoß gut von der geringfügig größeren Rabenkrähe zu unterscheiden.

mat. Gibt es in der Nähe andere Bäume, so richten sich die Krähen nach ihrer Rückkehr darauf ein.

Manch schlimmer Brauch, der dazu beigetragen hat, daß die Zahl der in Deutschland brütenden Krähen immer geringer wurde, gehört aber schon der Vergangenheit an. So wurden manche Kolonien mit Schrotgarben regelrecht ausgeschossen. Dort, wo die Brutbäume zu ersteigen waren, nahmen Klettergewandte die Jungkrähen kurz vor dem Ausfliegen aus den Nestern. Sie sollen gut geschmeckt haben, wird berichtet. Und nicht wenige Krähen wurden – gerupft und ohne Kopf – als junge Tauben verkauft. Viele Vögel, mit Netzen gefangen, gingen auch als »Waldtauben« über den Ladentisch.

So lästig es sein kann, in »Rufnähe« einer Saatkrähenkolonie zu wohnen, so interessant ist es, dem Treiben der Vögel mit ihrem schwarzen, metallisch rötlich-blau schimmernden Gefieder zuzusehen. Wenn etliche der östlichen Artgenossen hierzulande noch herumstreifen und sich abends mitunter zu Zehntausenden an den Schlafplätzen – oft inmitten von Großstädten – sammeln, sind die einheimischen schon an der Arbeit. Auch sie haben den Winter häufig woanders verbracht und kehren von Südwesten heim. In dem Durcheinander der dunklen fliegenden Wolken sind die meisten Vögel fest verpaart. Nach der Ankunft an der Niststätte gehen Männchen und Weibchen ohne lange Pause daran, das Nest herzurichten. Manchmal lassen sich die Unterlagen aus dem Vorjahr noch als Reisigfundament verwenden, doch der Großteil des Baumaterials muß neu herbeigeschafft werden. Zweifellos würden die Vögel ihre Nester viel schneller fertig haben, würden sie sich gegenseitig nicht immer wieder Zweige und Polstermaterial stehlen. Mit unbeschreib-

In Steppen, Savannen, auf Felder und Weiden

lichem Geschrei verfolgen sich die Tiere in einer Kolonie fast ständig. Dennoch schaffen es die meisten irgendwie, ihr luftiges Haus zu bestellen, oft jedoch nur durch dauernde »Wache« eines Vogels am Nest. Das Drunter und Drüber scheint zur Festigung des sozialen Kontakts zu gehören. Denn wo eben noch Nachbarn miteinander gestritten haben, stürzen sie sich im nächsten Augenblick gemeinsam auf einen vorbeifliegenden Mäusebussard, der nichtsahnend in die »Alarmzone« der Kolonie geraten ist und Mühe hat, unzerzaust zu entkommen.

Flug- und Stimmaufwand, wie sie von den Saatkrähen zur Brutvorbereitung getrieben werden, gibt es in ähnlichem Ausmaß in unseren Breiten nur noch in den Kolonien von Lachmöwen und Seeschwalben. Während die Raben- und Nebelkrähen mit viel List ihr Einzelnest zu verbergen suchen, legen es die Saatkrähen geradezu darauf an, auf ihren Brutplatz aufmerksam zu machen. Die Balz geht mit gespreizten Flügeln und häufiger Futterübergabe vom Männchen an das Weibchen auf oder neben dem Nest vor sich. Auch wenn die Weibchen manchmal schon zeitig im April auf ihren drei bis sechs auf blauem oder grünem Grund gesprenkelten Eiern sitzen, bleibt es beim dauernden Kommen und Gehen: Die Männchen versorgen ihre allein brütenden Weibchen mit Nahrung. Sobald die Jungen nach knapp dreiwöchiger Brutzeit nackt und blind geschlüpft sind, bleibt dem Männchen zunächst weiterhin ausschließlich das Amt der Versorgung. Die Mutter behütet die hilflose Kinderschar rund zwei Wochen lang, bevor sie sich am Futterholen beteiligt.

Zu Anfang gibt es viel tierische Kost, und dadurch betätigen sich die Saatkrähen als nützliche Schädlingsvertilger. Erfahrene Landwirte wissen das und versuchen nicht etwa, wie es auch heutzutage noch, wenn auch seltener, vorkommt, den Saatkrähen im Winter mit vergiftetem Getreide zu Leibe zu rücken – ein nicht nur brutales, sondern auch sinnloses Vorgehen, denn die Scharen von Vögeln lassen sich so nicht dezimieren. In jedem Fall aber ist derlei Verfolgung gesetzwidrig und wird, wie sich in der Vergangenheit in mehreren Bundesländern gezeigt hat, von den Gerichten fühlbar bestraft. Früher war das gegen Schimmelpilze und andere Gefährdungen mit giftigen Chemikalien gebeizte Saatgetreide eine häufige Todesursache für Saatkrähen. Seitdem andere Mittel eingesetzt werden, gibt es dadurch keine Opfer mehr. Auch die Verschonung aller Rabenvögel von der Jagd in den meisten Bundesländern ist ein Grund für die erfreuliche Zunahme der Saatkrähen in den vergangenen zwei Jahrzehnten.

Wenn es auch auf den ersten Blick so aussieht, so ist Krähe doch nicht gleich Krähe. Saatkrähen

Die Zahl der Saatkrähen hat in den vergangenen drei Jahrzehnten in Mitteleuropa wieder zugenommen. In Deutschland hat sich die Verschonung der Rabenvögel von der Jagd positiv auf die Brutbestände ausgewirkt.

lassen sich an der Ausformung eines besonderen Kennzeichens von anderen unterscheiden: Die kahle Schnabelwurzel, deren helle Fläche wie ein grindiger Makel erscheint, dient vielleicht auch den Vögeln als individuelles Erkennungszeichen, soweit nicht schon die Stimme diese Funktion erfüllt. Mit der Rabenkrähe, der dunklen westlichen Form der Aaskrähe, ließe sich die Saatkrähe aus der Ferne schon verwechseln, wenn sie nicht überall ihren Hang zum Gruppenleben demonstrierte. So gilt die Faustregel: Eine einzelne Krähe oder ein einsames Krähenpaar ist ziemlich sicher die Art »Corvus corone corone«, ein Trupp hingegen setzt sich aus der Art »Corvus frugilegus« zusammen. Die östliche Form der Aaskrähe, die Nebelkrähe, die im Winter auch westlich der Elbe auftaucht, ist durch ihre hellen Federpartien kenntlich. Die Dohlen schließlich, mit denen die Saatkrähen gerne gemeinsam ziehen, sind die kleinsten der hiesigen Rabenvögel. Sie alle sorgen während der kalten Monate dafür, daß Bewegung in der Landschaft ist.

Allein das ist schon Grund genug, von Zeit zu Zeit einen ihrer Vertreter als Vogel des Jahres besonders herauszuheben und mit ihm für einen angemessenen Schutz der gesamten Gruppe der Rabenvögel, zu denen neben dem Kolkraben auch Elstern und Häher gehören, zu werben.

In Steppen, Savannen, auf Felder und Weiden

Weißstörche: Im Sommer folgen sie den Erntemaschinen, im Winter den Zebras

Für die meisten der in Nord- und Osteuropa brütenden Weißstörche neigen sich spätestens Anfang März die Tage zwischen Giraffen, Gnus, Zebras und anderen afrikanischen Wildtieren dem Ende zu. Nach einem zwei bis vier Monate währenden Aufenthalt im Winterquartier machen sich die Vögel auf den Weg nach Norden. Die meisten landen in den ersten beiden Aprilwochen in Deutschland und den Nachbarländern auf ihren Nestern. Vor allem diejenigen, die sich bis nach Südafrika abgesetzt haben, sind geraume Zeit unterwegs. Zwar fliegen sie schneller als auf dem Herbstzug, doch für die 10 000 Kilometer lange Strecke (Umwege und Nahrungsflüge nicht mit eingerechnet) von der Kap-Provinz bis zur Ostseeküste benötigen die Segelflieger auch bei günstigen Winden einige Wochen.

Nicht alle der auf noch eine halbe Million geschätzten »Hausstörche« leisten sich pro Jahr zwei so lange Reisen. Die Zuggewohnheiten hängen mit der Lage der Brutgebiete zusammen. Je nördlicher sie liegen, desto später im Jahr beziehen die Vögel ihre Nester. Entsprechend weniger Zeit bleibt den Störchen für das Ausbessern der meist schon seit Jahrzehnten bewohnten Niststätten, für Balz und Reviererkundung. In Südeuropa haben die Weißstörche mehr Muße, sich auf die Brut vorzubereiten.

In Spanien etwa, wo 1995 gut 16 600 Paare gebrütet haben (über fünftausend davon allein in der Estremadura), sind die meisten Horste in der zweiten Januarhälfte bezogen. Ende Februar, gelegentlich früher, beginnen die Weibchen dort mit dem Legen ihrer weißen Eier. In der Regel sind es drei bis fünf; bis zu sieben wurden aber auch schon gezählt. Da beide Altstörche meistens nach der Ablage des zweiten Eis abwechselnd zu brüten beginnen, schlüpfen die Jungen nach einunddreißig bis dreiunddreißig Tagen mit einem zeitlichen Abstand von bis zu zehn Tagen zwischen dem ältesten und dem jüngsten. Wenn in Spanien oder in Portugal, wo noch mehr als 2000 Paare nisten, die jungen Weißstörche schon aus dem Gröbsten heraus sind, beginnen in Deutschland und in Osteuropa die Artgenossen gerade mit der Brut. Noch anders sieht der Jahresrhythmus in Algerien, Marokko und Tunesien aus, wo »Ciconia ciconia« ebenfalls in größerer Zahl brütet. Auch die Weißstörche in der Türkei, in Iran und im Irak haben Aufzuchtzeiten und Zuggewohnheiten, die von denen der mittel- und osteuropäischen erheblich abweichen. Die kleine Brutpopulation, die es seit etwa zwanzig Jahren in langsam steigendem Umfang in Südafrika gibt, folgt einem ganz anderen inneren Kalender: Ihre Angehörigen brüten, wenn die europäischen Artgenossen sich dort als Wintergäste aufhalten.

Nur ein Teil der schwarzweiß gefiederten Vögel ist im Frühling auf dem Zug oder mit Brutvorbereitungen beschäftigt. Bis zum Alter von zwei bis fünf Jahren, wenn die Geschlechtsreife einsetzt, bleiben viele Weißstörche in Afrika. Bei günstigen Großwetterlagen unternehmen nicht wenige von ihnen in manchen Jahren Sommerausflüge nach Europa, in deren Verlauf sie bis an die nördliche Grenze ihres Verbreitungsgebiets, nach Südschweden und ans russische Ufer des Finnischen Meerbusens, gelangen können. Da kommt es vor, daß plötzlich in der Heuernte einhundert oder zweihundert »Adebars« eines Junggesellenverbands auf einer frisch gemähten Wiese landen und am nächsten Tag schon wieder weitergezogen sind. Es gibt

In Mitteleuropa bauen die Weißstörche ihre Nester meistens auf Hausdächern. In Südeuropa hingegen brüten sie häufig auf Bäumen, gelegentlich – wie hier in Südspanien – inmitten einer Brutkolonie von Graureihern.

aber auch Einzelreisende, die als Störenfriede Brutpaaren das Leben schwermachen und mitunter zu Kämpfen Anlaß geben. Auseinandersetzungen um den Besitz eines Nestes entstehen auch immer wieder nach der Ankunft im Brutgebiet. Selbst dort, wo genügend verwaiste Horste vorhanden sind, geraten Störche aufs heftigste aneinander. Gelegentlich endet das sogar mit dem Tod eines der Tiere.

Manche Auseinandersetzung rührt von der Nesttreue der Störche her. Besonders die Männchen kehren gern zu derselben Brutstätte zurück. Sie treffen in der Regel einige Tage vor den Weibchen ein. Da eine lebenslange »Ehe« wie etwa bei Gänsen und Kranichen unter Weißstörchen nicht besteht, klappern die Männchen mit ihrem langen roten Schnabel unter heftigem Flügelschlagen und -spreizen in jedem Frühling wieder eine Partnerin herbei. Da jedoch auch die Weibchen, wenn sie nicht schon unterwegs angeworben werden, die ihnen bekannte Gegend ansteuern, kommt es auf Grund der Ortstreue nicht selten über viele Jahre zu Verpaarungen derselben Störche.

Unnatürliche Verluste gibt es unter den Weißstörchen zur Genüge. Ihre Zahl hat vor allem in Mitteleuropa in den vergangenen fünfzig Jahren

In Steppen, Savannen, auf Felder und Weiden

rapide abgenommen, im Westen noch mehr als im Osten. Abgesehen von in menschlicher Obhut gezüchteten, freigelassenen und regelmäßig gefütterten Tieren gibt es etwa in den Niederlanden, wo 1939 noch mehr als dreihundert Paare brüteten, kein wildlebendes Paar mehr, das jedes Jahr Junge aufzieht. Die deutschen Zahlen gingen zwar mit der Wiedervereinigung deutlich nach oben, da im Osten mehr Weißstörche als im Westen brüten, doch der Trend zeigte zuvor jahrzehntelang nach unten. Von über 9000 Brutpaaren im Jahr 1934 ging die Zahl bis 1988 auf 2949 Paare zurück, in Westdeutschland besonders stark. 1992 brüteten in Deutschland wieder 3266 Paare, 2634 im Osten, 632 im Westen. 1999 wurden 4284 Brutpaare ermittelt. Als besonders erfreulich stellte der

Rechte Seite: Natürliche Storchennester werden in der europäischen Zivilisationslandschaft immer seltener. Doch wenn die Biotope in der Umgebung nicht geeignet sind, nützt der schönste Horstmast nichts. Umgekehrt ist selbst ein toter Baum noch gut genug für den Nestbau.

In ihren europäischen Brutgebieten zeigen die Weißstörche weniger Scheu vor den Menschen als auf dem Zug und in ihren Winterquartieren, wo ihnen häufig nachgestellt wird. Erntemaschinen folgen sie in geringem Abstand.

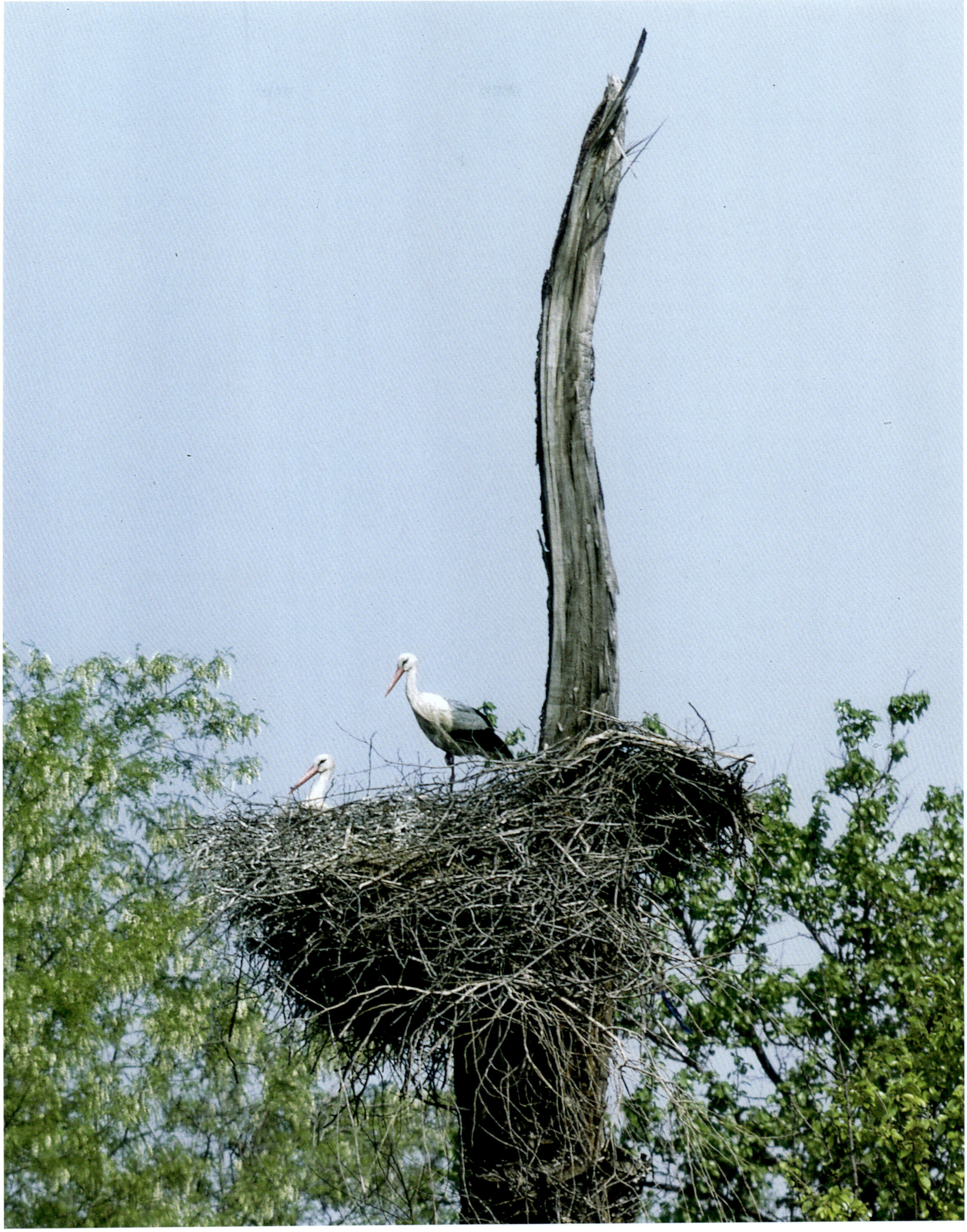

In Steppen, Savannen, auf Felder und Weiden

Naturschutzbund Deutschland (NABU) fest, daß sein Wappenvogel seit langem verwaiste Gebiete wiederbesiedelt hat.

Hatten die Weißstörche zunächst viele Jahrhunderte von der extensiven Landnutzung des Menschen profitiert und waren sogar – im Gegensatz zum scheu gebliebenen Schwarzstorch, dem Waldstorch, dessen Brutbestand in Mitteleuropa zur Zeit wächst – zum Kulturfolger geworden, so bleibt ihnen im Zeitalter intensiver Landwirtschaft immer weniger Lebensraum. (Das zeigt auch ein Blick nach Polen, wo die Landwirtschaft noch überwiegend kleinteilig betrieben wird. 1995 brüteten dort 40 990 Weißstorchpaare.) Zwar sind die bis zu gut 110 Zentimeter großen Vögel nicht, wie gemeinhin immer noch angenommen wird, überwiegend auf Frösche angewiesen, doch brauchen sie ein reiches Angebot an tierischer Nahrung. Im Winterquartier leben sie wochenlang nur von Insekten, vornehmlich Heuschrecken. Daher ist die chemische Bekämpfung der Heuschrecken und anderer Insekten in afrikanischen Ländern sehr schädlich für die Störche. Nicht wenige Tiere kommen dabei zu Tode.

Nach der Ankunft in den mitteleuropäischen Brutrevieren ernähren sich die Störche vor allem von Regenwürmern – und zehren von den im Winterquartier angelegten Fettreserven, wenn diese nicht auf dem Zug aufgebraucht wurden. Feldmäuse gehören später ebenso zur Nahrung wie Maulwürfe, Eidechsen, Frösche, Fische, Schlangen und Insekten. Selbst einen Junghasen sehen die Weißstörche mitunter als willkommene Beute an, ebenso die Jungen von am Boden brütenden Vögeln. Sitzen im Storchennest, das in Südeuropa viel häufiger auf einem Baum gebaut wird als hierzulande, drei bis fünf Küken, so müssen die Altvögel vom frühen Morgen bis zur Dunkelheit Nahrungsflüge absolvieren. Die Erntemaschinen der Bauern weisen ihnen oft den Weg zu den Plätzen, wo es etwas zu holen gibt – nicht selten getötete Kleinsäuger und Insekten. Je weiter die Jagdgründe vom Horst entfernt liegen, desto schwieriger wird es, den Nachwuchs großzuziehen. Mancher Jungstorch bleibt auf der Strecke oder wird sogar an die Geschwister verfüttert.

Feuchtes Grünland ist im Norden das bevorzugte Biotop, in Afrika sind es die Savannen mit ihrem Reichtum an Insekten, Reptilien und Kleinsäugern. Daß Weißstörche nicht wählerisch sind, zeigen sie auf dem Zug und im Winterquartier in der Nähe von Müllkippen. In Spanien stellen sich im Januar und Februar an einigen solcher Plätze bis zu tausend Störche gleichzeitig ein. Mancher gerät dabei an Unverdauliches oder Giftiges und geht ein, bevor er sein natürliches Höchstalter von einundzwanzig bis vierundzwanzig Jahren erreicht.

Nur wenige der in Deutschland brütenden Weißstörche ziehen noch auf der Westroute über Frankreich, Spanien und die Straße von Gibraltar ins westliche Afrika. Die meisten wählen die östliche Zugstraße, die über den Bosporus, die Türkei, den Libanon, Israel und Ägypten ins östliche und südliche Afrika führt. Die sogenannte Zugscheide zwischen West und Ost verläuft mitten durch Deutschland. Mit Hilfe von Beringungen und Satellitentechnik haben Ornithologen die Zuggewohnheiten der Weißstörche so gut wie bei keinem anderen Großvogel erforscht.

In manchen afrikanischen Ländern, etwa in Sudan, werden die Störche in jedem Oktober sehnsüchtig als Jagdbeute erwartet. Viele finden hier ein vorzeitiges Ende, unter ihnen ein gut Teil der noch unerfahrenen Jungvögel, die an ihren dunklen Schnäbeln und Beinen zu erkennen sind. In anderen Ländern sind die Weißstörche als Vorboten von Regen willkommen oder als Vertilger

Weißstörche: Im Sommer folgen sie den Erntemaschinen, im Winter den Zebras

von Feldschädlingen. Fast überall sind sie durch Stromleitungen gefährdet; mindestens zehn Prozent der Jungvögel verunglücken im ersten Halbjahr ihres Lebens tödlich an ihnen. Deshalb gehören die Verkabelung und die Umrüstung von Leitungen in Zusammenarbeit mit Stromversorgungsunternehmen zum Programm der Storchenschützer, vor allem an den Brutorten.

In Deutschland ist das südwestlich von Wittenberge an der Elbe gelegene brandenburgische Dorf Rühstädt am beliebtesten unter den Weißstörchen: Hier brüten mehr als vierzig Paare, auf manchen Dächern gleich drei nebeneinander. Gefolgt wird Rühstädt vom Dorf Wahrenberg in Sachsen-Anhalt, ebenfalls in der Elbtalau gelegen. Im schleswig-holsteinischen »Storchendorf« Bergenhusen, wo 1939 noch neunundfünfzig Storchenpaare gezählt wurden, waren es 2000 immerhin wieder dreizehn Paare. Sie zogen zusammen vierzig Junge auf. Hier unterhält auch der Naturschutzbund Deutschland in Zusammenarbeit mit der schleswig-holsteinischen Landesregierung und der vor allem im Gewässerschutz engagierten Michael-Otto-Stiftung für Umweltschutz seit 1993 sein »Institut für Vogelschutz – Naturschutzzentrum Bergenhusen«. Es widmet sich vorrangig dem Schutz des Weißstorchs.

Im europäischen Sommer sind es Kühe und Pferde, im südafrikanischen Sommer Zebras, Gnus und Elefanten, denen die Weißstörche in den Weidegebieten Gesellschaft leisten.

In Steppen, Savannen, auf Felder und Weiden

Kiebitze: Zu viele werden noch in Europa geschossen

Verbringen, wenn die Temperaturen nur unbedeutend und für kurze Zeit unter null Grad fallen, nicht wenige Kiebitze die Tage zwischen November und Februar auch einmal in der Norddeutschen Tiefebene oder am Rhein, so ziehen selbst die mit Kälte vertrauteren Vögel aus Osteuropa und Asien nach den ersten Schneefällen und mit dem Einsetzen von Dauerfrost scharenweise nach Italien, Südwestfrankreich, Spanien, Portugal und Nordafrika ab. Von den nordeuropäischen mag es auch einige auf die Britischen Inseln verschlagen, wo sie die Reihen der dort beheimateten Artgenossen verstärken.

Kiebitze, deren Gefieder aus einiger Entfernung schlicht schwarzweiß aussieht, aus der Nähe aber viele zarte Farbtöne zeigt, sind in klimatisch günstigen Jahren in größerer Zahl Strichvögel. Vor einem strengen Winter indes fliehen sie von ihrem Geburtsort als echte Zugvögel mitunter mehr als fünftausend Kilometer weit. Dabei legen manche der durchschnittlich gerade 200 Gramm leichten rebhuhngroßen Vögel aus der Familie der Regenpfeifer derartige Entfernungen sowohl von Osten nach Westen und umgekehrt als auch auf einer Nord-Süd-Achse zweimal im Jahr zurück. Von solchen Rekordflügen wissen Ornithologen durch den Wiederfund oder den Fang von beringten Vögeln, und daher ist zu vermuten, daß es Vertreter der Art »Vanellus vanellus« auf noch weitere Strecken bringen. Ähnlich wird es mit dem Höchstalter sein, das im »Handbuch der Vögel Mitteleuropas« noch mit neunzehn Jahren, elf Monaten und dreiundzwanzig Tagen angegeben ist. Auch diese Daten lieferte ein Ringvogel. Neuere Erkenntnisse besagen, daß Kiebitze älter als fünfundzwanzig Jahre werden können.

Seit vielen Jahren haben die Vögel, die in einem etwa zweitausend Kilometer breiten Nord-Süd-Streifen zwischen den Färöern und Norwegen im Nordwesten und der Mandschurei im Nordosten sowie von der Mongolei bis nach Südspanien und Marokko im Süden brüten, nicht genügend Nachwuchs, um den einst zahlreichen Bestand aufrechtzuerhalten. Besonders große Einbußen erleiden die Kiebitze seit gut einem Vierteljahrhundert im westlichen Europa durch die Landwirtschaft. Bauern und Großagrarier richten unter den am Boden brütenden und auf Feuchtland angewiesenen Vögeln erheblichen Schaden an, der sich auch mit einzelnen Naturschutzmaßnahmen nicht ausgleichen läßt. Der Kiebitz zählt unter den vierundzwanzig Angehörigen seiner Unterfamilie Vanellinae zwar zu den robustesten Arten, er kann dank einer angeborenen Flexibilität auch mit manchen Widrigkeiten fertig werden, durch die Veränderung seines Lebensraums aber ist er besonders getroffen.

Wiesen und Weidegrünland, feuchte, kurzrasige Ränder von Sümpfen und Mooren sind die vom »Feldpfau« bevorzugten Landschaften. Schlimm genug, daß in der Vergangenheit mehr Feuchtwiesen durch Gräben und Dränagen entwässert und daß sie zu einem Gutteil zudem in Ackerland umgewandelt wurden. Doch auch dort, wo die Bauern weiter Gras als Viehfutter wachsen lassen,

Wer ihn aus der Nähe sieht, ist über die schillernde Farbenpracht des aus der Ferne und im Flug schlicht schwarzweiß erscheinenden Kiebitz überrascht. Am Boden zeigt er auch seine kecke Gefiederhaube.

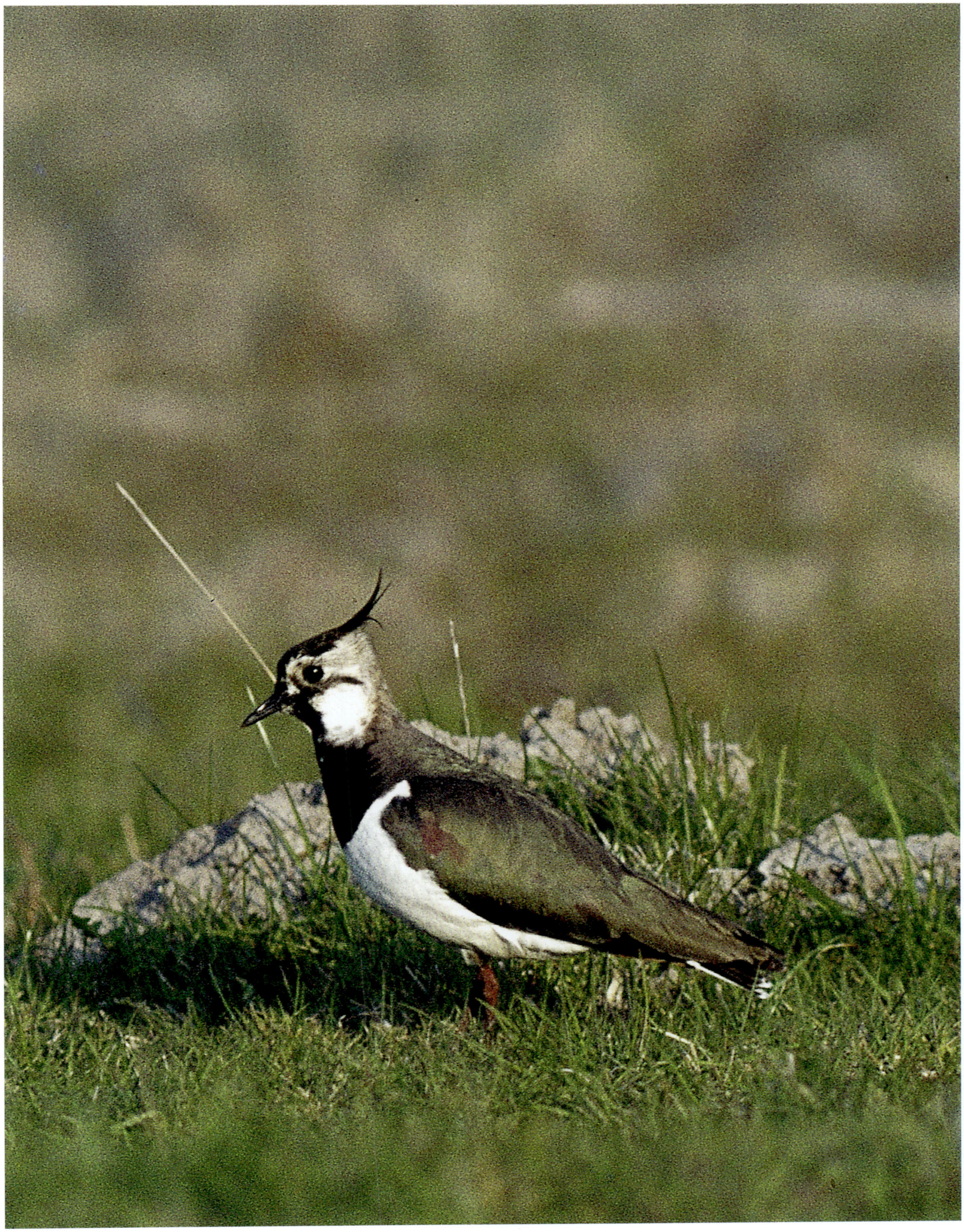

In Steppen, Savannen, auf Felder und Weiden

ist das Grünland nicht mehr von der Beschaffenheit, wie sie der Kiebitz zur Nahrungssuche, zur Brut und zur Jungenaufzucht braucht. Angewiesen auf einen weichen Wiesen- oder Weidegrund, in dem er mit seinem für einen Schnepfenvogel recht kurzen Schnabel Würmer, Käfer, Insektenlarven und anderes Getier erbeutet, tun sich viele Kiebitze nach ihrer Rückkehr aus dem Winterquartier schwer, hinreichend ergiebige Nahrungsflächen zu finden, in denen nicht der Boden mit Gülle getränkt ist. In einem kalten Frühjahr fallen die verspätete Rückkehr der Kiebitze und der zögernde Durchzug vieler weiter östlich beheimateter Vögel mit dem späten Ausbringen von Flüssigdung zusammen. Dann kommt es in der Nähe des Rheins zu einem gewaltigen Rückstau von mehreren zehntausend Kiebitzen, die sowohl mit der Kälte als auch mit erheblichem Nahrungsmangel zu kämpfen haben.

Die zweite fatale Wirkung der intensiven Düngung entfaltet sich, wenn sich ein Kiebitzpaar nach lautstarker Balz mit kunstvoller Flugakrobatik für einen Brutplatz entschieden hat. Früher bot sich an vielen Orten die Gelegenheit, das namengebende »Kiewitt« der Vögel mit den abgerundeten Schwingen zu hören. Galt der »Moorkrächzer« noch bis in die sechziger Jahre auch im Binnenland als Allerweltsvogel, so haben sich selbst im norddeutschen Marschland seine Reihen seitdem gelichtet.

Ein Gutteil der Balz findet in der Luft statt. Dafür ist das Männchen besonders ausgerüstet. Die inneren Handschwingen seiner abgerundeten Flügel sind verlängert und verbreitert. Diese »Schallschwingen« erzeugen während des Fluges besondere Geräusche. Mit leicht verzögertem Flügelschlag gelingt es dem Kiebitzmännchen, weithin vernehmbare wummernde und sausende Laute zu erzeugen.

Um ein Weibchen für eine Brutsaison zu gewinnen, macht ein Kiebitzhahn am Boden mit viel Körperwippen und Kopfnicken, mit Flügelspreizen und Knicksen auf sich aufmerksam, bevor er wieder zu tollkühnen Flugkapriolen in die Luft steigt. Seine Vorführungen, die von Loopings über Sturz- und Steilflüge bis hin zur Rolle allerhand Kunststücke beinhalten, wären nur halb so eindrucksvoll, riefe der Kiebitzmann dabei nicht dauernd lautstark seinen Namen und unterstrichen nicht lautmalerisch die Fluggeräusche das Schauspiel. Auf diese Weise imponiert er nicht nur einem Weibchen, sondern er schüchtert mit seinen Sturzflügen und Verfolgungsattacken auch Boden- und Luftfeinde ein, die es auf das aus vier gesprenkelten Eiern bestehende Gelege oder auf die nach einer Brutzeit von 26 bis 29 Tagen geschlüpften Jungen abgesehen haben.

Das Weibchen sucht die Bedrohung mit einem Trick abzuwenden: Wie viele andere Regenpfeiferartige stellt es sich flügellahm und »verleitet« den Menschen, den Fuchs, die wildernde Katze oder auch die Krähe, indem es sie von der Nestmulde im Gras oder von den tarnfarbenen Jungen, die sich beim ersten Warnlaut der Mutter flach auf den Boden drücken, fortlockt. Erst wenn genügend Abstand erreicht ist, können die Kiebitzeltern plötzlich wieder gut fliegen, und sie klagen auch nicht mehr mit herzerweichenden Rufen.

Wenn sie in der Luft sind, läßt sich das besondere Kennzeichen der »Riedschnepfen« nur erahnen. Dann nämlich haben sie ihre charakteristische Federholle am Hinterkopf angelegt. Wenn sie stehen oder laufen, ragt der Federschopf mancher Vögel gut zwanzig Zentimeter in die Höhe. Bei den Männchen fällt dieser Schmuck meistens etwas üppiger aus, sie tragen auch vom Schnabelansatz bis zur Brust einen im Vergleich zu den Weibchen größeren schwarzen Fleck. Am Boden

Kiebitze: Zu viele werden noch in Europa geschossen

kommt die ganze Farbenpracht des Gefieders erst dann zur Wirkung, wenn die Sonne auf den Flügeln ein grünes, violettes, goldenes, purpur- und kupferfarbenes metallisches Schillern hervorruft. Die Oberschwanzdecken sind von zarter rotbrauner Farbe.

Zwischen den Balzflügen, mit denen es auch Nebenbuhler auf die Grenzen seines Territoriums hinweist, dreht das Männchen am Boden immer wieder mal mit der Brust vor dem Weibchen eine Nestmulde ins Gras. Nicht selten dauert es einige Tage, bis das Weibchen sich endgültig für die Lage der künftigen Brutstätte entscheidet. Wichtig ist für die Wahl, daß der Bodenbewuchs nicht zu hoch ist. In der Vergangenheit sind immer mehr Kiebitze dazu übergegangen, ihr Nest auf einen im April noch niedrig oder – etwa beim Mais – gar nicht bewachsenen Feld anzulegen. Wenn das Gelege nicht von einem Trecker mit angehängter Walze oder von Ackergeräten zerdrückt wird, wächst es oftmals infolge der starken Düngung während der vier Wochen dauernden Brutzeit derart schnell zu, daß das Kiebitzpaar die Brut vorzeitig aufgibt oder aber daß sich die Jungen, die als Nestflüchter das Nest kurz nach dem Schlüpfen verlassen, in dem hohen Bewuchs weder fortbewegen können noch – tierische – Nahrung finden. Viele Kiebitzküken erfrieren oder verhungern in zu hohem Futtergras, das alle anderen Blütenpflanzen erstickt und damit auch das Aufkommen von Insekten verhindert.

Zwar geben Kiebitze, die hierzulande in einem milden Frühling schon Ende März mit dem Eierlegen beginnen, nicht so schnell auf, und ein Weibchen kann bis zu fünf Gelege in einem Jahr zeitigen, doch selbst dann gelingt die Jungenaufzucht oft nicht. So kann sich ein Kiebitzpaar jahrelang immer wieder an demselben Ort einstellen, ohne daß es ihm gelingt, einen Beitrag für die Arterhaltung zu leisten. Den Menschen aber erscheint es so, daß die standorttreuen Vögel immer wieder zurückkehren, weil sie sich anscheinend so wohl fühlen. Bis zu dem Frühjahr, in dem sie schließlich nicht mehr auftauchen. Und es gibt keine Jungen, die ihre Tradition fortsetzen. Nicht wenige der Vögel kommen auch deshalb nicht aus ihrem Winterquartier in Südeuropa zurück, weil sie einem Jäger zum Opfer gefallen sind. In Griechenland, Italien, Spanien und Frankreich etwa dürfen Kiebitze – im Gegensatz zu Deutschland und anderen mittel- und nordeuropäischen Ländern – von Herbst bis Ende Januar oder sogar bis Ende Februar geschossen werden. Daß dabei eine große Zahl von Vögeln zu Tode kommt, beweist die letzte amtliche Zahl aus Frankreich: Von August 1983 bis Februar 1984 wurden dort 1 357 000 Kiebitze erlegt. Das ist ein Vielfaches des Brutbestandes in Deutschland, der – mit abnehmender Tendenz – auf knapp 100 000 Paare geschätzt wird. In Frankreich kommen heute aber nicht mehr so viele Vögel durch die Flinten von Jägern ums Leben wie vor zehn Jahren, denn es gibt längst nicht mehr so viele Kiebitze. Eine Jagdzeitverkürzung um wenigstens einen Monat, wie sie vom Europarat angestrebt wird, könnte in Südeuropa künftig zumindest einem Teil der dort überwinternden und dort brütenden Kiebitze das Leben retten. Noch sinnvoller wäre es, die Jagd auf Kiebitze europaweit einzustellen. Doch wer in der jüngeren Vergangenheit die politischen Auseinandersetzungen um die Jagd und eine Verkürzung der Jagdzeiten in Frankreich verfolgt hat, wird wenig Hoffnung haben, daß sich in absehbarer Zeit etwas wesentlich ändert. Das gilt auch für andere südeuropäische Länder wie Malta, wo jährlich Tausende von Greif- und Singvögel ihr Leben durch Jäger verlieren. Hier fehlt noch die Durchsetzungskraft europaweiter Rechtsnormen.

In Steppen, Savannen, auf Felder und Weiden

Zwergmäuse: Ein Weibchen hat bis zu einhundert Nachkommen im Jahr

Die größeren Tiere können sich meistens durch Flucht retten, wenn die Mähdrescher im Sommer das schützende Dickicht der Getreidehalme abschneiden und das Korn aus den Ähren schlagen. Doch bei den kleinen Tieren, die ihr Quartier zwischen den Weizen-, Gersten-, Roggen-, Hafer- oder Rapsfeldern eingerichtet haben, geraten nicht wenige in den Schlund der Erntemaschinen. Für die meisten bedeutet das ihr vorzeitiges Ende. Zwischen gehäckseltem Stroh, im festgepreßten Strohballen oder gar im Korntank finden sich manche mehr oder weniger verstümmelte Tierkadaver. Neben Insekten und den flugunfähigen Jungen aus späten Vogelbruten kommen zur Erntezeit vor allem kleine Säugetiere zu Tode. Während es solchen, die in Erdhöhlen wohnen, in der Regel gelingt, rechtzeitig ihr unterirdisches Versteck aufzusuchen, bevor die Haspel das Getreide ans Mähmesser liefert, sind jene, die ihre Nester im oberen Bereich der Halme gebaut haben, schlecht dran. Zu ihnen zählen die Zwergmäuse.

Die mit einer Körperlänge von fünfeinhalb bis siebeneinhalb Zentimetern (der Schwanz ist etwa noch einmal so lang) mit einem Gewicht von fünf bis sieben Gramm kleinsten Angehörigen der Familie der Echten Mäuse oder Langschwanzmäuse (Muridae) errichten im frühen Sommer mit Vorliebe ihre Nester zwischen Schilf-, Gras- und Getreidehalmen. Bei ihren Klettertouren in schwankender Höhe benutzen die Kleinstnagetiere ihren mit 120 bis 150 Ringen ausgestatteten Schwanz als Greifwerkzeug derart geschickt, daß sie alle vier Beine gleichzeitig zum Zusammenziehen und Verbinden von Halmen einsetzen können. Auf diese Weise entsteht bisweilen in wenigen Stunden aus Gras-, Schilf- oder Getreidehalmen ein luftiges Kugelnest mit einem kleinen Loch als Einstieg. Die Ausstattung des Innenraumes beansprucht etwas mehr Zeit, denn dazu raspeln die Tiere Pflanzenteile klein, so daß eine weiche Unterlage entsteht. Die Wege zur Nahrung sind nicht weit: Samen, Getreidekörner und kleine Insekten bieten sich vom späten Frühjahr bis in den Herbst in den oberen »Stockwerken« des Pflanzenbewuchses besonders reichlich an. Mit Vorliebe siedeln sich Zwergmäuse am Rand von Getreidefeldern an, wo in der Übergangszone zu Feldrainen oder Wiesen und Weiden das Nahrungsangebot vielseitig ist.

Das kommt nicht zuletzt dem Nachwuchs zugute. In der Kugelbehausung wirft das Weibchen nach einer Tragzeit von nur drei Wochen drei bis fünf, gelegentlich bis zu acht Junge. Sie wiegen anfangs knapp ein Gramm, sind nackt und blind. Noch bevor sich nach acht bis zehn Tagen ihre Augen öffnen, klammern sie sich schon mit ihren kleinen Pfoten überall fest – und wenn es an den Zitzen der Mutter ist. Nicht einmal drei Wochen dauert die Zeit des Säugens. Mit zwei Monaten sind die Jungtiere bereits geschlechtsreif. In trockenen und warmen Jahren kann eine Zwergmaus in der Zeit zwischen Mai und Oktober vier- bis sechsmal »jungen«. Die »Kindeskinder« inbegriffen, bringt es ein Weibchen innerhalb von sechs Monaten folglich mitunter auf mehr als einhundert Nachkommen. Der zahlreiche Nachwuchs ist auch vonnöten, denn Zwergmäuse werden in Freiheit durchschnittlich nicht einmal zwei Jahre alt. Daher muß sich eine genügend große Populationsreserve immer wieder schnell erneuern. Wer Zwergmäuse im Terrarium hält, kann ein Lied von der Fruchtbarkeit der rötlichbraunen Tiere mit

Zwergmäuse: Ein Weibchen hat bis zu einhundert Nachkommen im Jahr

dem weißen Bauch singen: Viel zu schnell ist oft die Kapazität des Mäusezoos erreicht, und man weiß nicht mehr, wohin mit den possierlichen Tierchen. Zwar führen sie ein geselliges Leben, aber bei zu großer Enge kann es zu Todesfällen aus Streß kommen. In Gefangenschaft werden Zwergmäuse drei bis vier Jahre alt.

Zwar können sich diese kleinen Mäuse gegen ihre vielen Feinde wie Fuchs, Wiesel, Iltis, Mäusebussard, Turmfalke, Schleiereule, Waldkauz, Krähe und Kreuzotter nicht wehren, aber ein Trick hilft ihnen häufig dabei, übersehen zu werden. Wie manche anderen Tiere erstarren die Zwergmäuse bei Gefahr, oder sie lassen sich zu Boden fallen. Das übrigens hilft ihnen auch gelegentlich zur Erntezeit, wenn der Mähdrescher naht. Das Kugelnest mit den Jungen geht verloren, aber die Alttiere retten sich auf die Erde. Dort richten sie sich auch für den Winter ein. Sie verbringen die kalte Jahreszeit in einer Höhle oder in einem Gebäude, unter Stroh und Heu in einem geräumigen Nest zu mehreren. Da sie nicht zu den Schlafmäusen, wie etwa die Haselmaus, gehören, sondern eine der rund vierhundertsechzig bisher bekannten Arten der »Echtmäuse« sind, müssen sie dafür sorgen, daß sie den Winter hindurch genügend Nahrung in erreichbarer Nähe haben.

Ihre Vorliebe für reife Getreidekörner im Spätsommer muß manche Zwergmaus mit dem Leben bezahlen. Die kleinen Nager halten mit großer Fruchtbarkeit dagegen.

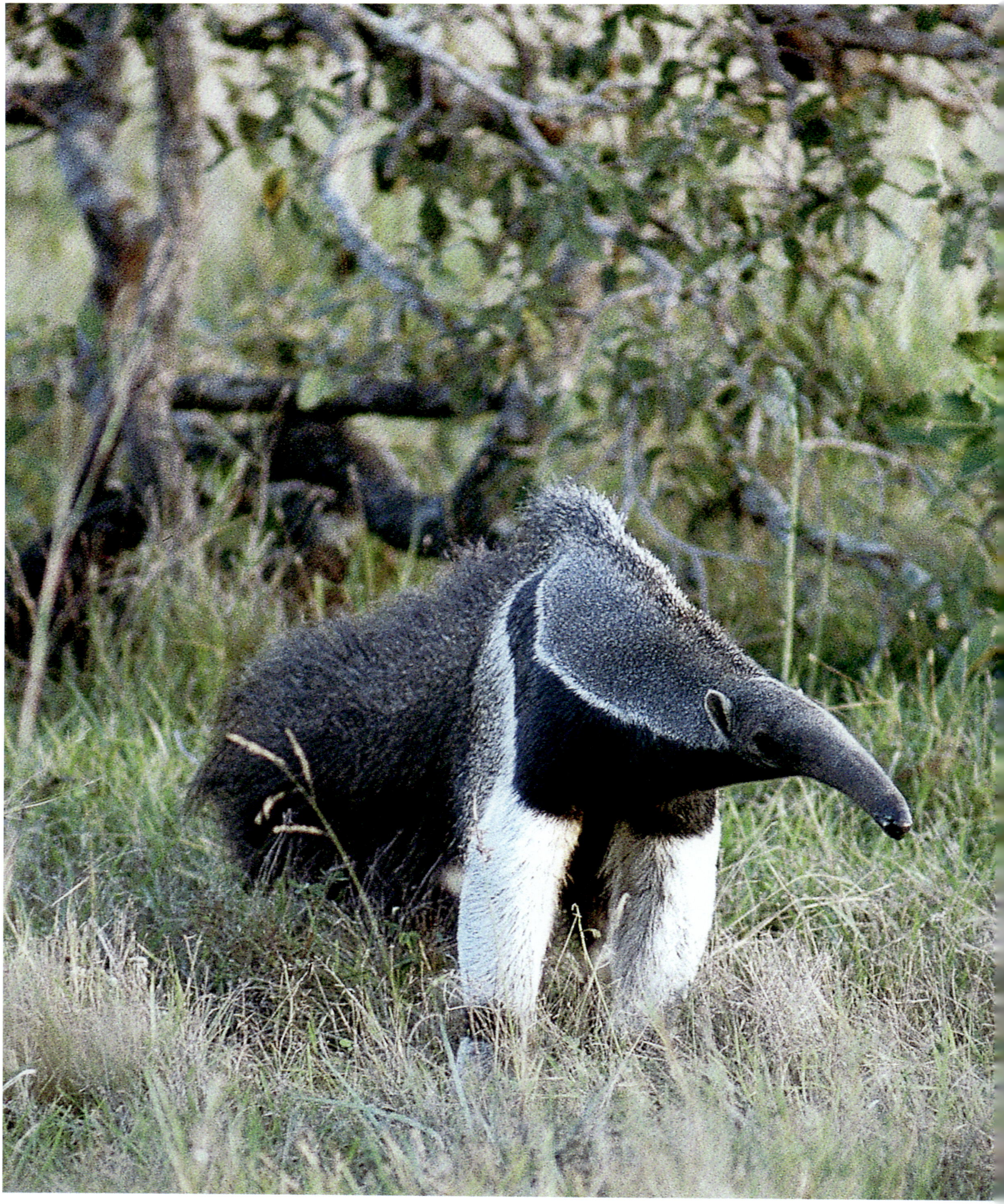

Großer Ameisenbär

Großer Ameisenbär: Seine Krallen sind eine gefährliche Waffe

Die Tarnung ist perfekt. Die Große Ameisenbärin und ihr Junges erscheinen wie unter einem gemeinsamen Fell. Instinktiv schmiegt sich das nach einer halbjährigen Tragzeit geborene Einzelkind dort auf dem Rücken der Mutter an, wo die Streifung beider Tiere ineinander übergeht. Und so bleibt manchem Beobachter in ihrer südamerikanischen Heimat selbst aus nicht allzu großer Entfernung verborgen, daß er zwei dieser seltsamen Lebewesen vor sich hat. Der plumpe schaukelnde Gang und der lange buschige Schwanz tragen noch zur Täuschung bei. Auf den derart geschützten und bequemen Platz vertraut denn das Junge auch noch lange, nachdem es seiner Mutter auf den eigenen vier Beinen folgen kann. Ausgewachsen und bis zu vierzig Kilogramm schwer sind die Tiere im Alter von zwei Jahren. Schon vorher trennen sie sich von der Mutter, um überwiegend als Einzelgänger durch die großen, mit Gras und lockerem Buschwerk bewachsenen Ebenen, die Pampas und Savannen des nordöstlichen und mittleren Südamerikas, zu ziehen. Bei ihren auch tagsüber unternommenen Kontrollen von Ameisennestern und Termitenhügeln, aus denen sie innerhalb von vierundzwanzig Stunden bis zu 30 000 Insekten mit ihrer klebrigen, gut fünfzig Zentimeter langen regenwurmförmigen Zunge herausklauben, legen sie große Entfernungen zurück.

Nicht nur anatomisch gehört der Große Ameisenbär zu den herausragenden Tiergestalten. Auch die Art, wie er Termitenbauten »knackt«, ist einmalig.

In Steppen, Savannen, auf Felder und Weiden

Um an die Termiten heranzukommen, muß der Große Ameisenbär meistens erst seine langen, scharfen Vorderkrallen einsetzen. Wer gesehen hat, mit welcher Leichtigkeit das Tier dicke zementharte Wände aufbricht, versteht, daß mancher Jaguar oder Puma seinen Angriff auf einen Großen Ameisenbär mit dem Leben bezahlt hat. In höchster Gefahr stellt sich der früher zur Ordnung der Zahnarmen (Edentaten), heute zu den Nebengelenkträgern zählende Insektenfresser auf die Hinterbeine, umarmt seinen Gegner und schlägt ihm die nadelspitzen Krallen in den Leib. Mehrfach wurden verendete Jaguare und Große Ameisenbären in einer solchen tödlichen Umklammerung gefunden.

Dabei sind die urtümlich anmutenden Tiere mit dem langen Röhrenkopf von Natur aus friedfertig. Schaden fügen sie auch dem Menschen nicht zu. Dennoch werden sie in Ländern wie Argentinien, Brasilien, Paraguay oder Costa Rica immer wieder illegal verfolgt. Ohne jeden Sinn, denn einen wirtschaftlichen Nutzen bringt ein toter Ameisenbär seinem »Jäger« nicht. Die lang behaarte Decke ist kaum zu verwerten. Und ein Kunststück ist es auch nicht, eines der harmlosen Tiere zu erschlagen. Mit welcher Leichtigkeit ein Großer Ameisenbär im Laufen einzuholen und zu stellen ist, führt jeder Wildhüter in einem Nationalpark mit Vergnügen vor. Beim Laufen sind die Grabkrallen an den Vorderfüßen (die von manchen Zoologen auch Hände genannt werden) ein Handikap: Die Füße werden mit nach innen gezogenen Krallen auf der Außenkante aufgesetzt. Kein Wunder also, daß die Tiere fast jedem Verfolger an Geschwindigkeit unterlegen sind. Geht es im Nationalpark dem Wildhüter um die friedliche Demonstration der Hilflosigkeit und damit der Schutzbedürftigkeit des Tieres, so verliert in freier Wildbahn mancher Ameisenbär nach kurzem Fluchtversuch durch einen einzigen Knüppelschlag auf den Schädel sein Leben.

Die Zahl der Großen Ameisenbären hat in der Vergangenheit auch durch die Umwandlung von Naturland in Agrarflächen stark abgenommen. Je mehr sich der Mensch mit Ackerbau und Viehzucht ausbreitet, desto größer wird eine weitere Gefahr: Vorsätzlich gelegte Feuer, die altes Gras vernichten und den Boden düngen sollen, werden manchem »Fahnenträger« (so nennen die Brasilianer den »Tamandua bandeira« scherzhaft wegen seines großen buschigen Schweifes) zum Verhängnis. Im Jahre 1980 zerstörte ein solch illegal entfachter Brand einen großen Teil des Emas-Nationalparks im zentralbrasilianischen Staat Goiás. Als die Wildhüter später die verkohlten Flächen absuchten, fanden sie die Reste von sechs Ameisenbären. Einer der sonst nur am Boden lebenden Tiere hatte sich in seiner Todesangst vergeblich auf einen Baum retten wollen. Stürbe der Große Ameisenbär, der längst auf der Roten Liste der von der Ausrottung bedrohten Tierarten geführt wird, eines Tages durch die Schuld des Menschen aus, so verschwände damit nicht nur ein einzigartiges Säugetier von der Erde, sondern es fände auch eine lange stammesgeschichtliche Entwicklung ihr Ende. Die Ameisenbären (neben dem »Großen« gibt es den kleineren Tamandua und den baumwipfelbewohnenden Zwergameisenbär), die Faultiere und die Gürteltiere gelten als die letzten Vertreter einer einstmals großen Ordnung der Nebengelenkträger. Deren Angehörige zeichnen sich durch zusätzliche Wirbelgelenke aus, und bis vor etwa zehntausend Jahren gab es noch Riesenformen von ihnen. Weil Südamerika rund siebzig Millionen Jahre keine Landverbindung zu den anderen Kontinenten hatte, konnten sich die Nebengelenktiere hier besonders gut entwickeln und ihre letzten Vertreter sich bis heute halten.

Kanincheneulen

Kanincheneulen: Sie sehen fortwährend erstaunt aus

Die weißen Schmelzflecken auf dem Termitenhügel im rund 100 000 Hektar großen Emas-Nationalpark, 700 Kilometer südwestlich von Brasilia, deuten darauf hin, daß die beiden Kanincheneulen ihn schon häufig als Ausguck benutzt haben. Von dort starten sie zu ihren Jagdflügen, die Insekten, kleinen Säugetieren, Fröschen, Kriechtieren und selbst kleinen Vögeln gelten. Es sei denn, sie müssen ihre bernsteingelben Augen auf eines der wenigen Autos richten, die das brasilianische Schutzgebiet im Bundesstaat Goiás auf den sandigen Pisten durchfahren. Da die Kanincheneulen, ähnlich wie die nahe mit ihnen verwandten Steinkäuze in Europa, Nordafrika und Asien, mit Vorliebe tagsüber ihrer Beute nachstellen, bekommt der Besucher fast immer einige von ihnen zu Gesicht.

Angeborene Neugierde läßt die 21 bis 28 Zentimeter großen Vögel länger an ihrem Platz ausharren, wenn sie gestört werden, als die meisten anderen Tiere. Ja, sie verschaffen sich sogar in der Regel eine bessere Aussicht, wenn ihnen etwas nicht geheuer vorkommt. Statt sich zu verbergen, recken sie sich zunächst am Boden auf ihren für Eulen ungewöhnlich langen Beinen in die Höhe. Doch im kahlen Gras reicht die »Pfahlstellung« häufig nicht, um sich den rechten Überblick zu verschaffen. Dann steuern sie mit weichem Flügelschlag

Ihre langen Ständer mit den krallenbewehrten Fängen benutzen die Kanincheneulen nicht nur zum Beutefang, sondern auch zum Graben und Erweitern ihrer Bruthöhlen im Erdboden.

In Steppen, Savannen, auf Felder und Weiden

eine erhöhte Sitzwarte an. Je rätselhafter ihnen der Anblick von hier aus erscheint, desto merkwürdiger gebärden sich die kleinen Erdeulen: Mal drücken sie ihren Körper zu einem Federball zusammen, mal strecken sie ihn schlank nach oben; sie schaukeln und knicksen mit ihrem Körper, drehen den Kopf hin und her; sie fliegen eine kurze Runde und landen wieder auf demselben Platz, um von neuem mit dem Rucken und Wenden zu beginnen. Das kann viele Minuten dauern. Die helle Iris der Augen, die erstaunt zu blicken scheinen, unterstreicht die Komik der Vorführung und das Koboldhafte der kleinen Vogelgestalten.

»Burrowing Owl« – die Eule, die sich eingräbt – nennen die Amerikaner die reizvoll braunweiß gemusterten Bewohner offener Gras- und Buschflächen. Vom südwestlichen Kanada über den Westen der Vereinigten Staaten, Mittelamerika bis nach Feuerland ist sie anzutreffen. Meist aber erspart sich »Speotyto cunicularia«, wissenschaftlich auch als »Athene cunicularia« geführt, die Arbeit und nutzt die Grabtätigkeit anderer für sich: Zum Brüten quartiert sich das in Dauerehe zusammenlebende Paar in die Erdbauten von Gürteltieren, Erdhörnchen, Präriehunden, Murmeltieren, Kaninchen, Kojoten, Füchsen, Schlangen und anderen Tieren ein. Nicht selten bewohnen die sandfarbenen Erdeulen ihre Mietwohnung gemeinsam mit den Eigentümern, benutzen aber einen eigenen Eingang, der an Nahrungsresten, zumeist als Gewölle ausgewürgt, zu erkennen ist. Oder aber an den Jungen, die ihre Eltern vor der Höhlenöffnung erwarten, sobald sie älter als drei Wochen sind. Vier, fünf oder sechs zählt die Nachkommenschaft, doch sind auch schon Bruten von einem Dutzend junger Kanincheneulen entdeckt worden. Eine derartig große Kinderschar, die nach vierwöchiger Brut aus den kleinen weißen, fast runden Eiern schlüpft – immer im Abstand von einem oder zwei Tagen, so wie die Eier gelegt wurden –, kann das Elternpaar nur großziehen, wenn die Ernährungslage optimal ist.

Nicht nur Nahrungsengpässen fallen manche der Tiere zum Opfer. Wer im Erdbau lebt, muß mit unliebsamen Begegnungen rechnen. Gegen lebensbedrohende Räuber, zu denen in Südamerika auch der selten gewordene Mähnenwolf gehört, hilft ihnen nicht selten ein Trick: Alte wie Junge können das unheilverkündende Rasseln der Klapperschlangen täuschend echt nachahmen. Die meisten neugierigen Beutegreifer ziehen es daraufhin vor, nicht weiter ins Erdinnere einzudringen. Außer derartigen Abwehrlauten geben vor allem die Männchen während der Balz Rufe von sich, die sowohl an einen Kuckuck als auch an einen Steinkauz erinnern.

Kanincheneule, wie die kleinen Erdhöhleneulen auch gelegentlich genannt werden, harren mitunter lange bewegungslos auf ihrer Sitzwarte aus, solange sie satt sind und nichts ihren Argwohn oder ihre Neugier erregt. Sobald aber ihre Jagdlust erwacht, werden sie recht munter. Nach Falkenart überfliegen sie dann kreuz und quer ihr Jagdrevier und bleiben immer wieder mal im Rüttelflug in der Luft »stehen«. Dabei fixieren sie unter sich ein Beutetier oder eine Stelle am Boden, die ihre Aufmerksamkeit erregt hat. Flügelschlagend nehmen sie Maß, stoßen in die Tiefe und packen mit ihren krallenbewehrten Fängen zu. Größere Fluginsekten, gelegentlich auch einen Kleinvogel, schnappen sie sich geschickt im Flug.

Südamerikanische Kanincheneulen, die nicht wie ihre nordamerikanischen Verwandten zweimal im Jahr zwischen ihrer Brutheimat und einem Winterquartier hin- und herziehen müssen, haben die Aussicht, ein paar Jahre länger zu leben. Ein Alter von achtzehn Jahren gehört aber auch bei ihnen schon zur Ausnahme.

Tukane: Ihr Schnabel ist federleicht

Pfefferfresser hat man ihn früher genannt, weil er gelegentlich ganze Paprikaschoten oder auch nur deren Kerne verzehrt. Doch weniger sein Appetit auf scharfe Kost als sein Aussehen führt dazu, daß der Riesentukan weit über seine südamerikanische Heimat hinaus bekannt ist und sogar als Sinnbild für die neotropische Natur und deren Erhaltung dient. Er ist der größte, wenn auch nicht der bunteste in seiner Familie, die mit vierzig Arten zur Ordnung der Spechtvögel zählt. Keiner seiner Verwandten, die von Mexiko im Norden bis nach Argentinien und Brasilien im Süden beheimatet sind, hat einen so großen Schnabel wie er. Bis zu 23 Zentimeter in der Länge und an der Wurzel annähernd zehn Zentimeter in der Höhe kann er bei einem Männchen messen, wobei die obere Hälfte den größten Teil ausmacht. Der leicht abwärts gebogene scharfkantige Schnabel nimmt mehr als ein Drittel der Körperlänge des Vogels ein. Rechnet man den für das Gleichgewicht nötigen ebenfalls recht langen Schwanz ab, so übertrifft der Schnabel den Körper um einiges. Insgesamt erreicht der Riesentukan eine Länge von gut sechzig Zentimetern und ist damit knapp so groß wie ein Kolkrabe.

Der gelbe und orangefarbene Schnabel mit der dunklen Spitze seiner oberen Hälfte und der schwarzen Umrandung an der Wurzel bestimmt das Erscheinungsbild des Riesentukans. Zwar tragen manche andere Tukane noch buntere Schnäbel, und auch ihr Gefieder weist mehr Farben auf, doch mit dem »Toco toucan« nimmt es keiner auf, was die bizarre Gestalt betrifft. Sie wirkt auf den ersten Blick unausgewogen. Schaut man den Vögeln, die außerhalb der Brutzeit gern zu zweit oder in kleiner Schar durch die Baumkronen des Urwaldes, des lichteren Steppenwaldes oder entlang der Flüsse Brasiliens streifen, bei der Nahrungssuche zu, wird man schnell zum Bewunderer ihrer Geschicklichkeit. Mit der Spitze ihrer klobigen Schnäbel pflücken sie kleinste Früchte und öffnen Schalen von Nüssen, ohne die Schalen von ihren Stengeln zu trennen. Dabei hüpfen und turnen die überwiegend dunkel gefiederten Riesentukane auch auf dünnen Ästen leichtfüßig umher, als wögen sie kaum etwas. Wenn sie sich in die Höhe strecken, sind ihre helle Kehle und auch das rote Unterschwanzgefieder besonders gut zu sehen. Im Gesicht bildet die unbefiederte orangefarbene Haut einen reizvollen Kontrast zur hellblauen Iris.

Die Bewunderung des Beobachters verwandelt sich in ungläubiges Staunen, wenn er einen Riesentukan zum ersten Mal fliegen sieht. Es scheint, als würde er jeden Moment kopfüber abstürzen.

Der Regenbogentukan verdankt seinen Namen den fünf Farben seines Schnabels. Er lebt zwischen dem tropischen Mexiko und dem nördlichen Südamerika.

In Steppen, Savannen, auf Felder und Weiden

Doch der gewaltige Schnabel, der den Vogel scheinbar in die Tiefe zu ziehen droht, ist federleicht. Zwischen seinen Hornlamellen gibt es, ähnlich wie in Bienenwaben, viele Lufträume. Dennoch ist der Schnabel äußerst stabil. Als wollten sie das immer wieder testen, schlagen die Riesentukane mit ihm häufig gegen Äste und erzeugen dadurch lautes Geklapper. In der Luft geben die bunten Vögel allerdings ein groteskes Bild ab: Es scheint, als folge der Körper mit schnellen Schlägen der verhältnismäßig kurzen Flügel dem Schnabel, der die Richtung weist. Da die Tukane nach mehreren Schwingenschlägen mit ausgebreiteten Flügeln kleine Pausen einlegen, ergibt sich eine wellenähnliche Flugbahn mit Steig-, Gleit- und Sinkstrecken. Die Vögel legen ungern größere Entfernungen über freies Gelände zurück, da sie sich in der Luft nicht gegen einen Greifvogel wehren können. In der Nähe ihres Nistbaumes indes gehen die Tukane aber auf manchen Angreifer mit ihrem Schnabel los. Noch lieber versammeln sich bei Gefahr mehrere von ihnen und schreien dem Eindringling mit ihren rauhen Stimmen die Ohren so lange voll, bis er die Flucht ergreift. So verteidigen sie meistens auch erfolgreich ihr in einer Baumhöhle angelegtes Nest, in dem beide Partner abwechselnd knapp drei Wochen zwei bis vier weiße Eier bebrüten. Sechs Wochen füttern die Eltern ihre Jungen mit Samen, Beeren, Früchten, großen Insekten, kleinen Säugetieren und Reptilien sowie – als ausgewiesene »Nesträuber« – mit jungen Vögeln. Manch ein Riesentukan wurde sogar schon am Ufer von Gewässern beim Fischfang

Zwei Riesentukane im Baum mit ihren Lieblingsfrüchten im brasilianischen Teil des Pantanal, eines großen Binnendeltas mehrerer Flüsse.

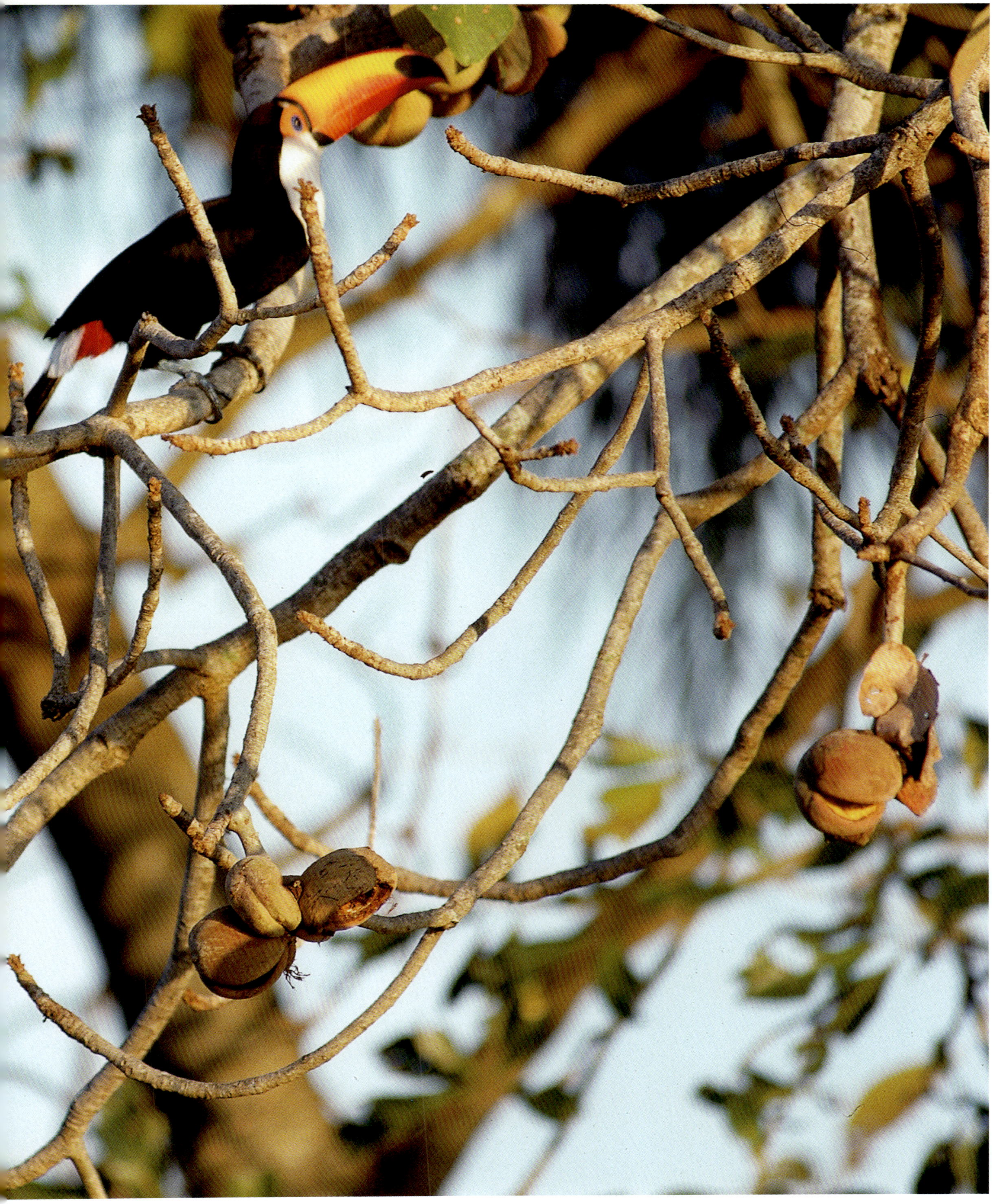

In Steppen, Savannen, auf Felder und Weiden

beobachtet. Nach dem Ausfliegen bleibt die Familie noch eine Zeitlang beisammen, doch spätestens vor der nächsten Brut vertreiben die Altvögel ihre Jungen aus dem Nestrevier. Seiner Bruthöhle bleibt ein Paar jahrelang treu, wenn es nicht von einem Arapaar daraus vertrieben wird.

Riesentukane sind bei den Ureinwohnern Brasiliens aus mehreren Gründen beliebt: Ihr Fleisch schmeckt gut, ihre Federn und Schnäbel lassen sich zu Schmuck verarbeiten, und als von Hand aufgezogene Nestlinge sind sie unterhaltsame Haus- und Hofgenossen. Tagsüber können sie allerhand Unfug anstellen, wie es bei uns zahme freifliegende Rabenvögel tun. Zur Nacht nehmen sie eine ganz besondere Schlafstellung ein: Sie legen den Schnabel auf ihren Rücken und klappen den Schwanz hoch. Das ist eine Haltung, die sie wohl auch beim Brüten in der Höhle bevorzugen. Sie läßt sich auch in Zoologischen Gärten beobachten, in denen die Menschen Tukanen wegen ihrer Gestalt und Farbigkeit große Aufmerksamkeit widmen. Dabei verwechselt mancher unerfahrene Besucher, wenn er die Hinweise auf den Schildern nicht liest, die Tukane nicht selten mit den aus Afrika und Asien stammenden Nashornvögeln. Auch sie haben große gebogene Schnäbel, manche sogar mit einem zusätzlichen Höcker. Als Angehörige der Rackenvögel (zu denen unter anderen die Eisvögel und Wiedehopfe zählen) sind die Nashornvögel mit den Tukanen aber nicht verwandt.

Gut getarnt vor neugierigen Blicken, macht sich der Bunttukan über die dicht an dicht wachsenden Palmfrüchte her.

Gürteltiere: Gepanzert, aber behende

Sobald sich das Gürteltier auf den Hinterbeinen aufrichtet, steht es um die Chancen eines sich anschleichenden Feindes schlecht. Aber auch der harmlose Beobachter, der dem eigentümlichen Tier etwas näher auf den Panzer rücken wollte, hat Sekunden später das Nachsehen. Seine kleinen Augen nehmen zwar nicht viel wahr, dafür aber hört und wittert das Gürteltier um so besser. Mit einer Schnelligkeit, die man ihm vom Aussehen her nicht zutraut, ist der Vertreter der Nebengelenktiere (zu denen neben den Gürteltieren auch Faultiere und Ameisenbären zählen) von der Bildfläche verschwunden. Entweder hat er so hurtig, daß selbst ein Hund ihn über eine kurze Strecke nicht einholt, einen seiner Erdbaue erreicht oder er gräbt sich in rasender Eile mit seinen scharfen Klauen in den Boden. Dabei dient der gepanzerte Rücken als Schutzschild, und der Verfolger wird derartig mit Erdklumpen und herumfliegenden Steinen bedeckt, daß er es oftmals vorzieht, von weiteren Zudringlichkeiten abzusehen.

Armadillo nennen die Süd- und die Mittelamerikaner das Gürteltier, und diesen Namen hat das Neunbinden-Gürteltier nach Nordamerika mitgebracht, als es sich um 1900 über die mexikanische Grenze nach Norden ausbreitete. Heute hat »der Gepanzerte« große Teile der südlichen Vereinigten Staaten besiedelt und ist der häufigste Angehörige aller drei Gattungsgruppen innerhalb der durch ein gutes halbes Dutzend Arten vertretenen Familien. Alle Verwandten sind auf Lateinamerika beschränkt. In früheren Erdzeitaltern allerdings waren die Gürteltiere in wesentlich mehr und größeren Formen weiter verbreitet. Zwar gibt es auch heute noch ein Riesengürteltier, das mit rund fünfzig Kilogramm den Gewichtsrekord in der Sippe hält, aber es ist ein Zwerg im Verhältnis zu den mehrere Meter langen Vorfahren.

Urtümlich jedoch ist nicht nur das Aussehen geblieben, sondern auch einige Veranlagungen und Verhaltensweisen scheinen sich über Jahrmillionen erhalten zu haben. Das bis zu acht Kilogramm schwere und etwa halbmeterlange (den dreißig bis vierzig Zentimeter langen Schwanz nicht mitgerechnet) Neunbinden-Gürteltier wartet mit einer Vielfalt von Eigentümlichkeiten auf. Sie fangen bereits mit der Geburt an. Ein Weibchen bringt stets vier Junge desselben Geschlechts zur Welt. Diese eineiigen Vierlinge haben im Mutterleib eine mehrwöchige Keimruhe hinter sich gebracht, bevor sie nach einer echten Tragzeit von knapp fünf Monaten in einem unterirdischen Kessel geboren werden. Vom ersten Lebenstag an sind sie kleine Panzertiere – mit offenen Augen und in der Gestalt ihrer Eltern. Auch können sie schon nach wenigen Stunden laufen.

Doch dauert es einige Wochen, bis sie sich selbständig auf Insektenjagd begeben können. Solange werden sie von ihrer Mutter regelmäßig gesäugt. Häufig bleiben sie in ihrem Gefolge, bis die Mutter sich aufs neue einem Freier zuwendet. In Texas geschieht das in aller Regel im September und im Oktober. In den südlichen Ländern liegt die Paarungszeit rund zwei Monate früher. Seinen Zusatz zum Namen verdankt das Neunbinden-Gürteltier der besonderen Anordnung seines Knochenpanzers. Wie die einzelnen Teile einer geschmiedeten Ritterrüstung durch Leder verbunden waren, so sind seine einzelnen Schildplatten untereinander durch eine Haut beweglich. Beim »Dasypus novemcinctus« legt sich die Knochenrüstung in neun Bändern um Rücken und Flanken; der Bauch bleibt unbewehrt und ist behaart. Der Schwanz hingegen hat ebenfalls eine feste Umhüllung.

In Steppen, Savannen, auf Felder und Weiden

Nicht selten macht das Gürteltier schon lange, bevor es sich zeigt, durch Schnüffelgeräusche und das Rascheln in Gras und Laub auf sich aufmerksam. Ja, das ist vielfach sogar alles, was man von ihm wahrnimmt, denn die meisten Aktivitäten entwickeln die Tiere während der Nacht. Im Winter, wenn es nachts zu kalt ist, geht es allerdings in seinem nördlichen Verbreitungsgebiet bevorzugt tagsüber auf Nahrungssuche. Dabei ist ihm seine feine Nase das wichtigste Hilfsmittel, bevor es zum Angriff auf die Beute übergeht. Beim Durchstreifen des Geländes stößt es seine rüsselartige Schnauze immer wieder in den Boden, um nach Freßbarem zu wittern. Wo ein Neunbinden-Gürteltier durchgezogen ist, zeugen zahllose kleine Einstiche im Erdreich von seiner Untersuchungstätigkeit. Wittert der Jäger in der Tiefe Engerlinge, Käfer, Ameisen, Termiten oder anderes wirbelloses Getier, gräbt er mit den scharfen Klauen seiner Pfoten blitzschnell danach und ist in wenigen Augenblicken zu seinen Opfern vorgedrungen. Wegen dieser Jagdtechnik bevorzugen die Tiere Gebiete mit weichem Boden. Besonders gerne siedeln sie sich in der Nähe von Flüssen und Bächen an. In ihrem Revier haben sie viele Baue, von denen manche auch nebenher als Insektenfallen dienen.

Obwohl sie keine guten Schwimmer sind, sondern eher wie Hunde paddeln, beherrschen die Neunbinden-Gürteltiere das nasse Element auf meisterliche Art. Ihr ziemlich hohes spezifisches Gewicht erleichtern sie, indem sie Lungen, Magen und Därme mit Luft vollpumpen und länger als fünf Minuten speichern. Dadurch können sie sich gut über Wasser halten. Die Luft halten sie auch an, wenn sie schnell graben müssen. So kommt ihnen kein Staub in die Atemwege.

Wissenschaftler haben 488 verschiedene Arten von Nahrung im Magen des Neunbinden-Gürteltieres gefunden, darunter einen kleinen Anteil pflanzlicher Kost. Bei fünf von 281 Untersuchungen stießen sie auch auf die Reste von Vogeleiern. Sicherlich liegt es an der vielfältigen Speisekarte der Tiere, daß ihr Fleisch mancherorts als Delikatesse geschätzt wird. Mancher, der einen Gürteltier-Braten sucht, braucht heutzutage nicht mehr auf die Jagd zu gehen. Da genügt es, nachts mit dem Auto die Straßen abzufahren und ihn aufzusammeln. Wie bei uns die Igel, so enden in etlichen Gebieten Amerikas die Gürteltiere bei ihren Streifzügen unter den Rädern auf dem Asphalt. Mit dem Unterschied, daß es beim Neunbinden-Gürteltier einen härteren Schlag tut und manchmal sogar eine Beule im Blech zurückbleibt.

Linkes Bild: Bei vermeintlicher Gefahr richtet sich das Neunbinden-Gürteltier auf den Hinterbeinen auf, um besser mit seiner feinen Nase die Luft prüfen zu können.

Wo er ungestört ist, zeigt sich der Armadillo, das Neunbinden-Gürteltier, in seiner amerikanischen Heimat auch tagsüber außerhalb seines Erdbaues.

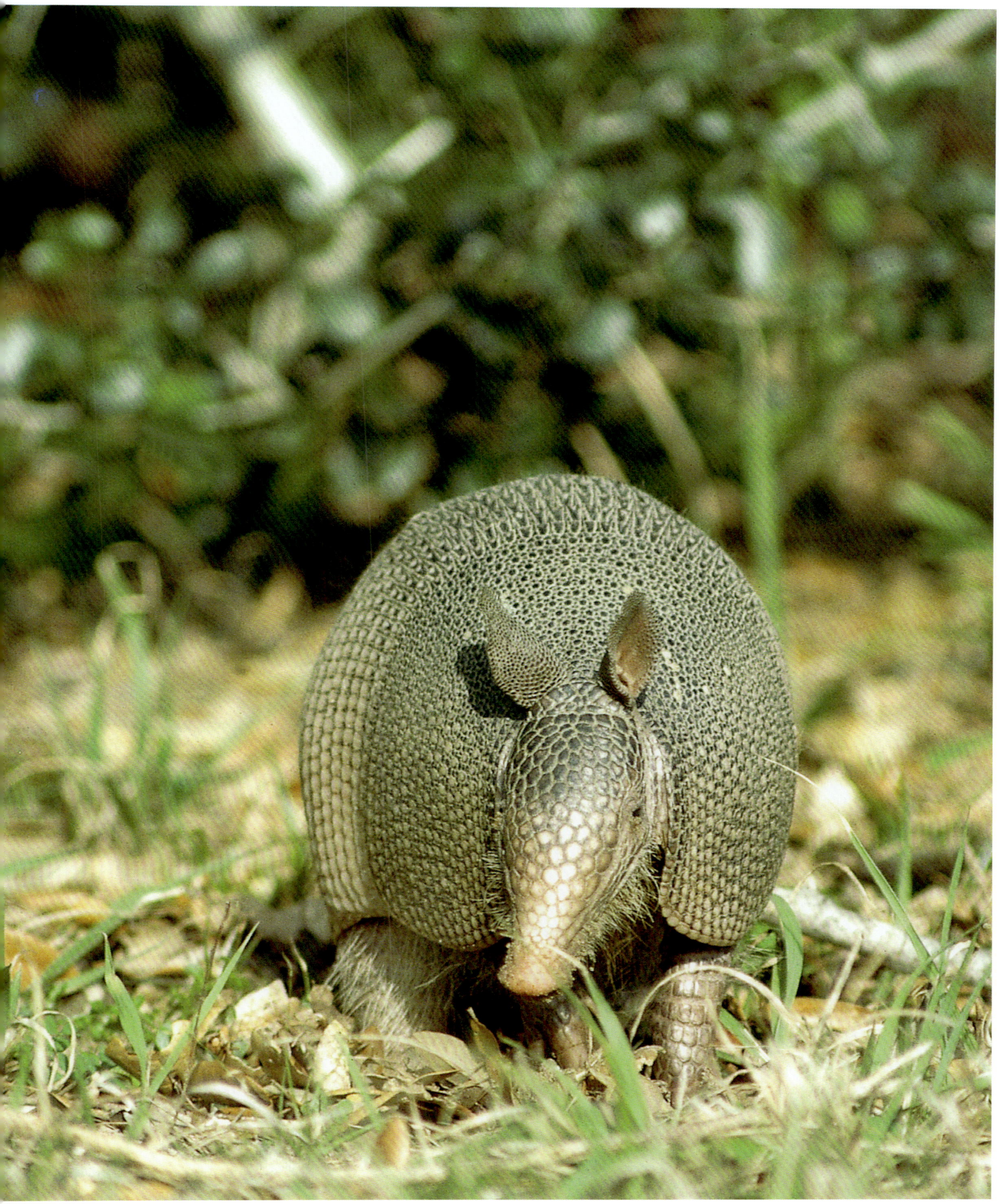

Kanadakraniche: Die meiste Zeit des Jahres unterwegs

Je näher der Zeitpunkt des Aufbruchs zum langen Flug nach Norden rückt, desto unruhiger werden die Kanadakraniche an den verschiedenen Überwinterungsplätzen im Süden der Vereinigten Staaten und in Mexiko. Doch es ist nicht nur die Zugunruhe, von der die graubraunen großen Vögel erfaßt werden. Gegen Ende des Winters steigt die Lust zum Balzen und damit die Freude am Tanzen. Darin unterscheiden sich die Kanadakraniche nicht von den übrigen vierzehn Arten der Kranichfamilie (Gruidae), die – bis auf die Antarktis – über alle Kontinente verteilt leben. Nirgendwo anders aber machen sich zwischen Ende Februar und Anfang April so viele auf die jährliche Reise in die Brutgebiete wie in Nordamerika. Und keine Angehörigen einer anderen Art in der mit den Rallen und Trappen verwandten Familie überwinden dabei derart große Entfernungen wie einige der Kanadakraniche.

Mehrere zehntausend des auf gut eine halbe Million geschätzten Gesamtbestandes von Kanadakranichen legen nach ihrem Start am Golf von Mexiko etwa achttausend Kilometer zurück, bevor

Auf ihrem zweimal im Jahr stattfindenden Zug zwischen ihrem Brutgebiet und ihrem Winterquartier wechseln etliche Kanadakraniche sogar die Kontinente. Mehr als sechstausend Kilometer legen sie dabei zwischen dem südlichen Nordamerika und Sibirien zurück.

sie nach mehreren Wochen im Norden der Halbinsel Kamtschatka ankommen oder gar bis zum Lena-Delta vordringen. Dabei überqueren sie den ganzen nordamerikanischen Teil des Kontinents, ziehen über die Beringstraße nach Sibirien und sind auch dann noch lange nicht an ihren Nistplätzen in der Tundra- und Taigalandschaft angelangt.

Kanadakraniche legen, oft zusammen mit den ebenfalls nordwärts strebenden Wildgänsen, auf ihrem Frühjahrszug immer wieder eine Rast ein. Manchmal verweilen sie wochenlang an einem Ort, bevor es weitergeht. Die Pausen sind notwendig, um neue Kräfte zu sammeln und so lange zu warten, bis an den Brutorten der Winter gewichen ist. Die im hohen Norden Kanadas und Sibiriens nistenden Vögel können ihre Eier erst gegen Ende Mai oder Anfang Juni legen. Dann führt schon manches Kanadakranichpaar in einem der nörd-

In Steppen, Savannen, auf Felder und Weiden

lichen amerikanischen Bundesstaaten seine zwei Jungen seit ein paar Wochen.

Auf den verschiedenen Zugstraßen, dem Eastern, Central und Western Flyway, die naturkundlich interessierten Amerikanern, vor allem aber den Jägern ein Begriff sind, haben die Naturschutzbehörden eine Kette von Schutzgebieten geschaffen, in denen die Zugvögel weitgehend ungestört rasten können. Neben den rund fünfzig Nationalparks gibt es vierhundertdreißig Nationale Wildschutzgebiete (National Wildlife Refuges), die unter der Obhut des U. S. Fish and Wildlife Service stehen. In vielen dieser »Refugien«, die sich über mehr als 36 Millionen Hektar Land und Wasser erstrecken, werden für die Vögel eigens Futterpflanzen angebaut. Mais, Sorghum und Luzerne sind bei den Kanadakranichen besonders beliebt.

Zum Ausbau des Netzes von Schutzgebieten hat die Einrichtung »Ducks Unlimited« nicht unerheblich beigetragen. Vor allem Wasserwildjäger kaufen die »Duck Stamps« (Enten-Briefmarken). Rund vierhundert Millionen Dollar sind auf diese Weise seit dem Jahr 1934 für den Ankauf von Feuchtgebieten und deren Pflege verwendet worden. Neben den nach Millionen zählenden Enten und Gänsen, Wat- und Schnepfenvögeln profitieren davon vor allem auch die Kraniche.

Auf dem Herbstzug werden jedoch jedes Jahr etwa 20 000 Kanadakraniche geschossen. In einigen kanadischen Provinzen und nordamerikanischen Bundesstaaten ist die Jagd auf den Kanadakranich noch gestattet. Vorbei sind aber die Zeiten, in denen sie dutzendweise auf den Märkten zum Verkauf angeboten wurden.

Die vom wissenschaftlichen Namen »Grus canadensis« abgeleitete deutsche Bezeichnung ist eher mißverständlich. Vom »sandhill crane«, wie die Amerikaner und Engländer ihn nennen, gibt es nämlich sechs Unterarten. Drei dieser Sandhügelkraniche, wie sie gelegentlich auch auf deutsch genannt werden, bleiben das ganze Jahr ihrer Heimat treu. Florida-Kranich, Mississippi-Kranich und Kuba-Kranich sind, nicht zuletzt wegen ihres kleinen Verbreitungsgebietes, stark gefährdet. Die Angehörigen der anderen drei Unterarten sind größtenteils Zugvögel. Die meisten der rund 40 000 Großen Kanadakraniche brüten in den nördlichen Bundesstaaten der Vereinigten Staaten. Die Unterscheidung zwischen dem Kleinen Kanadakranich (mit rund 500 000 Tieren trägt er dazu bei, daß die Art die zahlreichste in der Kranichsippe ist) und dem Kanadakranich ist nur von Zoologen nachzuvollziehen. Größe und Gewicht unterscheiden sich innerhalb der Art stärker als das Aussehen: Von knapp 90 Zentimeter bis über 110 Zentimeter reicht die Körperhöhe, und das Gewicht liegt zwischen 2700 Gramm und 5500 Gramm.

Gute Vergleichsmöglichkeiten bieten sich im Frühjahr am Platte River im amerikanischen Bundesstaat Nebraska. Hier versammeln sich auf dem Zug nach Norden mehr als 400 000 Angehörige der drei nicht standortgebundenen Unterarten und treffen dort sogar auf ihre anderen nordamerikanischen Verwandten, die Schreikraniche. Von ihnen gibt es dank aufwendiger Schutzarbeit in den vergangenen fünfzig Jahren (erst) wieder rund zweihundertfünfzig Vögel in der freien Wildbahn. (Im Januar 2001 wurden bei einem »Census« genau 259 Schreikraniche in ihren Winterquartieren gezählt.) Das Schicksal von »Grus americana« schien zur Mitte des vergangenen Jahrhunderts, als es nur noch ein knappes Dutzend der großen weißen Vögel gab, besiegelt zu sein. Jetzt sollen Wiederansiedlungsprojekte in Florida und Wisconsin seinen Bestand weiter stabilisieren.

Jungfernkraniche: Zur Mittagsstunde am Wasser

Die Ruhepausen der Jungfernkraniche auf den sandigen Inseln und an den kahlen Ufern der Stauseen im nordwestindischen Staat Gujarat werden im März immer kürzer. »Zugunruhe« hat die mit einer Körperhöhe von knapp einem Meter kleinsten Vögel der fünfzehn Arten umfassenden Kranichfamilie erfaßt.

Standen die am Kopf mit zwei weißen Federbüscheln auffällig geschmückten Vögel zwischen November und Februar stundenlang müßig in dichten Pulks zusammen, um den heißesten Teil des Tages vergehen zu lassen, so erheben sich einzelne Gruppen jetzt auch zur Mittagsstunde immer häufiger und streben kreisend in die Höhe.

Das Beispiel der ersten Starter macht schnell Schule, und nicht selten sind bald viele hundert, mitunter sogar einige tausend Jungfernkraniche rufend in der Luft. Sie alle üben den Aufbruch nach Norden zu ihren Brutgebieten, die sich in einem breiten Band durch die Steppen von der Mongolei im Osten bis nach Südosteuropa erstrecken. Ein gewaltiges Areal, das vielen Vögeln Platz bietet.

Entsprechend groß ist immer noch ihre Zahl: Nach den Kanadakranichen und den in Eurasien beheimateten Grauen Kranichen stellen die Jungfernkraniche mit zweihundert- bis zweihundertvierzigtausend Vögeln das drittgrößte Kontingent innerhalb ihrer Sippe. So drängen sich denn auch in einigen Überwinterungsgebieten Zehntausende der zierlichen Tiere auf den Rastplätzen zusammen. In Gujarat sind es in manchen Jahren über einhundertfünfzigtausend und damit mehr als die Hälfte der Gesamtpopulation.

Im Spätherbst und Winter haben die Jungfernkraniche sich den Tag recht genau eingeteilt. Am frühen Morgen starten sie in kleineren Flugverbänden von ihren Schlafinseln auf die umliegenden Felder, wo sie – nicht gerade zur Freude der Bauern – ihren Teil von den Aussaaten ernten. Dabei halten sie sich sowohl an frisch in den Boden eingebrachte Körner als auch an Getreide auf dem Halm. Neben Mais, Weizen, Hirse, Reis und Gerste schätzen sie besonders die in Indien häufig angebauten Kichererbsen. Auf ihren Nahrungsflügen schwärmen die Kraniche dreißig und mehr Kilometer sternförmig von ihren Rastplätzen aus. Im Lauf des Vormittags kommen die meisten hierher zurück, manche vorzeitig, weil sie von den Feldbesitzern verscheucht wurden. Am Nachmittag sind sie wieder unterwegs und kehren vor Einbruch der Dunkelheit heim zu den Sammelpunkten. Es ist ein faszinierendes Schauspiel, wenn nacheinander Tausende der Vögel aus großer Höhe einschweben und mit heiserem, den Rufen unserer einheimischen Kraniche ähnlichem Geschrei zur Landung ansetzen. In mondhellen Nächten bleiben viele auch in den Feldern.

In der kleinen Stadt Khichan im indischen Bundesstaat Rajasthan, der an Gujarat angrenzt, werden regelmäßig Jungfernkraniche während ihres Winteraufenthaltes gefüttert. Jeden Morgen landen kurz vor Sonnenaufgang bis zu sechstausend der Vögel auf einem eingezäunten Hof, um eng gedrängt und ohne Scheu vor den nahen Menschen, das am Abend ausgestreute Getreide aufzupicken. Nach einer knappen Stunde sind alle Körner vertilgt, und die Kraniche fliegen in die den Ort umgebende Wüste Thar, auf bewässerte Felder und an künstliche Seen.

Je näher im März der Zeitpunkt des Abfluges in die Brutgebiete rückt, desto unruhiger werden die Vögel. Neben dem Trainieren der Flugmuskulatur, neben dem Überprüfen der Großwetterlage und der Windbedingungen, zu dem sich einzelne

In Steppen, Savannen, auf Felder und Weiden

Trupps mitunter mehrere tausend Meter hoch in die Luft schrauben, geht es auch am Boden bewegt zu. Unverpaarte Vögel, die mit dem zweiten Lebensjahr geschlechtsreif werden, balzen nicht heftiger als solche Männchen und Weibchen, die schon lebenslang zusammengehören, diesen Bund aber in jedem Frühjahr mit Tänzen, Luftsprüngen, gegenseitigem Umschreiten und dem Hochwerfen von Stöckchen und Steinen bekräftigen.

Mindestens siebenundzwanzig Jahre alt können Jungfernkraniche werden. Das Höchstalter erreichen allerdings die wenigsten Vögel in freier Wildbahn. Etliche werden auf dem Zug geschossen oder gefangen, obwohl sie in vielen ihrer Brutgebiete wie auch an zahlreichen Überwinterungsplätzen von der Bevölkerung beschützt werden. Früher waren die Jungfernkraniche stärker im Südosten Europas verbreitet, und es gab auch in Spanien wahrscheinlich eine Brutpopulation. Aber durch zunehmende Landerschließung gingen viele Brutplätze verloren. Bis in die jüngste Vergangenheit lebte noch ein kleiner Bestand im Nordwesten Afrikas, doch scheinen die Brutgebiete in Algerien, Marokko und Tunesien nunmehr verwaist zu sein.

Ein Teil der im westlichen Asien beheimateten Jungfernkraniche zieht indes in jedem Winter ins östliche Afrika. Die Ufer des Nils sind ein bevorzugter Rastraum, doch dringen einige Vögel auch bis Äthiopien vor. Auf ihrem Zug legen viele dieser Afrikabesucher eine Rast auf Zypern ein.

Jungfernkraniche: Zur Mittagsstunde am Wasser

Sind die Jungfernkraniche in ihre bis zu dreitausend Meter über dem Meeresspiegel gelegenen Brutgebiete zurückgekehrt, so lösen sich die Zugverbände schnell auf. Zur Aufzucht der Jungen beansprucht jedes Paar ein eigenes Territorium. Im Gegensatz zu den meisten ihrer Verwandten, die sich zur Brut in Sümpfe und Moore zurückziehen, legen die Jungfernkraniche ihre zwei (selten drei) Eier auf den sandigen oder steinigen Steppenboden, auf Äckern oder auf Grasland. In aller Regel richten sie ihre Brutstätte aber nicht allzu weit vom nächsten Gewässer entfernt ein, allein schon deshalb, damit der Weg zur Tränke wenig Zeit beansprucht.

Knapp vier Wochen bebrüten beide Partner abwechselnd das Gelege, noch einmal so lange dauert es, bis die Kranichjungen flügge sind. Sie ernähren sich anfangs ausschließlich von Insekten, werden aber später vornehmlich zu Vegetariern. Einen dicken Käfer oder einen fetten Wurm verschmäht jedoch auch ein erwachsener Jungfernkranich nicht.

Mittags ist im Winter die Zeit des Ausruhens und des Trinkens. Dazu verlassen die Jungfernkraniche die Felder in ihrem nordwestindischen Refugium und versammeln sich in manchmal großer Schar an Seen und aufgestauten Wasserflächen.

In Steppen, Savannen, auf Felder und Weiden

Nilgau-Antilopen: In ihrer Heimat immer seltener

Ein trauriger Anlaß rückte Indiens größte Antilopenart 1983 in die Schlagzeilen: Um gegen die drohende Ausrottung der Nilgau-Antilopen zu protestieren, hatte sich ein fünfundzwanzig Jahre alter Mann in einem Dorf im Bundesstaat Uttar Pradesch öffentlich verbrannt. So wenig wirksam wahrscheinlich die Verzweiflungstat war, so berechtigt ist die Sorge indischer Naturschützer bis heute um das Schicksal der großen Tiere. Aus vielen Bereichen ihres einstmals sich nahezu über den gesamten indischen Subkontinent erstreckenden Verbreitungsgebietes sind sie bereits verschwunden. Damit teilen sie das Schicksal vieler anderer freilebender Tierarten in Asien, die dem enormen Wachstum der menschlichen Bevölkerung und dem damit einhergehenden Raubbau an der Natur zum Opfer fallen. Für die Nilgau-Antilopen setzen sich in manchen Gegenden Indiens allerdings Menschen mehr als für anderes Wild ein: Da sie – obwohl im Aussehen eher den Pferden ähnlich – als Verwandte der Rinder angesehen werden, gelten sie – wie die Kühe – als heilig und werden besonders geschont. Diejenigen Bauern und Jäger hingegen, denen die Kühe nichts bedeuten, nehmen wenig Rücksicht.

Als Bewohner trockener Waldgegenden und Buschsteppen leiden sie unter der starken Abholzung. Zum Gewinnen von Feuerholz laufen viele Landbewohner Indiens (meistens sind es Frauen und Kinder) kilometerweit und schlagen alles ab,

Auch in Indien gibt es immer weniger vom Menschen nicht genutztes Land, auf dem sich die großen Nilgau-Antilopen (rechts drei Bullen, links zwei weibliche Tiere) frei bewegen und wo sie genügend Nahrung finden können. Von den Feldern werden sie vertrieben.

Nilgau-Antilopen: In ihrer Heimat immer seltener

was sie bewältigen können. Nicht selten werden größere Bäume ihrer Äste beraubt und gehen daraufhin ein. So verlieren die Nilgau-Antilopen nicht nur ihre Einstände, sondern auch die Nahrungsgrundlage: Neben Gras äsen sie gerne das Blatt-

werk von Bäumen. Dabei können sie ziemlich hoch hinaufreichen. Wo ihre Körperhöhe von bis zu eineinhalb Metern (Schultermaß bei den Männchen) nicht ausreicht, stellen sie sich auf die Hinterläufe. Aber selbst dort, wo es noch Deckung

In Steppen, Savannen, auf Felder und Weiden

und Äsung gibt, sind die Nilgau-Antilopen häufig nicht vor Verfolgung sicher. Mancher Bauer betrachtet sie als Konkurrenten zu seinem Vieh oder als Ernteschädling und bringt sie auf Trab. So sieht man nicht selten ein Rudel der mächtigen Vierbeiner am hellichten Tag panikartig über Felder flüchten oder kopflos zwischen Rinderherden hin- und herlaufen. Es werden auch immer wieder Fälle bekannt, daß Bauern die größten in Asien lebenden Antilopen vergiften. Auf nicht viel mehr als zehntausend Tiere wird daher ihr Bestand in der indischen Wildbahn nur noch geschätzt.

Tagsüber ruhen die »blue bulls« (wie die innerhalb der Familie der Hornträger zur Unterfamilie der Waldböcke gehörenden Tiere auf englisch heißen) am liebsten im Schatten. Sowohl die blaugrau gefärbten Bullen als auch die rötlichbraunen bis fahlfarbenen Weibchen und Jungtiere sind im Wechselspiel von Licht und Schatten zwischen Baumstämmen und -ästen schwer zu erkennen. Auf eine gewisse »Unsichtbarkeit« scheinen die Tiere auch zu vertrauen, denn bei Gefahr bleiben sie mitunter minutenlang regungslos stehen. Gibt eins der Rudelmitglieder allerdings mit einem grunzartigen Schnaublaut das Signal zur Flucht, so setzt sich der ganze Verband, der bis zu fünfzig Tiere umfassen kann, mit hochgestreckten Köpfen in schnelle Bewegung. In Indien heißt es, man brauche ein sehr gutes Pferd, um einen »Nilgai« einzuholen. Und geländegängig muß es auch sein, denn die Antilopen sind sehr trittsicher. Im Wasser sind sie jedem Verfolger überlegen.

Nur die Männchen tragen Hörner. Ihr Kopfschmuck wirkt allerdings eher ärmlich im Vergleich zum gewichtigen, bis zu zwei Meter langen Körper, der über 250 Kilogramm schwer werden kann. Die beiden in einem leichten Bogen steil nach oben wachsenden Hörner messen in der Regel zwischen zehn und zwanzig Zentimeter, können gelegentlich knapp dreißig Zentimeter lang werden. Daß sie nicht nur zur äußeren Zierde getragen, sondern während der Brunft auch beim Zweikampf der Bullen eingesetzt werden, beweisen etliche Narben am Hals der Tiere. Da sich die Auseinandersetzungen nach einem gewissen Ritual abspielen, bei dem Hals und Kopf eine besondere Rolle zukommt, sind auch hier die meisten Spuren zu sehen.

Während der Brunft, die in den einzelnen Landesteilen zu unterschiedlichen Jahreszeiten stattfindet, wirkt der Hals der Männchen durch eine dichte, fast schwarze Mähne wie geschwollen. Je älter ein Bulle ist, desto länger ist das Haarbüschel, das als besondere Zierde unterhalb der hellen Kehle sitzt. Drohgebärden spielen eine große Rolle beim Paarungszeremoniell, und meistens genügt aggressives Imponieren, um einen schwächeren Nebenbuhler auf Distanz zu halten. Kommt es zum Streit um ein Rudel Weibchen, so fallen gelegentlich die Bullen frontal zueinander auf die Knie und bedrängen sich gegenseitig, wie es auch bei manchen afrikanischen Antilopen zu beobachten ist.

Mit einigen dieser Verwandten haben die Nilgau-Antilopen gemein, daß sie innerhalb ihres Territoriums immer dieselben Dunghaufen aufsuchen, daß sie ebenso bestimmte Wechsel benutzen und Einständen über Generationen treu bleiben. So prägen sich schon den Kälbern, die – nicht selten Zwillinge – nach einer Tragzeit von gut acht Monaten geboren werden, schnell markante Orte des heimischen Reviers ein. Nur noch in Nationalparks und anderen Schutzgebieten ist das Überleben der schönen großen Tiere gesichert. In Zoos, wo die Antilopen älter als zwanzig Jahre werden können, und in Wildreservaten außerhalb Indiens gibt es inzwischen mehr Angehörige der Art »Boselaphus tragocamelus« als in ihrer Heimat.

Wildesel: Stiefkinder des internationalen Naturschutzes

Vor etwa sechstausend Jahren begannen Menschen in Nordafrika oder in Vorderasien mit der Zähmung wilder Esel. Der Vorfahr des Hausesels, so vermuten die Zoologen, ist der Nubische Wildesel, eine Unterart des Afrikanischen Wildesels (Equus africanus). Über Jahrtausende haben die domestizierten Nachfahren des »Afrikanischen Pferdes« vielen Völkern in Afrika, Asien und in Südeuropa gedient und haben damit einen nicht geringen Anteil an der Entwicklung menschlicher Zivilisation. Im Lauf der Zeit schufen Züchter, wie bei den Pferden, den allernächsten Verwandten der Esel, durch gezielte Paarung von Tieren mit besonderen Merkmalen und Eigenschaften verschiedene Rassen. Manche dieser Hauseselrassen sind geographisch auf einen engen Raum beschränkt. In jüngerer Zeit häufen sich die Meldungen, daß es um die Zukunft des Hausesels schlecht bestellt ist. Motorisierung, Technisierung und der Hang des Menschen zur Bequemlichkeit und Zeitersparnis machen die grauen Vierbeiner zunehmend entbehrlich oder überflüssig und lästig. Und da den Tieren, meist zu Unrecht, ein Hang zum Starrsinn sowie zur Langsamkeit und – vollkommen unbegründet – eine gehörige Portion Dämlichkeit nachgesagt wird, haben sie nicht die Karriere der Pferde vom Arbeitstier zum Freizeittier gemacht.

Dennoch erfreuen sich Hausesel einer verschworenen Schar von Freunden in verschiedenen Ländern, die den aus dem Lateinunterricht bekannten »asinus« in möglichst großer Rassenvielfalt und in vielen Vererbungslinien am Leben erhalten wollen.

Wenn aber schon zum Erhalt des zahmen Esels größte Anstrengungen vonnöten sind, wie sieht es dann mit dem Schicksal seiner wilden Verwandten aus? Nicht gut, und es ist wenig bekannt darüber. Die wenigsten Menschen wissen, daß überhaupt noch Esel in freier Wildbahn an verschiedenen Plätzen auf der Erde leben. Und es wären noch weniger, hielten nicht die deutschen Geowissenschaftler und Zoologen Gertrud und Helmut Denzau in ihrem ausgezeichneten Buch »Wildesel« (Jan Thorbecke Verlag) für die in unwirtlichen Rückzugsgebieten Asiens und Afrikas bis heute überlebenden Tiere ein wunderschönes und überzeugendes Plädoyer. Drei Arten von Wildeseln gibt es noch, und jede von ihnen kommt in mehreren Unterarten vor. Vom Afrikanischen Wildesel hat allerdings nur der Somalische Wildesel überlebt: Sein Bestand ist auf wenige hundert Tiere in einigen Wüstengebieten Somalias und Äthiopiens zusammengeschrumpft; ihre Zukunft in freier Wildbahn gilt als hoch gefährdet. Der westafrikanische Atlas-Wildesel ist ausgestorben. Vom vermutlichen Urvater des Hausesels, dem Nubischen Wildesel, gibt es wahrscheinlich keine reinrassige Form mehr, sondern nur noch verwilderte Abkömmlinge domestizierter Tiere.

Die zweite Art trägt den irreführenden deutschen Namen »Halbesel« (Equus hemionus) mit den bis heute überlebenden vier Unterarten Dschiggetai oder Mongolischer Halbesel in der Mongolei und im südlichen chinesischen Grenzgebiet, Khur (Indischer Halbesel) im nordwestindischen Staat Gujarat, Kulan (Turkmenischer Halbesel) in Turkmenistan und Onager (Persischer Halbesel) im Iran. Der Begriff »Halbesel«, einstmals wahrscheinlich wegen der Ähnlichkeit der Tiere mit den wilden asiatischen Przewalski-Pferden gewählt oder weil sie fälschlicherweise als Abkömmlinge aus einer Verbindung von Eseln

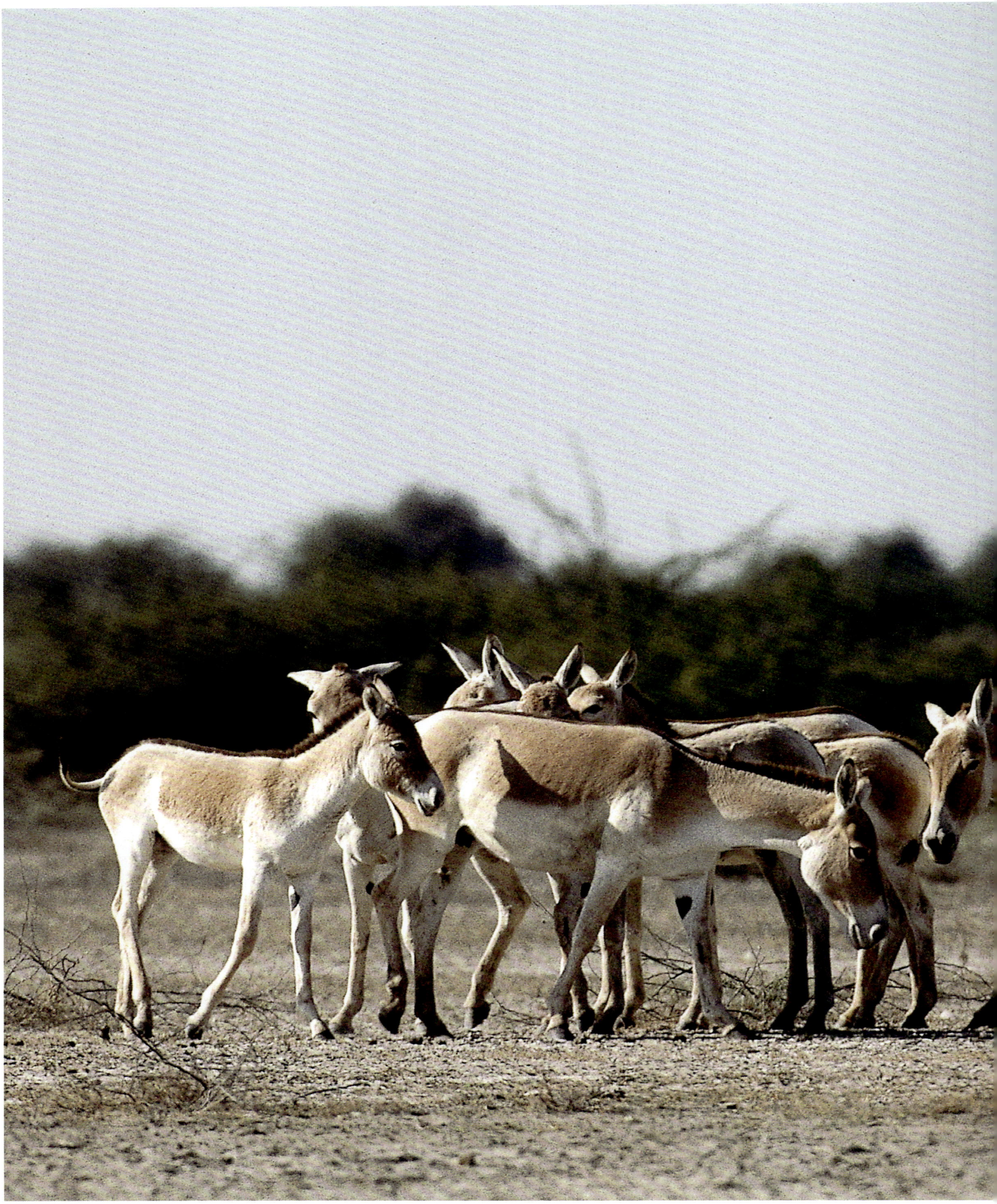

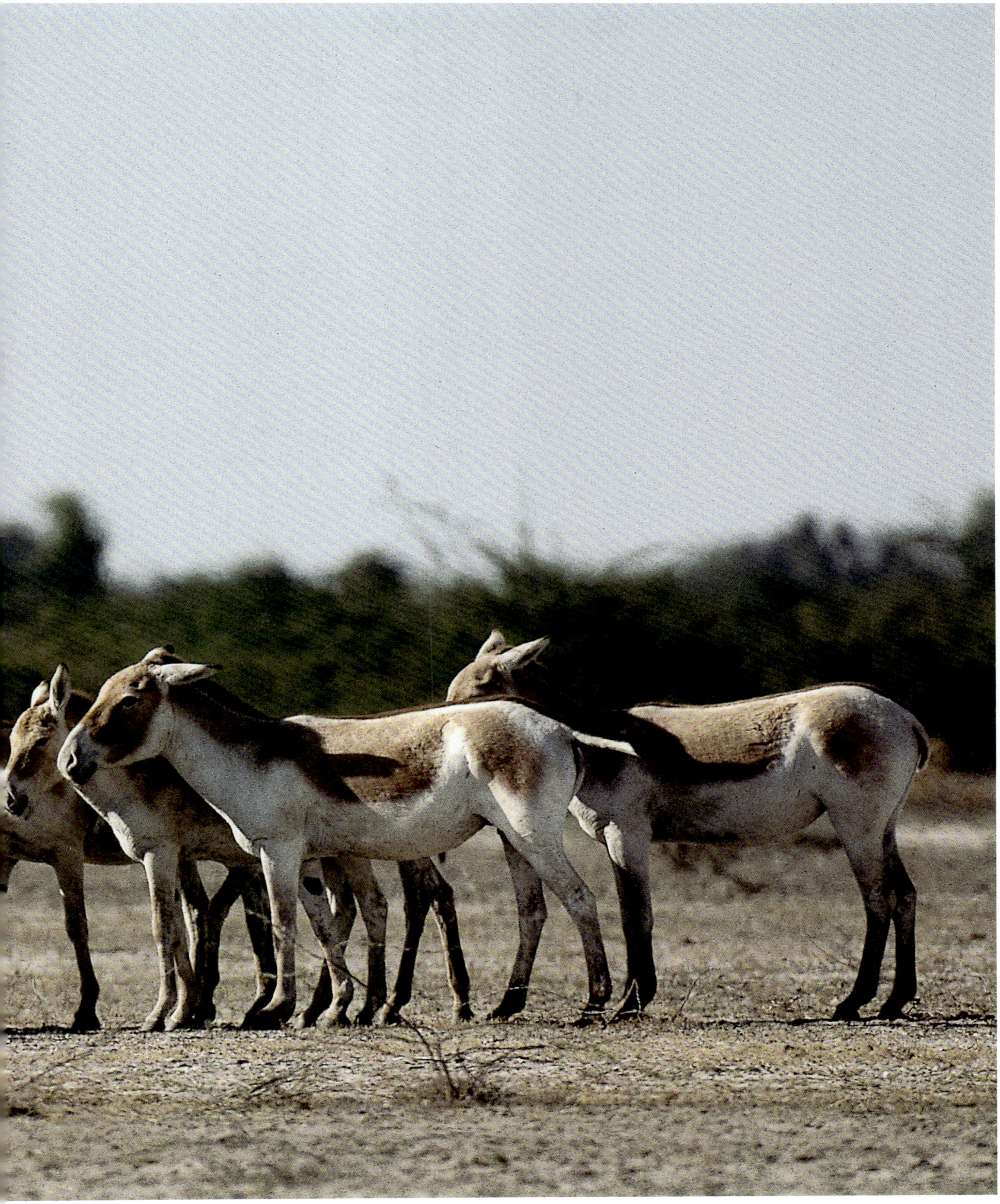

In Steppen, Savannen, auf Felder und Weiden

und Pferden (die Maulesel oder Maultiere ergeben hätte) angesehen wurden, wird mittlerweile von immer mehr Zoologen abgelehnt. Denn es handelt sich bei dieser Gruppe genauso um »Vollesel« wie bei den Afrikanischen Wildeseln und bei der dritten Art, dem Kiang (Equus kiang). Kiangs, mit einer Widerristhöhe bis zu 145 Zentimetern und einem Gewicht von fast 300 Kilogramm die größten und kräftigsten unter den Wildeseln, leben in drei Unterarten in Tibet, in den angrenzenden chinesischen Provinzen Qinghai und Xinjiang (Sinkiang) sowie im indischen Ladakh und in Sikkim. Die stammesgeschichtliche und verwandtschaftliche Zuordnung der den Pferden und Zebras innerhalb der Ordnung der Unpaarhufer und der Familie der Pferdeähnlichen (Equiden) nahestehenden Wildesel wird bis heute unter Zoologen diskutiert. Doch es ist gut möglich, daß über die wissenschaftlichen Auseinandersetzungen weitere Unterarten, vielleicht sogar die eine oder andere Art aussterben. Denn obwohl die temperamentvollen, durch ständige Verfolgung und Beschränkung ihres Lebensraumes in unwirtliche wüstenähnliche Gebiete zurückgedrängten Tiere vom Menschen so weit wie möglich Abstand zu halten versuchen, wird ihre Zahl von Jahr zu Jahr geringer. Die Kiangs, die sich im Sommer in Tibets Gebirgen auf einer Höhe von über fünftausend Metern aufhalten, haben es bisher am besten geschafft zu überleben. Ihr Gesamtbestand wird zur Jahrtausendwende auf sechzig- bis siebzigtausend Tiere geschätzt – angesichts des riesigen Verbreitungsgebiets im westlichen China und in den angrenzenden indischen Hochgebirgsregionen keine besonders große Zahl. Gegen Ende der achtziger Jahre hatten chinesische Wissenschaftler noch rund zweihunderttausend Kiangs gemeldet.

Wie für die Kiangs wurden auch für die anderen asiatischen Wildesel in ihren Verbreitungsgebieten Reservate eingerichtet: in der Mongolei für einige zehntausend Dschiggetais, in Turkmenistan für die zwischen 1994 und 2000 durch Wilderei von über fünftausend auf knapp zweitausend verringerten Kulane, für knapp siebenhundert Onager im Iran und für den Restbestand von rund zweitausend Khur in Indien. Ihr knapp 5000 Quadratkilometer großes »Wild Ass Sanctuary«, bereits 1973 gegründet, liegt im Kleinen Rann von Kutch, ganz nahe dem Epizentrum des schweren Erdbebens, von dem im Januar 2001 der westindische Staat Gujarat heimgesucht wurde. Keine anderen Wildesel sind mit dem Menschen, wenn auch auf eine distanzierte Art, so vertraut wie die Khur in der alljährlich zur Monsunzeit überfluteten Salzwüste von Kutch. Früher gab es die mittelbraunen Tiere mit dem hellen Unterkörper und den fast weißen Beinen in weit größerer Zahl auch rund um den (Großen) Rann von Kutch, sowohl bis nach Pakistan hinein als auch im angrenzenden Rajasthan. Damals überlappten sich die Lebensräume der verschiedenen Unterarten von Wildeseln in Asien, ein Hinweis darauf, daß sich über Jahrtausende die einzelnen »Rassen« aus einer Art entwickelt haben.

Mit den großen Nilgau-Antilopen (siehe Seite 234), den Hirschziegenantilopen (Antilope cervicapra, auf englisch »black buck«), den kleinen Edmigazellen (Gazella gazella), in ihrer indischen Heimat als Chinkara bekannt, und einer Reihe anderer Tierarten, die mit ihnen gemeinsam im und im weiten Umkreis um den Kleinen Rann von Kutch leben, haben die Khur seit etwa Mitte der achtziger Jahre immer mehr Touristen in die karge Landschaft gelockt. Außerhalb der Monsunzeit geben mittlerweile etliche in der Region auf den sogenannten Ökotourismus spezialisierte Fremdenführer und Campbetreiber eine fast hundertprozentige Garantie, ihren Gästen innerhalb von

Wildesel: Stiefkinder des internationalen Naturschutzes

drei Tagen Wildesel in Anblick zu bringen. Wer sich Zeit nimmt, kann kleine Herden von Stuten mit Fohlen oder von jungen Hengsten aus einer Entfernung von manchmal weniger als hundert Metern beobachten. Aus dem Auto, an dessen Auftauchen und Nähe sich die Khur gewöhnt haben, läßt sich miterleben, wie Hengste ihr Territorium mit wilden Schlägen ihrer Vorder- und Hinterbeine und mit Bissen verteidigen und miteinander um die Gunst der Stuten kämpfen. Dabei gehen hin und wieder Ohren und Schwänze verloren. Zur Paarungszeit zwischen August und Oktober verfolgen die Hengste die Stuten, ohne Rücksicht auf deren Fohlen aus dem Vorjahr zu nehmen. Elf bis zwölf Monate dauert die Tragzeit. Acht bis zehn Monate säugt die Stute ihr Fohlen; wird sie im Jahr der Geburt ihres Fohlens nicht erneut von einem Hengst beschlagen, kann die Stillzeit bis zu sechzehn Monate dauern. Da die Tiere bei einer Lebenserwartung von zwischen zwanzig und fünfundzwanzig Jahren bis zum Alter von zwanzig Jahren fruchtbar und mit drei Jahren, ausnahmsweise schon mit zwei Jahren geschlechtsreif sind, kann eine Stute unter günstigen Lebensumständen mehr als zehn Fohlen zur Welt bringen. Zwillingsgeburten sind allerdings äußerst selten, und wenn sie vorkommen, überlebt allenfalls ein Fohlen.

Wo die Khur, nicht ganz korrekt auch als Indische Halbesel bezeichnet, in Herden zusammenleben (vorhergehende Seite), kommen im indischen Staat Gujarat auch die Edmigazellen vor. In einigen Gebieten, in denen sie nicht bejagt werden, sind sie sehr zutraulich.

Dieser langen Fruchtbarkeit haben die meisten Wildeselarten und -unterarten bislang ihr Überle-

In Steppen, Savannen, auf Felder und Weiden

ben zu verdanken. Auch die Khur waren um 1970 schon auf wenige hundert Tiere zurückgegangen. Wäre damals nicht im Kleinen Rann von Kutch das Schutzgebiet eingerichtet worden, gäbe es sie wahrscheinlich nicht mehr in Freiheit. So aber haben sie sich wieder dermaßen gut vermehrt, daß nicht mehr alle im Reservat ihr Auskommen finden. Immer mehr von ihnen versuchen, sich auf Dauer außerhalb anzusiedeln. Dann aber kommt es zu Konflikten mit den Bauern. Auch die Tiere, die einen Großteil ihrer Zeit im Schutzgebiet verbringen, ziehen nachts auf die umliegenden Felder und ernähren sich nicht wie sonst von Gras, Wildkräutern sowie Blättern und dünnen Zweigen von Büschen, sondern von jungen Baumwollkapseln, Kichererbsen, Getreide und Gemüse. Und sie nutzen die Bewässerungsanlagen und Viehtränken zum Trinken, was vor allem während der monatelangen Trockenzeit für sie lebensnotwendig ist. Solange das hin und wieder geschieht, tolerieren das vor allem diejenigen Bauern, die große Felder besitzen. Um den kleinen Rann von Kutch gibt es mehrere gutsartige Betriebe. Wo die Wildesel sich indes auf Dauer in einem landwirtschaftlichen Gebiet ansiedeln, können sie nicht mehr mit der Großzügigkeit der Feldbesitzer rechnen. Wenn die Dornenhecken um die Felder und nächtliche Aufpasser auf ihrem wackeligen Holzgestell unter einem Strohdach nicht mehr helfen, ist eine dauerhafte Vertreibung die Folge. In Indien werden Wildesel bisher selten getötet. Doch es gibt andere Gefahren für sie.

Zu ihnen gehört der jährlich einsetzende Salzabbau in dem Wüstengebiet, sobald das Wasser nach dem Monsunregen mit seinen Überschwemmungen verdunstet oder abgelaufen ist. Hunderte von Menschen schlagen dann für Monate auf dem trockengefallenen Land ihre kargen Zeltbehausungen auf, heben Gräben aus und legen Salinenfelder an. Später kommen Lastwagen in langen Kolonnen, um das Salz wegzuschaffen. Ebensowenig wie bei der Salzgewinnung wird beim Abholzen der weiträumig auf dem Sandboden gedeihenden Mesquit-Sträucher Rücksicht auf die Grenzen des Schutzgebiets genommen. Die ursprünglich aus Mexiko stammende schnellwüchsige Pflanze dient der Bevölkerung zur Versorgung mit Brennholz, ist aber auch den Wildeseln als Nahrung und als Schattenspender für andere Futterpflanzen nützlich. Nicht zuletzt verbreiten wildernde Hunde ständig Unruhe unter den Eseln. Paarweise oder in Rudeln schwärmen sie abends aus den umliegenden Dörfern in die weite Ebene aus und suchen nach Beute. Ausgewachsenen gesunden Wildeseln können sie kaum gefährlich werden, wohl aber den Fohlen.

Menschen, die sich in ihren Autos mit Wildeseln in der brettebenen Landschaft ein – verbotenes – Wettrennen liefern, wissen selten, daß sie die Tiere dadurch in den Tod hetzen können. Was für die Autoinsassen wie ein Spaß aussieht, ist ein zwanghaftes Verhalten der Esel: Wie manche Antilopen und die Strauße laufen sie neben den Autos her und versuchen, vor ihnen die Seite zu wechseln. Ein solcher von den Menschen als »lustiger Wettlauf« mißverstandener angeborener Drang der Tiere, den Feind zu »überlaufen«, kostet sie viel Kraft und verursacht bei manchen von ihnen bleibende Gesundheitsschäden, die sich auf die Fortpflanzungsfähigkeit und Lebensdauer auswirken, bei Wiederholungen sogar den baldigen Tod zur Folge haben können. Fohlen sind derartigem Streß erst recht nicht gewachsen.

Wie die Khur sich bei den Ackerbauern unbeliebt machen, tun das die übrigen Wildesel bei den Viehhaltern. Sie gelten als Konkurrenten um die Weidegebiete, in den langen Trockenzeiten darüber hinaus um das Wasser für das Vieh. Letzteres

Wildesel: Stiefkinder des internationalen Naturschutzes

ist der größte Engpaß beim Schutz und bei Wiederansiedlungsprojekten für Khur, Dschiggetai, Kulan, Kiang und Onager. Selbst in Reservaten werden den Wildeseln die eigens für sie angelegten Tränken von Nomaden mit ihren Ziegen, Schafen, Kamelen und Pferden streitig gemacht. Immer wieder töten sie Wildesel, um sie als Wettbewerber auszuschalten. Aber auch als Fleischlieferanten sind die Tiere begehrt. In Turkmenistan sollen zwischen 1995 und 2000 mehrere tausend Kulane und damit weit mehr als die Hälfte des Bestandes von Soldaten gewildert worden sein. Sie haben damit die zeitweilig guten Erfolge einiger Wiederansiedlungsprojekte, auch in Kasachstan, großenteils wieder zunichte gemacht. Die für den Naturschutz eingesetzten Ranger haben weder fahrbare Autos noch Benzin, noch werden sie bezahlt, um die Tiere zu schützen. Mit einem Notprogramm versucht der WWF seit Beginn des Jahres 2001 die ernste Lage im Gebiet von Badchys, wo das wichtigste, mit knapp 900 Quadratkilometern viel zu kleine Reservat liegt, zu verbessern, damit es nicht mit den Kulanen so weit kommt wie mit dem Europäischen Wildesel. Der starb vor etwa siebentausend Jahren aus – damals sicherlich unbemerkt. Heute kann sich die Menschheit das Verschwinden weiterer Wildeselarten nicht mehr leisten. Sie dürfen nicht weiterhin Stiefkinder des internationalen Naturschutzes bleiben. Die eindrucksvollen Tiere mit der interessanten Sozialstruktur in ihrem Zusammenleben müssen, auch mit der Hilfe aus den reichen Ländern, in ihren kargen Lebensräumen erhalten werden.

Manchmal nahe den Khur: »Black buck« heißt die Hirschziegenantlope auf englisch, doch schwarz sind nur die Böcke. Die Weibchen, die das starke Männchen auf dem Bild durch ein Baumwollfeld treibt, sind braun und weniger auffällig als die Böcke mit ihren langen gedrehten Hörnern.

In Steppen, Savannen, auf Felder und Weiden

Schnabeligel: Das Junge schlüpft aus einem Ei

Weil sie den in Europa, Asien und Afrika lebenden Igeln auf den ersten Blick ähnlich sieht, trägt eine in Australien, Tasmanien und Neuguinea beheimatete Tierfamilie in der deutschen Sprache einen Namen, der vermuten läßt, sie sei mit unseren Igeln verwandt. Doch die Ameisen- oder Schnabeligel sind bis auf die Körperform und die mit Stacheln bewehrte Haut ganz anders. Als eierlegende Säugetiere bilden sie – gemeinsam mit den ebenfalls in Australien und Tasmanien lebenden Schnabeltieren – in der Klasse der Säugetiere eine eigene Unterklasse und dort die Ordnung der Kloakentiere. Die befremdlich klingende Bezeichnung rührt von einem der vielen Körpermerkmale der Tiere, das sich so oder in vergleichbarer Form auch bei Reptilien und Vögeln findet: Geschlechtsorgane, Harnwege und Enddarm haben eine gemeinsame Körperöffnung, die Kloake. Doch ist das noch nicht die auffälligste Besonderheit, die den Schnabeligeln zu ihrer herausragenden Stellung im Tierreich verhilft. Wie die im Wasser lebenden Schnabeltiere vermehren sie sich auf höchst eigenwillige Art und zeigen damit, daß sie in der Entwicklungsgeschichte zwischen den Reptilien und den Säugetieren angesiedelt sind und darüber hinaus Merkmale der Beuteltiere aufweisen.

Die Weibchen der Kloakentiere legen ein oder zwei weichschalige Eier. Die fünf Arten der Schnabeligel sind bisher nicht so gut erforscht, daß die Fortpflanzung bis in alle Einzelheiten bekannt ist. Am meisten weiß man von dem über fast ganz Australien und Papua-Neuguinea verbreiteten und damit – wenngleich nicht in dichter Besiedlung – am häufigsten vertretenen Australien-Kurzschnabeligel. Die überwiegend nachts und in der Dämmerung aktiven Tiere sind außerhalb der Paarungszeit Einzelgänger. Im Juli und August bemühen sich allerdings mitunter bis zu sechs Männchen um ein Weibchen. Ob das einzige Ei zwei Wochen nach der Befruchtung unmittelbar in den Bauchbeutel gelangt oder ob das Weibchen es mit seinem schnabelförmigen Rüssel und seinen Pfoten dort hineinbugsiert, scheint nicht völlig klar zu sein, denn es gibt immer wieder unterschiedliche Darstellungen. Nach zehn Tagen schlüpft, wenig länger als ein Zentimeter, das Junge. Bis zu drei Monate bleibt es in der Bauchtasche seiner Mutter und ernährt sich von der dickflüssigen Milch, die aus mehreren Öffnungen ihrer zwei Drüsen an den Körperhaaren herausläuft.

Wenn der junge Kurzschnabeligel seine Beutelwiege nach zwei bis drei Monaten zum ersten Mal verläßt, mißt er zwischen zehn und fünfzehn Zentimetern und trägt weiche Stacheln. Erst im Alter von einem Jahr scheinen die Jungen unabhängig zu werden. Dann wiegen sie bis zwei Kilogramm und sind etwa dreißig Zentimeter lang. Im Laufe ihres Lebens, und das kann – zumindest in Gefangenschaft – länger als fünfzig Jahre währen, wird mancher Kurzschnabeligel bis zu sieben Kilogramm schwer und 45 Zentimeter lang. Die drei verwandten Arten der Langschnabeligel in Neuguinea bringen es auf knapp 80 Zentimeter. Verglichen mit ihnen, ist der Rüssel des Australien-Kurzschnabeligels und des ihm ähnlichen Tasmanien-Kurzschnabeligels nicht so stark ausgeprägt. Doch verbirgt sich in ihrem zahnlosen Mund eine besonders lange Zunge, mit der sie ihre Lieblingsbeute fangen: Ameisen und Termiten. Dazu brechen sie die Nester und Hügel mit den Krallen ihrer Vorderfüße auf und fahren mit ihrer klebrigen, schmalen Zunge in die Gänge der Insektenbauten. Da sie neben kleinen Krabbeltieren viel

Schnabeligel: Das Junge schlüpft aus einem Ei

Erde und Nistmaterial zwischen Hornplatten am Zungenende und am Gaumen zerdrücken, enthalten die zylinderförmigen Kotballen ein buntes Gemisch aus den Resten von tierischer Kost, Pflanzenteilen und Erdkrumen.

Nicht nur bei der Nahrungsaufnahme bewähren sich die spitzen und harten Krallen an den vier Füßen. Zwar können sich Schnabeligel auch nach Igelart zu einer Kugel zusammenrollen und mit ihren – auf der Mitte des Rückens weniger ausgeprägten – Stacheln einen Abwehrpanzer bilden, doch beherrschen sie einen weiteren verblüffenden Trick. Sie können sich in Windeseile senkrecht in die Erde eingraben. Innerhalb von einer Minute sind sie wie ein sinkendes Schiff zu einem Drittel bis zur Hälfte ihres Körpers im Boden verschwunden. Das genügt meistens, denn nach oben sind sie durch die Stacheln geschützt. Manchmal graben sich die Tiere aber auch vollends ein. Das dauert – je nach Bodenbeschaffenheit – zwischen vier und neun Minuten. Oft reagieren die Schnabeligel, die schlecht sehen können, auf für sie undefinierbare Bodenerschütterungen mit dem Eingraben – was übrigens auch ihre große Kraft verrät. Neben der Eignung, Bodenbewegungen vorzunehmen, haben die Krallen eine weitere nützliche Funktion. Vor allem mit einer an den Hinterfüßen jeweils besonders langen Kralle können sie ihre Haut zwischen den Stacheln kratzen und von Ungeziefer befreien.

Zu den vielen außergewöhnlichen Tierarten Australiens gehört als eierlegendes Säugetier der Schnabeligel. Mit seinen langen Krallen gräbt er sich bei Gefahr in Windeseile in den Erdboden ein.

In Mooren und Sümpfen, an Seen und

Flüssen

In Mooren und Sümpfen, an Seen und Flüssen

Fischotter: Langsam geht es aufwärts

Auch wenn es mehr Fischotter in Deutschland gäbe, wäre es schwierig, einen von ihnen mit Kamera und Blitzlicht zu überraschen. Sie sind scheu und fast nur bei Dunkelheit außerhalb ihres Erdbaues anzutreffen. Und sie sind sowohl unstet als auch schnell – allerdings aber auch neugierig. Hat etwas ihre Aufmerksamkeit erregt, verharren sie schon mal einige Sekunden länger zwischen den Wurzelstöcken in der Abbruchkante des Seeufers und äugen dorthin, wo die Landschaft anders als gewohnt erscheint: zum getarnten Fotografen. Obwohl seit etwa 1990 ihr Bestand von einem kaum noch das Überleben ihrer Art garantierenden Minimum sich wieder auf die von Otter-Experten wie Claus Reuther von der Aktion Fischotterschutz e. V. geschätzten 1000 bis 2000 Tiere »erholt« hat und wieder mehr als nur einige wenige Fluß- und Bachsysteme mit den dazugehörigen Seen und Teichen dem flinken Wassermarder ausreichenden Wohn- und Nahrungsraum bieten, ist eine Begegnung in freier Wildbahn mit ihm hierzulande so gut wie unmöglich. Aber auch dort, wo die gewandten Schwimmer noch zahlreicher sind, wie etwa in Ungarn, sind es meistens nur die immer wieder benutzten Pfade, die »Pässe«, entlang den Fischteichen und Flüssen sowie die Beutereste, die über ihre Anwesenheit Auskunft geben. An den »Ottersteigen«, den gewohnten Ausstiegen aus dem Wasser, die leicht zu erkennen sind, wird auch heute noch mancher von den Fischzüchtern als Beutekonkurrent angesehene Fischotter illegal gefangen oder geschossen. Die jahrhundertelange Nachstellung durch den Menschen, die in der Bundesrepublik Deutschland erst 1968 mit der Jagdverschonung endete, hat ihre Wirkung hinterlassen: Die possierlichen Tiere, die in Gefangenschaft handzahm und folgsam wie ein Hund werden können, meiden in freier Wildbahn die menschliche Nähe.

Der Schutz vor Verfolgung, der sich bis hin zum Handelsverbot gemäß dem Washingtoner Artenschutzübereinkommen erstreckt, hat den zur Familie der Marder zählenden Wasserbewohnern bei uns nicht viel geholfen. Seit den sechziger Jahren war ihre Zahl in Mitteleuropa kontinuierlich zurückgegangen. Die Verbauung der natürlichen Fließgewässer, das kontinuierliche Absinken der Wasserqualität mit der entsprechenden Abnahme des Fischbesatzes, die Eroberung von Seen, Flüssen und Bächen durch Bade- und Bootsbetrieb, durch Angler und Surfer und nicht zuletzt das fortwährend dichtere Verkehrsnetz haben dem Fischotter immer weniger Lebensraum gelassen. Bei ihren nächtlichen Streifzügen, die sie von ihrem ufernahen unterirdischen Bau mehr als zwanzig Kilometer zu Wasser und zu Lande wegführen können, werden nicht wenige von Autos überfahren. Mindestens einhundertfünfzig Tiere sterben alljährlich allein in Deutschland auf den Straßen. Am meisten leiden die (mit Schwanz) bis zu 140 Zentimeter langen und bis zu zwölf Kilogramm schweren Tiere jedoch unter dem von der Biotopverschlechterung ausgehenden Nahrungsmangel. Dabei besteht ihre ein- bis eineinhalbpfündige Tages- oder besser Nachtration beileibe nicht nur aus Fisch. Die Beuteliste ist lang und reicht von Krebsen über Frösche, Kröten, Schlangen, Lurche, Schermäuse, Bisam- und Wasserratten, Schnecken, Käfer, Würmer, Vögel und deren Eier bis hin zu Junghasen und Wildkaninchen. Sogar mit Aas nehmen sie vorlieb. Doch selbst von dem gibt es bei einer hohen Rückgangsrate vieler freilebender Tierarten immer weniger im Revier zu finden. Wo nicht genug lebt, kann auch nicht genug sterben. Und

Fischotter: Langsam geht es aufwärts

dort kann die Fähe, das Weibchen, nicht genügend Nahrung für ihre zwei bis vier Jungen finden, die sie nach einer Tragzeit von 60 bis 63 Tagen als mausgroße Winzlinge im Erdbau eines Fluß- oder Seeufers zur Welt bringt und für die sie länger als ein halbes Jahr sorgt.

Dennoch geben die Naturschützer »Lutra lutra« nicht verloren. Besonders aktiv ist die 1977 gegründete und in Hankensbüttel bei Celle (Niedersachsen) ansässige »Aktion Fischotterschutz e. V.« mit ihren fast 20 000 Mitgliedern. In vergangenen Jahren hat sie gemeinsam mit der Niedersächsischen Fachbehörde für Naturschutz eine Begutachtung von für den Fischotter möglicherweise geeigneten und teilweise von den letzten Exemplaren noch bewohnten Lebensräumen vorgenommen. Im Rahmen dieser Biotopkartierung, die auch in Schleswig-Holstein vorgesehen ist, liefen einige Mitarbeiter rund fünftausend Kilometer an Flüssen und Bächen entlang, nahmen die Beschaffenheit von Uferzonen und Wasser, den Grad der Be- und Verbauung und andere Merkmale mehr in Listen und Karten auf, um daraus ein Raster für künftige Maßnahmen zu schaffen. In Zusammenarbeit mit den zuständigen Landes- und Kreisbehörden will die Aktion Fischotterschutz erreichen, daß bestimmte Landschaftsteile unter Schutz gestellt werden, daß Uferpartien ab-

Bei Dunkelheit verlassen die Fischotter ihren am Wasser gelegenen Erdbau, um sich auf die Jagd nach Fischen, Krebsen, Fröschen und Wasserspitzmäusen zu begeben. Dazu brauchen sie naturbelassene Feuchtgebiete (vorhergehende Seite).

Binnenländische Feuchtgebiete

gezäunt und so vor dem Betreten durch Menschen und vor dem Zertreten durch Vieh bewahrt bleiben, daß Böschungen instandgesetzt und mit standortgemäßen Gehölzen bepflanzt werden.

Zu diesem Zweck haben die Fischotterschützer eine »Lebensraum-Patenschaft für den Fischotter« ins Leben gerufen. Gut 500 Hektar haben sie bereits entlang der Ise aufgekauft. Mit einem standardisierten Stichprobenverfahren haben die Otterfreunde in ganz Niedersachsen eine Verbreitungserhebung durchgeführt. 1991 gab es bei eintausend Proben achtzehn Funde, 2001 waren es einhundertachtzehn. DNA-Analysen, sogenanntes Fingerprinting aus Kotproben, stellt sicher, daß nicht dieselben Tiere mehrfach gezählt werden. Nicht nur in Niedersachsen erholen sich, wenn auch langsam, die Otterbestände. In Bayern breiten sich die Tiere vom Bayerischen Wald westwärts aus. Die stabilsten Vorkommen gibt es in Brandenburg, Mecklenburg-Vorpommern und im östlichen Sachsen. Eine früher große Gefahr ist weitgehend gebannt: Für Fischreusen, in denen viele Fischotter ertranken, gibt es mittlerweile besondere Schutzgitter. Manche Berufsfischer erhalten Entschädigungen von Landesregierungen, wenn sie an »Otterseen« auf den Einsatz von Reusen verzichten. In Österreich und Tschechien dagegen haben Fischteichbesitzer Abschußgenehmigungen »wegen zu vieler Otter« beantragt. In Irland und Schottland kommt derartiges nicht vor. Dort leben die Tiere, die in Freiheit fünfzehn, in Gefangenschaft zweiundzwanzig Jahre alt werden können, vornehmlich an den Küsten.

Der Bestand der Fischotter hat in den vergangenen zwanzig Jahren in Mitteleuropa dank intensiver Schutzmaßnahmen wieder zugenommen.

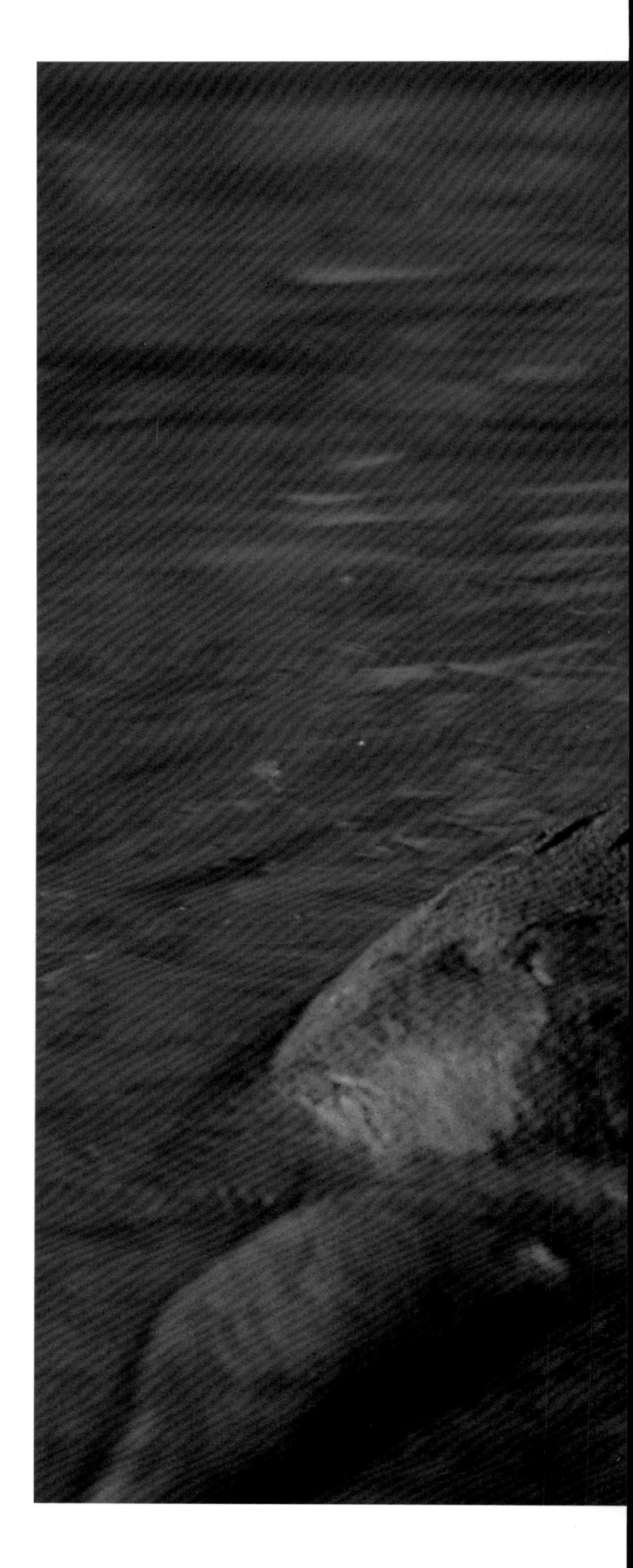

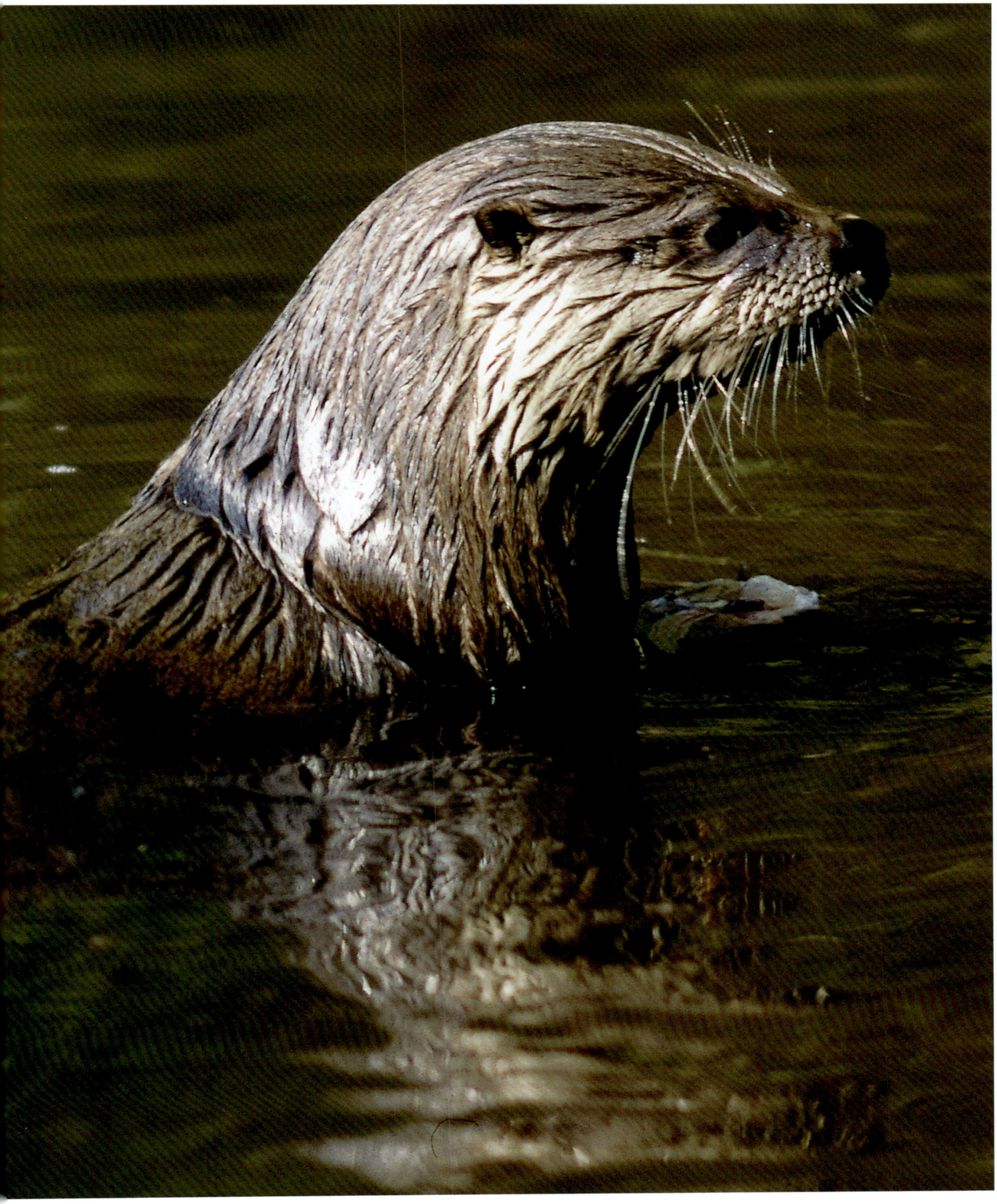

Haubentaucher: Wo er brütet, sind die Gewässer in Ordnung

Als der Landesbund für Vogelschutz in Bayern und der Naturschutzbund Deutschland den Haubentaucher zum Vogel des Jahres 2001 wählten, wollten die beiden Naturschutzverbände, die mit ihm zum 31. Mal einen »Vogel des Jahres« herausstellten, auf die Bedeutung naturnaher fischreicher Gewässer hinweisen und für deren Schutz werben. Denn der Haubentaucher, mit einer Körperlänge von 48 Zentimetern der größte der fünf heimischen Taucherarten, ernährt sich hauptsächlich von kleinen Fischen, die er in Binnengewässern in einer Wassertiefe von wenigen Metern mit seinem spitzen Schnabel fängt. Wie der Rothalstaucher, der Schwarzhalstaucher, der Zwergtaucher und der – in Nord- und Osteuropa sowie in Sibirien brütende und in Mittel- und Westeuropa überwinternde – Ohrentaucher gehört der Haubentaucher zur Gruppe der Lappentaucher, von denen es auf der ganzen Welt zwanzig Arten gibt. Sie werden so genannt, weil sich zwischen ihren Zehen keine Schwimmhäute wie bei Enten und Gänsen, sondern Hautlappen befinden.

Aber nicht nur die Füße sehen eigenartig aus. Auch die Beine sind bei den Tauchern an einer anderen Stelle angewachsen als bei den meisten übrigen Vögeln. Sie befinden sich im hinteren Teil des Körpers, was der Familie den wissenschaftlichen Namen »Podicipedida«, Steißfüße, eingetragen hat. Daher können Taucher nur sehr unbeholfen gehen. Sie watscheln mit senkrecht nach oben gerecktem Körper und meiden den Landgang. Diese Eigenart teilen die Lappentaucher mit der zweiten Ordnung der Taucher, den größeren Seetauchern (Gaviidae). Zu ihnen gehören Eistaucher, Prachttaucher und Sterntaucher, die alle im hohen Norden Europas, Asiens und Amerikas brüten, im Herbst und Winter aber an der Nord- und Ostseeküste auftauchen. Sie sind dann nicht so leicht zu unterscheiden, weil sie zu dieser Zeit ihr Schlichtkleid tragen. Seetaucher haben übrigens Schwimmhäute zwischen den Zehen.

Mit ihren unsymmetrisch angewachsenen Zehenlappen, den am Körperende grätschförmig angesetzten Beinen und mit ihrem stromlinienförmigen Körper sind Haubentaucher schnelle Unterwasserjäger. Sie fangen ihre Beute vorwiegend in einer Tiefe bis zu fünf Metern, aber Fischer haben auch schon Haubentaucher aus einer Wassertiefe von mehr als dreißig Metern geholt, die sich dort in Stellnetzen verfangen hatten und ertrunken waren. Zehn bis fünfzehn Zentimeter ist die bevorzugte Länge der Beutefische, sie können aber fast dreißig Zentimeter messen und zweihundert Gramm wiegen. Im Frühjahr, Sommer und Herbst besteht ein Teil des täglichen Nahrungsbedarfs von rund zweihundert Gramm aus Wasserinsekten und ins Wasser gefallenen Landinsekten. Wasserschnecken, kleine Krebse und pflanzliche Stoffe sorgen für weitere Abwechslung in der Ernährung.

Im Norden ihres Verbreitungsgebietes, das sich für mehrere Unterarten über Europa, Asien, Afrika, Australien, Tasmanien und Neuseeland erstreckt, sind Haubentaucher Zugvögel, die zu Beginn des Winters südlicher gelegene eisfreie Binnengewässer, aber auch die Meeresküsten aufsuchen. Auf dem Genfer See etwa sammeln sich zeitweise mehr als zehntausend Haubentaucher. Sie tragen dann ihr schlicht gefärbtes Ruhekleid und sind leicht mit anderen Arten zu verwechseln. Vom Frühjahr bis zum Spätsommer aber sind alle Winterzieher wie die »Nichtzieher«, die – weil sie weiter südlich beheimatet sind – im Verlauf des

Haubentaucher: Wo er brütet, sind die Gewässer in Ordnung

Jahres nicht ihr Aussehen verändern, gut an ihrer namengebenden geteilten Federnhaube auf dem Kopf, an dem rotbraunen und schwarzen Backenbart, dem Kragen aus dunklen Federn, an ihren leuchtend weißen Wangen, dem hellen Hals- und Brustgefieder, dem dunkel-schiefergrauen bis schwarzen Rückengefieder und den rostbraunen Flanken zu erkennen. Die weiße Unterseite macht sie für Fische gegen das durch die Wasseroberfläche dringende Licht weitgehend unsichtbar und vergrößert ihren Jagderfolg, der für die Aufzucht von drei bis fünf Jungen unabdingbar ist. Sie

In den ersten Tagen nach dem Schlüpfen schwimmt das Haubentaucher-Weibchen mit den Jungen im Rückengefieder in der Nähe des Brutplatzes dem Männchen entgegen, wenn es sich mit einem kleinen Fisch im Schnabel zum Füttern der Küken nähert.

schlüpfen nach einer Brutzeit von knapp vier Wochen aus den anfangs weißen Eiern im flachen, auf Wasserpflanzen gebauten Nest.

Bevor sich ein Haubentaucher an den Nestbau macht, leistet er sich eine aufwendige Balz. Schon im März, spätestens im April besetzen die Vögel ihre Reviere und grenzen ihr Territorium durch Schwimmangriffe, Imponiergehabe und heisere Rufe gegen Artgenossen, nicht selten aber auch gegen andere Wasservögel ab. Da Haubentaucher auf manchen Seen fast kolonieweise zu mehreren Dutzend Paaren auf engem Raum beieinander brüten, sind die Reviere manchmal weniger als hundert Quadratmeter groß. Aber es gibt auch Paare, die mehrere hundert Meter Uferlänge oder ein ganzes Gewässer für sich allein beanspruchen. In ihrem Revier zeigen Männchen und Weibchen, die nur durch den geringen Größenunterschied auseinanderzuhalten sind, ihr Interesse aneinander mit einem vielfältigen Balzzeremoniell. Einer

Binnenländische Feuchtgebiete

der Höhepunkte bei den Schwimm- und Tauchspielen ist es, wenn sich die Vögel im Wasser senkrecht voreinander aufrichten und sich in der sogenannten »Pinguinpose« gegenseitig Wasserpflanzen oder Beutetiere übergeben. Bevor das Weibchen das erste Ei in das zur Brut ausgewählte Nest legt und die restlichen im Abstand von achtundvierzig Stunden folgen läßt, bauen beide Partner oft bis zu sechs Nistunterlagen im ufernahen Wasser. Oft sehen diese wie Matschklumpen aus. Die Paarung findet jeweils auf einem der Spielnester statt und nicht, wie bei vielen anderen Wasservögeln, im Wasser. Während der Balz lassen die Haubentaucher ihre rauhen, fast bellenden Laute besonders oft hören.

Mit Zeremoniell ist auch das Füttern der Jungen verbunden. Sie verbringen ihre ersten Lebenswochen überwiegend auf dem Rücken oder in den Flügeltaschen der Eltern. Die Altvögel nehmen ihren Nachwuchs, wenn Gefahr aus der Luft droht, auch auf Tauchfahrten mit. Sie selbst können, ohne aufzutauchen, länger als eine Minute unter Wasser bleiben, zum Luftholen nur kurz den Schnabel über die Wasseroberfläche strecken (um nicht entdeckt zu werden) und dann fünfzig bis hundert Meter unter Wasser zurücklegen. Doch die Küken können das nicht mitmachen. Das scheinen Möwen, Kolkraben, Krähen, Rohrweihen und andere große Vögel zu wissen. Sie bedrängen Haubentaucher, die kleine Junge führen, mitunter so lange, bis die Küken geschwächt auftauchen und zur leichten Beute werden. Auch große Fische holen sich ihren Teil des Nachwuchses, der nach dem Schlüpfen gut zehn Wochen lang von seinen Eltern abhängig ist. Während dieser Zeit sorgen Männchen und Weibchen meistens gemeinsam dafür, daß ihre Küken mit den braun-weiß gestreiften Köpfen und Körpern genug Futter bekommen: Während einer die lebende Fracht im Gefieder transportiert und wärmt, begibt sich der andere auf Unterwasserjagd. Dazu schwimmt er nicht selten mehrere hundert Meter weit weg. Zwischen kleinen Fischen und Insekten servieren die Haubentaucher ihren Küken immer wieder zarte

Im Alter von etwa einer Woche wagen sich die gestreiften Haubentaucherküken schon für längere Zeit ins Wasser und schwimmen dem anderen Altvogel zum Futterempfang entgegen. Dann verteilen sie sich auch auf die Rücken beider Elterntiere und machen manche längere Tauchfahrt mit.

Haubentaucher: Wo er brütet, sind die Gewässer in Ordnung

Federn, die sie für ihre Verdauung brauchen. Obwohl sie ausdauernde Flieger sind, erheben sich Haubentaucher fast nur zur Zugzeit in die Luft. Dann können sie mit ihrem geradlinigen Flug lange Strecken zurücklegen – anhand von Ringfunden weiß man, daß einzelne Haubentaucher innerhalb eines Monats fast zweitausend Kilometer überwinden. Da sie nur nachts ziehen, sieht man sie selten mit langem Anlauf auf dem Wasser starten. Und die schöne schwarze, weiße und braune Zeichnung der Flügel wird fast nur sichtbar, wenn die Vögel sie auf dem Wasser ausschlagen.

Haubentaucher, früher als »Fischereischädlinge« zu Unrecht verfolgt, hatten im vergangenen Jahrhundert zeitweise auch unter der Mode zu leiden. Ihre Brust mit dem feinen weißen wasserundurchlässigen Gefieder war als »Vogelpelz« begehrt. Heute wird der Haubentaucher zwar nicht mehr verfolgt, doch es gibt andere Gefahren. Zur Brutzeit gehört der Wassersport mit seinem hohen Störpotential dazu. Der schöne Vogel, der ein Alter von mindestens dreiundzwanzig Jahren erreichen kann, gewöhnt sich aber auch an Ruder- und Segelboote, wenn sie ein wenig Abstand halten. Ökologen und Naturschützern gilt er als Bio-Indikator: Wo er leben kann, ist das Gewässer in Ordnung, weder zu sehr belastet noch durch übertriebene Reinigung zu nahrungsarm.

Zwergtaucher: Wenn das Gelege zu warm wird, stellen sie ihre Klimaanlage an

Während der ersten Brut, die in Mitteleuropa im späten April oder im Mai beginnt, hat der Zwergtaucher keine Veranlassung, sein Gelege zu kühlen. Macht sich aber ein Paar der kleinsten Lappentaucher daran, zweimal oder gar dreimal im Jahr für Nachkommenschaft zu sorgen, kann es vorkommen, daß die kleinen Wasservögel zeitweilig ihr Gelege »erfrischen«, statt es zu wärmen. In Sommern mit großer Tageshitze stellt sich das in verschiedenen Brauntönen gefiederte Tier auf seinen kurzen, am Hinterleib angewachsenen Beinen senkrecht auf das Nest und wirbelt mit seinen kleinen Flügeln minutenlang die Luft durcheinander. Die vier bis neun, meistens fünf bis sechs Eier liegen unter einer dünnen Schicht feuchter Wasserpflanzen, aus denen die Zwergtaucher ihr Schwimmnest errichten.

Indem der Vogel »fächelt«, senkt er die Temperatur des feucht-faulen Nistmaterials und damit des Geleges. An heißen Juli- und Augusttagen erwärmt es sich nicht nur von oben durch die Sonneneinstrahlung, wenn der Schutz des brütenden Vogels fehlt. Da Zwergtaucher ihre unscheinbaren Nester mit Vorliebe im flachen Ufergebiet von Seen, Teichen, Kuhlen und Söllen zwischen Schilf und unter herabhängenden Zweigen von Weiden und Erlen errichten, steigt die Temperatur des Wassers bei Sonnenschein in Nestnähe besonders an und verursacht so eine zusätzliche Aufheizung. Immer dann, wenn der brütende Taucher sein Nest überstürzt verlassen muß und nicht wie üblich die Eier sorgfältig zudecken, sondern nur provisorisch mit wenigen Schnabelgriffen eine dünne Schicht von Pflanzen darüberwerfen kann, besteht die Gefahr einer zu großen Erhitzung des Geleges. Zumal, wenn der Zwergtaucher gezwungen ist, aus Gründen der Geheimhaltung dem Nest für längere Zeit fernzubleiben.

Die kleinen, auf dem Wasser wie runde Federbälle wirkenden Vögel, mit einer Körperlänge von 25 Zentimetern etwa halb so groß und mit durchschnittlich 250 Gramm Gewicht ein Viertel so schwer wie die bekannteren Haubentaucher, verstehen sich auf perfektes Tarnen und Täuschen. Ihr Nest wirkt wie ein kleiner Schlammhaufen. Sie selbst nutzen jede Deckung, um sich zu verbergen und unsichtbar zu machen. Wenn sie sich beobachtet fühlen, können sie bis zu einer halben Minute unter Wasser bleiben und erscheinen beim Auftauchen nur mit dem Kopf an der Oberfläche. So können sie zwischen Wasserpflanzen ganz nah bei ihrem Nest ausharren, ohne selbst von einem scharfen Beobachter entdeckt zu werden. Wenn sie von ihrem feuchten Nisthügel gleiten, tun sie das geräuschlos und unauffällig. Ihre verhältnismäßig großen Eier, deren Farbe sich im Verlauf der dreiwöchigen Brutzeit durch die faulenden Pflanzen von anfangs Weiß zu Dunkelbraun verändert, decken sie in Sekundenschnelle mit dafür bereitliegendem Material zu. So verbergen die Tiere das Gelege vor unerwünschten Blicken und schützen es gleichzeitig mit einer feuchten Thermosschicht vor Hitze wie vor Kälte. Auch wenn sie die Eier, besonders zur Mittagszeit bei hochstehender Sonne, mit ihren Flügeln belüften, sind diese mit Nistmaterial bedeckt.

Von den in Mitteleuropa lebenden fünf Arten der Lappentaucher ist der Zwergtaucher nach dem Haubentaucher am weitesten verbreitet auf der Erde. Die übrigen drei in Europa vorkommenden Arten, der Rothalstaucher, der Ohrentaucher und der Schwarzhalstaucher, sind auf viel kleinere Areale beschränkt als der Zwergtaucher, der in gut

Zwergtaucher: Wenn das Gelege zu warm wird, stellen sie ihre Klimaanlage an

zehn Unterarten (Rassen) zwischen Südafrika und Japan lebt. Vielerorts ist er Standvogel, der das ganze Jahr hindurch seiner Heimat verbunden bleibt. Von Nord- und Mitteleuropa weicht er der winterlichen Kälte nach Süden aus. Manche skandinavischen Zwergtaucher überwintern schon in Deutschland, wenn es hier nicht zu strengen Frost gibt. Frieren jedoch selbst die großen Seen und Fließgewässer zu, ziehen sie – bevorzugt bei Dunkelheit – weiter. Ihre kleinen Flügel tragen sie in geradlinigem Flug bis in die Mittelmeerländer. Wie sich der Zug im einzelnen vollzieht, ist noch weitgehend unbekannt. Von einem Zwergtaucher weiß man aufgrund der Beringung, daß er in acht Tagen 450 Kilometer zurückgelegt hat. Die größte Entfernung zwischen dem Brutgebiet und dem Fundort im Winterquartier, die bisher festgestellt wurde, betrug 930 Kilometer.

In den Überwinterungsgebieten treffen die Zwergtaucher auf Artgenossen aus vielen anderen Regionen, aber auch auf solche, die dort zu Hause sind. Diese verteidigen ihre Reviere außerhalb der Brutzeit nicht so intensiv gegen Zuwanderer. Das mag auch daran liegen, daß die Vögel dann ihr »Ruhekleid« mit blasseren und damit weniger aufreizend wirkenden Farben tragen. Im Frühling indes kann es wilde Verfolgungsjagden geben, wobei die Vögel flügelschlagend über das Wasser laufen und sich gegenseitig zu verdrängen suchen. Da viele Männchen und Weibchen, die sich äußerlich nicht unterscheiden, nach der ersten Paarung zu Beginn des zweiten Lebensjahres mehrere Brutzeiten, einige wahrscheinlich ihr in Einzelfällen mindestens dreizehn Jahre währendes Leben lang zusammenbleiben, besetzen sie, wenn die Umweltbedingungen es zulassen, immer wieder dasselbe Brutrevier. Das kann ebenso ein kleiner Dorfweiher, ein Moortümpel oder ein künstlich angelegter Fischteich mit einiger natürlicher Vegetation wie die Uferzone eines großen Sees sein. Allerdings sind den Zwergtauchern in den vergangenen Jahrzehnten viele Brutplätze durch den Einfluß des Menschen verlorengegangen.

Die Besetzung und Verteidigung des heimatlichen Territoriums wird von weithin hörbaren Trillerrufen begleitet, die auch bei der Balz – im Duett – eine besondere Rolle spielen. Für das menschliche Ohr klingen die eindringlichen Rufe ziemlich gleich, für die Taucher muß es Unterscheidungsmerkmale geben. Denn: Wo es genügend Wasserinsekten, Wasserschnecken, kleine Krebse und Kleinfische (letztere machen im Winter einen Großteil der Nahrung aus) gibt, dulden sich mehrere Paare auf engem Raum. Neben einem weniger aggressiven Verhalten wird die Bereitschaft zu einer friedlichen Nachbarschaft auch mit der Stimme kundgetan. Dennoch verteidigt jedes Paar die nähere Umgegend seines Nestes auch gegen auf demselben Gewässer brütende Artgenossen, bei denen es sich nicht selten um Eltern oder Junge aus den Vorjahren handelt.

Da die kleinen, auf festem Boden unbeholfenen Vögel bis zu dreimal im Jahr brüten, kann ein Paar in zwölf Monaten mehr als zwanzig Junge bekommen. Doch selten werden alle Jungtaucher flügge, weil viele kaltnassem Wetter und Beutegreifern, unter ihnen auch Fische, zum Opfer fallen. Häufig gehen »Schachtelbruten« ineinander über. Während die erste Generation der hellgestreiften Jungen von einem der Altvögel betreut wird, sitzt der andere schon auf dem nächsten Gelege. Dabei wechseln sich die Partner ab. Mitunter beginnt das Weibchen sogar schon mit dem Eierlegen, wenn noch nicht alle Küken geschlüpft sind, da diese im Abstand von einem bis zwei Tagen die Eischalen sprengen. Die Eltern beginnen nämlich spätestens nach dem Legen des zweiten Eies mit dem Brüten. So schauen einige der wenige Gramm leichten

Binnenländische Feuchtgebiete

Taucherjungen während ihrer ersten Lebenstage aus dem Gefieder der Mutter oder des Vaters, wenn sie oder er auf dem Nest sitzt, und werden vom anderen Elternteil gefüttert. Zu Beginn gibt es hauptsächlich Insekten und zwischendurch kleine Federn, die bei allen Lappentauchern regelmäßig zur Nahrung gehören und vermutlich eine Bedeutung für die Verdauung und den Schutz der Magenwände haben.

Ihre ersten Tauchfahrten unternehmen die Jungen ebenfalls im Gefieder der Eltern. Daß ein so kleiner Schwimmvogel wie der Zwergtaucher fünf oder sechs Küken im Gefieder transportieren kann, im Notfall auch während eines kurzen Fluges, gehört zu den vielen bestaunenswerten »Einrichtungen« der Natur. Bevor die Jungen im Alter von sechs bis sieben Wochen flügge werden, beteiligen sie sich nicht selten an der Aufzucht der Geschwister aus der nachfolgenden Brut. Aber die Großfamilie bleibt nicht einmal bis zum Herbst beisammen. Im dritten Lebensmonat verlassen die Jungen das elterliche Revier. Viele werden nicht einmal ein Jahr alt. Wenn sie nicht schon als Küken sterben, werden ihnen später Nahrungsmangel, verschmutztes oder vergiftetes Wasser, Verfolgung durch Jäger in Südeuropa, tierische Feinde und strenge Winter, die sie im ersten Lebensjahr nicht meistern können, zum Schicksal.

Bevor der Zwergtaucher bei einer Störung während der Brut sein aus Schlamm und Pflanzenteilen erbautes Nest verläßt, bedeckt er blitzschnell sein Gelege mit Baumaterial, das er zu diesem Zweck stets locker um die Eier herumdrapiert hat.

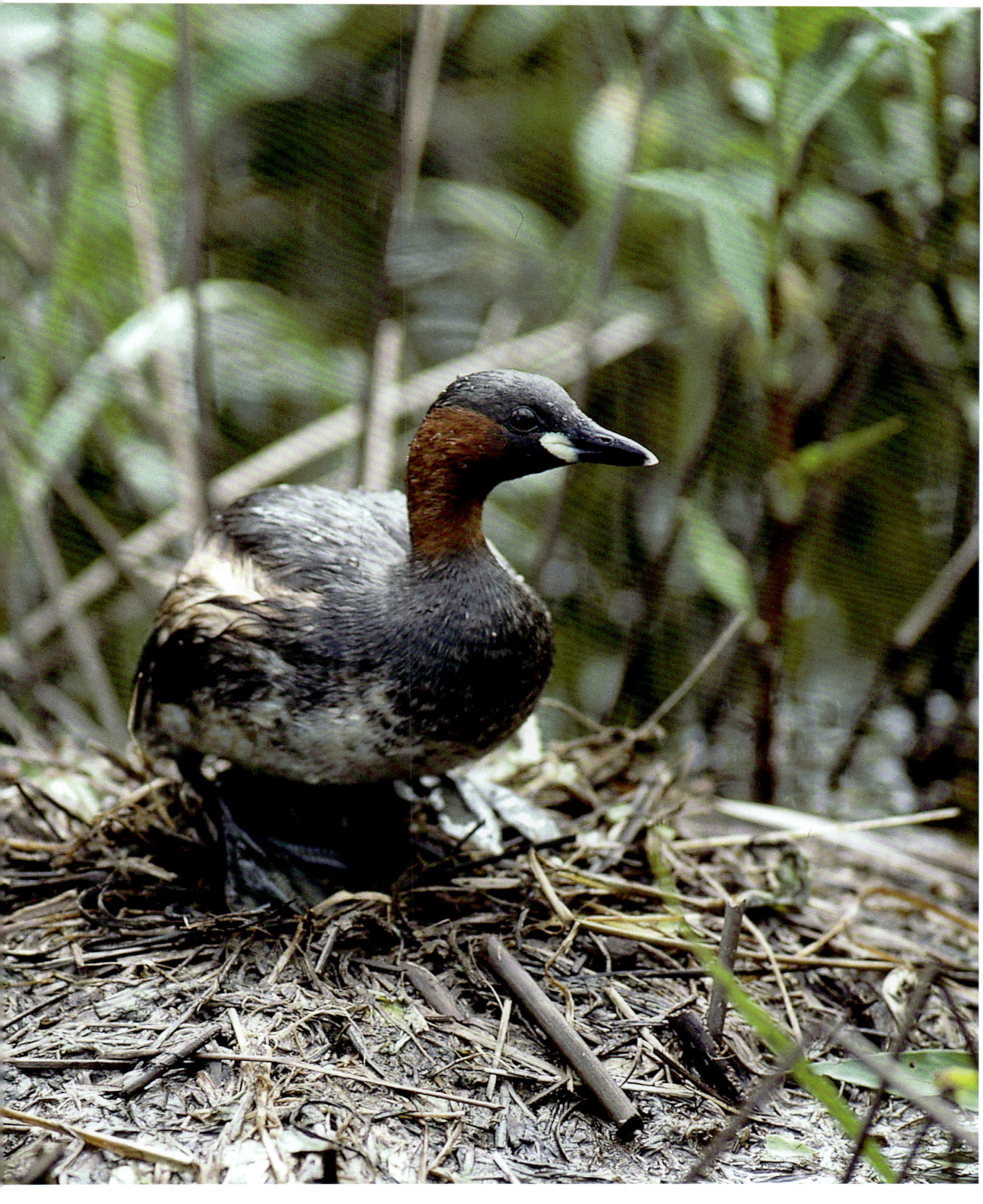

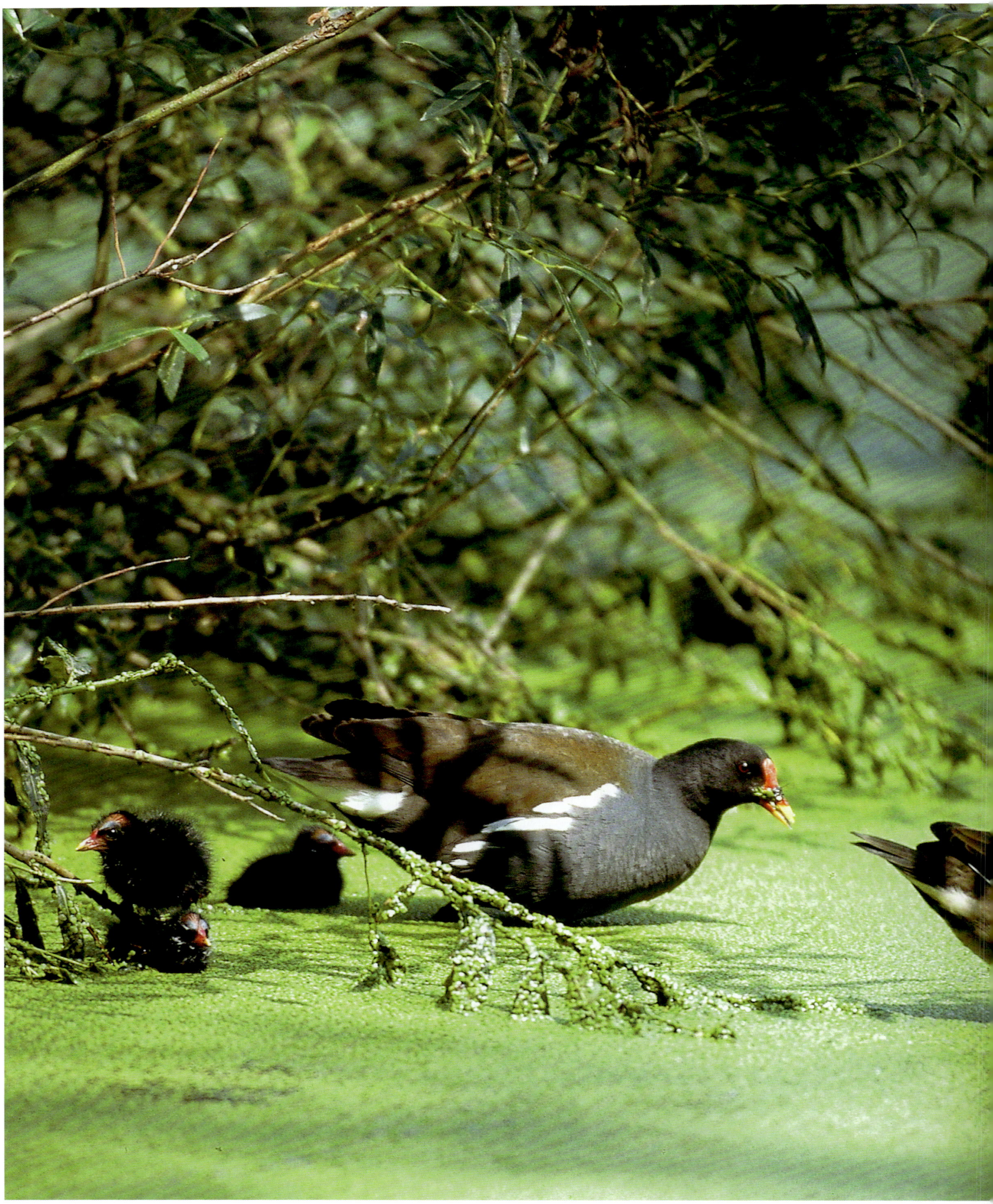

Teichhühner

Teichhühner:
Die älteren Jungen helfen bei der Aufzucht der Geschwister

Aus dem Schilf dringt ein knarrender Laut. Klänge er etwas stärker und härter, könnte er von einem Kranich stammen. Der Ruf, der da immer wieder mal aus dem grünen Dickicht am Rand des kleinen Gewässers ertönt, ähnelt dem weithin hörbaren »gruh« des großen grauen Schreitvogels. Doch es ist nicht ein junger Kranich, der seine Stimme vom jugendlichen Fiepton auf den rauhen Klang des Zugvogels umstellt, sondern ein kleiner entfernter Verwandter aus der gemeinsamen Ordnung der Rallen- und Kranichvögel (Gruiformes), der sich mal mit »kurr«, ein anderes Mal mit »gicks gicks« aus sicherem Versteck meldet. Dort hält sich das braunschwarze Teichhuhn mit den weißen Flankenstreifen und seiner leuchtend roten Stirnplatte zwischen April und September besonders häufig auf, denn es leistet sich mit rund einem halben Jahr eine der längsten Brutperioden von allen ans Wasser gebundenen Vögeln. Doch »Gallinula chloropus«, wie der gut rebhuhngroße Gefiederte wegen seiner grünen Füße und Beine mit lateinischem Namen heißt, legt nicht nur einmal jährlich Eier in sein hohes, aus dünnen Weidenzweigen, Schilfhalmen, Binsen und Gras errichtetes Nest. In der Ufervegetation eines Parkteichs, eines Dorfweihers, einer Feldkuhle oder eines sonstigen meist kleinen Gewässers brüten

Das vordere Teichhuhn, noch nicht so farbenprächtig wie der Altvogel hinter ihm, ist nur wenige Wochen früher aus dem Ei geschlüpft als die einige Tage alten Geschwister mit den roten Köpfen.

Binnenländische Feuchtgebiete

Männchen und Weibchen, die sich äußerlich nicht unterscheiden, bis zu viermal im Jahr. Dabei herrscht Arbeitsteilung – nicht nur beim Brutpaar, sondern in der ganzen Familie.

Für die Auswahl des Nistplatzes und den Nestbau ist allein das Männchen zuständig. Das Weibchen hilft beim Herantragen des Materials und widmet danach seine ganze Kraft dem Eierlegen. Mit neun bis zehn, gelegentlich sogar zwölf Eiern pro Gelege produziert es innerhalb von knapp zwei Wochen noch einmal sein eigenes Körpergewicht von etwa 230 Gramm. Denn es legt fast jeden Tag, meistens abends oder nachts, ein mit schönen braunen und rötlichen Sprenkeln auf grünlicher oder ockerfarbener Schale verziertes Ei mit einem Durchschnittsgewicht von 23 Gramm. Währenddessen baut das Männchen weiter am Nest, damit das Gelege auch bei plötzlich steigendem Wasserstand vor Überschwemmungen sicher ist. Manches Teichhuhn weicht dieser Gefahr dadurch aus, indem es sein Nest einen oder zwei Meter hoch in einem Weidengebüsch in Ufernähe verankert. Dabei kommt den Vögeln eine große Kletterfertigkeit dank ihrer langen Zehen zugute. Mit ihnen können sie sich sowohl auf schwankenden Zweigen festhalten als auch über die Blätter von Teichrosen laufen. Letzteres tun mit Vorliebe die Jungen, wenn sie nach einer Brutzeit von knapp drei Wochen geschlüpft sind und wenige Tage später bereits schwimmend und zu Fuß die Umgebung des Nestes erkunden. Dann lassen sich auch die Altvögel häufig in Ufernähe auf der freien Wasserfläche mit ständig auf- und abnickendem Kopf sehen. Der kurze Stoß ragt in die Höhe und zuckt, wie in Gegenbewegung zum Kopf, hin und her, wobei die weißen Unterschwanzdecken weithin sichtbar leuchten. Anfangs tragen beide den in ein schwarzes Dunengefieder gehüllten Küken Insekten mit ihrem gelbroten Schnabel zu, doch schon bald widmet sich die Henne wieder dem Eierlegen. Dazu benutzt sie entweder das alte Nest, wenn der Hahn für die Jungen inzwischen Schlafnester gebaut hat, oder sie bezieht eine neue von ihm hergerichtete Brutunterlage. Während die Jungen der ersten Brut noch ihre roten und blauen Signalfarben am Kopf tragen und ihre Schnabelwurzel orangefarben leuchtet, wodurch sie den Alten das Erkennen und Füttern erleichtern, bringt das Weibchen das nächste Gelege zusammen. Auch beim zweiten Mal können es leicht acht bis zehn Eier werden.

Wenn die Jungen der zweiten Brut schlüpfen, tragen ihre Geschwister aus dem zeitigen Frühjahr bereits ein dunkelbraunes Federkleid und auch der bunte Kopfschmuck ist nach drei Wochen verblaßt. Ihr Schnabel ist grau, und die Beine zeigen noch nicht das charakteristische Grün. Nun aber haben es die Eltern mit der Jungenaufzucht leichter als beim ersten Mal. Denn die älteren beteiligen sich intensiv an der Betreuung und Fütterung ihrer jüngeren Geschwister. Sie sind dabei so eifrig, daß sich die Eltern sofort wieder der Balz und der Vorbereitung der dritten Brut widmen können. Dann sind es meistens ein oder zwei Eier weniger. Die dritte Kükenschar wird bereits von zwei Geschwistergenerationen umsorgt. Auf einem Gewässer ohne viele Störungen und mit genügendem Nahrungsangebot, zu dem für die älteren Vögel vor allem pflanzliche Kost wie etwa Wasserlinsen gehören, bringt es ein Teichhuhnpaar sogar auf eine vierte Brut. Deren Küken schlüpfen mitunter erst Mitte September. Ist der Herbst mild, können auch sie noch rechtzeitig im Alter von sechs Wochen flügge werden. Dann haben die Geschwister der ersten und zweiten Generation oft schon das Heimatgewässer verlassen.

Teichhühner sind, wenn sie im nördlichen und östlichen Europa leben, Zugvögel, die sich vor Ein-

Teichhühner: Die älteren Jungen helfen bei der Aufzucht der Geschwister

bruch des Winters ein Stück süd- und westwärts absetzen. Da sie keine guten und wendigen Flieger sind, wählen sie die Dunkelheit für ihren Überlandflug. In der Mitte des Kontinents verlassen sie als Strichvögel ihr Revier nur bei starkem, lang anhaltendem Frost. In weiten Teilen ihres Verbreitungsgebietes, das sich über fast ganz Europa, große Bereiche Asiens, Afrikas und Amerikas erstreckt (in Australien und Südostasien lebt eine sehr ähnliche Art), sind die Teichhühner Standvögel, die das ganze Jahr ihrem kleinen Territorium treu bleiben. Das tun auch die Zugvögel unter ihnen, die in jedem zeitigen Frühjahr an ihr angestammtes Gewässer zurückkehren. Dann kommt es oft zu lautstarken Auseinandersetzungen und Revierkämpfen, wenn sich andere Teichhühner dort niederlassen wollen. Das sind meistens die eigenen Jungen aus dem Vorjahr, die mit einem Jahr geschlechtsreif sind. Sie werden von ihren Eltern vertrieben, aber es kann auch umgekehrt sein. Bei der großen Fruchtbarkeit der Art (ein Paar kann, wenn alles gut geht, fünfundzwanzig bis dreißig Junge pro Jahr aufziehen), gibt es in manchen Gegenden Platzprobleme. Nicht alle Vögel finden ein Brutrevier und zu eng beieinander nisten sie nicht gern. Da Teichhühner aber in der Regel nicht sehr alt werden, gibt es viel Wechsel. Nur wenige Vögel erreichen das bisher bekannte Höchstalter von zehn Jahren.

Der Name »Teichhuhn« wird von manchen Ornithologen abgelehnt, denn bei »Gallinula chloropus« handelt es sich genauso wenig um ein Huhn wie beim noch bekannteren Bläßhuhn, das auch Belche oder Zappe heißt. (Teichhühner und Bläßhühner, die sich häufig um einen guten Brutplatz streiten, werden trotz unterschiedlichen Aussehens und verschiedener Größe immer wieder verwechselt). Auch die verschiedenen Arten der Sumpfhühner gehören alle zu den Rallen. Doch bei der ersten Namensgebung hat wohl der Eindruck vorgeherrscht, es handele sich bei diesen Vögeln um auf dem Wasser lebende Hühnerverwandte (Galliformes). Beim Teichhuhn fand das auch in der wissenschaftlichen Bezeichnung seinen Niederschlag: Gallinula, das Hühnchen. Um diesem Irrtum abzuhelfen, nennen es nicht wenige Zoologen Teichralle und das Bläßhuhn entsprechend Bläßralle. Mag sein, daß sich diese richtigeren Bezeichnungen eines Tages durchsetzen.

Seine grünen Beine und Füße zeigt das Teichhuhn nur beim Landgang oder bei einer Schwimmpause auf einem Baumstamm im Wasser.

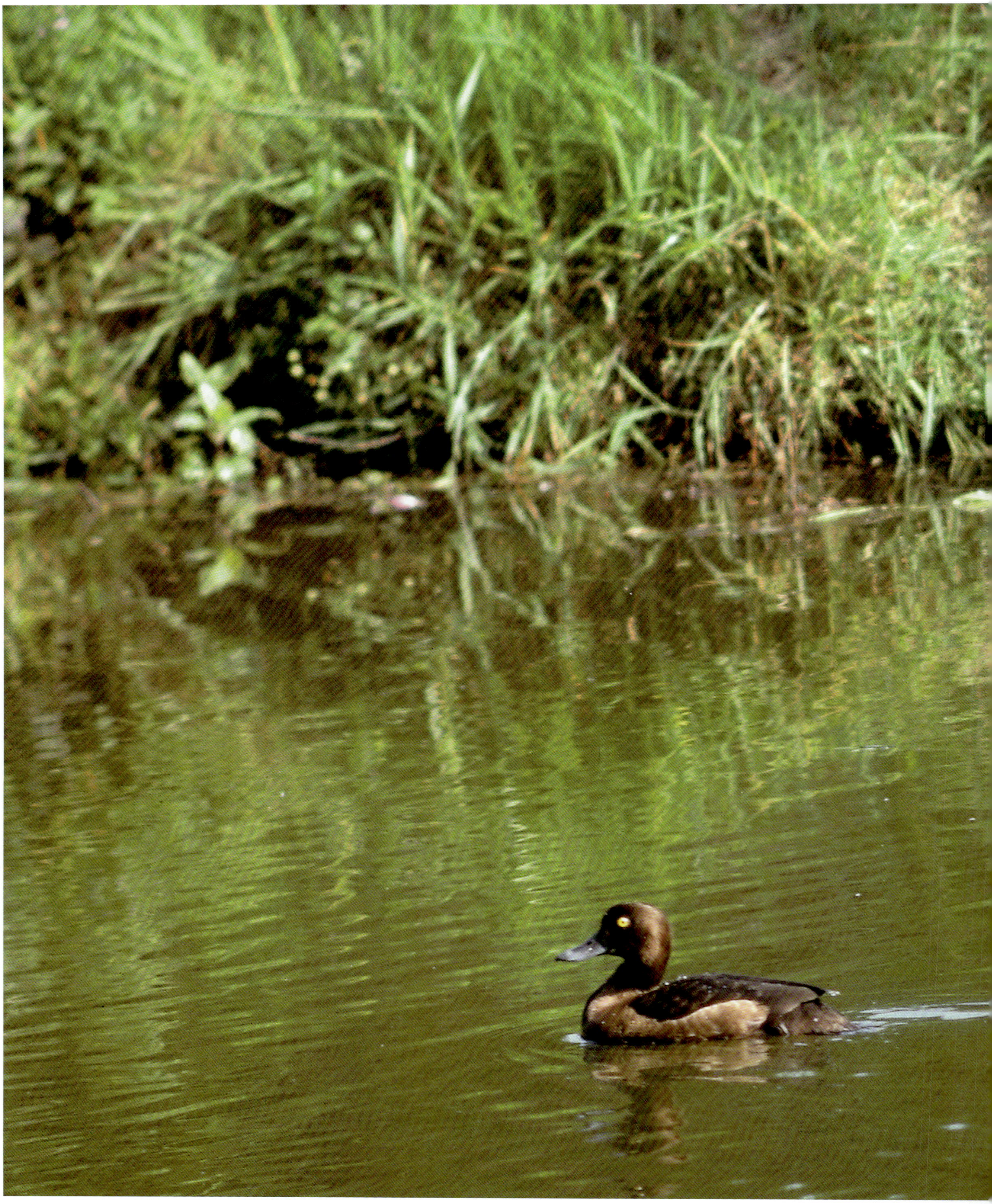

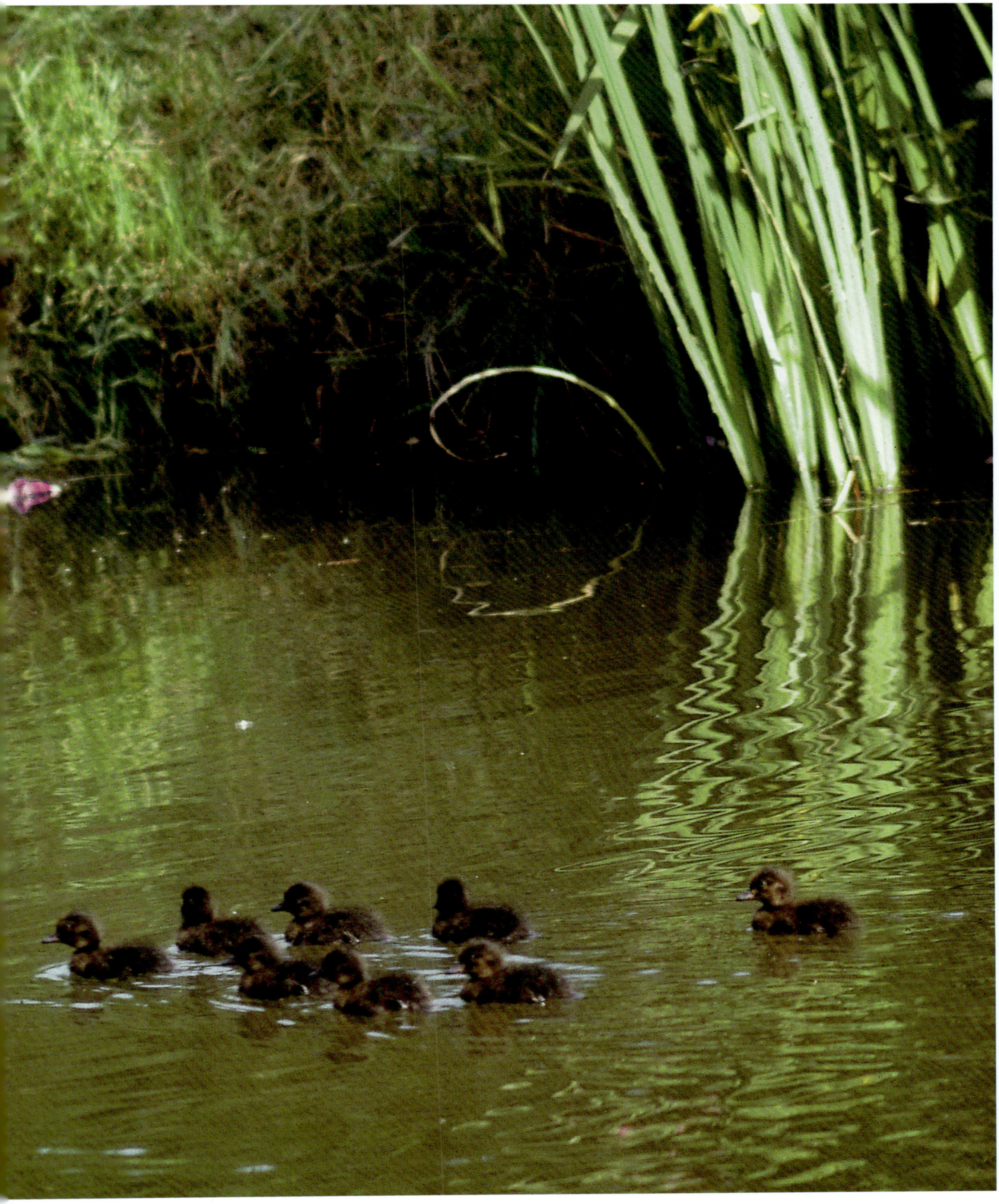

Binnenländische Feuchtgebiete

Reiherenten: Die Erpel können tiefer tauchen

Handelte es sich um 1970 bei den im Herbst und Winter beobachteten Reiherenten bis auf wenige Ausnahmen um aus ihren nördlichen und östlichen Brutrevieren zugezogene oder durchreisende Tiere, so hat seitdem der Anteil der in Deutschland brütenden Reiherenten merkbar zugenommen. Unter den gemischten Wasservogelscharen, die sich im Winter gut beobachten lassen und die zu Beginn einer Frostperiode innerhalb weniger Tage mancherorts um ein Vielfaches anwachsen, stellen sie – nach den Bläßhühnern – nicht selten schon einen größeren Anteil als die Stockenten.

Ob es sich bei den schwarzweißen Erpeln und den braunen Enten allerdings um Einheimische oder Zugereiste handelt, läßt sich nicht sagen. Reiherenten sind nämlich als Stand-, Strich- und Zugvögel bekannt. Das heißt: Die einen bleiben ihrer Heimat das ganze Jahr hindurch treu, die anderen verlegen kurzfristig mal ihr Quartier um einige Dutzend oder hundert Kilometer, andere wiederum ziehen regelmäßig bis zu mehrere tausend Kilometer weit in südliche Gefilde. Dabei fliegen Männchen und Weibchen nicht immer gemeinsam. Da die Erpel bei ihrer Nahrungssuche auf dem Grund von Gewässern etwa zwei bis drei Meter tiefer tauchen können als die Enten, harren sie im Winter zunächst meist länger im Norden aus. Wird es kälter, verlassen sie die flachen Seen, Teiche und Flüsse und begeben sich in tiefere (und damit später zufrierende) Süßgewässer und an die Meeresküsten. So überwiegen in manchen Entenansammlungen die Reihererpel, in anderen die Reiherenten. Letztere werden wegen ihres wenig auffälligen Gefieders leicht übersehen.

Die Erpel hingegen ziehen die Blicke durch ihr kontrastreich abgesetztes Gefieder auf sich. Wenn im Januar die Balz beginnt, die sich bis in den April hinzieht, schimmert das kleine Gefieder am Kopf besonders kräftig metallisch blau. Und der Federschopf am Hinterkopf, dem die Art ihren Namen verdankt (denn viele Reiherarten tragen einen ähnlichen Schmuck), ist kräftiger als zur übrigen Jahreszeit. Gehen die mit einer Körperlänge von etwa 43 Zentimeter im Vergleich zum Stockerpel um ein Viertel kleineren Reihererpel auf Tauchfahrt, legen sie die Zierfedern eng an. Sie sind dann unmittelbar nach dem Auftauchen nicht zu sehen. Halbwegs »versteckt« werden beim Tauchen auch die Flügel. Sie ruhen in gefiederten Tragtaschen und werden dadurch vor Nässe weitgehend geschützt. Das hat für die Angehörigen der Gruppe der »Tauchenten« (dazu gehören hierzulande neben den Reiherenten noch die Berg-, Kolben-, Moor-, Schell-, Spatel- und Tafelenten) gleich zwei Vorteile: Beim Tauchen ist ihr Körper noch stromlinienförmiger, und nach dem Auftauchen können die Vögel gleich mit einem kleinen Anlauf auffliegen, weil ihre Schwingen trocken sind. Die Angehörigen der »Schwimmenten« (das sind von den heimischen Arten die Stock-, Knäk-, Krick-, Löffel-, Pfeif-, Schnatter- und Spießente), die – weil sie viel seltener tauchen – ihre Flügel nicht im Gefieder einbetten können, müssen sie nach einer Unterwasserpartie erst einmal ausschütteln, bevor sie in die Lüfte steigen.

Bis zu vierzehn Meter tief können Reihererpel tauchen. Doch je weiter der Weg zum Boden des Gewässers ist, desto kürzer ist die Zeit zur Nahrungssuche dort bemessen. Muscheln stehen an erster Stelle auf der Speisekarte, gefolgt von Schnecken, kleinen Krebstieren und Fischen. Die Jungen leben anfangs überwiegend von Insekten und deren Larven. Pflanzenkost spielt eine gerin-

Reiherenten: Die Erpel können tiefer tauchen

gere Rolle als bei anderen Enten. Allerdings haben sich die Reiherenten von den Tauchenten am besten auf die Winterhilfe des Menschen eingestellt: Sie nehmen, wie die Stockenten, in Notzeiten auch Küchenabfälle.

Nicht nur auf den Futterplätzen zeigt sich die Art verträglich. Häufig sieht man sie auch in der Gesellschaft von Tafelenten, besonders zur sommerlichen Mauserzeit, wenn sich Tausende auf Seen sammeln. Zur Brut suchen die Reiherenten gerne die Gesellschaft von Möwen und Seeschwalben, von deren Warnsystem sie zu profitieren scheinen. Ihr Nest verstecken sie in einem Binsen- oder Grasbüschel. Daß sie sich aufs Nestbauen verstehen, beweisen sie bei plötzlich ansteigendem Wasserspiegel: Innerhalb kurzer Zeit erhöhen sie die Nestplattform durch Pflanzen um mehr als einen halben Meter. Es kommt häufiger vor, daß zwei, manchmal gar drei Weibchen in dasselbe Nest ihre Eier legen. Dann können es weit über zwanzig werden; das normale Gelege umfaßt fünf bis zwölf graugrüne Eier. Etwa vierundzwanzig Tage muß die Ente fest sitzen, bis die Jungen schlüpfen. Sie können vom ersten Tag an schwimmen und tauchen, brauchen aber gut acht Wochen, bis sie flügge sind. Werden sie nicht vorzeitig das Opfer von Krankheit, Kälte, Nahrungsmangel, tierischen Feinden oder Jägern, können sie mehr als achtzehn Jahre alt werden. Mit den Veränderungen der natürlichen Umwelt durch den Menschen scheint die Reiherente von allen Tauchenten am besten fertig zu werden. Doch eine nahe Verwandte, die Moorente, steht in der jüngsten Ausgabe der »Roten Liste« in Deutschland unter der Rubrik »Vom Aussterben bedroht«.

Bevor die Reiherente ihre Kükenschar auf einem norddeutschen Fischteich ausführt (vorhergehende Doppelseite), balzt im Winter das kontrastreich gefiederte Männchen gestenreich um das Weibchen.

Binnenländische Feuchtgebiete

Höckerschwäne: Nicht einmal jeder zweite wird ein Jahr alt

Acht Küken großzuziehen kommt für ein Paar Höckerschwäne fast einem Rekord gleich. Zwar brütet ein Weibchen gelegentlich sogar bis zu zehn Eier aus, doch werden kaum jemals alle Jungen flügge. In den ersten zwei Wochen können die Eltern die Küken noch bequem unter ihrem Körper und im Gefieder wärmen und auf dem Rücken transportieren. Dann zehren die Jungen noch von ihrer Nahrungsreserve aus dem Dottersack. Schwierig wird es, sobald sie selbst mit dem Schnabel nach Pflanzen zum Fressen suchen müssen. Viereinhalb Monate dauert es, bis die anfangs grauen, später braunen Jungschwäne flügge sind. Und auch danach bleiben sie noch bis zum folgenden Spätwinter oder Frühjahr im Familienverband.

Trotz intensiver Fürsorge sterben viele Küken während der ersten vier Lebenswochen. Ein Jahr alt wird nur knapp die Hälfte aller Höckerschwäne. Weniger als dreißig Prozent werden im Alter von drei oder vier Jahren geschlechtsreif, und von ihnen schafft es nur ein Teil, sich zu verpaaren und erfolgreich zu brüten. Manches Schwanenpaar scheitert schon daran, ein geeignetes Brutrevier zu finden. Nicht jedes Gewässer nämlich eignet sich dazu, darauf im April ein großes Nest aus Wasser-

Für die Erholungspausen der jungen Höckerschwäne werfen die Altvögel in Minutenschnelle aus Schilfhalmen und Unterwasserpflanzen eine Rastplattform zusammen.

Höckerschwäne: Nicht einmal jeder zweite wird ein Jahr alt

pflanzen und Schilfhalmen zu errichten. Entscheidend, auch für die Größe des beanspruchten Territoriums, ist das Nahrungsangebot. Mancherorts reichen ihnen zwei Hektar, anderswo müssen es mindestens fünfzig sein. Wachsen nicht genügend Unterwasserpflanzen in passendem Abstand zur Oberfläche, nützt den vegetarisch lebenden Höckerschwänen der ruhigste Weiher, der schönste See oder die besonders windgeschützte Meeresbucht nichts. Es muß rund ums Nest genug zu fressen geben, denn große Entfernungen können die Jungen in ihren ersten Lebenswochen noch nicht zurücklegen.

Wo die Voraussetzungen für die großen weißen Vögel mit dem roten Schnabel und dem schwarzen Stirnhöcker günstig sind, wollen sich im Frühjahr nicht selten gleich mehrere Paare ansiedeln. Nur einem Paar, das sein Heimatgewässer während milder Wintermonate durchgehend besetzt hält, gelingt es schnell, Eindringlinge zu verjagen. Da zählt der Heimvorteil. Anders sieht es aus, wenn Reviere neu zur Disposition stehen. Dann kann es zu tagelangen Auseinandersetzungen zwischen mehreren Vögeln kommen. Dabei fliegen nicht immer nur Federn. Mancher schwächere, aber fluchtunwillige Schwanenmann wird vom stärkeren Rivalen so lange unter Wasser gedrückt, bis er ertrunken ist.

Auch Menschen können erleben, daß ihnen ein Höckerschwan mit gebogenem Hals, zu Segeln aufgeblähten Flügeln und mit weit hörbarem Schnarchen oder Knurren kampfeslustig mit einer mächtigen Bugwelle entgegenschwimmt. Dann ist es ratsam, den Rückzug anzutreten, denn mit einem aufgeregten Schwan, der seine Nestumgebung oder seine Jungen verteidigt, ist nicht zu spaßen. Immerhin kann ein Männchen bis zu 22 Kilogramm, ein Weibchen gut die Hälfte davon schwer werden. (»Cygnus olor« gehört damit zu den schwersten flugfähigen Vogelarten auf der Erde.) Mit ihren Flügeln, deren Gesamtspannweite knapp zweieinhalb Meter mißt, können sie zielgerichtet zuschlagen. Während der fünfwöchigen Brutzeit, in der das Weibchen allein die anfangs weißen, später grauen Eier wärmt, können selbst sonst handzahme Tiere überraschend aggressiv werden. Wirklich wilde Höckerschwäne, in Mitteleuropa im Verhältnis zu den halb domestizierten oder verwilderten Parkschwänen in der Minderzahl, halten sich auch während der Brut möglichst fern vom Menschen. Im Spätherbst ziehen viele Schwanenfamilien von den binnenländischen Gewässern an die Meeresküsten. Dort schließen sie sich mit den großen Trupps von nicht verpaarten Tieren zusammen, die schon den Sommer in den Küstengewässern oder auf großen Binnenseen gemeinsam verbracht haben. Ein beliebtes Mauser- und Übersommerungsgebiet etwa ist die Boddenlandschaft um die Insel Rügen. Aber auch auf der Müritz, auf dem Bodensee oder auf dem Genfer See lassen sich große Schwanenverbände beobachten. In derartigen Gemeinschaften legen die Höckerschwäne ihr Territorialverhalten ab, ebenso wie in den wenigen Brutkolonien, die sich immer wieder mal auf einigen osteuropäischen Seen bilden: Dort nisten gelegentlich sechzig bis hundert Paare auf engem Raum, ohne sich gegenseitig ans Gefieder zu gehen.

Bei längerem Frost verlassen die Schwäne Seen und Küstengewässer und lassen sich auf Raps- und Getreidefeldern nieder, um sich dort – sehr zum Ärger der Bauern – von wintergrünen Blättern und Halmen zu ernähren. Die Trittschäden, die die schweren Vögel mit ihren durch Schwimmhäute verbreiterten Füßen anrichten, und die Sitzstellen wiegen dabei häufig schwerer als die Fraßschäden. Außerhalb der Brutzeit, wenn sie beieinanderstehen, lassen sich die wilden von den domestizier-

Binnenländische Feuchtgebiete

ten Höckerschwänen mit dem Fernglas recht gut unterscheiden: Die Beine der »zahmen« Vögel sind nicht wie bei den wild lebenden Schwänen schwarz, sondern hellgrau, violett oder gar – bei einer Mutante, deren Junge ein schneeweißes Dunenkleid tragen – hellrot. Auch ihre Schnäbel leuchten weniger kräftig rot.

Im Frühling und Sommer, wenn sie ihre Jungen behüten und mit ihnen die dank der Nährstoffanreicherung vieler Gewässer dort reichlich vorhandenen Pflanzenteppiche unter der Wasseroberfläche abweiden (wobei die Halslänge die Reichweite bestimmt), fliegen die Schwäne ungern. Während der sommerlichen Mauser der Schwungfedern sind Männchen und Weibchen zu unterschiedlichen Zeiten ohnehin für einige Wochen flugunfähig. Vom Herbst bis zum zeitigen Frühjahr sind häufiger am Himmel die metallisch klingenden

Höckerschwäne: Nicht einmal jeder zweite wird ein Jahr alt

Fluggeräusche zu hören, mit denen sich die großen Vögel, den langen Hals weit vorgestreckt, von weitem ankündigen. Dieses außergewöhnliche Flügelsingen, ihre eindrucksvolle Gestalt und ihre Nähe zum Menschen haben den Höckerschwänen, die mit fünf weiteren Schwanenarten zur Familie der Entenvögel zählen, zu einem bedeutenden Platz in der Mythologie und in der Kunst verholfen. Aus dem Reich der Sagen stammen wohl auch die Berichte, einzelne Höckerschwäne seien achtzig Jahre und älter geworden. Ein Höchstalter von zwanzig bis fünfundzwanzig Jahren entspricht der zoologischen Datenlage.

Unter der Führung ihrer Eltern erkunden die jungen Höckerschwäne das Wasserrevier.

Binnenländische Feuchtgebiete

Flußuferläufer: Unter den Schnepfenvögeln der lebhafteste

Ein durchdringender dreisilbiger Ruf hat schon manchen Spaziergänger aus seinem beschaulichen Ausblick auf einen Binnensee oder Fluß hochfahren lassen. Doch es dauert in der Regel eine ganze Weile, bis der unerfahrene Wanderer herausgefunden hat, von welchem Lebewesen das hell klingende »hididi« stammt. Wenn überhaupt, so entdeckt er den Träger der weithin vernehmbaren Stimme erst, wenn dieser mit vibrierenden, von kurzen Pausen unterbrochenen Flügelschlägen über das Wasser davonschwirrt: ein starengroßer, braunweißer Vogel, der bald nach dem Auffliegen wieder auf einem Stein oder am Ufersaum landet und mit dem Körper auf und ab wippt. »Seeuferflieger« könnte der kleine Gefiederte demnach genauso gut heißen, doch als Flußuferläufer ist »Actitis hypoleucos« hierzulande bekannt, wenngleich er rund fünfzig weitere volkstümliche Namen trägt. »Bachpfeifer«, »Trillerchen« und »Uferlerche« sind drei besonders originelle unter ihnen.

Man sieht es dem Flußuferläufer nicht auf den ersten Blick an, daß er der großen Familie der Schnepfen angehört. Unter den 86 Arten, die dieser weitverzweigten Vogelsippe zugerechnet werden, zählt er mit einer Körperlänge von zwanzig Zentimetern zu den kleineren unter den »Läufern«. Was den Flußuferläufer, dessen Flügelspanne knapp 35 Zentimeter mißt, noch von vielen Schnepfenverwandten unterscheidet, sind seine kurzen Beine und der ebenfalls nicht lange Schnabel.

Obwohl sich das Verbreitungsgebiet des Flußuferläufers über große Teile Mitteleuropas einschließlich der Britischen Inseln und auch über große Gebiete Südeuropas erstreckt, ist er im Sommer am häufigsten im Norden anzutreffen. Während er im übrigen Europa sehr lückenhaft brütet (in Deutschland gibt es einige hundert Brutpaare), ist er in Skandinavien und im nördlichen Rußland zwischen Frühling und Spätsommer häufig zu beobachten. Sein Brutgebiet erstreckt sich über ganz Sibirien bis nach Japan. Je weiter nördlich die zur Balz- und Brutzeit mit einem schön getupften Gefieder geschmückten Vögel sich mit der Familienplanung beschäftigen, desto später können sie damit beginnen. In Frankreich kann ein Paar seine vier Eier schon drei Wochen lang erfolgreich bebrütet und die Jungen im folgenden Monat bis zur Selbständigkeit aufgezogen haben, wenn in Finnland sich Männchen und Weibchen erst laut rufend mit ritualisierten Balzflügen umwerben und nach einer geeigneten Nistmulde auf dem Boden umsehen: Zwischen Ende April und Anfang Juli legt das Weibchen die großen, an einem Ende stark zugespitzten Eier, deren schön gefärbte und gesprenkelte Schale auffallend glänzt. Das Gelege besteht nach Schnepfenart fast immer aus vier Eiern, die dem Flußuferläuferweibchen eine besondere Anstrengung abverlangen: Zusammen wiegen sie mehr als der ganze Vogel, nämlich mehr als fünfzig Gramm. Während der Brut, bei der sich Männchen und Weibchen ablösen und sich manchmal regelrecht vom Nest drängen, lieben die Flußuferläufer die Einsamkeit. Sie dulden Artgenossen nicht in der Nähe. Das gut getarnte Nest, das sie als tiefe Mulde gerne in hohem Gras oder unter einem Strauch, mitunter aber auch auf kiesigem Strand eines Sees oder im angeschwemmten Geäst an einem Flußufer anlegen, beweist viel Phantasie der Vögel. Ihr Nest wurde sogar schon auf einem Pfahl, auf Bäumen und in einer Kaninchenhöhle gefunden – mehr als einmal viele hundert Meter von einem Gewässer entfernt. Dort

Flußuferläufer: Unter den Schnepfenvögeln der lebhafteste

allerdings halten sich die Vögel, ihrem Namen entsprechend, bevorzugt auf. Am Rand und im seichten Wasser machen sie Jagd auf Insekten aller Art und scheuen auch nicht vor einem gelegentlichen Bad zurück.

Durch schnelles Wegtauchen und anschließende Unterwasserfortbewegung mit den Beinen und Flügeln bis zu einer halben Minute lang entgehen sie manchem Feind. Auf ihrem Zug ins mittlere und südliche Afrika benutzen die Flußuferläufer als Reiseroute weniger die Meeresküsten wie viele ihrer Verwandten, sondern halten sich eher an binnenländische Wege. Einzeln oder in kleinen Gruppen sind sie zwischen August und Oktober daher an vielen Binnengewässern anzutreffen.

Wo sie nicht gestört werden und genügend Nahrung finden, halten sie sich tagelang auf, um Fettreserven für den langen Flug nach Süden anzusammeln. Der kann, wie an einem beringten Vogel nachgewiesen wurde, in fünfundzwanzig Tagen über 5400 Kilometer (Luftlinie, aber die Vögel müssen etliche Umwege, etwa bei der Überquerung der Alpen, in Kauf nehmen) von Sachsen bis nach Ghana in Westafrika führen. In den Winterquartieren und an den Rastplätzen wie in Europa braucht der Flußuferläufer genügend naturbelassene Feuchtgebiete zum Leben, das sich über mindestens neun Jahre erstrecken kann. Auf dem Zug nehmen die Vögel auch mit Überschwemmungsflächen auf Wiesen und Feldern für einige Tage vorlieb. Dort trifft er mit anderen Schnepfenvögeln zusammen.

Wer klein ist, muß sich genügend Übersicht verschaffen. Der Flußuferläufer läuft dazu mit seinen schnellen Trippelschritten auf einen großen Granitstein, von dem es in seinem schwedischen Brutrevier nahe einem See genügend gibt.

Binnenländische Feuchtgebiete

Flußregenpfeifer: Gefährliches Leben in der Kiesgrube

Der Fahrer des Radladers bremst sein tonnenschweres Gerät so abrupt, daß die große Schaufel an der Front zweimal laut in die Halterung schlägt. Daraufhin wirft sich der kleine Vogel zehn Meter vor dem Fahrzeug mit ausgebreiteten Schwingen flach auf den Boden und läuft wenige Sekunden später humpelnd, mit einem hängenden Flügel zwischen der Fahrspur weiter. Einige Meter nur, dann duckt er sich wieder, schaut rückwärts und bleibt wie verletzt auf dem Bauch liegen. Der Fahrer steigt aus seinem fast drei Meter hohen Führerhaus die Leiter herab, um sich des anscheinend verletzten Vogels anzunehmen. Doch der läßt noch erregter immer wieder durchdringende Pfeiftöne erklingen und humpelt nun sogar ein kleines Stück auf dem sandigen Untergrund auf den Radlader zu.

Wäre der Fahrer nicht schon seit Jahren im großen norddeutschen Kieswerk beschäftigt und hätte er nicht wiederholt Begegnungen dieser Art mit Flußregenpfeifern gehabt, wäre es wahrscheinlich um die vier höchstens drei Tage alten Küken geschehen. Dann wäre er nämlich weitergegangen oder gar weitergefahren, und die kleinen Vögel, die sich eng beieinander flach auf die Erde drücken, hätten ihr kurzes Leben unter dem Stiefel oder unter den Rädern beendet. Ihr Daunenkleid ist derart gut in den Farben des Untergrundes gezeichnet und gesprenkelt, daß man sie – hat man sie überhaupt entdeckt – schnell wieder aus den Augen verliert, sobald man zwei oder drei Meter weitergegangen ist.

Der Fahrer des Radladers macht das einzig Richtige in dieser Situation. Er klettert wieder hinter sein Lenkrad, setzt die große Maschine etwa dreißig Meter zurück und stellt den Motor ab. Dabei hat er den kleinen Vogel mit der schwarzweißen Kopf- und Brustfärbung nicht aus den Augen gelassen. Einen halben Steinwurf weiter ist ein zweiter derselben Art aufgetaucht. Es dauert nicht lange, da läuft der eben noch so schwer verletzt erscheinende Vogel mit rasend schnellen Trippelschritten in der Mitte der Fahrspur auf den Radlader zu, verharrt zweimal für wenige Augenblicke und hockt sich dann mit leicht abgespreizten Flügeln zwischen kleinen Kieselsteinen hin. Einige Male ruckelt er hin und her und setzt sich schließlich vollkommen nieder.

Von seiner Kanzel über den mannshohen Reifen hat der Fahrer den Vogel nicht aus den Augen gelassen. Zur Orientierung hat er sich zwei größere Steine eingeprägt, dann klettert er wieder von der Maschine. Das gleiche Spiel beginnt: der Flußregenpfeifer versucht zu »verleiten«, den Menschen von den Jungen fortzulocken, indem er so tut, als sei er verletzt und damit eine leichte Beute seines Verfolgers. Doch dieses Mal rettet es seine Jungen, daß sich der Mensch nicht täuschen läßt. Wenig später hat dieser die vier Küken entdeckt. Bewegungslos verharren sie im groben Kies. Ein paar Tage später, und sie würden sich beim ersten Warnlaut der Eltern sternförmig voneinander entfernen.

Mit einem Funkspruch holt sich der Fahrer Rat von der Verladezentrale am Ende des kilometer-

Geröllhaltiger Boden in der Nähe eines Gewässers ist dem Flußregenpfeifer der liebste Untergrund. Dort sucht er seine Nahrung zwischen dem Gestein und Kies und dort legt er auch seine vier Eier in eine mit der Brust ausgedrehte Nistmulde.

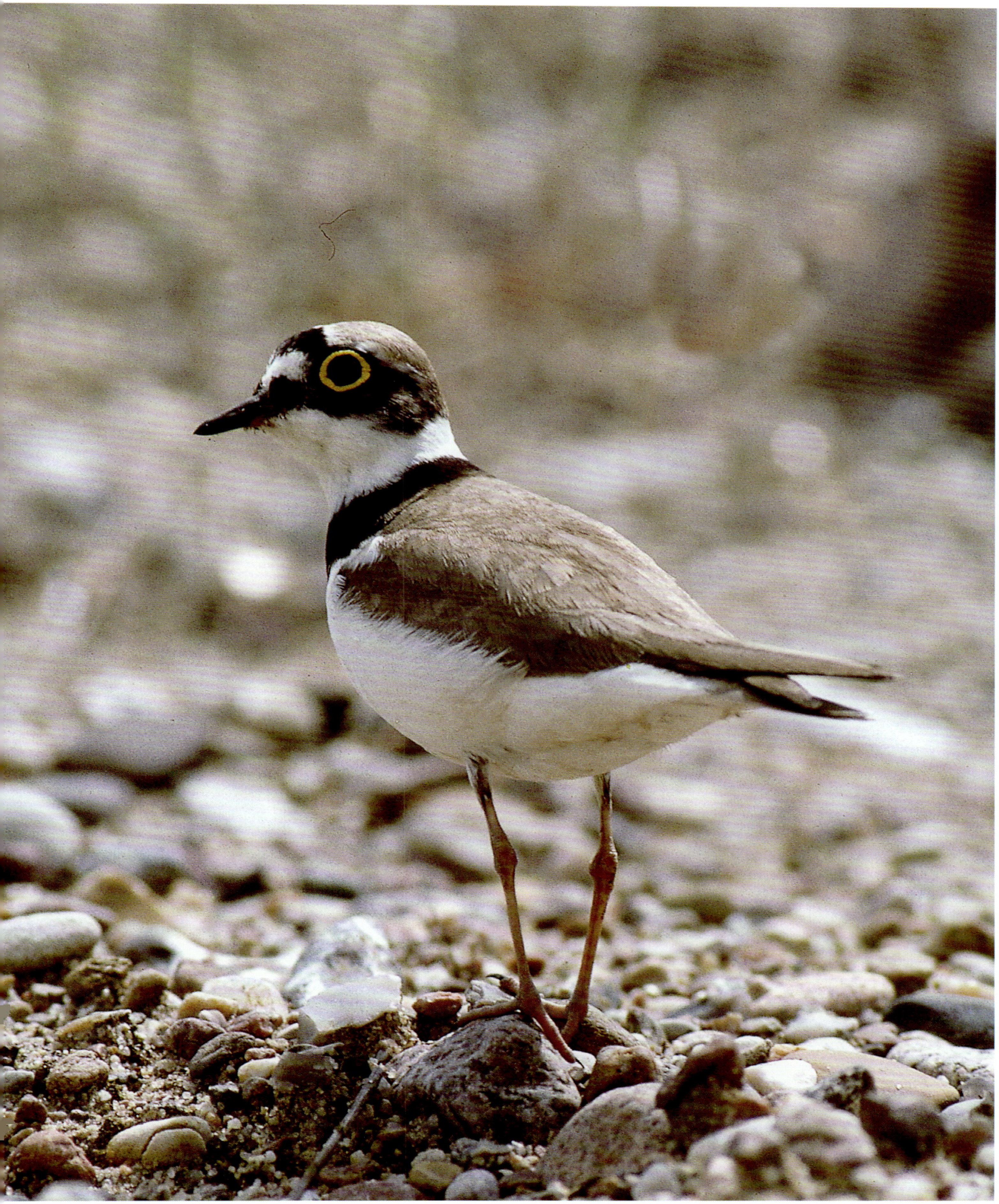

Binnenländische Feuchtgebiete

langen Förderbandes. Die Spur wird für die nächsten drei Wochen gesperrt, der Kies soll an anderer Stelle abgebaut werden. In dem Kieswerk, von dem hier die Rede ist, sind Flußregenpfeifer seit vielen Jahren vom Frühjahr bis zum Herbst zu Gast. Meistens brüten auf dem mehr als dreißig Hektar großen Gelände zwei Paare, es waren auch schon drei. Zwischen Ende April und Mitte August sind die Beschäftigten daher besonders auf der Hut. Nicht selten kommt es vor, daß ein Paar der Art »Charadrius dubius« seine unscheinbare Nestmulde auf einen Weg oder an einer Abbaufläche in den steinigen Boden dreht, wenn dort nur für wenige Tage der Betrieb ruht. Im Abstand von einem bis zwei Tagen legt das Weibchen die meistens vier birnenförmigen Eier, die sich in der Färbung kaum von den sie umgebenden Kieselsteinen und vom bräunlichen Untergrund abheben.

Da auch die Altvögel, wenn sie ihr Nest verlassen und davonlaufen, kaum auffallen, geschieht es immer wieder, daß ein Gelege zerstört wird, ohne daß dies überhaupt jemand bemerkt. In dem genannten Kieswerk achten die Arbeiter daher schon frühzeitig darauf, wo sich die Vögel während der Balz bevorzugt aufhalten. Haben die Männchen nach der Rückkehr aus ihrem afrikanischen Winterquartier zwischen Ende März und Anfang Mai erst einmal ihr Territorium durch auffällige bogen- und schleifenreiche »Singflüge« mit verzögertem Flügelschlag markiert und mitunter auch in heftigen Bodenkämpfen gegen Rivalen verteidigt, versuchen sie ein Weibchen zu gewinnen. Dazu drehen sie an verschiedenen Stellen Nistmulden in den Boden.

Allerdings kann sich die endgültige Entscheidung für den richtigen Nistplatz tagelang hinziehen. Immer wieder drücken die Vögel mit ihrer hellgefärbten Brust eine kleine runde Kuhle in den groben Sand oder zwischen die Kiesel, wobei sie darauf achten, daß die künftige Brutstätte nicht zu tief liegt. Sonst wäre die Sicht schlecht und die Gefahr groß, daß sie bei starkem Regen unter Wasser geriete. So finden sich meistens in der weiteren Umgebung des endgültigen Nestes viele Mulden. Mitunter ist es wohl schließlich der »Legedruck« des Weibchens, der den Ausschlag für einen Platz gibt, an dem auch die Tarnung von Gelege und brütendem Vogel befriedigend ausfällt.

Trotz aller Sorgfalt bei der Wahl des Nistplatzes erleiden Flußregenpfeifer erhebliche Verluste während der Brut. Das ist nicht erst so, seitdem die Vögel zunehmend in vom Menschen geschaffenen oder beeinflußten Lebensräumen ihr Auskommen suchen und brüten müssen. Ursprüngliche Biotope nämlich, denen der Flußregenpfeifer seinen deutschen Namen verdankt (in den meisten anderen europäischen Sprachen heißt die Art »Kleiner Regenpfeifer«), gibt es immer weniger: Sandbänke oder Kiesbetten, aufgeschwemmte oder trockengefallene Flächen in und entlang von Flüssen. »Wasserbauliche Maßnahmen«, wie die vielen naturzerstörenden Maßnahmen verharmlosend genannt werden, haben an den meisten Flüssen neben vielen anderen Tieren auch dem ans Süßwasser gebundenen Flußregenpfeifer die Existenzgrundlage genommen. Aber die Art hat sich – anders als andere, die sich nicht umstellen konnten – erstaunlich gut den veränderten Umweltbedingungen angepaßt: Kiesgruben, Spülfelder, Abraumhalden, Schuttflächen, Industriegelände und andere künstlich entstandene Ersatzlebensräume dienen ihnen zur Brut, sofern zwei Voraussetzungen gegeben sind: Sie müssen einen grobkörnigen Untergrund haben, und es muß eine Süßwasserfläche in der Nähe sein. An den natürlichen Standorten führen Überschwemmungen nicht selten zum vorzeitigen Ende der Brut; anderswo geht mancher Verlust auf das Konto von Menschen.

Flußregenpfeifer: Gefährliches Leben in der Kiesgrube

Die hohe Ausfallrate, die für die meisten Bodenbrüter unter den Vögeln gilt, versucht der Flußregenpfeifer dadurch auszugleichen, daß er häufig zweimal im Jahr brütet. Geht ein Gelege mehrfach verloren, bevor die – je nach Wetter und Häufigkeit der Störungen – 22 bis 28 Tage dauernde Brut mit Erfolg beendet ist, unternehmen manche Paare sogar drei oder vier Anläufe. So kommt es gelegentlich vor, daß noch Anfang August Junge schlüpfen, wenn sich die ersten Artgenossen schon auf den Zug nach Süden vorbereiten oder ein Zwischenquartier zum Mausern bezogen haben.

Gut drei Wochen dauert es, bis die Jungen flügge sind. Schon vorher gehen sie selbständig auf Insektenjagd. Die besten Erfolge bei der Nahrungssuche haben die nur feldlerchengroßen Vögel im Ufergebiet von Flachwasserzonen. Mit rasend schnellen Trippelschritten sausen sie am Spülsaum auf und ab, haben aber auch keine Scheu, bis zum Bauchgefieder im Wasser zu stehen. Bei »Schachtelbruten« führt ein Elternteil die Jungen, während der Partner wieder auf Eiern sitzt. Sind die Jungen flügge, verlassen sie meistens das Revier vor ihren Eltern. Im September sind die Brutplätze in der Regel verwaist, werden aber von durchziehenden Artgenossen, die aus dem Norden oder Osten kommen, für einen Zwischenstop genutzt. Mancher Flußregenpfeifer, der mit Verspätung aus dem südlichen Skandinavien abzieht oder dem es bis in den Spätherbst in Mitteleuropa gefällt, fliegt im Eiltempo bis ins Winterquartier südlich der Sahara. Das läßt sich mit Hilfe von Beringungen feststellen. So wurde ein im September in Belgien gekennzeichneter Vogel einunddreißig Tage später 4600 Kilometer entfernt im Senegal gefunden.

Auf dem Zug treffen Flußregenpfeifer mit ihren nächsten Verwandten zusammen. Das sind aus der gut sechzig Arten umfassenden Familie der Regenpfeifer (Charadriidae) innerhalb der Ordnung der Watvögel oder Limikolen (Charadriiformes) einige weitere, die in Europa brüten: neben dem Kiebitz der Kiebitzregenpfeifer, der Mornellregenpfeifer, der Goldregenpfeifer, der Seeregenpfeifer und der dem Flußregenpfeifer ähnliche, aber etwas größere Sand- oder Halsbandregenpfeifer. Die beiden letztgenannten Arten, die auch an der deutschen Nord- und Ostseeküste brüten, ziehen im Gegensatz zu »Charadrius dubius« die Nähe zum Salzwasser vor.

Der Flußregenpfeifer ist für den Vogelschutz ein gutes Beispiel, weil sich durch das Schaffen von Ersatzlebensräumen etwas für seinen Bestand tun läßt. Das aber darf nicht bedeuten, daß die verbliebenen natürlichen Brut- und Nahrungsplätze auch noch zerstört werden. Im Gegenteil: Der Flußregenpfeifer soll für das Erhalten und Wiederherstellen von Fluß- und Auenlandschaften werben, damit es künftig wieder mehr als die zur Zeit in Deutschland auf zwei- bis dreitausend geschätzten Brutpaare dieser Vogelart gibt.

Gut getarnt: Die vier vor kurzem geschlüpften Regenpfeiferküken »drücken« sich auf den Kiesboden.

Binnenländische Feuchtgebiete

Teichrohrsänger: Vom Kuckuck als Wirtsvogel bevorzugt

Er wiegt nur zwölf Gramm und mißt zwischen zwölf und dreizehn Zentimeter. Mit seinem einfarbig braunen Rücken, dem hellbraunen bis fast weißen Kehl- und Bauchgefieder und dem leicht rosaroten Bürzel (der oberen Schwanzhälfte) zählt er zu den vielen ähnlich gefärbten Singvogelarten, die auch den geübten Beobachter wegen der Verwechslungsmöglichkeiten beim Bestimmen manchmal zur Verzweiflung bringen – zumal der Teichrohrsänger sich häufig nur für Sekunden blicken läßt und dann schon im Röhricht weitergeturnt ist. Doch sobald er seine kräftige Stimme ertönen läßt, gibt er sich eindeutig zu erkennen. Und da er ein eifriger Sänger ist, der auch nachts nicht verstummt, teilt er jedem mit, der es wissen will, wo sein Wohnbezirk ist.

Im Jahr 1989 wurde in Deutschland dem häufigsten Vertreter der Rohrsänger, die zur großen Familie der Grasmücken (Sylviidae) mit ihren gut dreihundertzehn – altweltlichen – Arten gehören, besondere Aufmerksamkeit zuteil. Er war nämlich vom damaligen Deutschen Bund für Vogelschutz (heute NABU = Naturschutzbund Deutschland) und vom Landesbund für Vogelschutz in Bayern zum »Vogel des Jahres« gekürt worden. Er folgte damit anderen Kleinvögeln, deren Herausstellung in vorausgegangenen Jahren auf die Gefährdung ihrer Lebensräume und ihrer Art aufmerksam machen sollte.

Zwar steht »Acrocephalus scirpaceus« im Gegensatz zu seinem größeren Verwandten, dem Drosselrohrsänger, noch nicht auf der für Deutschland geltenden Roten Liste der gefährdeten Arten, doch in einzelnen Bundesländern gilt er schon als bedroht. Die Ursache: Viele kleine Gewässer, nasse Wiesen und Sümpfe mit ihren Schilfzonen sind in der Vergangenheit trockengelegt worden, und zahllose Seen und Flüsse mit ihren Altarmen haben ihre Schilfgürtel teilweise oder ganz eingebüßt. Schilf und »Röhricht« (Rohrkolbengewächse) aber braucht der Teichrohrsänger wie viele andere Tiere zum Leben und zur Fortpflanzung. Und so steht er denn auch für eine ganze Lebensgemeinschaft vom Kleinstinsekt bis zur Großen Rohrdommel, von der Libelle bis zum Rothalstaucher – eine Vielzahl von verschiedenen Fröschen und Fischen eingeschlossen.

Fast ausnahmslos trägt der Mensch die Schuld daran, daß es gegenwärtig mit dem Biotop »Schilfwald« nicht zum besten bestellt ist. Als noch viele Hausdächer mit Reet, dem abgestorbenen Winterschilf, gedeckt wurden, hatte man ein wirtschaftliches Interesse daran, daß die zwei bis drei Meter hohen, breitblättrigen Wassergräser auf großen Flächen wuchsen. Heute wird zwar dem Schilf zunehmend auch eine ökonomische Bedeutung für die Wasserreinigung zuerkannt, doch können Neuanpflanzungen für derartige Zwecke nicht einmal einen Ausgleich für die vielen tausend Hektar schaffen, die jedes Jahr allein durch die Wasserverschmutzung zugrunde gehen. Anfangs bieten die durch Phosphate und andere mit Abwässern zugeführte Nährstoffe überdüngten Gewässer ideale Wachstumsvoraussetzungen für das Schilf. Nach

Unersättlich: Obwohl das Insekt bereits im Schnabel des jungen Kuckucks steckt, sperrt dieser weiter seinen Schnabel auf und zeigt seinen roten Rachen. Erst wenn der Teichrohrsänger wieder abgeflogen ist, um neue Beute zu suchen, verschließt das Schmarotzerkind seinen Schlund.

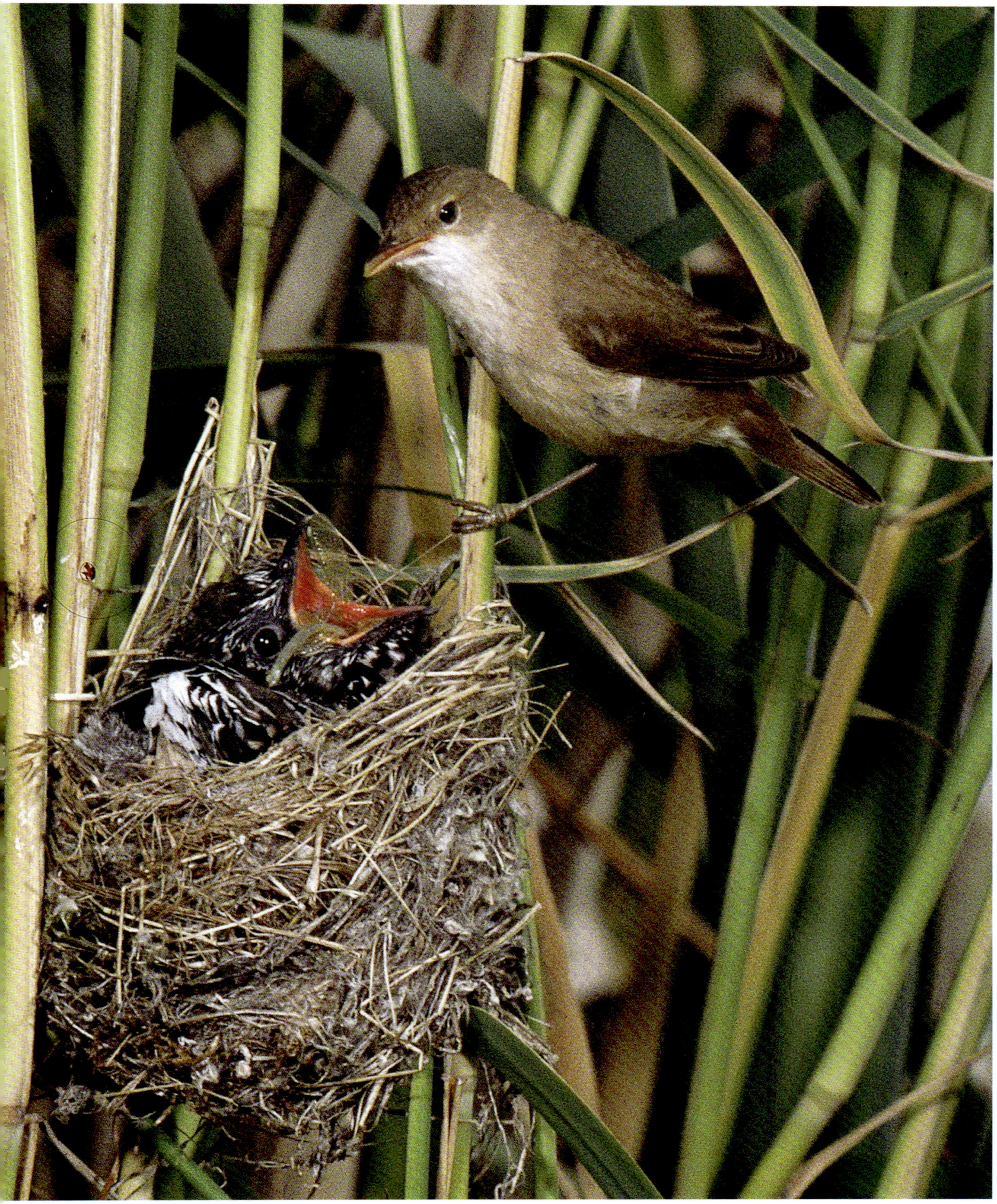

Binnenländische Feuchtgebiete

einigen Jahren der Überversorgung indes werden die Halme immer schwächer und brüchiger, bis sie schließlich absterben. Irgendwann wächst im Frühjahr überhaupt kein Schilf mehr nach.

Aber auch dort, wo sie von den Umweltbelastungen noch verschont bleiben oder diese sich in erträglichem Maß halten, sind viele Schilf- und Röhrichtbestände gefährdet. Ihre Zerstörung geschieht zumeist gedankenlos durch den »Freizeitmenschen«: Angler, die sich einen Weg zu ihrem Ansitz am Wassersaum bahnen, Ruderer, Paddler und Segler, die einen Platz für die Pause suchen, Motorbootfahrer und Wasserskifahrer, die durch hohe Bugwellen Schäden anrichten, Surfer, die den Schilfrand als Notbremse benutzen, und schließlich mancher Schwimmer, der das Dickicht erkunden will – sie alle hinterlassen im Frühling und Sommer bleibende Spuren. Oft bemerken sie nicht einmal, welche Zerstörungen sie anrichten und welche Beunruhigung sie auslösen.

Wenngleich der Teichrohrsänger recht gut vorgesorgt hat, um auch bei stark schwankenden Schilfhalmen sein Nest nicht zu gefährden, so geht doch manche Brut durch menschliche Einwirkung verloren. Ein starker Sturm, der das Schilf fast waagerecht niederdrückt, selbst ein Hagelschauer können der Niststätte wenig anhaben. Dafür sind die Teichrohrsänger viel zu geschickte Baumeister. Ein Pärchen braucht selten länger als fünf Tage, um in kunstvoller Weise einen tiefen Napf aus feinen Halmen und zartem Insektengespinst, vornehmlich Spinnweben, zwischen zwei bis vier Halme zu winden. Wie eine kleine Gondel, aus vielen hundert Einzelteilen zusammengeflochten, gedrückt und geformt, hängt das Nest anfangs weniger als einen halben Meter über der Wasserfläche. Im Verlauf der zwölftägigen Brutzeit und der etwa ebenso langen Aufzucht der zumeist vier Jungen befördern die im Mai und Juni besonders kräftig wachsenden Schilfhalme die Kinderwiege ein gutes Stück himmelwärts.

Nicht nur auf Sicherheit ist das Teichrohrsängerpaar bedacht, wenn es seinen Brutplatz auswählt, sondern auch auf Tarnung. Die beginnt schon beim Bauen. Im Gegensatz zum fast doppelt so großen Drosselrohrsänger, bei dem nur das Weibchen baut, herrscht bei vielen Teichrohrsängerpaaren Arbeitsteilung. So gibt es während der Bautätigkeit ein eifriges Kommen und Gehen. Dabei zeigt sich, daß die kleinen Schilfrohrbewohner zu Recht den »Schlüpfern«, den Grasmücken, zugesellt werden: Sie fliegen nicht etwa auffällig mit dem Nistmaterial im Schnabel zum Bauplatz, sondern hüpfen, springen und flattern von Halm zu Halm, tunlichst darauf bedacht, ja nicht beobachtet zu werden. Dabei fürchten sie vielleicht instinktiv weniger den Menschen als den Kuckuck. Der Brutschmarotzer, von dreifacher Größe und bis zu zehnfachem Gewicht, sucht sich mit besonderer Vorliebe den zierlichen Teichrohrsänger als Wirtsvogel aus.

Da nützt es dem Pärchen wenig, daß es seine Nestschaukel raffiniert und für das menschliche Auge fast unsichtbar aufgehängt hat. Und da hilft es auch nichts, wenn sich einer der beiden Vögel beim Brüten derart tief in den Napf drückt, daß nicht einmal die Schnabelspitze mehr zu sehen ist. Der Kuckuck, der andere für sich arbeiten läßt, sitzt oft tagelang dort an, wo er einen Teichrohrsänger sein »tiri tiri treck treck« oder sein »karre karre krik krik« immer wieder vortragen hört. Dann befördert das an der Unterseite grau gebänderte Kuckucksweibchen, sobald das Gelege voll ist, ein Ei der Rohrsänger mit dem Schnabel hinaus und legt – in Windeseile – sein eigenes sehr ähnlich gefärbtes und nicht wesentlich größeres hinein. Der junge Kuckuck, kaum daß er aus dem Ei geschlüpft ist, schiebt – noch blind und nackt – mit

Teichrohrsänger: Vom Kuckuck als Wirtsvogel bevorzugt

dem Rücken die Eier oder Jungen des Teichrohrsängers über den Nestrand. Nur so hat er Aussicht, genügend Futter von seinen unfreiwilligen Zieheltern zu bekommen. Die sind hinfort unentwegt um das Wohl ihres untergeschobenen Zöglings besorgt. Was sonst an Insektennahrung für vier oder gar fünf kleine Teichrohrsänger reicht, verschwindet rund zwei Wochen lang ausschließlich im ewig aufgesperrten roten Rachen des Jungkuckucks, der mit seinen gewaltigen Ausmaßen vor dem Ausfliegen die zarte Behausung sprengt.

Da die jungen Teichrohrsänger das Nest schon einige Tage vor dem Erreichen der Flugfähigkeit verlassen, füttern die Eltern sie noch eine Zeitlang im Schilfwald. Dort sitzen die Vogelkinder dann an einen Halm geklammert und warten auf ihre Portion Mücken, Fliegen, Spinnen, Schmetterlinge, Raupen und Käfer. Beute dieser Art nehmen die »Reetpieper« mit ihrem feinen spitzen Schnabel selbst von der Wasseroberfläche geschickt auf. Wie seine eigenen Nachkömmlinge versorgt das Rohrsängerpaar auch den Jungkuckuck eine Zeitlang außerhalb des Nestes. Dabei landen die zierlichen Vögel nicht selten auf dem breiten Rücken des aufgeplusterten, ewig hungrigen Ziehkindes und stopfen ihm von dort aus den Schnabel.

Manches Teichrohrsängerpärchen muß zwei oder drei Anläufe für eine erfolgreiche Brut nehmen. Glückt schon im Mai oder Juni die Aufzucht einer Jungschar, schließen sich oft ein weiterer Nestbau und ein zweites Gelege an. Doch spätestens Anfang August, meistens schon im Verlauf des Juli, haben die Anstrengungen zur Arterhaltung ein Ende. Im August nämlich macht sich schon der größte Teil der Teichrohrsänger auf den langen Zug ins südliche Afrika, wohin die Vögel dem europäischen Winter ausweichen. Dabei legen die zarten Tiere, die im Heimatrevier nur kurze Wege lieben, beachtliche Strecken zurück. Immerhin müssen sie auch die Alpen und Teile der Sahara überqueren. Trotz des großen Tributs, den solche Anstrengungen unter den Vögeln fordern, werden einige Teichrohrsänger erstaunlich alt: Mindestens zwölf Jahre sind bisher mit Hilfe der Beringung belegt. Solche Markierungen haben auch gezeigt, daß viele der Vögel recht standorttreu sind und auf wenige Quadratmeter genau jedes Jahr wieder ihr Revier beziehen – vorausgesetzt, das Schilf ist bei der Rückkehr noch am alten Platz.

In einem dichten, gesunden Schilf- und Rohrkolbenbestand siedeln sich mitunter mehr als fünfzig Teichrohrsänger pro Hektar an. Außerdem finden sich im gleichen Bezirk der seltener gewordene Drosselrohrsänger, der Schilfrohrsänger und – manchmal nicht weit entfernt – der Sumpfrohrsänger ein. Wie die verschiedenen Schwirle, ebenfalls nahe Verwandte, bevorzugt jede Art einen etwas anderen Biotop. Nur der Drosselrohrsänger, der sein Nest lieber mehr zur Wasserkante hin baut, und der Teichrohrsänger kommen sich bisweilen ins Gehege. Doch dann muß stets der »Kleine Karekiet« dem »Großen Karekiet« weichen und sich weiter landwärts einrichten.

Dieser großen Anpassungsfähigkeit hat es der Teichrohrsänger wohl zu verdanken, daß er in größerer Zahl als der Drosselrohrsänger in einer immer stärker vom Menschen gestalteten und oft auch verunstalteten Landschaft überlebt und zurechtkommt. Der Bestand des Drosselrohrsängers ist in den vergangenen dreißig Jahren in Mitteleuropa stark zurückgegangen. Das europäische Verbreitungsgebiet beider hierzulande bekanntesten Rohrsänger deckt sich weitestgehend; im Vergleich zum Schilfrohrsänger und zum Sumpfrohrsänger gibt es da größere Abweichungen. In Deutschland kommen alle vier »klassischen« Rohrsängerarten, ursprünglich flächendeckend, vor, der selten gewordene Seggenrohrsänger indes nur im Nordosten.

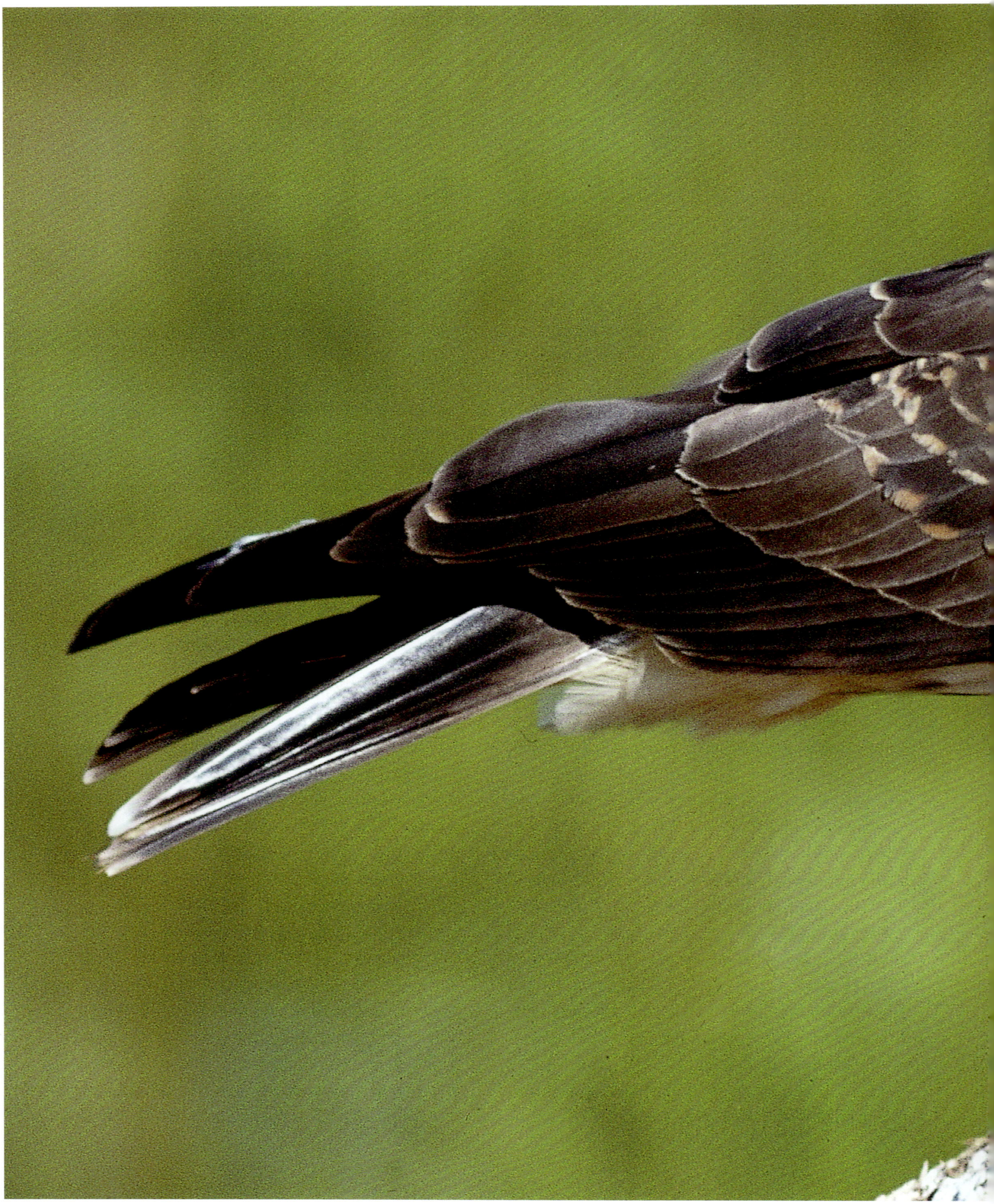

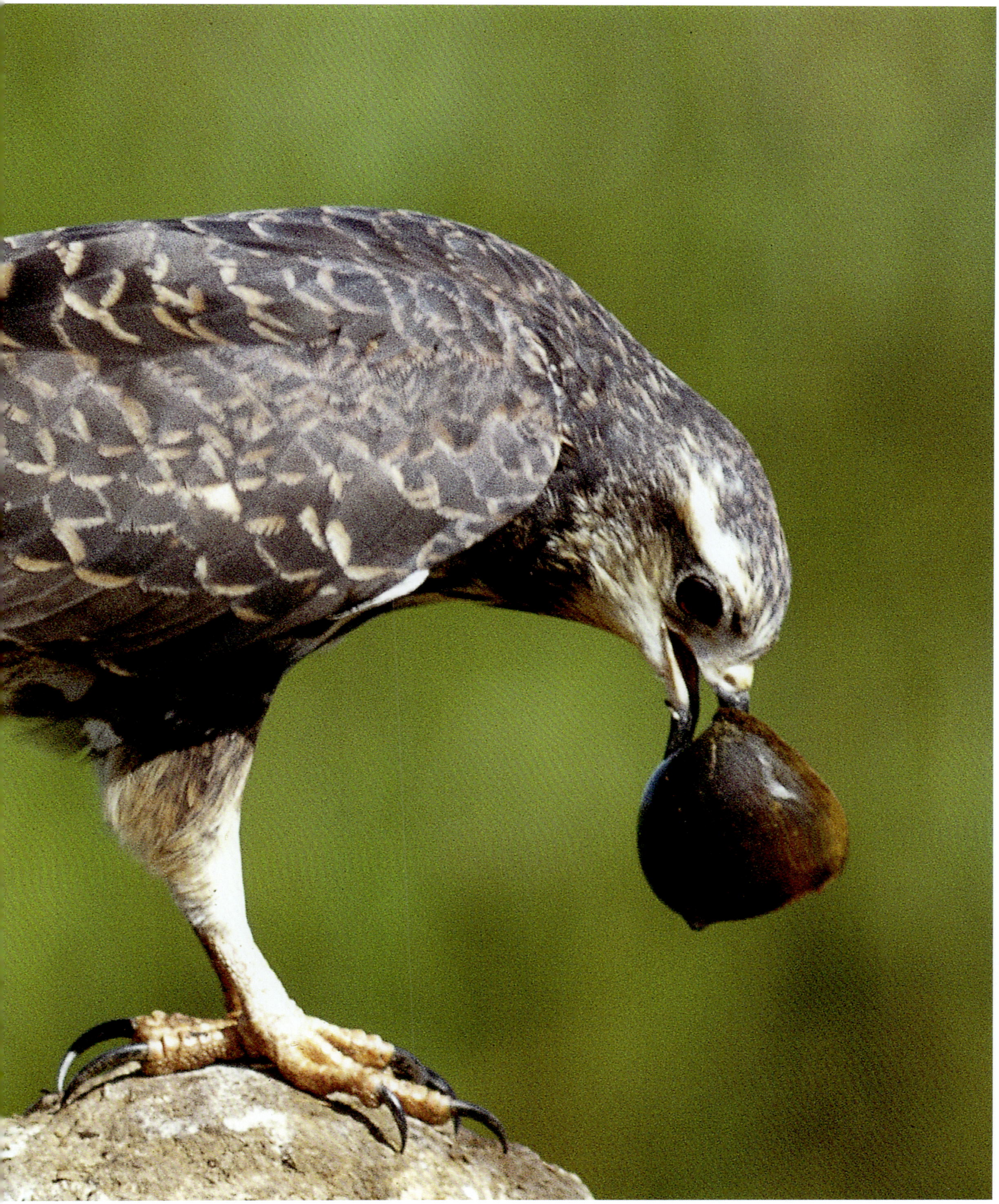

Binnenländische Feuchtgebiete

Schneckenmilane: Mit jeder Beute zur Schlachtbank

Das ist der für den südamerikanischen Schneckenmilan glückliche und für seine Beute, eine im Süßwasser lebende Apfelschnecke, tödliche Abschluß eines Beutefluges: Mit seinem spitzen langen Hakenschnabel, dessen Ende mehr als rechtwinklig nach innen gebogen ist, hat der Greifvogel sein Opfer aus dem Gehäuse gezogen, das er unmittelbar danach aus dem festen Griff seiner scharfen Krallen zu Boden fallen läßt. Obwohl die Schnecke nicht gerade klein ist, vermag das Milan-Weibchen sie in einem Stück hinunterzuschlucken. Nicht selten allerdings erhebt es sich vorher wieder in die Luft, nimmt die Beute mit einem Fang aus dem Schnabel und zupft sich im Flug seine Mahlzeit stückweise zurecht.

Schneckenmilane – im Gegensatz zum braungefleckten, unterseits hellgestreiften Weibchen trägt das Männchen ein dunkelgraues Gefieder, die Augen, die Wachshaut oberhalb des Schnabels und die Beine leuchten bei ihm rot – sind in Mittelamerika und dem größten Teil Südamerikas verbreitet. Die Vögel, auch Schneckenweihen genannt, verlegen ihren Aufenthalt in manchen Teilen des Kontinents mit den Jahreszeiten von Nord nach Süd und umgekehrt. In Florida gibt es

Schneckenmilane: Mit jeder Beute zur Schlachtbank

eine besondere Art, den Everglade-Milan, der durch die Trockenlegung großer Sumpfgebiete in der Vergangenheit lange Zeit vom Aussterben bedroht war, jetzt aber dank gezielter Hilfe durch Naturschützer erst einmal gerettet zu sein scheint.

Die schlanken Vögel, mit gut vierzig Zentimetern Körperlänge etwa von der Größe unserer Wiesenweihen, sind derart auf ihre Schneckenbeute spezialisiert, daß sie ohne entsprechende Jagdgründe, in denen genügend der großen Süßwasserschnecken leben, nicht existieren können. Sie orientieren sich daher an den periodischen Überschwemmungen, von denen weite Landstriche ihrer Heimat zu unterschiedlichen Jahreszeiten heimgesucht werden. In langsamen Flugrunden streichen sie über Flachwasserzonen, bis sie ein Opfer auf dem Boden oder an einem Halm entdeckt haben. Blitzschnell tauchen sie mit einem ihrer Ständer unter die Wasseroberfläche und ergreifen ihre Beute. Hätten sie nicht eigens dafür entwickelte Fänge mit langen Zehen und ebenfalls langen, nadelspitzen Krallen, könnten sie die großen und meist glitschigen Schneckengehäuse gar nicht festhalten.

So aber fliegen sie mit ihrem Fang zu einem Sitzplatz, drehen das Gehäuse so hin, daß die Öffnung nach vorne schaut, und setzen ihr zweites »Spezialwerkzeug« ein: Wenn sie nicht so lange warten, bis die Schnecke ihren Kopf von selbst heraussteckt, so daß sie diesen durchbohren können, fahren sie mit der Schnabelspitze wie mit einer Pinzette unter den verschließbaren Deckel des Gehäuseeingangs und durchtrennen an einer ganz bestimmten Stelle des Schneckenkörpers einen Muskel- und Nervenstrang, durch den das Tier mit seinem Haus fest verbunden ist. Erst danach läßt sich die Schnecke herausziehen.

Wo es genügend der bis zu fünfzig Zentimeter langen Apfelschnecken gibt, steuern die fluggewandten Milane immer wieder dieselben »Schlachtbänke« an. Oft ist es der Pfahl eines Weidezaunes, ein breiter Ast, ein Termitenhügel oder die aus getrocknetem Lehm bestehende Kuppel eines Töpfervogel-Nestes. Auch ohne daß gerade ein Milan auf ihm sitzt, ist ein solcher Platz leicht zu erkennen: Manchmal liegen unter ihm Hunderte von Schneckenhäusern, ein jedes durch einige Kratzer der scharfen Krallen verziert. Da es in den überschwemmten Ebenen Brasiliens, Argentiniens oder Uruguays häufig an geeigneten Sitzwarten mangelt, wird manche von mehreren Vögeln hintereinander angeflogen.

Auch sonst zeigen die Schneckenmilane, daß sie mit ihresgleichen auskommen. Ihre Nester legen sie im hohen Gras häufig kolonieweise an, und die Altvögel bebrüten ihre zwei bis vier Eier und versorgen ihre Jungen im Abstand von einigen Metern zu den Nachbarn. Natürlich von Anfang an mit dem zarten, aber festen Fleisch von Apfelschnecken, das diese anfangs nur in kleinen Portionen herunterschlucken können. In den ersten Wochen nach dem Schlüpfen der Küken bleibt das Weibchen beim Nest und verfüttert die vom Männchen herangetragene Beute, die es vorher zerrupft und den Jungen mit der Schnabelspitze wie mit einer Pinzette vorsichtig in deren aufgesperrte Rachen plaziert. Dabei sieht das Weibchen zu, daß es selber auch hin und wieder etwas abbekommt.

Wie bei vielen Greifvögeln, ist auch das Männchen der Schneckenweihe (links) kleiner, dafür aber auffälliger gefärbt als das Weibchen (vorhergehende Doppelseite). Beide sind auf den Fang und Verzehr von Apfelschnecken spezialisiert, die sie aus dem Wasser fischen.

Wehrvögel: Als Tschaja und Screamer besser bekannt

Die Tschaja läuft nicht schneller, als ihre fünf Küken folgen können. Selbst dann nicht, wenn ein Verfolger nahe kommt. Wird es für die goldgelben Gössel gefährlich, zeigt die Mutter, daß sie – als Angehörige der Wehrvögel – auch vor größeren Feinden keine Angst hat. Zunächst stellt die bis zu neunzig Zentimeter lange und über drei Kilogramm schwere Bewohnerin südamerikanischer Feuchtgebiete ihre mächtigen Schwingen etwas aus und sträubt dabei das graue Gefieder am ganzen Körper. Sorgen diese Drohgebärden nicht für Respekt, geht sie zum Angriff über. Zunächst nur zum Schein. Meist genügt ein kurzer Anlauf, um ein aufdringliches Tier oder auch einen Menschen zum Rückzug zu veranlassen. Wer allerdings nicht weicht, kann schmerzhafte Bekanntschaft mit den beiden bis zu fünf Zentimeter langen Spornen machen, die wie spitze Dolche an jedem Flügelbug sitzen.

Diese Waffen, welche die Männchen auch während der Balz gegeneinander einsetzen, gaben der Familie ihren Namen: Hornwehrvögel und Schopfwehrvögel werden in ihr als verschiedene Gattungen angesehen; von den Schopfwehrvögeln gibt es wiederum zwei Arten, die Weißwangenwehrvögel und die Halsringwehrvögel. Letztere sind unter ihrem aus dem Spanischen herrührenden Namen Tschaja (Chaja) auch in deutschen Bestimmungsbüchern geläufiger. Die Engländer haben einen besonderen Wesenszug der Wehrvögel mit ihrer Bezeichnung festgehalten: Sie nennen sie »screamer«, und jedem Beobachter bleiben die heiseren, schrillen Rufe dieser Vögel lange im Ohr. Die Tiere lassen sie besonders intensiv und häufig im Duett erklingen, wenn sie gestört werden und unfreiwillig auffliegen.

Ihre weittragenden Rufe geben eher als ihr Aussehen einen Hinweis darauf, daß die Wehrvögel mit den Gänsen verwandt sind. Trotz vieler Eigentümlichkeiten im Körperbau, die sie manchem Zoologen als den unmittelbarsten noch lebenden Nachfahren des Urvogels Archaeopteryx erscheinen lassen, haben sie wohl mit den Gänsen am meisten gemeinsam und werden daher in deren Ordnung geführt: Die Jungen geben mit ihrem Aussehen dafür eine Bestätigung. Nach einer Brutzeit von vierzig Tagen schlüpfen sie aus großen weißen Eiern, die von den Eltern abwechselnd bebrütet werden. Das Nest aus zusammengetragenen Wasserpflanzen und Gräsern steht im seichten Wasser. Gleich nach dem Schlüpfen verlassen die Gössel die Brutstätte. Sie können sofort gut schwimmen. Wenn sie erwachsen sind, verlassen sie sich weniger auf diese Kunst. Zwischen ihren vier langen Zehen sind nur Reste von Schwimmhäuten zu erkennen. Dafür können sie mit ihren großen Füßen, die wie bei den Rallen das Gewicht weiträumig verteilen, trotz ihres Gewichtes auf den Blättern vieler Wasserpflanzen entlanglaufen und sich ihre überwiegend pflanzliche Nahrung suchen.

Die Wehrvögel bleiben wie die Gänse ein Leben lang mit ihrem Partner zusammen. Ist einer der beiden wegen einer Verletzung flugunfähig, so bleibt der andere am Boden bei ihm – manchmal so lange, bis er selbst in Gefahr gerät. Etwa wenn ein Jaguar Jagd auf den behinderten Vogel macht. Neben den Menschen, die sein Fleisch schätzen, ist die Großkatze der einzige nennenswerte Feind eines ausgewachsenen Wehrvogels. Das Verbreitungsgebiet des Tschaja in Brasilien, Bolivien, Paraguay und Argentinien ist jedoch viel größer als die Rückzugsinseln des zwar geschützten, aber häufig verfolgten Jaguars.

Wehrvögel: Als Tschaja und Screamer besser bekannt

Sowohl in der Brutzeit, wenn sie paarweise wasserreiche und sumpfige Gebiete bewohnen, als auch nach der gut zwei Monate dauernden Aufzucht von bis zu sechs Jungen, wenn sie in größeren Gruppen zeitweise Trockengebiete durchstreifen, setzen sich Tschajas gerne in die Wipfel von Bäumen und Büschen. Diese Vorliebe teilen sie mit den australischen Spaltfußgänsen, zu denen es weitere Parallelen gibt. Wenn sich die Tschajas in die Luft erheben, machen sie eher einen schwerfälligen Eindruck. Doch haben sie erst einmal den richtigen Auftrieb gefunden, erweisen sie sich als ausdauernde Segelflieger. Dazu befähigt sie – im Gegensatz zu den Gänsen – eine anatomische Besonderheit. Ihre Knochen enthalten, bis in die langen Zehen hinein, großräumige Luftkammern. Die eher wie Truthähne wirkenden Vögel sind deshalb im Verhältnis zu ihrem Körperumfang Leichtgewichte.

Den jungen Wehrvögeln sieht man am ehesten die Verwandtschaft mit den Gänsen an. Und in Gefangenschaft dienen die »Schreier« wie Gänse als gefiederte Wachhunde. Wenn der Vogel eine Attacke fliegt (folgende Doppelseite), kann einem Eindringling Hören und Sehen vergehen.

In Südamerika werden die wegen ihres Federschopfes am Hinterkopf besonders schmucken Tschajas gerne auf dem Land in Gefangenschaft gehalten und dienen, ähnlich wie Gänse und Kraniche, als Wächter. Taucht ein Fremder auf, rufen sie laut.

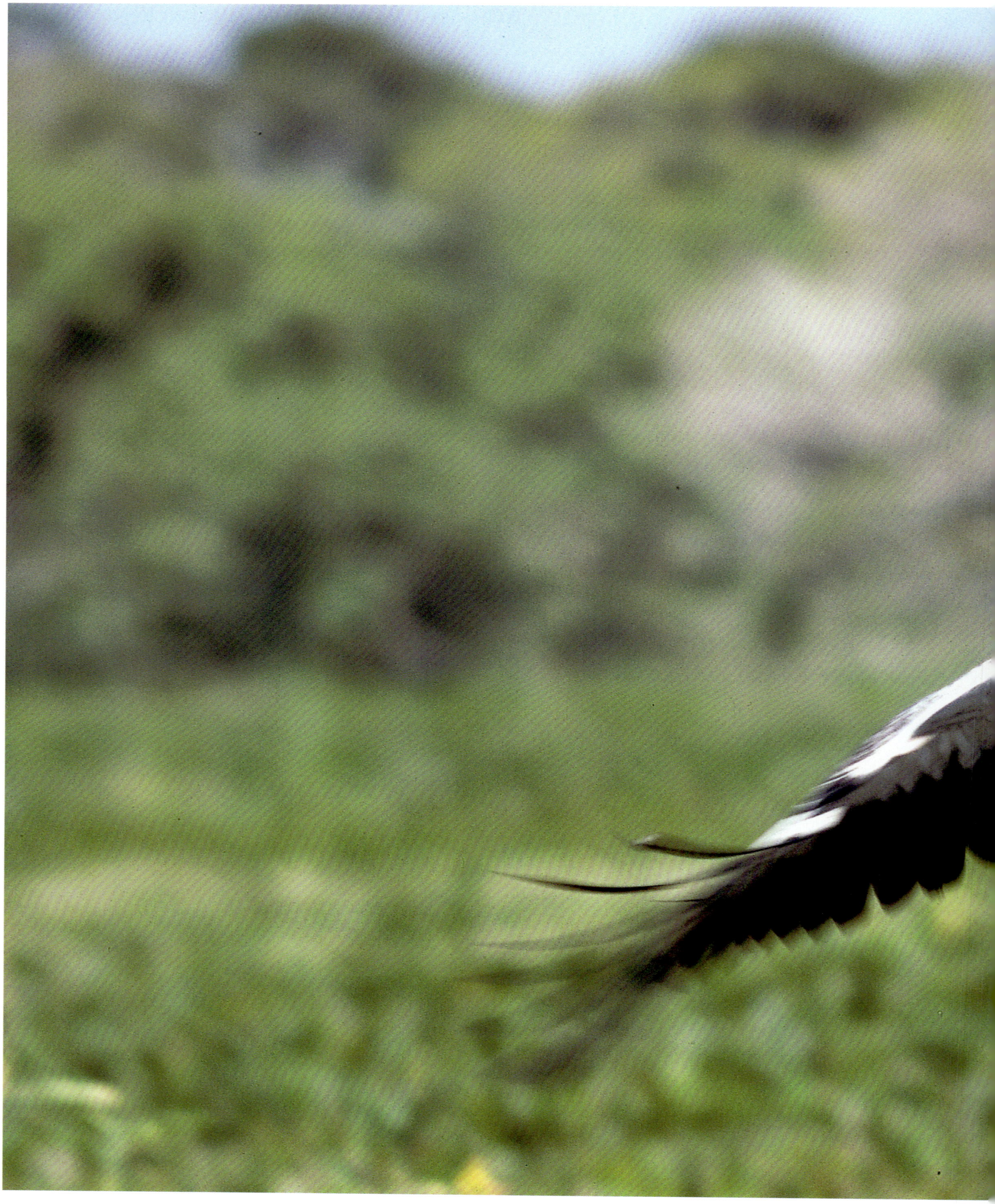

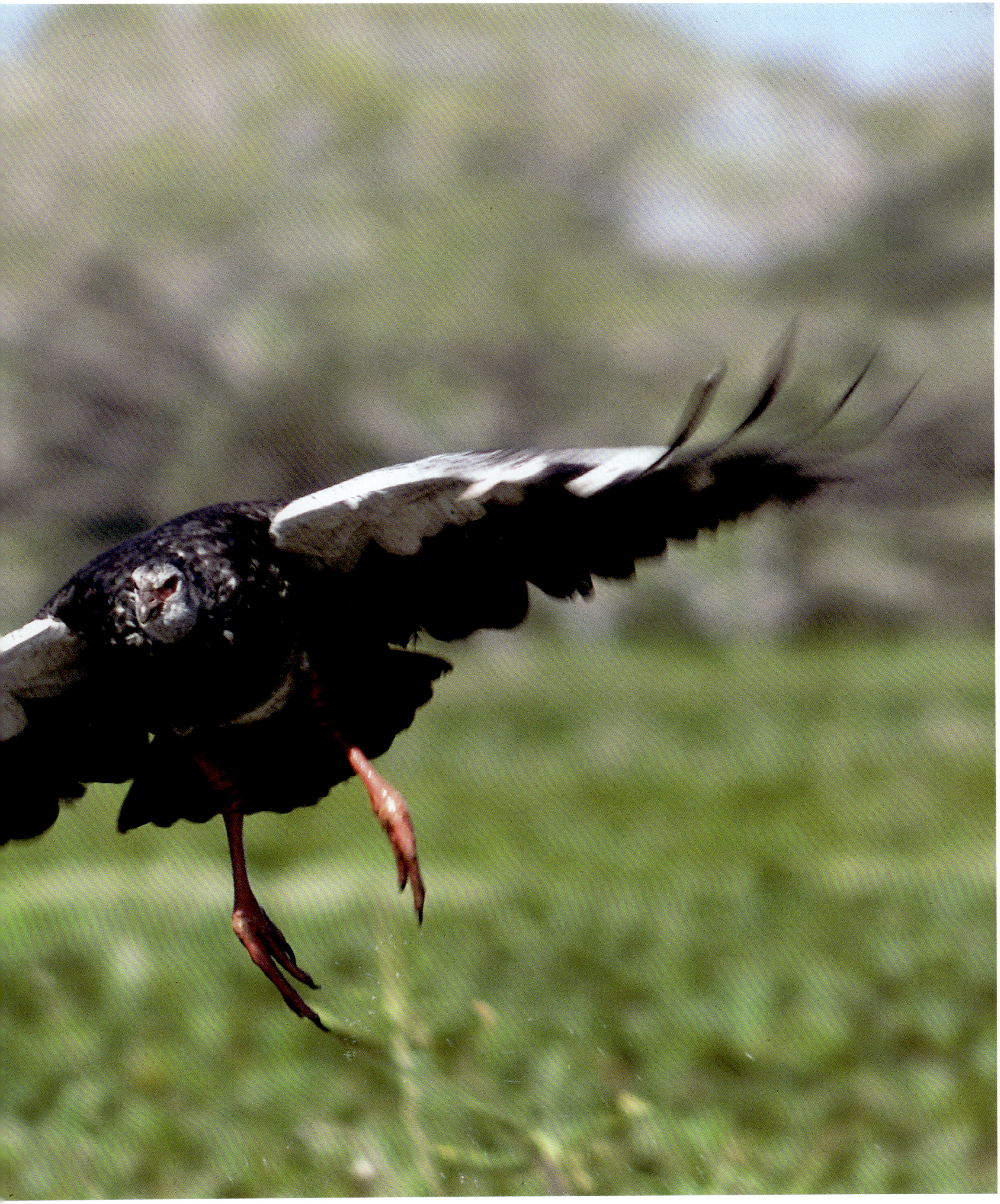

Binnenländische Feuchtgebiete

Sumpfhirsche: Noch haben sie im Pantanal eine Zuflucht

Hätte es der in Südamerika lebende Sumpfhirsch nur mit seinen natürlichen Feinden zu tun, wäre um die Zukunft seiner Art keine Sorge angezeigt. Mit dem Jaguar und der vornehmlich im Wasser jagenden Riesenschlange Anakonda haben die zur Unterfamilie der Trughirsche zählenden Sumpfhirsche seit jeher ihren von jahreszeitlich bedingt schwankenden Wasserständen geprägten Lebensraum zwischen dem südlichen Peru und Uruguay geteilt, ohne daß ihnen die Ausrottung gedroht hätte. Doch seit der Besiedlung Südamerikas durch die Europäer ist »Blastocerus dichotomus« zunehmend in Bedrängnis geraten. In Uruguay gilt das Vorkommen des größten Hirsches Südamerikas seit 1926 als erloschen, im nördlichen Argentinien, in Brasilien, Peru und Paraguay ist sein Verbreitungsgebiet stark zusammengeschrumpft. Dort ist er nur mehr in größeren Feuchtgebieten anzutreffen, in denen kleinere Populationen von Tieren inselartig zusammenleben. Seine Verbreitungslücken sind gerade in den vergangenen dreißig Jahren so groß geworden, daß der Sumpfhirsch als hoch gefährdet auf Anhang I des Washingtoner Artenschutzübereinkommens gesetzt wurde und die internationalen Naturschutzorganisationen IUCN und WWF gemeinsame Anstrengungen mit den Regierungen der betroffenen Länder für das Überleben der Art unternehmen.

Waren es früher die unmittelbaren Nachstellungen, die das »marsh deer« stark dezimiert haben, so gerät es heute durch die Zerstörung der ihm gemäßen Lebensgrundlagen und durch die Übertragung von Weideviehkrankheiten in eine immer bedrohlichere Lage. Längst ist auch der – ebenfalls vom Mensch stark verfolgte – Jaguar nicht mehr der gefährlichste vierbeinige Feind, sondern zahlreiche von den Fazendas aus wildernde Hunde. Und statt des legalen Jägers, der in Brasilien ohnehin nicht mehr auf die Pirsch gehen und in den anderen Staaten nicht auf den Sumpfhirsch anlegen darf, erbeuten Wilderer immer wieder eines der selten gewordenen Tiere. Weniger wegen seines Fleisches, das als nicht besonders wohlschmeckend gilt, als wegen des Geweihs der Hirsche. Es kann zehn und mehr Enden haben und galt, bis der Rothirsch aus Europa in Argentinien angesiedelt wurde, im mittleren Südamerika als die stärkste Trophäe eines »Stirnwaffenträgers«.

Unter den fünfzehn Arten (und mehr als 90 Unterarten) der Trughirsche, zu denen auch das Reh, der Weißwedelhirsch und – nach Ansicht eines Teils der Zoologen – das Rentier sowie der Elch zählen, nicht aber die den vierzehn Arten (mit mehr als 60 Unterarten) der »Echthirsche« zugehörigen Rot- und Damhirsche, nimmt der Sumpfhirsch eine besondere Stellung ein. Nach dem Elch, dem Rentier in Eurasien und dem mit ihm eng verwandten Karibu in Nordamerika (beide gehören derselben Art an; Elch und Ren werden häufig jeweils einer eigenen Unterfamilie der Hirsche zugeordnet) steht der Sumpfhirsch von Gewicht und Größe her an dritter beziehungsweise an erster Stelle unter den Trughirschen. Die männlichen Tiere können knapp zwei Meter lang, im Schultermaß 120 Zentimeter hoch und 110 Kilogramm schwer werden. Der nächste Verwandte des Sumpfhirsches, der Pampashirsch, mit dem er mancherorts sein Revier teilt, wiegt nicht einmal halb soviel, aber mit bis zu 40 Kilogramm immer noch mehr als das Vierfache des kleinsten Trughirsches, des ebenfalls in Südamerika lebenden Nördlichen Pudus, der es auf ganze sieben bis zehn Kilogramm bringt und damit als Zwerghirsch gilt.

Sumpfhirsche: Noch haben sie im Pantanal eine Zuflucht

Seinem Namen gemäß lebt der Sumpfhirsch im und nahe beim Wasser. Mit den langen Schalenhufen, die sich weit spreizen lassen und dadurch eine breite Auflage bilden, so daß sie auch auf weichem sumpfigem Untergrund nicht so leicht einsinken, ziehen die Tiere weit ins Wasser, bis gelegentlich mehr als die Hälfte ihres Körpers umspült ist. So gelangen sie an manche der im Sumpf und auf Überschwemmungsflächen wachsenden Pflanzen, die andere Tiere wie etwa die Capybaras (Wasserschweine) oder Flachlandtapire im Stehen nicht mehr erreichen können. Sieht man Sumpfhirsche, die einzeln oder in kleinen Rudeln leben, außerhalb des Wassers, so meint man, sie kämen geradewegs aus dem Morast: Ihre Läufe sind von unten bis über die Kniegelenke dunkel bis schwarz gefärbt und bilden einen schönen Kontrast zum hellbraunen bis rötlich gefärbten Fell, das während des Jahres unterschiedlich lang ist. In der Regenzeit wirkt die »Decke« regelrecht zottelig. Auch die Oberseite des »Spiegels«, des Schwanzes, ist schwarz, und vom schwarzen »Äser«, der Schnauze, läuft ein dunkles Band über die Nase zur Stirn und zu den ebenfalls wie dunkel geschminkt wirkenden »Lichtern«, den Augen.

Wie keine andere Hirschart ist der südamerikanische Sumpfhirsch an das Leben im und am Wasser angepaßt und damit von ausgedehnten naturnahen binnenländischen Feuchtgebieten abhängig. Wenn er nicht gerade im Sitzen ruht, zieht ein starker Hirsch in Begleitung eines schwächeren »Beihirschs« durch sein Revier.

Derart apart gezeichnet, gehört der Sumpfhirsch zu den am

Binnenländische Feuchtgebiete

wirkungsvollsten gefärbten Angehörigen seiner großen Familie.

Sein attraktives Aussehen und seine geringe Scheu in Einständen, in denen er keine schlechte Erfahrung durch Wilderer gemacht hat, mögen ihm helfen, daß sich künftig noch mehr Menschen für sein Überleben in freier Wildbahn einsetzen. Einstweilen allerdings droht seinem derzeit größten noch zusammenhängenden Verbreitungsgebiet akute Gefahr: Dem schon in der Vergangenheit durch Vieh- und Landwirtschaft, Holzeinschlag und Goldwäscherei stark geschädigten Überschwemmungsgebiet Pantanal wird noch mehr Wasser entzogen, wenn ein Plan zum Ausbau der Flüsse Paraguay und Paraná für große Frachtschiffe Wirklichkeit wird. Das Projekt »Hidrovia«, das eine durchgängige Schiffahrtsverbindung von einigen tausend Kilometern vom Amazonas bis zur Mündung des La Plata südlich von Buenos Aires schaffen soll und das von den Ländern Argentinien, Bolivien, Brasilien, Paraguay und Uruguay gemeinsam verfolgt wird, ist zwar erst einmal auf Eis gelegt, aber noch nicht endgültig vom Tisch. »Kleine Lösungen« sollen den weltweiten Protest erst mal beruhigen. Nicht nur für das Pantanal, die mit etwa 150 000 Quadratkilometern größte binnenländische Überschwemmungslandschaft Amerikas und wohl der ganzen Erde, die sich über die brasilianischen Bundesstaaten Mato Grosso und Mato Grosso do Sul und über Teile Paraguays sowie einen Grenzbereich Boliviens erstreckt, würden bei einer Umsetzung der ursprünglich geplanten Kanalisierung der Flüsse unabsehbare ökologische Schäden entstehen. Abgesehen davon, daß ein überwiegend amphibisch geprägtes Naturparadies zu großen Teilen vernichtet würde, da die jährliche mehrmonatige Überflutung der Cerrado-Landschaft durch den künstlich herbeigeführten schnellen Wasserabfluß auf eine zu knappe Zeitspanne verkürzt würde, hätten auch viele der mit den bisher naturgegebenen Wasser-

Der Pantanalhirsch, eine Unterart des Südamerikanischen Sumpfhirsches, kann recht vertraut werden. Vor seinen Feinden, zu denen Kaimane und Jaguare gehören, flüchtet er ins Wasser, vor der Riesenschlange Anakonda hingegen an Land.

Sumpfhirsche: Noch haben sie im Pantanal eine Zuflucht

standsschwankungen lebenden und von ihnen profitierenden Menschen das Nachsehen.

Nachdem internationale Banken, unter ihnen die Weltbank und die Europäische Entwicklungsbank, zunächst großes Interesse an Investitionen gezeigt hatten, ist mittlerweile die Skepsis auch bei den Finanzinstituten und Entwicklungshilfeorganisationen gewachsen. Die ökologisch begründeten Argumente, die gegen die Verwirklichung des Hidrovia-Projektes sprechen, wogen von Gutachten zu Gutachten schwerer. Aber selbst die wirtschaftlichen Vorteile des teilweisen Ausbaus der beiden Flüsse werden von Fachleuten immer stärker bezweifelt. Daher ist nicht nur für den Sumpfhirsch und die unzähligen Wasser- und Sumpfvögel, wie etwa den Jabiru, Südamerikas größten Storch, zu hoffen, daß dem Pantanal die schnelle Entwässerung erspart bleibt. In jedem Fall würde sich die Menschheit um ein Naturwunder bringen, das es in dieser Vielfalt nicht ein zweites Mal gibt.

Binnenländische Feuchtgebiete

Schneegänse: Die jährliche weiße Invasion

Wenn es geschneit hat, sind sie auf einem Feld so gut wie unsichtbar. Auf braunem Acker oder graugrünem Weideland hingegen leuchtet ihr weißes Gefieder kilometerweit. Da sie sich nie irgendwo einzeln niederlassen, selten auch nur in einer kleinen Gruppe, sondern meistens zu Hunderten oder gar zu Tausenden am Boden oder auf einem Gewässer einfallen, bieten die Schneegänse vom Spätherbst bis zum zeitigen Frühjahr in den mittleren und südlichen Vereinigten Staaten vielerorts ein eindrucksvolles Bild. Wenn eine große Schar der Vögel mit den roten Schnäbeln und Beinen dicht beieinander steht, scheinen sie einen weißen Teppich zu bilden. Erhebt sich die Schar auf einen Schlag in die Luft, gleicht das nicht nur optisch, sondern auch akustisch dem Ausbruch eines Vulkans oder eines Dampf und Wasser ausstoßenden Geysirs.

Das Rauschen der Flügel mit den erst im Flug sichtbaren schwarzen Handschwingen und das Gewirr der nasalen mittelhohen Rufe ergibt eine eindringliche Geräuschkulisse. Hat der Beobachter anfangs noch Sorge, daß die Gänse nach dem Abheben in der Luft zusammenstoßen, so verfolgt er bald darauf mit Bewunderung, wie sich nach und nach die Vogelschar zu Flugverbänden ordnet. Streben die Tiere ein Ziel in größerer Entfernung an, bilden sie mit zunehmender Flughöhe Keile und Ketten in schönen Formationen. Gegen einen blauen Himmel geben sie ein faszinierendes Bild ab.

Nicht alle Schneegänse sind weiß. Von der Kleinen Schneegans (Anser oder in Amerika gebräuchlicher, Chen caerulescens) gibt es neben der »hellen Phase« eine »dunkle« oder »blaue Phase«. Beide Phasen oder Formen weichen nur in der Farbe des Gefieders voneinander ab, alle übrigen Körpermerkmale und Verhaltensweisen stimmen überein. Bei den »blues« sind Kopf, Hals, hintere Bauchhälfte und Unterschwanzdecken weiß oder hellgrau, die übrigen Federn sind schiefergrau bis bläulich gefärbt. Abkömmlinge eines gemischten Paares können weiß, blaugrau oder »scheckig« sein. Wurden früher beide Formen als verschiedene Unterarten oder gar als verschiedene Arten angesehen, so sind sich heute die Vogelkundler weitgehend einig, daß es sich um zwei Mutanten einer Unterart (Rasse) der Art Anser (Chen) caerulescens handelt, die innerhalb der Ordnung der Gänsevögel (Anseriformes) zur Familie der Entenvögel (Anatidae) und dort zur Unterfamilie der Gänseverwandten (Anserinae) gehört.

Nicht, daß es damit ein Ende mit der systematischen zoologischen Zuordnung hätte: Die Gänseverwandten bestehen aus zwei Gattungsgruppen, den Pfeifgänsen mit einer Gattung und acht Arten, und den Gänsen (Anserini) mit vier Gattungen und zwanzig Arten. Die Gänse wiederum teilen sich in zwei Gattungen der Schwäne, in eine Gattung »Echte Gänse« und in eine Gattung »Meergänse« auf. Unter den neun Arten der Echten Gänse finden sich schließlich die Schneegänse – gemeinsam mit in Europa heimischen Arten wie Graugans, Bläßgans, Kurzschnabelgans, Saatgans und Zwerggans. Neben der weißen und der blauen (dunklen) Kleinen Schneegans gibt es als weitere Unterart die Große Schneegans (Anser oder Chen caerulescens atlanticus). Die etwa stockentengroße Zwergschneegans indes, auch als Ross-Gans (Anser oder Chen rossii) bekannt, die sich im Winter gerne mit ihren um ein Viertel bis ein Drittel größeren Verwandten zusammentut, ist eine eigene Art. Mit insgesamt etwa 35 000 Vögeln ist ihr Bestand nicht groß, gilt aber als stabil.

Schneegänse: Die jährliche weiße Invasion

Sorgen dagegen bereiten allenthalben die Kleinen – und nicht ganz so stark – die Großen Schneegänse. Doch nicht etwa, weil ihre Zahl abnähme, wie es bei vielen Vogelarten geschieht, sondern weil ihre Gesamtpopulation in den drei vergangenen Jahrzehnten trotz Bejagung dramatisch gestiegen ist. Seit 1970 hat sich alleine die »zentralkontinentale« Population der Kleinen Schneegans, die überwiegend im Einzugsgebiet des Unteren Mississippi und im weiteren Binnenland von Texas und Louisiana entlang der Küste des Golfs von Mexiko überwintert, von zwei auf mehr als fünf Millionen Vögel vermehrt. Sie richten von Jahr zu Jahr mehr Schaden auf landwirtschaftlichen Flächen an. Die »pazifischen« Verwandten, die sich zwischen November und März/April im südlichen Oregon, in Kalifornien, in Neu-Mexiko und im nördlichen Mexiko aufhalten,

Wenn sich Schneegänse mit gewaltigem Flügelrauschen in die Luft erheben, erscheinen sie wie eine große weiße Wolke, in der die »Blaugänse« kaum auffallen. Anders sieht es aus, wenn die Vögel auf einem Gewässer landen (folgende Doppelseite).

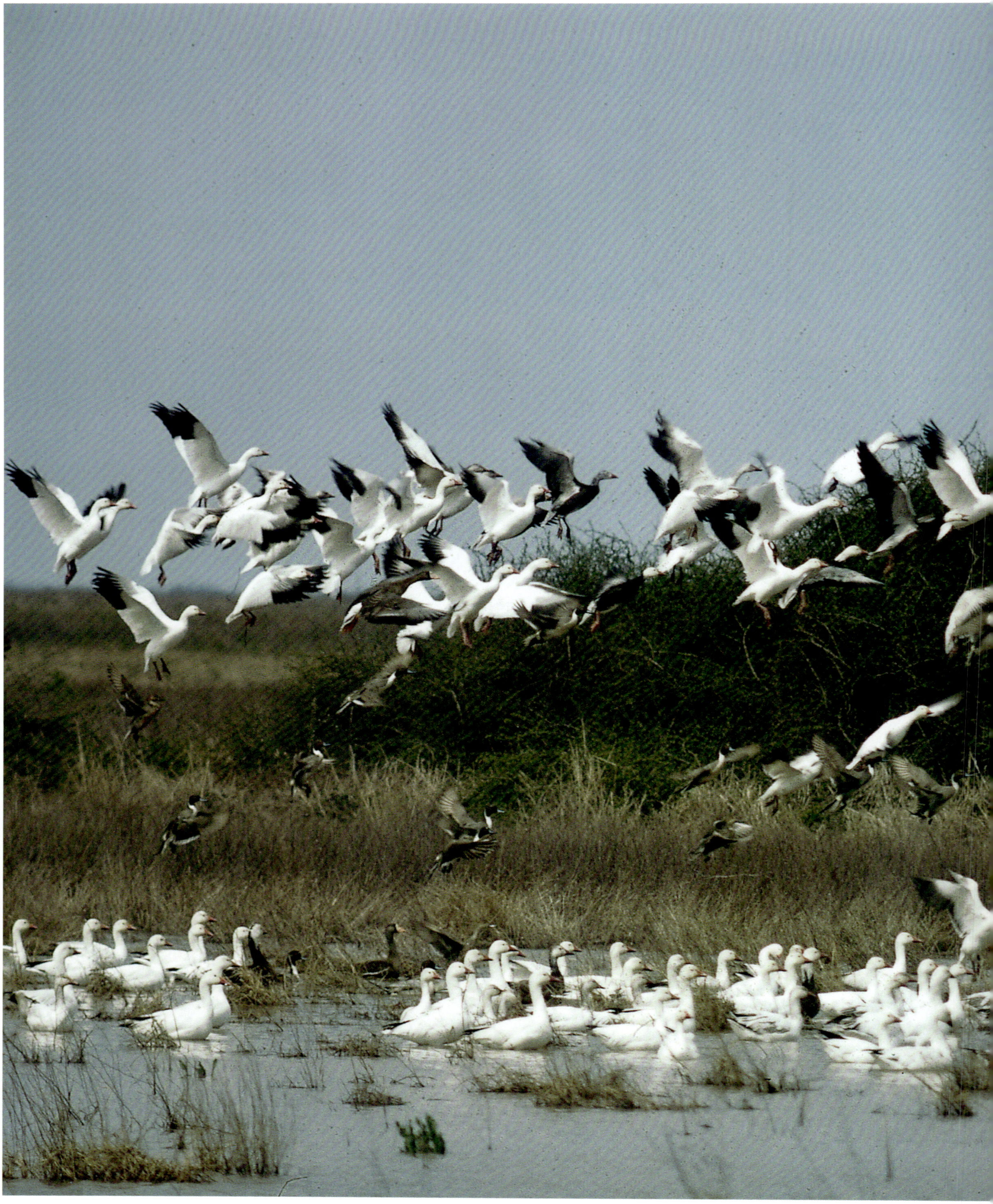

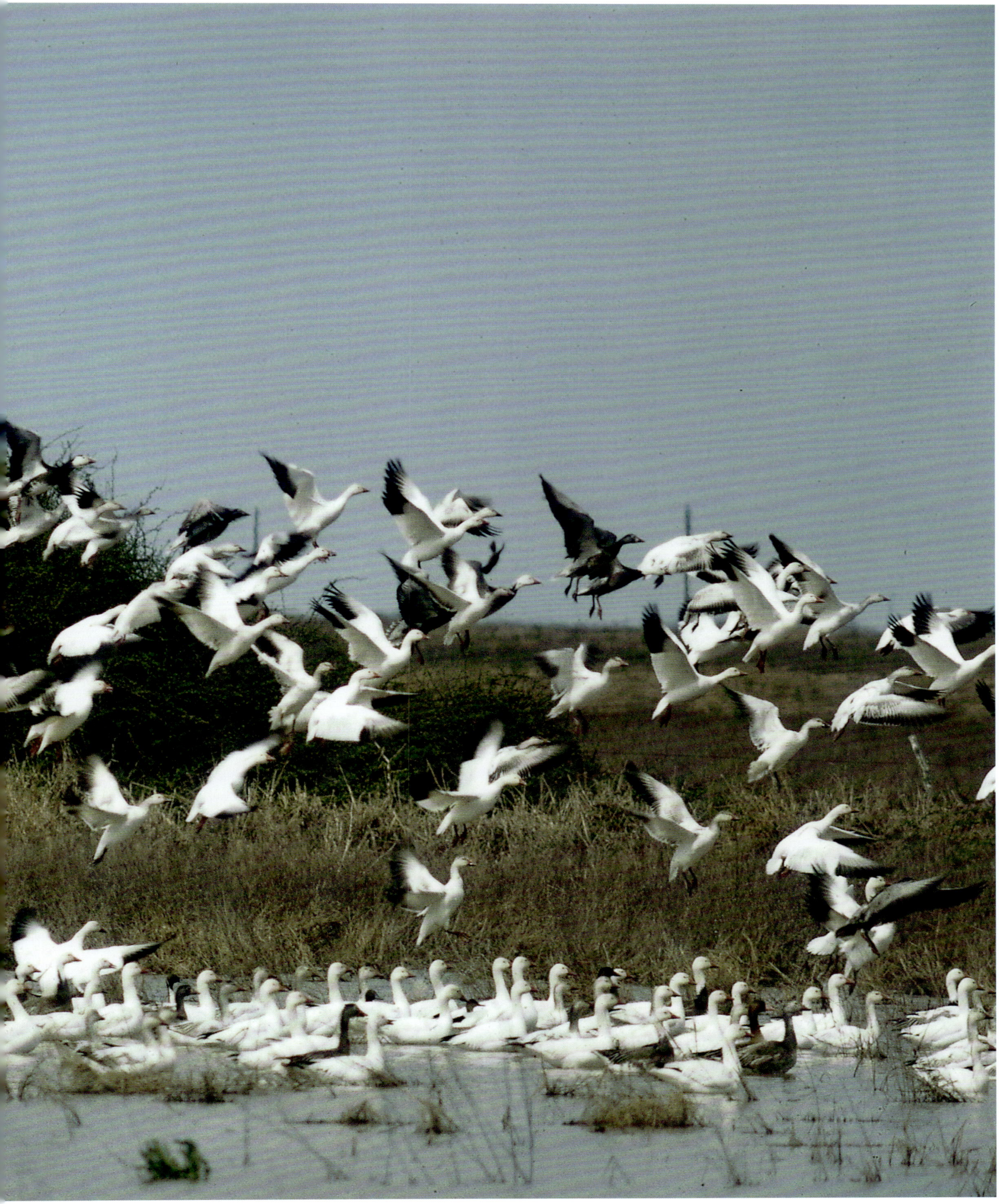

Binnenländische Feuchtgebiete

bringen es nach Schätzungen amerikanischer Ornithologen inzwischen auch auf mehr als eine Million Tiere. Die Große Schneegans, im Osten des nordamerikanischen Kontinents beheimatet, hat sich seit Mitte der sechziger Jahre von etwa fünfzigtausend Vögeln auf heute mehr als sechshunderttausend vermehrt.

Alle Schneegänse brüten in der arktischen und subarktischen Tundra, von Grönland im Westen bis zum sibirischen Lena-Delta im Osten. Fast alle ziehen im Herbst aus ihren Brutgebieten in die Vereinigten Staaten, selbst jene aus Sibirien und von der dem sibirischen Festland vorgelagerten Wrangel-Insel, wo mehrere hunderttausend Kleine Schneegänse den kurzen arktischen Sommer verbringen. Sie legen mehr als fünftausend Kilometer auf ihrer Zugstrecke zurück, die sie über die Beringstraße und Alaska führt. Für die Großen Schneegänse, die aus Nordwestgrönland oder von den großen Inseln Ellesmere und Baffin an die Chesapeake-Bucht südöstlich von Washington D. C. fliegen, ist der Weg nicht viel kürzer. Weniger weit haben es diejenigen Kleinen Schneegänse, die an der James-Bucht, der südlichen Ausbuchtung der Hudson-Bucht, nisten. Dort, im Osten Kanadas, befinden sich die südlichsten Brutplätze der Art überhaupt.

Die starke Vermehrung der Schneegänse in den vergangenen dreißig Jahren hat nach Meinung von den in einer »Arctic Goose Habitat Working Group« nach Lösungen suchenden Fachleuten sowohl für die Überwinterungsgebiete als auch für viele insbesondere der südlicher gelegenen Brutgebiete schwerwiegende negative Folgen. Die Ursache für die Zunahme sehen sie im wesentlichen in den verbesserten Lebensbedingungen der Vögel während des Winters. Entlang ihrer Zugwege entstanden – nicht zuletzt mit Hilfe der Wasserwildjäger und der schon seit 1934 über die Organisation »Ducks Unlimited« vertriebenen und von den Jägern gekauften Entenmarken (duck stamps) – Tausende von wasserreichen Schutzgebieten unterschiedlicher Größe, die von den Vögeln als Trittsteine und Ruhezonen genutzt werden. Ebenso vorteilhaft waren die Veränderungen in der Landwirtschaft. Viele Millionen Hektar Buschland wurden in den südlichen Vereinigten Staaten in Felder mit Sojabohnen, Reis, Weizen und Mais umgewandelt. Auf ihnen ernähren sich die Schneegänse – nicht eben zur Freude der Bauern – tagsüber ausgiebig, nachts schlafen sie auf den Gewässern der »Wildlife Refuges«. In mehreren amerikanischen Staaten gelten die Schneegänse schon als die hauptsächlichen landwirtschaftlichen Schädlinge. Früher, als sie in den Küstenzonen ausschließlich auf Gräser, Blätter und Wasserpflanzen angewiesen waren, verhungerten viele von ihnen.

Dank der guten Winterkost und – da die Vögel sehr wachsam und mißtrauisch sind – aufgrund nicht ausreichender Jagderfolge erreichen von Jahr zu Jahr mehr Schneegänse in guter Kondition die Nistplätze. Kaum eingetroffen, beginnen die im Winterrefugium meistens »verlobten« und anschließend in lebenslanger Ehe zusammenbleibenden Paare mit dem Nestbau auf dem Boden. Auch das wird wieder in großer Gemeinschaft getan: Manche Brutkolonien umfassen mehr als zwanzigtausend Paare mit bis zu dreitausend Nestern auf einem Quadratkilometer. Wie der empfindliche Tundraboden nach einer derartigen Massenbelagerung aussieht, läßt sich leicht vorstellen.

Wenn die Vögel ab Mitte Mai in ihren Brutgebieten eintreffen, liegt dort nicht selten noch letzter Schnee, und die Erde ist gefroren. Die auch nach dem langen Flug mit einigen Fett- und Kraftreserven versehenen Gänse beginnen bald nach der Ankunft, mit ihren harten dunkel umrandeten

Schneegänse: Die jährliche weiße Invasion

Schnäbeln vorjährige Gräser abzureißen und Löcher in den an der Oberfläche langsam auftauenden Boden zu graben, um an die Wurzeln zu gelangen. Sind durchschnittlich vier Gössel nach einer – im Vergleich zu anderen Gänsen kurzen – Brutzeit von 22 bis 23 Tagen geschlüpft, verlassen die Eltern mit ihnen das zerstörte Land und wandern mitunter mehr als zwanzig Kilometer zum nächsten großen Binnengewässer oder an die Küste. Auch das geschieht im dichten Verband, denn gemeinsam können die Gänse am besten die Angriffe von Raubmöwen, Möwen, Kolkraben und Eisfüchsen auf ihre Jungen abwehren. Dennoch kommen viele ums Leben, bevor sie mit sieben Wochen flügge sind. Die Altvögel machen in dieser Zeit eine Vollmauser durch, in der sie flugunfähig sind.

Am Brutplatz jedoch kann sich die Vegetation aufgrund des kurzen arktischen Sommers nicht erholen. Im frühen Herbst fällt der erste Schnee auf blanken Boden. Der ist im kommenden Frühjahr für die zurückkehrenden Schneegänse nicht attraktiv. Also bauen sie ihre Nester ein paar Kilometer weiter. Auf diese Weise haben die Schneegänse in den vergangenen Jahrzehnten mehrere tausend Quadratkilometer Tundravegetation auf unabsehbare Zeit vollständig zerstört.

Die unheimliche Gänsevermehrung könne auch eine weitere Ursache haben, vermuten die Biologen. In der jüngeren Vergangenheit sei die durchschnittliche Sommertemperatur in der Arktis höher gewesen, wodurch der Bruterfolg der Gänse begünstigt worden sei. Bei der Ankunft der Schneegänse im südlichen Kanada und in den Vereinigten Staaten lebt die Diskussion stets aufs Neue auf, wie ihre Massen auf ein für die Landwirtschaft wie für die Tundralandschaft verträgliches Maß zurückgeführt werden können. Bis zum Jahr 2005 solle die Population der Kleinen Schneegänse um die Hälfte reduziert werden, lautet die Empfehlung der »Arctic Goose Habitat Working Group«. Sie wird von der Leitung der größten Vogelschutzorganisation, der Audubon Society, gutgeheißen. Bei Audubon weiß man, daß von der Zerstörung der Lebensräume in der Tundra durch die Schneegänse Dutzende anderer dort brütender Vogelarten betroffen sind. »Wenn durch effektive Naturschutzmaßnahmen eine Art derart bevorteilt wird, daß sie zur Belastung für andere wird, muß der Mensch regulierend eingreifen«, sagen die Vogelschützer.

Wie es allerdings in fünf Jahren zwei bis drei Millionen Schneegänse, die als wildlebende Vögel ein Alter von mindestens fünfzehn, in Gefangenschaft von mehr als fünfzig Jahren erreichen können, weniger geben kann, darüber zerbrechen sich viele Biologen, Naturschützer, Jäger, Landwirte und Politiker den Kopf. Vom Absammeln der Eier in den Brutgebieten, der drastischen Erhöhung des »bag limits«, der Zahl der pro Jäger zum Abschuß freigegebenen Vögel, und verlängerten Jagdzeiten bis zur Kennzeichnung einzelner Vögel mit besonderen Ringen im Wert von hunderttausend bis zu einer Million Dollar, um den Jägern einen zusätzlichen Anreiz zu geben, sich auf die scheuen Vögel anzusetzen, reichen die Vorschläge.

Doch während sich zunehmend Proteste von Tierschutzverbänden und jenen Ökologen, die alles der Selbstregulierung der Natur überlassen wollen, gegen die geplante intensive Verfolgung der Schneegänse erheben, wartet schon ein weiteres Gänseproblem auf seine Lösung: In den östlichen Bundesstaaten haben mehr als 750 000 Kanadagänse (sie zählen zu den »Meergänsen«) ihr Zugverhalten aufgegeben und bevölkern das ganze Jahr hindurch als zunehmend unerwünschte »residents« Felder, Wiesen, Golf- und Sportplätze, Stadtparks, Grünanlagen und Strände.

Binnenländische Feuchtgebiete

Afrikanische Störche: Wo sie landen, machen alle anderen Platz

Mit seinem schwarz, rot und gelb gefärbten Schnabel könnte der Sattelstorch glatt ein »Werbeträger« für die Bundesrepublik Deutschland sein. Doch dort, wo er lebt, gibt es nicht allzu viele Menschen, die sich um das Ansehen eines europäischen Staates Gedanken machen. Eher ist es umgekehrt: Seit vielen Jahren schon suchen europäische Reisende in wachsender Zahl jene Gebiete Afrikas auf, in denen der Sattelstorch vorkommt. Dort nämlich ist die sonst auch in Afrika immer stärker bedrängte Natur noch weitgehend intakt, dort gibt es viele andere Tiere zu beobachten. Sattelstörche, obwohl in den ost- und südafrikanischen Nationalparks nicht gerade menschenscheu, sind, wie die meisten anderen der siebzehn Arten ihrer Familie, auf das Wasser angewiesen und suchen ihre Nahrung mit Vorliebe in sumpfiger Landschaft. Dort aber, wo es auch in der Trockenzeit naß ist, leben nur wenige oder gar keine Menschen.

So läßt sich der Sattelstorch, der die stattliche Höhe von mehr als 170 Zentimetern erreicht und zusammen mit dem Asien-Großstorch und dem Marabu zur Untergruppe der Riesenstörche gezählt wird, denn auch am ehesten während der mehrmonatigen Regenperiode blicken. Obwohl die Vögel von Äthiopien bis hinunter in die Südafrikanische Republik ein weites Verbreitungsgebiet haben, treten sie nirgendwo häufig auf. Und sie scharen sich auch nie zu so großen Flugverbänden wie viele ihrer Verwandten zusammen: Sattelstörche sieht man meistens allein oder paarweise. Stehen vier oder fünf der schwarzweiß gefiederten Vögel beisammen, so sind es Eltern mit Jungen. Auch dann, wenn der Nachwuchs längst flügge ist, unterscheidet er sich noch von den Altvögeln: Es dauert mehrere Monate, bis die anfangs grauen Federn schwarz oder rein weiß geworden sind und auf manchen Körperpartien einen Schillereffekt zeigen, bis die Füße und die dunkelolivfarbenen langen Stelzbeine an den Knien rot leuchten und bis auch der Schnabel so ausgefärbt ist, daß der Vogel seinem Namen Ehre macht. Diesen verdankt er einem leuchtend gelben Hautschild auf dem Oberschnabel, dem Sattel. Eine weitere Eigentümlichkeit der afrikanischen Riesenstörche ist ein nackter leuchtendroter Fleck auf der Brust. Wer von diesem Merkmal nichts weiß, glaubt bei der ersten Begegnung mit einem Sattelstorch, der Vogel sei verletzt oder in der Mauser.

Bei der Nahrungssuche zeigen die bis zu sechs Kilogramm schweren Langbeiner ein ähnliches Vorgehen wie der Weißstorch. Entweder schreitet der Vogel durch hohes Gras (wobei die Augen gut 300 Grad überblicken) und stößt dabei mit seinem mehr als dreißig Zentimeter langen Schnabel von Zeit zu Zeit blitzschnell nach Beute – oder aber er tastet in flachem Wasser den Grund mit der Schnabelspitze ab; hat er dabei einen Bissen erfaßt, so wirft er ihn nicht selten in die Luft, um ihn geschickt aufzufangen und im weiten Schlund verschwinden zu lassen: Das ist oft der einzige Augenblick, in dem der Beobachter die Beute erkennen kann; es sind Fische, Frösche, Krebse und Schlangen. Aber auch kleine Säugetiere und Vögel stehen auf dem Speisezettel der Sattelstörche.

Reich gedeckt ist der Tisch, wenn die während der Regenzeit ausgedehnten Wasserflächen mit

Der Sattelstorch ist mit 240 Zentimetern Flügelspannweite der größte unter den afrikanischen Schreitvögeln.

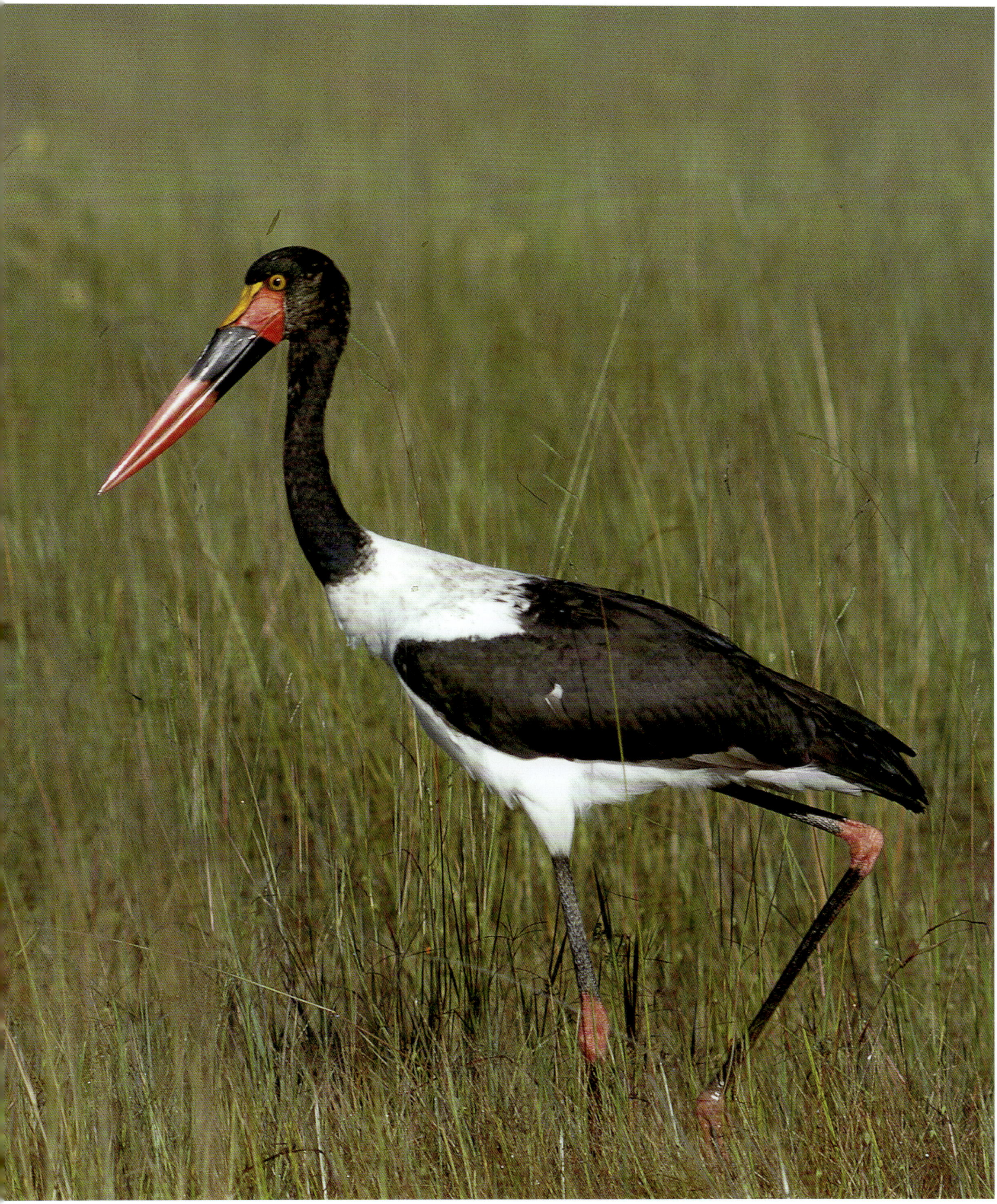

Binnenländische Feuchtgebiete

zunehmender Trockenheit immer mehr zusammenschrumpfen. Dann drängen sich alle amphibischen Bewohner schließlich notgedrungen auf geringer Fläche zusammen: zu einem gefundenen Fressen für Reiher und Storch, für Schuhschnabel und Hammerkopf, aber auch für die mannigfachen Schnepfenvögel, die von kleinerem Getier leben. Fast immer wird der Wettbewerb unter den zehn oder fünfzehn Vogelarten, die sich an einem verdunstenden Wasserloch auf der Stocherjagd befinden, abrupt abgebrochen, wenn ein Sattelstorch auftaucht. Wo es zu eng wird und die Nahrung zu knapp, da weiß er sich Respekt zu verschaffen. Meistens genügt es, wenn er seine Schwingen zur Hälfte ausbreitet und ein paar schnelle Angriffsschritte simuliert. Wer dann noch nicht weicht, macht Bekanntschaft mit der roten Schnabelspitze. Selbst ein Schreiseeadler zieht sich vor ihm zurück.

Sieht man einen Sattelstorch auf dem Boden, so hat man den Eindruck, daß in seinem Gefieder die schwarze Farbe vorherrscht. Dieses Bild wird schnell korrigiert, wenn sich der Vogel in die Luft erhebt: Seine Schwingen, die eine Spannweite von fast 240 Zentimetern erreichen, sind schneeweiß. Besonders beim Start fällt er dadurch weithin ins Auge. Nah muß den Vögeln sein, wer herausfinden will, ob er ein Männchen oder ein Weibchen vor sich hat: die Geschlechter lassen sich, da sie gleich groß sind und die gleiche Befiederung tragen, nur an den Augen unterscheiden: »Er« hat eine dunkelbraune, »sie« eine hellgelbe Iris.

Am prall gefüllten Kehlsack des auf weitgespannten Flügeln herangleitenden Afrika-Wald-

Der Sattelstorch schlägt nur einmal mit den Flügeln, und schon räumen Ibisse, Löffler, Reiher, Kiebitze und Enten das Revier. Auch kleinere Störche machen Platz, wenngleich sie von den anderen Fische fangenden Vögeln ebenfalls respektiert werden.

Wenn die richtigen Winde wehen, lassen sich die Afrika-Waldstörche viele hundert Meter in die Höhe tragen, um anschließend große Entfernungen abwärts gleitend zurückzulegen. Bei der Nahrungssuche für die Jungen im Nest ist das auf dem Hinweg leichter als mit gefülltem Schlund auf dem Rückweg zum Nest.

storches erkennt der kundige Beobachter, daß der Vogel im Anflug auf sein Nest mit Jungen ist. Sie erwarten ihn mit heftigem Auf- und Abschlagen ihrer Flügel, sobald sie im Alter von etwa zwei Wochen einigermaßen sicher auf ihren dunkelfarbigen Beinen stehen können. Kaum ist der Altvogel auf dem flachen Nest inmitten der gemeinsamen Brutkolonie von gut fünfzig anderen Afrika-Waldstorchpaaren, von Heiligen Ibissen, Purpurreihern und zwei Paaren des Afrika-Marabus in Botswanas Okawango-Delta gelandet, wird er von seinen vier Jungen heftig bedrängt.

Es dauert einige Augenblicke, bis die ersten kleinen bis mittelgroßen Fische aus seinem geöffneten Schnabel auf den Nestboden fallen und von den Jungstörchen im Wettstreit untereinander gierig heruntergeschluckt werden. Dabei lassen sie krächzende und schnarrende Bettellaute hören. In kurzen Abständen würgt der Altstorch seine Beute portionsweise aus. Auch wenn der letzte Fisch oder Frosch im Schlund eines der Jungen verschwunden ist, setzen diese im fortgeschrittenen Alter, gegen Ende ihrer Nestlingszeit dem Storchenmännchen oder Storchenweibchen derart zu, daß sie das Nest schleunigst wieder verlassen und einen nahen Ast zum Ausruhen aufsuchen.

Von den siebzehn Arten, die es in der Familie der Störche gibt, kommen mit acht Arten mehr als die Hälfte in Afrika vor. Zu ihnen zählen die beiden in Europa heimischen Angehörigen der »Ciconiidae«, der Weißstorch und der Schwarzstorch. Der Afrika-Waldstorch läßt sich aus der Ferne und bei flüchtigem Hinsehen leicht mit dem in Europa besonders vertrauten Weißstorch verwechseln, der

Binnenländische Feuchtgebiete

auch im Norden und im äußersten Süden Afrikas brütet, in weitaus größerer Zahl aber viele Länder Afrikas als Zugvogel aufsucht, wenn auf der nördlichen Erdhalbkugel Winter herrscht. Auch im Flug kann es bei der Identifizierung zu Irrtümern kommen, denn der gut einen Meter messende Afrika-Waldstorch hat wie sein wenige Zentimeter größerer Verwandter schwarze Hand- und Armschwingen. Bei der Beobachtung eines fliegenden Afrika-Waldstorches lassen sich dessen besondere Merkmale nicht immer auf Anhieb erkennen: der leicht nach unten gebogene gelbe bis orangefarbene Schnabel, die leuchtend rote Gesichtshaut und der schwarze Schwanz. Sein zartes weißrosa Gefieder von Rücken und Oberflügeldecken kommt erst voll zur Geltung, wenn der Vogel gelandet ist.

Doch nicht nur mit seinem Aussehen gibt der Afrika-Waldstorch zu Irritationen Anlaß. Auch die verschiedenen Namen, unter denen der bekannt ist, tragen nicht gerade zum besseren Verständnis bei. Es fängt mit der wissenschaftlichen Bezeichnung an: Obwohl er kein Ibis ist (dieser gehört einer anderen Vogelfamilie an), heißt er auf lateinisch »Ibis ibis« oder »Mycteria ibis«. Sein deutscher Name lautete lange Zeit ausschließlich »Afrika-Nimmersatt«, dann kamen »Gelbschnabelstorch« und »Wald-Ibis« als Übersetzung englischer Namen (Yellow-billed Stork, Wood-Ibis) gelegentlich hinzu. In jüngerer Zeit hat sich in Anlehnung an nahe Verwandte aus der Untergruppe der Waldstörche wie den Amerika-Waldstorch, den in Asien lebenden Buntstorch und den Milchstorch der Name »Afrika-Waldstorch« durchgesetzt. Selbst dieser Name ist nicht zutreffend, denn in geschlossenen Wäldern kommt der falsche Ibis gar nicht vor.

Als gefräßiger »Nimmersatt« wurde der Bewohner weiter Teile Afrikas zwischen dem südlichen Rand der Sahara und dem südafrikanischen Oranjefluß lange angesehen, weil er bei der Nahrungssuche in seichten Gewässern stets seine beiden Schnabelhälften in Bewegung hält. Zügig mit seinen roten Beinen voranschreitend, »tastet« der Vogel auf diese Weise das meist trübe Wasser nach Fischen ab. Sowie ein mögliches Opfer einen Teil des Schnabels berührt, schnappt dieser zu. Die andauernden Schnabelbewegungen müssen bei den ersten deutschsprachigen Beobachtern den Eindruck erweckt haben, als schluckten die Vögel fortwährend Nahrung herunter.

Um während der Aufzuchtzeit ihre drei bis vier Jungen satt zu bekommen, unternehmen Afrika-Waldstörche mitunter lange Flüge zu ergiebigen Nahrungsgründen. In den Brutkolonien, mit Vorliebe auf Mangroven inmitten von Sumpfflächen angelegt, beginnt nach der dreißig Tage dauernden Brut ein reger Flugbetrieb. Vom frühen Morgen bis zur Abenddämmerung sind dann die Altstörche zwischen ihren Nestern und den bis zu zwanzig oder mehr Kilometer entfernten Fischgründen unterwegs. Sind die Jungen noch klein, hält einer der Elternvögel Wache auf dem Nest und spendet den Küken Schatten. Bei schlechter Ernährungslage werden nicht alle Jungen groß. Bisweilen verfüttern dann die Eltern sogar eines oder zwei der kleineren Jungen an die größeren. (Da die Jungstörche im Abstand von einem bis drei Tagen aus den Eiern schlüpfen, sind sie anfangs von unterschiedlicher Größe.)

Um eine möglichst gute Versorgung mit Fischen, der Hauptnahrung, sicherzustellen, richten sich die Afrika-Waldstörche mit ihrer Brut nach der Regenzeit. Wenn viel Wasser zu Beginn der Trockenzeit vorhanden ist, wächst die Zahl der Fische. Doch hängt es auch in Afrika zunehmend vom Menschen ab, wie viele fischreiche Feuchtgebiete den Störchen und den vielen anderen, fischfressenden Vogelarten verbleiben.

Streifengänse:
Große Flughöhe macht ihnen nichts aus

In mancher Parkanlage gehören Streifengänse zum lebenden Inventar, das zutraulich über die Wege watschelt oder am Teichrand auf Futter wartet. Obwohl viele von ihnen fliegen können (den Jungen bleiben oftmals die Schwingen ungestutzt), lassen sie die Besucher fast bis zum Anfassen an sich herankommen. Sie haben gelernt, daß niemand ihnen Böses will. Ganz anders verhalten sich die überwiegend weiß und silbergrau gefärbten Vögel, deren besonderes Merkmal die beiden – namengebenden – schwarzen Querstreifen über Kopf und Nacken sind, in ihrer asiatischen Heimat: Dort, wo ihnen die Menschen nachstellen, haben sie eine große Fluchtdistanz, machen sie schon zeitig die dunkelbraunen Hälse mit den hellen Seitenstreifen lang und schwingen sich nach kurzem Anlauf in die Luft, sobald sich ein vermeintlicher Jäger blicken läßt. Das ist in manchen indischen Gegenden der Fall, wohin viele der schönen Tiere im Herbst aus ihren Brutgebieten in den zentralasiatischen Hochsteppen ziehen, um den Winter zu verbringen und sich zum Ärger der

Ob zur Brutzeit wie hier an einem See im tibetischen Hochland, auf dem Zug im Frühjahr und Herbst über den Himalaya hinweg oder im indischen Winterquartier: Streifengänse lieben die Geselligkeit, wenn sie sich auch nicht immer miteinander vertragen.

Binnenländische Feuchtgebiete

Bauern an mancher Saat zu stärken. Bietet ihnen eines der wenigen Vogelreservate oder ein Nationalpark (wie etwa der von Keoladeo Ghana bei Bharatpur im Staat Rajasthan) nicht Schutz, so müssen sie auf der Hut sein. Mit ihren vier bis sechs Kilogramm Gewicht geben sie einen ordentlichen Braten ab.

Daß Gänsen zu Recht eine gute Lern- und Merkfähigkeit nachgesagt wird, stellen auch die Streifengänse unter Beweis: In der tibetanischen Hauptstadt Lhasa brüten sie inmitten von Ansiedlungen und führen ihre Gössel über belebte Plätze zu den nächsten Gewässern. Im oft einige tausend Kilometer südlich gelegenen Winterquartier hingegen sind dieselben Tiere auf einen sicheren Abstand zu den Menschen bedacht.

Die 3600 Meter über dem Meeresspiegel liegende Stadt Lhasa ist nur, was die Nähe zur Zivilisation, nicht aber was die Höhe betrifft, ein außergewöhnlicher Brutort. Bis zu 5000 Meter hoch nisten die Vögel in kleinen Kolonien von Ladakh und Tibet bis zum Altai- und Pamirgebirge. Auch in der Mandschurei und in der Mongolei siedeln sie sich an Seeufern, Flußläufen, in Mooren, Heiden und Steppen an. Ihre Nester richten sie sowohl in der kargen Vegetation als auch auf hohen Felsklippen und in verlassenen Greifvogelhorsten auf Bäumen ein. Die Nachbarschaft zu anderen, auch »gefährlichen«, Vögeln stört sie nicht: Ihr aus drei bis fünf rahmfarbenen Eiern bestehendes Gelege wurde schon in unmittelbarer Nähe vom Horst des Würgfalken, des Bussards, des Kolkraben und

Streifengänse: Große Flughöhe macht ihnen nichts aus

von Geiern entdeckt. Der stets verteidigungsbereite Ganter wacht darüber, daß es nicht zu Übergriffen kommt. In ihren Brutkolonien, zu denen sich an manchen Seeufern mehrere hundert von ihnen zusammenfinden, wird jeder Nestbereich gegen den Nachbarn mit Schnabelhieben verteidigt, und manches Gössel, das in die feindliche Zone gerät, verliert schnell durch einige Bisse fremder Gänse sein Leben.

Aus hochgelegenen Nestern müssen die Küken bald nach dem Schlüpfen einen waghalsigen Sprung riskieren. Wie die Jungen der Trottellummen vom Felsband über dem Meer oder der Nachwuchs mancher Säger- und Entenart aus der Baumhöhle, so stürzen sich die nach einer knapp vierwöchigen Brutzeit ausgekommenen Gänsekinder fünfundzwanzig und mehr Meter in die Tiefe. Selbst wenn sie auf Gestein prallen, überleben sie meistens dank ihres federleichten Gewichts und eines dichten Daunenkleides. Mitunter dauert es eine halbe Stunde, bis sich die Gössel gefangen haben und den Lockrufen der Eltern zum nächsten Gewässer folgen. Schwimm- und Tauchfähigkeiten sind ihnen angeboren. Welche Pflanzenkost ihnen bekommt, lernen sie schnell von den Altvögeln. Kaum sind sie flügge, geht es Anfang September auf die Reise in Länder südlich des Himalaja. Dabei überfliegen sie das Gebirge in mehr als zehntausend Metern über dem Meeresspiegel. Ihr Blut (genauer: der rote Blutfarbstoff, das Hämoglobin) ist so beschaffen, daß sie nicht höhenkrank werden.

»Anser indicus« – da die Streifengans wohl erstmals im indischen Winterquartier als neue Art bestimmt wurde, hat sie diesen wissenschaftlichen Namen erhalten – zeigt sich als Wildvogel auch hin und wieder in Europa. Die Tiere, die gelegentlich in einem Schwarm anderer, europäischer Wildgänse mitfliegen, sind jedoch nicht aus dem Fernen Osten versprengt, sondern aus der Gefangenschaft entwichen. Neben ihrem schönen Gefieder hat die Streifengans eine besonders eindrucksvolle Stimme. Salim Ali, der berühmte indische Ornithologe, schon zu Lebzeiten eine legendäre Gestalt, hielt ihren sonoren »aang-aang«-Ruf für einen der »unvergeßlichsten und erheiterndsten« Laute der Wildbahn.

Bevor die Streifengänse im März ihr Winterquartier Cao Hai in der südchinesischen Provinz Guizhou verlassen, bringen sie sich mit Flügelschlagen und Rundflügen in gute Flugkondition für den langen Zug ih ihre tibetischen Brutgebiete.

Binnenländische Feuchtgebiete

Mandschurenkraniche: Tänzer im Schnee

Die verschneite Landschaft von Hokkaido, der nördlichsten der vier japanischen Hauptinseln, ist für die Mandschurenkraniche als Kulisse wie geschaffen: Wären ihre Kehle und der größere Teil ihres langen Halses, die über den Schwanz herabhängenden Schmuckfedern der Armschwingen und die dünnen Stelzbeine nicht schwarz, so würden sie allenfalls durch ihre leuchtend rote Kopfplatte oder den dunklen Schnabel im Schnee auffallen. Mit ihrem sonst weißen Gefieder passen sich die knapp 140 Zentimeter hohen Vögel im Winter ihrer Umgebung gut an. Vom Frühjahr bis zum Herbst allerdings sind sie weithin sichtbar. Doch dann leben sie, wie die meisten der anderen Kranicharten auf der Erde, in weniger zugänglichen Sumpfgebieten, wo sie ihre Jungen aufziehen.

Im Winter hingegen bieten die Feuchtgebiete ihren Bewohnern keine Lebensmöglichkeit. Es ist weniger die Kälte, vor der die meisten nordischen Kraniche nach Süden fliehen. Nahrungsmangel veranlaßt sie, über Tausende von Kilometern vorübergehend ihre Heimat zu verlassen. Nicht so »Grus japonensis«, dem auch Temperaturen von mehr als 30 Minusgraden nichts anhaben können, solange nur sein Tisch gedeckt ist. Dafür sorgen seit dem Jahre 1952 auf Hokkaido Naturschützer mit wachsendem Erfolg. Waren es damals erst dreißig »Tanchos«, die in einem extrem kalten Winter, als auch die großen Flüsse zugefroren waren, in unmittelbarer Nähe von Ortschaften auftauchten und von Schulkindern mit Getreide gefüttert wurden, so versammeln sich nunmehr alljährlich rund sechshundert der schönen Vögel auf mehreren fest eingerichteten Futterplätzen. Dort werden sie vornehmlich mit Mais, Getreide und Fischen versorgt. An einigen Orten finden sich nicht nur regelmäßig mehr als fünfzig Kraniche ein, sondern an Wochenenden mit gutem Wetter auch viele hundert Menschen. Hinter den Absperrungen kann der Besucher dann neben den gar nicht scheuen tanz- und ruffreudigen Tieren einen Querschnitt durch Japans Kameraprodukte in Augenschein nehmen. Objektive bis zu 1200 Millimetern Länge stehen dicht gestaffelt, und der Wert der hier versammelten Ausrüstung beträgt viele Millionen Mark.

Neben seinen beiden ebenfalls fast weißen Verwandten, dem sibirischen Schnee- oder Nonnenkranich und dem nordamerikanischen Schreikranich, gehört der Mandschurenkranich zu den am stärksten gefährdeten und seltensten Kranicharten. Sein Bestand wird auf eintausendsiebenhundert bis zweitausend Vögel geschätzt. Zwischen zweihundert und dreihundert von ihnen brüten in Rußland, rund eintausend werden in China vermutet, und auch in Korea gibt es einige. Etwa neunzig Paare brüten alljährlich auf Hokkaido, aber auch für sie wird es immer schwieriger, geeignete Biotope zu finden. Einer der wichtigsten Lebensräume für sie, die einstmals 30 000 Hektar großen Kushiro-Sümpfe, sind schon um mehr als ein Drittel trockengelegt. Nur 6500 Hektar wurden zum Naturschutzgebiet erklärt, und selbst dort

An den Futterplätzen für die Mandschurenkraniche auf der nordjapanischen Insel Hokkaido geht es auch bei Schnee und Kälte lebhaft zu. Je näher das Frühjahr rückt, desto ausgelassener werden die Tänze der großen weißen Vögel, die in mehreren asiatischen Ländern als heilig gelten, denen aber dennoch zunehmend der Lebensraum genommen wird.

Mandschurenkraniche: Tänzer im Schnee

kann es passieren, daß die Vögel gegen eine der vielen Hochspannungsleitungen fliegen. In jedem Jahr kommen auf diese Weise mehrere von ihnen ums Leben. An besonders gefährlichen Stellen leuchten orangefarbene Kugeln zur Warnung vor den Drähten.

Die »Wild Bird Society of Japan« mit Sitz in Tokio hat für den Mandschurenkranich einen »Tancho Conservation Fund« gegründet. »Tancho« bedeutet Rotschopf und ist einer von vielen Namen für »Grus japonensis«. Chinesischer Kranich, Japanischer Kranich, Ussuri-Kranich – die vielen Bezeichnungen lehnen sich an die einzelnen Verbreitungsgebiete an. Im Englischen hat sich der Name »Red-crowned Crane« eingebürgert, und schon hört man gelegentlich das deutsche Wort »Rotschopfkranich«. Solche Schöpfe, die aus nichts anderem als aus roter warziger Haut bestehen, haben indessen auch die meisten anderen Kraniche. Der Tancho hat – im Gegensatz zu den »Tsurus«, den übrigen Kranicharten, von denen Mönchs- und Weißnackenkraniche auf der südlichen Insel Kyushu überwintern – seit jeher eine besondere Rolle in der japanischen Religion, in der Kunst und Literatur gespielt. Manche Tänze und Gebräuche leiten sich von diesen in früheren Jahrhunderten besonders verehrten Vögeln ab, und ähnlich wie die Lufthansa führt auch die Japan Airlines den Kranich in stilisierter Form als Wegbegleiter auf jedem Flugzeug mit. Er gilt als Symbol für Glück und langes Leben. Kraniche können älter als sechzig Jahre werden. Der Ausdehnungsdrang des Menschen macht es ihnen allerdings immer schwerer, dieses Alter zu erreichen. Auch mittlerweile eingerichtete Zuchtstationen können dabei nur bedingt helfen.

Auf Meeren, Inseln und an Küsten

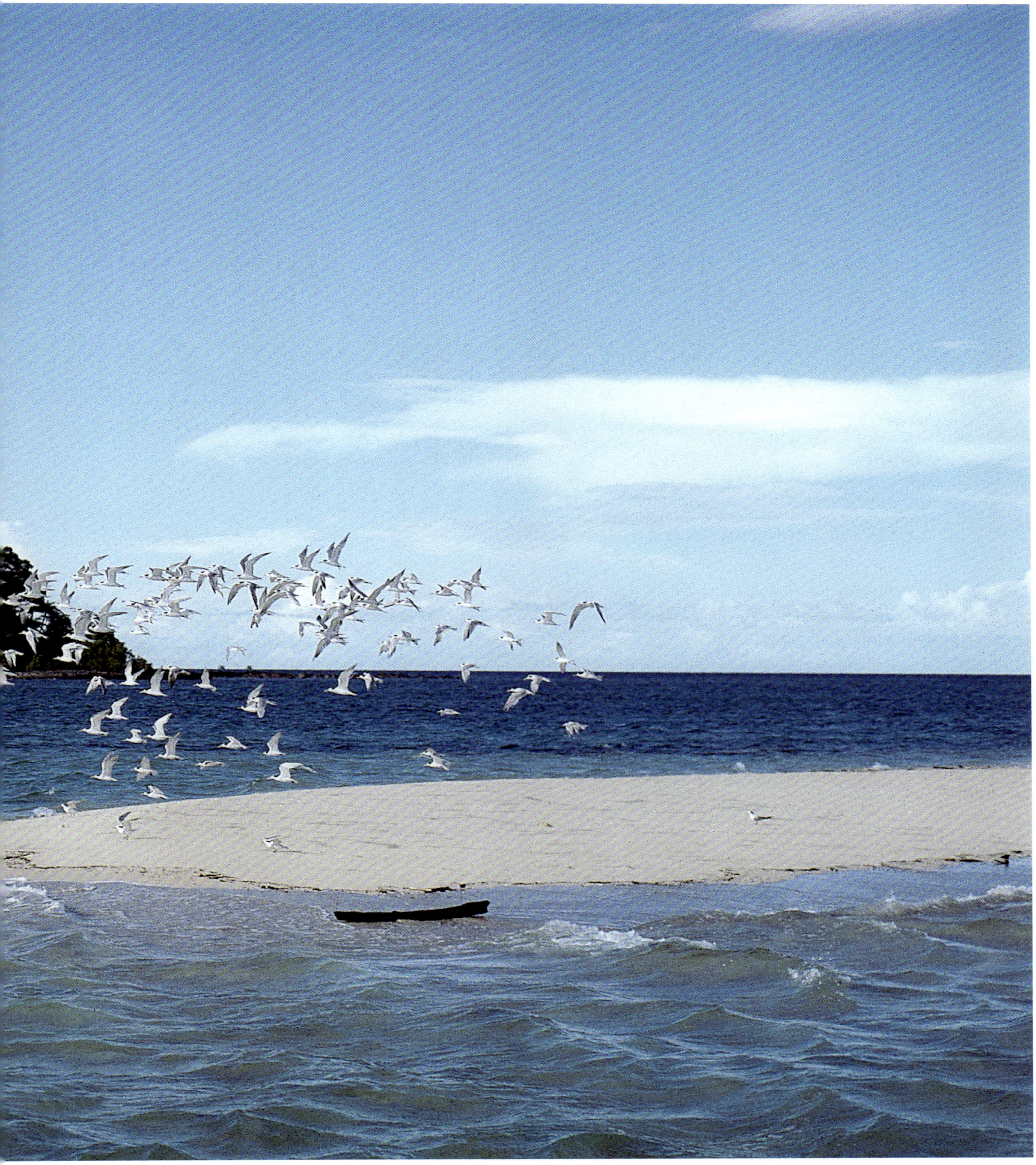

Auf Meeren, Inseln und an Küsten

Kalifornische Seelöwen: Manche können recht aufdringlich werden

Anfangs hatte sich John Watson darüber gefreut, daß zwei Seelöwen am Liegeplatz seines Segelschiffs immer zutraulicher wurden. Auch als sich einer der beiden eines Tages auf dem Bootssteg räkelte, schmunzelte er. Er reagierte immer noch amüsiert, als zwei Wochen später eine der beiden Robben ihren weichen Körper mit der dicken Speckschicht quer über den Bug der Segelyacht ausstreckte. Doch bald darauf war es mit dem Spaß vorbei. Als John Watson in der Bucht von Monterey südlich von San Francisco an einem sonnigen Wochenende im Sommer sein Schiff besteigen wollte und wie üblich den Seelöwen durch Händeklatschen zum Verlassen seines Ruheplatzes aufforderte, hob dieser zwar kurz den Kopf, rührte sich aber zunächst nicht von der Stelle. Zweimal noch gelang es Watson, die beiden Tiere durch Rufen, lautes Trampeln auf den Holzbohlen und energisches Schwenken der Arme zu einem Sprung ins Wasser zu bewegen, das eine vom Steg, das andere vom Boot. Beim dritten Mal öffnete der auf dem Schiff ruhende Seelöwenbulle sein Maul, bellte kurz und heftig und pendelte mit seinem aufgerichteten Hals hin und her. Er dachte nicht daran, wie bisher aus dem Boot ins Wasser zu springen und sein in der Sonne getrocknetes braunes Fell naß zu machen. Rufen, Klatschen, Auf- und Abspringen, Gestikulieren – alles war vergeblich: Der Seelöwe rührte sich nicht vom Fleck. Watson, ein Natur- und Tierfreund, verzichtete an diesem Tag aufs Segeln und brachte sein Boot am Abend, als die Tiere sich im Meer auf Nahrungssuche begeben hatten, zu einem anderen Liegeplatz. Dort schützen tief ins Wasser eingelassene, wie Garagentore schwenkbare Gitter die Boote vor der Besetzung durch Seelöwen. Diese Sicherung ist ein gutes Stück teurer als ein freier Liegeplatz, wird aber an der kalifornischen Küste zunehmend notwendig.

Was John Watson erlebt hat, ist kein Einzelfall. Lassen sich Wassersportler, Angler, Fischer und Bootsführer an der Küste des Pazifischen Ozeans von Britisch Kolumbien im Norden bis zur Baja California und den Golf von Kalifornien in Mexiko zu freundschaftlich mit den Seelöwen ein, ziehen sie oft den kürzeren. Daher halten sie es für besser, den der Familie der Ohrenrobben angehörenden Tieren Kaimauern, Schwimmbojen und die Klippen am Meeresrand und auf vorgelagerten Inseln als Liegeplätze zu überlassen, nicht aber ihre Boote und ihre Stege. Dennoch sieht man immer wieder einige vorwitzige Seelöwen auf Schiffsplanken schaukeln oder auf Anlegestegen ein Sonnenbad nehmen. Das kommt nicht zuletzt daher, weil die Art »Zalophus californianus« in den vergangenen drei Jahrzehnten an Zahl nicht unbeträchtlich zugenommen hat. 1972, als in den Vereinigten Staaten mit dem »Marine Mammal Protection Act« bessere Zeiten für die Meeressäugetiere anbrachen, wurde ihr Bestand mit 157 000 angegeben. Heute wird ihre Zahl zwischen Kanada und Mexiko auf das Doppelte geschätzt. In der Bewertung dieser Entwicklung gehen die Meinungen an der Westküste Nordamerikas auseinander. Während die Naturschutzorganisationen die Vermehrung des Kalifornischen Seelöwen als eine überfällige Erholung der Population bezeichnen, die noch längst nicht frühere Größenordnungen erreicht habe, sehen die Berufsfischer, Hochseeangler und Betreiber von Fischzuchtanlagen in Küstennähe in den steigenden Zahlen der Meeresbeutegreifer eine zunehmende Bedrohung. Sie tragen ihre Forderungen nach einer Reduzierung der

Kalifornische Seelöwen: Manche können recht aufdringlich werden

Seelöwen immer lauter vor, und die Naturschutzvertreter fürchten, daß sie unter der neuen Regierung von Präsident Bush damit eher Gehör finden als bei seinen Vorgängern.

Es waren vor allem Fischer, die im 19. Jahrhundert und in der ersten Hälfte des 20. Jahrhunderts dafür gesorgt hatten, daß die einst nach Millionen zählenden Kalifornischen Seelöwen bis etwa 1960 vor ihrer Heimatküste um mehr als neunzig Prozent dezimiert waren. Dabei ging es nicht in erster Linie darum, die eleganten Schwimmer als Beutekonkurrenten auszuschalten. Berufsmäßige Seelöwentöter (die Amerikaner nennen diese Art der Jagd auch heute noch »commercial killing«) trachteten den Tieren nach dem Leben, um ihre dicke Fettschicht unter der Haut für die Ölgewinnung, ihre Felle zur Verarbeitung in der Kleiderindustrie und ihre Genitalien für die asiatische Medizin zu verkaufen. Meistens waren es Fischer, die während einiger Wochen im Jahr ihr Erwerbsleben umstellten und zu Robbenschlägern und -schlächtern wurden, doch gab es auch Menschen, die das Töten und Verwerten von Seelöwen zu ihrem Hauptberuf machten. Solange genug der Tiere an den Küsten lebten, war das nicht schwierig. Denn Seelöwen haben die Angewohnheit, sich in großer

In den ersten Tagen nach der Geburt bleibt die Galapagos-Seelöwin bei ihrem Jungen am Strand, nicht nur zu seinem Schutz, sondern auch um das Band zwischen Mutter und Kind zu festigen. Auf einen engen Kontakt untereinander legen die Kalifornischen Seelöwen auch in ihren Kolonien wert (folgende Doppelseite).

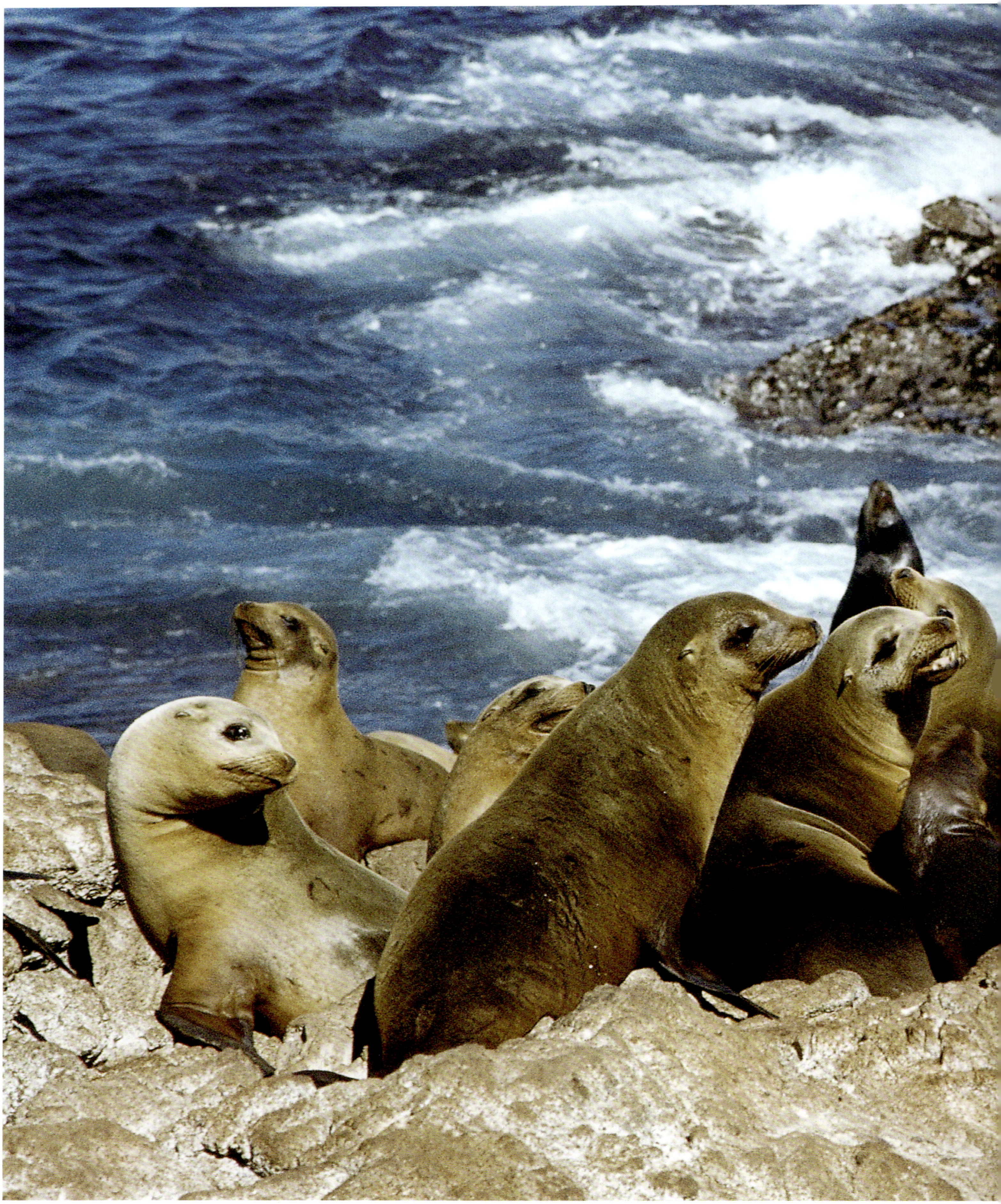

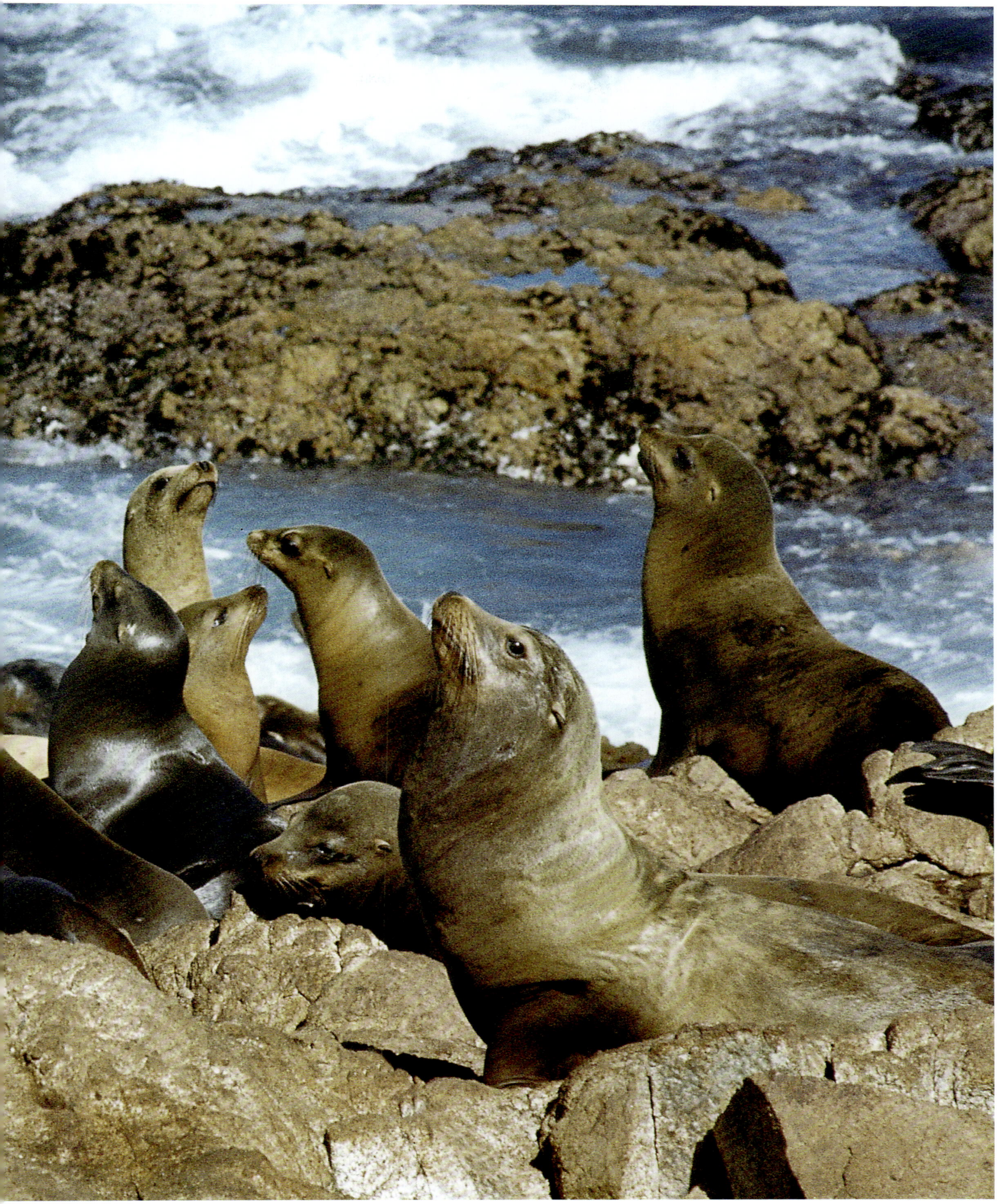

Auf Meeren, Inseln und an Küsten

Schar dicht gedrängt am Strand und auf den Klippen der Küste auszuruhen. In solchen Kolonien spielt sich auch das gesamte Fortpflanzungsgeschehen zwischen Mai und Juli ab. Dann ist es besonders einfach, sich den Tieren zu nähern. Ihre Zutraulichkeit und ihr schlechtes Sehvermögen an Land kostete früher die meisten ihr Leben. Heute sind die großen Seelöwenkolonien durch den Naturschutz vor aufdringlichen Besuchern gesichert. Denn auch ohne böse Absicht können Menschen die Tiere durch zu dichte Annäherung derart beunruhigen, daß sie nicht genügend Zeit zum lebenswichtigen Ausruhen an Land, zur Paarung und zur Jungenaufzucht finden. Überall an der Pazifikküste gibt es aber Plätze, an denen die Naturschutzbehörden oder private Vereine gute Beobachtungsmöglichkeiten aus genügend großer Entfernung geschaffen haben.

Die Einblicke, die sich von dort ins Familienleben der Seelöwen ergeben, sind abwechslungsreich und fesselnd. Die bis knapp zweieinhalb Meter langen und im Durchschnitt 275 Kilogramm, in besonderen Fällen aber 390 Kilogramm schweren Männchen kommen zwei bis drei Wochen vor den Weibchen zu den traditionellen Hochzeitsplätzen, die großenteils seit Jahrhunderten dieselben sind. Dort beansprucht jeder Seelöwe ein Territorium für sich. Allerdings sind viele früher frei verfügbare Küstenabschnitte heute verbaut, so daß auch aus diesem Grund mit der weiter zunehmenden Zahl der Seelöwen das Gedränge an den verbliebenen Plätzen immer größer wird und immer mehr Tiere auf weniger geeignete Stellen ausweichen. Dort gibt es zwischen den Weibchen, mit 180 Zentimetern Körperlänge und einem Gewicht bis 110 Kilogramm um einiges kleiner und leichter als die Männchen, manches Gerangel um geeignete Wurfplätze. Denn drei bis vier Tage nach ihrem Landgang gebären sie ihr Junges, in dessen unmittelbarer Nähe sie die ersten vier bis sieben Tage nach der Geburt zubringen. In dieser Zeit lernt das anfangs sechs bis neun Kilogramm und 70 bis 80 Zentimeter lange Jungtier, seine Mutter an ihrem Geruch und ihren heiseren Rufen zu erkennen. Das Weibchen prägt sich die Stimme seines Kindes ein. Da an manchen Plätzen Tausende von Seelöwenjungen innerhalb weniger Tage auf engem Raum geboren werden, ist dieses Erkennungsmerkmal für die Jungtiere lebenswichtig. Denn nach den ersten Tagen des »Wochenbetts« verläßt die Mutter ihr Kind immer häufiger zur Nahrungssuche und kommt zwischendurch, meistens nachts, zurück, um ihr Junges mit ihrer fetten Milch zu säugen. Das muß sie zwischen vielen anderen finden, denn die kleinen Seelöwen sammeln sich nach einiger Zeit in Gruppen und machen gemeinsam auch ihre ersten Ausflüge ins Wasser. Dabei verliert mancher sein Leben: als Beute von Schwertwalen, männlichen Seelöwen, Haien oder großen Möwen. Gelegentlich ertrinkt einer, wenn er von der Meeresströmung erfaßt und von der Küste abgetrieben wird.

Manch ein Seelöwensäugling wird an Land erdrückt. Denn kaum hat seine Mutter ihn nach einer Tragzeit von fünfzig Wochen geboren, wird sie, zwei bis drei Wochen später, von einem »territorialen« Männchen begattet. Die stärksten unter ihnen, im Alter zwischen acht und vierzehn Jahren auf der Höhe ihrer Kraft, scharen einen Harem von mehr als einem Dutzend Weibchen um sich, den sie gegen Nebenbuhler mit Drohgebärden, weithin hörbarem Bellen und Grunzen, aber auch mit kräftigen Bissen verteidigen. Da nicht alle Weibchen gleichzeitig an Land kommen, zieht sich die Paarung über mehrere Wochen hin. Während dieser Zeit können die Männchen nicht riskieren, ihren einmal eroberten Liegeplatz, wenn er denn günstig ist, aufzugeben. Sie können also für lange

Kalifornische Seelöwen: Manche können recht aufdringlich werden

Zeit keine Nahrung aufnehmen und zehren während dieser Zeit von ihren Fettreserven. Am Ende der Paarungszeit hat die Mehrzahl von ihnen gut ein Drittel ihres Gewichts verloren. Das müssen sie ab Juli mit dem erhöhten Verzehr von Fischen und Tintenfischen wieder aufbauen. Während sich die Weibchen ihre Beute selten weiter als einhundert Kilometer von den Liegeplätzen entfernt suchen, ziehen die Männchen nach der Paarungszeit weiter fort. Seelöwen aus Mexiko wurden bereits an der nordkanadischen Pazifikküste angetroffen.

Im Wattenmeer der Nordseeküste lebt der kleinere Teil des auf weltweit vier- bis fünfhunderttausend Tiere geschätzten Bestands der zur Familie der Hundsrobben gehörenden Seehunde.

Auf ihren langen Wanderungen und bei ihren Tauchgängen bis zu einer Wassertiefe von achtzig Metern verfangen sich besonders männliche Seelöwen häufig in gestellten oder von Schiffen gezogenen Fischernetzen. Manche können sich befreien, aber jedes Jahr werden zwischen eintausend und zweitausend in Netzen ertrunkene Seelöwen allein an der kalifornischen Küste gemeldet. Die Dunkelziffer wird von Naturschutzbehörden auf ein Mehrfaches geschätzt. Auch weiß niemand, wie viele Seelöwen illegal getötet werden. 1998 wurden nach einem Bericht der in England ansässigen »Seal Conservation Society« siebzig erschossene und acht angeschossene Seelöwen an der kalifornischen Küste aufgefunden. Einigen der toten Tiere war der Kopf abgetrennt worden. Doch es werden auch Tiere mit Billigung der Behörden geschossen. So mußten 1999 in Britisch Kolumbien hundertdreiunddreißig Seelöwen ihre Vorliebe für Fischzuchtanlagen in Küstennähe mit dem Leben bezahlen. Mit sogenannten Predator Control Permits dürfen sich die Eigentümer von Lachsfarmen rund um Vancouver Island immer wieder gegen die unerwünschten Eindringlinge zur Wehr setzen, wenn andere Mittel versagen. Dazu gehört auch von Fall zu Fall das Einfangen einzelner Spezialisten unter den Tieren, die – wenn sie von den weit entfernten Aussetzungsorten wieder an den Ort ihrer Gefangennahme zurückkehren – auch schon mal in einem Großaquarium landen. Pläne, Seelöwen sogar zu vergiften, scheiterten an heftigen regionalen wie internationalen Protesten. Akustische Barrieren wirken bisher nur, wenn sie so stark sind, daß sie zu viele negative Begleiterscheinungen für die gesamte Unterwasserfauna haben, die Farmfische eingeschlossen. Naturschutzorganisationen fordern allerdings ohnehin, daß die Fischzuchtanlagen nicht mehr in den offenen Küstengewässern betrieben werden dürfen, wo sie erheblich zur Verschmutzung und zur Ausbreitung von Krankheiten unter den Wildfischen beitragen, sondern daß sie künftig in geschlossenen Systemen ihre eigene Meerwasserversorgung und -reinigung sicherstellen sollen.

Den vorzeitigen Tod von Seelöwen verursachen auch die Verschmutzung der Küsten und Meere durch Öl und Chemikalien, Turbinen von Wasserkraftwerken, in die Seelöwen immer wieder geraten, und Zusammenstöße mit Motorbooten. Es gibt jedoch natürliche Einflüsse auf den Bestand der Seelöwen, die weit größere Folgen haben können. Das zeigt sich deutlich an den Galapagos-Seelöwen, einer Unterart des Kalifornischen Seelöwen, die isoliert von ihren nördlichen Verwandten rund um die Galapagosinseln, circa tausend Kilometer vor der Küste Ekuadors, lebt. (Eine dritte Unterart, der Japanische Seelöwe, gilt seit mehreren Jahrzehnten als ausgerottet.) Wenn alle paar Jahre das Klimaphänomen El Niño die Meeresströmungen durcheinanderbringt und die Sardinenschwärme für mehrere Monate ausbleiben, verhungern Tausende von Seelöwen. Als erstes sterben die Jungen, die fast das ganze Jahr hindurch, vornehmlich aber von Oktober bis Januar geboren werden. Sie werden von der Mutter mindestens sechs Monate, nicht selten fast ein Jahr lang gesäugt und sind in dieser Zeit besonders anfällig.

Trotz der Opfer durch die Folgen von El Niño hat sich die Zahl der etwas kleineren und schlankeren Galapagos-Seelöwen in den vergangenen 30 Jahren durch konsequente Schutzmaßnahmen auf etwa 60 000 verdoppelt. Dank ihrer Zutraulichkeit sind sie jedem Besucher des Archipels gut bekannt. Um so größer war die Sorge, als am 16. Januar 2001 das Tankschiff »Jessica« vor dem Hafen von San Cristóbal havarierte und größere Mengen Öl ausliefen. Da sich die Seelöwen überwiegend in Küstennähe aufhalten, befürchteten nicht nur Naturfreunde und Wissenschaftler aus aller Welt, allen voran die Mitarbeiter der Charles-Darwin-Station auf Galapagos und der sie unterstützenden Organisationen wie die gleichnamige Gesellschaft in England, der WWF und die Zoologische Gesellschaft Frankfurt, das Schlimmste für die gesamte endemische Fauna und deren »Spitzenregulator«. Doch günstige Winde und Meeresströmungen verhinderten eine Katastrophe, und nur etwa einhundert Seelöwen wurden ölverschmiert aufgefunden. Sie konnten gereinigt werden.

In besonderer Alarmstimmung sind die Naturschützer seit der ersten Jahreshälfte 2001. Unter den Hunden einiger Inseln ist die Staupe ausgebrochen, und dieser sich schnell ausbreitende Virus ist auch für die Robben tödlich. Noch sind die Seelöwen verschont geblieben, doch alle Robbenkenner erinnern sich gut an die Epidemie eines

Kalifornische Seelöwen: Manche können recht aufdringlich werden

der Hundestaupe sehr ähnlichen Virus, dem 1988 im Wattenmeer der Nordsee und an der englischen Ostküste mehr als 18 000 Seehunde zum Opfer fielen. In diesem Jahr war der größte Teil der Wattenmeerpopulation von »Phoca vitulina« gestorben. Bis zum Jahr 2000 hatte sie sich mit rund 17 000 Tieren sogar über die alte Bestandsgröße hinaus erholt. Das hat jüngst in Dänemark Fischer veranlaßt, sich für eine erneute Bejagung des Seehunds einzusetzen. Solche Forderungen, wenn sie denn auch dort gelegentlich von Fischern geäußert werden, stoßen bei den Menschen auf Galapagos weitestgehend auf Ablehnung. Um so entsetzter reagierten Naturschützer, Fremdenverkehrsmanager, Schiffsvermieter, der Berufsverband der Fischer und Regierungsvertreter, als im Juli 2001 am Strand von San Christóbal siebzehn getötete Seelöwen gefunden wurden. Sie waren grausam verstümmelt, die Wilderer hatten den Tieren zudem die Geschlechtsteile herausgeschnitten. Mit einer hohen Belohnung für Hinweise, die zur Ergreifung der Täter führen, hoffen die verschiedenen Interessenvertreter auf der Inselgruppe und in Quito auch mögliche Wiederholungs- und Nachahmungstäter abzuschrecken. Denn die Seelöwen gehören auf dem Archipel zu den größten Attraktionen der jährlich mehr als 6 000 Touristen. An der Nordseeküste gilt das übrigens für die Seehunde gleichermaßen. Kutterfahrten zu den Seehundbänken sind besonders beliebt. Eine Bejagung würde die Tiere in kürzester Zeit wieder scheu machen.

Um einen Ort der Ruhe zu erreichen, hat dieser Seehund an der felsigen kalifornischen Küste einen mühsam »gerobbten« Anstieg in Kauf genommen.

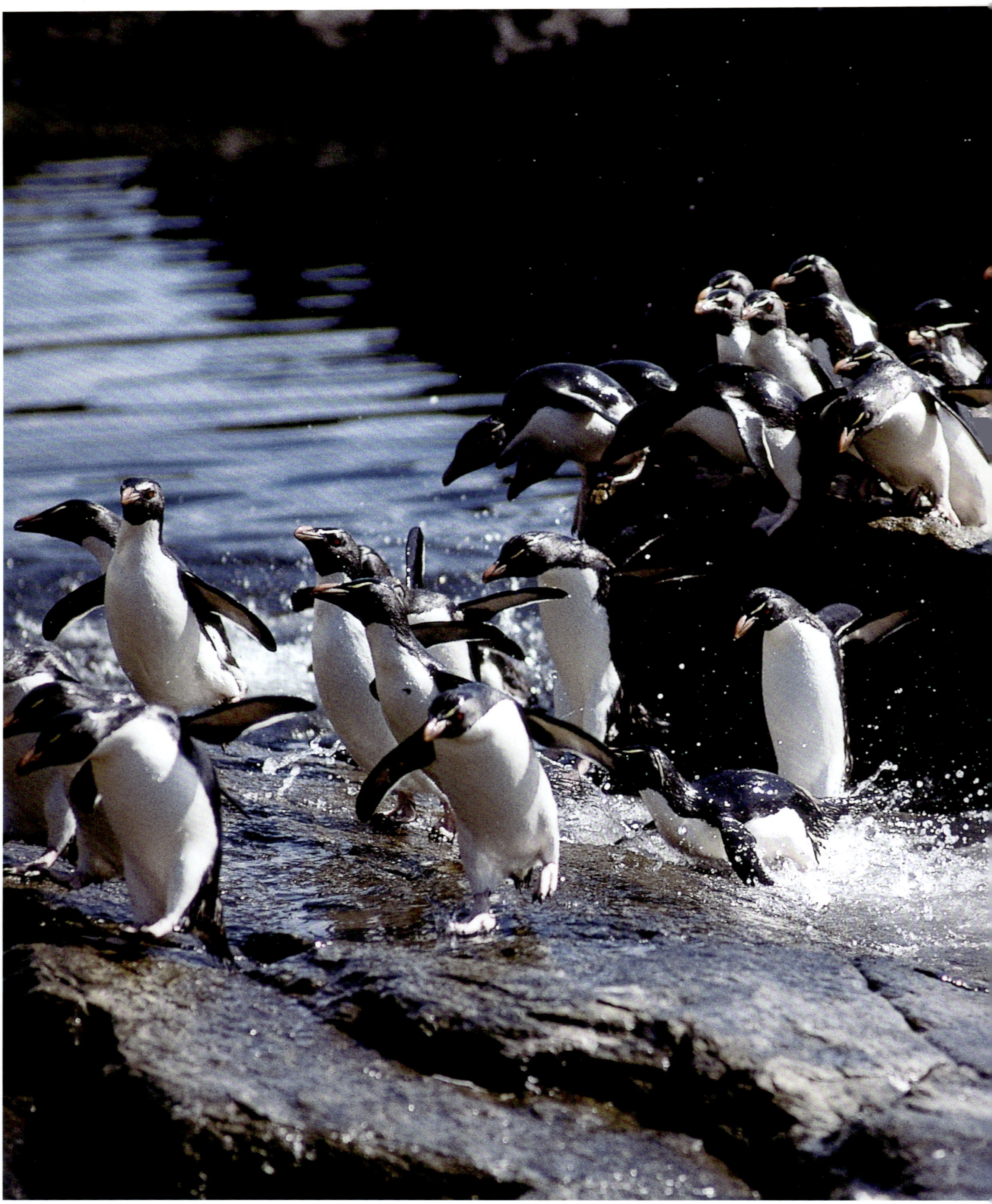

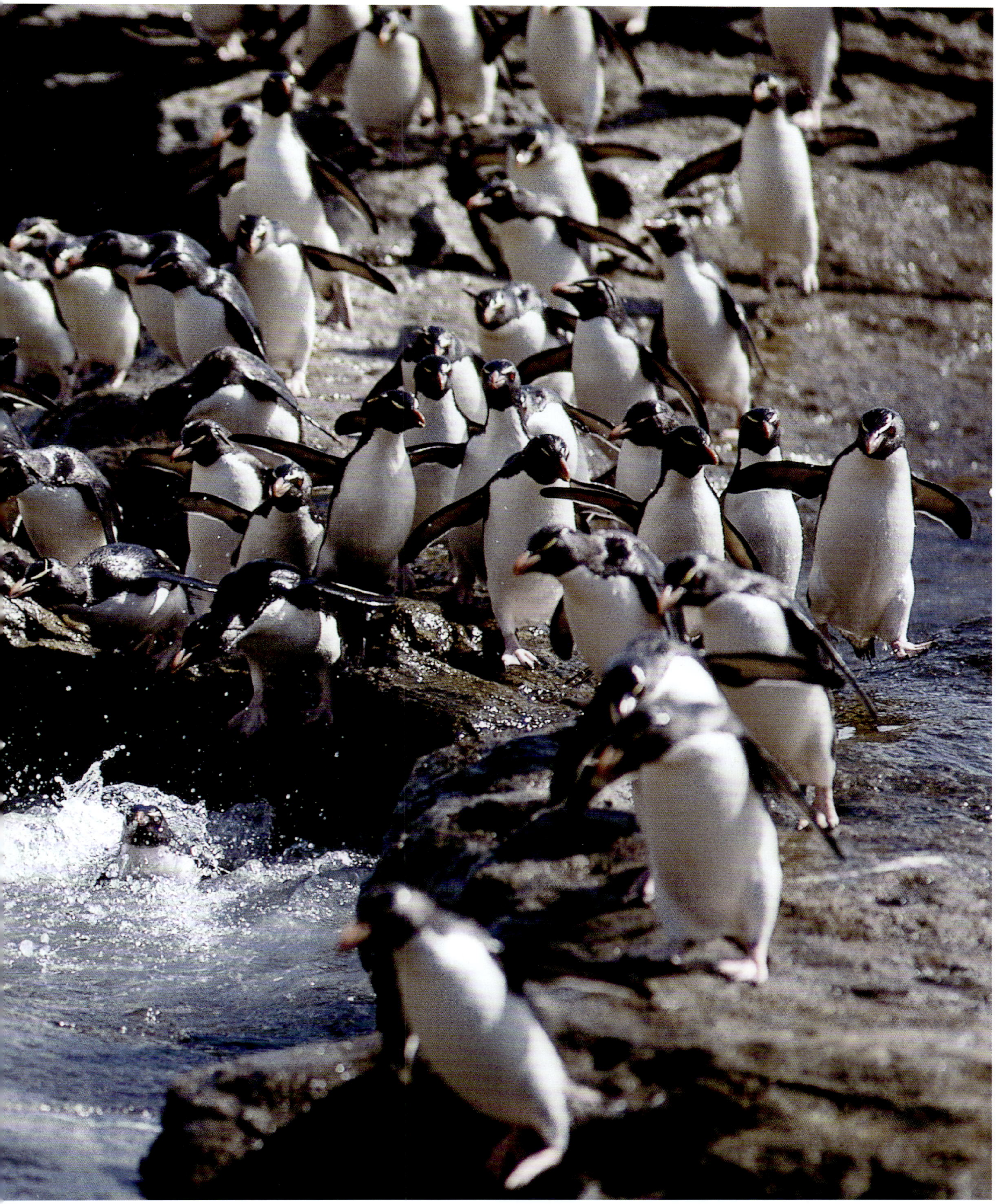

Auf Meeren, Inseln und an Küsten

Pinguine:
Hohe Sympathiewerte, harte Konkurrenz beim Fischfang

Pinguine, ganz gleich ob es sich um die größte der siebzehn Arten, den gut einen Meter hohen Kaiserpinguin der Antarktis, oder den nur dreißig Zentimeter messenden Zwergpinguin Südaustraliens und Neuseelands handelt, stehen unter den knapp zehntausend bisher bekannten Vogelarten der Erde in der Gunst der Menschen ganz oben. Daher finden auch alle Meldungen über sie, selbst wenn diese eher einem Aprilscherz gleichen als von einer neuen Erkenntnis aus der Verhaltensforschung herrühren, schnelle Verbreitung. Die flugunfähigen, aber äußerst schwimmgewandten Pinguine sind nun mal komische Vögel, die wegen ihrer aufrechten Körperhaltung und ihres watscheligen Ganges an Land und auf Eis dazu noch verwandtschaftliche Gefühle bei vielen Menschen auslösen. Das schwarzweiße Gefieder, das die meisten Arten wie mit einem Frack bekleidet aussehen läßt, erhöht darüber hinaus den Sympathiewert ungemein. So finden denn auch Nachrichten über angeblich besonders tolpatschige Reaktionen der Meeresvögel schnell gutgläubiges Interesse. Warum sollen auch Tiere, die dermaßen ungelenk auf ihren kurzen Beinen daherwackeln, nicht reihenweise auf den Rücken fallen, wenn sie ein über sie hinwegfliegendes Flugzeug mit den Augen verfolgen und dabei ihren Kopf und ihren Hals derart nach hinten strecken, daß sie schließlich das Gleichgewicht verlieren und hintenüber stürzen? Das zumindest wollten unlängst Militärpiloten in Brutkolonien von Königspinguinen, den mit achtzig Zentimetern Körperlänge zweitgrößten Pinguinen, festgestellt haben. Dort stehen die Vögel nicht selten zu Tausenden dicht beieinander und wärmen auf ihren Füßen unter einer Bauchfalte das einzige Ei oder das noch kleine Junge.

Doch so dumm und ungeschickt sind die an ihren Brutplätzen dem Menschen gegenüber recht zutraulichen Großpinguine nun doch nicht. Daß besonders tief und schnell fliegende Piloten eine ganze Schar von Pinguinen zum Umfallen bringen können, ist allerdings so abwegig nicht: Wenn sie die gegen den Wind aufgestellten Vögel von vorne mit einem Düsenjäger flach überfliegen, werden diese durch den Luftsog auf den Rücken geworfen. Diesem jedem Natur- und Tierschutz Hohn sprechenden Flugsport könnten in der Tat englische Jetpiloten auf den Falklandinseln, den Islas Malvinas, oder auf Südgeorgien frönen, denn dort befinden sich die nördlichsten atlantischen Brutkolonien der Königspinguine auf britischem Territorium. Nördlicher brüten sie nur noch auf der im westlichen Indischen Ozean gelegenen Marion-Insel, die zu den südafrikanischen Prince-Edward-Inseln gehört. Mehr als zwei Millionen »kings«, die dank ihrer orangefarbenen und gelben Feder- und Hautpartien an Kopf, Kehle und Unterschnabel in Zoos und Aquarien sehr beliebt sind, leben rund um die Antarktis.

Noch größer ist die Zahl einiger anderer, kleinerer Pinguinarten. Mit sage und schreibe rund vierzig Millionen Angehörigen ist der Adéliepinguin nach Schätzungen von Wissenschaftlern wohl der häufigste Vertreter der gesamten Pinguinfamilie (Spheniscidae), deren sechs verschiedene Gattungen einer eigenen zoologischen Ordnung (Sphenisciformes) angehört. Als die Teilnehmer einer Expedition unter der Leitung des französischen Antarktisforschers Dumont d'Urville ihn im Jahr 1841 erstmals wissenschaftlich benannten, gaben sie ihm den Vornamen von dessen Frau. Der Magellanpinguin, mit mehr als fünf Millionen Tieren vielleicht die zweithäufigste Art, verdankt

Pinguine: Hohe Sympathiewerte, harte Konkurrenz beim Fischfang

seinen Namen dem portugiesischen Seefahrer; der ihm nahe verwandte Humboldtpinguin den seinen dem deutschen Südamerikaforscher Alexander von Humboldt, der ihn Anfang des neunzehnten Jahrhunderts zum ersten Mal beschrieben hat. Die frühesten Aufzeichnungen, die es überhaupt zu Pinguinen gibt, stammen von einem Mitreisenden auf dem Schiff eines anderen portugiesischen Entdeckers: Als Vasco da Gama 1497 das südafrikanische Kap der Guten Hoffnung umsegelte, hielt Alvero Vello seine Beobachtungen von den dort lebenden Brillenpinguinen in seinem Tagebuch fest. Wie er glaubten auch andere frühe Beobachter, die Pinguine seien nahe Verwandte der auf der Nordhalbkugel lebenden Alken. Tordalk und Lumme haben zwar, aus der Ferne betrachtet, eine gewisse Ähnlichkeit mit einigen kleineren Pinguinarten, doch sie sind nicht mit ihnen verwandt. Der größte Unterschied: Alken können fliegen, Pinguine nicht.

Auf ihrem Weg aus dem Meer ans Land und zu den Brutplätzen zeigen die Felsenpinguine sportliche Qualitäten. Von einer Welle lassen sie sich an die Felsküste tragen und laufen in dichtem Pulk aus der Brandung heraus (vorhergehende Doppelseite), um dann nacheinander an den Strand zu springen.

Ganz richtig ist das nicht. Denn Pinguine »fliegen« im und unter Wasser. Sie benutzen ihre kurzen, schmalen und dünnen Flügel wie Flossen. Bei ihrer Jagd auf Leuchtgarnelen (Krill), Tintenschnecken (Kalmaren), die auch Tintenfische genannt werden, und auf Fisch bewegen sich die Pinguine eher wie andere Vögel in der Luft als wie

Fische im Wasser. Sie treiben ihren stromlinienförmigen Körper durch das Auf- und Abschlagen ihrer Schwingen voran. Untersuchungen an Kaiserpinguinen haben ergeben, daß diese eine Geschwindigkeit von gut fünfundzwanzig Kilometern in der Stunde unter Wasser erreichen und über zweihundertfünfzig Meter tief tauchen können. Ob das die Rekordmarken für alle Pinguine sind, muß sich noch herausstellen. Nicht wenige Wissenschaftler, auch deutsche, beschäftigen sich mit den Vögeln, deren Vorfahren fünfundvierzig Millionen Jahre zurückverfolgt werden können. Sie haben sich als einst flugfähige Vögel an ein hochspezialisiertes Leben im und am Wasser angepaßt. Und einige auch an die Kälte.

Kaiser- und Adéliepinguine können die tiefsten Temperaturen aushalten. Sie sind die beiden einzigen Arten, die auf dem Festland und dem Randeis des antarktischen Kontinents brüten. Alle anderen fünfzehn Arten ziehen den nördlich der Antarktis gelegenen maritimen Lebensraum mit seinen Inseln und Küsten vor. Den Galapagospinguin, der gemeinsam mit dem Magellanpinguin, dem Humboldtpinguin und dem Brillenpinguin (in Südafrika unter seinem englischen Namen »Jackasspenguin« landesweit bekannt) der Gattung »Spheniscus« angehört, hat es gar an den Äquator verschlagen. Nur noch etwa zweitausend Galapagospinguine gibt es. Die mit einer Körpergröße von nur vierzig Zentimetern zweitkleinsten Familienmitglieder sind zuletzt durch die Ölpest, die das einmalige Naturparadies vor Ekuadors Küste heimgesucht hat, in große Gefahr geraten. Ihr Bestand leidet alle paar Jahre durch die Erwärmung des Meerwassers und das Ausbleiben der Fischschwärme rund um die Galapagosinseln als Folge des Klimaphänomens »El Niño«.

Während die Galapagospinguine der Tageshitze nur dadurch entfliehen können, indem sie sich in Felsspalten und Höhlen zurückziehen und erst nachts nach dem Durchschwimmen des zeitweise bis zu fünfundzwanzig Grad warmen Oberflä-

Pinguine: Hohe Sympathiewerte, harte Konkurrenz beim Fischfang

chenwassers in kühleren Meeresströmungen auf Nahrungssuche begeben, trotzen der Kaiserpinguin und der mit fünfundfünfzig Zentimetern nur etwa halb so große und mit vier bis fünf Kilogramm wesentlich leichtere Adéliepinguin Außentemperaturen unter minus vierzig Grad und schwimmen auf ihren Beutezügen in Gewässern nahe dem Gefrierpunkt. Kaiserpinguine halten den absoluten Kälterekord aller Vögel zur Brutzeit.

Königspinguine brüten ihr einziges Ei im Stehen aus. Auf den Falklandinseln gibt es eine Kolonie von einigen hundert Vögeln, in denen Jungvögel in jedem Entwicklungsstadium zu sehen sind (links); die jungen Eselspinguine in der nahen Brutkolonie indes sind alle ziemlich gleich alt (unten).

Zum antarktischen Wintereinbruch legt das Weibchen nach einer mehrwöchigen Balzzeit bis zu einhundert Kilometer vom offenen Meer entfernt ihr elf Zentimeter langes und vierhundertfünfzig Gramm schweres Ei auf den Boden, das sein neben ihm stehender Ehepartner sofort auf seine Füße rollt und unter einer dichten Bauchfalte verschwinden läßt. Das Weibchen hat nichts Eiligeres zu tun als sich auf den Weg zum Meer zu machen, während das Männchen die nächsten neun Wochen bei eisiger Kälte und tosenden Schneestürmen aufrechtstehend ununterbrochen das Ei wärmt. Der einzige Trost mag ihm sein, daß viele andere Männchen – an einigen Plätzen mehrere tausend – es ihm gleichtun. In der dichtgedrängten Brutkolonie schützen und wärmen sich die Vögel gegenseitig, so gut es geht. Wenn das Junge schlüpft, haben die Pinguine mehr als ein Drittel

Auf Meeren, Inseln und an Küsten

ihres Körpergewichts verloren. Doch ihre Tortur ist dann fast zu Ende, denn zum Schlupftermin ihrer Küken kehren die Weibchen mit der ersten Nahrung für diese zurück – wieder nach einem Marsch über das Eis von vielen Kilometern, den die geschwächten Männchen in umgekehrter Richtung antreten.

Fünf Monate dauert die Aufzuchtzeit der jungen Kaiserpinguine. Wenn sie vom Brutplatz zum Meer aufbrechen, herrscht zum Jahreswechsel antarktischer Sommer. Das ist der beste Zeitpunkt für die Jungen, um sich selbständig zu machen, zumal der Weg zu den Jagdgründen dank der Eisschmelze nicht mehr so weit ist. Das wäre alles nicht möglich, würden die Kaiserpinguine ihre Balz und Brut nicht in die unwirtlichste Jahreszeit legen. Der ebenfalls nahe dem südlichen Polarkreis brütende Adéliepinguin indes hat es leichter: Da er seine zwei Eier – im Liegen – nur sechs Wochen bebrütet und die Jungen noch einmal dieselbe Zeit bis zur Selbständigkeit brauchen, nutzt er zur Erhaltung seiner Art den Sommer, wenn die Sonne nicht untergeht.

Auch die Schopfpinguine legen zwei Eier. Wegen ihrer überwiegend gelben Federbüschel unterschiedlicher Ausprägung am Kopf werden die sechs Angehörigen der Gattung »Endyptes« unter dieser deutschen Bezeichnung zusammengefaßt. Hauben-, Kronen-, Macaroni-, Felsen-, Dickschnabel- und Snares-Dickschnabelpinguin sind

um einen halben Meter groß und brüten in erster Linie auf subantarktischen Inseln. Manche von ihnen sind während der Brutzeit auf einen geographisch eng begrenzten Raum im Südpolarmeer beschränkt. Andere, wie der Felsenpinguin, richten sich von den Falklandinseln vor der argentinischen Atlantikküste bis zu den australischen Macquarie-Inseln zur Brut ein. »Rockhopper« heißen diese 45 Zentimeter großen Pinguine noch zutreffender auf Englisch. Von ihnen gibt es drei Unterarten. Wer einmal das Vergnügen hat, diese geradezu lustig erscheinenden Vögel auf dem Weg zu ihrer Brutkolonie und an ihren Nestern zu erleben, wird diesen Eindruck nie vergessen. In den Monaten Januar und Februar besteht an den Orten, an

Bevor die Magellanpinguine zum Fischfang im Meer ausschwärmen, sammeln sie sich an der Küste, um sich nach der Brutablösung durch den Partner die Beine zu vertreten und das Gefieder zu ordnen. Dann geht es im Schwarm auf die Unterwasserjagd.

Pinguine: Hohe Sympathiewerte, harte Konkurrenz beim Fischfang

denen sich die Felsenpinguine schon seit Jahrhunderten, wenn nicht seit Jahrtausenden niederlassen, die beste Gelegenheit dazu. Dann nämlich füttern sie ihre ein bis zwei Jungen. Dabei lösen sich die Ehepartner regelmäßig ab. Da sie mancherorts auf hochgelegenen Felseninseln brüten, müssen sie auf ihrem Weg vom Meer zum Brutplatz nicht selten steile Klippen überwinden. Das schaffen sie, indem sie sich mit bis zu gut 30 Zentimeter hohen Sprüngen von einem Gesteinsvorsprung zum nächsten nach oben vorarbeiten. Da auch die Felsenpinguine ihre Nester in großer Gesellschaft auf blankem Untergrund oder zwischen hohem Tussockgras anlegen, gibt es einen ständigen Verkehrsstrom der kleinen schwarzweißen Vogelgestalten mit gelben zu Federbüscheln verlängerten Augenbrauen und rotem Schnabel zwischen der Ozeanküste und dem Nistgebiet. Die Tiere, die zur Nahrungssuche zum Meer hinabspringen, tun das leichtfüßig und schnell. Diejenigen, die mit Futter für die Jungen in ihrem Magen zurückkehren, tragen zusätzlich gut ein Drittel ihres Körpergewichts in Form eines roten Breies von vorverdautem Krill und Kalmaren. Entsprechend mühsam ist ihr Aufstieg, und mancher von ihnen macht eine unfreiwillige Rückwärtsrolle einige Meter abwärts, wenn er bei seinem Sprung nach oben die nächste Gesteinsstufe verpaßt. Wenn es regnet, und das kommt häufig im Südpolargebiet vor, sind die Wege glatt und schmierig.

Auf Meeren, Inseln und an Küsten

Die Folge sind nicht selten Massenstürze, die aber alle harmlos ausgehen.

Es hängt von der Größe und vom entsprechenden Appetit der Jungen ab, wie lange die Altvögel im Meer bleiben. Ist der Nachwuchs noch klein, wechseln sich die Eltern alle vierundzwanzig Stunden ab. Dann sind die Schwimmausflüge häufig auch nicht so weit. Können die Jungen aber bis zur Hälfte ihres eigenen Gewichts an Nahrung aufnehmen, müssen die Pinguine bis zu einhundert Kilometer weite Jagdausflüge machen. Diese können länger als zwei Tage und zwei Nächte dauern. Die Pinguine jagen immer im Verband und kehren auch truppweise an Land zurück. Dabei müssen sie häufig die im Küstengewässer auf sie lauernden Seelöwen und Mähnenrobben (Seebären) überlisten, was nicht immer gelingt. Mancher zurückkehrende Pinguin fällt ihnen zum Opfer. Um ihre Feinde, zu denen auch große Raubmöwen gehören, zu verwirren, setzen viele Pinguine kurz vor dem Landgang zu Flugsprüngen aus dem Wasser an. Wie Delphine schießen sie dann bis zu zehn Meter weit durch die Luft, bevor sie wieder ins Wasser eintauchen oder gleich am Strand oder auf den Klippen unsanft landen. Einmal an Land, versuchen sie mit schnellen Trippelschritten Abstand zum Wasser zu gewinnen, um keinem Angreifer eine letzte Chance zu geben. Das ist genauso komisch anzusehen wie ihr Sprung ins Wasser, wenn sie sich dem Meer anvertrauen. Zuvor haben sie noch ihr dichtes und feines Gefieder eingeölt, um auch niedrige Wassertemperaturen für viele Stunden auszuhalten.

Dabei hilft ihnen die schon erwähnte Fettschicht unter der Haut. Diese führt übrigens zu einem möglichen Ursprung ihres Namens, denn »pinguis« ist der lateinische Name für Fett. Die wärmeisolierende und damit lebensnotwendige Fettschicht der Pinguine, die 170 Zentimeter große und über einhundert Kilogramm schwere Vorfahren hatten, kostete in früheren Jahrhunderten Millionen von Vögeln das Leben. Seefahrer und Walfänger schätzten ihr Fleisch und haben sie scharenweise getötet, was in den Brutkolonien kein Problem war. Als die Wale knapper wurden, mußten unzählige Pinguine für die Talggewinnung herhalten. Es kamen auf manchen Inseln eigens dafür konstruierte Öfen zum Einsatz, in denen pro Tag mehrere Tausend Pinguine »ausgekocht« wurden. Noch heute soll es an südamerikanischen Küsten Fischer geben, die die Pinguine entweder als Konkurrenz töten oder um ihr Fleisch als Köder für den Fischfang zu nutzen. Auch werden ihre Eier wegen des guten Geschmacks an manchen Orten allen Schutzbestimmungen zum Trotz gesammelt. Weitaus schlimmer jedoch sind die Gefahren, die den Pinguinen durch die zunehmende Verschmutzung der Meere, insbesondere durch Öl, erwachsen. Hinzu kommt die Überfischung mancher Meeresgebiete, die eine Nahrungsverknappung für die Vögel zur Folge hat. Auch Klimaveränderungen, die das Abschmelzen der Eismassen in Antarktis zur Folge haben können, hätten nachhaltige Auswirkungen auf ihr Schicksal.

Im Gefolge ihrer Beute wandern viele Pinguine außerhalb der Brutzeit Tausende von Kilometern und folgen dabei den kühlen und nahrungsreichen Meeresströmungen. So sind bereits Magellanpinguine nördlich von Rio de Janeiro gesichtet worden. Ihre größte Brutkolonie mit über einer halben Million Vögel liegt etwa dreitausend Kilometer südlich vom Zuckerhut, und auch an der Küste der Halbinsel Valdez beziehen alljährlich Tausende von ihnen ihre unterirdischen Nisthöhlen. Schon seit jeher werden Pinguine während der acht bis neun Monate, die sie sich überwiegend oder gar ausschließlich im Meer aufhalten, von

Pinguine: Hohe Sympathiewerte, harte Konkurrenz beim Fischfang

den Meeresströmungen über große Entfernungen verdriftet. Magellanpinguine aus Südamerika sind schon vor Südafrikas Küsten aufgetaucht. Auch andere Arten landen immer wieder mal an fernen Gestaden und kommen dabei ums Leben, bevor sie ihr Durchschnittsalter von sechs bis sieben Jahren erreichen. In Zoologischen Gärten können Großpinguine sogar bis etwa dreißig Jahre alt werden. Ob der eine oder andere verirrte Vogel durch menschliche Hilfe gerettet wird, spielt für die meisten Arten keine Rolle. So sehen es die Naturschützer. Den Tierschützern indes liegt das Schicksal jedes einzelnen Vogels zu recht am Herzen. Um die in Not geratenen Vögel zu retten, werden nicht selten beträchtliche Mittel eingesetzt, die, würden sie für Naturschutzmaßnahmen aufgebracht, der Erhaltung der gesamten Art und damit viel mehr Vögeln wesentlich mehr dienten. Doch das eine ist letztlich genauso wichtig wie das andere. Bei Maßnahmen gegen die Ölpest, wie im Januar 2001 nach der Havarie des Tankers Jessica vor den Galapagosinseln oder bereits zuvor mehrfach vor der Küste Südafrikas, sind die Naturschützer für die langfristigen Sicherheitsmaßnahmen genauso gefordert wie die Tierschützer für die aktuelle Hilfe bei der Rettung einzelner Tiere, deren Zahl schnell in die Tausende geraten kann.

Mehrere Pinguinarten, darunter Galapagospinguine und Magellanpinguine, brüten in Nisthöhlen, die das Brutpaar jedes Jahr wieder bezieht. Die Magellanpinguine schützen sich und ihre Jungen dadurch vor zu großer Sonnenbestrahlung und Hitze.

Auf Meeren, Inseln und an Küsten

Schwarzbrauenalbatrosse: Die meiste Zeit über dem Meer unterwegs

Es scheint, als wisse der Schwarzbrauenalbatros, daß ihm der schwierigste Teil seines tagelangen Ausflugs aufs Meer bevorsteht, als lasse er sich deshalb vom Wind noch einmal an der felsigen Inselkante emporheben. Er dreht mit seinen schmalen, waagerecht ausgestreckten Flügeln eine Runde über der Brutkolonie und läßt sich, ohne einen Schwingenschlag zu tun, wieder im weiten Bogen über das dunkelblaue Wasser tragen. In wenigen Augenblicken hat der große Vogel Hunderte von Metern über den Südatlantik zurückgelegt, bevor er abermals den Kurs ändert.

Ein leichtes Kippen des fünf bis acht Kilogramm schweren Körpers in der Luft genügt, vielleicht noch eine winzige Verkantung der bis zu zweieinhalb Meter überspannenden Flügel, und schon segelt der »Mollymauk« in die entgegengesetzte Richtung. Dabei muß er aufpassen, daß er nicht Artgenossen in die Quere kommt. Denn der Luftraum über New Island, einem der 778 zu den Falklandinseln (Islas Malvinas) gehörenden Eilande, ist dicht bevölkert: Neben Schwarzbrauenalbatrossen steuern Falkland-Kormorane, von den Einheimischen »King Shags« genannt, den gemeinsam mit Felspinguinen genutzten Inselboden an. Außerdem sind ständig nach Beute spähende Skuas, Große Raubmöwen, in der Luft.

Noch einige Male läßt sich der Schwarzbrauenalbatros vom mäßig starken Wind zu Flugrunden verführen. Vielleicht muß er auch eine bestimmte Luftströmung abwarten, bevor er zu seiner abrupten Landung zwischen den vielen Vogelkörpern inmitten der Nesttürme ansetzt. Oder die anderen Teilnehmer des gemeinschaftlichen Brutbetriebes müssen für den Ankömmling erst Platz machen. Es sieht aus wie ein halber Absturz und gleicht eher einem Bauchklatscher auf Land, wie der Albatros ohne großes Flügelschlagen auf einem nicht einmal quadratmetergroßen freien Fleck Felsgrund landet.

Einen Moment scheint der Vogel benommen, doch dann watschelt er unbeholfen etwa zehn Meter an Pinguinen, Kormoranen und anderen Albatrossen vorbei. Letztere drohen mit ihren kräftigen Schnäbeln, wenn er ihnen zu nahe kommt. Ist der Artgenosse außer Reichweite, haben sie nichts gegen seine Nachbarschaft einzuwenden. Im Gegenteil: Das dichte Beieinander gewährleistet besseren Schutz vor anderen Vögeln, die es auf die Eier und Jungen abgesehen haben. Zu ihnen zählen neben den Raubmöwen und den auch als »arktische Tauben« bekannten Scheidenschnäbeln die Karakaras. Diese in Südamerika weit verbreiteten Greifvögel kommen auf den Falklandinseln in einer südlichen Art vor (siehe Seite 346). Sie ziehen ihre Jungen auf, wenn anderer Vogelnachwuchs als Beute zur Verfügung steht.

Doch der Jungvogel, dem sich der Schwarzbrauenalbatros jetzt mit schaukelndem Gang wie bei einem Hindernisrennen nähert, ist schon zu groß für Feinde aus der Luft. Wie eine Primadonna sitzt das Riesenküken mit dem hellgrauen Dunengefieder auf seinem knapp halbmeterhohen, aus Torf, Erde, Vogelkot (Guano) und Pflanzenteilen zusammengekleisterten Nestturm und wartet – unbeeindruckt vom Stimmengewirr und von der Betriebsamkeit rundum – auf die Ankunft eines der Elternvögel. Jetzt, gegen Ende Februar, ist der Jungalbatros schon zwei Monate alt. Er muß noch gut einen weiteren Monat auf dem harten Nestuntergrund ausharren, bevor er sich den Elementen anvertrauen kann. In der Luft und im Wasser ist nichts mehr von der Unbeholfenheit zu sehen, der

Schwarzbrauenalbatrosse: Die meiste Zeit über dem Meer unterwegs

die großen Vögel ihren Spitznamen verdanken. »Mollymauk« soll eine Verballhornung des holländischen Namens »malemok« sein, was soviel wie närrische Möwe heißt. Eine andere Erklärung des eigenartigen Namens geht auf die Bezeichnung des in der Arktis beheimateten Eissturmvogels zurück, den die holländischen Walfänger »mollemugge« nannten und den sie im antarktischen Gebiet in einer größeren Ausgabe wiederzusehen meinten.

Es gibt viel zu schnäbeln, wenn Schwarzbrauenalbatrosse sich vermählen. Die aus Lehm, Torf und Schlamm geformten Nistnäpfe geben dafür die richtige Plattform ab.

Wenngleich sonst alle dreizehn Albatrosarten, unter ihnen der Wanderalbatros und der Königsalbatros mit einer Flügelspanne von bis zu dreieinhalb Metern, wegen ihrer Tolpatschigkeit und damit unfreiwilligen Komik beim Landgang und vielleicht auch wegen ihres dichten Gefieders als »Kapschafe« gelten, hat sich der Schwarzbrauenalbatros die Wertschätzung der Seefahrer und Inselbewohner als Mollymauk erworben. Sicher liegt es nicht zuletzt daran, daß er gern die Nähe der Schiffe sucht. (Manche Zoologen fassen alle fünf mittelgroßen, einander ähnlichen südlichen Arten unter dieser Bezeichnung zusammen.)

Der wissenschaftliche Name »Diomedea melanophris« weist auf ein auffälliges Kennzeichen der häufigsten Art unter den Albatrossen hin: Er trägt

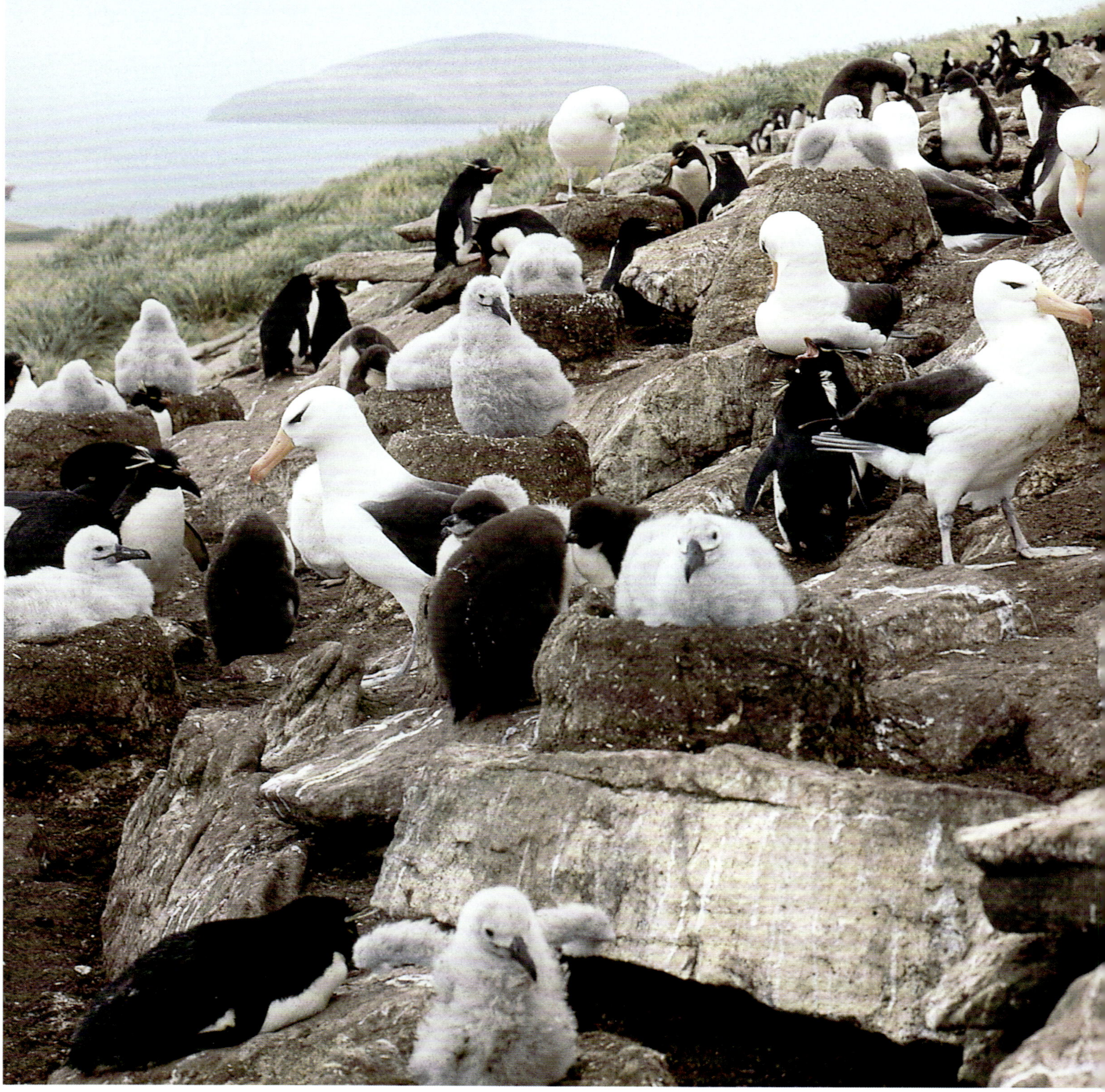

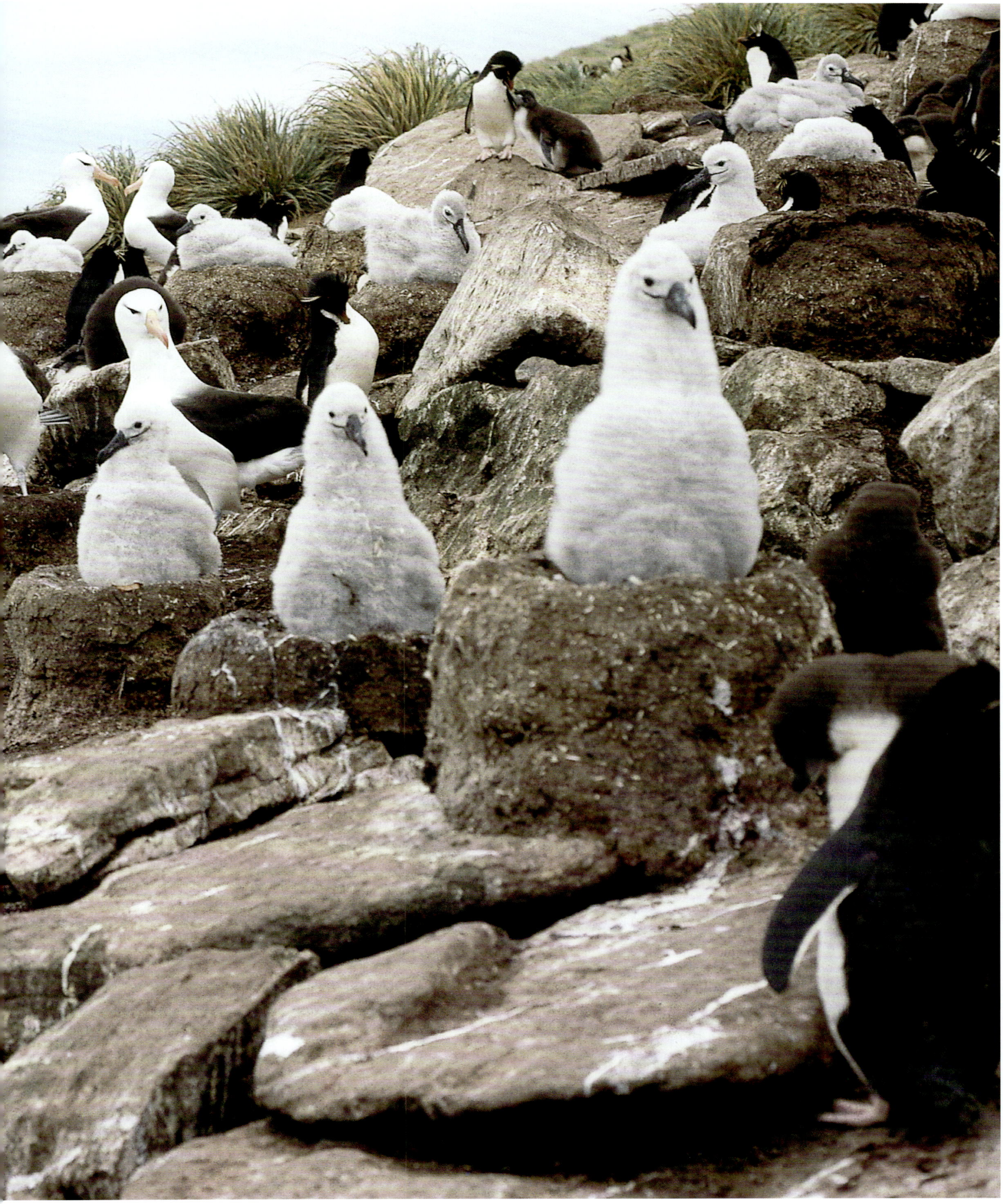

Auf Meeren, Inseln und an Küsten

über den Augen einen Streifen aus dunklen Federn, der einen schönen Kontrast zum weißen Kopf und zum gelb- bis orangefarbenen großen Schnabel bildet. Mit diesem hat es etwas Besonderes auf sich. Albatrosse gehören als eine von vier Familien zur Ordnung der Röhrennasen. Diesen Namen trägt die ans Meer gebundene Vogelgruppe, zu denen noch die Sturmvögel mit fünfundfünfzig Arten, die Sturmschwalben mit neunzehn Arten und die Tauchsturmvögel mit fünf Arten gezählt werden, wegen ihrer Nasenlöcher in hornigen Röhren auf oder an ihren Schnäbeln. Durch diese Öffnung können sie Salzwasser ausscheiden, das sie bei ihrer Nahrungssuche und beim Trinken im Meer aufnehmen.

Die Schwarzbrauenalbatrosse fliegen stunden- und nicht selten tagelang über den Ozean und halten Ausschau nach Schwärmen von Tintenfischen (genauer: Tintenschnecken), nach Leuchtkrebsen (Krill) und Fischen. Dabei weisen ihnen andere fischjagende Vögel oftmals den Weg zu ergiebigen Fanggründen, die mehr als eintausend Kilometer von der Brutkolonie entfernt liegen können. Die Meeresströmungen um die Falklandinseln – das Gebiet zählt zu den fischreichsten Gewässern der Erde – locken mehr als drei Viertel der rund um den Südpol verbreiteten Weltpopulation der Schwarzbrauenalbatrosse zur Brut. Etwa 350 000 Brutpaare kommen dort in manchen Jahren zusammen. Die Hälfte von ihnen brütet auf der zum Vogelschutzgebiet erklärten Insel Beauchêne inmitten der besten Fischgründe für Kalmare der Art Loligo gahi, die von vielen Menschen, vor allem in Spanien, hochgeschätzten »Tintenfische« (Squid). So gibt es denn einen regelrechten Wettbewerb zwischen den mit Lizenzen der britischen Falkland-Verwaltung innerhalb der 150-Meilen-Zone fischenden Schiffen aus verschiedenen Nationen und den Albatrossen.

Die Fangsaison fällt mit der Jungenaufzucht der Seevögel zusammen. Zwar machen die in manchen Jahren mehr als 500 000 Tonnen »Tintenfisch« fangenden Fischereiflotten den Vögeln in nicht unerheblichem Maße die Beute streitig, doch ziehen gerade die Schwarzbrauenalbatrosse auch Nutzen von den Tag und Nacht ihre Netze schleppenden und mit hochempfindlichen elektronischen Ortungssystemen ausgestatteten Trawlern. Mehr als fünfhundert Vögel stellen sich mitunter am Schiff ein, wenn der »überflüssige« Beifang – als Ergebnis des von den Menschen in den Meeren betriebenen Raubbaus und der Überfischung – über Bord geht. In wenigen Minuten können dann die Altvögel so viel mit dem Schnabel greifen, wie sie für sich und ihr Junges als Tagesration brauchen. Vogelforscher haben auf Beauchêne Island errechnet, daß ein erwachsener Vogel täglich 850 Gramm, ein Junges im Durchschnitt seiner dreieinhalb- bis viermonatigen Aufzuchtzeit pro Tag 550 Gramm Nahrung braucht. In den ersten Wochen füttern die Altvögel ihr Küken mit einem aus Tintenschnecken, Fisch und Krill gewonnenen Magenöl. Die übel riechende Flüssigkeit benutzen die jungen Albatrosse als wirkungsvolle Waffe: Kommt ihnen ein Feind zu nahe, spucken sie ihn damit an. Schon mancher vorwitzige Mensch hat kleinlaut seinen Rückzug mit einer langanhaltenden Riechprobe in seiner Kleidung angetreten. Da die Albatrosse ihr Gefieder ebenfalls regelmäßig mit dem flüssigen Fischextrakt einfetten, strömen sie einen penetranten Geruch aus. Der hängt, gespeist von Kot und Beuteresten, ohnehin intensiv über jeder Brutkolonie von Fischfressern.

Mollymauks können älter als vierzig Jahre werden. Daher lassen sie sich Zeit mit der Fortpflanzung. Sind die Jungen im April flügge, so begeben sie sich für mehrere Jahre auf Wanderschaft. Dabei umfliegen viele von ihnen mehrmals die Antarktis.

Schwarzbrauenalbatrosse: Die meiste Zeit über dem Meer unterwegs

Etliche zieht es an der südamerikanischen oder an der afrikanischen Küste zwei- bis dreitausend Kilometer nordwärts. Immer wieder tauchen auch welche in Nordeuropa auf. Bei ihren Wanderflügen bleiben die Vögel monatelang dem Land fern. Sie können sich tage- und nächtelang vom Wind auf ihren schmalen langen Schwingen tragen lassen, verstehen es, bei Sturm im Abstand von wenigen Millimetern über die Wellenkämme zu streichen und ruhen sich bei Bedarf schwimmend aus. Ein Albatros, so heißt es, verbringt mehr als die Hälfte seines Lebens in der Luft.

Nach fünf bis sechs Jahren kehren die Tiere an den Platz zurück, an dem sie geschlüpft sind. Es kann weitere zwei oder drei Jahre dauern, bevor sich ein gut 90 Zentimeter großes Männchen und ein gleichgroßes Weibchen mit eindrucksvollem Balzritual, zu dem Schnabelfechten, Flügelspreizen und -aufstellen sowie Fußtrippeln und Körperwiegen gehören, auf die Paarung vorbereiten. Zwischendurch wird der bisweilen gut sechzig Zentimeter hohe Nestturm aufgeschichtet. In dessen flache Kuhle legt das Weibchen schließlich ein großes weißes Ei, das von beiden Partnern 68 bis 69 Tage lang bebrütet wird. Albatroseier waren früher für die Seefahrer und Walfänger eine willkommene Bereicherung des Speisezettels.

Zwar kann er sich nicht mit dem Wanderalbatros und mit dem Königsalbatros in der Spannweite seiner Flügel messen, aber ein Meisterflieger ist der Mollymauk allemal. Auch er ist außerhalb der Brutzeit, die er zeitweise in einer Brutkolonie zusammen mit Felsenpinguinen und Kormoranen verbringt (vorhergehende Doppelseite) monatelang auf hoher See.

Auf New Island, einer unter besonderem privatem Naturschutz stehenden Insel der Malvinas, haben die Schwarzbrauenalbatrosse schon vor fast zweihundert Jahren am selben Tag mit dem Legen begonnen wie sie es bis heute tun: am 10. Oktober. Das belegen die Aufzeichnungen des amerikanischen Kapitäns und Robbenfängers Edmund Fanning aus dem Jahre 1797 und des Naturforschers Ian Strange, dem heute eine Hälfte der Insel gehört und der sie mit Hilfe der von ihm gegründeten New Island Wildlife Conservation Foundation schützt. Doch was hilft der beste Schutz auf der Insel, wenn die gefiederten Bewohner – zu denen neben den Schwarzbrauenalbatrossen und vielen anderen der einundsechzig auf den Falkland-Inseln brütenden Vogelarten eine in den vergangenen Jahren stark abnehmende Zahl von Felsen- und Eselspinguinen gehört – als Folge der starken Befischung durch den Menschen immer weniger Nahrung im Meer finden?

Auf Meeren, Inseln und an Küsten

Blaufußtölpel: El Niño läßt viele Junge verhungern

Auf den Galapagosinseln hat das Klimaphänomen El Niño alle paar Jahre zur Folge, daß auf dem tausend Kilometer vor der Küste Ekuadors im Pazifik gelegenen Archipel für die Seevögel alles durcheinandergerät. So auch für die Blaufußtölpel. Die von Fisch lebenden Seevögel kommen dann wie ihre nächsten Verwandten, die Rotfußtölpel, die Maskentölpel, die Fregattvögel, die flugunfähigen Galapagoskormorane und die Rotschnabel-Tropikvögel (sie alle sind Arten aus der Ordnung der Ruderfüßer), durch die besonders starke Erwärmung des Meeres und die Veränderungen der Strömungsverhältnisse im Humboldtstrom in größte Bedrängnis. Da mangels der Zufuhr nährstoffreichen kalten Tiefenwassers monatelang ein großer Teil der Fische die Inseln meidet, geben bis zu neunzig Prozent der Seevogelarten auf den Galapagosinseln (und in großen Abschnitten der südamerikanischen Festlandsküste) zwischen Oktober und Januar ihre Brut auf.

Bei den Blaufußtölpeln wird der Brutverlust von Mitarbeitern der Charles-Darwin-Station in manchen Jahren auf mindestens siebzig Prozent geschätzt. Viele Vögel verlassen ihr Gelege oder ihre Jungen, um selbst zu überleben. Eine große Zahl der Jungvögel verhungert dann oder wird Galapagosbussarden und Fregattvögeln zur leich-

Nicht nur in der Balz, sondern auch bei der Begrüßung zeigen sich die Blaufußtölpel ihre ungewöhnlich gefärbten Füße und Beine immer wieder gegenseitig mit viel Zeremoniell.

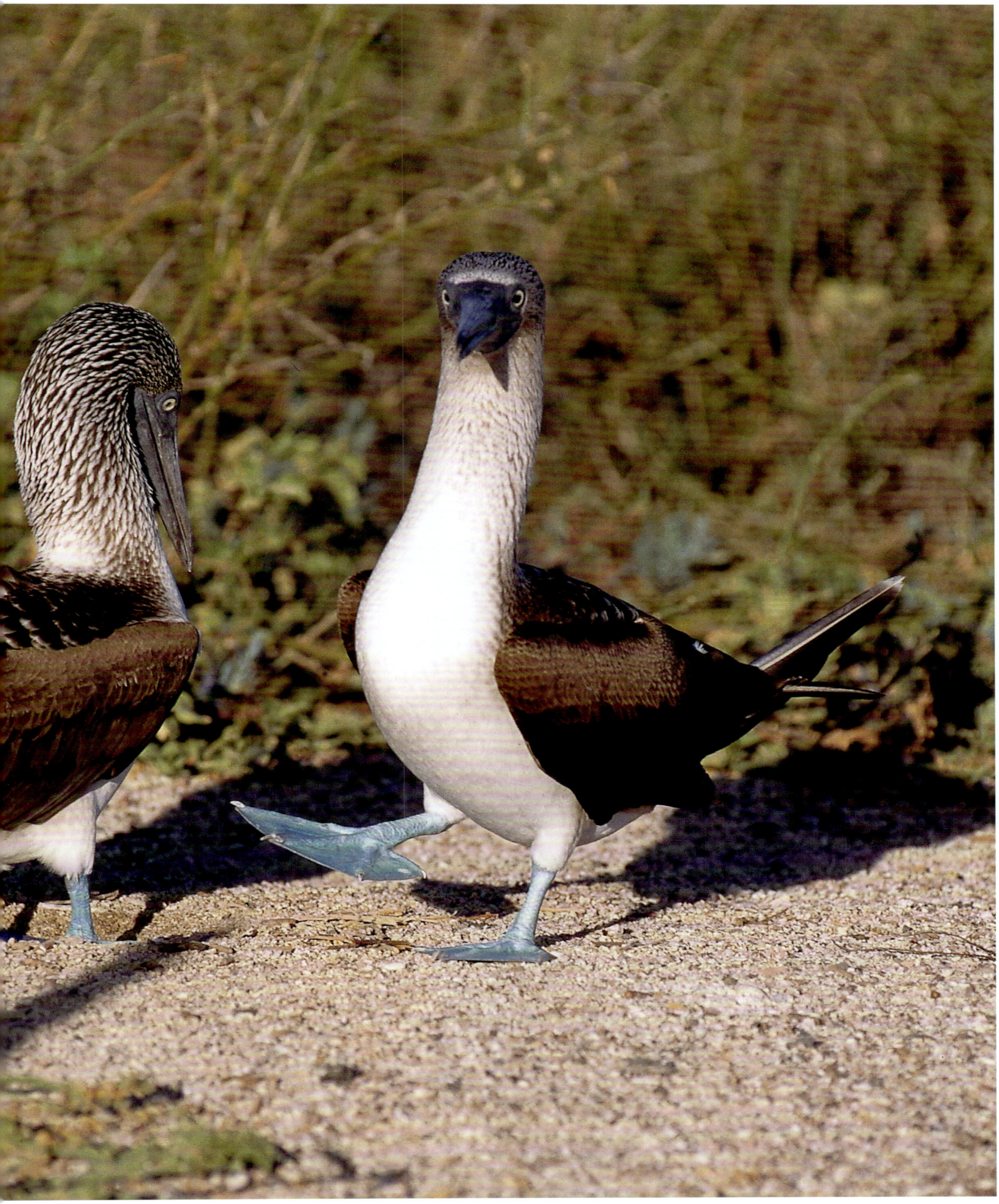

Auf Meeren, Inseln und an Küsten

ten Beute. Nicht auszuschließen ist, daß auch erwachsene Blaufußtölpel aufgrund des Ausbleibens der Fischschwärme ums Leben kommen. Zwar können alle »Boobies« (so lautet der englische Name aller sechs tropischen Tölpelarten) einige Tage ohne Nahrung auskommen, doch sind besonders die Blaufußtölpel auf die Stoßtauchjagd in flachen küstennahen Gewässern spezialisiert. Und dort fehlt die Fischbeute wegen der besonders hohen Wassertemperatur zuallererst.

Manche Blaufußtölpel, deren Bestand für die Galapagosinseln in guten Jahren mit gut zehntausend Brutpaaren angegeben wird, halten sich nicht an die normale, überwiegend in der zweiten Jahreshälfte stattfindende Brutzeit. Vor allem solche Paare, die ihre vorausgegangene Brut abgebrochen haben, aber bei Kräften geblieben sind, haben bald darauf schon wieder ein bis zwei, gelegentlich drei Eier oder Junge in ihrem Bodennest. Als Unterlage genügt ihnen eine flache Mulde, nicht selten auf steinigem Grund. Mit dem Nestbau halten sich die nach ihren leuchtendblauen Beinen und Schwimmfüßen benannten Vögel nicht auf. Um so zeitaufwendiger ist die Balz. Tagelang umtrippeln

Während der Maskentölpel noch über dem Meer nach Beute Ausschau hält (rechts), würgt der Blaufußtölpel schon seinem Jungen eine Portion vorverdauter Nahrung aus Fischen, Krebsen und Tintenschnecken in dessen hochgestreckten Schnabel.

Blaufußtölpel: El Niño läßt viele Junge verhungern

sich die Partner, die – wenn sie im Alter von vier oder fünf Jahren zueinandergefunden haben – in der Regel ihr mehr als zwanzig Jahre währendes Leben beisammenbleiben. Das um ein Drittel kleinere Männchen reckt, streckt und spreizt sich, um dem Weibchen zu imponieren und die Paarungsbereitschaft auszulösen. Kopfnicken, Schnäbeln und vor allem das Heben und Senken der blauen Füße gehören ebenso zum Balzritual wie das »Erstarren« mit senkrecht nach oben gestrecktem Schnabel und abgewinkelten Flügeln. Da die Vogelpaare nicht selten weniger als einen halben Meter voneinander entfernt ihren Brutplatz einrichten, kommt es gelegentlich zu Scharmützeln.

Auf den Galapagosinseln findet das alles in unmittelbarer Nähe der Besucher statt, die auf den markierten Wegen über manchen Brutvogel hinwegsteigen müssen. Auch wenn ein Blaufußtölpel auf eine derartige Annäherung von Menschen anscheinend gelassen oder mit einem symbolischen Schnabelhieb reagiert, gerät er jedesmal in innerliche Aufregung. Trotz solcher Streßsituationen lassen sich die Vögel immer wieder auf den vom Nationalparkservice gut ausgewählten Pfaden zur Brut nieder, weil dort das Terrain flach ist.

Rund sechs Wochen wärmen und kühlen die Tölpel mit ihren Schwimmfüßen die im Verhältnis zum etwa 75 Zentimeter langen Körper des Weibchens recht kleinen weißen Eier. Daß zwei oder gar drei Junge flügge werden, ist die Ausnahme. Sind sie groß wie auf dem Foto, haben sie die gefährlichste Zeit überstanden. Vorausgesetzt, die Eltern finden weiterhin genügend kleine Fische, die sich die Küken mit ihrem Schnabel aus dem Schlund der Altvögel herausholen. Es kann eine halbe Stunde dauern, bis das fütternde Weibchen oder Männchen, von seinen stets hungrigen Jungen intensiv bedrängt, die Beute portionsweise ausgewürgt hat.

Während der ersten Wochen bleibt ein Elternvogel stets bei den Jungen, um ihnen Schatten zu spenden und sie gegen Fregattvögel und Bussarde zu schützen, mitunter auch gegen verwilderte Hunde und Katzen. Von der Ernährungslage hängt es ab, ob die Jungen gut drei, vier oder fast fünf Monate bis zur Selbständigkeit warten müssen oder vielleicht doch noch verhungern. Vor dem Ausfliegen brauchen sie nämlich mindestens zehn Prozent Übergewicht, wenn die Eltern sie eines Tages sich selbst überlassen. Dann hocken sie am Boden herum, bevor sie sich in die Luft wagen. Bis sie sich mit angewinkelten Flügeln aus zehn bis zwanzig Metern Höhe ins Wasser stürzen und – oft im Verband mit Artgenossen – erfolgreich Fische erbeuten, vergeht weitere Zeit, in der sie von ihren Fettreserven zehren müssen.

Wenn El Niño die Fische vertreibt, stirbt noch mancher mit viel Aufwand seiner Eltern glücklich flügge gewordene Blaufußtölpel, weil er beim mühsamen Erlernen der Kunst, Beute zu machen, mit seinem Schnabel nicht genug der glitschigen Opfer zu fassen bekommt.

Fregattvögel: Im Taifun zeigen sie ihre ganze Flugkunst

Der junge Fregattvogel hat es gut. Obwohl er schon seit mehreren Wochen das Nest verlassen hat, füttern ihn seine Eltern immer noch regelmäßig. Mindestens einmal am Tag segelt einer der Altvögel auf seinen langen schmalen Flügeln vom Meer zum Sitzplatz des ausgewachsenen Jungen, den dieser an der Küste oder auf einer Insel im Geäst eines niedrigen Baumes bezogen hat. Er muß so beschaffen sein, daß sich zwei der schlanken Vögel gegenübersitzen können. Denn die Fütterung ist eine längere Prozedur, bei der es recht lebhaft zugeht. Besonders der gut 110 Zentimeter lange Prachtfregattvogel, die größte der fünf Arten innerhalb der mit den Tropikvögeln, den Pelikanen, den Kormoranen, den Schlangenhalsvögeln und den Tölpeln zur Ordnung der Ruderfüßer gehörenden Familie Fregatidae, bringen die Zweige kräftig ins Schwanken, mitunter sogar zum Brechen. Mit ihrer Flügelspannweite von 230 Zentimetern gleichen die an den tropischen und subtropischen Meeren lebenden Vögel manches Ungleichgewicht aus, denn die kleinen Füße geben kaum Halt. Ihre Laufknochen sind nicht größer als die von Singvögeln. Eine große Last brauchen sie allerdings auch nicht zu tragen, denn die überwiegend dunkel gefiederten Prachtfregattvögel wiegen trotz ihrer enormen Körpermaße gerade mal eineinhalb Kilogramm. Die Weibchen sind größer und schwerer als die Männchen. Sie sind es auch, die ihrem Einzelkind häufiger Futter zutragen als die mit einem roten aufblasbaren Kehlsack geschmückten Männchen. Sobald das hellbrüstige Weibchen seinem Jungen gegenüber gelandet ist, muß es sehen, wie es mit dessen Ansturm fertig wird. Es tut gut daran, sofort seinen zwölf Zentimeter langen und am Ende zu einem Haken gebogenen Schnabel weit aufzusperren. Der Jungvogel steckt unmittelbar darauf nicht nur seinen Schnabel, sondern fast seinen ganzen weißen Kopf und Hals in den geöffneten Rachen seiner Mutter. Es dauert dann allerdings noch eine Weile, bis sie die erste Portion Fisch, Tintenfisch oder Krebse aus ihrem Kropf herauspreßt, die das Junge sofort verschlingt. Der Altvogel benötigt zum Hervorwürgen der einzelnen mitunter schon anverdauten Happen jedes Mal einige Minuten. Bis zu einer halben Stunde kann sich der Fütterungsvorgang hinziehen.

Nicht wenige der Mahlzeiten haben zuvor schon in fremden Kröpfen gesteckt. Wie Raubmöwen leben Fregattvögel nämlich zu einem gut Teil von der Arbeit anderer Vögel, denen sie im Flug ihre Beute abjagen. Daher rührt auch ihr Name, denn die Seeleute verglichen die fluggewandten Tiere mit dem langen gegabelten Schwanz, die sie von ihren Schiffen sahen, mit schnellen, höchst manövrierfähigen und gut bewaffneten Fregatten. Sobald ein Fregattvogel bei seinen oft stundenlangen Segelflügen über dem Meer, mit Vorliebe in Küstennähe und gemeinsam mit Artgenossen, einen Kormoran, einen Tölpel, einen Pelikan oder eine Möwe erspäht, prüft er kurz, ob diese Nahrung im Kropf haben. Die Schmarotzer scheinen am Flug der anderen Vögel zu erkennen, ob sich ein Angriff lohnt. Manche der Verfolgten speien ihre Beute schnell aus. Andere müssen die Fregattvögel, nicht selten zu zweit oder zu dritt, erst intensiv bedrängen, mit dem Schnabel am Schwanz und an den Flügeln ziehen und mit gewagten Flugattacken einschüchtern, bis sie sich von dem meistens für ihre an Land im Nest wartenden Jungen bestimmten Futter trennen. Die Lufträuber fangen die herabfallenden Beutestücke geschickt auf, bevor diese auf der Wasserfläche

Fregattvögel: Im Taifun zeigen sie ihre ganze Flugkunst

oder auf dem Boden landen. Sobald sich die verfolgten Vögel von ihrer Last befreit haben, lassen die Fregattvögel von ihnen ab. Sie merken indes sehr wohl, wenn die überfallenen Opfer nur den kleineren Teil ihres Fangs herausrücken. Dann setzen sie ihnen erneut so lange zu, bis es einen Nachschlag gibt. Allerdings scheinen sie zu wissen, daß es unklug wäre, die von ihnen verfolgten Vögel bis zum letzten Gramm auszuplündern. Dann würden sie sich auf lange Sicht ihrer fliegenden Nahrungsquellen für immer berauben. Daher geben sie sich in der Regel mit etwa der Hälfte der fremden Last zufrieden. Bei den Raubflügen kommt es immer wieder mal untereinander zu Verfolgung und Streit um die Beute.

Nicht immer ist allerdings ein fliegender Futterlieferant zur Stelle. Den größeren Teil ihrer Nahrung holen sich die Fregattvögel unmittelbar aus dem Meer. Auch dabei haben sie sich spezialisiert. Ihr großes Flugvermögen befähigt sie, eine besonders schnelle und überraschend auftauchende Beute zu jagen: Fliegende Fische. Wo die silbrig glänzenden Schwärme über der Meeresoberfläche in bestimmten Zeitintervallen für einen kurzen Augenblick auftauchen, finden sich mitunter bald darauf ganze Scharen der großen Flugfregatten ein. Aber auch Krebse, Tintenfische und anderes Meeresgetier holen sie im Tiefflug aus dem Oberflächenwasser. Auf ihren Nahrungsflügen legen sie weite Strecken zurück. Daher müssen sich die Jungen zwischen den einzelnen Fütterungen in Geduld üben. Doch ihr Leben ist ohnehin von langen Zeitspannen geprägt. Sechs bis sieben Wochen dauert es alleine, bis die Eltern das große weiße Ei ausgebrütet haben. Das anfangs nackte Junge muß fünf Monate warten, bis es voll befiedert ist. Doch selbst dann verspürt es noch nicht den Drang, sein Nest zu verlassen. Bis zu weiteren sechs Monaten läßt es sich von seinen Eltern füttern, und während dieser Zeit entfernt es sich langsam immer weiter vom Nistplatz. Wenn es nach vielen Flugübungen erstmals in der Lage ist, einem anderen Vogel Beute abzujagen, beginnt langsam seine Selbständigkeit.

Doch längst nicht alle jungen Fregattvögel bringen es so weit. Wird er nicht während seiner ersten Lebenswochen ständig von einem der Eltern im Nest bewacht, ist es schnell um ihn geschehen. Dann nämlich betrachtet ihn ein anderer Fregattvogel als Beute und verschlingt ihn kurzerhand. Das gilt auch für das Ei. Es darf keinen Augenblick unbeaufsichtigt bleiben, sonst ist sofort ein Nachbar zur Stelle, hackt blitzschnell die Schale entzwei und frißt es auf. (Das tun Fregattvögel übrigens auch mit den Eiern und Jungen anderer Vogelarten.) Schon während des Nestbaus ist höchste Obacht angesagt. Ständig stehen sich die Vögel gegenseitig Zweige und anderes Material, wenn sich die Gelegenheit dazu bietet. Trotzdem richten sich die Fregattvögel mit ihren Brutstätten selbst dort nahe beieinander ein, wo genügend Raum für weiten Abstand wäre. Der aber ist gerade auf vielen Inseln in den warmen Meeren, zumal solchen mit Büschen und Bäumen für die Nestunterlage, nicht überall vorhanden. So kann es auch schon vorkommen, daß der eine oder andere Fregattvogel dicht über dem steinigen Boden zu nisten versucht. Dort können sich die Männchen zur Balzzeit weniger gut präsentieren als im Geäst. Aus der Höhe leuchten ihre aufgeblasenen knallroten Kehlsäcke weiter und einladender als vom Boden. Es sind stets die älteren und mit größeren Werbeballons ausgestatteten Hähne, die für sich die besten Sitzplätze beanspruchen. Wochenlang senden die Brautwerber täglich viele Stunden ihre farbigen Signale aus. Läßt sich ein Weibchen blicken, breiten sie ihre Flügel aus, schütteln ihren Körper hin und her und klappen mit ihrem auf den Kehl-

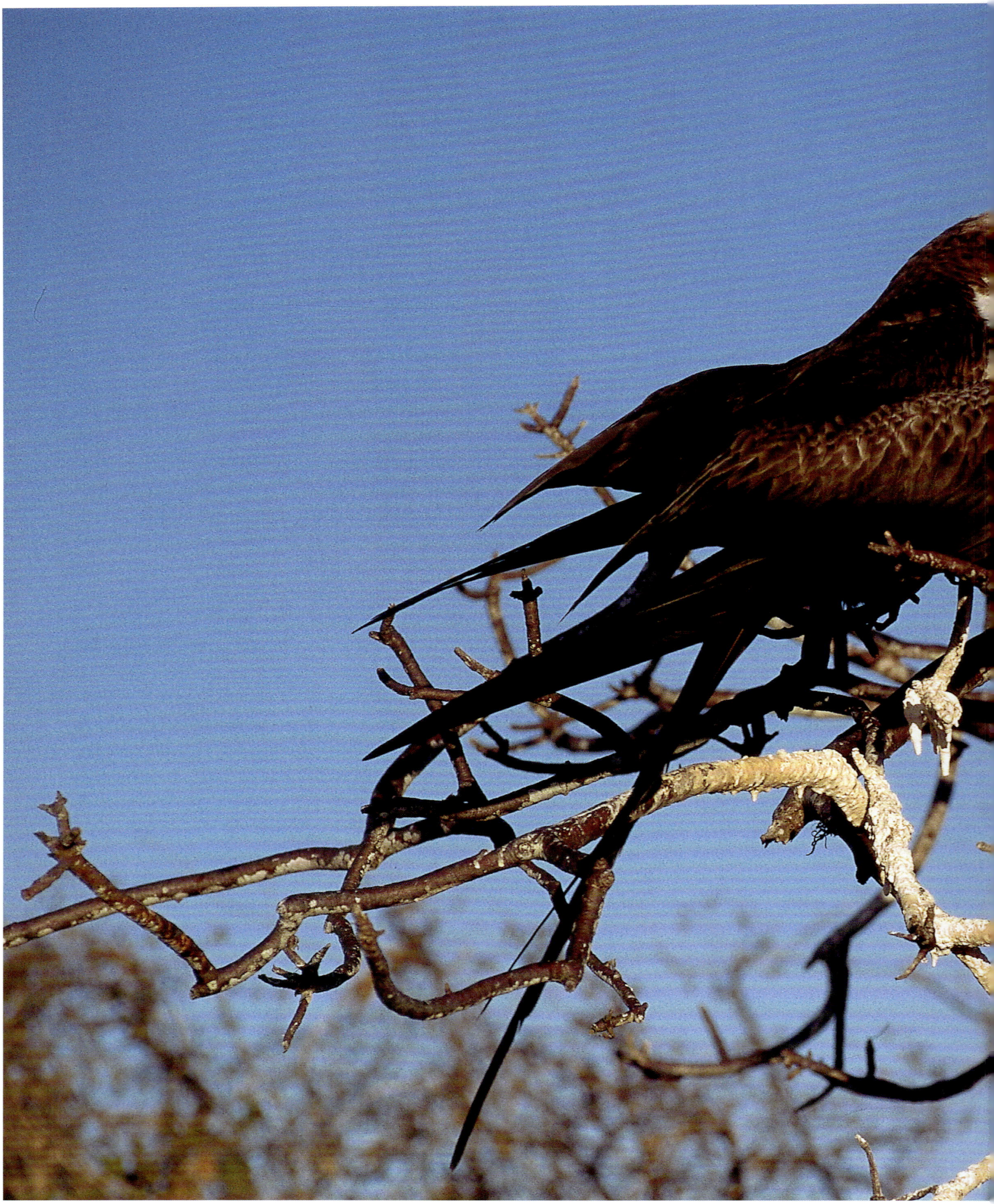

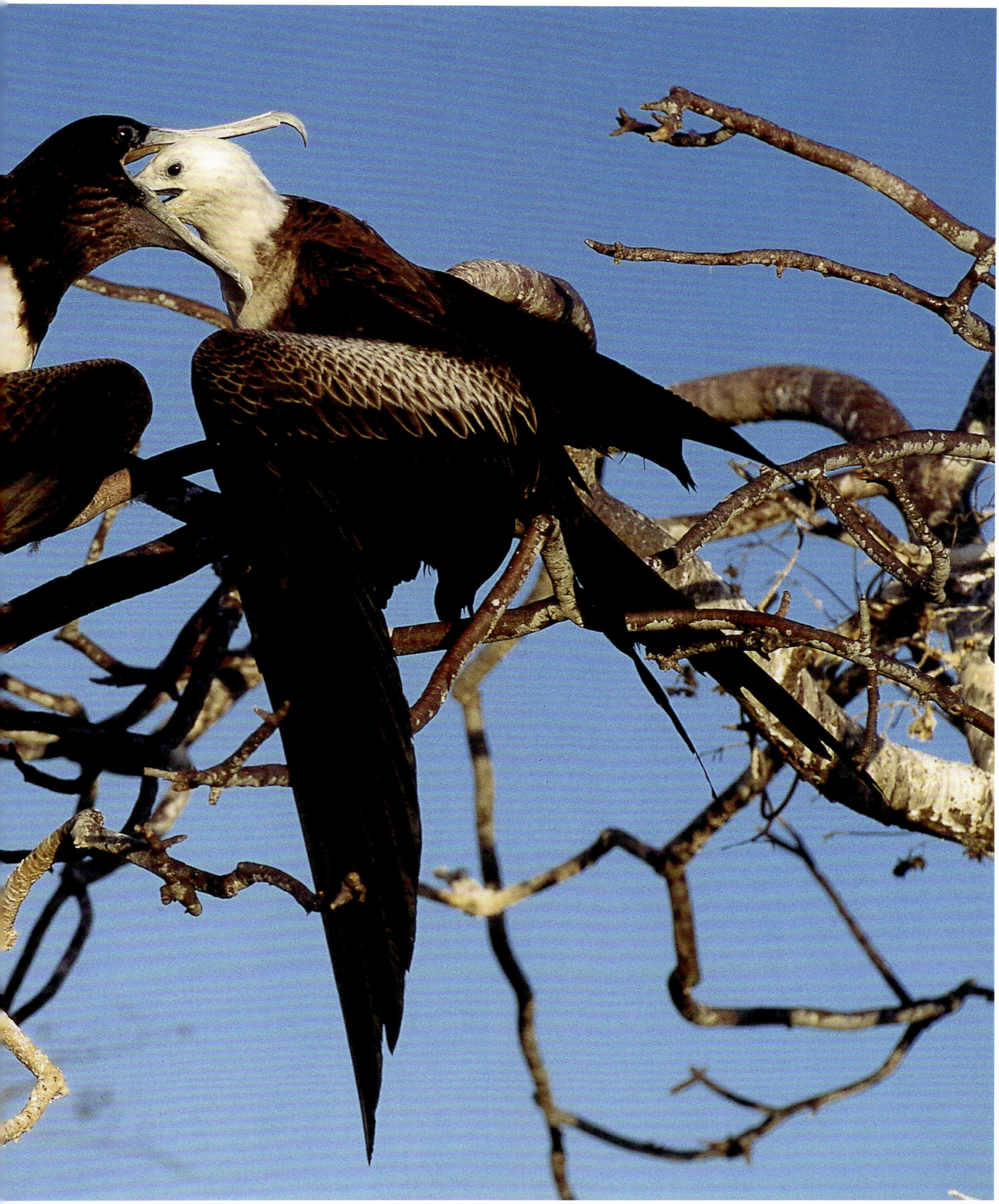

Auf Meeren, Inseln und an Küsten

sack gelegten Schnabel. Eine gut besetzte Kolonie sieht aus wie eine mit vielen scharlachroten, bis zu 25 Zentimeter im Durchmesser großen Luftballons geschmückte Gartenlaube. Reisenden bietet solche Bilder auf den Galapagosinseln und in der Karibik der Prachtfregattvogel, Besuchern der polynesischen Inselwelt und des nördlichen australischen Great Barrier Reefs der Bindenfregattvogel, der auch auf den Galapagosinseln zu fast jeder Jahreszeit brütet. Adlerfregattvögel gibt es nur zu wenigen Tausenden auf der im Atlantischen Ozean westlich von Afrika liegenden und zu Großbritannien gehörenden Insel Ascension. Deren Männchen prahlen mit ihren roten Hautsäcken ebenso wie die Weißbauch-Fregattvögel auf den Weihnachtsinseln südlich von Java und die Kleinen Fregattvögel auf so fern von einander gelegenen Inseln wie Aldabra bei den Seychellen im Indischen Ozean oder Südtrinidad östlich der brasilianischen Küste im Atlantik.

An ihren vielen anderen Brutplätzen südlich des Äquators zeigen die verschiedenen Arten ein ähnliches Verhalten: Haben die aufgeblasenen Ballonträger im Sitzen keinen Erfolg, drehen sie schon mal einige Flugrunden mit prallem Kehlsack. Selbst mit dieser Luftwiderstand erzeugenden Behinderung zeigen sie, daß sie zu Recht zu den besten Fliegern unter den Vögeln zählen. Aber wohl nicht nur deshalb haben die Polynesier lange Zeit die Bindenfregattvögel als Luftkuriere zur Nachrichtenübermittlung benutzt: Wie die Brieftauben vermögen die Fregattvögel über große Entfernungen ihre Heimat punktgenau wiederzufinden. Und das will in einem aus Tausenden von Eilanden bestehenden Teilkontinent etwas ganz Besonderes heißen. Doch über dem Wasser schlapp machen dürfen die Fregattvögel genauso wenig wie die Brieftauben. Denn trotz ihrer Bindung ans Meer können sie nicht schwimmen. Aber sie dürfen sich auch nicht auf flachem Boden niederlassen, denn dort könnten sie mit ihren fürs

Mit aufgeblasenem Kehlsack und ausgestrecktem Flügel balzt das Fregattvogelmännchen schon wieder, während das Weibchen sein weißköpfiges Junges noch füttert (vorhergehende Doppelseite).

Fregattvögel: Im Taifun zeigen sie ihre ganze Flugkunst

Segelfliegen bestimmten Schwingen nicht starten. Aber sie brauchen sich auch gar nicht auszuruhen. Das tun sie in der Luft. Dank ihres geringen Körpergewichts, der starken Flugmuskulatur und der überlangen, aerodynamisch besonders günstig geformten Flügel werden sie sogar mit dem stärksten Taifun spielend in der Luft fertig. Und das stundenlang. Dabei kann es ihnen allerdings geschehen, daß sie über große Entfernungen verdriftet werden. Ob das einem Weißbauch-Fregattvogel widerfuhr, den eine kleine russisch-deutsche Gruppe von Naturforschern im Mai 2001 über dem mittleren Bikin, einem Zufluß des Ussuri im Fernen Osten Rußlands, beobachtete, oder ob ihn reine Abenteuerlust etwa fünftausend Kilometer von seinen Brutplätzen und mehr als zweihundert Kilometer landeinwärts vom Meer fortgelockt hat, wird sein Geheimnis bleiben.

Auf Meeren, Inseln und an Küsten

Karakaras: Auf den Falklandinseln besonders zutraulich

Im hohen Tussockgras wäre der Südliche Karakara dank seines mit hellen Streifen geschmückten dunkelbraunen Gefieders kaum zu entdecken, machte er nicht mit durchdringenden Rufen von Zeit zu Zeit auf sich aufmerksam. Der zu den Geierfalken und damit zur Familie der Falken (Falconidae) zählende Greifvogel tarnt sich kaum und lebt eher auffällig. Er läßt Beobachter recht nah an sich herankommen, ohne eine Spur Unruhe zu zeigen. Wenn der Vogel seinen Sitzplatz wechselt, so tut er dies unter Ausnutzung des in seiner Heimat – auf den Falklandinseln, an der Südküste Feuerlands und auf einigen Inseln südlich des Beagle-Kanals – fast ständig und zumeist stark wehenden Windes. Den neuen Platz wählt er danach aus, wie gut er unter Windschutz von dort aus sehen kann, und nicht danach, wo er möglichst unsichtbar bleibt.

Das würden viele andere Greifvögel tun, nicht aber »Johnny Rook«. Diesen Namen haben die Bewohner der Falklandinseln (Islas Malvinas von den Argentiniern und den anderen spanisch sprechenden Völkern genannt) dem bis zu 63 Zentimeter langen und damit größten Angehörigen der neun Geierfalkenarten gegeben. Nicht so sehr wegen seiner sprichwörtlichen Zutraulichkeit, denn wenig scheue Vogelarten gibt es auf dem aus mehr als 700 Inseln und Inselchen bestehenden Archipel in größerer Zahl. Der Name, er bedeutet so viel wie Schwindler, hat wohl eher etwas mit der Neugier und gelegentlichen Dreistigkeit der Art »Phalcoboenus australis«, die zu den Berg-Karakaras zählt, zu tun. Den Johnny Rooks haben die Inselbewohner jahrzehntelang übel mitgespielt.

Um die Mitte des vergangenen Jahrhunderts noch gehörte der »Gestreifte Karakara« zu den häufigsten landgebundenen Vögeln auf den Falklandinseln. Doch je mehr Schafe die britischen Einwanderer züchteten, desto nachhaltiger fielen die umtriebigen Schreihälse mit der leuchtend orangefarbenen Schnabelwurzel bei ihnen in Ungnade. Der Grund dafür war die seinerzeitige (und mancherorts bis heute andauernde) Abneigung mancher Landwirte und Jäger gegen alles, was Krallen und krumme Schnäbel hat. Bei Johnny Rook kommt hinzu, daß er – der treffenden Bezeichnung »Geierfalke« entsprechend – sowohl das Jagen lebender Beute nach Art eines Greifvogels als auch das Aufspüren und Vertilgen von Kadavern nach Geierart praktiziert.

Daß bei einem Bestand von mehr als 600 000 Schafen, die das ganze Jahr über im Freien leben, im Monat einige hundert Tiere eines natürlichen Todes sterben, besonders in der Lammzeit, und daß die eingegangenen Tiere dann von den Karakaras als willkommene Nahrung betrachtet werden, daß die Vögel aber gesunde lebende Schafe oder Lämmer nicht schlagen, haben die Schafzüchter erst seit etwa 1970 akzeptiert. Neben dem Südlichen Karakara lebt übrigens – in geringerer Zahl – der sonst in Südamerika weit verbreitete Carancho (Polyborus plancus), ein naher Verwandter, auf der Inselgruppe.

Der Südliche Karakara war schon in den zwanziger Jahren vom Gesetzgeber unter Schutz gestellt worden, weil er zur damaligen Zeit auf den beiden Hauptinseln der Falklandinseln nahezu ausgerottet war. Dennoch konnte sich der verbliebene geringe Bestand mehrere Jahrzehnte lang nicht erholen. Zu viele Karakaras wurden weiterhin illegal geschossen, gefangen oder vergiftet. Ihren zeitweilig schlechten Ruf haben sich die aufdringlich wirkenden Vögel allerdings ein wenig selbst

Karakaras: Auf den Falklandinseln besonders zutraulich

zuzuschreiben. Im Flug wie zu Fuß scheinen sie sich stets auf intensiver Erkundungstour zu befinden. Meist tauchen sie zu mehreren auf. Dann fällt es ihnen leichter, einen jungen Pinguin, ein halbwüchsiges Gössel der Magellangänse oder der Tanggänse, Junge von Dampfschiffenten oder von Schopfenten oder gar ein Küken vom Albatros zu erbeuten. Sturmvögel und Sturmschwalben müssen in der Nähe ihrer Bruthöhlen ebenfalls vor den Karakaras auf der Hut sein.

Von seiner Ansitzwarte auf einem Torfabbruch im Tussockgras kann das Karakaramännchen sein ganzes Revier überblicken.

Wo ein halbes Dutzend und mehr Geierfalken auf einem toten Schaf sitzen und sich dann tagelang davon ernähren oder wo ein Trupp die weitläufigen bergigen Weiden nach Nachgeburten absucht, werden die Vögel nach wie vor als Todesbringer angesehen. Daß sie, auch in den großen Brutkolonien der Felsenpinguine und an den Stränden, an die viele tote Tiere geschwemmt werden, Gesundheitsvorsorge betreiben, wurde lange verkannt. Sie selbst ziehen zwischen Oktober und Februar zwei bis drei Junge pro Paar auf. Im Gegensatz zu den meisten echten Falken bauen die Karakaras ein eigenes Nest. Auf den Falklandinseln tragen sie dazu Gras, Erde und Schafwolle in eine Mulde an Felskanten oder auf Torfabbrüchen. Auch aus ihrem Brutplatz macht die Sippe von Johnny Rook kein Geheimnis.

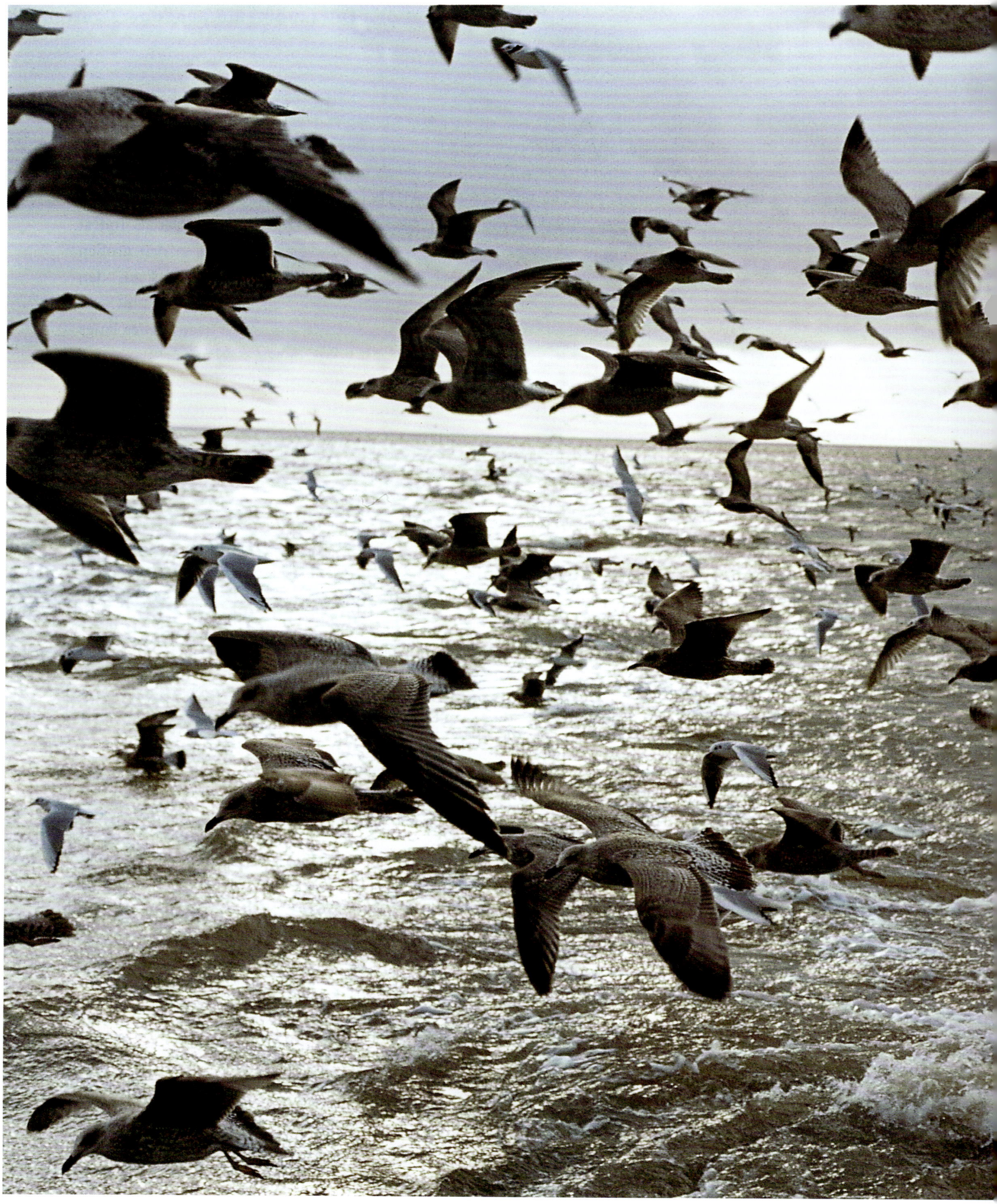

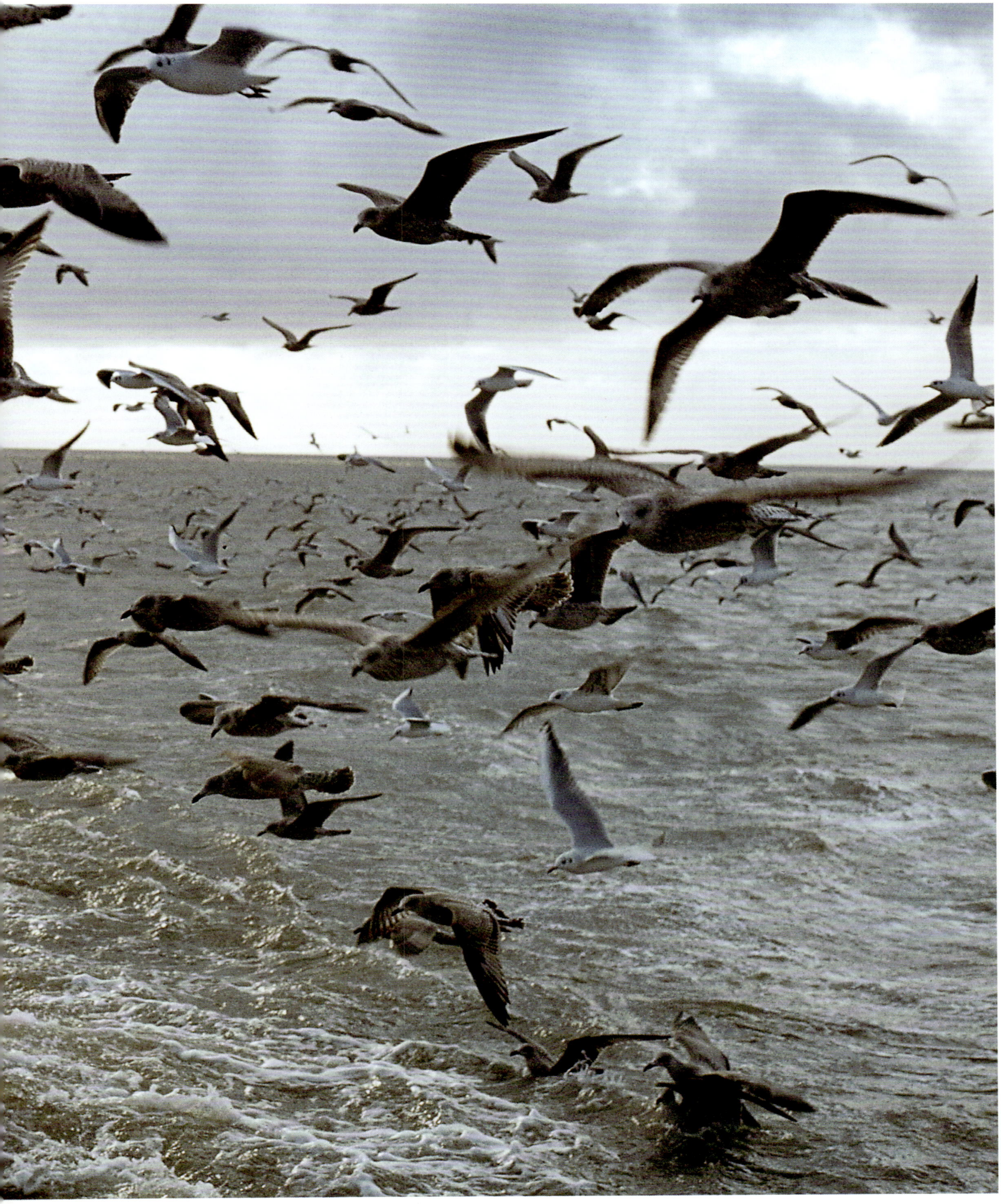

Auf Meeren, Inseln und an Küsten

Graue Möwen: Im Jugend- und Schlichtkleid schwer zu unterscheiden

Selbst einem im »Ansprechen« geübten Beobachter der Vogelwelt fällt es im Winter nicht immer leicht, auf Anhieb eine vorbeifliegende Möwe zu bestimmen. Und weil die »Emmas« zwischen Oktober und März meistens in Schwärmen auftreten, wird die Zuordnung noch zusätzlich erschwert. Das liegt weniger an der vielfältigen Verwandtschaft in der weitverzweigten Familie, denn von den mehr als fünfzig Arten lassen sich im mitteleuropäischen Raum nur sechs regelmäßig blicken: die Lachmöwe, die Silbermöwe, die Sturmmöwe, die Heringsmöwe, die Mantelmöwe und die Dreizehenmöwe; gelegentlich erscheinen zur Brut auch noch die Schwarzkopf- und die Zwergmöwe, die weiter ostwärts beheimatet sind.

Irrtümer entstehen vor allem infolge der selbst innerhalb einer Art stark voneinander abweichenden Färbung und Zeichnung des Gefieders und auch durch unterschiedliche Schnabel- und Beinfarben. Die Altvögel tragen zur Herbst- und Winterszeit ihr Ruhe- oder Schlichtkleid, bei dem wesentliche charakteristische Schmuckelemente (etwa bei der Lachmöwe die schokoladenbraune Kopfverzierung) fehlen. Auf diese Weise werden sich manche Arten – aus der Ferne gesehen – ähnlicher.

Die Jungen haben in den ersten Lebensjahren ein dem jeweiligen Alter entsprechendes Jugendgefieder. Da gibt es braune und graue Sprenkelungen sowie Übergangszeichnungen unterschiedlichster Intensität. Manche Arten brauchen vier Jahre, bis sie ihr endgültiges Gefieder tragen, das allerdings auch dann noch regelmäßig gemausert wird. Solche »Graumöwen«, wie sie an der Nordsee genannt werden (eine echte Graumöwe lebt in Südamerika), achten weit weniger auf »Rassentrennung« als die Alttiere. So kommt es häufig vor, daß einem Fischkutter Silber-, Herings-, Sturm- und Lachmöwen in bunter Mischung folgen – und sich in der Luft oder auf dem Wasser um den über Bord geschaufelten Beifang streiten. Dabei kann das Alter der Vögel eines solchen Schwarmes eine weite Spanne umfassen: von gut einem halben Jahr bis mehr als fünfzig Jahre.

In jedem Winter, wenn sich an Mülldeponien Möwenscharen einfinden, lebt unter Naturschützern, Ornithologen, Jägern und Wissenschaftlern die Diskussion über die Frage wieder auf, ob manche Möwenart regional durch eine Übervermehrung zum Problem geworden ist. Die Zahl der Brutpaare der bussardgroßen Silbermöwen, der größten im norddeutschen Küstengebiet brütenden Art, die an ihrem gelben Schnabel mit dem roten Futterfleck zur Brutzeit und an der hellen Iris des Auges gut zu erkennen sind, wurde 1996 im dänisch-deutsch-niederländischen Gebiet vom Trinationalen Wattenmeerbüro in Wilhelmshaven bei einem »Monitoring«-Projekt mit 77 250 festgestellt. Sie wird von der Lachmöwe mit 133 182 Paaren weit übertroffen. Während diese beiden Arten zwischen 1991 und 1996 abgenommen haben (die Silbermöwe um mehr als 12 000 Paare), hat die Sturmmöwe in dieser Zeit um gut 4300 auf 10 442, die Heringsmöwe von 17 380 auf 37 294 und die Mantelmöwe von sechs auf fünfzehn Brutpaare zugenommen. Zum Vergleich: An der deutschen Ostseeküste brüteten 1997 etwa 6800 Sturmmöwen mit stark abnehmender Tendenz, 2600 Silbermöwen- und 15 000 Lachmöwenpaare.

Besonders die Silbermöwe konzentriert sich zur Brutzeit auf solchen Inseln, auf denen sie vom Ferienbetrieb der Menschen ungestört bleibt. So nisten auf der Vogelschutz-Insel Mellum vor der

Graue Möwen: Im Jugend- und Schlichtkleid schwer zu unterscheiden

niedersächsischen Küste zehn- bis zwölftausend Paare, auf Trischen im schleswig-holsteinischen Wattenmeer mehr als zweitausend Paare; auf der Insel Sylt hingegen brüten die großen Möwen mit dem jedem Küstenbewohner und Küstenbesucher vertrauten »Ga-ga-ga« oder »kjau« nur noch gelegentlich. Im 19. Jahrhundert haben dort mehrere zehntausend Paare regelmäßig genistet. Ihre Eier wurden in großer Zahl geerntet.

Noch vor einigen Jahren waren viele Seevogelschützer davon überzeugt, die Zahl der Silbermöwen müsse reguliert werden, da diese großen Vögel schwächere Vogelarten unterdrückten. Sie können in der Tat die Fortpflanzung von Seeschwalben und Regenpfeifern verhindern, indem sie Eier oder Junge rauben, doch Beobachtungen haben ergeben, daß so etwas meistens dann geschieht, wenn die kleineren Vogelarten vom Menschen gestört werden und wenn dann die dreisteren Möwen die Gelegenheit nutzen, um sich über eines der Bodennester herzumachen.

Früher wurden in manchen Vogelschutzgebieten die Silbermöwen zeitweilig sogar auf sehr umstrittene Art dezimiert: Sie starben an vergifteten Ködern. Diese Methode ist mittlerweile verboten; dort, wo in Einzelfällen Vogelschützer eingreifen, um das vor allem durch den ausgeuferten Freizeitbetrieb der Menschen aus dem Gleichgewicht geratene Verhältnis der Vögel untereinander im Lot zu halten, werden die zwei oder drei Eier der brütenden Silbermöwen gegen Attrappen ausgetauscht.

Auf Helgoland griffen Mitarbeiter der Vogelwarte früher wiederholt zum Gewehr, um die Silbermöwen daran zu hindern, zu viel Schaden am einzigen deutschen Vogelfelsen anzurichten. Die dort brütenden Hochseevögel, etwa zweitausend Paare Trottellummen, seit 1991 immer mehr Baßtölpel (im Jahr 2000 waren es 93 Paare), ein knappes Dutzend Paare Tordalken, gut einhundert Paare Eissturmvögel und mehr als 7500 Paare der Dreizehenmöwe, hätten sich vielleicht niemals derart ansiedeln können, hätte man die Silbermöwen nicht anfangs in die Schranken gewiesen. Sie stehlen den Lummen nicht nur das einzige Ei, sondern jagen ihnen sogar die Fischbeute ab, die sie zum Füttern ihres Nachwuchses heranfliegen. Die Möwenjagd hat auf der Insel Tradition. Aber nicht nur dort werden Möwen bejagt. Lach-, Sturm-, Silber-, Mantel- und Heringsmöwen konnten im Jahr 2000 in Deutschland vom 16. Juli (Lachmöwen) beziehungsweise vom 16. August bis Ende April – mit einigen landesrechtlichen Ausnahmen und Änderungen – geschossen werden. Knapp dreißigtausend Möwen kamen im Jahr 2000 zur Strecke, mehr als die Hälfte davon in Niedersachsen.

In ihrem ersten Lebenswinter sehen sich die Jungen verschiedener Möwenarten (vorhergehende Doppelseite) sehr ähnlich. Selbst die Silbermöwe (oben) ist dann grau.

In Hof und Garten

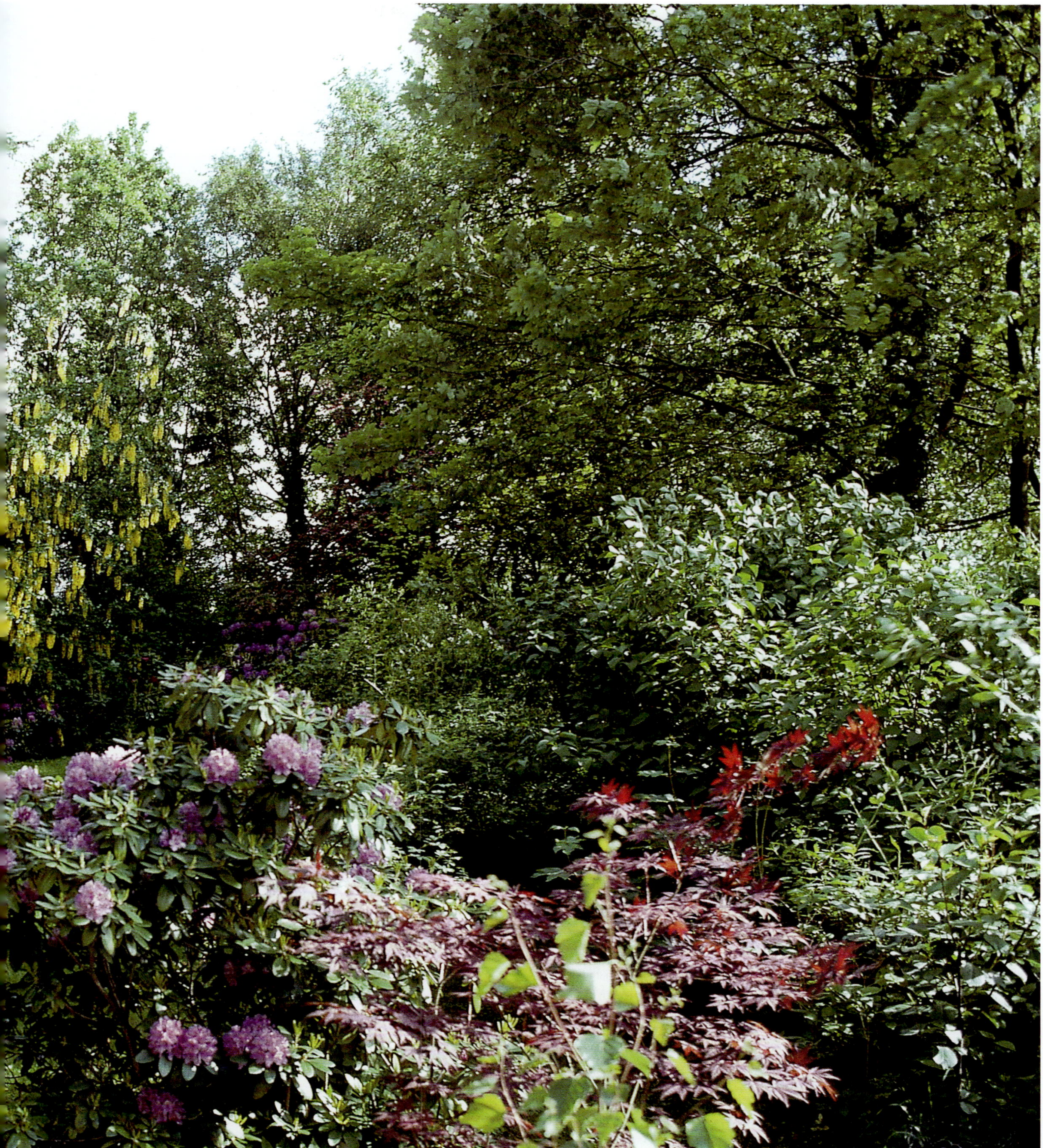

In Hof und Garten

Fledermäuse: Auch in der Stadt zu Hause

Selbst wenn die Fledermäuse – entgegen ihrer Gewohnheit – bei Tageslicht und nicht erst nach Einbruch der Dämmerung mit ihren Nahrungsflügen begännen, hätten es sogar Fachleute schwer, manche der Arten richtig zu bestimmen. Die verschiedenen Flugsäuger, die mit den Mäusen nicht mehr als eine entfernte Ähnlichkeit auf dem schummerigen Dachboden gemeinsam haben und daher besser Fledertiere hießen, gleichen sich als Flugsilhouette noch stärker als in der Ruhestellung. Doch selbst dann, wenn sich die nachtaktiven Insektenjäger tagsüber oder während des Winterschlafes mit den Füßen im Dachgebälk oder in der Decke einer Gesteinshöhle festgehakt haben und kopfüber wie kleine Mumien herabhängen, sind manche der zweiundzwanzig in Deutschland beheimateten Arten nicht ohne weiteres zu erkennen.

Bei einigen hilft der Größenunterschied bei der Identifizierung, wenn auch alle mit ihrer Körperlänge recht klein bleiben. Keine heimische Fledermaus erreicht zehn Zentimeter vom Kopf- bis zum Rumpfende, und ihr Gewicht ist entsprechend sehr gering. So wiegt die kleinste, die auch eine unserer häufigsten ist, lediglich zwischen drei und acht Gramm. Dennoch wirkt die Zwergfledermaus, von der es nach jüngsten Erkenntnissen zwei Arten, die »45 MHz«- und die »55 MHz-Zwergfledermaus«, gibt, im Flug viel imposanter, denn ihre Flügel kann sie bis zu zwanzig Zentimeter weit spannen. Die beiden größten Arten, das Mausohr und der Abendsegler, können nahezu 50 Gramm schwer werden und eine mehr als doppelt so große Spannweite wie die Zwergfledermaus erreichen. Die Langflügelfledermaus, die schon seit den siebziger Jahren nicht mehr in Deutschland beobachtet wurde, hält mit siebzig Stundenkilometern unter den mitteleuropäischen Arten den Geschwindigkeitsrekord.

Nicht nur die Langflügelfledermaus ist selten geworden. Von den einundzwanzig in Deutschland lebenden und Junge aufziehenden Arten stehen sechzehn auf der Roten Liste der gefährdeten Tiere, zwei weitere werden auf der Vorwarnliste geführt. Vier gelten als »vom Aussterben bedroht«. Unter diese höchste Alarmstufe fallen die Mopsfledermaus, die Wimpernfledermaus, die Große Hufeisennase und die Kleine Hufeisennase. Drei Arten rangieren unter »stark gefährdet«: Nordfledermaus, Große Bartfledermaus und Graues Langohr. »Gefährdet« sind die Bechsteinfledermaus, das Große Mausohr, die Kleine Bartfledermaus, die Fransenfledermaus und der Abendsegler. Von vier weiteren Arten ist die Gefährdung anzunehmen, aber ihr Status ist unbekannt.

Was hat diese eigentümlichen Tiere, die mit ihren mehr als neunhundert weltweit verbreiteten Arten (einschließlich der Früchte verzehrenden Flughunde und der blutsaugenden Vampire) zoologisch zur Ordnung der »Handflügler« zählen, hierzulande und anderswo an den Rand der Ausrottung gebracht? Immerhin existieren sie schon rund fünfzig Millionen Jahre auf der Erde und haben während dieser enormen Spanne ein einmaliges Orientierungssystem, das »akustische Sehen«, zur Perfektion entwickelt. Mit Hilfe der Echolotpeilung im Ultraschallbereich orten die Fledertiere auf unterschiedliche Weise ihre Beute und Hinder-

Eine Zwergfledermaus ortet ihre Flugbeute, indem sie laufend Rufe im Ultraschallbereich ausstößt, die wie ein Echolot wirken.

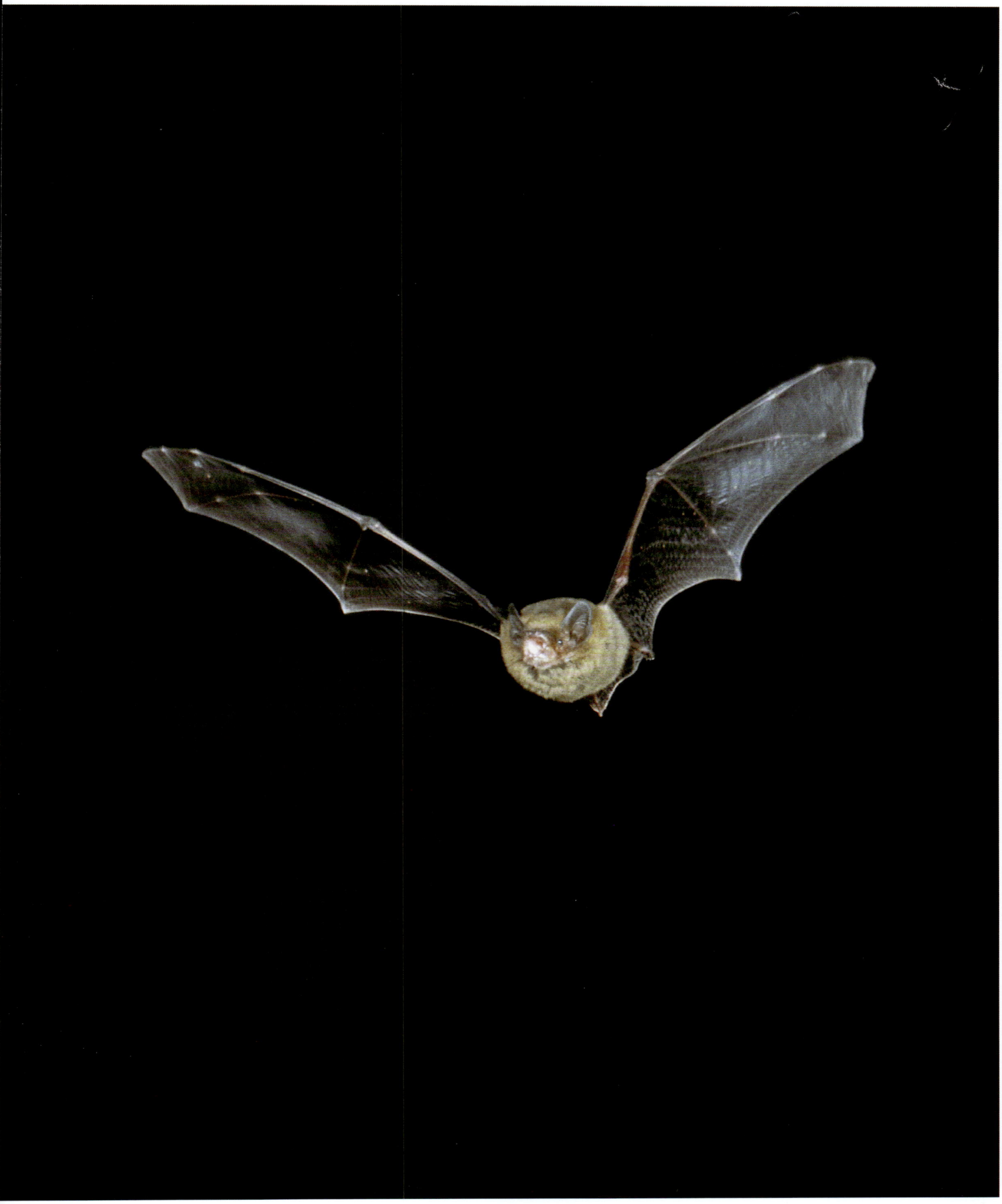

nisse in der Flugbahn. Vom menschlichen Gehör nur selten zu vernehmende Schreie, die von einigen Fledermausarten durch den geöffneten Mund, von anderen durch die Nase ausgestoßen werden, treffen auf das Objekt, werden reflektiert und von den unterschiedlich großen Ohren aufgefangen. In Bruchteilen von Millisekunden können die Tiere die Entfernung, den Winkel, die Geschwindigkeit und die Bewegungsrichtung der Flugbeute bestimmen und ihr Opfer einpeilen, wobei sie während des Fliegens laufend Korrekturwerte in ihren Gehirncomputer eingeben müssen.

Ein abnehmendes Beuteangebot, zu allererst aufgrund ausgedehnter Vernichtungsfeldzüge des Menschen gegen viele Insekten, gilt als eine der wichtigsten Ursachen für den Rückgang unserer Arten. Da die meisten von ihnen wärmeliebend sind, spielen auch Klimaschwankungen eine Rolle. So gibt es selbst von Jahr zu Jahr unterschiedliche Bestandsdichten. In einem kalten Sommer geht nicht selten fast der gesamte Nachwuchs zugrunde – an Unterkühlung und Nahrungsmangel. Fledermäuse gebären nur einmal pro Jahr ein bis – selten – zwei Junge.

Zu schaffen macht vielen Fledermäusen auch eine zunehmende Quartiernot. Gleichgültig, ob sie als »Baumfledermäuse« in alten Spechthöhlen, morschen Stämmen oder hinter der Rinde ihr Tagesversteck und ihre Wochenstube einrichten (dazu tun sich an manchen Orten gleich mehrere Dutzend Weibchen einer oder verschiedener Arten auf engem Raum zusammen; mitunter sind es mehr als einhundert) oder ob sie als »Hausfledermäuse« ihren Unterschlupf auf Hausböden und in den Hohlräumen des Dachgestühls, zwischen Mauerritzen oder in Kellerräumen nehmen. Auch im Winter herrscht Wohnungsknappheit, für die »Baumhöhlenüberwinterer« ebenso wie für die »Felshöhlenüberwinterer«.

Die moderne Forstwissenschaft, der lange rigoros alle hohlen Bäume zum Opfer fielen (erst in jüngster Zeit weisen naturschutzorientierte Forstverwaltungen sogenannte Altholzinseln aus, und nicht wenige Forstleute lassen zunehmend »Quartierbäume« stehen), war für die Fledermäuse ebenso abträglich wie die Altbausanierung, durch die viele manchmal jahrzehntelang genutzte Behausungen verschwanden. Die Behandlung des Dachgebälks mit chemischen Holzschutzmitteln tut ein übriges, um die Hausböden unbewohnbar zu machen oder die fliegenden Untermieter zu vergiften. Schädliche Einflüsse am und im Quartier wirken sich besonders in Schlechtwetterperioden aus. Dann nämlich verfallen die Fledermäuse auch mitten im Sommer in eine winterähnliche Körperstarre, um Energie zu sparen. Einige Arten hängen dabei zu Dutzenden oder zu Hunderten beisammen, andere geben sich ungesellig. Auch in den Wochenstuben geht es oft dicht gedrängt, wie etwa beim Mausohr, zu.

Neben vielen anderen Besonderheiten, die die Fledermäuse auszeichnen, ist ihr für Säugetiere ungewöhnlicher Wandertrieb bemerkenswert. Im Herbst geht der Zug von Ost nach West und von Nord nach Süd. Dabei legt manche Art Entfernungen von mehr als 1500 Kilometern zurück. So wurde eine in Plön markierte Rauhhautfledermaus in Südfrankreich wiedergefunden.

Wer den Insektenjägern helfen will, kann – wie es bereits viele eigens für den Fledertierschutz gegründete Gruppen und Arbeitsgemeinschaften tun – spezielle Kästen mit einem Einflugschlitz in acht bis zehn Metern Höhe an Bäumen und Hauswänden für sie aufhängen oder seinen Dachboden befliegbar machen. Daß sich Fledermäuse auch in Städten ansiedeln, beweisen zwischen Frühjahr und Herbst einige von ihnen abends im Licht der Straßenlaternen, wo sie Jagd auf Insekten machen.

Sperlinge: Von Dreckspatz keine Rede

Wer die Rede vom »Dreckspatz« in Umlauf gebracht hat, müßte ebenso wie der Namensschöpfer des »Schmutzfinken« noch nachträglich wegen übler Nachrede belangt werden. Da liegen schon jene richtiger, die ihren Ehepartner liebevoll mit »Spatz« bezeichnen, denn die Sperlinge, die unter diesem Namen bekannter sind, zeichnen sich – auf Zeit – als gute Ehepartner und treusorgende Eltern aus. Wer ihr in brauner, grauer, schwarzer und weißer Farbe fein abgestuftes und gezeichnetes Gefieder betrachtet, das bei den Männchen im späten Winter und Frühjahr besonders kräftig leuchtet, kann von Dreck und Schmutz nichts entdecken. Auch daß die Spatzen bestimmte Nachrichten von den Dächern pfeifen sollen, geht ziemlich an der Wirklichkeit vorbei: Sie melden sich mit ihrem Tschilptschalp zwar von überall und nirgendwo, doch die richtigen Pfeiftöne hat ihnen noch niemand beigebracht.

Haussperlinge – ungeniert, vital, gewitzt und etwas dreist – verbringen ihre Tage mit Vorliebe in der Nähe des Menschen. Anders als die mit vierzehn Zentimetern Körperlänge gerade um einen Zentimeter kleineren Feldsperlinge hüpfen Haus-

Auch bei der Auswahl ihres Nistplatzes zeigen die Haussperlinge viel Phantasie. Dieses Männchen hat ein stillgelegtes Regenrohr zum Brutplatz erkoren.

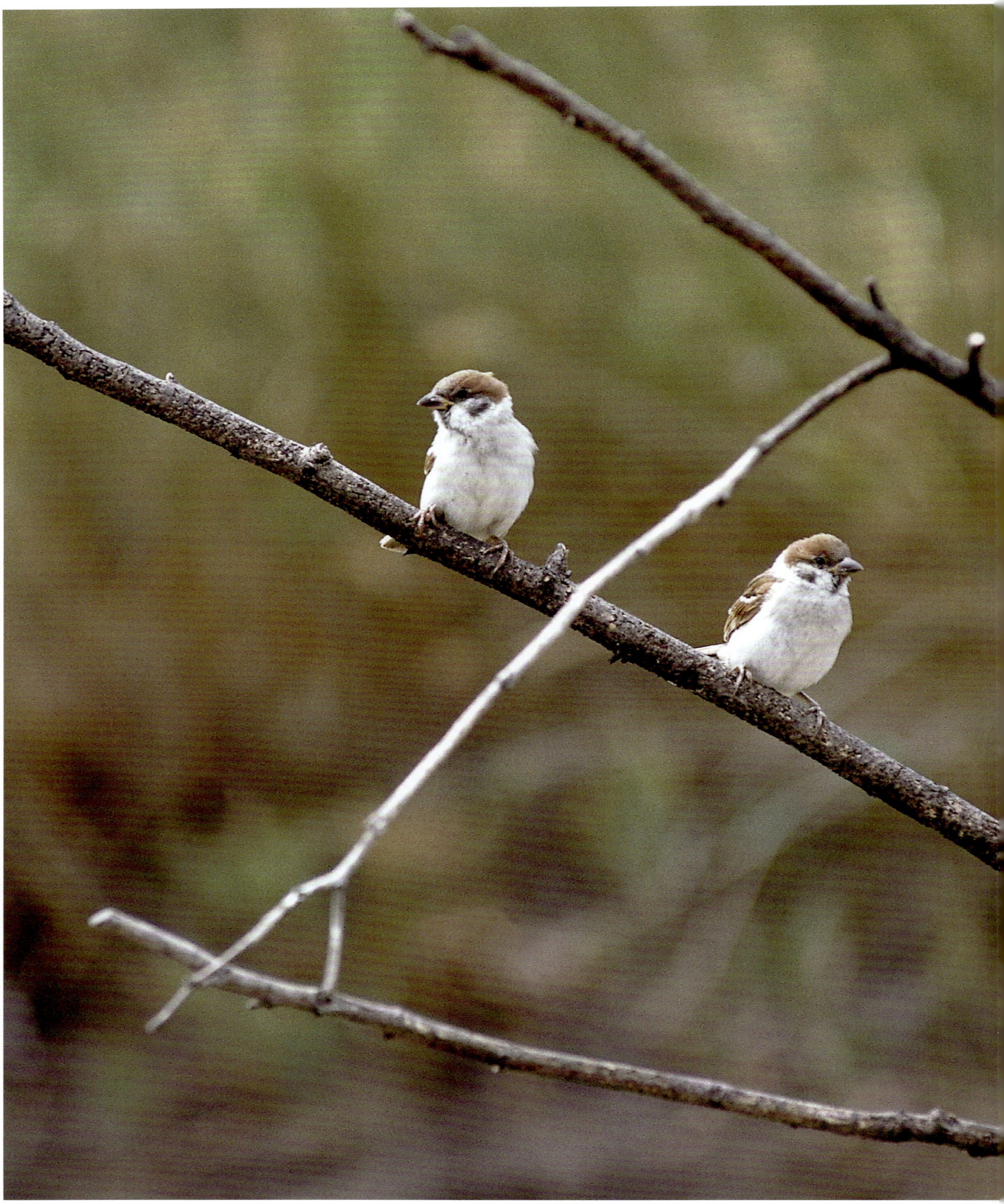

Sperlinge: Von Dreckspatz keine Rede

sperlinge im Garten und auf Straßen herum, um Futter zu holen, suchen in Abfallkörben von Parkplätzen nach Nahrung und bevölkern städtische Grünanlagen ebenso wie Bahnhofshallen und Fabrikanlagen. Je weniger Pferdeäpfel und Dreschabfälle in den Dörfern zu finden waren, desto mehr Haussperlinge kamen in die Städte.

Auf diese Weise haben sie, vom Menschen an viele Orte gebracht, den Erdball erobert. Ursprünglich stammen die innerhalb der Ordnung der Sperlingsvögel (Passeriformes) und dort in der Unterordnung der Singvögel (Oscines) zur Familie der Webervögel (Ploceidae) zählenden »eigentlichen« Sperlinge wahrscheinlich aus den Steppengebieten Südosteuropas und Vorderasiens. Die Feldsperlinge oder deren Vorfahren sind mit der Verbreitung des Ackerbaus nach Nordwesten vorgedrungen. Die Haussperlinge mögen sich als eigene Art mit zunehmendem Anschluß an den Menschen entwickelt haben. Obwohl sie zeitweise zur Landplage wurden und als Getreideräuber auf vielfältige Weise, auch mit Gift, verfolgt wurden, wuchsen die Hausspatzen Dorf- und Stadtbewohnern in einer Art Haßliebe ans Herz.

Mitteleuropäern verkörperten die umtriebigen Vögel ein Stück Heimat, und so nahmen Auswanderer sie mit nach Amerika, Australien und Südafrika. Ob Feuerland, die Falklandinseln, Neuseeland, Hawaii oder Japan – es gibt wenige geographische Gebiete und Landschaftsformen, in denen die Haussperlinge nicht vorkommen. Wenngleich sie nicht im Tropenwald, in der

Die etwas kleineren Feldsperlinge haben eine nicht so ausgeprägte schwarze Kehle wie die Haussperlinge, tragen dafür aber dunkle Flecken an ihren Wangen.

In Hof und Garten

Wüste, im Hochgebirge, in der Arktis und in der Antarktis anzutreffen sind, gelten sie doch als die erfolgreichsten »Vogelpioniere«.

Wo sie auftauchten, trafen die Hausspatzen mitunter auf engere Verwandte aus der Unterfamilie der Sperlinge (Passerinae). Zu ihr zählen neben den Haussperlingen und den Felsperlingen in Europa als eigene Arten der Steinsperling und der Schneesperling. Letztgenannter ist Bergsteigern und Skiläufern besser als Schneefink bekannt. Der vornehmlich im Südwesten Europas, auf den Kanarischen und Kapverdischen Inseln, aber auch stellenweise im Mittelmeergebiet und in Südosteuropa lebende Weidensperling und der Italiensperling gelten indes als Unterarten und Mischformen. Es gibt ein knappes Dutzend weiterer echter Sperlinge.

Im Südwesten Afrikas gibt es eine Vogelart, die wie keine andere die enge Verwandtschaft der Sperlinge zu den Webervögeln deutlich macht. Die Siedel- oder Gesellschaftsweber, von der deutschsprachigen Bevölkerung Namibias Gesellschaftsvögel genannt, sehen unseren Haus- und Feldspatzen ähnlich. Ihren Namen verdanken die Siedelweber ihrer Gewohnheit, riesige Gemeinschaftsnester in die Kronen von Akazien oder auch auf Telefon- und Elektromasten zu bauen.

Gesellig leben auch die Hausspatzen. Den Winter verbringen sie in größerer Schar. Früher sammelten sie sich zu Hunderten an den dörflichen Dreschplätzen, häufig gemischt mit Feldsperlingen, Goldammern und Finken. Heute sind die Spatzengruppen kleiner, doch zehn bis dreißig Vögel kommen allemal zusammen. Wenn sie nicht auf Nahrungssuche sind, hocken sie in Büschen, Hecken und Baumkronen beieinander. Auf dem Land müssen sie stets auf der Hut vor ihrem größten Feind, dem Sperber, sein. Von diesen hierzulande nicht mehr häufigen Greifvögeln ziehen etliche im Herbst aus dem Norden und Osten ins mittlere Europa, um hier den Winter zu verbringen. Als »Sperlingshabichte« halten sie sich bevorzugt an Spatzen schadlos. Taucht einer der Krummschnäbel im gebänderten Gefieder mit seinem blitzschnellen reißenden Jagdflug auf, gehen die Spatzen schlagartig in möglichst dichten Dornenhecken, unter Maschinen, Autos oder wo immer sie Schutz finden in Deckung. Auf ihrer Flucht in Gebäude folgt ihnen der Sperber nicht selten und verfängt sich dann selber. Ist die Gefahr vorüber, sitzen die Spatzen bald darauf noch lauter tschilpend wieder beisammen.

Kälte mögen Haussperlinge ganz besonders wenig. Sie sehen zwar robust aus, ziehen sich aber bei tiefen Temperaturen ins Warme zurück. Da schlüpfen sie gerne unter die Dächer gut geheizter Häuser, sammeln sich in Vieh- und Pferdeställen, in die sie durch die Luftschächte gelangen, oder rücken in Nistkästen und Baumhöhlen, in Strohmieten und Getreidesilos eng zusammen. Bei starkem Frost lassen sie sich entweder gar nicht oder nur wenige Stunden am Tag draußen blicken, meist mit aufgeplustertem Gefieder, um die Körperwärme zu speichern.

Was gegen die Kälte gut tut, taugt auch zum Brüten: ein gut mit Heu, Stroh und Federn ausgepolstertes Nest. Schon zum Winterende beginnen die Hausspatzen, ihre Nester wieder herzurichten oder neue zu bauen. Unter manches Hausdach stopfen sie im Lauf der Jahre große Mengen Baumaterial. Was von außen als voluminöses unordentliches Gebilde aus Stroh, Bindfäden, Wolle, Papier, Stoff- und Plastikresten erscheint, erweist sich im Innern als runder, kuscheliger, weicher und glatt ausgepolsterter Platz für Jungvögel. Wer auf dem Land aufgewachsen ist, kennt vielleicht das schöne Gefühl, wenn die Finger vorsichtig in die tiefe Höhlung eines warmen Spatzennestes

Sperlinge: Von Dreckspatz keine Rede

tasten, die Zahl der Eier erfühlen und dann – das Ausnehmen von Spatzennestern galt zumindest früher als nützliche Tat – die kleinen birnenförmigen Gebilde nacheinander sachte hervorholen. Ein weiterer aufregender Anblick kam, wenn die Eier im Licht betrachtet wurden. Kaum ein anderer Singvogel (die Spatzen gehören wie mehr als die Hälfte aller gut neuntausend Vogelarten zu ihnen) hat so unterschiedlich gefärbte und gemusterte Eier: Von grau bis rötlich, schwarz bis grün reicht die Färbung der Striche, Punkte, Schnörkel und Kleckse, die in unterschiedlicher Anordnung und Dichte die Eischale bedecken. So schlicht der Vogel, so kunstvoll ist die Ausgestaltung seines Geleges, das zwischen fünf und sieben Eier enthält.

Nicht nur neugierige Kinder machen dem Hausspatzen zur Brutzeit das Leben schwer, auch Steinmarder, Eichhörnchen, Ratten und Mäuse lassen manche Jungenschar nicht flügge werden. Doch Weibchen und Männchen der »Dachscheißer«, wie einer der mehr als siebzig Namen für »Passer domesticus« in der deutschen Sprache lautet, brüten bis zu viermal im Jahr dreizehn Tage lang. Danach hocken die anfangs nackten und blinden Jungen zweieinhalb bis drei Wochen im Nest. Bei vier Bruten bedeutet das eine halbjährige Beschäftigung eines Spatzenpaares mit intensiver Brutpflege und kräftezehrenden Futterflügen. Während der Aufzucht erhalten die Spatzenjungen tierisches Eiweiß in Form von Insekten. Später überwiegt der pflanzliche Anteil bei der Nahrung.

Wer früh für Nachwuchs sorgt, muß noch zeitiger mit der Balz beginnen. Im März jagen die Männchen oft zu mehreren ein Weibchen durch die Büsche, hüpfen mit hängenden Flügeln und aufgeplustertem dunklem Kehlfleck um die weniger auffällig gefärbten weiblichen Spatzen herum und zeichnen sich durch große Begattungsfreudigkeit aus. Das hat ihnen früher den Ruf als besonders unkeusche Tiere eingetragen. Bei allem Durcheinander während der von lautem und aufgeregtem Getschilpe begleiteten Balz halten sich die Paare nach der Entscheidung füreinander ziemlich strikt an den ausgewählten Partner, solange die Brut es erfordert. Das hindert mehrere Paare nicht, nahe beieinander ihre Nester zu bauen. Auch darin wird die verwandtschaftliche Nähe – neben der Übereinstimmung in der Schädelform und bei den Handschwingen – zu den Webervögeln deutlich. In einem Storchennest quartieren sich nicht selten mehrere Dutzend Haussperlinge ein und nutzen den hoch aufgeschichteten Reisighorst der großen Vögel auf einem Hausdach.

Besonders die Veränderungen in der Landwirtschaft haben in den vergangenen dreißig Jahren zur Folge gehabt, daß die Zahl der Hausspatzen wie auch der Feldspatzen, bei denen Männchen und Weibchen gleich gefärbt sind, zurückgegangen ist. Feldspatzen sind aus weiten Landstrichen Mitteleuropas verschwunden und damit in ihrem Bestand regional bedroht. In Ostasien hingegen nimmt der Feldsperling auch in Städten den Platz des Haussperlings ein, der es trotz seines sonstigen globalen Besiedlungserfolges nicht geschafft hat, den Fernen Osten Rußlands und der angrenzenden Länder flächendeckend zu erobern. Wer mit dem Flugzeug in Chabarowsk am Zusammenfluß von Amur und Ussuri landet, wird in der geräumigen Flughafenhalle von munter umherfliegenden Feldsperlingen begrüßt. Sorge um den Hausspatz, für 2000 zum »Vogel des Jahres« gewählt, ist indes nicht angezeigt. Wenngleich er nicht mehr überall so häufig ist wie früher, wird es den Spatz auch künftig geben. Schließlich trägt er auch mit seiner für einen so kleinen Vogel bemerkenswerten Langlebigkeit von mehr als fünfzehn Jahren zur Arterhaltung bei.

In Hof und Garten

Gartenrotschwänze: Beim Brutplatz äußerst wählerisch

Bei der Wahl ihres Nistplatzes folgen die Vögel zuallererst ihren eigenen Vorstellungen. Manchmal, aber längst nicht immer, erfüllen sie dabei auch die Hoffnungen ihrer Freunde unter den Menschen, die ihnen das Brüten aus Fürsorge, oftmals aber durchaus mit eigennützigem Hintersinn erleichtern wollen. Denn ein brütendes Vogelpaar in der Nähe zu haben bedeutet Freude beim Beobachten und Unterstützung beim Kurzhalten von Insekten, Schnecken und Mäusen oder Ratten. Nicht wenige Landwirte, Waldbesitzer und Förster richten zur biologischen »Schädlingbekämpfung« gar ein umfangreiches Nisthöhlenprogramm ein. Die größte »Zielgruppe« sind dabei die Singvögel, doch auch Turmfalke und Schleiereule können nützliche Mieter sein.

In jedem Frühjahr stellt sich von neuem die spannende Frage, welcher Nistkasten von welcher Vogelart bezogen wird, wenn er nicht schon von Säugetieren wie Fledermäusen, Bilchen (Garten- oder Siebenschläfern), Haselmäusen oder Gelbrandmäusen belegt ist oder Insekten wie Hornissen und Wespen als Quartier dient. Mancher Kasten, ob aus Holz oder Holzbeton, bleibt leer, obwohl er – nach menschlichem Ermessen – an einem idealen Platz zu hängen scheint. Einige der künstlichen Niststätten werden immer wieder von derselben Art bezogen oder gar von denselben Tieren, andere haben wechselnde Mieter innerhalb einer Brutsaison. Die einen sind vom zeitigen Frühjahr bis in den späten Sommer durch zwei bis drei aufeinanderfolgende Bruten in Benutzung, die anderen werden einmal und dann jahrelang oder nie wieder bezogen. Es gibt auch solche Nisthilfen, die lange Zeit keinem Vogelpaar als zur Brut geeignet erscheinen, dann aber eines Tages Gefallen und Mieter finden. Immer wieder geraten Vögel derselben oder verschiedener Art in heftigen Streit um einen guten, das heißt vor allem sicheren Nistplatz. Da wirft schon mal ein Kohlmeisenpaar ein Trauerschnäpperpaar aus dem Kasten, oder Feldsperlinge vertreiben Blaumeisen, indem sie ihr Nest über deren Gelege bauen. Mitunter kommt es sogar so weit, daß die noch kleinen Jungen der Erstbezieher von den Besetzern aus dem Einschlupfloch gezerrt und – im schlimmsten Fall – aufgefressen werden.

Nicht immer sind es die schönsten Nistkästen, die bei den Gefiederten besonders begehrt sind. Immer wieder richten sich Vögel in solchen Quartieren ein, die äußerlich einen ramponierten Eindruck machen. Sofern sie einigermaßen stabil sind, scheinen derartige eher zum Austausch geeignete Nistkästen eine starke Anziehung auf bestimmte Arten auszuüben.

Der Gartenrotschwanz, ein Höhlen- und Halbhöhlenbrüter, gehört zu den ausgesprochen wählerischen Vögeln. Den aus Holzfaserplatten zusammengezimmerten Nistkasten am Stamm einer Linde in einem Garten des schleswig-holsteinischen Kreises Herzogtum Lauenburg hatten mehrere im Lauf von knapp zehn Jahren in der Nähe brütende Paare der Art »Phoenicurus phoenicurus« nie zum Bezug für würdig befunden. Dann waren die zur mit gut dreihundert Arten besonders großen Familie der Drosselvögel (Turdidae) zählenden »Gartenrötel« für einige Jahre überhaupt nicht in der Gemeinde zur Brutzeit aufgetaucht. Der »Billigkasten« verwitterte allmählich und begann sich schließlich – beschleunigt durch den Arbeitseinsatz eines Buntspechts – aufzulösen. Da erschien die Nistkastenruine einem Gartenrotschwanzmännchen interessant genug, sie in das

Gartenrotschwänze: Beim Brutplatz äußerst wählerisch

Angebot seiner Brutplatzauswahl aufzunehmen. Das vergrößerte Einflugloch wird dafür den Ausschlag gegeben haben.

Die Männchen nämlich sind die Quartiermacher. Sie kehren zwischen der zweiten Aprilhälfte und Mitte Juni, meistens im Mai, bis zu zwei Wochen vor den Weibchen aus ihren west- und zentralafrikanischen Überwinterungsgebieten in die mitteleuropäischen Brutgebiete zurück. Dort besetzen sie ein Revier, das sie gegen andere Männchen akustisch abgrenzen. Mit ihrem eher eintönig klingenden Ruf, einem etwas längeren

Um seine Balzmelodien möglichst weiterklingen zu lassen, sucht sich das Gartenrotschwanzmännchen eine exponierte Singwarte, die es immer wieder wechselt. Hier ist es der hohe Zweig einer Fichte.

»huit« oder »fuid« als Auftakt und zwei oder mehr folgenden kurzen Lauten, die oft wie »tick-tick« klingen, aber auch Tonfolgen anderer Vogelarten ähneln können, versuchen die farbenprächtigen »Waldrötel« ein Weibchen auf sich aufmerksam zu machen. Dank seiner schwarzweißen Gesichtsmaske, der schwarzen Kehle und Brust, der weißen Stirn- und Kopfstreifung, der schiefergrauen Rücken- und Oberflügelfärbung, dem leuchtend orangefarbenen Brustgefieder und dem rostroten Schwanz fällt das männliche »Baumrötlein« nicht nur den – bis auf den rostorangen Schwanz – graubraun bis gelblichbraun gefärbten Weibchen auf. Jedem Gartenbesitzer ist der »Gartenrötling« eine Augenweide, aber auch der Sperber oder die streunende Hauskatze entdecken ihn eher als das tarnfarbene Weibchen, das zudem weniger lautstark und balzversunken seinen Sitzplatz verrät. Vielleicht ist das eine Ursache dafür, daß es weni-

In Hof und Garten

ger Männchen als Weibchen gibt und mancher Gartenrotschwanzmann sich mit zwei Weibchen für eine Brutsaison verpaart.

Entscheidet sich die Partnerin für einen der vom Männchen bei gemeinsamen Rundflügen angebotenen Brutplätze, die sich außer in Baumhöhlen und Nistkästen, in löcherigen Haus- oder Gartenmauern, unter Dächern, in Holzstößen, hinter Bretterwänden, in halbdunklen Winkeln stillgelegter Maschinen oder an anderen ausgefallenen halbgeschlossenen dämmerigen Orten, immer aber in der Nähe von Bäumen, befinden können, beginnt sie bald darauf mit dem Nestbau. Zwar wird das Weibchen dabei gelegentlich vom Männchen begleitet, doch verrichtet es die Arbeit in zwei bis sechs Tagen fast immer allein. Auch für die zwischen zwölf und vierzehn Tage dauernde Bebrütung der fünf bis sieben (gelegentlich bis zu neun) leuchtend grünlichblauen Eier ist allein das Weibchen zuständig. Manchmal wird es vom Männchen gefüttert, das während der Brutzeit auf ungebetene Gäste in Nestnähe mit tickernden Warnlauten reagiert. Beim Füttern der Jungen, die etwa zwei Wochen lang bis zu vierhundertmal täglich mit Insekten, vornehmlich Spinnen und Käfern, versorgt werden, ist das Männchen eifrig mit von der Partie. Dabei richten es beide Partner immer so ein, daß sie möglichst nicht gleichzeitig am Nest sind. Männchen, die für zwei Bruten gleichzeitig mitverantwortlich sind, kommen kaum zur Ruhe, zumal sie schon mindestens eine Stunde vor Sonnenaufgang mit ihrem Gesang beginnen.

In den ersten vier Tagen nach dem Schlüpfen fressen die Altvögel die Kotballen ihrer Jungen, danach tragen sie diese in ihrem Schnabel aus der Bruthöhle fort und lassen sie in einiger Entfernung vom Nest im Flug fallen. So verfahren die Weibchen nach dem Schlüpfen der Küken auch mit den Eischalen. Das alles dient der Sauberkeit und dem Fernhalten von Bakterien und Ungeziefer. Manche Weibchen brüten zwischen Mai und Juli zweimal, nicht nur dann, wenn die erste Brut mißlungen ist. Hin und wieder kommt es zu Schachtelbruten: Während die erste Jungenschar noch gefüttert wird, beginnt das Weibchen schon mit dem Legen der nächsten Eier in einem anderen Nest – meistens mit demselben Partner.

Junge Gartenrotschwäne tragen ein geflecktes braunes Gefieder und müssen oft schon eine Woche nach dem Verlassen des Nestes allein durchs Leben kommen können. Anfangs noch unvollkommen flugfähig, bleiben die Geschwister nicht selten einige Wochen beisammen und lernen im Lauf des Sommers von selbst, neben Insekten auch Beeren zu verzehren. Eine eigentümliche wiederkehrende Bewegung, die auch ihren nächsten Verwandten, den Hausrotschwanz, auszeichnet, beherrschen junge Gartenrotschwänze von Anfang an: Nach jeder Landung, nach jedem Hüpfer und alle paar Sekunden auch beim Sitzen knicksen sie mit den Beinen und schlagen ruckartig mit dem rostroten Schwanz, den sie immer abwärts halten.

Der Bestand der von England im Westen bis in die Mongolei im Osten, von Finnland im Norden bis nach Südspanien, Nordwestafrika und Anatolien im Süden über Europa und Asien weitverbreiteten Vögel ist in den vergangenen drei Jahrzehnten in vielen Gebieten zum Teil stark zurückgegangen. Es hat aber auch immer wieder Schwankungen im Vorkommen im Abstand von

Durch das offene Stallfenster fliegen Männchen (unten) und Weibchen (oben) vom Hausrotschwanz abwechselnd ein und aus, um ihre Jungen im Nest unter dem Dachgebälk zu versorgen.

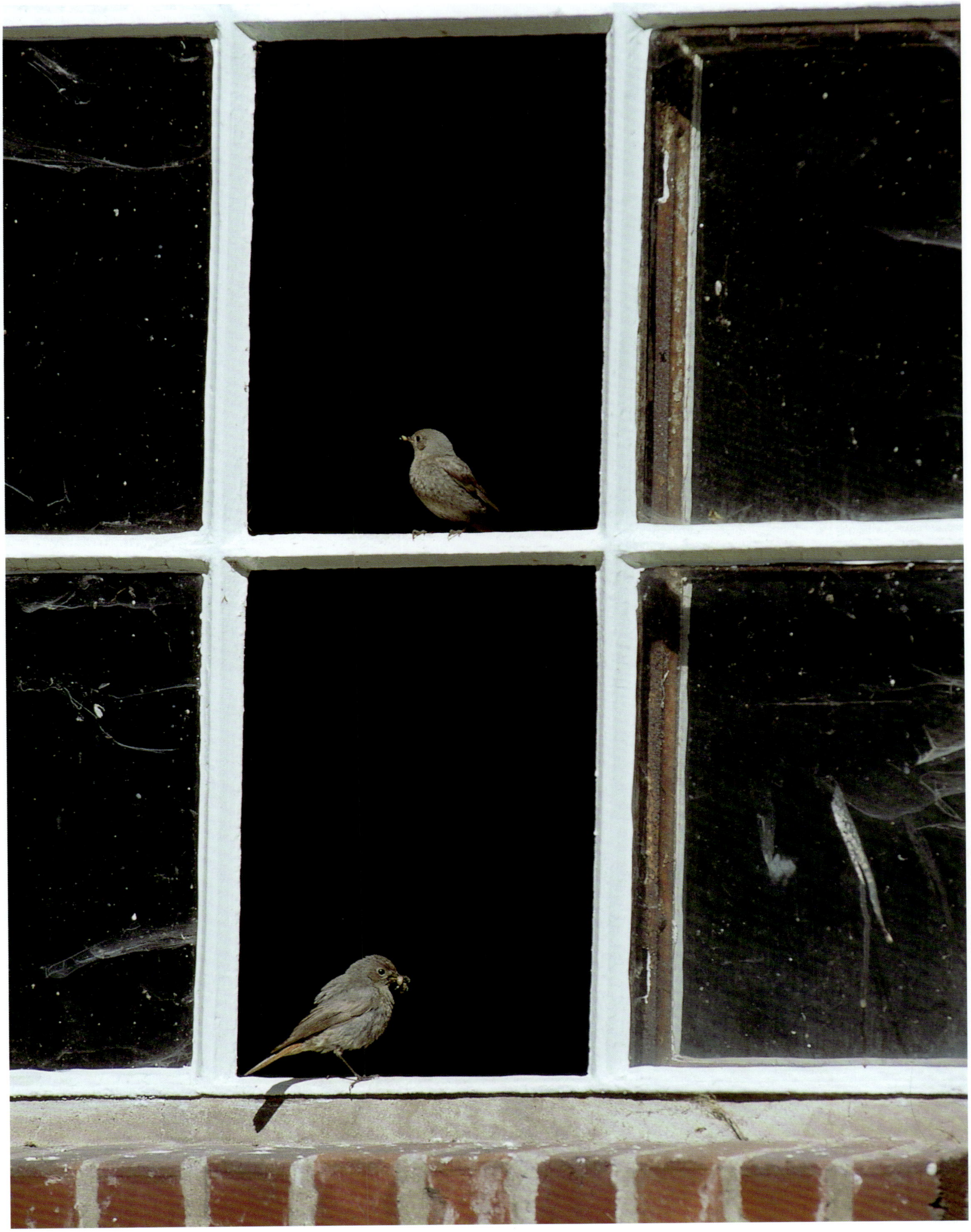

In Hof und Garten

einigen Jahren gegeben. Doch eine kontinuierliche Verringerung ihrer Zahl in weiten Teilen Mitteleuropas ist unübersehbar. Die Vögel, die als Nachtzieher auf ihren beiden Jahresreisen zwischen Brut- und Überwinterungsgebieten Strecken von jeweils mehr als fünftausend Kilometern in Etappen von bisweilen vierhundert Kilometern bewältigen, sind vielen Gefahren ausgesetzt. Neben immer drohenden Wetterunbilden kommen in jüngerer Vergangenheit zur Lebensraumvernichtung in den Brutgebieten und zur Singvogeljagd in Südeuropa und Afrika die Ausdehnung von Trockengebieten und die Zerstörung von Nahrungsgrundlagen in Afrika hinzu. Nur wenige Gartenrotschwänze erreichen das bisher nachgewiesene Höchstalter von neuneinhalb Jahren. Die meisten erleben nicht einmal die erste Wiederkehr ihres Geburtstages.

Gartenrotschwänze erscheinen selten gemeinsam am Nistkasten: Männchen (links) und Weibchen (rechts) achten selbst der Inspektion möglicher Brutplätze, erst recht aber beim Füttern der Jungen stets darauf, sich nicht zu nahe zu kommen.

Zum »Vogel des Jahres« hat es der Gartenrotschwanz, für dessen Popularität alleine rund siebzig deutsche, zumindest mundartliche Namen sprechen (darunter neben den genannten so eigenwillige wie »Rotwispel«, »Saulocker« und »Hütig«), noch nicht gebracht. Da er alle Eigenschaften dafür besitzt, neben seiner Schönheit vor allem die Gefährdung seiner Art, wird irgendwann die Wahl auf ihn fallen.

Bachstelzen: Zu Tausenden an städtischen Schlafplätzen

Noch in den ersten Märztagen wiederholt sich das Schauspiel am Rand eines verkehrsreichen Platzes der westspanischen Provinzhauptstadt Cáceres, das seit dem Spätherbst an jedem Nachmittag dort aufgeführt wird: Von allen Seiten des Umlandes streben kleine schwarz-weiß gefiederte, langschwänzige Vögel einzeln oder in Gruppen einem Baum zu und landen auf dessen kahlen Zweigen. Es sind Bachstelzen, die kurz vor Sonnenuntergang beginnen, ihren Schlafplatz anzufliegen. Mit jedem zierlichen Singvogel, der sich auf einem Zweig niederläßt, scheint ein neues Blatt zu sprießen. Anfangs sind es einzelne Tiere, die mit ihrem bogenförmigen Flug die nächtliche Raststätte ansteuern.

Doch je stärker das Tageslicht schwindet, desto dichter wird der Flugverkehr. Nach der Nahrungssuche, der sie tagsüber im Umkreis einiger Kilometer der Stadt einzeln nachgehen, treffen sich die meisten Vögel auf sogenannten Vorsammelplätzen, ordnen und pflegen dort ihr Gefieder und brechen dann in Gruppen zur letzten Etappe vor der Nachtruhe auf. Als es fast dunkel ist, treffen die letzten ein. Weit mehr als tausend kleine Federbällchen sitzen schließlich dicht beieinander. Sie werden von Straßenlaternen angestrahlt, und wenige Meter unter und neben ihnen braust der städtische Autoverkehr vorbei. Selbst Fußgänger, die einen nahen Bürgersteig benutzen, stören sie nicht, obwohl der Baum niedrig ist. Bis zum ersten Tageslicht bleiben die Bachstelzen in ihrem Schlafbaum sitzen. Dann verteilen sie sich wieder zur Insektenjagd. Mitunter brechen einige auch mitten in der Nacht zu einem Ausflug auf.

Nicht nur in Cáceres sammeln sich Bachstelzen seit vielen Jahren im Winter zu Tausenden auf einem Schlafbaum. Rund um das Mittelmeer und in Afrika bis nach Mali, in den Tschad und in den Senegal gibt es an vielen Orten jahrzehntelang genutzte Nachtquartiere. Die einen liegen in unmittelbarer Nachbarschaft zum Menschen, oft im Zentrum großer Städte. Genauso finden sich Massenschlafplätze aber auch fern jeder Zivilisation in der Nähe von Gewässern, etwa in der Schilfzone von Seeufern oder in der Randvegetation von Bächen und Flüssen. Ihr Name läßt vermuten, daß der bevorzugte Lebensraum der Bachstelzen das ganze Jahr hindurch nahe am Wasser ist. Die meisten der mehr als hundert – zumeist volkstümlichen – deutschen Namen von »Motacilla alba« indes nehmen auf andere Aufenthaltsorte und auf ihr Aussehen oder ihr Verhalten Bezug. Als »Ackermännchen« und, auf plattdeutsch, als »Plogstert« sind sie dem pflügenden Bauern bekannt; »Wippschwanz« charakterisiert, wie der englische Name »wagtail«, die Angewohnheit des Vogels, dauernd mit dem langen Schwanz auf und ab zu schlagen. »Klosterfräulein« schließlich rührt wohl eher vom schwarz-weiß-grauen Gefieder her. Die vielen Bezeichnungen kommen nicht von ungefähr. Die mit den Piepern nahe verwandten und mit diesen sowie mit den übrigen Stelzen zoologisch in einer Familie (Motacillidae) zusammengefaßten Bachstelzen gehören in Mitteleuropa zu den häufigsten Singvögeln. Sie fühlen sich fast überall zu Hause. Und sie zählen zu den ersten unter den Zugvögeln, die aus dem Winterquartier in ihre nördlich gelegenen Brutgebiete zurückkehren. Damit gelten sie seit jeher als Frühlingsboten.

Noch bevor sich die großen Schlafgesellschaften im südlichen Europa auflösen und deren Mitglieder zum Teil geschlossen oder zumindest in großer Schar in nächtlichen Flugetappen nach

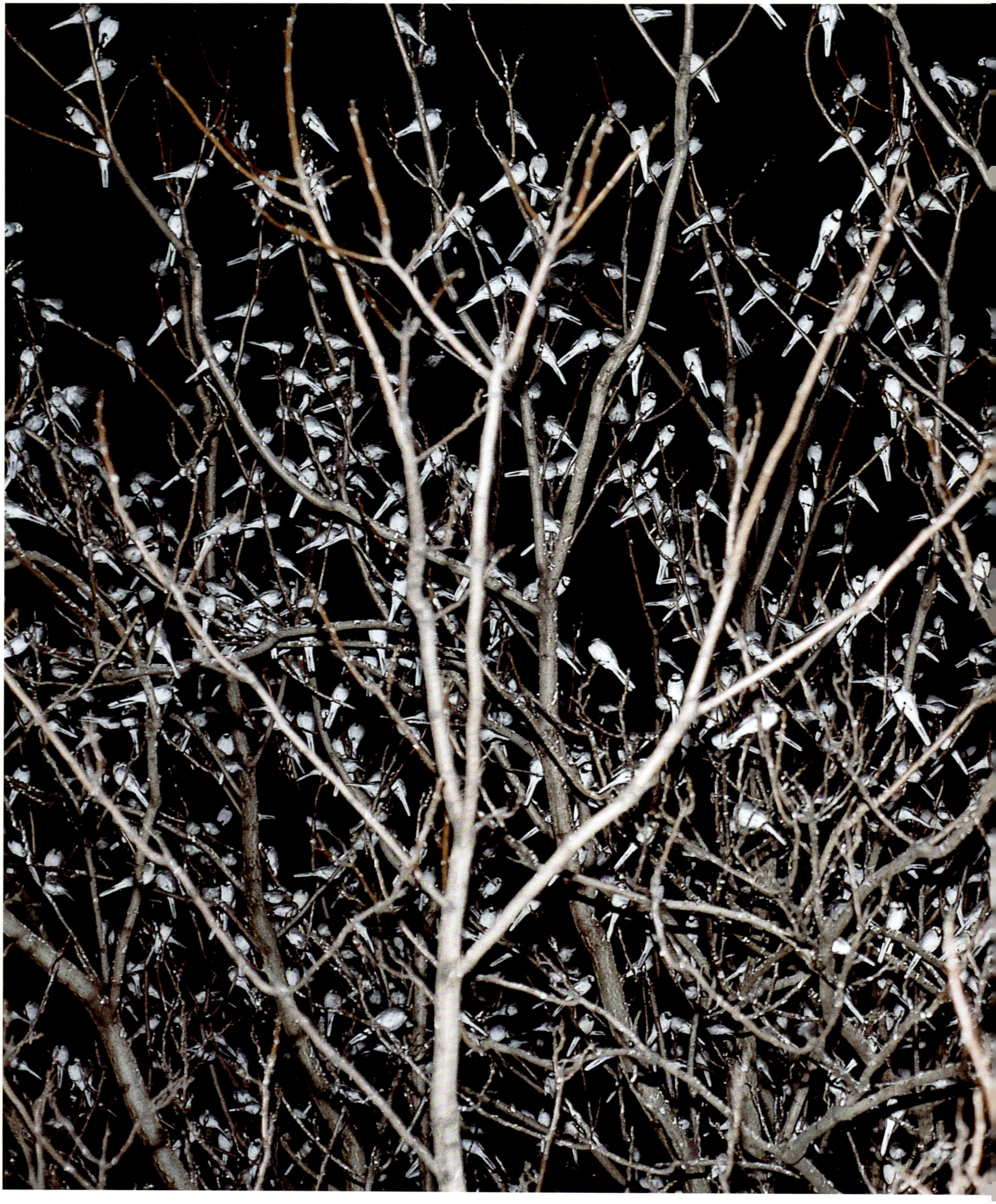

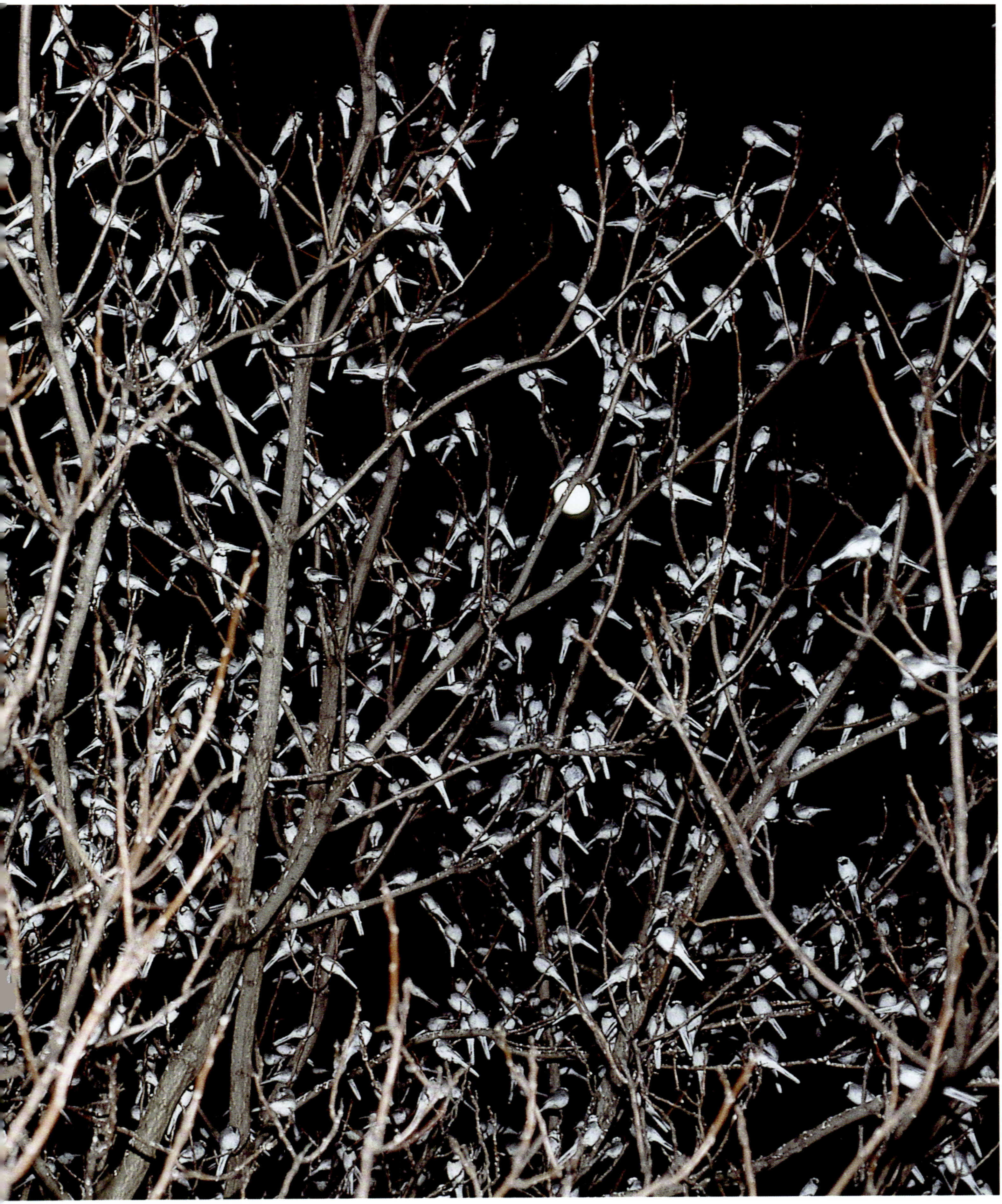

In Hof und Garten

Norden aufbrechen, treffen einzelne Bachstelzen im mittleren Deutschland gelegentlich schon in der zweiten Februarhälfte, mit Sicherheit aber Anfang März ein. Das sind diejenigen Vögel, die schon in Frankreich, in Oberitalien oder – bei milden Temperaturen – gar in Süddeutschland überwintert haben. Eines Morgens sitzt einer von ihnen auf dem Rasen oder auf dem Dach und läßt, mit wippendem Schwanz, sein durchdringendes »zwiwiss« oder »zilipp« ertönen. Die Männchen, an den großflächigeren schwarzen Federpartien auf dem Kopf und an der Brust von den Weibchen zu unterscheiden, beziehen als erste ihr Brutrevier. Dann ist es mit der winterlichen Geselligkeit vorbei. Andere Männchen, die sich in unmittelbarer Nähe ansiedeln wollen, werden vertrieben. Hat sich eines der später vorüberziehenden Weibchen durch die Revierrufe (»dschiwid«) und den leisen zwitschernden Balzgesang eines Bachstelzenhahns beeindrucken lassen und zur Jahresehe entschieden, macht auch sie möglichen Rivalinnen und sogar anderen Freiern Flügel.

Das Bachstelzenpaar läßt sich nach der Ankunft einige Wochen Zeit, bis es mit der Brut beginnt. Mit dem Nistplatz ist es wie mit den Schlafbäumen. Er kann in unmittelbarer Nähe zum Menschen liegen, er kann sich aber auch im Wurzelwerk eines Weidengebüschs an einem ungestörten Weiher befinden. Das Weibchen baut das Nest fast immer allein, wird aber vom Männchen gelegentlich bei der Materialsuche unterstützt. Bis zu einer Woche dauert der Nestbau. Bald darauf legt das Weibchen vier bis sechs Eier. Während der knapp zweiwöchigen Brut löst das Männchen seine Partnerin am Tag manchmal ab. An der Aufzucht der Jungen, die noch einmal zwölf bis vierzehn Tage dauert, beteiligt es sich indes mit vollem Einsatz. Dann sieht man beide Vögel von früh bis spät auf der Suche nach Insekten aller Art – am Boden hin- und herlaufend oder in der Luft, gelegentlich niedrig über einer Wasserfläche auf- und niederflatternd. Eine Woche bis zehn Tage leiten die Eltern ihre Jungen auf der Jagd nach lebender Nahrung noch an und füttern zu, dann muß der anfangs fast gleichmäßig grau gefiederte Nachwuchs alleine zurechtkommen. Die Alten planen eine zweite, mitunter sogar noch eine dritte Brut. Die Jungen tun sich unterdessen mit gleichaltrigen Artgenossen zu Schlafgesellschaften im weiten Umfeld der Brutplätze zusammen, zu denen später die Altvögel hinzustoßen, bevor alle in den Süden aufbrechen. Bis zu zehn Mal kann eine Bachstelze, von der es zwölf Unterarten – darunter die auf den Britischen Inseln beheimatete Trauerbachstelze – gibt, den Herbst- und Frühjahrszug erleben; in Gefangenschaft sind Bachstelzen schon zwölf Jahre alt geworden. Ihrer Anpassungsfähigkeit und Fruchtbarkeit ist es zu verdanken, daß die alljährlich durch die Jagd auf Singvögel und den Vogelfang in einigen südlichen Ländern angerichteten Verluste immer annähernd ausgeglichen werden.

Während des Zuges und im Winterquartier übernachten die Bachstelzen dicht gedrängt auf Schlafbäumen (vorhergehende Doppelseite), zur Brutzeit sind sie einzeln wie dieses Männchen oder paarweise unterwegs.

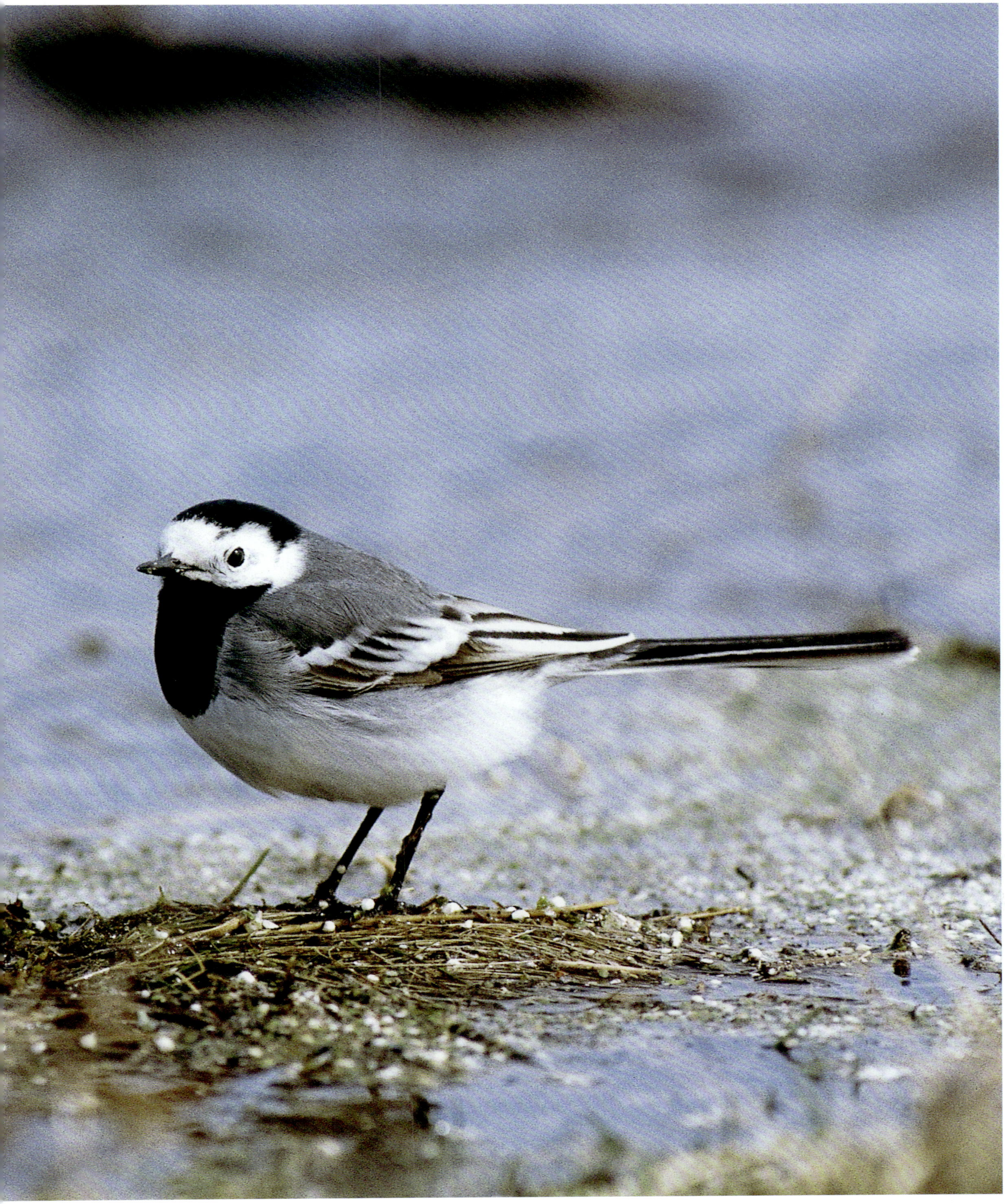

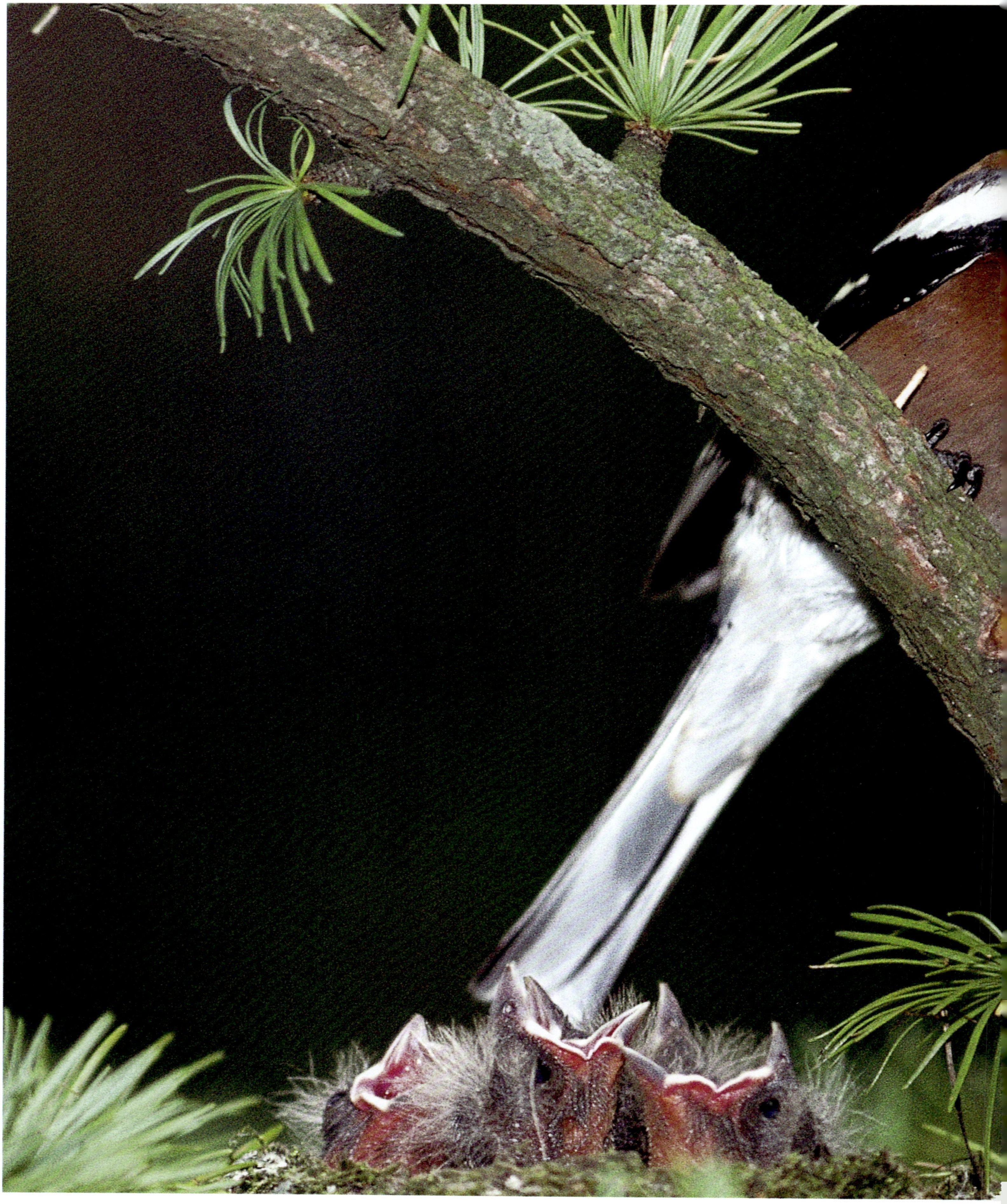

Buchfinken und Gimpel

Buchfinken und Gimpel: Verwandt und doch recht verschieden

Viele Vögel müssen in den Sommerwochen nachholen, was ihnen in einem kalten und verregneten Frühjahr versagt geblieben ist. Regen und Kälte machen es zwischen April und Juni der Vogelwelt schwer mit der Arterhaltung. Wegen dauernder Durchnässung des Materials scheitert manches gefiederte Paar schon beim Nestbau. In anderen Fällen geraten Gelege ins Schwimmen, kaum daß die Weibchen die ersten Eier gelegt haben. Die größten Verluste gibt es bei lang anhaltendem schlechten Wetter unter den Jungvögeln. Sie erfrieren und verhungern vielfach, noch bevor sie richtig befiedert sind. Besonders zu leiden haben die Insektenfresser. An kalten und regnerischen Tagen zeigen sich wenige der fliegenden, krabbelnden und hüpfenden Beutetiere. Da haben die Altvögel Mühe, sich selbst zu ernähren.

Zwar gehört der Buchfink nicht zur großen Schar derjenigen Vogelarten, die überwiegend von der Jagd auf Insekten leben, doch für die Aufzucht seiner meist fünf Jungen stellt er sich auf eiweißreiche tierische Kost um. Der kräftige Kegelschnabel weist den sperlinggroßen Vogel als Körner- und Samenfresser aus, der sich somit recht gut vom Spätsommer bis zum nächsten Frühjahr über die Runden bringt. Die Jungen hingegen bekommen feines Fleisch von Würmern, Käfern und anderem vielfältigen Kleinstgetier serviert. Der

Wenn das Buchfinkenmännchen mit gefülltem Kropf über dem Nest landet, sperren die Jungen erwartungsfroh ihre Schnäbel auf.

In Hof und Garten

Einfachheit halber ernähren sich die Altvögel zur Brutzeit ebenfalls nicht vegetarisch: Ihre Beute finden sie zum größten Teil auf dem Erdboden, über den man sie vielerorts mit kleinen eilfertigen Trippelschritten hin- und herlaufen sieht. Haben das von Orange über Braun, Schiefergrau und Gelblichgrün in verschiedenste Farben gekleidete Männchen und das schlichter gefiederte, aber ebenfalls durch eine auffällige doppelte weiße Flügelbinde gekennzeichnete Weibchen eine Portion beisammen, so fliegen sie unabhängig voneinander das gut getarnte Nest an und nehmen sich viel Zeit für das Füttern ihrer Nachkommen. Diese wachsen in einem kleinen architektonischen Kunstwerk heran, für das alleine das Weibchen verantwortlich ist.

Aus Moos und Flechten, Haaren, Gräsern, Blättern und Halmen flicht es einen Napf, der sich vorzüglich seiner Umgebung anpaßt und zudem äußerst haltbar ist. Mal ist die Niststatt zwei Meter über dem Boden in einem Busch verankert, mal schwebt sie zehn Meter hoch in der Krone einer Kastanie. Buchen, wie man es vom Namen her vermuten könnte, spielen weder für die Brut noch bei der Ernährung der Vögel eine herausragende Rolle. Buchfinken verzehren zwar gerne Bucheckern, doch trifft man diesen »gewöhnlichsten« aller Finken überall an. Mitten in der Stadt baut manches Paar sein Nest gar auf einem Balkon. Mehr als einhundertzwanzig Arten gehören der Finkenfamilie an, und früher wurden sogar die Ammern dazugezählt. Die nächsten Verwandten des Buchfinks hierzulande sind der Grünling (Grünfink), der Hänfling, der Gimpel (Dompfaff), der Kernbeißer (im Volksmund auch Kirschfink oder Finkenkönig genannt), der Stieglitz (Distelfink), die Zeisige (Erlen- und Birkenzeisig), der Girlitz und der Zitronengirlitz, der Fichtenkreuzschnabel und – als Wintergast aus dem Norden – der Bergfink.

Unter den heimischen Kleinvögeln gehört der Buchfink zu den eifrigsten Sängern. Sein durchdringender Ruf »pink – pink« hat der ganzen Sippe den Namen gegeben, doch der vielzitierte Finkenschlag ist nur eins von vielen Motiven, das Buchfinken zum besten geben. Die Sangeskunst erben sie nicht, sondern lernen sie von den Eltern. Ihr »Regenruf« hat sie auf dem Lande zu Konkurrenten der Wetterfrösche werden lassen, und es hat ihrer Wertschätzung als Propheten nicht geschadet, als bekannt wurde, daß sie diesen Ruf bei jedem Wetter zum besten geben. Für den Schlußtakt der eigentlichen Buchfinkenmelodie fand sich im Volksmund die »Übersetzung«: »Sag, sag, hast du meine Frau nicht gesehen?« – Daß die Männchen im Herbst und Winter ohne ihre – getrennt ziehenden – Weibchen auftauchen, fiel schon dem Naturforscher Carl von Linné auf. Er gab der Art den wissenschaftlichen Namen »Fringilla coelebs« (coelebs = ehelos). Neunzehn Jahre können die Vögel alt werden. Ob vermählt oder nicht, wäre noch zu klären.

Bei den Gimpeln oder Dompfaffen geht das Füttern der Jungen anders als beim Buchfink vonstatten: Das rotbrüstige Männchen und das schlichter gefärbte, aber ebenfalls mit schwarzer Kopfplatte geschmückte Weibchen warten aufeinander, bis sie genügend feine Knospen, Samen oder kleine Insekten in ihrem Kropf und in zwei zur Brutzeit ausgebildeten Kehltaschen gesammelt haben, um damit gemeinsam zum Nest zu fliegen und die Nahrung portionsweise den Jungen abwechselnd in den Schnabel zu stopfen. Die vier- bis sechsköpfige Kinderschar sorgt mit ihren rotgezeichneten Rachen dafür, daß der Futtertrieb der Alten nicht erlahmt. Wer von ihnen den Schnabel am weitesten aufsperrt, hat den größten Hunger und wird zuerst bedient. Auf diese Weise kommt eine gerechte Futterverteilung zustande.

Buchfinken und Gimpel: Verwandt und doch recht verschieden

Hat einer der Jungvögel erst einmal den Anschluß verpaßt, kann er den Schnabel nicht mehr so weit aufsperren wie nötig, ist sein Schicksal ziemlich schnell besiegelt: Da die Alten nur die »Vordränger« bedienen, muß ein schwaches oder krankes Vogelkind bald verhungern. Auf diese Weise sorgt die Natur bereits im Nest für eine Auslese. In der ersten Hälfte der Aufzucht kommen die Altvögel nicht nur beladen an, sie fliegen auch wieder mit entsprechender Last davon; die Jungen nämlich setzen den Kot in Bällchen ab und halten den Eltern nach dem Füttern das Hinterteil entgegen. Einer der Alten packt den von einer Gallertmasse umhüllten Kotballen und trägt ihn fort. Solange die Jungen noch klein sind, verzehren die Eltern solche Portionen auch gerne, da sie noch viele Nahrungsstoffe enthalten. Auf diese Weise halten sie ihr nicht selten in einer Gartenhecke errichtetes Nest und seine Umgebung nicht nur sauber, sondern auch von verräterischen Spuren frei. Gimpel, die in Freiheit mindestens fünfzehn, in Gefangenschaft neunzehn Jahre alt geworden sind, bleiben im Winter ihrer mitteleuropäischen Brutheimat und ihrem Ehepartner treu. Dann tauchen sie paarweise, mitunter auch in kleinen Gruppen, an Futterhäuschen auf. Zuzug erhalten sie scharenweise aus dem Norden und Osten.

Das Buchfinkenweibchen ist schlichter als das Männchen, aber dennoch farbenreich gefiedert. Beide kommen getrennt zum Nest, um ihre Jungen zu füttern. Gimpel (folgende Doppelseite) fliegen immer gemeinsam zum Füttern zu ihrem Nest, so daß alle Jungen gleichzeitig etwas abbekommen.

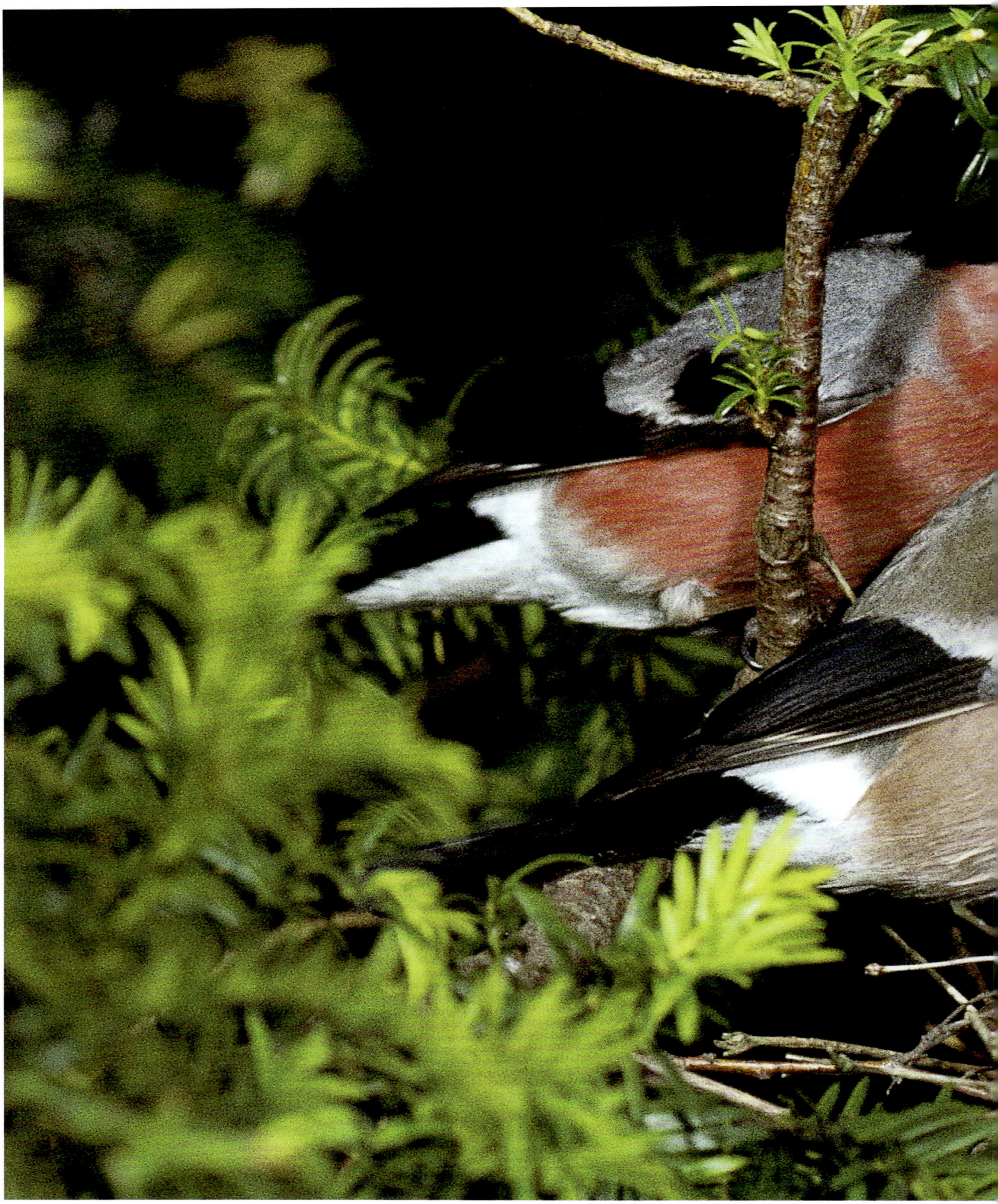

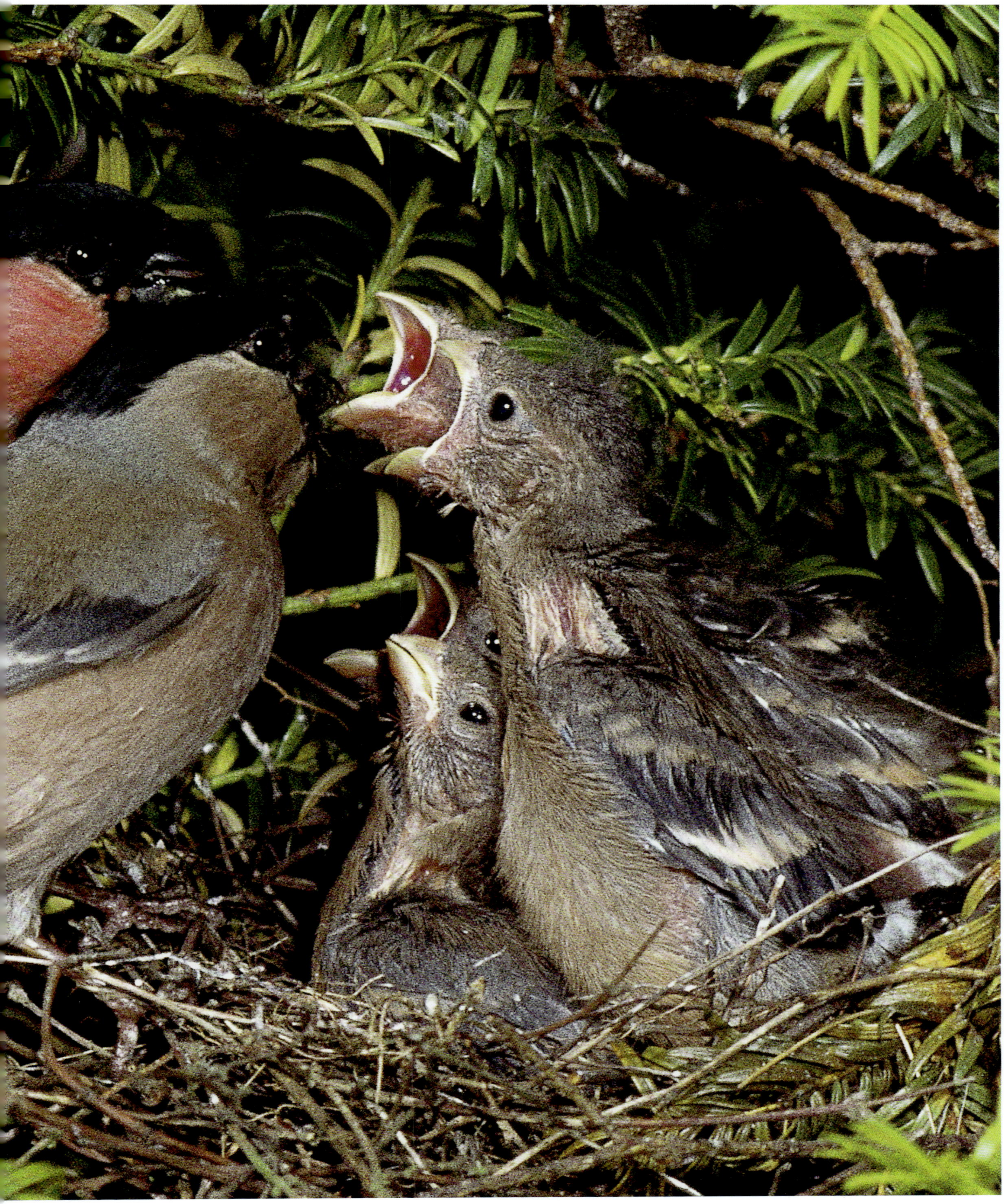

In Hof und Garten

Girlitze: Gärten mit Nadelbäumen bevorzugt

Tief in die Nestmulde gekuschelt, braucht sich das brütende Girlitzweibchen keine Sorgen um seine Ernährung zu machen. In regelmäßigen Abständen kommt das zu dieser Jahreszeit leuchtend gelbe Männchen zur versteckt in einer Fichte angelegten Brutstätte, um seiner Ehepartnerin eine Portion grüner Pflanzensamen und kleiner Körner anzubieten. Das Weibchen, das während der knapp zweiwöchigen Brutdauer die meistens vier oder fünf leicht gesprenkelten Eier alleine wärmt, bedient sich dabei unmittelbar aus dem kurzen gedrungenen Schnabel seines Mannes. Auch wenn die Jungen geschlüpft sind, ist während der ersten Tage noch alleine der Familienvater für den Nachschub verantwortlich: In seinem ausdehnungsfähigen Hals bringt er etwa jede halbe Stunde eine – gelegentlich mit Wasser versetzte – Mahlzeit, die er zunächst dem Weibchen in den Schnabel würgt. Dieses füttert dann sehr behutsam und sorgfältig die anfangs blinden und nackten Jungen der Reihe nach, während das Männchen sich sogleich wieder auf Futtersuche begibt. Dabei pickt es den Großteil der Pflanzenkost vom Boden auf. In der zweiten Hälfte ihrer vierzehntägigen Nestlingszeit werden die Jungen auch vom Weibchen versorgt.

Das brütende Weibchen zittert bettelnd mit den Flügeln, wenn ihm das Männchen feine Grünkost in den Schnabel serviert.

Girlitze: Gärten mit Nadelbäumen bevorzugt

Dann brauchen sie mehr Futter und sind nicht mehr auf die ständige Wärmung angewiesen.

Die mit einer Körperlänge von gut elf Zentimetern und einem Gewicht von 12 bis 14 Gramm kleinsten Finkenvögel, die ihren Namen ihrem Ruf (»girlitt«) verdanken, führen auch nach dem Ausfliegen der Jungen noch für einige Zeit ein inniges Familienleben. Wenn allerdings das Elternpaar im Juli noch mit einer zweiten Brut beginnt, müssen die Kinder aus dem Mai- oder Junigelege lernen, sich selbst zu versorgen. Für den zweiten Nachwuchs baut das Weibchen ein neues Nest aus Grashalmen und Moos; auch hierbei herrscht Arbeitsteilung, denn das Männchen begleitet und sichert seine Frau. Zwischendurch setzt es sich gerne in der Nähe des Nistplatzes auf einen freihängenden Ast oder auch auf eine elektrische Leitung und singt zur Revierabgrenzung sein sirrendes feines Lied.

Girlitze, von denen es dreißig Arten auf der Erde gibt, gehören zu den Pionieren der jüngeren Zeit unter den Vögeln. Zu Beginn des 19. Jahrhunderts waren sie in Deutschland noch keine regelmäßigen Brutvögel, doch dehnten sie seit etwa dem Jahre 1800 ihr Verbreitungsgebiet vom Mittelmeerraum her ständig nach Norden aus. Um 1912 wurde der Girlitz in Hamburg festgestellt, fünfzehn Jahre später bei Flensburg, im Jahre 1942 haben ihn Ornithologen erstmals als Brutvogel in Südschweden beobachtet, und mittlerweile ist er bereits in Finnland aufgetaucht. Den Kanal haben ebenfalls einige Paare überflogen und in England gebrütet. Zwar zieht ein Teil der in Mittel- und Nordeuropa brütenden Girlitze im Winter südwärts, doch bleiben mehr und mehr von ihnen auch während der kalten Jahreszeit hier.

Was vor allem die Insektenvertilger unter den Kleinvögeln vor Probleme stellt, kommt dem Girlitz (wie auch den meisten seiner Verwandten: Finken, Zeisigen, Hänflingen und Gimpeln) zustatten. Ein größerer Anteil von Nadelholz bei den Baumarten nämlich bietet den Vegetariern unter den Gefiederten das ganze Jahr hindurch einen gedeckten Tisch. So findet man den Girlitz auch besonders häufig dort, wo Fichten, Tannen, Kiefern und Lebensbäume stehen – auf Friedhöfen, in Parkanlagen und »pflegeleichten« Gärten, die für viele andere Vogelarten uninteressant sind.

Lange bevor der Girlitz sich hierzulande ausbreitete, war ein enger Verwandter von ihm bereits bestens bekannt: Der Kanarienvogel hatte in Käfigen und Vogelbauern seit dem 16. Jahrhundert unfreiwillig seinen Weg von den Kanarischen Inseln nach Europa genommen. Durch Nachzüchtung in der Gefangenschaft und durch Einkreuzung anderer Arten haben sich bis heute nicht nur viele, sondern auch Dutzende von verschiedenen Rassen als singende Zimmergenossen gehalten. Der echte Kanarienvogel sieht unserem Girlitz recht ähnlich: das Gefieder zeigt auf gelbem Untergrund eine Reihe unterschiedlich starker brauner Streifen, von denen das Weibchen mehr hat. Dadurch wirkt es schlichter. Wegen der vielen Kreuzungen allerdings gibt es nicht wenige Kanarienvögel, die mit der Stammform weder vom Aussehen noch vom Gesang her viel gemeinsam haben.

Ein weiterer Verwandter, der Zitronengirlitz (auch Zitronenzeisig oder Zitronenfink genannt), kommt in Deutschland nur in den Alpen, im Schwarzwald und im Harz als Brutvogel vor. Er ist etwas größer als der Girlitz, trägt mehr Grün im Gefieder und wird daher gelegentlich mit dem noch größeren und gedrungener wirkenden Grünling verwechselt. Außerhalb der Brutzeit, die er meistens nicht unter 1000 Meter Höhe verbringt, streift der Zitronengirlitz umher. Er wurde schon auf Helgoland und in England beobachtet.

Wieviel Naturschutz darf es und welc

her soll sein?

Wieviel Naturschutz darf es und welcher soll es sein?

Wie die Natur ist auch der Naturschutz einer ständigen Weiterentwicklung unterworfen. Mit der Veränderung seiner Lebensumstände wandelt sich zudem das Verhältnis des Menschen zur Natur. Das beginnt schon mit dem Begriff: Was verstehen Menschen unter der Natur? Selbst zwischen Naturschutzvertretern gibt es unterschiedliche Meinungen, wird der Begriff in engerem oder weiterem Sinne verwendet. Natur und Umwelt werden häufig gemeinsam genannt und auch als zusammenhängend, oft sogar als synonym verstanden. Ist die Natur ein Teil der Umwelt oder ist unsere Umwelt ein Teil der Natur?

Darüber hat es schon viele kluge Aufsätze und Diskussionen gegeben, doch es wäre unrealistisch zu erwarten, irgendwann einmal zu einer Übereinstimmung zu kommen. Vielleicht ist das auch gar nicht möglich. Die einen meinen, wenn sie von Natur sprechen, die Natur in ihrer Gesamtheit und Ursprünglichkeit, in einem von der Evolution ständig bewegten Fluß. Andere betrachten Natur – ganz sachlich und wissenschaftlich – als biologische Vorgänge und fortlaufende ökologische Prozesse. Wiederum andere empfinden Natur an erster Stelle mit der Seele und dem Herzen, bewundern sie in ihrer Schönheit, Ursprünglichkeit, Sanftheit oder Gewalt. Natur als Basis und Umfeld für das eigene Leben, das der Mitmenschen und der anderen Geschöpfe. Natur als Bereicherung, als Freund, als Bedrohung und als Feind. Natur als Lieferant von Nahrung, von Energie, von reiner Luft, von Wasser, von Erholung, Lebensmitteln, Stille, Erlebnis, Erbauung. Natur als eine Art Paradies, in ihrem vermeintlichen Urzustand, den es als solchen nicht gibt, oder Natur in der von Menschen beeinflußten und gestalteten Form. Die Aufzählung der verschiedenen Betrachtungsweisen und Auffassungen ließe sich fortsetzen.

Damit beginnt vielfach schon das Dilemma beim Thema Naturschutz. Jeder, der sich mit der Natur beschäftigt, der über sie spricht, der sich für ihren Schutz einsetzt, hat einen ganz eigenen Naturbegriff. Wer auf dem Land die Natur intensiv über die Jahreszeiten hinweg beobachtet und erlebt, hat sicherlich ein anderes Verständnis als der Städter, der die Natur vom Sonntagsausflug, vielleicht nur aus dem Fernsehen oder überhaupt nicht aus eigener Anschauung und Erfahrung kennt. Sind der Naturbegriff und das Naturverständnis dieser Menschen noch vergleichbar, geschweige denn identisch mit dem derjenigen, die in der Natur und mit der Natur oder gar von ihr leben, die mit »Bestandteilen« der Natur umgehen, mit und in ihr arbeiten, die einen tieferen Einblick in ihre Zusammenhänge und damit ein anderes Verhältnis zu ihr haben?

Die Diskussion um zu wenig oder zu viel, den richtigen oder den falschen Naturschutz leidet nicht selten darunter, daß die Menschen, die sich damit beschäftigen, von unterschiedlichen Zielvorstellungen und Wertbegriffen ausgehen. In einem sind sich zunächst immer fast alle einig: Für Naturschutz ist jeder. Auch darin, daß sich der Mensch mit der Bewahrung der natürlichen Lebensgrundlagen seine Existenz sichert, stimmen alle weitgehend überein. Doch bei der Gewichtung, wieviel und in welchem Ausmaß Natur vor menschlicher Einflußnahme zu schützen sei und welche Maßnahmen dazu umgesetzt werden müssen, klaffen die Vorstellungen zum Teil weit auseinander, gelegentlich liegen sie diametral entgegengesetzt.

Die Diskussionen und Gespräche zum Naturschutz geraten nicht selten sehr emotional. Für manche Naturschützer wird ein Kritiker schnell ein »Naturfeind« oder »Naturschutzgegner«. So lange sie selbst nur herablassend als »selbst-

Wieviel Naturschutz darf es und welcher soll es sein?

ernannte Naturschützer« bezeichnet oder mit »den Grünen« in einen Topf geworfen werden, halten sich die Mißverständnisse noch in Grenzen. Als »Naturfanatiker«, die eine »Ökodiktatur« anstreben, oder als »Rote-Listen-Ideologen« lassen sie sich ungern beschimpfen, genauso wenig durch den Aufruf »Schutz vor den Naturschützern« von ihrem Ziel abbringen, die entsprechenden Gesetze zu verbessern und mehr Flächen für den Naturschutz auszuweisen. Allerdings ist gerade in der jüngeren Vergangenheit zunehmend deutlich geworden, daß sich Naturschutz über Vorschriften, Beschränkungen und Verbote alleine nicht verwirklichen läßt. Naturschutz setzt Gespräche, gegenseitiges Bemühen um Verständnis und von Fall zu Fall auch vertragliche Vereinbarungen genauso voraus wie klare Regeln. Mit Slogans allein wie etwa »Natur Natur sein lassen« auf der einen Seite oder »Naturschutz mit Augenmaß« (damit ist nicht selten Naturschutz gemeint, der den Menschen nicht stört oder einschränkt) auf der anderen ist aber noch nicht viel gewonnen.

Bevor man sich darüber streitet, wieviel Anteile der Landfläche Deutschlands unter Naturschutz gestellt werden sollen, wie viele Nationalparke auszuweisen sind, welche Tierarten geschützt oder bejagt werden sollen, in welchem Ausmaß die Landwirtschaft bei ihrer »guten fachlichen Praxis« Naturschutzkriterien zu berücksichtigen habe und ob eine Waldzertifizierung ökologisch hinreichend ausgerichtet ist, ist es ratsam, eine gemeinsame Standortbestimmung durchzuführen und die verschiedenen Themenbereiche abzustecken und nacheinander zu bearbeiten.

Daß man wildlebende Tier- und Pflanzenarten nur dauerhaft schützen kann, in dem man ihre Lebensräume vor schädlichen Eingriffen durch den Menschen bewahrt, ist seit Jahrzehnten eine gesicherte Erkenntnis. Doch geht es darum, einzelnen Landschaftsteilen wegen ihrer hohen biologischen Qualität einen bestimmten Schutzstatus zuzuweisen, beginnt nicht selten ein endloser Streit zwischen Landeigentümern, Landnutzern, Naturschutzorganisationen und Behörden, bei letzteren häufig genug auch noch untereinander. Dabei ist »eines der wichtigsten Instrumentarien des Naturschutzes die flächenbezogene Unterschutzstellung von wesentlichen Teilen der Landschaft«, lautet auch die Erkenntnis des Bundesamtes für Naturschutz. Sie trifft allerdings nur bei den wenigsten der von damit verbundenen Einschränkungen betroffenen Kommunen und Bürgern auf Zustimmung.

Das widerspenstige Verhalten vieler Bundesländer beim Melden sogenannter FFH-Gebiete nach Brüssel (dabei geht es um Vorranggebiete für den Naturschutz nach der Flora-Fauna-Habitatrichtlinie im Rahmen des sogenannten Natura-2000-Programms der Europäischen Union), Streitigkeiten beim Ausweisen von Nationalparken, ihrer einzelnen Schutzzonen und der Verbesserung der zu ihrem Schutz erlassenen Vorschriften sind auf nationaler Ebene Beispiele für viele andere Auseinandersetzungen, die lokal oder regional stattfinden.

Was bei der Einrichtung und Entwicklung von Nationalparken in Deutschland abläuft, ist nicht selten einer Nation unwürdig. Das liegt zu einem Gutteil daran, daß alle Nationalparke in Deutschland – entgegen ihrem Namen und der Praxis anderer Staaten – Länderparke sind, da sie dem jeweiligen Landesnaturschutzrecht unterstehen. In Wirklichkeit hängt ihr Sein oder Nichtsein oft sogar von Kreisverwaltungen, Gemeindeparlamenten oder einzelnen Bürgern ab. Bei der Verwaltung des Nationalparks Berchtesgaden hat das zuständige Landratsamt ein gewichtiges Wort mitzureden. Den Nationalpark Elbtalaue kassierte

Wieviel Naturschutz darf es und welcher soll es sein?

ein Gericht aufgrund der Klage eines Landwirts. Den geplanten Nationalpark Kellerwald in Hessen, mit rund sechstausend Hektar Buchenwald ohnehin auf kleinster Fläche im waldreichsten Bundesland eher ein Witz, haben bisher Gemeindepolitiker und einige ihnen nahestehende Landespolitiker sowie Forstleute verhindert, obwohl alle Argumente, auch des Fremdenverkehrs, dafür sprechen.

Im Nationalpark »Unteres Odertal« an der deutsch-polnischen Grenze sind die streitenden Parteien, vom Förderverein bis zum Land Brandenburg, vors Gericht gezogen. Hier sperren sich vor allem Landwirte und Angler gegen zu viele Einschränkungen, obwohl sie mit Ersatzangeboten gut bedient sind. Es geht hier um die Verteilung von Kompetenzen und zum Teil unlautere Bemühungen einiger »Beteiligter«, das für den Naturschutz von der Bundesregierung zur Verfügung gestellte Geld nicht ganz naturschutzgerecht zu verwenden. Engagierte Naturschützer wehren sich dagegen. Im Harz, an der Nord- und Ostsee, an der mecklenburgischen Müritz – überall gibt es Streit um die Nationalparke.

Selbst in lange bestehenden Nationalparken ist es nicht einfach, dem Naturschutz neben Erholung und wissenschaftlicher Forschung zu seinem Recht zu verhelfen. Im Nationalpark Bayerischer Wald, der im Oktober 2000 sein dreißigjähriges Bestehen feierte, sorgen einige tausend Hektar vom Borkenkäfer vernichtete Fichtenbestände seit Jahren für Aufregung und Streit. Soll man sie »nationalparkgerecht« zusammenbrechen lassen und damit den Weg für eine natürliche Waldverjüngung freimachen? Oder soll die – natürliche – Borkenkäferkalamität in den einstmals angepflanzten Wäldern vom Menschen eingedämmt und die abgestorbenen Bäume entfernt werden? Bis auf die Außenbereiche haben sich glücklicherweise die Befürworter der natürlichen Entwicklung durchgesetzt. Doch die Vorstellung, daß ein Wald oder ein Stück Land, wenn man es der Natur überläßt, »verkommt«, ist weit verbreitet.

In Deutschland gibt es zur Zeit dreizehn Nationalparke in neun Bundesländern, davon alleine drei in Mecklenburg-Vorpommern und jeweils zwei in Bayern und Niedersachsen. So große Länder wie Hessen und Baden-Württemberg haben keinen. Um die Einrichtung weiterer Nationalparke zu fördern, die für den Naturschutz ebenso wichtig sind wie für eine nachhaltige Regionalentwicklung und damit für die wirtschaftliche Stärkung zumeist strukturschwacher abgeschiedener Regionen, sieht das novellierte Bundesnaturschutzgesetz den Begriff des »Entwicklungsnationalparks« vor. Damit soll gewährleistet werden, daß künftig überhaupt noch Nationalparke in einer vom Menschen geprägten Landschaft entstehen und sich zu weitgehend von natürlichen Abläufen geprägten Lebensräumen entwickeln können. Dafür eignen sich wahrscheinlich in Deutschland ohnehin nicht mehr als ein halbes Dutzend genügend großer (und trotzdem – gemessen an den internationalen Kriterien für Nationalparke – reichlich kleiner) Landschaftsräume. Um dem Anspruch ihres Namens endlich gerecht zu werden, wird seit langem von Naturschutzverbänden gefordert, daß, wenn schon nicht der gesamte Naturschutz, zumindest Nationalparke in die im Grundgesetz vorgesehenen Gemeinschaftsaufgaben von Bund und Ländern einbezogen werden.

Naturschutz ja, aber nicht gerade bei uns, lautet meistens die Devise. Naturschutz, insbesondere der Flächenschutz, wird immer wieder als der große Verhinderer regionaler Entwicklung angesehen. Obwohl im Umfeld von Nationalparken und in Biosphärenreservaten, die seit 1998 als neue

Wieviel Naturschutz darf es und welcher soll es sein?

Schutzkategorie für großräumige Landschaftstypen ihren festen Platz im Bundesnaturschutzgesetz haben, durch flächenbezogene Schutzmaßnahmen positive wirtschaftliche Impulse in nicht unerheblichem Maße ausgegangen sind, wird der Naturschutz immer noch gerne als eine schlimme Gefahr dargestellt. Arbeitsgemeinschaften von »Nationalparkbetroffenen« oder Interessengruppen mit der Bezeichnung »Eigentum und Naturschutz« versuchen ein Gegengewicht gegen aus ihrer Sicht »übertriebene« oder »enteignungsgleiche« Naturschutzbestrebungen aufzubauen. Manche arbeiten konstruktiv, andere jedoch versuchen, mit Polemik und unsachlichen Argumenten Naturschutzmaßnahmen zu verhindern.

Da sich biologische Vielfalt, um deren Erhalt es in erster Linie bei allen Bemühungen unter der Sammelbezeichnung »Naturschutz« geht, nur in genügend großen Räumen und ohne zu viele Eingriffe und Störungen seitens des Menschen entwickeln und fortpflanzen kann, ist vielerorts der Konflikt vorprogrammiert. Jeden Tag werden in Deutschland nach wie vor mehr als einhundertundfünfzig Hektar Boden versiegelt. Da sind die Kommunen, die neue Wohn- und Gewerbegebiete ausweisen wollen. Großprojekte wie der Bau und Ausbau von Flughäfen, Werften oder industriellen Fertigungsstätten finden immer wieder bundesweite Beachtung und landen vor dem Europäischen Gerichtshof. Da gibt es die vielen Verkehrsplanungen, den Ausbau von Freizeit- und Sportanlagen. Da schießen in jüngster Zeit immer mehr Windkraftanlagen, an denen mittlerweile viele Menschen erheblich verdienen, aus dem Boden.

Bei ihnen allerdings geraten selbst die Natur- und Umweltschützer in Interessenkonflikte. Die Erbauer und Betreiber von Windenergieanlagen berufen sich zwar auf die Umweltfreundlichkeit ihrer Energiegewinnung (die umweltbelastende und ressourcenverbrauchende Produktion der Großgeräte wird verschwiegen), aber sie sorgen an vielen Orten für eine brutale Landschaftszerstörung. Dagegen wird häufig zu schwach oder zu selten protestiert, manchmal auch zu spät und zu halbherzig von Naturschützern. Was unter dem Mantel der Umweltfreundlichkeit an langfristigen Beeinträchtigungen nicht nur des Landschaftsbildes sondern auch der Artenvielfalt (beispielsweise unter den Vögeln) angerichtet wird, zeigt sich mit der zunehmenden Bebauung weiter Landstriche (und bald auch Küstengewässer) durch immer größere und konzentrierter errichtete Windrotoren. Mit Strommasten und -leitungen sieht es nicht besser aus. Statt sie unter der Erde zu verkabeln, werden immer neue Überlandleitungen für den deutschland- und europaweiten Austausch elektrischen Stroms gebaut – mit denselben Folgen. Ähnliches gilt für das umweltfreundlichste Verkehrsmittel, die Bahn. Um einige Minuten Fahrzeit einzusparen, werden mitunter neue Schienentrassen in zum Teil bisher unberührte Landschaften geschlagen. Jeder hat dafür Verständnis, daß die Bahn in der Verkehrsplanung Vorrang bekommt, doch bei der Ausweisung neuer Strecken darf der Naturschutz nicht dem Umweltschutz und dem modernen Götzen Zeitersparnis geopfert werden.

Die letzten unverbauten Abschnitte der Flüsse Donau, Elbe, Oder und Rhein, aber auch vieler kleinerer Fließgewässer mit ihren ökologisch wertvollen Auen und Altarmen dürfen nicht durch Ausbaggerungen, Uferfestigungen und Staudämme zerstört werden. Es gibt in Deutschland ohnehin nur noch wenige naturbelassene Flußabschnitte.

Eine besondere Rolle beim Naturschutz spielen die Landwirtschaft und die Forstwirtschaft, die

Wieviel Naturschutz darf es und welcher soll es sein?

zusammen fast neunzig Prozent der Landfläche in Deutschland nutzen. Vor allem die Landwirtschaft mit ihren immer intensiveren Bearbeitungsmethoden und den ständig steigenden Ertragszielen, für deren Erreichung den Böden immer mehr abverlangt wird, ist in den vergangenen Jahrzehnten zu einer wachsenden Bedrohung der Natur geworden.

Die Bauern haben sich immer weiter davon entfernt, naturerhaltende Landschaftspfleger zu sein, als die sie sich selbst gerne darstellen. Nicht zuletzt wegen einer verfehlten EU-Agrarpolitik wandeln viele weiter ökologisch wertvolles Grünland in Ackerflächen um und füttern ihre ganzjährig im Stall gehaltenen Milch- oder Fleischrinder mit Grassilage, Silomais oder aus Übersee importierten Futtermitteln wie Sojabohnen, die nach der Zerstörung und zu Lasten der Natur in immer größerem Ausmaß angebaut werden. In weiten Landstrichen hat die Flurbereinigung dafür gesorgt, daß ökologisch wichtige und wertvolle Landschaftselemente wie Hecken, Feldhaine und -gehölze, Wegraine, Bachläufe und Feldkuhlen radikal vernichtet wurden. Viele Landwirte sind, da die EU-Beihilfen sich nach der Anzahl der bewirtschafteten Hektare bemessen, dazu übergegangen, auch den letzten Streifen Land umzupflügen und mit Flüssigdünger oder Pflanzenschutzmittel zu besprühen. Für Tiere vom kleinsten Käfer bis zum Rehhuhn oder Hasen gibt es daher kaum mehr Nischen und Rückzugsinseln. Wildwachsende Pflanzen sind als Folge weitgehend aus der fälschlich so bezeichneten Kulturlandschaft verschwunden.

Mit einigen verstreut liegenden kleinen Schutzgebieten ist da nicht geholfen. (Von den gut sechstausend bundesdeutschen Naturschutzgebieten im Jahr 1996 waren knapp zwei Drittel kleiner als fünfzig Hektar). Nur die Schaffung und eine enge Vernetzung von vielen genügend großen Biotopinseln und -streifen, die den Tieren und Pflanzen das Einwandern, den Austausch und das Vermehren über größere Areale möglich machen, können hier langfristig wieder etwas von dem zurückbringen, was besonders seit 1960 verloren gegangen ist. Mindestens zehn Prozent Landfläche müssen nach übereinstimmender Auffassung von Biologen und Naturschutzvertretern aus der landwirtschaftlichen Produktionsfläche ausscheiden und für die Naturerhaltung bereitgestellt werden. Nach Ansicht vieler Ökologen muß auf fünfzehn Prozent der Landfläche in Deutschland die Natur absoluten Vorrang erhalten. (Zur Jahrtausendwende standen bundesweit gerade mal etwa zweieinhalb Prozent der Fläche unter Naturschutz.)

Für naturerhaltende Maßnahmen und Wirtschaftsweisen stehen Mittel aus den Agrarbeihilfen der Europäischen Union bereit, nur müßten sich die Landwirtschaftspolitiker endlich dazu entschließen, im Rahmen der Agenda 2000 hier eine entscheidende Umschichtung vorzunehmen und ergänzende Mittel von Bund und Ländern bereitzustellen. Die Umweltkomponente bei der Zuteilung der Agrarbeihilfen ist besonders in Deutschland noch äußerst unterentwickelt, wenngleich es erste Ansätze zu einer Veränderung gibt. So bemühen sich denn auch die Naturschutzorganisationen, den Steuern zahlenden Bürger, der an einer intakten Natur mindestens genau so interessiert ist wie an einer florierenden Landwirtschaft, für einen ökologisch sinnvolleren Einsatz der immensen Landwirtschaftsbeihilfen zu interessieren.

Doch mit einem Gitternetz von Biotopverbundsystemen, einer Flurbereicherung statt einer Flurbereinigung, die sich über das ganze Land erstrecken müßte und nicht etwa nur, wie hin und wieder gefordert, sich auf Landschaften mit Grenzertragsböden beschränken sollte, ist es nicht

Wieviel Naturschutz darf es und welcher soll es sein?

getan. Landwirte, die ihre Böden weniger intensiv bearbeiten und nutzen, sollten mehr Flächenbeihilfe erhalten als jene, die das Landschaftsbild mit immer größeren Feldern immer eintöniger werden lassen, die mit dem Anbau von Mais oder Raps riesige ökologisch wertlose Monokulturen schaffen oder die mit immer höheren Erträgen den Getreide-, Öl-, Milch- und Zuckerüberschuß in der Europäischen Union zu mehren helfen. Wer im Jahr vier bis fünf Mal seine Wiesen mit dem Kreiselmäher bis auf die Grasnarbe heruntermäht und zwischendurch das Wachstum des Grases mit Kunstdünger oder Gülle anregt und so dafür sorgt, daß dort kein Vogel brüten, kein Insekt leben und keine Blume blühen kann, wer den Erdboden wie ein Industriegut behandelt und dadurch jeglicher natürlicher Entfaltung beraubt sowie mit Abwässern aus der Intensivtierhaltung das Grundwasser belastet (ohne dafür auch nur einen Pfennig Abwassergebühr zu zahlen, wie es jeder noch so kleine Haushalt tun muß), der müßte schlechter gestellt werden, als jener, der mit seinen Wiesen und Weiden oder mit seinen Feldern ökologisch sinnvoll umgeht. Indem er etwa seine Ländereien weniger intensiv mit Maschinen bearbeitet, keine Gülle aufbringt, geringere Mengen an Kunstdünger und Pflanzenschutzmittel einsetzt oder ganz darauf verzichtet oder indem er über längere Zeit Teile seiner Landfläche stillegt, um natürlichen Entwicklungen wieder mehr Raum zu geben. Doch niemand kann erwarten, daß jemand seine Produktionsmittel für den Naturschutz und damit der Allgemeinheit kostenlos zur Verfügung stellt. Naturschutz zum Nulltarif gibt es nicht. Aber die richtigen Ausgleichsregelungen für die Landwirtschaft zu schaffen, ist eine besonders schwierige Aufgabe, wie die Diskussionen zeigen.

Daher diskutieren Bauern- und Naturschutzverbände seit geraumer Zeit Fragen des vertraglichen Naturschutzes, bei dem Einbußen und Ausfälle in der Produktion entschädigt werden, ohne allerdings bisher auf einen gemeinsamen Nenner gekommen zu sein. Das novellierte Bundesnaturschutzgesetz zeigt dafür einen Weg. Es kann allerdings nicht sein, daß der Landwirt für jede kleinste Rücksicht, die er auf die Natur nehmen muß, eine Entschädigung erhält. Auch für ihn gilt die Sozialpflichtigkeit, besser vielleicht als Naturpflichtigkeit bezeichnet, des Eigentums. Vielleicht sollte man einmal darüber nachdenken, ob nicht für jeden Doppelzentner Getreide, Rüben, Raps und Mais und für jedes erzeugte Kilogramm Fleisch und für jeden verkauften Liter Milch einen Naturpfennig, vergleichbar dem Kohle- und Wasserpfennig, für Naturschutzmaßnahmen ein- und abzuführen sich lohnte. Schließlich sind die Bauern die Nutznießer der Natur, ohne ihr in der Regel etwas zurückzugeben, außer Kalk und Dünger. Aber auch der Verbraucher könnte sich an einer solchen Naturabgabe beteiligen.

Der ökologische Landbau, bei dem die Bauern mit weniger Kunstdünger, Pflanzenschutzmitteln und mechanischer Bodenbearbeitung und trotz mehr Arbeitseinsatz weniger ernten und daher für ihre Produkte höhere Preise verlangen müssen, kann nur in beschränktem Maß der Natur zu mehr Raum und freierer Entwicklung verhelfen. Sein Anteil, der im Jahr 2000 bundesweit bei knapp zweieinhalb Prozent lag, ist zu gering, um die vielen Nachteile, die in der herkömmlichen Landwirtschaft dem Naturhaushalt zugefügt werden, auszugleichen. Außerdem lassen sich auch beim ökologischen Landbau nicht alle Schäden für die freilebende Tier- und Pflanzenwelt vermeiden.

Die Forstwirtschaft, auf rund dreißig Prozent in Deutschland der zweitgrößte Flächennutzer, beruft sich zwar zu Recht auf naturnäheres Wirtschaften als die Landwirtschaft, ist aber ebenfalls

Wieviel Naturschutz darf es und welcher soll es sein?

nicht frei von Ansprüchen seitens des Naturschutzes. Forstwirte in Deutschland rühmen sich, daß sie bereits seit langem nachhaltig wirtschaften, ja, daß der Begriff der Nachhaltigkeit eigentlich aus der deutschen Forstwirtschaft stamme. Das trifft aber nur auf die mengenmäßige Entnahme des nachwachsenden Rohstoffes Holz zu und beinhaltet nicht die spätestens seit der Umweltkonferenz in Rio (1992) geltenden Maßstäbe der Nachhaltigkeit unter ökonomischen, ökologischen und sozialen Kriterien.

Die ökologische Komponente ist in der deutschen Forstwirtschaft durchaus noch verbesserungsfähig. Darum geht es auch beim Streit um zwei verschiedene Zertifizierungssysteme (FSC = Forest Stewardship Council und PEFC = Pan European Forest Certification) zwischen den Naturschutzorganisationen und einem Teil der Forstwirtschaft. Welche langfristigen Schäden für den Naturhaushalt und insbesondere für seltene Tierarten eine überwiegend betriebswirtschaftlich ausgerichtete Waldnutzung zur Folge hat, zeigt sich in einigen waldreichen Gegenden in den neuen Bundesländern. Dort haben einige Waldkäufer stark in Jahrzehnte lang nicht genutzte Baumbestände eingegriffen und wertvolle natürliche Strukturen zerstört.

Auch hier kommt der grundsätzliche Dissens zwischen Naturschutz und Naturnutzung wieder zum Ausdruck: Wieviel Rücksicht muß ein Waldbesitzer, selbst wenn er die gesetzlich vorgeschriebenen Forstrichtlinien einhält, auf die Natur nehmen? Nicht von jedem Waldeigentümer kann man eine »Gesinnung« zu Gunsten der Natur erwarten, geschweige denn die Einsicht, daß für viele Tiere und Pflanzen allein der Wald ihre Lebensgrundlage ist und sie damit auf Gedeih und Verderb von dem jeweiligen Eigentümer abhängen. In diesem Zusammenhang wirkt äußerst befremdlich, daß sogar der Staat, für den der Naturschutz ein gesetzlicher Auftrag ist, für sich selbst häufig fiskalischen, sprich wirtschaftlichen Interessen, rücksichtslos den Vorrang einräumt. Ein unrühmliches Beispiel: Der Bundesfinanzminister und seine Beamten in der Bundesvermögensverwaltung wie auch in der Bodenverwertungs- und -verwaltungs GmbH (BVVG), die die Wälder aus dem zwischen 1945 und 1949 enteigneten und vom bundesrepublikanischen Staat in beispielloser Unrechtverlängerung übernommenen Grundbesitz in der einstigen DDR verwaltet und verkauft, legen mehr Wert auf Nutzung als auf Schutz. Neue Perspektiven haben sich durch die Entscheidung der Bundesregierung aufgetan, einhunderttausend Hektar Wald aus dem enteigneten Vermögen in den neuen Bundesländern für Naturschutzzwecke zur Verfügung zu stellen. Da drängt sich neben anderen vor allem eine Frage auf: Warum räumt die Bundesvermögensverwaltung dem Naturschutz nicht in allen ihren Wäldern eine Vorrangrolle ein? Würden in den vom Staat verwalteten Wäldern nicht einzelne Forstbeamte entgegen den Vorschriften aus eigenem Interesse und aus Verantwortung gegenüber dem Gemeinwohl die eine oder andere Naturschutzmaßnahme durchführen oder dulden beziehungsweise durch Nichtstun Natur erhalten, sähe es dort noch schlechter aus. Aber auch viele andere Förster sind engagierte Naturschützer und Umweltpädagogen, und für manchen privaten Waldbesitzer steht der Nutzen der Natur vor dem Ertrag.

Noch unverständlicher ist es, daß sowohl die Bundesvermögensverwaltung als auch einzelne Bundesländer auf staatseigenen Flächen viel zu wenig Naturschutz zulassen, ja bisweilen sogar verhindern. Das reicht bis in die obersten Schutzzonen von Nationalparken. Hier fehlt es oft an

Wieviel Naturschutz darf es und welcher soll es sein?

dem notwendigen Verständnis, mitunter aber auch nur an intensiven Gesprächen. Mit den Menschen in einer verständlichen Sprache zu sprechen ist für den Naturschutz ingesamt von allergrößter Bedeutung. Nicht aussperren, sondern einbeziehen muß die Devise lauten. Oft fühlen sich diejenigen, die in der Land- und Forstwirtschaft arbeiten und von ihr leben, von Plänen und Vorhaben überrumpelt. Sie würden nicht rechtzeitig in Planungen einbezogen, könnten ihre Erfahrung und ihre eigenen Vorstellungen nicht einbringen, sagen viele von ihnen.

Das trifft dort zu, wo die Naturschutzplaner im Elfenbeinturm sitzen und nur am Schreibtisch, auf dem Meßtischblatt und am Computer planen. Gelegentlich werden solche Argumente allerdings nur vorgeschoben, werden auch bei rechtzeitiger Einbeziehung der Betroffenen dem Naturschutz Steine in den Weg gelegt, weil er den Eigeninteressen zuwiderläuft. Dann müssen nicht selten sogar gezielte Falschinformationen herhalten, um selbst Gutwillige gegen den Naturschutz aufzubringen. Daher ist es um so wichtiger, daß viel Zeit im Vorfeld von Projekten und Planungen für Gespräche, Besuche und gemeinsame Besichtigungen aufgewendet wird und daß bei Naturschutzmaßnahmen Eigentümerinteressen ausreichend berücksichtigt werden. »Naturschutz mit und für den Menschen« darf allerdings nicht das eigentliche Ziel aus den Augen verlieren.

Naturschutz ist Überzeugungsarbeit. Das gilt auch für die Naturschützer untereinander. Welcher Naturschutz ist der richtige? Diese Frage stellt sich oft beim Artenschutz, wenn es um die Erhaltung oder Förderung bestimmter Tier- oder Pflanzenarten geht. Gemeinhin gilt, daß selektiver Artenschutz nicht zeitgemäß ist. Im Vordergrund der Bemühungen sollte eine vielgestaltige Lebensgemeinschaft von Pflanzen und Tieren und der ihren Ansprüchen genügende Lebensraum stehen. Aber es gibt im Naturschutz besondere Lieblinge und deren Liebhaber. Je seltener eine Käferart, eine Vogelart oder eine Pflanzenart ist, desto stärker richtet sich das Interesse von einzelnen Naturfreunden auf sie. Da geraten schon mal die Artenschützer untereinander in Streit oder das gegenseitige Abwägen von notwendigen Schutzmaßnahmen für verschiedene Arten in derselben Landschaft wird schwierig. Denn was der einen guttut, kann der anderen schaden.

Wo keine »Leitart« durch ihre Ansprüche an den Lebensraum oder durch ihr Verhalten gewisse Rücksichtnahmen oder Eingriffe in Natur und Landschaft erforderlich macht, fühlen sich die Anhänger des Prozeßschutzes auf den Plan gerufen. Sie wollen der Natur freien Lauf lassen. Das ist »Naturschutz par excellence« und grundsätzlich ein gutes, eigentlich das einzig wahre Ziel, das auf noch mehr Fläche als bisher verfolgt werden muß. Bisweilen aber hängt das Überleben einer Art in einer ganzen Region von einer gezielten Schutzmaßnahme durch den Menschen ab. Wenn in einem Steinbruch während einiger Monate im Jahr das Klettern nicht untersagt wird, verschwindet vielleicht dort der Wanderfalke für immer. Die Nachtschwalbe hat ohne das Freihalten einer bestimmten Heidefläche von aufwachsenden Bäumen keine Brutmöglichkeit mehr. Oder das gefleckte Knabenkraut wird, wenn sie nicht in Abständen gemäht werden, von Gräsern und Schilfhalmen überwuchert. Aber ist es gerechtfertigt, den Habicht zu schießen oder zu fangen, wenn er die letzten Birkhühner in einem Gebiet auszumerzen droht? Oder darf man den – geschützten – Kolkraben vertreiben, wenn er den noch selteneren Seeadler am Brüten hindert? Über diesen Beispielen soll aber nicht vergessen werden, daß die meisten Leitarten die unberührte Natur als

Wieviel Naturschutz darf es und welcher soll es sein?

Lebensraum bevorzugen oder brauchen und damit, wenn sie zu wählen hätten, für den Prozeßschutz wären.

Da der Mensch den größten Teil unserer Landschaft über Jahrhunderte hinweg gestaltet und beeinflußt hat, sind auch viele Tier- und Pflanzenarten erst durch seine Betätigung bei uns erschienen, andere sind von ihm vertrieben worden. Der Mensch, so argumentieren die einen, müsse weiterhin durch das Offenhalten der Landschaft etwa oder durch das Regulieren von Wasserständen für die geeigneten Lebensvoraussetzungen einer möglichst großen Artenvielfalt nun auch sorgen. Die anderen wollen es mehr der Natur überlassen, wie sie sich entwickelt und welchen Arten sie an welchen Orten Lebens- und Vermehrungsmöglichkeiten erhält oder schafft. Andere, und das sind vornehmlich jene, denen der Naturschutz nicht so sehr am Herzen liegt, meinen, nur diejenigen Tier- und Pflanzenarten hätten ein Überlebensrecht, die sich dem menschlichen Tun anpassen können und in einer modernen Zivilisationslandschaft ihre Lebensnischen finden. Würde man letzteren folgen, so wäre auf jeden Fall ein weiterer starker Rückgang der Artenvielfalt die Folge.

Der Mensch als Teil der Natur und als »Herrentier«, das den stärksten Einfluß auf alle übrigen Mitgeschöpfe ausübt, ist, selbst Erbe der Natur, den nachfolgenden Generationen gegenüber verpflichtet, eine möglichst große Vielfalt an Landschaften, Lebensräumen und Arten zu erhalten. Denn je mehr Arten aus dem Netzwerk des Lebens verschwinden, desto brüchiger wird es, auch für die Menschen. So wie er die unterschiedlichsten Biotope geschaffen hat, bis hin zu Großstadtlandschaften, in denen – in beschränkter Zahl, aber ansehnlicher Artenvielfalt – auch »wilde« Tiere und Pflanzen existieren können, so muß er jetzt, der biologischen Vielfalt und damit der Lebenskraft der Erde zuliebe, ein möglichst buntes Naturmosaik erhalten. Dazu sind verschiedene Naturschutzmaßnahmen in der Kulturlandschaft notwendig. Dazu müssen sich Prozeßschutz und Artenschutz ergänzen, dazu müssen Schutz- und Nutzungskonzepte aufeinander abgestimmt werden und dafür müssen auch hin und wieder Eingriffe in das Landschaftsbild und in die Tierpopulationen vorgenommen werden.

Beim »Regulieren« von Wildtierbeständen ist in erster Linie der Jäger gefragt. Für einen Außenstehenden ist es schwer verständlich: Nicht wenige Jäger sind auch gleichzeitig im Naturschutz aktiv. Sie schießen die einen Tiere und schützen die anderen. Es gibt allerdings auch viele Nur-Jäger, die den Naturschützern wiederum Kopfschmerzen bereiten, indem sie wenig oder keine Rücksicht auf geschützte Arten bei der Ausübung ihres Hobbys nehmen. Häufiger aus Unkenntnis als aus Böswilligkeit, aber mit nicht selten katastrophalen Folgen, wenn etwa ein Kranich sein Nest durch einen seinen Pirschsteig fegenden Jäger aufgibt oder der Ansitz auf den Rehbock Vorrang vor dem Ruhebedürfnis eines brütenden Schreiadlers hat.

Seit Jahren gibt es zwischen Naturschützern, Jägern und Fischern hitzige Diskussionen um eine Bestandskontrolle von Rabenvögeln und Kormoranen. Durch unterschiedliche Jagd- und Naturschutzgesetze in den einzelnen Bundesländern und eine voneinander abweichende Handhabung europäischer Richtlinien ist in Deutschland die Situation entstanden, daß in einzelnen Bundesländern Rabenvögel und Kormorane zu bestimmten Jahreszeiten bejagt werden dürfen und in anderen Ländern nicht. Ähnliches gilt für eine Reihe anderer Tierarten, so wie auch Schuß- und Schonzeiten auf jagdbares Wild nicht immer einheitlich sind. Im Artenschutz wird mit vielerlei Maß gemessen.

Wieviel Naturschutz darf es und welcher soll es sein?

Manche Naturschützer fordern einerseits die rigorose Bejagung von Reh-, Rot-, Dam- und Muffelwild, denen sie anlasten, daß die vom Jäger oft in übermäßiger Zahl gehegten Tiere nicht genügend Laubbäume in einem gesunden standortheimischen Mischwald nachwachsen lassen, sperren sich aber gleichzeitig gegen kontrollierte Eingriffe in regional starke Kormoranbestände, die Binnenfischern das Leben schwer machen und deren Erträge nach deren Aussagen erheblich mindern. Daß viele Fischer ihre – zum Teil künstlich angelegten – Gewässer mit zugesetzten, gefütterten und in Überzahl gezüchteten Fischen intensiv bewirtschaften, wird von diesen indes bei der Diskussion der »Kormoranproblematik« verschwiegen. (Es sind in erster Linie die im Sommer und Herbst aus Skandinavien und anderen umliegenden Ländern zuwandernden Kormorane, die einige Wochen lang in großen Scharen auf binnenländischen Gewässern übermäßig fischen.)

Das Pro und Kontra bei der Frage einer Bejagung von Rabenvögeln, denen eine Dezimierung anderer Vogelarten angelastet wird, ist schon zu einem Glaubenskrieg ausgeartet und hat wiederholt die Gerichte beschäftigt. Wenn man sich als Naturschützer und gar als Vogelschützer dafür ausspricht, während einiger Wochen im Jahr, in beschränktem Maß und in bestimmten Regionen, wo sie zu zahlreich werden, den Abschuß von Rabenkrähen und Elstern oder die Vernichtung von Gelegen in Kormoranbruten zuzulassen, gilt man als Verräter. (Aber was ist »zu zahlreich«?) So wie ein Naturschützer selbst auf die Abschußliste bei Tierschützern gerät, wenn er für die unumgängliche intensive Bejagung des Rotfuchses plädiert, um dessen »Beutedruck« auf Rebhuhn, Kiebitz und Hase in einer weitgehend ausgeräumten Agrarlandschaft, der Hauptgrund für den Artenschwund, zu mindern. Oder er gerät in den Verdacht, ein Jagdlobbyist zu sein, wenn er sich für das Überleben genügend starker Populationen unserer größten Wildart, des Rothirschs, einsetzt, dessen Existenz den Jägern zu verdanken ist, der aber bei Förstern und manchen Naturschützern als Waldschädling verschrien ist. Aber Rotwild, mit einer jährlichen Jagdstrecke von rund 50 000 Tieren im Vergleich zu mehr als einer Million Rehe in Deutschland weit weniger zahlreich als diese, braucht – wie Elefanten in Afrika, für deren Erhalt sich auch in Europa so viele Menschen einsetzen – große Wald- und Wandergebiete und vor allem Ruhezonen ohne Jagd- und Freizeitdruck durch den Menschen. Rot- und Rehwild gehören schließlich zur biologischen Vielfalt Europas wie Kranich, Feldlerche, Großer Schillerfalter, Rotbauchunke, Wildkirsche und Schlüsselblume.

Artenschutz, eine wesentliche Komponente des Naturschutzes, ist ein schwieriges Feld. Aber die Jagd, so herausragend sie auch Einfluß zu nehmen scheint, ist der kleinere begrenzende Faktor für die Artenvielfalt. Das gilt im übrigen auch für die Angler, die an manchen Gewässern durchaus zu einem gravierenden Störfaktor für die Natur werden können. Dort, wo es viele Seen und Teiche gibt, nimmt auch die Binnenfischerei Einfluß auf den Zustand der Natur. Wenn von ihr, wie etwa in Bayern, der Abschuß von in anderen Bundesländern streng geschützten »Fischereischädlingen« wie Graureihern und Gänsesägern gefordert und zum Teil genehmigt wird, dann stößt das selbst bei Laien auf Unverständnis.

Die Mehrzahl der Jäger und Angler, die als unmittelbare Nutzer der Natur für ihr Freizeitvergnügen in der Regel viel Geld ausgeben, könnten mehr für den Schutz der Natur tun. Zwar haben die Landesjagdverbände verdienstvoll Stiftungen und Vereine gegründet, mit deren Hilfe sie Biotope anlegen und »Wildland« aufkaufen, doch

Wieviel Naturschutz darf es und welcher soll es sein?

jeder Revierpächter kann wesentlich mehr erreichen, wenn er auf die Land- und Waldbesitzer, von denen er das Jagdrecht für neun oder zwölf Jahre gepachtet hat, im Interesse von Landschafts- und Naturschutz Einfluß nimmt und selbst Hand anlegt bei der Biotopverbesserung oder dafür Geld bereitstellt. Und mancher Inhaber einer Eigenjagd könnte der Natur wesentlich mehr nutzen, wenn er seine Anstrengungen nicht nur auf die jagdbaren Arten konzentrieren würde.

Naturschutz in seiner vielfältigen Form vom Ameisenschutz bis zum Klimaschutz (es gibt über fünfzig verschiedene namentlich individuell bezeichnete »Schutzziele«) rangiert trotz der Diskussionen um die Ökosteuer und Benzinpreise und gelegentlich gegenteiliger Behauptungen im Interesse der Bevölkerung ziemlich weit vorne, wie Meinungsumfragen zeigen. Vor allem bei der Jugend, was besonders erfreulich ist. Den meisten Menschen ist bewußt, daß Naturschutz eine Zukunftsaufgabe ist, die um so wichtiger wird, je weiter entfernt von der Natur immer mehr Menschen leben und arbeiten.

Naturschutz auf kleiner Flamme zu köcheln, weil »wir noch längst nicht alles wissen, um richtig handeln zu können«, wie manchmal behauptet wird, wäre der größte Fehler. Der anhaltende beängstigende Artenschwund, zum Beispiel unter den Singvögeln, zeigt die dringende Notwendigkeit, mehr »wilde« unbelastete Natur zuzulassen. Dazu bedarf es keiner weiteren Forschung und wissenschaftlicher Programme, so wichtig diese ergänzend sein mögen.

Viele Erwachsene und noch mehr Kinder kennen die Natur nur mehr aus dem Fernsehen, erleben sie virtuell (wie auch manche Naturschutzinitiative sich zunehmend eher auf dem Papier als konkret darstellt). Wer die meiste Zeit vor dem PC weltweit surft und ein Moorhuhn auf dem Bildschirm jagt, wird sich in einem deutschen Buchenwald verloren vorkommen oder sogar ängstigen. Immer weniger Jugendliche erhalten die Möglichkeit, »nach draußen«, in die Natur zu gelangen und durch eigene Erlebnisse und Beobachtungen Interesse an ihr zu finden. Auch das ist eine zunehmende Sorge des Naturschutzes: In den Schulen gibt es immer weniger konkreten Naturkundeunterricht. Viele Biologielehrer kennen selbst nicht einmal mehr die Pflanzen und Tiere, die in ihrer Umgebung leben. Naturkundeunterricht in freier Natur »am lebenden Objekt« gibt es kaum mehr. Zellteilung und Gentechnik sind statt dessen angesagt. Auch hier liegt eine große Aufgabe der Naturschutzverbände, die sie aber dem Staat weder abnehmen können noch dürfen. Die Kultusministerien haben hier einen gewaltigen Nachholbedarf, indem sie die Lehrpläne entsprechend gestalten. Denn schließlich zeichnet sich die Kultur eines Landes und seiner Bürger auch dadurch aus, in welchem Maß sie ihre Natur kennen, schätzen und schützen.

Im Vergleich zu den Aufwendungen, die von öffentlicher wie privater Seite dem Kulturbereich zugute kommen, nimmt sich die finanzielle Unterstützung des Naturschutzes eher bescheiden aus. Ein neues Museum für einhundert Millionen Mark ist in Deutschland häufiger an der Tagesordnung als ein Naturschutzgebiet für eine Millionen Mark. Würden nur zehn Prozent des Geldes, das jährlich in den Kauf von Kunstwerken investiert wird, für den Flächenerwerb aus Naturschutzgründen fließen, wäre viel gewonnen. Manches kaum einen Quadratmeter große Bild eines bekannten Künstlers kostet mehr als einhundert Quadratkilometer Naturlandschaft in Deutschland.

Auch die Wirtschaft könnte stärker berücksichtigen, daß sie im großen Ausmaß von den natürlichen Ressourcen abhängig ist, und – dem

Wieviel Naturschutz darf es und welcher soll es sein?

Vorbild einiger weniger Unternehmen folgend – den Naturschutz kräftiger fördern. Wenngleich es für Vorstände und Inhaber sicher attraktiver ist, im gesellschaftlichen Glanz kultureller Veranstaltungen wie Konzerten, Kunstausstellungen, Kirchenrestaurierungen und Museumseröffnungen aufzutreten und genannt zu werden als ein Projekt zu unterstützen, das vielleicht »zu grün« aussieht und nicht prestigeträchtig ist. Die – noch nicht genügend – verbesserten Bedingungen im Stiftungsrecht machen sich hoffentlich auch für den Naturschutz künftig bemerkbar. Es ist nicht einzusehen, daß Spenden für wissenschaftliche Zwecke mit zehn Prozent, für naturerhaltende Zwecke aber nur mit fünf Prozent steuerlich abzugsfähig sind. Darüber hinaus wird es Zeit, daß der Staat den Menschen und Institutionen, die ihr Land oder einen Teil davon für den Naturschutz zur Verfügung stellen, steuerliche Erleichterungen gewährt. Das gleiche gilt – ähnlich wie bei der Feuerwehr – für jene, die viel Zeit auf den ehrenamtlichen Naturschutz verwenden. Das alles und noch mehr ist nicht zuletzt im Sinn des Deutschen Naturschutzringes (DNR), der Dachorganisation fast aller Naturschutzverbände, der am 7. Oktober 2000 seinen 50. Geburtstag feierte.

Register

Die kursiv gesetzten Seitenzahlen verweisen auf Abbildungen

A

Aaskrähe 200
Abendsegler 354
Adéliepinguin 322, 324–326
Adler 163, 173
Affen 75
Afrika 64, 70, 72, 96, 124, 190, 208, 210, 219, 237, 244, 252, 263f., 281
Afrikanischer Waldelefant 50
Afrikanischer Wildesel 237
Afrika-Waldstorch 300, 302–304, *303*
Ägypten 208
Aktion Fischotterschutz e. V. 248
Alaska 298
Albatros 330–331, 335, 347
Aldabra 344
Algerien 197, 204, 232
Alk 323
Alpen 100, 105, 107, 111, 197, 273, 281, 379
Altaigebirge 306
Amazonas 83, 292
Amazonasbecken 75
Ameisenbär 217, 225
Ameisenigel 244
Amerika 64, 83, 252, 263, 292, 294
Amerika-Waldstorch 304
Amoy-Tiger 30
Amur 28
Amurleopard 28
Amurtiger 26, *26/27*, *28*, 28–30, *31*, 32f.
Anakonda 290, 292
Anatolien 364
Angola 132, 138, 160
Anta 86
Antarktis 228, 322, 324, 328
Antilopen 148, 153, 162, 168, 242
Anti-Wilderer-Brigaden 32
Anubispavian 152
Apennin 107
Apfelschnecke *282/283*, 284f.
Arabien 72, 142
Archaeopteryx 286
Arctic Goose Habitat Working Group 299

Argentinien 74, 78, 80, 84, 218, 221, 285f., 290, 292, 326
Arizona 80
Armadillo 226, *226, 227*
Ascension 344
Asien 83, 142, 219, 237, 244, 252, 263, 304
Asien-Großstorch 300
Askania Nova 162
Assam 163
Äthiopien 232, 237, 300
Atlas-Wildesel 237
Audubon Society 299
Auerhuhn 186
Auerochse 160
Auerwild 103
Australien 117, 119f., 179, 244, 252, 263
Australien-Kurzschnabeligel 244
Avahi 66
Axishirsch 34f., *35*
Aye-Aye 68

B

Ba Aka 50
Bachstelze 367, *368/369*, 370, *371*
Badchys 243
Baden-Württemberg 111
Baffin 298
Bai Dzanga 55
Baird-Tapir 84, 85, 86
Baja California 312
Balitiger 30
Bambusbär 40
Bambuslemure 67, *67*
Banff 90
Bangui 54
Bären 97, 104–106, *105*
Bärenmarder 106
Bärenpavian 151f., *151*
Baruther Urstromtal 189
Baßtölpel 351
Baumozelot 74f., *76/77*
Bayanga 50f., 54
Bayerischer Wald 100, 250
Bayern 100, 250
Beagle-Kanal 345
Beauchêne Island 334
Bechsteinfledermaus 354
Beethoven, Ludwig van 194
Belche 263
Belgien 196, 277
Belize 80
Belzig 189
Belziger Landschaftswiesen 189
Bengaltiger 30
Berberlöwe 150
Berchtesgadener Land 100

Berenty 66
Bergenhusen 209
Bergente 266
Bergfink 374
Berg-Karakara 346
Bergtapir 84
Bergzebra 172
Beringstraße 229, 298
Berlin 189
Beskiden 103
Beuteltiere 119, 244
Bharatpur 306
Bikin 345
Bilch 113, 362
Bindenfregattvogel 344
Biosphärenreservate 384
Birkenzeisig 374
Birkhuhn 186, 389
Blake, Peter 142
Bläßgans 294
Bläßhuhn 263, 266
Bläßralle 263
Blaubock 156
Blaufußtölpel 336, *336/337*, 338, *338*
Blaumeise 362
Blauracke 175
Bleßbock 156f., *158/159*
Blutbrustpavian 152
Bodensee 269
Böhmerwald 103
Bolivien 80, 84, 286, 292
Bongo-Antilope 51
Bonobo 23, 25
Bontebok-Nationalpark 157
Borneo 20, 22, 24
Bosporus 208
Botswana 128, 131f., 138, 303
Brandenburg 105, 250
Brasilia 219
Brasilien 80, 218, 221, 224, 285f., 290, 292
Braunbär 104–106, *105*
Brauner Maki 58, 67
Braunkehlchen 191f., *193*
Braunkehliger Wiesenschmätzer 191
Brecht, Bertolt 124
Breitlippen-/Breitmaulnashorn 134, 137, *137*, 138f.
Brillenpinguin 323–324
Britisch Kolumbien 312, 317
Britische Inseln 272
Bronx-Zoo 46
Brunei Darussalam 22
Buchfink 196, *272/273*, 373f., *375*
Budapest 183

Buenos Aires 292
Büffel 144, 148, *166/167*, 167
Bukit Tigapuluh Nationalpark 24
Bund Naturschutz in Bayern 103
Bundesministerium für wirtschaftliche Zusammenarbeit und Entwicklung 54
Bundesvermögensverwaltung 388
Buntbock 156f., *157*
Buntspecht 112–114, *112, 115*
Buntstorch 304
Bunttukan 224, *224*
Burchellzebra 172
Burgenland 190
Burma 136
Bush, George W. 313
Bussard 306, 339

C

Capybara 80, 291
Carancho 346
Cerrado 83, 292
Chabarowsk 29f., 33, 361
Chankasee 26, 28f.
Charles-Darwin-Gesellschaft 318
Charles-Darwin-Station 318, 336
Chengdu 46
Chesapeake-Bucht 298
China 29–31, 36, 113, 124, 134, 240, 308
Chinesischer Kranich 309
Chinkara 240
Chital 34
CITES 125
Cocksomb Basin 80
Convention on International Trade in Endangered Species → CITES
Costa Rica 218

D

Dallschaf 90
Damhirsch 34, 153, 290
Dampfschiffente 347
Damwild 390
Dänemark 190
DDR 187
Denzau, Gertrud und Helmut 237
Deutsche Bahn 188, 385
Deutscher Naturschutzring 393
Devavanya-Landschaftsschutzgebiet 190
Diademsifaka 66

Register

Dickhornschaf 87, *87, 88/89,* 90
Dickschnabelpinguin 326
Dingo 120
Distelfink s. Stieglitz
Dohle 203
Dompfaff → Gimpel
Dorf der Elefanten 54
Dreizehenmöwe 350f.
Dreizehenspecht 113
Drosselrohrsänger 278, 280f.
Drosselvögel 191, 362
Dschiggetai 237, 240, 243
Ducks Unlimited 230
Dünnhornschaf 90
Dürer, Albrecht 134
Dzanga Ndoki Nationalpark 50, 55
Dzanga Sangha Dense Forest Reservat 50
Dzanga Sangha 50, 53f.

E

Echthirsche 91, 290
Edelhirsche 91
Edentaten → Zahnarme
Edmigazelle 240f., *241*
Eichhörnchen 361
Eidechse 208
Eisfuchs 299
Eissturmvogel 331, 351
Eistaucher 252
Eisvogel 175, 224
Ekuador 84, 318, 324, 336
El Niño 318, 324, 336, 339
Elbe 385
Elch 36, 91, 290
Elefanten *6/7, 48/49,* 50f. *51, 52,* 53–55, *55, 56/57,* 86, 124f., *125, 126/127,* 128, *129, 130,* 131–134, 138, 145, 153, 163, 173, 177, 182
Elenantilope 149, 160–163, *161*
Elephant Survey and Monitoring Action Programme 132
Ellesmere 298
Elster 92, 192, 203
Emas-Nationalpark 218f.
Emu 179
Enten 230, 252, *302*
Entenvögel 294
Erdeule 220
Erdhörnchen 75, 220
Erlenzeisig 374
Esel 237
Eselspinguin *325,* 335
Etoscha-Nationalpark 153
Eulen 96, 113
Eulenpapagei 117

Europa 64, 96, 104, 194, 219, 237, 244, 252, 257, 262, 272f., 307
Europäische Union 124, 213
Europäischer Wildesel 243
Everglade-Milan 284

F

Falklandinseln 322, 326, 330, 334f., 346f., 359
Falkland-Kormoran 330
Falz-Fein, Friedrich von 162
Fanning, Edmund 335
Färöer 210
Fasan 186
Faultier 75, 218, 225
Feldlerche 196, 391
Feldsperling 357, *358/359,* 359–361
Felsenpinguin 323, 326f., 330, *332/333,* 335, 347
Festetic, Antal 103
Feuerland 220, 346, 359
Fichtenkreuzschnabel 374
Fiener Bruch 189
Fingertier 68
Finken 360, 379
Finnland 194, 272, 364, 379
Fischotter 248–250, *249, 250/251*
Flachlandgorilla 51
Flachlandtapir 84, 86, 291
Fledermäuse 75, 113, 354, 356, 362
Fliegende Fische 341
Flora-Fauna-Habitatrichtlinie 383
Florida-Kranich 230
Flughunde 354
Flußregenpfeifer 274, 275, 276f., *277*
Flußuferläufer 272f., *273*
Förderverein Großtrappenschutz Baitz-Buckow-Königsrode e. V. 188
Frankreich 97, 100, 190, 208, 210, 213, 272
Fransenfledermaus 354
Fregattvogel 336, 339–341, *342/343,* 344, *344/345*
Frettkatze 64
Fuchs 96, 101, 103, 117, 189, 212, 220
Fuchskusu 119f., *120/121*

G

Galapagosbussard 336
Galapagosinseln 318f., 324, 329, 336, 344

Galapagoskormoran 336
Galapagospinguin 324, 329
Galapagos-Seelöwe *313,* 318
Gama, Vasco da 323
Gamefarming 162
Gandhi, Indira 33
Gänse 205, 230, 252, 286f., 294, 299
Gänseverwandte 294
Gänsevögel 294
Gansu 40
Garamba Nationalpark 138
Gartenrotschwanz 362, *363,* 364, *366*
Gartenschläfer 362
Gaza-Krüger-Gonarezhon-Transfrontier-Park 133
Gazellen 153, 163
Geier 163, 307, 346
Geierfalken 346f.
Gelbhalsmarder 46
Gelbschnabelstorch 304
Gemse 36, 101, 107, *108/109,* 110, *110/111*
Genette 70
Genfer See 252, 269
Gepard 144, 150, 161
Gesellschaft für Technische Zusammenarbeit 50, 68, 132
Ghana 273
Gibraltar 208
Gimpel 373–375, *376/377,* 379
Ginsterkatze 70, *70/71,* 72
Giraffe 144, 148, 170, 204
Gir-Forest-Nationalpark 34
Girlitz 374, *378,* 378f.
Gir-Nationalpark 150
Gnu 36, 148, 170, 204
Goiás 218
Goldammer 194, *195,* 196f., 360
Goldregenpfeifer 277
Golf von Kalifornien 312
Golf von Mexiko 228, 295
Gorilla 23, 51
Grand Teton 91
Grantgazelle 163
Grasmücke 278
Grauammer 197
Grauer Halbmaki 67, *67*
Grauer Kranich 231
Graues Langohr 354
Graugans 294
Graumöwe 350
Grauspecht 113
Great Barrier Reef 344

Greifvögel 96, 194, 213, 346, 360
Grevyzebra 172
Griechenland 104, 150, 213
Grönland 298
Große Bartfledermaus 354
Große Hufeisennase 354
Große Raubmöwe 330
Große Rohrdommel 278
Große Schneegans 294
Großer Ameisenbär *216/217,* 217f.
Großer Kanadakranich 230
Großer Panda 36, 40f., 44, 45f., *47*
Großer Rann von Kutch 240
Großer Schillerfalter 391
Großes Mausohr 354
Großfalanuk 64
Großtrappe *8/9,* 183f., *184, 185,* 186–190
Grünfink → Grünling
Grünling 196, 374
Grünspecht 113
Grzimek, Bernhard 163
Grzimek, Michael 163
GTZ → Gesellschaft für Technische Zusammenarbeit
Guinea-Bissau 128
Gujarat 34, 136, 150, 231, 237, 240
Gürteltier 75, 218, 220, 225f., *226, 227*
Guyana 86

H

Habicht 114, 389
Halbaffen 58, 62
Halbesel 237
Halbinsel Valdez 328
Halsband-Pika 96
Halsbandregenpfeifer 277
Halsringwehrvögel 286
Hammerkopf 302
Hänfling 374, 379
Hannover 189
Hanumanlangure 35
Hartmannzebra 172
Harz 97, 100, 103, 379, 384
Hase 386, 391
Haselmaus 215
Hasenartige 96
Hasentiere 96
Haubentaucher 252–256, *253–255*
Hausesel 237
Hauskatze 197, 212
Hausrotschwanz 364, *365*
Haussperling 196, *357,* 357, 359–361

395

Register

Havelland 188f.
Havelländisches Luch 189
Hawaii 359
Heiliger Ibis 302f.
Heilongjiang 32
Helgoland 351, 379
Helmkasuar 179
Heringsmöwe 350f.
Hermelin 96, 117, 197
Hidrovia 292f.
Himalaya 22, 307
Hirsche 80, 91, 104
Hirschziegenantilope 240, *243*
Hluhluwe-Umfolozi 139
Höckerschwan 268–271, *268, 270/271*
Hokkaido 308
Holland 190
Hongkong 124
Hornrabe 175–177, *176/177*
Hornträger 107, 160, 163, 236
Hornwehrvögel 286
Hudson-Bucht 298
Hulman 35
Humboldt, Alexander von 323
Humboldtpinguin 323–324
Humboldtstrom 336
Hundskopfaffe 151f.
Hundskusu 119
Hundsrobben 317
Hunsrück 103
Hyäne 150, 161, 163, 171

I

Iberische Halbinsel 190
Iberischer Luchs 106
Ichneumon 173
Iltis 96, 117, 215
Impala 153f., *154/155*, 163
Indien 33–35, 234, 236, 240
Indischer Halbesel → Khur
Indischer Ozean 322
Indischer Rothund 34
Indisches Panzernashorn 134, 136, *140/141*, 142, *143*
Indochinesischer Tiger 30
Indonesien 24
Indri 62, *63*, 66, 68
Inn 100
Institut für Vogelschutz – Naturschutzzentrum Bergenhusen 209
Institut für Wildbiologie und Jagdkunde an der Universität Göttingen 103
Irak 204
Iran 204, 240
Irland 194, 250
Islas Malvinas → Falklandinseln
Israel 208
Italien 104f., 190, 210, 213
IUCN → Weltnaturschutzunion

J

Jabiru 293
Jackson 91
Jaguar 78, *78/79*, 80, *81, 82/83*, 83, 86, 218, 286, 290
James-Bucht 298
Japan 29, 113, 124, 257, 272, 308, 359
Japanischer Kranich 309
Japanischer Seelöwe 318
Japanisches Meer 29
Jasper 90
Java 22
Javanashorn 134
Javatiger 30
Jemen 138
Jungfernkranich 231–233, *232/233*
Jura 100

K

Kaffernbüffel 138
Kaffernhornrabe 176
Kaiman 80
Kaiserpinguin 322, 324–326
Kaka *116/117*, 117f.
Kakapo 117f.
Kalahari-Wüste 178
Kalifornien 195
Kalifornischer Seelöwe 312f., *314*, 318
Kalimantan 22
Kamerun 55, 128, 131, 160
Kamtschatka 229
Kanada 90, 96, 220, 229, 298, 312
Kanadagans 299
Kanadakranich 228–230, *228/229*
Kanarienvogel 379
Kanarische Inseln 113, 360
Kanincheneule 219f., *219*
Kaninchenkauz 220
Kap der Guten Hoffnung 160, 323
Kap-Bergzebra 172
Kaplöwe 150
Kap-Provinz 157, 179, 204
Kapstadt 157
Kapverdische Inseln 360
Karakara 330, 346f., *347*
Karibik 344
Karibu 290
Kärnten 103
Karpaten 107
Kasachstan 243
Kaspischer Tiger 30
Kathiawar 150
Katta 58, *60/61*, 66, 68
Kaukasus 107
Kea 117f.
Keilschwanzadler 120
Kenia 124f., 128, 131, 139, 167
Keoladeo Ghana 306
Kernbeißer 374
Khichan 231
Khur 237, *238/239*, 240–243
Kiang 240, 243
Kiebitz 210, 212f., *211*, 277, 302
Kiebitzregenpfeifer 277
Kiskunság Nationalpark 183
Kiwi 117
Klapperschlange 220
Kleine Bartfledermaus 354
Kleine Hufeisennase 354
Kleine Schneegans 294
Kleiner Fregattvogel 344
Kleiner Kanadakranich 230
Kleiner Panda 40f., *41, 42/43*, 45f.
Kleiner Rann von Kutch 240
Kleinfalanuk 64
Kleinfleck-Ginsterkatze 70
Kleinfleckkatze 74
Kleinspecht 113
Kletterbeutler 119
Knäkente 266
Koala 119
Koboldmaki 64
Kohlmeise 362
Kojote 92, 220
Kolbenente 266
Kolkrabe 92, 118, 189, 200, 203, 254, 299, 306, 389
Kolumbien 84
Kongo 138
Kongobecken 54f.
Königsalbatros 331, 335
Königspinguin 322, *324*, 325
Königstiger 30
Korea 29f., 124
Koritrappe *187*, 188, *188*, 190
Kormoran 330, *332/333*, 334, 340, 390
Kragenbär 30
Krähen 118, 198, 200–203, 212, 254
Kraniche 186, 205, 261, 287, 391
Kranichvögel 261
Kreditanstalt für Wiederaufbau 68
Krickente 266
Krim 162, 190
Kroatien 105
Krokodil 34, 163, 167
Kronenpinguin 326
Krüger-Nationalpark 131–1336
Kuba-Kranich 230
Kuckuck 220, 278, *279*, 280f.
Kuhantilope 156, 163
Kulan 237, 240, 243
Kurzschnabelgans 294
Kurzschnabeligel 244
Kushiro-Sümpfe 308
Kusu 120
Kutch 240
Kyoto 125
Kyushu 309

L

La Plata 292
Lachmöwe 350f.
Ladakh 240, 306
Landesbund für Vogelschutz in Bayern 196, 252, 278
Langflügelfledermaus 354
Langschnabeligel 244
Lappentaucher 252, 256, 258
Large Carnivore Initiative for Europe 106
Larvensifaka *17*, 58, *59*, 64, *64/65*, 66
Lateinamerika 225
Lausanne 125
Lech 100
Leierantilope 163
Lemuren *17*, 58, *59*, *60/61*, 62, *62/63*, 64f., *64/65*, 66–68, *66/67*, 69
Lena-Delta 229, 298
Leopard 34f., 51, 80, 138, 144, 150, 152f., 161, 163
Lhasa 306
Libanon 208
Linné, Carl von 78, 374
Little Karroo 179
Litzbarski, Heinz 188
Lobeke 55
Löffelente 266
Longhi, Pietro 142

Register

Lori 64
Louisiana 295
Löwe 34, 138, 144f., *145, 146/147*, 148–150, *149*, 152f., 161, 163, 171, 177, 179
Luchs 97, *97, 98/99*, 100, 101–104, 107
Lumme 323

M
Maasai (Massai) 163
Macaronipinguin 326
Macquarie-Inseln 326
Madagaskar 20, 58, 62, 64, 66, 68
Magellangans 347
Magellanpinguin 322, 324, *326/327*, 328, *329*
Mähnenrobbe 328
Mähnenwolf 220
Makis 58, 64, 66f.
Malawi 128, 131f.
Malaysia 24, 29
Mali 367
Malta 213
Malvinas → Falklandinseln
Mandschurei 178, 210, 306
Mandschurenkranich 308f., *309*
Mangusten 64, 72, 173
Mantelmöwe 350f.
Mantelpavian 152
Marabu 300, 303
Mara-Fluß 167
Marderhund 189
Margay 74
Marine Mammal Protection Act 312
Marion-Inseln 322
Marokko 113, 204, 210, 232
Maskentölpel 336, 338, *339*
Maswa Game Reserve 163
Mato Grosso do Sul 292
Maul- und Klauenseuche 169
Maulesel 240
Maultier 240
Mäuse 75, 101, 363
Mäusebussard 202, 215
Mausohr 354
Mauswiesel 192, 197
Mecklenburg-Vorpommern 250
Meergänse 294, 299
Meerschweinchen 94
Mehlschwalbe 114
Mellum 350
Merz, Günter 53
Mexiko 73, 78, 80, 221, 225, 242, 295, 312

Michael-Otto-Stiftung für Umweltschutz 209
Milchstorch 304
Milzbrand 169
Mississippi 295
Mississippi-Kranich 230
Mittelamerika 75, 80, 220
Mitteleuropa 190, 248, 272
Mittelspecht 113
Mollymauk → Schwarzbrauenalbatros
Mönchskranich 309
Mongolei 142, 187, 194, 210, 231, 237, 240, 306, 364
Mongolischer Halbesel 237
Monterey 312
Moorente 266f.
Mopsfledermaus 354
Mornellregenpfeifer 277
Mosambik 64, 124, 128, 131f., 138
Moschusochse 36
Moschustier 45
Möwen 254, 267, 299, 316, 340, *348/349*, 350f.
Muffelwild 390
Müritz 269, 284
Murmeltier 94, 96, 220

N
NABU → Naturschutzband Deutschland
Nachtschwalbe 389
Nagetiere 96
Nairobi 125
Namibia 128, 131f., 138, 144f., 175, 360
Namib-Wüste 178
Nandu 179
Nashorn 84, 86, 124, 134, *135*, 136–139, *136, 137, 140/141*, 142, *143*, 153
Nashornvögel 175f., 224
Natal 136, 139
Natal Parks Board 139
National Elk Refuge 91
Nationalpark »Unteres Odertal« 284
Nationalpark Bayerischer Wald 97, 100, 103, 284
Nationalpark Berchtesgaden 100, 283
Nationalpark Elbtalaue 283
Nationalpark Kellerwald 284
Nationalpark Marojejy 58
Nationalparke 384, 388

Naturschutzbund Deutschland 196, 208f., 252, 278
Naturschutzstation Buckow 188
Nebelkrähe 189, 200, 202f.
Nebelparder 46
Nebengelenkträger 218, 225
Nebraska, Bundesstaat 230
Nepal 136
Nestorpapagei 118
Neuguinea 179, 244
Neu-Mexiko 80, 295
Neunbinden-Gürteltier 225f., *226, 227*
Neuseeland 107, 117–119, 197, 252, 322, 359
New Island 330, 335
New Island Wildlife Conservation Foundation 335
New York 46
Ngorongoro Conservation Area 163
Niederlande 196, 250
Niedersachsen 198, 250
Niedersächsische Fachbehörde für Naturschutz 249
Nil 232
Nilgai 236
Nilgau-Antilope 234–236, *234/235*
Nimmersatt 304
Nonnenkranich 308
Nordamerikanischer Pika 96
Nordfledermaus 354
Nordjemen 136
Nordkorea 29
Nordsee 252, 350
Norwegen 106, 210
Nouabale-Ndoki 55
Novosibirsk 187
Nubischer Wildesel 237

O
Oberelsaß 102
Oberlausitz 106
Odenwald 100, 103
Oder 385
Ohrenrobbe 312
Ohrentaucher 252, 256
Okawango-Delta 131, 303
Onager 237, 240, 243
Onca 78
Oncilla 74
Oppossum 75
Orang-Utan 20–25, *20/21, 25*
Oranjefluß 304
Oregon 295

Ortolan 197
Ostafrika 128, 160, 162, 172
Österreich 97, 100, 105, 111, 190, 250
Ostsee 252, 350
Oudtshoorn 179
Ozelot 73–75, *73, 74, 76/77*
Ozelotkatze 74

P
Paarhufer 160
Pakistan 240
Palästina 72
Pamirgebirge 306
Pampashirsch 290
Pantanal 80, 222, 290, 292
Pantanalhirsch 292, *292/293*
Papageien 117f.
Papst Gregor XIV. 136
Papua-Neuguinea 244
Paraguay 80, 84, 218, 286, 290, 292
Paraná 80, 292
Pardelkatzen 73
Pardel-Luchs 106
Pavian 151f., *151*
Pazifik 336
Pazifischer Ozean 312
Peace Park 133
Pelikan 340
Père David 46
Persischer Halbesel → Onager
Peru 84, 290
Pfälzer Wald 100, 103
Pfeifente 266
Pfeifgänse 294
Pfeifhase 94
Pferde 170, 234, 237, 240
Pferdeähnliche 240
Pferdeantilope 156
Pika 94, *94/95*, 96
Pinguine 322–324, 327–328, 330
Platte River 230
Plön 356
Polen 104, 106, 190, 208
Polynesien 344
Pommern 190
Portugal 72, 187, 204, 210
Prachtfregattvogel 340, 344
Prachttaucher 252
Präriehund 220
Primaten 25, 62, 66
Primorje 28f.
Prince-Edward-Inseln 322
Przewalski-Pferd 237
Pudu 290
Puma 86, 218

397

Register

Purpurreiher 303
Pygmäen 50, 53
Pyrenäen 104, 107
Python 24, 34, 120

Q

Qinghai 240
Quaggazebra 172
Quito 319

R

Rabenkrähe 200, 202f.
Rabenvögel 118, 200, 202f., 390
Rackenvögel 175, 224
Rajasthan 231, 240, 306
Rallen 117, 228, 263
Rallenvögel 261
Rathenow 189
Raubmöwen 299, 328, 340
Rauchschwalbe *14/15*
Rauhhautfledermaus 356
Rebhuhn 186, 386
Regenbogentukan 221, *221*
Regenpfeifer 210, 276f., 351
Regenpfeiferartige 212
Rehwild 30, 101, 103f., 106, 132, 290, 390, 391
Reiher 302, *302*
Reiherente *264/265*, 266f.
Rentier 290
Reptilien 244
Republik Kongo 55
Reuther, Claus 248
Rhein 385
Rhinozeros 134
Riesengürteltier 225
Riesenmaki 64
Riesenpanda 40
Riesenstörche 300
Riesentrappe *187, 188*, 190
Riesentukan 221f., *222/223*, 224
Riesenwaldschwein 51
Rind 234, 386
Rinderpest 169
Rio de Janeiro 328
Rocky Mountains 87, 91f.
Rohrammer 197
Röhrennasen 334
Rohrsänger 278
Rohrweihe 254
Ross-Gans 294
Rotbauchunke 391
Rotbüffel 51
Roter Panda
 → Kleiner Panda
Roter Pavian 152
Roter Spießhirsch 75
Rotfußtölpel 336
Rothaargebirge 103

Rothalstaucher 252, 256, 278
Rothirsch 30, 91f., 290
Rothund 24, 34
Rotschnabel-Tropikvogel 336
Rotschopfkranich 309
Rotstirnmaki *66*, 67
Rott am See 100
Rotwild 103, 390, 391
Ruderfüßer 336, 340
Rügen 269
Rühstädt 209
Rumänien 104
Rupert, Anton 133
Rußland 104, 190, 194, 272, 308

S

Saatgans 294
Saatkrähe 198, *198/199*, 200–203, *201, 203*
Sachsen 100, 105, 190, 250, 173
Sachsen-Anhalt 188f., 209
Sahara 281, 304
Sambia 128, 132
San Cristóbal 318f.
San Francisco 312
Sandakan 22
Sandhügelkranich 230
Sandregenpfeifer 277
Sangha 54
Sarawak 22
Sattelstorch 300, *301*, 302, *302*
Säugetiere 244, 356
Schabrackentapir 84
Schachtelbruten 257
Schafe 346f.
Schakal 34, 163
Schaller, George 45
Scheidenschnabel 330
Schellente 266
Schildkröte 75, 80
Schilfrohrsänger 281
Schimpanse 23, 51
Schlangen 75, 163, 175, 208, 220, 248, 300
Schlangenhalsvögel 340
Schlankaffe 35
Schleichkatze 70, 72, 173
Schleiereule 215, 362
Schleswig-Holstein 198, 249
Schnabeligel 244f., *245*
Schnatterente 266
Schneckenmilan *282/283*, 284f., 293
Schneckenweihe 284
Schneefink
 → Schneesperling

Schneegans 294f., *295, 296/297*, 298f.
Schneekranich 308
Schneeleopard 46
Schneeschaf 90
Schneesperling 360
Schneeziege 36
Schnepfenvögel 230, 272f., 302
Schopfente 347
Schopfpinguin 326
Schopfwehrvögel 286
Schorfheide 106
Schottland 190, 250
Schreiadler 390
Schreikranich 230, 208
Schreiseeadler 302
Schuhschnabel 302
Schuppenschwanzkusu 119
Schwäne 240, 294
Schwarzbrauenalbatros 330f., *331*, 334f., *335*
Schwarzfersenantilope 153
Schwarzgesichtimpala 153
Schwarzhalstaucher 252, 256
Schwarzkehlchen 192, *192*
Schwarzkopfmöwe 350
Schwarzspecht 113
Schwarzstorch 304
Schwarzwald 100, 107, 379
Schweden 190
Schweiz 97, 100
Schwertwal 316
Schwimmenten 266
Schwirle 281
Screamer 286
Seal Conservation Society 317
Seeadler *12/13*, 389
Seebär → Mähnenrobbe
Seehund 317, 319, *319*
Seelöwe *10/11*, 312f., 316–319, 328
Seeregenpfeifer 277
Seeschwalbe 267, 351
Seetaucher 252
Seggenrohrsänger 281
Senegal 277, 367
Sepilok 20, 22
Serengeti 125, 163, 166f.
Serengeti Nationalpark 163
Shaanxi 40
Sibirien 187, 229, 252, 272, 298
Sibirischer Tiger 26–33, *26/27, 28, 31*
Sichuan 36, 40, 46
Siebenschläfer 119, 362
Siedelweber 360

Sifaka 66, 68
Sikahirsch 30
Sikkim 240
Silbermöwe 350f., *351*
Simbabwe 128, 131f., 138
Singapur 124
Singvögel 200, 213, 359, 362, 367
Skandinavien 104, 257, 272
Skua 330
Slowakei 102
Slowenien 105
Snares-Dickschnabelpinguin 326
Somalia 124, 237
Somalischer Wildesel 237
Spaltfußgans 287
Spanien 72, 104, 190, 194, 197, 204, 208, 210, 213, 232, 364
Spassk-Dalny 33
Spatelente 266
Spatz → Sperling
Spechtvögel 175, 221
Sperber 114, 194, 360, 363
Sperlinge 357, 359–361
Sperlingshabicht 360
Sperlingsvogel 200, 359
Spießente 266
Spitzlippennashorn/Spitzmaulnashorn 134, *135*, 136, *136*, 138f., 163
Sri Lanka 34
Star 113
Steiermark 103
Steinadler 92, 107
Steinbock 107
Steinkauz 219#f.
Steinmarder 361
Steinsperling 360
Steißfüße 252
Stellers Seelöwe *10/11*
Steppenelefant 51, 124f., *125, 126/127*, 128, *129, 130*, 131–133, 138
Steppenpavian 152
Steppenpika 96
Steppenzebra 177
Sterntaucher 252
Stieglitz 74
Stockente 266f.
Stoneschaf 90
Strange, Ian 335
Strauß 170, 178f., *178, 180/181*, 182, *182*, 242
Streifengans 305, *305, 306/307*, 307
Streifengnu 163, 169
Sturmmöwe 350f.
Sturmschwalbe 334, 347
Sturmvogel 334, 347

Register

Südafrika 128, 138, 162, 173, 176, 179, 204, 257, 324, 329
Südafrikanische Republik 128, 131 f., 139, 156, 300
Sudan 124, 138, 160, 173, 176
Sudanhornrabe 176
Südchinesischer Tiger 30
Südlicher Karakara 346
Südpolarmeer 326
Südtrinidad 344
Sumatra 20, 22, 24
Sumatranashorn 134
Sumatratiger 30
Sumava 103
Sumpfhirsch 290–293, *291, 292/293*
Sumpfhuhn 263
Sumpfrohrsänger 281
Sylt 351

T
Tafelente 266 f.
Taiwan 124
Takahe 117
Takin 36 f., *37, 38/39*
Tamandua 218
Tancho Conservation Fund 209
Tanggänse 347
Tansania 124, 128, 131, 139, 163, 167, 169
Tapir 80, 84, 85, 86
Tarangire-Nationalpark 128
Tasmanien 244, 252
Tatra 107
Tauchenten 266 f.
Taucher 252
Tauchsturmvogel 334
Teichhuhn 117, *260/261*, 261–263, *263*
Teichralle 263
Teichrohrsänger 278, *279*, 280 f.
Termiten 173, 244
Texas 80, 225, 295
Thailand 136
Thomsongazelle 163
Thüringer Wald 100
Tibet 240, 306
Tiger 24, 26–33, *26/27, 28, 31, 34* f., 80
Tigerkatze 74
Tölpel 340
Tordalk 323, 351
Transvaal 156

Trappen 184, 190, 228
Trauerbachstelze 370
Trauerschnäpper 113, 362
Trischen 351
Tropikvögel 340
Trottellumme 351, 307
Trughirsch 290
Truthahn 175, 287
Tschad 138, 160, 367
Tschaja 286 f., *287, 288/289*
Tschechien 102 f., 250
Tukan 175, 221 f., *221–224*
Tunesien 204, 232
Turantiger → Kaspischer Tiger
Turkalo, Andrea 53
Türkei 194, 204, 208
Turkmenischer Halbesel → Kulan
Turkmenistan 237, 240, 243
Turmfalke 194, 215, 362

U
Uganda 131, 138
Ukraine 190
Umweltkonferenz Rio 388
Ungarn 183, 248
Unpaarhufer 84, 170, 240
Uruguay 74, 285, 290, 292
Urville, Dumont d' 322
Ussuri 28
Ussuri-Kranich 309
Ussuritiger 28
Uttar Pradesch 234

V
Vampire 354
Vancouver Island 318
Vari 58
Vello, Alvero 323
Vereinigte Staaten 90, 92, 96, 124, 220, 224, 230, 298
Vielfraß 106
Viktoriasee 163
Vogesen 100, 102, 107
Voraffen 64
Vorderasien 237

W
Wahrenberg 209
Waldantilope 160
Waldbock 160, 236
Waldelefant *6/7, 48/49*, 50 f. *51, 52*, 53–55, *55, 56/57*, 128

Wald-Ibis 304
Waldkauz 215
Waldstorch 303
Wanderalbatros 331, 335
Wanderfalke 389
Wapiti 91 f., *92/93*
Waran 120
Warzenschwein 148
Waschbär 40 f.
Washingtoner Artenschutzübereinkommen 30, 73 f., 80, 125, 142, 248
Wasserschnecken 257
Wasserschwein 80, 291
Watvögel 230, 277
Waza-Nationalpark 128
Webervögel 359–361
Wehrvogel 286 f., *287, 288/289*
Weidenlaubsänger 191
Weidensperling 360
Weihnachtsinseln 344
Weinzierl, Hubert 103
Weißbandfregattvogel 344 f.
Weißbartgnu 163, 166–169, *164/165, 166/167, 169*
Weißnackenkranich 309
Weißrückenspecht 113
Weißschwanzgnu 169
Weißstorch 204–206, *205–207*, 208 f., *209*, 300, 304
Weißwangenwehrvögel 286
Weißwedelhirsch 290
Weltnaturschutzunion 30, 124
Wendehals 113
Westafrika 128, 131, 160
Westkarpaten 103
Westsibirien 194
Wiedehopf 175, 224
Wieselmaki 62, *62*
Wiesenweihe 285
Wild Ass Sanctuary 240
Wild Bird Society of Japan 209
Wildebeest 168
Wildesel 237, *238/239*, 240–243
Wildgans 229
Wildhund 161, 163, 171
Wildkaninchen 248
Wildschwein 30, 104, 132

Wimpernfledermaus 354
Wisent 389
Wittenberge 209
Wladiwostok 26, 28, 30, 33
Wolf 34, 92, 96 f., *102, 102,* 104–107
World Wide Fund for Nature (WWF) 25, 32 f., 40, 50, 53, 68, 80, 102, 105 f., 124, 132 f., 318
Wrangel-Insel 298
Würgfalke 306
Wüste Thar 231
Wyoming 90

X
Xinjiang 240

Y
Yellowstone-Nationalpark 90–92

Z
Zahnarme 218
Zaire 124, 128, 138
Zambia 124, 138
Zappe 263
Zebra 148, 162 f., *164/165*, 167 f., 170–172, *171, 172*, 204, *209*, 240
Zebramanguste 173 f., *174*
Zeisige 374, 379
Zentralafrika 128, 131, 160
Zentralafrikanische Republik (ZAR) 50, 55, 138
Zentralasien 305
Zibetkatze 72
Zitronengirlitz 374, 379
Zoologische Gesellschaft Frankfurt 24, 103, 142, 163, 189, 318
Zulu 136
Zwergameisenbär 218
Zwergelefant 53
Zwergfledermaus 354, *355*
Zwerggans 294
Zwergmaki 66
Zwergmaus 214#f., *215*
Zwergmöwe 350
Zwergpinguin 322
Zwergschimpanse → Bonobo
Zwergschneegans 294
Zwergtaucher 252, 256–258, *258/259*
Zwergtrappe 190
Zypern 232

Sämtliche Aufnahmen stammen vom Autor.

Die Deutsche Bibliothek-CIP-Einheitsaufnahme
Ein Titelschutz für diese Publikation ist
bei Der Deutschen Bibliothek erhältlich

© 2001 Deutsche Verlags-Anstalt, Stuttgart München
Alle Rechte vorbehalten
Grafische Gestaltung und Satz: BuchHaus Robert Gigler, GmbH, München
Umschlaggestaltung: Heinz Kraxenberger, München
Lithografie: Repro GmbH, Kaisheim
Druck und Bindung: EBS, Verona

ISBN 3-421-05556-4